ESSAYS ON THE
ENCYCLOPÉDIE OF DIDEROT
AND D'ALEMBERT

UNIVERSITY OF DURHAM
PUBLICATIONS

ENCYCLOPÉDIE,

OU

DICTIONNAIRE RAISONNÉ

DES SCIENCES,

DES ARTS ET DES MÉTIERS,

PAR UNE SOCIÉTÉ DE GENS DE LETTRES.

Mis en ordre & publié par M. *DIDEROT*, de l'Académie Royale des Sciences & des Belles-Lettres de Prusse ; & quant à la PARTIE MATHÉMATIQUE, par M. *D'ALEMBERT*, de l'Académie Royale des Sciences de Paris, de celle de Prusse, & de la Société Royale de Londres.

Tantùm series juncturaque pollet,
Tantùm de medio sumptis accedit honoris ! HORAT.

TOME PREMIER.

A PARIS,

Chez
{
BRIASSON, *rue Saint Jacques, à la Science.*
DAVID l'aîné, *rue Saint Jacques, à la Plume d'or.*
LE BRETON, Imprimeur ordinaire du Roy, *rue de la Harpe.*
DURAND, *rue Saint Jacques, à Saint Landry, & au Griffon.*

M. DCC. LI.

AVEC APPROBATION ET PRIVILEGE DU ROY.

1. Title-page of the Paris Folio Edition
University Library, Durham

ESSAYS ON THE
ENCYCLOPÉDIE
OF DIDEROT
AND D'ALEMBERT

JOHN LOUGH

Professor of French in the
University of Durham

LONDON
OXFORD UNIVERSITY PRESS
NEW YORK TORONTO
1968

Oxford University Press, Ely House, London W. 1

GLASGOW NEW YORK TORONTO MELBOURNE WELLINGTON
CAPE TOWN SALISBURY IBADAN NAIROBI LUSAKA ADDIS ABABA
BOMBAY CALCUTTA MADRAS KARACHI LAHORE DACCA
KUALA LUMPUR HONG KONG TOKYO

PRINTED IN GREAT BRITAIN
AT THE UNIVERSITY PRESS, OXFORD
BY VIVIAN RIDLER
PRINTER TO THE UNIVERSITY

Preface

======

IN recent decades interest in the *Encyclopédie* of Diderot and D'Alembert has grown steadily on both sides of the Atlantic. In the last twenty years or so a considerable number of articles and several books have appeared both on detailed questions and on the history and significance of the work. Yet so vast a monument poses such a variety of problems for the historian that there is still plenty of scope for both types of study.

This volume is not the general study of the *Encyclopédie* and its place in eighteenth-century French thought which the author originally intended to produce. It soon became clear that, despite the achievements of earlier scholars and of those of our day, a great deal of detailed research was essential before any kind of synthesis could be attempted. Though a general work of the kind set out above is now in active preparation, what is put before the reader of this volume is a collection of highly technical studies of the *Encyclopédie* and its contents on the same lines as a series of articles produced over the last fifteen years.[1] Despite everything that has been done in recent decades by a variety of scholars, the most prominent among whom is Professor Jacques Proust, problems of this kind need to be investigated before we can begin to form a tolerably clear idea of the history, contents, and influence of the *Encyclopédie*.

The book opens with an account of the different editions of the *Encyclopédie* which appeared in France, Italy, and Switzerland. One of these editions—that produced by Panckoucke and Cramer—had a curious history which is worked out, so far as the available documents

[1] 'The *Encyclopédie* in Eighteenth-Century England' (*French Studies*, 1952, pp. 289–307); 'Louis, Chevalier de Jaucourt (1704–1780). A Biographical Sketch' (*Essays presented to C. M. Girdlestone*, Newcastle upon Tyne, 1960, pp. 195–217); 'Louis, Chevalier de Jaucourt. Some Further Notes' (*French Studies*, 1961, pp. 350–7); 'The *Encyclopédie*. Two Unsolved Problems' (ibid., 1963, pp. 121–35); 'Mme Geoffrin and the *Encyclopédie*' (*Modern Language Review*, 1963, pp. 219–22); 'Luneau de Boisjermain v. the Publishers of the *Encyclopédie*' (*Studies on Voltaire and the Eighteenth Century*, vol. xxiii, 1963, pp. 115–77); and 'The Problem of the Unsigned Articles in the *Encyclopédie*' (ibid., vol. xxxii, 1965, pp. 327–90).

permit, in the second chapter. The third, begun merely with the intention of compiling an accurate list of D'Holbach's signed articles, was eventually swollen by a discussion of the more interesting question of the nature and extent of his unsigned contributions. Chap. IV is a straightforward, but, one hopes, useful account of what D'Alembert actually wrote for the *Encyclopédie*, both before and after his abandonment of the position of joint-editor. The next two chapters are devoted to a study of the light thrown on the history and contents of the work by, first, contemporary books and pamphlets and then the French periodicals of the time. In the last chapter the important article AUTORITÉ POLITIQUE is subjected to detailed examination.

It might have been more convenient for the reader if it had proved possible to reprint—with the necessary additions and corrections—the articles already published in a variety of reviews and to bring all this material inside the covers of one book, suitably indexed. However, the expense of producing such a volume or volumes would have been prohibitive; a number of additions and corrections to these earlier articles have been assembled in Appendix D.

My work on the *Encyclopédie* has brought me into friendly contact with a number of scholars active in the same field, notably Messrs. Theodore Besterman (Geneva), Fernand Clément (Bouillon), Charly Guyot (Neuchâtel), Ralph Leigh (Cambridge), Jean Mayer (Montpellier), Roland Mortier (Brussels), Jacques Proust (Montpellier), Georges Roth (Paris), Hermann Sauter (Mainz), Jean Seznec (Oxford), Robert Shackleton (Oxford), Samuel Taylor (St. Andrews), Raymond Trousson (Brussels), Franco Venturi (Turin), George B. Watts (Davidson College), and Arthur M. Wilson (Dartmouth College). My debt to them for information and advice is one which I should like to acknowledge here.

The collection of material for these and earlier studies has involved recourse to a great many libraries and archives, sometimes by correspondence, sometimes by one or more visits. Thanks are due to the following: Bibliotheek van de Vereeniging ter Bevordering van de Belangen des Boekhandels, Amsterdam; Bibliothèque de la Ville, Bordeaux; Musée Ducal, Bouillon;[1] Bibliothèque Municipale et Universitaire, Clermont-Ferrand; Archives d'État and Bibliothèque Publique et Universitaire, Geneva; Koninklijk Huisarchief, The Hague; Brotherton Library, Leeds; The British Museum and Royal Society,

[1] Extracts from the Archives Weissenbruch which I consulted on microfilm at Bouillon are reproduced by kind permission of Monsieur Pierre de Weissenbruch.

London; Bibliothèque de la Ville, Neuchâtel; the libraries of Brasenose and Somerville Colleges, Oxford; the Archives de la Seine, Archives Nationales, Bibliothèque de l'Arsenal, Bibliothèque de la Société de l'Histoire du Protestantisme Français, Bibliothèque Mazarine, Bibliothèque Victor Cousin, and the archives of the Ministère des Affaires Étrangères, Paris. I am above all indebted to the Bibliothèque Nationale and its Service Photographique for the great bulk of my information about the contemporary controversy on the *Encyclopédie*.

Through the assistance of my old friend, Mr. George Stannard, I have been able to continue to make use of the resources of the Cambridge University Library. Inter-library loans have greatly facilitated my work, and I owe a particular debt to a library in which I have never set foot, that of Edinburgh University, which over the years has most generously put at my disposal a large number of eighteenth-century French books. Local libraries have also proved very helpful. The Chapter Library, Durham, and the library of Ushaw College have been particularly useful to me, and in Newcastle I have found valuable assistance in the library of the Literary and Philosophical Society and even more in the University Library, both in studying its sets of the *Encyclopédie* and through the privilege of borrowing books. Naturally my greatest debt of all is to the Durham University Library. Not only am I indebted to Dr. Ian Doyle, the Keeper of Rare Books, for technical advice about the opening chapter; everyone from the Librarian to the successive young women who have patiently striven to persuade other libraries to disgorge numerous books which were not available in this corner of England, has always been willing to help in every possible way. I should like in particular to express my gratitude to our departing Librarian, David Ramage, for all he has done not only to forward this and other ventures of my own, but also to bring about a great increase in the library facilities available in Durham since he took up office in 1945.

For a period of ten years or so grants towards the cost of travel and photographic copies necessary for the carrying out of this work have been provided from the Research Fund of the University of Durham; these are gratefully acknowledged. The heavy task of transforming a long and somewhat untidy manuscript into a printable typescript has been efficiently and intelligently carried out by Mrs. Molly Langford.

I am particularly grateful to the University of Durham Publications Board for accepting the heavy commitment of publishing such a long book with its highly specialized series of studies which, in the nature of things, can have only a limited appeal. In putting the finishing touches to the manuscript I know that, by the time this volume appears in print, I shall be further indebted to the secretary of the Board, Dr. Eric Saxton, the Deputy Registrar, for assistance in seeing the book through the press. J. L.

Durham
April 1967

Contents

Illustrations

List of Abbreviations

AT	Diderot, *Œuvres complètes*, ed. J. Assézat and M. Tourneux. 20 vols., Paris, 1875–7.
Bachaumont	Bachaumont, L. P. de, *Mémoires secrets pour servir à l'histoire de la République des Lettres en France de 1762 jusqu'à nos jours*. 36 vols., London, 1777–89.
Best.	Voltaire, *Correspondence*, ed. Theodore Besterman. 107 vols., Geneva, 1953–66.
BN	Bibliothèque Nationale, Paris.
BPUG	Bibliothèque Publique et Universitaire, Geneva.
BSHPF	*Bulletin de la Société de l'Histoire du Protestantisme français.*
Corr. litt.	Grimm, F. M. (ed.), *Correspondance littéraire, philosophique et critique*, ed. M. Tourneux. 16 vols., Paris, 1877–82.
Dufour	Rousseau, J. J., *Correspondance générale*, ed. T. Dufour. 20 vols., Paris, 1924–34.
FS	*French Studies.*
HG	*Histoire générale des voyages*, ed. Abbé Prévost. 16 vols., Paris, 1746–61.
Leigh	Rousseau, J. J., *Correspondance complète*, ed. R. A. Leigh. Geneva, 1965–(in course of publication).
May	May, L. P., 'Documents nouveaux sur l'*Encyclopédie*. L'histoire et les sources de l'*Encyclopédie*, d'après le registre de délibérations et de comptes des éditeurs, et un mémoire inédit', *Revue de Synthèse*, 1938.
MLR	*Modern Language Review.*
PAM	*Philosophie ancienne et moderne*, ed. J. A. Naigeon (in the *Encyclopédie Méthodique*). 3 vols., Paris, 1791–7.
Proust	Proust, J., *Diderot et l'Encyclopédie*. 2nd edition, Paris, 1967.
RHL	*Revue d'histoire littéraire de la France.*
Roth	Diderot, *Correspondance*, ed. G. Roth. Paris, 1955–(in course of publication).
RSH	*Revue des Sciences humaines.*
Studies	*Studies on Voltaire and the Eighteenth Century.*

I. The Different Editions

How much this chapter owes to the pioneer work of Professor George B. Watts will be obvious to any specialist reader.[1] It was he who first brought some sort of order into the chaotic bibliographical history of the *Encyclopédie* by studying different sets of the work in a large number of libraries and by going back to such contemporary evidence as is available to cast light on this complicated story. Even to-day the full import of his series of articles does not seem to have penetrated to all the scholars who are at work in this field; the most misleading statements continue to be made about the different editions of the work which appeared in France and abroad in the second half of the eighteenth century.[2]

This chapter adds no new item to the list of the different editions compiled by Professor Watts. Its object is to offer a more complete bibliographical description of successive editions, giving particular attention to the first edition and the literal Geneva reprint, since they are so often confused, and providing for all of them details of their publication and a description of their contents. The overriding aim of the pages which follow is to throw fresh light on the diffusion of the *Encyclopédie* in France and indeed in Europe as a whole in the period between 1751 and 1789.

The editions dealt with here are the following:

The Paris–'Neuchâtel' folio edition (1751–72)
The Geneva folio edition (1771–6)
The Lucca folio edition (1758–76)
The Leghorn folio edition (1770–9)
The three Geneva–Neuchâtel quarto editions (1777–81)
The two Lausanne–Berne octavo editions (1778–82).

[1] See especially 'Forgotten Folio Editions of the *Encyclopédie*' (*French Review*, vol. xxvii, no. 1, pp. 22–29; vol. xxvii, no. 3, pp. 243–4); 'The *Supplément* and the *Table analytique et raisonnée* of the *Encyclopédie*' (ibid., vol. xxviii, no. 1, pp. 4–19); 'The Swiss Editions of the *Encyclopédie*' (*Harvard Library Bulletin*, vol. ix, no. 2, pp. 213–35); and 'The Geneva Folio Reprinting of the *Encyclopédie*' (*Proceedings of the American Philosophical Society*, vol. cv, no. 4, pp. 361–7).

[2] For the attempt to produce a pirated quarto edition of the *Encyclopédie* in London see *FS*, 1952, pp. 291–3.

In addition, information is provided about the two eighteenth-century selections of articles from the *Encyclopédie*—*L'Esprit de l'Encyclopédie* (1768) and the *Histoire générale des dogmes et des opinions philosophiques des plus anciens temps jusqu'à nos jours* (1769). Finally, as a kind of appendix to the chapter, some details are given about a work which, despite its debt to the *Encyclopédie*, is very far from being simply a reprint of it—the *Encyclopédie d'Yverdon* (1770–80).

Although more detail has been provided about the Paris and Geneva folio editions than about the rest, even here various bibliographical problems have not been followed out to the end. The very success of the early volumes of the work led to a series of increases in the size of the printing and to reprints of Vol. I–III:[1] this raises all manner of problems which have not been tackled, as the collation is restricted to one particular set of the Paris edition.[2] It is probable that, in the sets of the Paris and Geneva folio editions described, not only half-titles, but preliminary and final blanks have sometimes been cut out, which would account for an odd number at the beginning or end of a volume. Odd-numbered gatherings sometimes simply coincide with the end of the articles under a particular letter of the alphabet; where they do not, the matter has not been pursued further.

I. THE PARIS–'NEUCHÂTEL' FOLIO EDITION

Text. Vols. I–VII, Paris, 1751–7; Vols. VIII–XVII, 'Neuchâtel', 1765.
Plates. 11 vols., Paris, 1762–72.
Supplément. 5 vols., Paris–Amsterdam, 1776–7.
Table. 2 vols., Paris–Amsterdam, 1780.[3]

TEXT

Vols. I–VII have a half-title which is lacking in Vols. VIII–XVII. In Vols. II–VII this indicates the part of the alphabet covered, i.e. B=CEZ, CH=CONS, CONS=DIZ, DO=ESY, ET=FN, and FO=GY. In Vols. VIII–XVII this information is given on the title-page.

[π2r, half-title] FRONTISPICE / *DE* / L'ENCYCLOPÉDIE.

[sep. lf. aft. π2] [Frontispiece with same engraved caption.] Dessiné par C. N. Cochin fils . . . 1764. Gravé par B. L. Prevost . . . 1772.

---

[1] See *Studies*, vol. xxiii, p. 195.
[2] Mr. Giles Barber of the Bodleian Library is engaged on a detailed study of the Paris edition.
[3] The copy described here is in the Durham University Library.

[*2r half-title of volume] ENCYCLOPEDIE, / OU / *DICTIONNAIRE RAISONNÉ* / DES SCIENCES, / DES ARTS ET DES MÉTIERS. / *TOME PREMIER.*

[*3r] *ENCYCLOPÉDIE* / OU / DICTIONNAIRE RAISONNÉ / DES SCIENCES, / DES ARTS ET DES MÉTIERS, / *PAR UNE SOCIÉTÉ DE GENS DE LETTRES.* / Mis en ordre & publié par M. *DIDEROT*, de l'Académie Royale des Sciences & des Belles-/Lettres de Prusse; & quant à la PARTIE MATHÉMATIQUE, par M. *D'ALEMBERT*, / de l'Académie Royale des Sciences de Paris, de celle de Prusse, & de la Société Royale / de Londres. / *Tantùm series juncturaque pollet,* / *Tantùm de medio sumptis accedit honoris!* HORAT. / TOME PREMIER. / [Ornament: Apollo holding bow and arrow and surrounded by symbols of the arts. 'Papillon inv. et sculp. 1747'.]

A PARIS, /

Chez {
BRIASSON, *rue Saint Jacques, à la Science.*
DAVID l'aîné, *rue Saint Jacques, à la Plume d'or.*
LE BRETON, Imprimeur ordinaire du Roy, *rue de la Harpe.*
DURAND, *rue Saint Jacques, à Saint Landry, & au Griffon.*

[double rule] M.DCC.LI. / *AVEC APPROBATION ET PRIVILEGE DU ROY.*

[Colophon on p. 914] De l'Imprimerie de LE BRETON, Imprimeur ordinaire du ROY, 1751.

π^2, (π1 blank)–[*4, (1 engraved leaf), 1 blank?] *A–F*⁴, *G*², A–Z⁴, Aa–Zz⁴, Aaa–Zzz⁴, Aaaa–Zzzz⁴, AAaaa–YYyyy⁴ (DDddd 1+1), ZZzzz².
[2 unnumbered pages] Dedication to Comte d'Argenson.
pp. i–xlv: Discours préliminaire des Editeurs.
p. xlvi: Avertissement.
pp. xlvii–li: Explication détaillée du systeme des connoissances humaines.
pp. li–liii: Observations sur la division des sciences du chancelier Bacon.
[Inset] [Fldg. betw. lii & liii]. Système figuré des connoissances humaines.
pp. 1–914: Text of *Encyclopédie* (A–AZYMITES).[1]
[1 unnumbered page] Errata.

The publication of this volume was announced for 1 July 1751; see the *Affiches de Paris* of 28 June: 'Les sieurs Briasson, David l'aîné, Le Breton et Durand donnent avis que le premier Juillet ils délivreront le premier Vol. de l'Encyclopédie en feuilles.' In his *Nouvelles littéraires* (*Corr. litt.*, vol. ii, p. 73) under the date of 28 June Raynal writes: 'Le premier des dix volumes de

---

[1] Facing p. 762 there is an extra leaf (DDddd 1+1) with the following text on the recto: *Tome I. page 762. 2. col. vers le bas, supprimez l'article* ASPLE *tout entier, & substituez ce qui suit:* *ASPLE ... (the text of the article occupies about three-fifths of two columns).

l'Encyclopédie paraît aujourd'hui.' In his *Journal de la Librairie* (BN, Ms. fr. 22156, f. 85r) D'Hémery notes the publication of this volume on 1 July in the following terms: 'Les Libraires qui on [*sic*] entrepris le dictionnaire Encyclopedique distribuent aux Souscript. le pr^ER volume de cet ouvrage.' A letter of Diderot of 2 July contains in a postscript the words: 'Voilà notre Encyclopédie qui paroît' (Roth, vol. i, p. 131).

. . . TOME SECOND. [Ornament: as in Vol. I.] . . . M.DCC.LI . . .

[Colophon on p. 871] De l'Imprimerie de LE BRETON, Imprimeur ordinaire DU ROY.

[*2], *A*², A–Z⁴, Aa–Zz⁴, Aaa–Zzz⁴, AAaa–ZZzz⁴, AAaaa–RRrrr⁴.

pp. i–ii: Avertissement des Editeurs.
pp. iii–iv: Corrections et Additions pour le Premier Volume.
pp. 1–871: Text of *Encyclopédie* (B–CEZIMBRA).
[1 unnumbered page] Noms des auteurs, avec la marque de leurs articles.
   Errata pour le second Volume.

Despite the date '1751' on the title-page the second volume did not appear until well into January 1752. D'Hémery (BN, Ms. fr. 22157, f. 18r) notes in an entry for 27 January: 'Le Second Volume de L'Encyclopedie a été mis en vente depuis quelques jours.' See the *Affiches de Paris* of the same date: 'Le second volume de l'*Encyclopédie* se délivre depuis quelques jours aux Souscripteurs de cet Ouvrage, chés les Libraires associés.' Barbier (*Journal*, vol. v, p. 151), after speaking of rumours circulating in January 1752 that the second volume would be banned, goes on: 'Cependant il a été délivré le 22 ou 23 de ce mois.'

. . . TOME TROISIEME. / [Ornament: Minerva, in her left hand a stick with a serpent and in her right an olive branch, surmounted by symbols of the arts and sciences; on her right Euterpe(?) with cello and child. 'Papillon inv. et del. 1746(?)'.] . . . M.DCC.LIII . . .

[Colophon on p. 905] De l'Imprimerie de LE BRETON, Imprimeur ordinaire DU ROY, rue de la Harpe.

[*2], *A–B*⁴, A–Z⁴, Aa–Zz⁴, Aaa–Zzz⁴, AAaa–ZZzz⁴, AAaaa–XXxxx⁴, YYyyy1.

pp. i–xiv: Avertissement des Editeurs.
pp. xiv–xv: Noms des personnes qui ont fourni des articles ou des secours pour ce Volume, & les suivans.
pp. xv–xvi: Errata pour les deux premiers Volumes.
pp. 1–905: Text of *Encyclopédie* (CHA–CONSÉCRATION).
p. 905: Marque des Auteurs.
[1 unnumbered page] Errata pour ce Troisieme Volume.

The third volume appeared in October 1753; see the *Gazette*, 20 October 1753 (p. 503): 'On délivre, depuis les premiers jours de cette semaine, le troisiéme Volume de l'Encyclopédie.'

. . . TOME QUATRIEME. / [Ornament: as in Vol. III.] . . . M.DCC.LIV . . .

[Colophon on p. 1098: as in Vol. III.]

[*2], *A*², A–Z⁴, Aa–Zz⁴, Aaa–Ttt⁴, Vvv⁴ (*Vvv2 is cancel), Xxx⁴ (*Xxx 1 & 4 are conjugate cancels), Yyy–Zzz⁴, AAaa–ZZzz⁴, AAaaa–ZZzzz⁴, AAAaaa–YYYyyy⁴, ZZZzzz² (2 blank).

pp. i–iii: Avertissement des Editeurs.
p. iii: Errata pour le troisieme Volume.
p. iv: Errata pour le quatrieme Volume.
pp. 1–1098: Text of *Encyclopédie* (CONSEIL–DIZIER, SAINT).

The fourth volume was announced by Grimm on 15 September 1754 (*Corr. litt.*, vol. ii, p. 407) as being 'sur le point de paraître'. Its publication was noted by D'Hémery (BN, Ms. fr. 22159, f. 71v) on 17 October and more precisely still in a letter of J. J. Rousseau of 15 October (Leigh 251): 'Le 4ᵉ Volume de l'Encyclopédie paroit depuis hier.'

. . . TOME CINQUIEME. / [Ornament: as in Vol. I.] . . . DAVID l'aîné, *rue & vis-à-vis la Grille des Mathurins.* / . . . DURAND, *rue du Foin, vis-à-vis la petite porte des Mathurins.* / . . . M.DCC.LV . . .

[Colophon on p. (1012): as in Vol. III.]

[*2], *A–B*⁴, *C*1, A–Z⁴, Aa–Zz⁴, Aaa–Zzz⁴, AAaa–KKkk⁴, Iʳᵉ LLll⁴, IIᵉ LLll⁴, Iʳᵉ MMmm⁴, IIᵉ MMmm⁴ [these four gatherings are foliated 633–648; the article *ENCYCLOPÉDIE runs from 635r to 648v], NNnn–ZZzz⁴, AAaaa–ZZzzz⁴, AAAaaa⁴–LLLlll⁴, MMMmmm².

pp. i–ii: Avertissement des Editeurs.
pp. iii–xviii: Eloge de M. le Président de Montesquieu.
pp. 1–1011: Text of *Encyclopédie* (DO–ESYMNETE).
p. 1011: Errata pour le Tome Troisieme. Errata pour le Tome Quatrieme.
p. 1011 [and one unnumbered page]: Errata du Quatrieme Volume, pour les Articles fournis par M. d'Aumont. Errata du Tome Cinquieme.

The appearance of the fifth volume was noted by D'Hémery (BN, Ms. Fr. 22159, f. 145r) on 6 November 1755; Grimm states on 15 November (*Corr. litt.*, vol. iii, p. 129) that it has just appeared, while in a letter of 23 November (Leigh 337) J. J. Rousseau writes: 'Le cinquieme Vol⁴ de l'Encyclopédie paroit depuis 15 jours.' One must presumably ignore another piece of contemporary evidence: according to Trublet in a letter of 8 November

(*Correspondance*, ed. J. Jacquart, p. 46) this volume had appeared at the end of October—'Le 5ᵉ volume de l'*Encyclopédie* a paru sur la fin du mois précédent.'

... TOME SIXIEME. / [Ornament: as in Vol. III.] ... M.DCC.LVI ...

[Colophon on p. 926] De l'Imprimerie de LE BRETON, Imprimeur ordinaire du ROY.

[*2], *A*⁴, A–Z⁴, Aa–Tt⁴, Vv², Xx–Zz⁴, Aaa–Xxx⁴, *Yyy⁴ (*Yyy1–3 are cancels, 4 original leaf), *Zzz⁴ (*Zzz1 cancel, 2–4 original), AAaa–DDdd⁴, *EEee⁴ (*EEee1 cancel, 2–4 original), FFff–ZZzz⁴, AAaaa–ZZzzz⁴, AAAaaa⁴, BBBbbb².

pp. i–v: Avertissement des Editeurs.
pp. vi–viii: Noms des Personnes qui ont fourni des Articles ou des secours pour ce Volume & pour le suivant.
p. viii: Noms des Auteurs.
pp. 1–926: Text of *Encyclopédie* (ET–FNÉ).
[2 unnumbered pages] Errata pour le troisieme Volume. Pour le quatrieme Volume. Pour le cinquieme Volume. Pour le sixieme Volume.

As there is a gap in D'Hémery's Journal between 20 May 1756 and 3 March 1757, it does not mention the publication of the sixth volume. The Tourneux edition of Grimm's *Correspondance littéraire* (vol. iii, p. 222) gives under the date of 1 May 1756 the following sentence: 'Le sixième volume de l'*Encyclopédie* vient de paraître.' This item must be misplaced, for on 23 September we find Deleyre writing to J. J. Rousseau: 'Le 6ᵉ volume de l'encyclopédie ne paroit pas encore' (Leigh 444). This is confirmed by an item in the *Affiches de province* of 17 November: 'On délivre depuis le mois d'Octobre aux Souscripteurs de l'*Encyclopédie* le 6ᵉ Volume de ce Dictionnaire.'

... TOME SEPTIEME. / [Ornament: as in Vol. I.] ... M.DCC.LVII ...

[Colophon on p. 1025] De l'Imprimerie de LE BRETON, Imprimeur ordinaire du ROY, rue de la Harpe.

[*2], *A*⁴, *B*², *C*1, A–Z⁴, Aa–Ff⁴, Iᵉʳ Gg⁴, IIᵉ Gg⁴, IIIᵉ Gg⁴, Iᵉʳᵉ Hh⁴, IIᵉ Hh⁴, IIIᵉ Hh⁴ [these 6 gatherings foliated as 233–47 & 248, 1–9], Ii⁴–Zz⁴, Aaa–Ddd⁴, Eee3, Fff–Zzz⁴, AAaa–ZZzz⁴, AAaaa–ZZzzz⁴, AAAaaa–OOOooo⁴.

pp. i–xiii: Eloge de M. Du Marsais.
pp. xiii–xiv: Noms des Auteurs qui ont fourni des Articles pour ce Volume.
p. xiv: Marques des Auteurs.
pp. 1–1025: Text of *Encyclopédie* (FOANG–GYTHIUM).
pp. 1026–30: Errata [for Vols. I, II, IV–VII].

The publication of the seventh volume was noted by D'Hémery (BN, Ms.

Fr. 22160, f. 63v) on 24 November 1757. This is confirmed by Grimm (*Corr. litt.*, vol. iii, p. 457) who wrote on 15 December: 'Le septième volume de l'*Encyclopédie* paraît depuis environ un mois.'

ENCYCLOPÉDIE, / OU / DICTIONNAIRE RAISONNÉ / DES SCIENCES, / DES ARTS ET DES MÉTIERS, / *PAR UNE SOCIÉTÉ DE GENS DE LETTRES.* / MIS EN ORDRE ET PUBLIÉ PAR Mr ***. / *Tantùm series juncturaque pollet,* / *Tantùm de medio sumptis accedit honoris!* HORAT. / TOME HUITIEME. [double rule] H=IT [double rule] [Ornament: as in Vol. I.] A NEUFCHASTEL, / CHEZ SAMUEL FAULCHE & Compagnie, Libraires & Imprimeurs. [double rule] M.DCC.LXV.

[Colophon] None for Vols. VIII–XVII which appeared simultaneously under this false imprint; like Vols. I–VII, they were printed by Le Breton.

[*2], A–Z⁴, Aa–Zz⁴, Aaa–Fff⁴, Ggg3, Hhh–Zzz⁴, AAaa–ZZzz⁴, AAaaa–ZZzzz⁴, AAAaaa–BBBbbb⁴ (BBBbbb3 + 1 broadside) [CCCcccI].

pp. i–ii: Avertissement.
pp. 1–936: Text of *Encyclopédie* (H–ITZEHOA).
Tableau des Mesures itinéraires anciennes folded between pp. 934 and 935.

... TOME NEUVIEME... JU=MAM... [Ornament: as in Vol. III.]...

[*1], A–R⁴, S², T–Z⁴, Aa–Zz⁴, Aaa–Zzz⁴, AAaa–ZZzz⁴, AAaaa–EEeee⁴, FFfff5, GGggg–ZZzzz⁴, AAAaaa–DDDddd⁴, EEEeee3.

pp. 1–956: Text of *Encyclopédie* (JU–MAMIRA).

... TOME DIXIEME... MAM=MY... [Ornament: as in Vol. III.]...

[*1], A–Z⁴, Aa–Zz⁴, Aaa–Zzz⁴, AAaa–ZZzz⁴, AAaaa–ZZzzz⁴, AAAaaa⁴.

pp. 1–927: Text of *Encyclopédie* (MAMMELLE–MYVA).

... TOME ONZIEME... N=PARI... [Ornament: as in Vol. I.]...

[*1], A–Z⁴, Aa–Nn⁴, Oo3, Pp–Zz⁴, Aaa–Zzz⁴, AAaa–YYyy⁴, ZZzz3, AAaaa⁴, (**AAaaa2 & 3 conjugate cancels), BBbbb–ZZzzz⁴, AAAaaa–GGGggg⁴.

pp. 1–963: Text of *Encyclopédie* (N–PARKINSONE).

... TOME DOUZIEME... PARL=POL... [Ornament: as in Vol.III.]...

[*1], A–Z⁴, Aa–Zz⁴, Aaa–Zzz⁴, AAaa–ZZzz⁴, AAaaa–ZZzzz⁴, AAAaaa–EEEeee⁴, FFFfff3.

pp. 1–965: Text of *Encyclopédie* (PARLEMENT–POLYTRIC).

... TOME TREIZIEME ... POM=REGG ... [Ornament: as in Vol. I.] ...

[*1], A–Z⁴, Aa–Zz⁴, Aaa–Zzz⁴, AAaa–IIii⁴, KKkk3, LLll², MMmm–ZZzz⁴, AAaaa–ZZzzz⁴, a², b², [c²], d², e², f², [g²], h3.

pp. 1–914: Text of *Encyclopédie* (POMACIES–REGGIO).

pp. 1–34: Tables pour trouver les Diviseurs des Nombres jusqu'à 100000.

... TOME QUATORZIEME ... REGGI=SEM ... [Ornament as in Vol. III.] ...

[*1], A–Z⁴, Aa–Zz⁴, Aaa–Iii⁴, Kkk5, Lll–Zzz⁴, AAaa–ZZzz⁴, AAaaa–ZZzzz⁴, AAAaaa–CCCccc⁴, DDDddd².

pp. 1–949: Text of *Encyclopédie* (REGGIO–SEMYDA).

... TOME QUINZIEME ... SEN=TCH ... [Ornament: as in Vol. I.] ...

[*1], A–Z⁴, Aa–Zz⁴, Aaa–Zzz⁴, AAaa–ZZzz⁴, AAaaa–EEeee⁴, FFfff3, GGggg–ZZzzz⁴, AAAaaa–DDDddd⁴.

pp. 1–950: Text of *Encyclopédie* (SEN–TCHUPRIKI).

... TOME SEZIEME [*sic*] ... TE=VENERIE ... [Ornament: as in Vol. I.] ...

[*1], A–Z⁴, Aa–Zz⁴, Aaa–Zzz⁴, AAaa–ZZzz⁴, AAaaa–FFfff⁴, GGggg², HHhhh–ZZzzz⁴, AAAaaa–EEEeee⁴, FFFfff3.

pp. 1–953: Text of *Encyclopédie* (TEANUM–VENERIE).
pp. 953–62: Renvoi de la page 872. VÉGÉTATION.

... TOME DIX-SEPTIEME ... VENERIEN=Z ... [Ornament: as in Vol. III.] ...

[*1], A–Z⁴, Aa–Zz⁴, Aaa–Zzz⁴, AAaa–CCcc⁴, DDdd3, EEee–NNnn⁴, OOoo3, PPpp–ZZzz⁴, AAaaa⁴, BBbbb5, CCccc–NNnnn⁴, OOooo3, PPppp–SSsss⁴, TTttt².

pp. 1–750: Text of *Encyclopédie* (VÉNÉRIEN–ZZUÉNÉ).
pp. 751–853: Articles omis.
pp. 855–90: Renvoi de la page 309. VINGTIEME.

D'Hémery observed a discreet silence in his Journal when Vols. VIII–XVII at last appeared. On 28 October 1765 Du Peyrou wrote from Neuchâtel to Rousseau about disposing of the latter's library which included an *Encyclopédie*, 'qui, entre nous, je vous prie, va etre complet d'ici à la fin de l'année. Les dix volumes restans sont actuellement imprimés à Paris, et passeront sous le nom de Fauche qui sera censé les avoir imprimés, ou fait imprimer en Hollande, et à ses fraix. Il prête son nom et paroîtra, tandis que les autres resteront derriere le rideau. Il m'a communiqué ces jours passés son traitté et demandé conseil sur sa conduite' (Dufour 2810).

The distribution, at least to subscribers in the provinces and outside France, seems to have begun before the end of 1765, as on 28 December Voltaire wrote to Damilaville: 'J'espère recevoir dans un mois le gros ballot que Briasson a déjà fait partir' (Best. 12199).

On 15 January 1766 Grimm summed up the situation as follows: '. . . A l'exception de ces volumes de planches, tout le corps de l'ouvrage est entièrement achevé et paraît dans les provinces et en pays étrangers. On prétend qu'il y en a déjà plus de mille exemplaires de distribués, et l'on n'en voit pas un seul dans Paris; les libraires les font tenir aux souscripteurs hors de Paris tant qu'on veut, mais ne se chargent point de procurer aux souscripteurs de Paris leurs exemplaires. Ils attendent que le gouvernement ait accordé une espèce de tolérance à cet égard. Vraisemblablement toute l'Europe sera fournie avant que nous en voyions un seul exemplaire à Paris' (*Corr. litt.*, vol. vi, pp. 476–7). See also Grimm's letter to the Duchess of Saxe-Gotha, written in the same month (ibid., vol. xvi, p. 444): 'Il ne se trouve pas encore un seul exemplaire de ces dix volumes dans le public de Paris. Je n'ai même pu voir celui qu'on a expédié à Votre Altesse sérénissime; on m'a simplement promis qu'il serait exact et complet. Ainsi Votre Altesse en jouira vraisemblablement longtemps avant qu'il soit connu à Paris; et comme on ne peut prévoir ce qui peut être ordonné à l'égard de ce livre en France, je me suis dépêché de le faire expédier à Votre Altesse dès que j'ai su qu'il y avait possibilité.' (For further details about the slow distribution of the last ten volumes of the text see also *Studies*, vol. xxiii, pp. 151–9.)

PLATES

All eleven volumes have the half-title: RECUEIL / DE PLANCHES, / SUR / LES SCIENCES / ET LES ARTS.

RECUEIL / *DE PLANCHES*, / SUR / LES SCIENCES, / *LES ARTS LIBÉRAUX*, / ET / LES ARTS MÉCHANIQUES, / *AVEC LEUR EXPLICATION*. [Ornament: Coat of arms with fleur-de-lis, surmounted by crown and supported by two winged figures.] [rule] Deux cens soixante & neuf Planches, *premiere Livraison*. [rule] A PARIS, /

Chez
{
BRIASSON, *rue Saint Jacques, à la Science.*
DAVID, *rue & vis-à-vis la Grille des Mathurins.*
LE BRETON, Imprimeur ordinaire du Roy, *rue de la Harpe.*
DURAND, *rue du Foin, vis-à-vis la petite Porte des Mathurins.*
}

[double rule] M.DCC.LXII. / *AVEC APPROBATION ET PRIVILEGE DU ROY.*

pp. 1–2: Etat détaillé selon l'ordre alphabétique des 269 Planches de cette premiere Livraison.

pp. 3–4: Distribution des mêmes Planches, selon l'ordre des Sciences, des Arts, & des Métiers.

p. 5: Planches contenues dans le second Volume que l'on donnera incessamment.

p. 6: Certificat de l'Académie. Approbation. Privilege du Roy.

pp. 1–18: Recueil de Planches sur les Sciences, les Arts libéraux, & les Arts méchaniques, avec leur explication. Agriculture et Economie rustique. Plates, etc.

. . . SECONDE LIVRAISON, EN DEUX PARTIES [rule] *PREMIERE PARTIE.* 233 *Planches.* [rule] . . . M.DCC.LXIII . . .

pp. 1–6: Etat détaillé selon l'ordre alphabétique des 434 Planches contenues dans les deux Parties de cette seconde Livraison.

pp. 7–9: Distribution des Planches de ce second Volume, premiere & seconde Parties.

p. 9: Etat par ordre alphabétique des Matieres qui formeront le complet de ce Recueil général.

p. 10: Certificat de l'Académie. Approbation. Privilege du Roi.

pp. 1–2: Recueil de Planches . . . Balancier . . . Plates, etc.

. . . SECONDE LIVRAISON, EN DEUX PARTIES. [rule] *SECONDE PARTIE.* 201 *Planches* [rule] . . . M.DCC.LXIII . . .

pp. 1–2: Charron . . . Plates, etc.

. . . [rule] TROISIEME LIVRAISON, 298 *Planches.* [rule] . . .

Chez { BRIASSON, *rue Saint Jacques, à la Science.*
DAVID, *rue d'Enfer S. Michel.*
LE BRETON, premier Imprimeur ordinaire du Roy, *rue de la Harpe.*

. . . M.DCC.LXV . . .

pp. 1–6: Etat détaillé des Planches contenues dans cette troisieme Livraison.

p. 7: Table des Arts contenus dans cette troisieme Livraison.

p. 8: Certificat de l'Académie. Approbation. Privilege du Roy.

pp. 1–2: Recueil de Planches . . . Ebenisterie-Marqueterie . . . Plates, etc.

. . . [rule] QUATRIEME LIVRAISON, 248 *Planches.* [rule] . . . M.DCC.LXVII . . .

pp. 1–6: Etat détaillé des 248 Planches contenues dans cette quatrieme Livraison, ou cinquieme Volume.

p. 7: Table des Matieres contenues dans cette quatrieme Livraison, ou cinquieme Volume.

p. 8: Certificat de l'Académie. Approbation. Privilege du Roy.

pp. 1–16: Recueil de Planches... Sciences. Mathématiques...
  Plates, etc.

... [rule] CINQUIEME LIVRAISON, ou SIXIEME VOLUME, 294 *Planches.* [rule]... M.DCC.LXVIII...

pp. 1–6: Exposition générale & scientifique des Planches contenues dans ce sixieme Volume.

pp. 7–8: Etat alphabétique des matieres contenues dans ce sixieme Volume (followed by one column by Diderot, including a eulogy of Catherine II).

[unnumbered page]: Avis aux Relieurs.

[unnumbered page]: Certificat de l'Académie. Approbation. Privilege du Roy.

[unnumbered page]: Aoust 1768. Avis aux Souscripteurs (on the increase in price of 5 l. 12 s. for this volume).

pp. 1–13: Recueil de Planches... Histoire Naturelle...
  Plates, etc.

... [rule] SIXIEME LIVRAISON, ou SEPTIEME VOLUME, 259 *Planches.* [rule]...

Chez {BRIASSON, *rue Saint-Jacques, à la Science.*
LE BRETON, premier Imprimeur ordinaire du Roy, *rue de la Harpe* ...

M.DCC.LXIX...

pp. 1–4: Etat alphabétique & détaillé des principaux objets contenus dans ce septieme Volume de Planches.

p. 4: Certificat de l'Académie. (No *Approbation.*) Privilege du Roy.

[one unnumbered page]: Recueil de Planches... Hongroyeur...
  Plates, etc.

... [rule] SEPTIEME LIVRAISON, *ou* HUITIEME VOLUME, 254 *Planches.* [rule]... Chez BRIASSON, *rue Saint Jacques à la Science* ... M.DCC.LXXI...

[one unnumbered page]: Etat des Arts, des Explications & des Planches contenues dans ce huitieme Volume.

[one unnumbered page]: Certificat de l'Académie. Approbation. Privilege du Roi.

pp. 1–2: Recueil de Planches... Miroitier metteur au teint...
  Plates, etc.

... [rule] HUITIEME LIVRAISON, *ou* NEUVIEME VOLUME. 253 *Planches.* [rule]... M.DCC.LXXI...

[one unnumbered sheet, recto]: Etat des Arts, des Explications & des Planches dans ce neuvieme Volume.

[one unnumbered sheet, recto]: Certificat de l'Académie. Approbation. Privilege du Roi. [verso] Avis du Libraire.

pp. 1–2: Recueil de Planches . . . Savonnerie . . . Plates, etc.

. . . [rule] NEUVIEME LIVRAISON, *ou* DIXIEME VOLUME, 337 *Planches.* [rule] . . . M.DCC.LXXII . . .

[one unnumbered page]: Etat des Planches & des Explications relatives aux Arts compris dans ce dixieme Volume.

[one unnumbered page]: Certificat de l'Académie. Approbation. Privilege du Roi.

pp. 1–2: Recueil de Planches . . . Teinture des Gobelins . . . Plates, etc.

. . . [rule] DIXIEME ET DERNIERE LIVRAISON, *ou* ONZIEME ET DERNIER VOLUME, 239 *Planches.* [rule] . . . M.DCC.LXXII . . .

[Colophon at end of volume] De l'Imprimerie de LE BRETON, premier Imprimeur ordinaire du ROI, 1772.

[one unnumbered page]: Etat des Planches & des Explications relatives aux Arts compris dans ce onzieme & dernier Volume.

[one unnumbered page]: Certificat de l'Académie. Approbation. Privilege du Roi.

pp. 1–2: Recueil de Planches . . . Tisserand . . . Plates, etc.

[At end of volume three unnumbered pages]: Table alphabétique des matieres contenues dans les onze Volumes du Recueil de Planches sur les Sciences & les Arts Libéraux & Méchaniques.

[one unnumbered page]: Etat général des Volumes de Discours & de Planches qui completent L'*ENCYCLOPÉDIE*, avec leur prix.

SUPPLÉMENT

Although it was produced by a different editor (Robinet) and a different set of publishers (Panckoucke, Brunet, and Stoupe of Paris and Rey of Amsterdam), the four volumes of text and one of plates have their place here.

Two different titles for Vols. I–IV are found: *Nouveau Dictionnaire, pour servir de Supplément aux Dictionnaires des Sciences, des Arts et des Métiers* and *Supplément à l'Encyclopédie, ou Dictionnaire raisonné des Sciences, des Arts et des Métiers.* The former title is found with volumes bearing the names of all four publishers, and the latter with those bearing the name of Rey only. Volumes of text bearing only Rey's imprint have the half-title: SUPPLÉMENT / À / L'*ENCYCLOPÉDIE* with the number of the volume and the part of the alphabet covered. Those bearing the imprint of all four publishers have the half-title: SUPPLÉMENT / AUX DICTIONNAIRES / DES

SCIENCES, / DES ARTS ET DES MÉTIERS with the number of the volume and the part of the alphabet covered. The volume of plates has the half-title: SUITE DU RECUEIL / DE PLANCHES, / SUR / LES SCIENCES / ET LES ARTS.

The set in the reading room of the Département des Imprimés, Bibliothèque Nationale, bears the names of all four publishers in each of the five volumes. Many sets appear to be mixed. The set described below is that in the University Library, Durham.

None of the volumes has a colophon (they were printed in Paris by Stoupe). There is no sign of either *approbation* or *privilège*, but a *privilège* for Vols. I–IV was granted on 31 December 1775 and for the volume of plates on 27 March 1776 (BN, Ms. Fr. 21967, pp. 94, 122–3).

SUPPLÉMENT / À / *L'ENCYCLOPÉDIE,* / OU / DICTIONNAIRE RAISONNÉ / *DES SCIENCES,* / DES ARTS ET DES MÉTIERS, / *PAR UNE SOCIÉTÉ DE GENS DE LETTRES.* / MIS EN ORDRE ET PUBLIÉ PAR M. ***. / *Tantûm series juncturaque pollet,* / *Tantûm de medio sumptis accedit honoris!* HORAT. / TOME PREMIER. / [Ornament: as in Vol. III of the text of the *Encyclopédie.*] *A AMSTERDAM.* / Chez M. M. REY, Libraire. [double rule with flowers] M.DCC.LXXVI.

pp. i–iv: Avertissement.

p. iv: Explication des lettres & autres marques qui sont à la tête ou à la fin de chaque Article.

pp. 1–926: Text of *Supplément* (A=BLOM-KRABBE).

... TOME SECOND ... M.DCC.LXXVI ...

pp. 1–935: Text of *Supplément* (BOATIUM-CIVITAS=EZZAB).

NOUVEAU / DICTIONNAIRE, / POUR SERVIR DE / *SUPPLÉ-MENT* / AUX DICTIONNAIRES / *DES SCIENCES,* / DES ARTS ET DES MÉTIERS, / ... TOME TROISIEME. [Ornament: Three female figures, one with a lyre, surrounded by olive branches.] *A PARIS,* /

Chez {
PANCKOUCKE, Libraire, rue des Poitevins, à l'Hôtel de Thou.
STOUPE, Imprimeur-Libraire, rue de la Harpe, vis-à-vis la rue S. Severin.
BRUNET, Libraire, rue des Écrivains, cloître S. Jacques de la Boucherie.
}

A AMSTERDAM, / Chez M. M. Rey, Libraire. [double rule] M.DCC.LXXVII. / *AVEC APPROBATION ET PRIVILEGE DU ROI.*

pp. 1–984: Text of Supplément (F=MYXINE).

... TOME QUATRIEME ... M.DCC.LXXVII ...

pp. 1–1094: Text of *Supplément* (NAALOL=ZYGIE).

SUITE DU RECUEIL / *DE PLANCHES*, / SUR / LES SCIENCES, / *LES ARTS LIBÉRAUX*, / ET / LES ARTS MÉCHANIQUES, / *AVEC LEUR EXPLICATION*. [rule] DEUX CENS QUARANTE-QUATRE PLANCHES. [rule] [Ornament: as in Vol. I of the plates of the *Encyclopédie*.] . . . M.DCC.LXXVII . . .

[one unnumbered page] Avertissement.
[one unnumbered page] Etat des Planches contenues dans ce Cinquieme Volume du Supplément.
pp. 1–22: Suite du Recueil de Planches . . . Agriculture et Économie rustique . . .
   Plates.

TABLE

Although it was the work of a man who had no connexion with the *Encyclopédie* proper—Pierre Mouchon (1733–97), a Protestant pastor first in Basle, and then in his native Geneva—it is customary to treat this invaluable reference work along with the 28 volumes of the *Encyclopédie* and the 5 of the *Supplément*, making 35 volumes in all.

The index was first commissioned by Samuel de Tournes who intended to publish it from Geneva (see Chap. II, p. 104). How little eighteenth-century readers were accustomed to handling an encyclopedia is shown by J. H. Meister's comment on the *Table*: 'Le but de cet énorme travail est de rapprocher les articles de l'*Encyclopédie* qui s'éclairent, s'expliquent et se développent mutuellement. Cela était-il donc bien nécessaire?' (*Corr. litt.*, vol. xii, p. 334). The two volumes have the half-title: *TABLE* / ANALYTIQUE ET RAISONNÉE / *DU DICTIONNAIRE* / DES SCIENCES, / *ARTS ET MÉTIERS*, and the number of the volume.

TABLE / *ANALYTIQUE ET RAISONNÉE* / DES MATIERES / *CONTENUES DANS LES XXXIII VOLUMES IN-FOLIO* / DU DICTIONNAIRE / *DES SCIENCES*, / DES ARTS ET DES MÉTIERS, / *ET* / DANS SON SUPPLÉMENT. [double rule] TOME PREMIER. [double rule] [Ornament: as in Vol. III of the set of the *Supplément* described above.] *A PARIS*, / Chez PANCKOUCKE, hôtel de Thou, rue des Poitevins. / *A AMSTERDAM*, / Chez MARC-MICHEL REY. [double rule] M.DCC.LXXX.

[verso of title page] Avertissement.
[inset] Essai d'une distribution généalogique des sciences et des arts principaux. Selon l'Explication détaillée du Système des Connoissances Humaines dans le Discours préliminaire des Editeurs de l'Encyclopédie, publiée par M. Diderot et M. d'Alembert à Paris en 1751. Reduit en cette forme pour découvrir la Connoissance Humaine d'un coup d'œil. Par Chrétien Frédéric Guillaume Roth. A Weimar, 1769.

pp. 1–944: Table (A–HYVOURAHÉ).

. . . [double rule] TOME SECOND. [double rule] [Ornament: Female figure holding sundial with sun and clouds in background, surrounded by olive branches.] . . . M.DCC.LXXX.

[Colophon, p. 907.] A PARIS, de l'Imprimerie de STOUPE, rue de la Harpe, 1780.

pp. 1–903: Table (I–ZYTHIUM).
pp. 904–6: Table des sciences, arts et métiers, contenus dans les douze Volumes de Planches de l'Encyclopédie.
p. 907: Approbation (dated 14 February 1780 and signed by Suard). Privilège du Roi (taken out by Panckoucke and dated 20 October 1779).

II. THE GENEVA FOLIO REPRINT

This edition had a chequered history.[1] After its originator, the Paris publisher, Panckoucke, had been compelled to abandon his plans for a revised edition in favour of a literal reprint, the whole enterprise was brought to a halt in 1770 when the French government stepped in and incarcerated in the Bastille 2,000 copies of the first three volumes of text which had by then been printed. These were not released until 1776, and had to be reprinted in Geneva where Panckoucke was compelled to transfer the printing of the work after he had entered into an agreement with Gabriel Cramer and Samuel de Tournes. The seventeen volumes of text were printed there between 1771 and 1774. Vol. I of the plates had been produced in Paris by the beginning of 1770, when the first three volumes of the text were impounded; the remaining ten volumes were produced in Geneva between 1772 and 1776.

As Professor Watts has shown, there is considerable confusion in library catalogues between this literal reprint and the original Paris edition, as sets of the new version reproduced the title-pages of the original volumes down to the names of the original publishers and the original dates of publication. It is true that some sets in libraries on both sides of the Atlantic contain a number of volumes with the correct imprint and date. For instance, the set in the library of the Literary and Philosophical Society, Newcastle upon Tyne, has four volumes (I, II, III, and IX) which bear on the title-page the words: 'A GENEVE, / Chez CRAMER L'ainé & Compagnie. [double rule] M.DCC.LXXII.' There is a similar set in the British Museum. It is no doubt significant

---

[1] For a fuller account of the history of its publication see the next chapter.

that these particular volumes formed the third instalment of the Geneva edition, published late in 1772.[1]

Over a century and a half ago, as Professor Watts has pointed out, J. C. Brunet's supplement to the *Dictionnaire bibliographique* of Abbé Duclos and C. A. Cailleau made clear some of the obvious differences between these two editions:

> Les 28 premiers volumes ont été réimprimés à Genève, sous la date de l'édition de Paris, mais cette réimpression est très facile à reconnoître; d'abord, au 1ᵉʳ volume du discours, dans lequel, au bas de la 2ᵉ colonne de la page 241, le mot *différence* est imprimé en entier, tandis qu'il ne l'est qu'à moitié dans la première édition; ensuite au tome VIII des planches, dans lequel, en place du portrait de Louis XV, qui se trouvoit à l'article *monnoie* de l'édition de Paris, on a mis celui de Louis XVI, à la contrefaction de Genève.
>
> Cependant, comme malgré ces remarques, on pourroit faire passer l'édition de Genève pour celle de Paris, en y changeant seulement le tome 1ᵉʳ de discours, & le 8ᵉ vol. des planches, il faut se souvenir que dans les vol. de planches de l'édition de Paris, on doit lire à chaque frontispice le mot *livraison*, lequel précède l'indication du nombre de planches contenues dans les volumes; ce mot auquel il faut bien prendre garde, ne se trouve plus dans l'édition de Genève.[2]

While useful for a quick check (especially when dealing with French library assistants, who are often extremely reluctant to fetch from the stacks even the two volumes required for the purpose), these three criteria do not by any means exhaust the differences between the two editions, since, as Professor Watts has indicated, these are found to be innumerable when one gets down to points of detail. On the very title-page of the first seven volumes (those on which the name of D'Alembert appears) one observes that in the Geneva reprint the accent on the word *Mathématique* is missing, and in these same volumes the word *Société* lacks its first accent. There are all manner of differences in the pagination of the preliminary matter and in the collation. There are even minor differences in the text of articles, for instance, in that of Rousseau's ÉCONOMIE POLITIQUE. Many of these differences are, of course, simply due to the fact that the Geneva reprint incorporated in the text a certain number of corrections contained in the *Errata* of the first seven volumes of the first edition.

In the Geneva edition a colophon is to be found only in the first two volumes of the text and the last volume of the plates. In the two sets which I have examined (in the Chapter Library, Durham, and the

---

[1] See Chap. II, pp. 90–1.   [2] *Supplément*, Paris, An X (1802), pp. 147–8.

ENCYCLOPÉDIE,

OU

DICTIONNAIRE RAISONNÉ

DES SCIENCES,

DES ARTS ET DES MÉTIERS,

PAR UNE SOCIÉTÉ DE GENS DE LETTRES.

Mis en ordre & publié par M. *DIDEROT*, de l'Académie Royale des Sciences & des Belles-Lettres de Prusse; & quant à la Partie Mathematique, par M. *D'ALEMBERT*, de l'Académie Royale des Sciences de Paris, de celle de Prusse, & de la Société Royale de Londres.

Tantùm series juncturaque pollet,
Tantùm de medio sumptis accedit honoris ! Horat.

TOME PREMIER.

A PARIS,

Chez

> BRIASSON, *rue Saint Jacques, à la Science.*
> DAVID l'aîné, *rue Saint Jacques, à la Plume d'or.*
> LE BRETON, *Imprimeur ordinaire du Roy, rue de la Harpe.*
> DURAND, *rue Saint Jacques, à Saint Landry, & au Griffon.*

M. DCC. LI.

AVEC APPROBATION ET PRIVILEGE DU ROY.

2. Title-page of the Geneva Folio Edition with false imprint
Chapter Library, Durham

library of the Literary and Philosophical Society, Newcastle upon Tyne) half-titles are rarely present in the volumes of text; but as they are to be found in Vols. I and VII of the first set and in Vols. IV–VII of the second, they may be presumed to have existed for all the volumes. Only Vols. I and VII–IX of the plates in the Durham set have a half-title, but it is to be found in all eleven volumes of the Newcastle set.

Differences between the Geneva edition (= G) and the original edition (= P) are set out below, volume by volume. The set described is the one in the Chapter Library, Durham.

TEXT

VOL. I

Title-pages of Vols. I–VII of G have 'SOCIETÉ' and 'MATHEMATIQUE'. The colophon in G is on p. 914, which is wrongly numbered '714', and Le Breton is described as 'Imprimeur ordinaire du ROI' (compared with 'ROY' in P). The set described lacks the Cochin frontispiece.[1] The collation is identical, except that instead of P's 'AAaaa' etc. G has 'Aaaaa' etc. and lacks the last leaf with Errata and the extra leaf (DDddd 1+1). Errors in pagination in P (125, 242, 557, 542, 448) are corrected in G to '123, 342, 357, 544, 648'.

VOL. II

Colophon of G has 'du ROY' (compared with 'DU ROY' in P). Errors in pagination in P (50, 334) are corrected in G to '30, 134'.

VOL. III

No colophon in G. The 'Errata pour ce Troisieme Volume' which is at the end of the volume in P, has been moved to p. xvi in G as 'Errata pour le Tome III'. Errors in pagination in P (65, 536) have been corrected in G to '59, 636'.

VOL. IV

The new addresses of David and Durand which do not appear until Vol. V of P are inserted in Vol. IV of G. No colophon in G. In the collation G has 'a¹' for P's 'A²'; the *Avertissement des Editeurs* occupies only two pages in G and there is no 'Errata pour le Troisieme Volume', while the 'Errata pour le Quatrieme Volume' is printed on p. 1098. The rest of the collation is identical except that in G Vvv⁴ and Xxx⁴ are perfectly normal. Errors in pagination in P (233, 196, 92) are corrected in G to '223, 296, 892'.

---

[1] It was apparently intended to supply subscribers to the new edition with a free copy of the frontispiece (see Chap. II, p. 107).

VOL. V

No colophon in G. The collation is the same, down to the irregularity caused by the late insertion of the article *ENCYCLOPÉDIE, except that G has 'Aaaa, Aaaaa, Aaaaaa' etc. in place of P's 'AAaa, AAaaa, AAAaaa' etc. Only the 'Errata du Tome Cinquieme' is given in G, under the heading 'Errata pour le Tome V'. G keeps the numeration by folios (633–48) to cover the text of *ENCYCLOPÉDIE, but corrects the errors of pagination in P (759, and 944, 949, 950, 951, 952, 953, 954, 955, 956, 953, 954, 955, 956, 957) to '859, 944–57'.

VOL. VI

No colophon in G. The collation is identical except that in G Yyy⁴, Zzz⁴, and EEee⁴ are perfectly normal and YYyyy has only two leaves. On pp. 927–8 G gives only 'Errata pour le Sixieme Tome'. G corrects errors in pagination in P (350, 490) to '450, 904', but keeps '846, 847, 848, 849, 850, 851, 852, 853, 854, 855, 848, 849, 858, 851, 860, 861' of P, except that the second '851' is corrected to '859'.

VOL. VII

No colophon in G. Collation identical except that G has 'Aaaa, Aaaaa, Aaaaaa' etc. and Oooooo has only two leaves. This last difference is due to the fact that G has only (p. 1025) 'Errata pour le septieme Volume'. G keeps all the oddities of pagination in P, i.e. the use of foliation (from 233 to 248, 1–9) corresponding to the article FOURNEAU (*Chimie philosophique*) which runs from f. 233v. to f. 248–8v.; pp. 451, 452, 453, 454, 451, 452, 453, 454, 455, corresponding to the article GALOP; pp. 457, 458, 463, 464; pp. 550, 555, 556; and pp. 569, 570, 571, 572, 573, 574, 575, 576, 577, 578, 575, 576, 577, 578, 579 (the article GENEVE is printed on pp. 578, 575, 576, 577, 578).

VOL. VIII

Collation identical, except that the Durham copy of P lacks an 'a' for the preliminary matter, and that G has 'Aaaa, Aaaaa, Aaaaaa' etc. and CCCccc as a signature to the last leaf which is blank in P. Errors of pagination in P (386, 224, 436) are corrected in G to '366, 422, 486'.

VOL. IX

Collation identical except that P has FFfff5 and G FFfff⁴, and G has 'Yyyyy–Zzzzz' and 'Aaaaaa–Eeeeee', etc. Errors of pagination in P (355, 670) are corrected to '335, 770'.

VOL. X

Collation identical. G corrects errors in pagination in P (595, 610) to '585, 710', but keeps '55, 56, 59, 60, 65, 66, 65, 66', '328, 331, 330, 331', and '334, 337, 338, 337'.

ENCYCLOPÉDIE,

OU

DICTIONNAIRE RAISONNÉ

DES SCIENCES,

DES ARTS ET DES MÉTIERS,

PAR UNE SOCIÉTÉ DE GENS DE LETTRES.

Mis en ordre & publié par M. *DIDEROT*, de l'Académie Royale des Sciences & des Belles-Lettres de Prusse; & quant à la PARTIE MATHEMATIQUE, par M. *D'ALEMBERT*, de l'Académie Royale des Sciences de Paris, de celle de Prusse, & de la Société Royale de Londres.

Tantùm series juncturaque pollet,
Tantùm de medio sumptis accedit honoris! HORAT.

TOME PREMIER.

A GENEVE,

CHEZ CRAMER L'AINÉ & Compagnie.

M. DCC. LXXII.

---

3. Title-page of the Geneva Folio Edition with Cramer's imprint
Library of the Literary and Philosophical Society, Newcastle upon Tyne

VOL. XI

Collation identical except that where P has 'Oo, Ooii, 1 unsigned' and 'ZZzz, ZZzzii, 1 unsigned', G has 'Oo, Ooii, **Ooii' and 'Zzzz, 1 unsigned, **Zzzzii', and where P has 'AAaaa, **AAaaa, & 1 & 2 unsigned', G has 'Aaaaa, Aaaaaii, 1 & 2 unsigned'. G has 'Aaaa, Aaaaa, Aaaaaa', etc. Errors in pagination in P (113, 114, 335, 336, 796, 797, 798, 842) are corrected in G to '213, 214, 333, 334, 798, 799, 800, 844'. On the other hand the confusion in the pagination around Boucher d'Argis's article PAPE (829–36, corresponding to NNnnn, and 829–36, corresponding to OOooo) is preserved in G except that '**' is added to the page numbers in the second of these gatherings.

VOL. XII

Collation identical except that where P has 'FFFfff, FFFfffii, 1 unsigned', G has 'FFFfff, 1 unsigned, ***FFFfff'. Errors in pagination in P (276, 280, 463, 873) are corrected in G to '275, 278, 563, 883'.

VOL. XIII

Collation identical except that where P has 'KKkk, KKkkii, 1 unsigned', G has 'Kkkk, Kkkkii, **Kkkkiii', and where P has 'a², b², [c²], d², e², f², [g²], h3', G has 'a–h², il'. G also has 'Aaaa, Aaaaa' etc. An error in pagination in P (584) is corrected to '594' in G.

VOL. XIV

Collation identical except that G has 'Aaaa, Aaaaa, Aaaaaa' etc. G corrects errors in pagination in P (257, 373, 374, 375, 376, 377, 378, 379, 380, 778) to '255, 273, 274, 275, 276, 277, 278, 279, 280, 678'.

VOL. XV

Collation identical. Errors in pagination in P (681, 682, 683, 684, 685, 686, 687, 688) are corrected in P to '673–80'.

VOL. XVI

'SEZIEME' on the title-page of P is corrected to 'SEIZIEME' in G. The collation is identical except that G has 'Aaaa, Aaaaa, Aaaaaa' etc. and Ffffff,[4] blank, is present. Errors in pagination in P (105, 106, 527, 528) are corrected in G to '205, 206, 627, 628'.

VOL. XVII

Collation identical except that where P has 'DDdd, DDddii, 1 blank', 'OOoo, OOooii, 1 blank' and 'OOooo, OOoooii, 1 blank', G has 'DDdd, 1 blank, Ddddii', 'OOoo, 1 blank, Ooooii' and 'OOooo, 1 blank, Oooooii'. An error in pagination in P (196) is corrected in G to '198'.

PLATES

VOL. I

The title-page of G has 'LIBERAUX' and 'premier Imprimeur ordinaire'.

VOL. V

On the title-page G has 'CINQUIEME VOLUME' in place of P's 'QUATRIEME LIVRAISON'.

VOL. VI

On the title-page G has 'SIXIEME VOLUME' in place of P's 'CINQUIEME LIVRAISON, ou SIXIEME VOLUME'. It lacks the 'Avis aux Souscripteurs' of P.

VOL. VII

On the title-page G has 'SEPTIEME VOLUME' in place of P's 'SIXIEME LIVRAISON, ou SEPTIEME VOLUME'.

VOL. VIII

On the title-page G has 'HUITIEME VOLUME' in place of P's 'SEPTIEME LIVRAISON, *ou* HUITIEME VOLUME'. In the preliminary matter G has the heading 'Privilege du Roy' where P has 'Roi'.

VOL. IX

On the title-page G has 'NEUVIEME VOLUME' in place of P's 'HUITIEME LIVRAISON, *ou* NEUVIEME VOLUME' and puts on to one page in the preliminary matter the 'Etat des Arts . . . ', 'Certificat de l'Académie', 'Approbation', and 'Privilege'. G again has 'Roy'.

VOL. X

On the title-page G has 'DIXIEME VOLUME' in place of P's NEUVIEME LIVRAISON, *ou* DIXIEME VOLUME'. G again has 'Roy'.

VOL. XI

On the title-page G has 'ONZIEME ET DERNIER VOLUME' in place of P's 'DIXIEME ET DERNIERE LIVRAISON, *ou* ONZIEME ET DERNIER VOLUME'. G again has 'Roy'. (It reproduces faithfully the un-numbered pages at the end of the volume down to Le Breton's colophon.)

So far as the actual plates are concerned, in the agreement which Panckoucke signed with Cramer and De Tournes in 1770, it was stipulated that 'le prix de la retouche de chaque planche demeure fixé à vingt cinq Livres, et sur ce prix Là M.ʳ Pankouke s'engage à faire graver de nouveau, tous les cuivres assez mauvais pour ne pouvoir pas être retouchés, et fournir au moyen de La retouche deux mille bonnes épreuves'.[1] According to the prospectus published from Geneva in February 1771, 'la plûpart des planches ont été refaites, on a conservé celles qui se sont trouvées en état de servir, en les faisant retoucher avec le plus grand soin'.[2]

An examination of the plates of the two editions shows that, except for the change noted by Brunet,[3] the objects portrayed are identical. On a few occasions the engravings in the Paris edition are reversed in the Geneva reprint.[4] Otherwise, at any rate to the untutored eye, the plates of the two printings are indistinguishable except for the engraver's signature which often varies between the two editions. The greatest differences in this respect are to be found in the first three volumes of the two editions. The reason for this is simple. Whereas in the Paris edition the earlier volumes contain a variety of engravers' signatures and a considerable number of plates are unsigned, in the later volumes the signature of Robert Bénard becomes increasingly frequent until in Vols. VIII–XI virtually all of them bear the words *Benard fecit*; and in the Geneva edition his name is to be found with rare exceptions[5] from beginning to end of the eleven volumes.

III. THE LUCCA FOLIO EDITION

Text. 17 volumes, 1758–71.
Plates. 11 volumes, 1765–76.

It was the publication of the first two volumes of this edition in 1758 which called forth the Papal condemnation of the whole enterprise in Clement XIII's *Damnatio et prohibitio operis in plures Tomos distributi, cujus est titulus: Encyclopédie*, dated 3 September 1759. After stating that, because of the danger which it presented for religion and morality, the *Encyclopédie* had already been placed on the *Index* in the

---

[1] Article 5 (see Chap. II, p. 69).
[2] See Chap. II, p. 75.
[3] i.e. Vol. VIII, *Monnoyage*, pl. xviii, figs. 1 and 3, where the head of Louis XV is replaced by that of Louis XVI in the Geneva edition.
[4] Vol. VI, *Minéralogie*, *Iere Collection*, pl. xi, the top four engravings; ibid., pl. xii, the top three engravings; and Vol. IX, *Serrurerie*, pl. xvii.
[5] e.g. in Vol. II *Caracteres et Alphabets de Langues mortes et vivantes* (25 plates) and *Ecriture* (pls. iv–xvii); in Vol. III *Caracteres de Chymie* (pls. i, ii), *Dessein* (pls. i, xx, xxi, and xxii); in Vol. IV a large number of plates on *Escrime, Forges*, and *Horlogerie*; in Vol. VII *Imprimerie en Caracteres* (pls. iv and v) and the seventeen plates of *Musique*; and in Vol. XI there is no engraver's signature on *Rubanier* (pl. ix) in either edition.

previous March, the document goes on to refer to the new edition being produced on Italian soil:

Cependant il s'est trouvé quelques personnes qui pensant que l'on rendroit service à la République des Lettres, & même à la Chrétienté, si après avoir purgé cet ouvrage des erreurs dont il est rempli, on en donnoit une nouvelle Edition corrigée, ont entrepris d'y travailler, & se sont flattées d'avoir remédié à tout danger & à tout mal par des Notes ajoutées à certains articles. Mais le venin répandu dans tout l'ouvrage n'étant pas de nature à pouvoir être emporté par quelques lénitifs, ces personnes n'ont point réussi, elles ont perdu leur tems & leur travail. On s'est bientôt apperçu que la seconde Edition n'étoit pas suffisamment purgée & corrigée, & qu'on n'en avoit pas supprimé tout ce qui pouvoit être dangereux ou nuisible aux lecteurs.[1]

The notes to this reprint, which was edited by Ottaviano Diodati (1716–86),[2] are fairly numerous. They range from one-line corrections of errors in the Paris edition to substantial additions to articles and to supplying articles which are lacking in the original text. On occasion an article or part of an article is refuted. Thus, in the first volume, to Yvon's article ADULTERE is added a long note defending the celibacy of priests, while the same contributor's AME is the subject of a series of longish annotations.

The publication of the Lucca edition was spread over a considerably longer period of years than that of any of the other reprints. The gap in the publication of the Paris edition between 1757 and 1765 inevitably held up that of the reprint; Vols. I–VII of the text were brought out between 1758 and 1760, but obviously a start could not be made with Vol. VIII until the last ten volumes of text of the original edition appeared at the end of 1765. Publication of Vol. VIII—with the names of Diderot, D'Alembert, and Diodati replaced by asterisks and without either the name of the publisher or the place of publication—followed promptly in 1766, but the last two volumes of text did not appear until 1771. The volumes of plates began to appear in 1765, three years after the publication of the first volume of the Paris edition; and the last volume of plates of the Lucca edition was not issued until 1776. Even allowing for the inevitable break in the middle of the enterprise, this edition was brought out at a very slow rate. Although it was begun twelve years before the Leghorn reprint, it was only brought to completion two years before the last of the twenty-eight volumes of the latter edition appeared in 1778.

---

[1] p. 2.
[2] See S. Bongi. 'L'Enciclopedia in Lucca' (*Archivo Storico Italiano*, 1873, pp. 64–90).

Some light is thrown on the slow progress of the work by an *Avviso ai letterati per la Enciclopedia che ristampasi in Lucca*, issued in Italian and French by the publisher, Giuntini, on 28 February 1771.[1] Although he gives a solemn undertaking to reprint the *Supplément* as soon as it appeared with corrections and additions, and even speaks airily of producing an index in the course of time, neither of these was ever published in Lucca. While he speaks of 'l'applaudissement universel que mon édition a eu dans toutes les villes d'Italie, dans les villes ultra-montaines & spécialement dans celles de France', it is obvious that he still had copies on his hands of which he was anxious to dispose. Naturally this point is put very tactfully:

Si jamais personne, à la vue de tant de volumes, étant tous déjà finis, se trouvoit effrayé, ne pouvant, sans s'incommoder, débourser d'un seul coup tout le montant du prix; je veux bien, quoiqu'il me reste peu d'exemplaires, continuer à me prêter, pour l'avantage commun & pour ma gloire, à la facilité d'un honnête délai, à la charge, bien entendu d'une bonne & solvable cau-tion; c'est tout ce qui [sic] je peux faire. Je n'entends cependant faire ce plaisir qu'à qui me le demandera dans le cours de cette année.

The expression, 'tant de volumes . . . tous déjà finis', is in keeping with the somewhat optimistic tones in which the *Avviso* presents the slow pace at which the publication of the edition was proceeding:

On peut dire que mon édition est déjà terminée, puisque le XVI. tome des caracteres est déjà donné au jour, & que le XVII. & dernier est sous la presse. MM. les Associés l'auront au mois de Juillet prochain. On ne tardera non plus à finir les tomes des Planches. Cinq ont déjà vu le jour; le sixieme est presque achevé, & l'on mettra tout de suite la main à l'œuvre au septieme. Il ne restera plus que le huitieme & dernier tome que les Editeurs françois n'ont pas encore publié.

If, assuming that one can accept the date on the title-page of Vol. XVII as being accurate, the promise to produce the last volume of the text in 1771 was fulfilled, the plates were much longer in appearing. This was no doubt largely due to the fact that the Paris publishers ended up by producing eleven volumes instead of eight; but altogether one forms the impression that the Lucca reprint was not a particularly flourishing enterprise.

---

[1] A copy is bound in at the beginning of Vol. XVII of the complete set of this edition which is to be found in the library of Somerville College, Oxford, the one described here. Sets of this edition appear to be rare in both England and France, except in Oxford where the seventeen volumes of text are also to be found in the library of Brasenose College. The set in the Bibliothèque Nationale is very far from complete.

TEXT

There is no colophon in any of the seventeen volumes; all of them have a half-title, that in Vols. II–XVII indicating the part of the alphabet covered.

ENCYCLOPÉDIE, | OU | DICTIONNAIRE RAISONNÉ | DES SCIENCES, | DES ARTS ET DES MÉTIERS. | *PAR UNE SOCIÉTÉ DE GENS DE LETTRES.* | Mis en ordre & publié par M. *DIDEROT*, de l'Académie Royale des Sciences & des Belles-Lettres | de Prusse; & quant à la *PARTIE MATHÉMATIQUE*, par M. *D'ALEMBERT*, de l'A- | cadémie Royale des Sciences de Paris, de celle de Prusse, & de la Société Royale de Londres. | *Tantum series juncturaque pollet,* | *Tantum de medio sumptis accedit honoris!* HORAT. | TOME PREMIER. | Seconde Edition enrichie de notes, & donnée au Public | *PAR M. OCTAVIEN DIODATI NOBLE LUCQUOIS.* | [Ornament: Female figure with quill and MS., male figure holding wand, male figure with lute, two children, bush and, in background, temple. Signature: 'DOM PALADINI INV. CAR. GREGORY SC.'] A LUCQUES | Chez VINCENT GIUNTINI Imprimeur [double rule] M.DCC.LVIII. | *AVEC APPROBATION.*

[4 unnumbered pages] Au Senat de la Serenissime République de Lucques (signed by Octavien Diodati).

p. i: Avertissement de Vincent Giuntini Imprimeur:
   ... Le lecteur trouvera en divers endroits des notes de la façon de différens savans, dont, outre les siennes M. Diodati Gentil-homme de Lucques a procuré d'enrichir cet ouvrage. ... Les notes dans les Tomes suivants seront plus nombreuses & plus intéressantes. ... Les auteurs des notes seront ... désignés au bas de la page par la lettre initiale de leur nom. On aura tout le scrupule imaginable de ne point alterer le texte françois, comme on pourra s'en convaincre par la collation de ce Volume. ...

p. ii: Marque des Auteurs des notes de ce Tome.
   (*D*) M. Octavien Diodati; (*G*) M. Charles Giulani, Officier dans les Troupes de la République de Lucques; (*M*) Le Pere Jean Dominique Mansi de la Congregation de la Mere de Dieu; (*N*) Le Pere Abbé D. Ubald de' Nobili, Chanoine Régulier de la Congregation de Latran; (*P*) M. Sébastien Paoli, Docteur en Philosophie & Medecine; (*S*) M. Sébastien Donati, Recteur de l'Eglise de Saint Concorde; (*V*) Mgr. Philippe Venuti, Grand Prevot de l'Eglise de Livourne.

pp. i–li: Discours Preliminaire des Editeurs.
p. lii: Avertissement.
[inset] Systeme figuré des connoissances humaines.
pp. liii–lvii: Explication détaillée du systeme des connoissances humaines.
pp. lviii–lx: Observations sur la division des sciences du chancelier Bacon.

ENCYCLOPÉDIE,

O U

DICTIONNAIRE RAISONNÉ

DES SCIENCES,

DES ARTS ET DES MÉTIERS.

PAR UNE SOCIÉTÉ DE GENS DE LETTRES.

Mis en ordre & publié par M. *DIDEROT*, de l'Académie Royale des Sciences & des Belles-Lettres de Pruſſe ; & quant à la *PARTIE MATHÉMATIQUE*, par M. *D'ALEMBERT*, de l'Académie Royale des Sciences de Paris, de celle de Pruſſe, & de la Société Royale de Londres.

Tantum ſeries juncturaque pollet,
Tantum de medio ſumptis accedit honoris ! HORAT.

TOME PREMIER.

Seconde Edition enrichie de notes, & donnée au Public
PAR M. OCTAVIEN DIODATI NOBLE LUCQUOIS.

A LUCQUES

Chez VINCENT GIUNTINI Imprimeur

M. DCC. LVIII.
AVEC APPROBATION.

4. Title-page of the Lucca Folio Edition
Library of Somerville College, Oxford

pp. 1–777: Text of *Encyclopédie* (A–AZYMITES).
[one unnumbered page] List of corrections.

... TOME SECOND ... M.DCC.LVIII ...

pp. i–ii: Avertissement des Editeurs.
pp. 1–739: Text of *Encyclopédie* (B–CEZE, LA).
p. 739: Errata pour le 1. volume.
p. 740: Noms des Auteurs. Marque des Auteurs des Notes de ce Tome: (*D*), (*G*), (*M*), (*P*), (*V*), as in Vol. I; in addition, (*L*) D. Sébastien Sacchetti, Chan. Reg. de la Congrégation du Rhin. (*Z*) M. Laurent Nicoletti.

... TOME TROISIEME ... M.DCC.LIX ...

pp. i–xvi: Avertissement des Editeurs.
p. xvi: Noms des Personnes qui ont fourni des articles ou des secours par [*sic*] ce Volume, & le [*sic*] suivans.
p. xvii: M. Octavien Diodati aux Savans.
pp. xviii–xxv: Supplement de notes au premier tome. (p. xxv) Au second tome. (pp. xxv–xxvii) Au troisieme tome.
pp. 1–750: Text of *Encyclopédie* (CHA–CONSECRATION).
p. 750: Marque des Auteurs.
p. 751: Marque des Auteurs des notes de ce Tome: (*D*), (*G*), (*L*), (*M*), (*P*), (*S*), (*V*), as in Vol. II; in addition, (*O*) Mgr. Jean François Orsucci, Prieur de l'Eglise de S. Alexandre Maieur.

... TOME QUATRIEME ... M.DCC.LIX ...

pp. i–iii: Avertissement des Editeurs.
p. iv: Noms des Auteurs des Notes de ce Tome: (*D*), (*L*), (*M*), (*P*), (*V*), as in Vol. III; in addition, (*B*) D. Jacques Antoine Biagini. (*J*) D. Jacques Menchini. (*W*) Le Pere W. Cordelier. Errata.
pp. v–x: Supplément de Notes au Premier Tome. Au Second Tome. Au Troisieme Tome. Au Quatrieme Tome.
pp. 1–911: Text of *Encyclopédie* (CONSEIL–DIZIER, SAINT).

... TOME CINQUIEME ... M.DCC.LIX ...

pp. i–ii: Avertissement des Editeurs.
pp. iii–xx: Eloge de M. le Président de Montesquieu.
pp. 1–857: Text of *Encyclopédie* (DO–ESYMNETE).
p. 857: Errata.

... TOME SIXIEME ... M.DCC.LX ...

pp. i–vi: Avertissement des Editeurs.
pp. vi–viii: Noms des personnes qui ont fourni des Articles ou des secours pour ce Volume & pour le suivant.

p. viii: Noms des Auteurs.
pp. 1–780: Text of *Encyclopédie* (ET–FNÉ).
p. 781: Errata.

... TOME SEPTIEME ... M.DCC.LX ...

pp. i–xv: Eloge de M. Du Marsais.
pp. xv–xvi: Noms des Auteurs qui ont fourni des Articles pour ce Volume.
p. xvii: Marques des Auteurs.
pp. 1–886: Text of *Encyclopédie* (FOANG–GYTHIUM).

ENCYCLOPÉDIE, / OU / DICTIONNAIRE RAISONNÉ / DES SCIENCES, / DES ARTS ET DES MÉTIERS, / *PAR UNE SOCIÉTÉ DE GENS DE LETTRES.* / Mis en ordre & publié par M. **, de l'Académie Royale des Sciences & des Belles-Lettres de / Prusse; & quant à la *PARTIE MATHÉMATIQUE,* par M. **, de l'Académie Royale / des Sciences de Paris, de celle de Prusse, & de la Société Royale de Londres. / *Tantum series juncturaque pollet,* / *Tantum de medio sumptis accedit honoris!* HORAT. / TOME HUITIEME. / Seconde Edition enrichie de notes, & donnée au Public / *PAR M.* *** [Ornament: as in Vol. I.] M.DCC.LXVI. [double rule] *AVEC APPROBATION.*

pp. i–iv: Avertissement.
pp. 1–775: Text of *Encyclopédie* (H–ITZEHOA).
[facing p. 774]: Tableau des mesures itinéraires anciennes.

... TOME NEUVIEME ... M.DCC.LXVII ...

pp. 1–774: Text of *Encyclopédie* (JU–MAMIRA).

... TOME DIXIEME ... M.DCC.LXVII ...

pp. 1–740: Text of *Encyclopédie* (MAMMELLE–MYVA).

... TOME ONZIEME ... M.DCC.LXVIII ...

pp. 1–776: Text of *Encyclopédie* (N–PARKINSONE).

... TOME DOUZIEME ... M.DCC.LXIX ...

pp. 1–777: Text of *Encyclopédie* (PARLEMENT–POLYTRIC).

... TOME TREIZIEME ... M.DCC.LXIX ...

pp. 1–737: Text of *Encyclopédie* (POMACIES–REGGIO).
p. 1–34: Table pour trouver les Diviseurs des Nombres jusqu'à 100000.

... TOME QUATORZIEME ... M.DCC.LXX ...

pp. 1–808: Text of *Encyclopédie* (REGGIO–SEMYDA).

... TOME QUINZIEME ... M.DCC.LXX ...

pp. 1–806: Text of *Encyclopédie* (SEN–TCHUPRIKI).

... TOME SEIZIEME ... M.DCC.LXXI ...

pp. 1–819: Text of *Encyclopédie* (TEANUM–VENERIE).
pp. 819–27: Renvoi de la page 749. VÉGÉTATION.

... TOME DIX-SEPTIEME ... M.DCC.LXXI ...

pp. 1–649: Text of *Encyclopédie* (VÉNÉRIEN–ZZUÉNÉ).
pp. 651–731: Articles omis.
pp. 733–64: Renvoi de la page 264. VINGTIEME.

PLATES

All eleven volumes of plates have the half-title: 'PLANCHES / POUR / L'ENCYCLOPÉDIE' and the number of the volume.

PLANCHES / POUR / *L'ENCYCLOPÉDIE* / OU / POUR LE DICTIONNAIRE RAISONNÉ / DES SCIENCES / *DES ARTS LIBÉRAUX,* / ET / DES ARTS MÉCHANIQUES / *AVEC LEUR EXPLICATION.* / Tome Premier. / [rule] Qui comprend les deux cent soixante & neuf Planches, / *De la Premiere Livraison.* [rule] SECONDE EDITION. [Ornament: Urn with spray and ornamental surround.] A LUCQUES / Chez VINCENT GIUNTINI Imprimeur. [double rule] MDCCLXV. / *AVEC APPROBATION.*

p. i: Etat par ordre alphabétique des Matieres qui formeront le complet de ce Recueil général.
p. ii: Avis aux Relieurs.
pp. iii–v: Etat détaillé selon l'ordre alphabétique des 269 Planches de cette premiere Livraison.
pp. vi–vii: Distribution des mêmes Planches, contenues dans le premier Volume selon l'ordre des Sciences, des Arts, & des Métiers.
pp. 1–18: Recueil de Planches ... Agriculture & Economie rustique.
Plates, etc.

... Tome Second. [rule] Qui comprend Planches 233. / *Premiere Partie de la Seconde Livraison.* [rule] ... MDCCLXVI ...

[one unnumbered sheet, recto] Avis aux Relieurs.
pp. 1–6: Etat selon l'ordre alphabétique des 434 Planches des deux Parties de cette seconde Livraison contenues dans ce Tome, & dans le suivant.
pp. 7–9: Distribution des Planches de la premiere partie de la seconde livraison contenue dans ce second Tome, & de la seconde partie contenue dans le troisieme.

pp. 1–2: Recueil de Planches . . . Balancier . . .
  Plates, etc.

  . . . Tome Troisieme. [rule] Qui contient Planches 202. | *Seconde Partie de la seconde Livraison.* [rule] . . . MDCCLXVII . . .

[one unnumbered sheet, recto] Avis aux Relieurs.
pp. 1–2: Charron.
  Plates, etc.

  . . . Tome Quatrieme. [rule] Qui contient Planches 299. | *Troisieme Livraison.* [rule] . . . MDCCLXVIII . . .

[one unnumbered sheet, recto] Avis aux Relieurs.
pp. 1–6: Etat détaillé des Planches contenues dans cette troisieme Livraison.
p. 7: Table des Arts contenus dans cette troisieme Livraison.
pp. 1–2: Recueil de Planches . . . Ébénisterie-Marqueterie . . .
  Plates, etc.

  . . . Tome Cinquieme. [rule] Qui contient Planches 248. | *Quatrieme Livraison.* [rule] [Ornament: Head and ornamental surround with fruit and flowers, and, in the middle, a fleur-de-lis.] . . . MDCCLXIX . . .

[one unnumbered sheet, recto] Avis aux Relieurs.
pp. 1–6: Etat détaillé des 248 Planches contenues dans cette quatrieme Livraison, ou cinquieme Volume.
[one unnumbered sheet, recto] Table des Matieres contenues dans cette quatrieme Livraison, ou cinquieme Volume.
pp. 1–14: Recueil de Planches . . . Sciences. Mathématiques.
  Plates, etc.

  . . . Tome Sixieme. [rule] Qui comprend Planches 294. | *Cinquieme Livraison.* [rule] MDCCLXX . . .

[one unnumbered sheet, recto] Avis aux Relieurs.
pp. 1–2: Etat alphabétique des matieres contenues dans ce sixieme Volume.
pp. 1–6: Exposition générale & scientifique des Planches contenues dans ce sixieme Volume.
pp. 1–12: Recueil de Planches . . . Histoire Naturelle.
  Plates, etc.

  . . . Tome Septieme. [rule] Qui contient Planches 259. | *Sixieme Livraison.* [rule] . . . MDCCLXXII . . .

pp. 1–3: Etat alphabétique & détaillé des principaux objets contenus dans ce septieme Volume de Planches.
[one unnumbered sheet, recto] Recueil de Planches . . . Hongroyeur . . .
  Plates, etc.

. . . Tome Huitieme. [rule] Qui comprend Planches 254. / *Septieme Livraison*. [rule] . . . MDCCLXXIII . . .

[one unnumbered sheet, recto] Etat des Arts, des Explications & des Planches contenues dans ce huitieme Volume.
pp. 1–2: Recueil de Planches . . . Miroitier metteur au teint . . .
    Plates, etc.

. . . Tome Neuvieme. [rule] Qui comprend Planches 253. / *Huitieme Livraison*. [rule] . . . MDCCLXXIII . . .

[one unnumbered sheet, recto] Etat des Arts, des Explications & des Planches contenues dans ce neuvieme Volume.
[one unnumbered sheet, recto] Avis.
pp. 1–2: Recueil de Planches . . . Savonnerie . . .
    Plates, etc.

. . . Tome Dixieme. [double rule] Qui comprend Planches 337. / *Neuvieme Livraison*. [double rule] . . . [Ornament: Jar of flowers on stand with ornamental surround.] . . . MDCCLXXV . . .

[one unnumbered sheet, recto] Etat des Planches & des Explications relatives aux Arts compris dans ce dixieme Volume.
pp. 1–2: Recueil de Planches . . . Teinture des Gobelins . . .
    Plates, etc.

. . . Tome Onzieme. [double rule] Qui comprend Planches 239. / *Dixieme & Derniere Livraison*. [double rule] . . . MDCCLXXVI . . .

[facing title page] Frontispice de l'Encyclopédie (Cochin engraving).
[one unnumbered sheet, recto] Frontispice de l'Encyclopédie.
[one unnumbered sheet, recto] Explication du frontispice de l'Encyclopédie.
pp. 1–2: Recueil de Planches . . . Tisserand . . .
    Plates, etc.

IV. THE LEGHORN FOLIO EDITION

Text. 17 volumes, 1770–5.
Plates. 11 volumes, 1771–8.
Supplément. 5 volumes, 1778–9.

The second Italian edition, published not far from Lucca, in Tuscany, was dedicated to its Grand Duke, a brother of Marie Antoinette, who in 1790 was to succeed Joseph II as Emperor under the title of Leopold II. During his years in Tuscany he ruled as an enlightened despot, although as Emperor he was to retreat from the policy of reforms inaugurated by his brother and was on the point of becoming embroiled in a war with revolutionary France when he died in 1792.

It is somewhat paradoxical that this edition should have appeared with his active encouragement at the very time when Panckoucke and his partners were not allowed to produce a reprint in France.

The seventeen volumes of text contain a substantial number of notes, some of which are taken over from the Lucca edition.[1]

TEXT

There is no colophon to any of the seventeen volumes; all of them have a half-title, that in Vols. II–XVII indicating the part of the alphabet covered.

ENCYCLOPÉDIE, | OU | DICTIONNAIRE RAISONNÉ | DES SCIENCES, | DES ARTS ET DES MÉTIERS, | *PAR UNE SOCIÉTÉ DE GENS DE LETTRES.* | Mis en ordre & publié par M. *DIDEROT*, de l'Académie Royale des Sciences & des Belles-Lettres | de Prusse; & quant à la PARTIE MATHÉMATIQUE, par M. *D'ALEMBERT*, de l'Académie | Royale des Sciences de Paris, de celle de Prusse & de la Société Royale de Londres. | *Tantum series juncturaque pollet,* | *Tantum de medio sumptis accedit honoris!* HORAT. | TROISIÉME ÉDITION ENRICHIE DE PLUSIEURS NOTES | DÉDIÉE | *À SON ALTESSE ROYALE* | MONSEIGNEUR L'ARCHIDUC | PIERRE LÉOPOLD | PRINCE ROYAL DE HONGRIE ET DE BOHEME, ARCHIDUC D'AUTRICHE, | GRAND-DUC DE TOSCANE &c. &c. &c. [rule] TOME PREMIER [Ornament: Landscape with, on the right, Mercury with caduceus and the inscription: 'SEMPERQUE NOVO PURISSIMA LAPSU' and the signature 'G.L.F.'] À LIVOURNE | DANS L'IMPRIMERIE DE LA SOCIÉTÉ [double rule] M.DCC.LXX. | *AVEC APPROBATION.*

Frontispiece with engraved portrait of the Archduke, signed 'Philippus Bracci inv. et del. Romae', and with the inscription 'Petrus Leopoldus Princeps Reg. Hung. et Boem. Arc. Austriae Mag. Dux Etruriae &&&.'

[2 unnumbered pages] Coat of arms, followed by the dedication:

À Son Altesse Royale Monseigneur l'Archiduc Pierre Léopold Grand-Duc de Toscane &c. &c. &c.

MONSEIGNEUR,

La Toscane a toûjours été la patrie ou l'azile des Sciences & des Arts, & les talents, qui n'y ont pas pris naissance, y ont souvent reçu leur perfec-

---

[1] Copies of this edition are hard to come by in English and French libraries. There is an incomplete set in the library of the Literary and Philosophical Society, Newcastle upon Tyne. The set described here—that in the Brotherton Library, Leeds—is complete but for the volume of plates of the *Supplément*. I am indebted to Professor Franco Venturi for a microfilm of the title-page and preliminary matter of the missing volume which was sent me through his good offices from Leghorn by Signor Furio Diaz.

ENCYCLOPÉDIE,

OU

DICTIONNAIRE RAISONNÉ

DES SCIENCES,

DES ARTS ET DES MÉTIERS,

PAR UNE SOCIÉTÉ DE GENS DE LETTRES.

Mis en ordre & publié par M. *DIDEROT*, de l'Académie Royale des Sciences & des Belles-Lettres de Prusse ; & quant à la PARTIE MATHÉMATIQUE, par M. *D'ALEMBERT*, de l'Académie Royale des Sciences de Paris, de celle de Prusse, & de la Société Royale de Londres.

Tantum series juncturaque pollet,
Tantum de medio sumptis accedit honoris! HORAT.

TROISIÉME ÉDITION ENRICHIE DE PLUSIEURS NOTES

DÉDIÉE

À SON ALTESSE ROYALE

MONSEIGNEUR L'ARCHIDUC

PIERRE LÉOPOLD

PRINCE ROYAL DE HONGRIE ET DE BOHEME, ARCHIDUC D'AUTRICHE,

GRAND-DUC DE TOSCANE &c. &c. &c.

TOME PREMIER.

À LIVOURNE

DANS L'IMPRIMERIE DE LA SOCIÉTÉ

M. DCC. LXX.

AVEC APPROBATION.

5. Title-page of the Leghorn Folio Edition
Library of the Literary and Philosophical Society, Newcastle upon Tyne

tion. Tel est, MONSEIGNEUR, l'heureux effet de la protection, que les souverains accordent aux muses; & si les lauriers qu'elles cultivent à l'ombre du trône s'élevent plus haut que les autres, c'est pour couronner d'eux mêmes les princes bienfaisants qui y sont assis. Il ne paroîtra donc pas surprenant au monde littéraire que du sein d'une ville, dont les habitants ne devroient naturellement aimer & connoître que la science des nombres, il sorte sous Votre Protection Royale une nouvelle édition de l'ouvrage le plus capable d'étendre les connoissances des hommes pour l'avantage de l'humanité. C'est ainsi que le Pirée profitoit des leçons de la Portique. Sous quels heureux auspices pouvoit paroître dans vos états ce corps de lumieres, où chacun allant puiser celles qui lui manquent, y trouvera celles dont le Ciel a doué Votre Altesse Royale! Daignez en agréer l'hommage, MONSEIGNEUR, & reconnoître dans notre empressement à vous l'offrir les sentiments du plus profond respect, avec le quel nous sommes, MONSEIGNEUR,

De Votre Altesse Royale
Les très-humbles, très-obéissants,
& très-soumis sujets & serviteurs
Les Editeurs.

[inset] Système figuré des connoissances humaines.
pp. i–xlii: Discours préliminaire des Éditeurs.
p. xliii: Avertissement.
pp. xliv–xlvii: Explication détaillée du système des connoissances humaines.
pp. xlviii–xlix: Observations sur la division des sciences du chancelier Bacon.
pp. 1–872: Text of *Encyclopédie* (A–AZYMITES).

. . . TROISIÉME ÉDITION ENRICHIE DE PLUSIEURS NOTES, / TOME SECOND. [Ornament: Urn with flowers and sprays.] . . . M.DCC.LXXI . . .

pp. i–ii: Avertissement des Editeurs.
pp. 1–838: Text of *Encyclopédie* (B–CEZIMBRA).
pp. 838–40: Supplément à ce second volume tiré du 17e volume de l'édition de Paris.
pp. 840–3: Additions reçues apres coup.
pp. 845–6: Errata pour le premier Volume.

. . . TOME TROISIEME . . . M.DCC.LXXI . . .

pp. i–xiv: Avertissement des Editeurs.
p. xiv: Noms des Personnes qui ont fourni des articles ou des secours pour ce Volume, & les suivans.
pp. 1–852: Text of *Encyclopédie* (CHA–CONSECRATION).
p. 853: Suite de la Marque des Auteurs. Addition.

... TOME QUATRIEME ... M.DCC.LXXII ...

pp. i–ii: Avertissement des Editeurs.
pp. 1–1004: Text of *Encyclopédie* (CONSEIL–DIZIER, SAINT).
pp. 1004–5: Additions.

... TOME CINQUIEME ... M.DCC.LXXII ...

pp. i–ii: Avertissement des Editeurs.
pp. iii–xvi: Eloge de M. le Président de Montesquieu.
pp. 1–944: Text of *Encyclopédie* (DO–ESYMNETE).

... TOME SIXIEME ... M.DCC.LXXII ...

pp. i–v: Avertissement des Editeurs.
pp. vi–vii: Noms des Personnes qui ont fourni des Articles ou des secours
pour ce Volume & pour le suivant.
p. viii: Noms des Auteurs.
pp. 1–866: Text of *Encyclopédie* (ET–FNÉ).

... TOME SEPTIEME ... M.DCC.LXXIII ...

pp. i–xii: Eloge de M. Du Marsais.
pp. xii–xiii: Noms des Auteurs qui ont fourni des Articles pour ce Volume.
p. xiii: Marques des Auteurs.
pp. 1–993: Text of *Encyclopédie* (FOANG–GYTHIUM).
p. 993: Additions.

... TOME HUITIEME ... M.DCC.LXXIII ...

[two unnumbered pages] Avertissement des Editeurs.
pp. 1–854: Text of *Encyclopédie* (H–ITZEHOA).
[inset, facing p. 853]: Tableau des Mesures itinéraires anciennes.

... TOME NEUVIEME ... M.DCC.LXXIII. ...

pp. 1–867: Text of *Encyclopédie* (JU–MAMIRA).

... TOME DIXIEME ... M.DCC.LXXIII. ...

pp. 1–845: Text of *Encyclopédie* (MAMMELLE–MYVA).

... TOME ONZIEME ... M.DCC.LXXIV. ...

pp. 1–887: Text of *Encyclopédie* (N–PARKINSONE).

... TOME DOUZIEME ... M.DCC.LXXIV. ...

pp. 1–885: Text of *Encyclopédie* (PARLEMENT–POLYTRIC).
pp. 885–6: Supplément à l'article de PALERME.

... TOME TREIZIEME ... M.DCC.LXXIV. ...

pp. 1–846: Text of *Encyclopédie* (POMACIES–REGGIO).

pp. 846–7: Supplément à l'article POU.

pp. 1–34: Table pour trouver les Diviseurs des Nombres jusqu'à 100000.

... TOME QUATORZIEME ... M.DCC.LXXV. ...

pp. 1–808: Text of *Encyclopédie* (REGGIO–SEMYDA).

... TOME QUINZIEME ... M.DCC.LXXV. ...

pp. 1–908: Text of *Encyclopédie* (SEN–TCHUPRIKI).
p. 908: Addition to note on PALERME (see Vol. XII).

... TOME SEIZIEME ... M.DCC.LXXV. ...

pp. 1–920: Text of *Encyclopédie* (TEANUM–VENERIE).

... TOME DIX-SEPTIEME ... M.DCC.LXXV. ...

pp. 1–759: Text of *Encyclopédie* (VÉNÉRIEN–ZZUENÉ).
p. 759: Supplément à l'article CIMENT.

PLATES

All eleven volumes have the half-title: RECUEIL / DE PLANCHES /
SUR / LES SCIENCES / ET LES ARTS.

RECUEIL / DE PLANCHES, / SUR / LES SCIENCES, / LES ARTS
LIBÉRAUX, / ET / LES ARTS MÉCHANIQUES, / *AVEC LEUR EX-
PLICATION.* / TROISIEME ÉDITION / *DÉDIÉE* / À SON ALTESSE
ROYALE / PIERRE LEOPOLD / ARCHIDUC D'AUTRICHE,
PRINCE ROYAL DE HONGRIE ET DE BOHEME, / GRAND-DUC
DE TOSCANE, &c. &c. &c. [rule] TOME PREMIER. [rule] PLANCHES
269. [rule] [Ornament: Coat of arms supported by two cupids.] À LI-
VOURNE, / DE L'IMPRIMERIE DES ÉDITEURS. [double rule]
M.DCC.LXXI. / *AVEC APPROBATION.*

[two unnumbered pages] Avis aux Relieurs.
pp. 1–3: Etat détaillé selon l'ordre alphabétique des 269 Planches de cette
premiere Livraison.
pp. 1–19: Recueil de Planches ... Agriculture et Economie rustique. ...
Plates, etc.

... *AVEC LEUR EXPLICATION.* / SECONDE LIVRAISON, EN
DEUX PARTIES. [rule] *PREMIERE PARTIE.* 233 *Planches.* [rule]
TROISIEME ÉDITION. [Ornament: two wands set in laurel wreath with
ornamental surround.] ... M.DCC.LXXII. ...

[two unnumbered pages] Avis aux Relieurs.
pp. 1–8: Etat détaillé selon l'ordre alphabétique des 434 Planches contenues
dans les deux Parties de cette seconde Livraison.

pp. 1–2: Recueil de Planches . . . Balancier. . . .
Plates, etc.

. . . [rule] *SECONDE PARTIE.* 202 *Planches.* [rule] . . .
M.DCC.LXXII. . . .

pp. 1–2: Chasses.
[two unnumbered pages] Avis aux Relieurs.
Plates, etc.

. . . [rule] TROISIEME LIVRAISON. 299 *Planches.* [rule] . . .
M.DCC.LXXIII. . . .

pp. 1–2: Recueil de Planches . . . Ébénisterie-Marqueterie. . . .
[two unnumbered pages] Avis aux Relieurs.
pp. 1–6: Etat détaillé des Planches contenues dans cette troisieme Livraison.
p. 7: Table des Arts contenus dans cette troisieme Livraison.
Plates, etc.

. . . [rule] QUATRIEME LIVRAISON, ou CINQUIEME VOLUME,
248 *Planches.* [rule] . . . M.DCC.LXXIV. . . .

pp. 1–6: Etat détaillé des 248 Planches contenues dans cette quatrieme Livraison, ou cinquieme Volume.
p. 7: Table des Matieres contenues dans cette quatrieme Livraison, ou cinquieme Volume.
Plates, etc.

. . . [rule] CINQUIEME LIVRAISON, ou SIXIEME VOLUME, 295
Planches. [rule] . . . M.DCC.LXXIV. . . .

pp. 1–6: Exposition générale & scientifique des Planches contenues dans ce
sixieme Volume.
pp. 7–8: Etat alphabétique des matieres contenues dans ce sixieme Volume.
pp. 1–13: Recueil de Planches . . . Histoire naturelle. . . .
Plates, etc.

. . . [rule] SIXIEME LIVRAISON, ou SEPTIEME VOLUME, 259
Planches. [rule] . . . M.DCC.LXXV. . . .

pp. 1–4: Etat alphabétique & détaillé des principaux objets contenus dans ce
septieme Volume de Planches.

[one unnumbered page] Recueil de Planches . . . Hongroyeur. . . .
Plates, etc.

. . . [rule] SEPTIEME LIVRAISON, ou HUITIEME VOLUME, 254
Planches. [rule] . . . M.DCC.LXXVI. . . .

pp. 1–2: Recueil de Planches . . . Miroitier metteur au teint. . . .
Plates, etc.

. . . [rule] HUITIEME LIVRAISON, ou NEUVIEME VOLUME, 253
Planches. [rule] . . . M.DCC.LXXVI. . . .

pp. 1–2: Recueil de Planches . . . Savonnerie. . . .
Plates, etc.

. . . [rule] NEUVIEME LIVRAISON, ou DIXIEME VOLUME, 337
Planches. [rule] . . . M.DCC.LXXVI. . . .

pp. 1–2: Recueil de Planches . . . Teinture des Gobelins. . . .
Plates, etc.

. . . [rule] DIXIEME ET DERNIERE LIVRAISON, ou ONZIEME ET
DERNIER VOLUME, 239 *Planches.* [rule] . . . M.DCC.LXXVIII. . . .

pp. 1–2: Recueil de Planches . . . Tisserand. . . .
Plates, etc.

SUPPLÉMENT

There is no colophon to any of the volumes; the four volumes of text have a
half-title indicating the part of the alphabet covered.

NOUVEAU / DICTIONNAIRE, / POUR SERVIR DE / SUPPLÉ-
MENT / AUX DICTIONNAIRES / DES SCIENCES, DES ARTS ET
DES MÉTIERS. / *PAR UNE SOCIÉTÉ DE GENS DE LETTRES.* /
MIS EN ORDRE ET PUBLIE PAR M. ***. / *Tantum series juncturaque
pollet,* / *tantum de medio sumptis accedit honoris*! HORAT. / SECONDE
ÉDITION D'APRÈS CELLE DE PARIS, AVEC QUELQUES NOTES.
/ DÉDIÉE / *À SON ALTESSE ROYALE* / L'ARCHIDUC LÉOPOLD
/ PRINCE ROYAL DE HONGRIE ET DE BOHEME, ARCHIDUC
D'AUTRICHE, / GRAND-DUC DE TOSCANE, &c. &c. &c. [rule]
[Ornament: as in Vol. I of Plates.] À LIVOURNE, / DE L'IMPRIMERIE
DES ÉDITEURS. [double rule] M.DCC.LXXVIII. / *AVEC APPRO-
BATION.*

pp. i–iv: Avertissement.
p. iv: Explication des lettres & autres marques qui sont à la tête ou à la fin de
chaque Article.
pp. 1–876: Text of *Supplément* (A=BLOM–KRABBE).

. . . SECONDE ÉDITION D'APRÈS CELLE DE PARIS, AVEC
QUELQUES NOTES. [rule] TOME SECOND. [Ornament: Urn with
flowers and sprays and ornamental surround] . . . M.DCC.LXXVIII. . . .

pp. 1–882: Text of *Supplément* (BOATIUM CIVITAS=EZZAB).

... TOME TROISIEME ... M.DCC.LXXVIII. ...

pp. 1–934: Text of *Supplément* (F=MYXINE).

... TOME QUATRIEME ... M.DCC.LXXIX. ...

pp. 1–955: Text of *Supplément* (NARLOL=ZYGIE).

SUITE DU RECUEIL / DE PLANCHES / SUR / LES SCIENCES, / LES ARTS LIBÉRAUX / ET / LES ARTS MÉCHANIQUES, / *AVEC LEUR EXPLICATION.* [rule] DEUX CENS QUARANTE-QUATRE PLANCHES. [rule] SECONDE EDITION. [Ornament: as in Vol. II of *Supplément.*] À LIVOURNE, / DE L'IMPRIMERIE DES ÉDITEURS. [rule] M.DCC.LXXIX. / *AVEC APPROBATION.*

[one unnumbered page] Avertissement.
[one unnumbered page] Etat des Planches contenues dans ce Cinquieme Volume du Supplément.
pp. 1–22: Suite du Recueil de Planches ... Agriculture et Économie Rustique. ...
    Plates.

V. THE SWISS QUARTO EDITIONS

Of the three folio reprints of the *Encyclopédie* the Geneva version confined itself to reproducing as they stood the twenty-eight volumes of the Paris edition, while that of Lucca, apart from the addition of a certain number of notes, did likewise; only the Leghorn edition also reproduced the five volumes of the *Supplément*. The Geneva publisher, Jean Léonard Pellet, who brought out the first quarto edition of the *Encyclopédie*, went one step further. He incorporated in the thirty-six volumes of the text in his edition the contents of the *Supplément*, along with various other corrections. On the other hand, partly in the interests of cheapness, he cut down drastically the number of plates which form only three volumes in his edition.

As Professor Watts has shown,[1] the history of the Swiss quarto editions is by no means easy to work out exactly. The publication of Pellet's first edition—described as 'Nouvelle Edition'—began in October 1777. The first volume has the following title-page:

ENCYCLOPÉDIE, / OU / DICTIONNAIRE RAISONNÉ / DES SCIENCES, / DES ARTS ET DES METIERS, / *PAR UNE SOCIÉTÉ DE GENS DE LETTRES.* / Mis en ordre & publié par M. *DIDEROT*; & quant à la PARTIE / MATHÉMATIQUE, par M. *D'ALEMBERT.* /

ENCYCLOPÉDIE,

OU

DICTIONNAIRE RAISONNÉ

DES SCIENCES,

DES ARTS ET DES MÉTIERS,

PAR UNE SOCIÉTÉ DE GENS DE LETTRES.

Mis en ordre & publié par M. *DIDEROT ;* & quant à la PARTIE
MATHÉMATIQUE, par M. *D'ALEMBERT.*

Tantùm feries junɕuraque pollet,
Tantùm de medio fumptis accedit honoris ! HORAT.

NOUVELLE ÉDITION.

TOME PREMIER.

A GENEVE,

Chez PELLET, Imprimeur-Libraire , rue des Belles Filles.

M. DCC. LXXVII.

6. Title-page of the Geneva Quarto Edition ('Nouvelle édition')
Bibliothèque Nationale, Paris

Tantùm series juncturaque pollet, | *Tantùm de medio sumptis accedit honoris!*
HORAT. | NOUVELLE EDITION. [double rule] TOME PREMIER.
[double rule] [Ornament: Mercury with caduceus and two baskets and two
children attached to them.] *A GENEVE,* | Chez PELLET, Imprimeur-
Libraire, rue des Belles Filles. [triple rule] *M.DCC.LXXVII.*

As early as January 1778 Pellet announced the publication of another
edition which he labelled 'Troisième Édition'. Although no one appears
to have encountered any volumes bearing the Pellet imprint and the
words 'Deuxième Édition', it does seem as if he embarked on a second
printing of his edition before announcing the 'Troisième Édition'.
This second printing must have required assistance from other
presses than his own. For the 'Troisième Édition' he certainly turned
to the Société Typographique of Neuchâtel whose imprint appears
along with his own on the title-page of the first volume of this edition:

ENCYCLOPÉDIE, | OU | DICTIONNAIRE RAISONNÉ | *DES
SCIENCES,* | DES ARTS ET DES MÉTIERS, | *PAR UNE SOCIÉTÉ
DE GENS DE LETTRES.* | MIS EN ORDRE ET PUBLIÉ PAR
M. *DIDEROT*; | ET QUANT A LA PARTIE MATHÉMATIQUE,
PAR M. *D'ALEMBERT.* | *Tantùm series juncturaque pollet,* | *Tantùm de
medio sumptis accedit honoris!* HORAT. | TROISIEME ÉDITION. [double
rule] TOME PREMIER. [double rule] [Ornament: globe, retort, lute, and
various other symbols of the arts and sciences, the initials 'PL' in the
centre and signed 'prévost inv. renou, 1778'.] *A GENEVE,* | Chez
JEAN-LÉONARD PELLET, Imprimeur de la République. | *A NEUF-
CHATEL,* | Chez la SOCIÉTÉ TYPOGRAPHIQUE. [double rule]
M.DCC.LXXVIII.

In this volume of the 'Troisième Édition' we find an *Avertissement
de la Société Typographique de Neufchatel* which explains the origin of
this edition in the following terms:

Le sieur PELLET, Imprimeur à Geneve, craignant que les soins qu'auroit
exigé de lui la troisieme édition de l'*Encyclopédie* n'eussent retardé les livraisons des deux premieres,[1] nous a associés à ses engagemens que nous
rappellerons ici, & que nous nous ferons un devoir de remplir.
Nous imprimons sous nos yeux à Neufchatel la troisieme édition de
l'Encyclopédie qu'il a annoncée. . . . Nous retrancherons les mêmes planches
de l'édition de Paris qu'il a supprimées, nous y suppléerons comme lui par les
définitions ou les descriptions qu'il a prises dans les recueils de l'Académie des

---

[1] This confirms that there was a second edition of the quarto version or at least two
printings of Pellet's 'Nouvelle Edition'.

Sciences, dans le Dictionnaire des Arts de l'abbé Jaubert, & dans les meilleurs Auteurs. Notre édition . . . sera absolument la même que celle de M. Pellet. . . .

The price of the Neuchâtel edition was also to be the same—a mere 384 *livres* against the 980 *livres* of the original Paris edition. The thirty-three volumes of the text were to cost 10 *livres* apiece (the three additional volumes of text were to be given free to subscribers), and the three volumes of plates were priced at 18 *livres* each.

The same *Avertissement* explains how the articles from the *Supplément* were incorporated in the Geneva–Neuchâtel editions:

Les Gens de Lettres lui ont su gré [Pellet] d'avoir évité les doubles emplois en préférant, entre deux articles faits dans le Dictionnaire & dans le Supplément, celui qui lui avoit paru le mieux traité. . . . Nous suivons la même marche. . . .[1]

Some sets of this edition also contain a *Table* in six volumes, published at Lyons in 1780 and 1781 by Amable Leroy.[2]

Most sets seem to consist of a mixture of volumes from the 'Nouvelle Édition' and the 'Troisième Édition'. The following is a brief description of two sets—the first in the Bibliothèque Nationale, Paris, and the second in the University Library, Newcastle-upon-Tyne (G = Geneva; N = Neuchâtel; NE = Nouvelle Édition; TE = Troisième Édition):

TEXT

Vol.	I	G, 1777, NE[3]	Vol.	I	GN, 1778, TE
	II	G, 1777, NE[4]		II	GN, 1778, TE
	III	G, 1777, NE[5]		III	GN, 1778, TE

[1] pp. xcii–xciii.

[2] Both Panckoucke and the Lyons publisher, Duplain, were also interested in the 'Troisième Édition' (see G. B. Watts, 'Panckoucke and Voltaire's First Complete Edition', *Tennessee Studies in Literature*, 1959, pp. 93–94). MS. 1233 of the Bibliothèque de la Ville de Neuchâtel contains not only an agreement between Panckoucke and the Société Typographique (3 July 1776) to produce a new folio edition of the *Encyclopédie*, but also documents which allude to the quarto editions. In an addition to this agreement, dated 28 March 1777 (No. 5), it was agreed to reduce the number of copies of the folio reprint from 2,000 to 1,000 in view of the competition of a quarto edition in thirty-two volumes attributed to Duplain of Lyons, and the Neuchâtel printing of the quarto edition is given as 3,150 copies. In an agreement between Panckoucke and Duplain there is an allusion to the quarto edition 'projettée par le S.ᵗ Duplain et dont on tire aujourdhuy huit mil exemplaires' (No. 9).

[3] At the end of this volume, on four unnumbered pages, there is a 'Liste des personnes qui ont souscrit pour le Dictionnaire Encyclopédique en 32 volumes in 4° chez LÉPAGNEZ cadet Libraire à Besançon'. It lists 253 subscribers; for a discussion of its interest see Appendix C, pp. 466–73.

[4] Colophon: 'A Geneve. De l'Imprimerie de Jean-Léonard Pellet.'

[5] Colophon: 'A Geneve. De l'Imprimerie de J. F. Bassompierre.'

ENCYCLOPÉDIE,

OU

DICTIONNAIRE RAISONNÉ

DES SCIENCES,

DES ARTS ET DES MÉTIERS,

PAR UNE SOCIÉTÉ DE GENS DE LETTRES.

Mis en ordre et publié par M. *DIDEROT*;

Et quant a la partie Mathématique, par M. *D'ALEMBERT.*

Tantùm series juncturaque pollet,
Tantùm de medio sumptis accedit honoris! Horat.

TROISIEME ÉDITION.

TOME PREMIER.

A GENEVE,

Chez Jean-Léonard Pellet, Imprimeur de la République.

A NEUFCHATEL,

Chez la Société Typographique.

M. DCC. LXXVIII.

7. Title-page of the Geneva Quarto Edition ('Troisième édition')
University Library, Newcastle upon Tyne

IV	G, 1777, NE	IV	GN, 1778, TE
V	G, 1777, NE	V	GN, 1778, TE
VI	G, 1777, NE	VI	GN, 1778, TE
VII	G, 1778, NE[1]	VII	GN, 1778, TE
VIII	G, 1778, NE[2]	VIII	GN, 1778, TE
IX	G, 1777, NE	IX	GN, 1779, TE
X	G, 1777, NE	X	G, 1779, NE
XI	G, 1777, NE	XI	GN, 1778, TE
XII	G, 1777, NE	XII	GN, 1778, TE
XIII	G, 1778, NE	XIII	GN, 1778, TE
XIV	G, 1778, NE	XIV	GN, 1779, TE
XV	G, 1777, NE	XV	GN, 1779, TE
XVI	G, 1777, NE	XVI	GN, 1779, TE
XVII	G, 1778, NE[3]	XVII	G, 1778, NE
XVIII	G, 1778, NE	XVIII	G, 1779, TE
XIX	G, 1777, NE	XIX	GN, 1778, NE
XX	G, 1778, NE	XX	GN, 1778, NE
XXI	G, 1778, NE	XXI	GN, 1779, TE
XXII	G, 1778, NE	XXII	G, 1779, NE
XXIII	G, 1778, NE	XXIII	N, 1779, TE
XXIV	G, 1778, NE	XXIV	G, 1778, NE
XXV	G, 1778, NE	XXV	GN, 1779, TE
XXVI	G, 1778, NE	XXVI	G, 1779, NE
XXVII	G, 1778, NE	XXVII	GN, 1779, TE
XXVIII	G, 1778, NE[4]	XXVIII	GN, 1779, TE
XXIX	G, 1778, NE	XXIX	G, 1779, TE
XXX	N, 1779, TE	XXX	N, 1779, TE
XXXI	G, 1778, NE[5]	XXXI	G, 1778, NE[5]
XXXII	G, 1779, NE	XXXII	G, 1779, NE
XXXIII	GN, 1779, TE	XXXIII	G, 1778, NE
XXXIV	G, 1778, NE	XXXIV	G, 1778, NE
XXXV	G, 1778, NE	XXXV	G, 1779, NE
XXXVI	G, 1779, TE	XXXVI	G, 1779, NE

PLATES

Vol. I	G, 1778	Vol. I	N, 1779
II	G, 1779	II	G, 1779
III	G, 1779	III	G, 1779

[1] Colophon: 'A Geneve. De l'Imprimerie de Jean-Léonard Pellet, 1777.'
[2] Colophon: 'A Geneve. De l'Imprimerie de J. Fr. Bassompierre.'
[3] Colophon: 'De l'Imprimerie de Jean-Léonard Pellet, Imprimeur de la République, 1778.'
[4] It has the somewhat odd colophon: 'A Geneve, de l'Imprimerie de la Société Typographique. 1778.'
[5] The same colophon as in Vol. XVII of the Bibliothèque Nationale set.

TABLE

Vol.   I   Lyons, 1780   —
        II   Lyons, 1780   —
      III   Lyons, 1780   —
      IV   Lyons, 1781   —
       V   Lyons, 1781   —
      VI   Lyons, 1781[1]   —

VI. THE SWISS OCTAVO EDITIONS

So far we have described four folio and three quarto editions of the *Encyclopédie*. The demand for the work was still not satisfied by Pellet's noticeably cheaper version. As early as January 1778 the Sociétés Typographiques of Lausanne and Berne announced an octavo edition, with three quarto volumes of plates, at the very low price of 195 francs for the set.[2] The thirty-six double volumes of text reproduced the text of the Pellet edition, i.e. they incorporated articles from the *Supplément*. The demand for this new edition appears to have been considerable. There are two sets in the Bibliothèque Nationale[3]—one bearing dates ranging from 1778 to 1781 and the other consisting of volumes dated between 1778 and 1782.

The first volume of the second of these two sets (Lausanne and Berne, 1781) has an *Avertissement des Editeurs de cette édition*[4] which is different from the corresponding *Avertissement* in the first volume of the other set (Lausanne, 1778). After speaking of the success of the octavo edition, it goes on:

> Nous avons donc pris de nouveaux arrangemens pour faciliter la circulation de notre Édition, d'augmenter le nombre des Exemplaires pour les volumes que nous n'avons pas imprimé [*sic*] encore, de réimprimer ceux qui le sont, & d'ouvrir une nouvelle Souscription.

Whether one could speak here of two octavo editions, as Professor Watts does, might be open to doubt were it not for the fact that a contemporary publisher interprets the situation in this way. On 26 February 1780 Trécourt who was in charge of the Société Typographique de Bouillon wrote to Pierre Rousseau, who by this time had settled in Paris:

---

[1] All six volumes have the colophon: 'A Lyon. De l'Imprimerie de J. M. Barret, Quai de Retz.'

[2] See G. B. Watts, *Harvard Library Bulletin*, vol. ix, pp. 230–2.

[3] Z. 11338–11376 and Z. 11377–11412.

[4] p. civ.

ENCYCLOPÉDIE,

OU

DICTIONNAIRE RAISONNÉ

DES SCIENCES,

DES ARTS ET DES MÉTIERS,

PAR UNE SOCIÉTÉ DE GENS DE LETTRES.

Mis en ordre & publié par M. DIDEROT, & quant à la Partie
Mathématique, par M. D'ALEMBERT.

Tantùm series juncturaque pollet,
Tantùm de medio sumptis accedit honoris ! HORAT.

Édition exactement conforme à celle de PELLET, in-quarto.

TOME PREMIER.

À LAUSANNE

Chez la SOCIÉTÉ TYPOGRAPHIQUE.

M. DCC. LXXVIII.

8. Title-page of the Lausanne Octavo Edition
Bibliothèque Nationale, Paris

La société typographique de Lausanne me mande qu'elle a obtenu la permission de faire circuler en France son édition de l'enciclopédie par les mêmes routes et de la même façon que l'edition in 4° de Genève, mais que cette permission ne sera publique que vers la fin de mars. En conséquence de cette permission ils ont recommencé une nouvelle édition et font les insolents pour les souscriptions de la première. Ils savent que nous n'en avons pu faire entrer en France que par ricochet, que le plus grand nombre des souscripteurs n'a pu être servi et que par conséquent ils n'ont point payé puisque les payements ne doivent être faits qu'en recevant les volumes. Ils exigent aujourd'hui que nous leur payions en effets sur Paris ou sur Lyon à 3 et 6 mois de dates le total de leur fourniture. Permettez moi de vous dire que vous avez eu grand tort de perdre cet objet de vue; il était d'une conséquence assez grande pour nous pour mériter votre attention.[1]

Not only does this letter throw light on the question of the two octavo editions; it also gives us some information about the circulation of both the quarto and the octavo versions in France.

The title-page of the first volume of the earlier of the two editions reads as follows:

ENCYCLOPÉDIE, | OU | DICTIONNAIRE RAISONNÉ | DES SCIENCES, | DES ARTS ET DES MÉTIERS. | *PAR UNE SOCIÉTÉ DE GENS DE LETTRES.* | Mis en ordre & publié par M. DIDEROT, & quant à la Partie | Mathématique, par M. D'ALEMBERT. | *Tantùm series juncturaque pollet,* | *Tantùm de medio sumptis accedit honoris!* HORAT. | Édition exactement conforme à celle de PELLET, in-quarto. [double rule] TOME PREMIER. [double rule] [Ornament: Mercury with caduceus.] *A LAUSANNE* | Chez la SOCIÉTÉ TYPOGRAPHIQUE. [triple rule] M.DCC.LXXVIII.

There are some slight changes in the title-page of the second edition:

ENCYCLOPÉDIE, | OU | DICTIONNAIRE RAISONNÉ | DES SCIENCES, | DES ARTS ET DES MÉTIERS, | *PAR UNE SOCIÉTÉ DE GENS DE LETTRES.* | Mis en ordre & publié par M. DIDEROT, & quant à la | PARTIE MATHÉMATIQUE, par M. D'ALEMBERT. | *Tantùm series juncturaque pollet,* | *Tantùm de medio sumptis accedit honoris!* HORAT. | Édition exactement conforme à celle de PELLET, in-quarto. [double rule] TOME PREMIER. [double rule] [Ornament: Man, seated and reading, surrounded by rocks and sprays.] *A LAUSANNE ET A BERNE.* | Chez les SOCIÉTÉS TYPOGRAPHIQUES. [triple rule] M.DCC.LXXXI.

---

[1] Archives Weissenbruch, 22: 26 (there are two further letters written later in the year on the same subject, ibid. 22: 32 and 34).

The two sets of this octavo edition in the Bibliothèque Nationale may be briefly described thus (L= Lausanne; B= Berne; *= bears the colophon: 'A Berne, dans [or 'de'] l'Imprimerie de la Société Typographique'):

TEXT

Vol. I	L, 1778	Vol. I	LB, 1781
II	LB, 1778	II	LB, 1778
III	LB, 1778	III	BL, 1781
IV	LB, 1778	IV	LB, 1781
V	LB, 1778	V	LB, 1781
VI	LB, 1779	VI	LB, 1781
VII	BL, 1779	VII	BL, 1782
VIII	LB, 1779	VIII	LB, 1782
IX	BL, 1779*	IX	BL, 1782*
X	LB, 1779	X	BL, 1782
XI	LB, 1779	XI	LB, 1782
XII	LB, 1779	XII	LB, 1782
XIII	BL, 1779*	XIII	BL, 1781*
XIV	LB, 1779	XIV	LB, 1781
XV	LB, 1779	XV	LB, 1782
XVI	BL, 1779*	XVI	LB, 1782*
XVII	LB, 1779	XVII	LB, 1782
XVIII	BL, 1779*	XVIII	BL, 1779*
XIX	LB, 1780	XIX	LB, 1782
XX	BL, 1780*	XX	BL, 1780*
XXI	LB, 1780	XXI	LB, 1780
XXII	BL, 1780*	XXII	BL, 1780*
XXIII	LB, 1780	XXIII	LB, 1780
XXIV	BL, 1780*	XXIV	BL, 1780*
XXV	LB, 1780	XXV	LB, 1780
XXVI	BL, 1780	XXVI	BL, 1780
XXVII	LB, 1780	XXVII	LB, 1780
XXVIII	BL, 1780*	XXVIII	LB, 1780*
XXIX	LB, 1780	XXIX	LB, 1780
XXX	BL, 1780*	XXX	BL, 1780*
XXXI	LB, 1781	XXXI	LB, 1781
XXXII	BL, 1780*	XXXII	BL, 1780*
XXXIII	LB, 1781	XXXIII	LB, 1781
XXXIV	BL, 1781*	XXXIV	BL, 1781*
XXXV	BL, 1781*	XXXV	BL, 1781*
XXXVI	LB, 1781[1]	XXXVI	LB, 1781[1]

[1] Colophon: 'De l'Imprimerie de la Société Typographique de Lausanne.'

ENCYCLOPÉDIE,

OU

DICTIONNAIRE RAISONNÉ

DES SCIENCES,

DES ARTS ET DES MÉTIERS,

PAR UNE SOCIÉTÉ DE GENS DE LETTRES.

Mis en ordre & publié par M. DIDEROT ; & quant à la
PARTIE MATHÉMATIQUE , par M. D'ALEMBERT.

Tantùm feries junĉturaque pollet ,
Tantùm de medio fumptis accedit honoris ! HORAT.

Édition exactement conforme à celle de PELLET, in-quarto.

TOME PREMIER.

A LAUSANNE ET A BERNE,

Chez les SOCIÉTÉS TYPOGRAPHIQUES.

M. DCC. LXXXI.

9. Title-page of the Lausanne–Berne Octavo Edition
Bibliothèque Nationale, Paris

PLATES

	Vol.			
		I	LB, 1779	—
		II	LB, 1780	—
		III	LB, 1781	—

An inspection of these two sets shows minor differences in type, title-page, and half-title in the first twenty-two volumes, except for Vol. XVIII, the two copies of which appear to be identical. The same is true of Vols. XXIII–XXXVI save that in Vol. XXVIII the half-title and title-page of the two copies are different. This would appear to fit in with the statement in the *Avertissement des Editeurs*, quoted above, to the effect that the earlier volumes of the edition were being reprinted and that more copies of the remaining volumes were to be printed.

VII. *L'ESPRIT DE L'ENCYCLOPÉDIE* AND THE *HISTOIRE GÉNÉRALE DES DOGMES ET DES OPINIONS PHILOSOPHIQUES*

After dealing with the nine editions of the *Encyclopédie* which appeared between 1751 and 1782 (four folio, three quarto, and two octavo), we ought to complete the history of the diffusion of the work down to the early part of the nineteenth century by examining briefly two selections of articles from it which appeared shortly after the publication of the last ten volumes of text in 1765.

The first of these works was given a title extremely popular with French publishers in the second half of the eighteenth century— *L'Esprit de l'Encyclopédie*. Its editor remained anonymous, but the work is generally attributed to that well-known compiler, Abbé Joseph de La Porte. There were two editions in 1768, both in five duodecimo volumes and published (in theory at least) in Geneva, though the names of a Paris publisher or publishers also appear on the title-page. The first of these editions seems to have been the one with the following title-page:[1]

L'ESPRIT / DE / L'ENCYCLOPÉDIE / *OU* / CHOIX / *DES ARTICLES* / Les plus curieux, les plus agréables, les plus piquans, / les plus

---

[1] It is the one noted by D'Hémery in his Journal (BN, Ms. Fr. 22165, f. 19r) on 24 March 1768: 'L'Esprit de l'Encyclopedie . . . 5 vol. in-12 imp.es et distes par Vincent Libre avec pon tacite.' This same edition is the one announced in the *Journal encyclopédique* (15 April 1768, p. 135) and in the Amsterdam edition of the *Journal des Savants* (August 1768, p. 32).

philosophiques de ce grand Dictionnaire. / *On ne s'est attaché qu'aux mor-ceaux qui peuvent plaire / universellement, & fournir à toutes sortes de lecteurs, / & sur-tout aux gens du monde, la matiere d'une / lecture intéressante.* [rule] TOME PREMIER. [rule] [Ornament: Two sprays of foliage.] A GENEVE; / & *se trouve A PARIS*, / Chez VINCENT, Imprimeur-Libraire, rue / Saint Severin. [double rule] *M.DCC.LXVIII.*

It is interesting to see that the second of these editions bears on the title-page the names of two of the original publishers of the *Encyclopédie*:

L'ESPRIT / *DE* / L'ENCYCLOPÉDIE, / *OU* / CHOIX / *DES ARTICLES* / Les plus curieux, les plus agréables, les plus / piquans, les plus philosophiques de ce grand / Dictionnaire. / *On ne s'est attaché qu'aux mor-ceaux qui peuvent plaire / universellement, & fournir à toutes sortes de lec- / teurs, & sur-tout aux gens du monde, la matiere / d'une lecture intéressante.* [rule] TOME PREMIER. [rule] [Ornament: Spray of foliage with three flowers.] A GENEVE, / *Et se trouve à PARIS*, /
Chez ⎰BRIASSON, Libraire, rue Saint Jacques.
⎱LE BRETON, premier Imprimeur ordinaire / du Roi, rue de la Harpe.
[double rule] *M.DCC.LXVIII.*

Though the type and pagination of these two editions are completely different, the text of the *Avertissement* and the choice of articles are identical. The short *Avertissement* contains some interesting remarks. It states, for instance:

> Peu de gens sont en état de se procurer le Dictionnaire Encyclopédique; & ceux même qui voudroient y mettre le prix, trouveroient peut-être difficile-ment à l'acheter, aujourd'hui que l'édition en est, pour ainsi dire, épuisée.

If this last remark was not absolutely true,[1] the passage does remind one that not everybody could afford the 980 *livres* which a set of the original edition cost. Inevitably the choice of articles was restricted by con-siderations of space:

> On sent bien qu'il ne peut être ici question ni d'arts, ni de métiers, ni de sciences abstraites, ni de discussions grammaticales. L'astronomie, la géo-métrie, la médecine, la chirurgie, la jurisprudence, la théologie, la chymie, la géographie, &c. ne pouvoient entrer dans le plan qu'on s'est proposé. On s'en est tenu uniquement aux articles de philosophie, de morale, de critique, de galanterie, de politique & de littérature.

---

[1] See *Studies*, vol. xxiii, p. 128.

Another factor which influenced the choice of articles is discreetly hinted at in the last paragraph of the *Avertissement*:

A l'égard de quelques articles condamnés, qui ont fait, à diverses reprises, supprimer l'Encyclopédie: on s'est bien donné de garde de les insérer dans ce recueil. On sçait d'ailleurs, que ce ne sont ni les mieux écrits, ni les plus piquans du Dictionnaire.

The selection offered in these five volumes is certainly not one which, given the same space, a modern editor would make; but it is interesting to see what Abbé de La Porte thought fit to set before the reading public of 1768:

Vol. I. ACADÉMICIENS; ACADÉMIE; ADULTERE; ALCORAN; AMITIÉ; AMOUR; AMULETTE; ANGES; ANTI-DILUVIENNE (philosophie); ARÉOPAGE; ASTROLOGIE; AVEUGLE; BETES (ame des); BIBLIOTHÈQUE; CABALE; CALOMNIE; CANADIENS; CANONISATION; CARACTERE; CARDAN; CARTES; CARTÉSIANISME.

Vol. II. CEINTURE; CÉLIBAT; CENSEURS DE LIVRES; CHANSON; CHARLATAN; CIVILITÉ; COLERE; COMÉDIEN; CONARDS ou CORNARDS; CONCERT SPIRITUEL; CONVERSATION; COUR; COURAGE; COURIER; COURONNE; COURTISAN; COURTISANE; CRAINTE; CRI, CLAMEUR; CRITIQUE; CRUAUTÉ; CINISME; CIRÉNAÏQUE; DÉFENSE DE SOI-MEME; DÉGAT; DIVINATION; DUCHÉ; DUEL; ÉCOLE MILITAIRE; ÉLÉGANCE; ÉLOGE; ELOQUENCE; ENCYCLOPÉDIE; ENNUI; ÉPICURE (morale d'); ENSEIGNE; ENVIE; ESPRIT; ESSÉNIENS; ESTIME.

Vol. III. FACILE; FACTION; FAT; FAVEUR; FAVEURS; FAVORI, FAVORITE; FEMME; FLATERIE; FLATEUR; FLEURETTE; FORTUIT; FRAGILITÉ; FRANÇOIS; FRIVOLITÉ; GAIETÉ; GENEVE; GÉNIE; GENS DE LETTRES; GENS DU ROI; GÉOMÈTRE; GLOIRE; GOURMANDISE; GOUT; GOUVERNANTE D'ENFANS; GRACE; GRANDS; GRANDEUR; GRASSEYEMENT; GUEBRES; HABEAS CORPUS; HERCULANUM; HERMAPHRODITE; HEUREUX; HISTOIRE; HOMME; HONNETE; HONNEUR.

Vol. IV. IGNORANCE; IMAGINATION; IMPORTANCE; INDÉCENT; INDÉPENDANCE; PHILOSOPHIE DES INDIENS; INDISCRET; INFIDÉLITÉ; INQUISITION; INSENSIBILITÉ; INSINUANT; INSOLENT; INSTINCT; INTÉRET; JOLI; JOUISSANCE; JOURNALISTE; LÉGISLATEUR; LETTRES; LETTRES DE CACHET; LIBERTÉ DE PENSER; LIEUTENANT DE POLICE; LITTÉRATURE; LOUANGE; LUXE; MAGIE; MALÉFICE; MANIERES; MARAUDEURS, DÉSERTEURS; MARIAGE; NOBLESSE.

Vol. V. OPINION; OUVRIERS ÉTRANGERS; PHILOSOPHIE; PLAISIR; POLITESSE; POLITIQUE; PROBITÉ; PROVIDENCE; RAISON; RAISONNEMENT; RÉFLEXION; SOCIÉTÉ; SOMNAMBULISME; SORCIERS, SORCIERES; SPARTIATES; TIRADE; TOLÉRANCE; TRANSFUGE; VALEUR; VÉRITÉ; VERTU; VOLUPTÉ. Addition et Supplément aux Articles précédens: AFFABILITÉ; ENTETEMENT; GLORIEUX; GRAVE; GRAVITÉ; GRONDEUR; IDOLATRIE; INVALIDES.[1]

[1] The attribution of articles to specific contributors, including those designated as 'par un anonyme', is far from reliable and has therefore not been reproduced.

This selection proved popular. At least four more editions would seem to have appeared by 1772, all of them bearing on the title-page the words: 'A Geneve, Et se trouve à Paris, chez Briasson, Libraire, rue S. Jacques, Le Breton, premier Imprimeur ordinaire du Roi, rue de la Harpe.' There were two editions in 1769, one in five volumes and the other in four.[1] In another set belonging to the Bibliothèque Nationale the first volume is dated 1770; Vols. II and III are missing, and Vols. IV and V are the same as in the 1769 edition in five volumes, but Vols. VI and VII, which bear the date 1772, contain additional matter under the title of *Supplément à l'Esprit Encyclopédique.* It is more difficult to make much of another set which is represented in the Bibliothèque Nationale only by Vol. IV. This bears the date 1771; it must have belonged to an edition of that date in four volumes, as it ends with the words 'Fin du Tome Quatrieme & dernier'.

The appearance of at least six editions in the space of four years shows that the selection made by Abbé de La Porte met with some favour. Nor was that the end of the history of *L'Esprit de l'Encyclopédie.* The work was expanded into twelve octavo volumes by a new editor, Remi Ollivier, and was published between 1798 and 1800 under the imprint of 'Fauvel et Sagnierre Imprimeurs'. An even larger selection of articles was to appear during the Restoration, in 1822, in fifteen octavo volumes edited by J. F. G. Hennequin and published by Verdière.

The other selection of articles from the *Encyclopédie* was more limited in scope, as is indicated by its title: *Histoire générale des dogmes et opinions philosophiques depuis les plus anciens temps jusqu'à nos jours.* The three octavo volumes of this work appeared in 1769; although 'Londres' is given as the place of publication, it is sometimes maintained, though without adequate proof, that the work was printed and published by the Société Typographique de Bouillon.[2]

The title-page of the first volume reads as follows:

HISTOIRE / GÉNÉRALE / DES / *DOGMES ET OPINIONS* / PHILOSOPHIQUES. / *Depuis les plus anciens temps jusqu'à nos* / *jours.* / Tirée du Dictionnaire Encyclopédique, / des Arts & des Sciences. / TOME PREMIER. [Ornament: Conventional spray.] A LONDRES. [double rule] M.DCC.LXIX.

---

[1] There is a copy of the first in the Bibliothèque Nationale; the copy of the second which I have seen belongs to Dr. Robert Shackleton.

[2] See Birn, *Pierre Rousseau and the Philosophes of Bouillon* (*Studies*, vol. xxix, p. 82). In some copies of this selection of articles there is an unfortunate misprint in the half-title—*gérénale* for *générale.*

Although this work is often catalogued under Diderot's name, there is nothing on the title-page to connect him with it; nor is there any sort of preface or introduction on which this attribution could be founded. In practice the collection of articles is exactly what it is given out to be; if in the nature of things a high proportion of the articles are in fact by Diderot, this is far from being true of all; and nobody ever claimed that they all came from his pen. As with *L'Esprit de l'Encyclopédie*, there is no mention of who was responsible for the selection; the editor is sometimes stated to have been Jean Louis Castilhon, one of Pierre Rousseau's collaborators at Bouillon.[1]

It is interesting to see what the anonymous editor, operating outside the frontiers of France, thought fit to include in his selection:[2]

Vol. I. ACADÉMICIENS; ARABES; ARISTOTÉLISME; ASIATIQUES; ATOMISME; CORPUSCULAIRE; BACON; BARBARES; CAMPANELLA; CANADIENS; CARTÉSIANISME; CELTES; CHALDÉENS; *CHINOIS; *CYNIQUES *CYRÉNAIQUE; *ECLECTISME; *EGYPTIENS.

Vol. II. *ELÉATIQUES; *EPICURÉISME; *ETHIOPIENS; EXOTÉRIQUE & ESOTÉRIQUE; *GRECS; *HERACLITISME; *HOBBISME; HYLOPATHIANISME; *JAPONOIS; *IONIQUE; JORDANUS BRUNUS; *JUIFS; LEIBNITZIANISME; MALEBRANCHISME; MÉGARIQUE; MOSAÏQUE & CHRÉTIENNE; ORIENTALE; PARMÉNIDÉENNE; PÉRIPATÉTICIENNE.

Vol. III. PERSES; PHÉNICIENS; HISTOIRE DE LA PHILOSOPHIE MODERNE & DE LA GUERRE LITTÉRAIRE ENTRE LES PLATONICIENS & LES ARISTOTÉLICIENS; PLATONISME; PYRRHONIENNE; PYTHAGORISME; ROMAINS; SARRASINS; SCEPTICISME; SCHOLASTIQUE; SOCRATIQUE; SPINOSA; STOÏCISME; SYNCRÉTISTES; THÉOSOPHES; THOMASIUS; ANTIQUITÉ DU DOGME DE LA TRINITÉ PHILOSOPHIQUE; ZENDA VESTA.

These three volumes do not appear to have been reprinted. Apparently they were not well received on their arrival from abroad at the Chambre Syndicale in Paris. In a manuscript entitled *Etat des Livres arretez dans les Visites faites par les Sindics & adjoints*[3] under the date of 6 April 1770—an unfavourable moment, it should be noted, since this was soon after 2,000 copies of the first three volumes of Panckoucke's edition of the *Encyclopédie* had been removed to the Bastille— we find the following entry: 'Suspendu sur M. *Lacombe* comme *nouveauté* 300 hist. generale des dogmes et opinions philosophiques

---

[1] See Birn, p. 82.

[2] The asterisks are not in the text; they indicate articles for which Diderot claimed responsibility as editor.

[3] BN, Ms. Fr. 21932, f. 132r.

tirée du dict. encyclopedique. Londres. 1769. 3 v. 8°.' There is a note
in the left-hand margin opposite this entry which comes at the top
of the page: 'à renvoyer *le premier article seulement* par ordre du 13
Avril 1770, & cela au Libraire etranger, qui en fait l'envoi.' In the right-
hand margin there is another note stating that the books had been sent
back: 'Envoyé par M. Leclerc le 2 aoust 1770.'

VIII. THE *ENCYCLOPÉDIE D'YVERDON*

As an appendix to this chapter a brief account of the *Encyclopédie
d'Yverdon*, published in fifty-eight quarto volumes between 1770 and
1780, seems called for. This work is much more an independent creation than the various reprints listed above. In the preface to the first
volume the editor, Barthélemy de Félice, defines the relationship of his
encyclopedia to earlier works of this kind and particularly that of
Diderot in the following terms:

Allemands, Anglois, François, tous ont travaillé à ce corps complet des
Sciences & des Arts; mais un *Dictionnaire* complet *des connoissances humaines*
est encore à faire.

... Chacun des Associés ... a travaillé à ses articles, en puisant dans les
meilleures sources que les Auteurs des différentes nations lui ont fournies, &
principalement dans l'Encyclopédie de Paris, afin de suppléer par-là &
d'améliorer le travail immense de ceux qui nous ont précédés.

Nous ne le dissimulerons point; nous avons les plus grandes obligations
aux célebres Auteurs de cet Ouvrage. Non seulement nous en avons conservé en entier un très-grand nombre de morceaux précieux: mais encore, &
nous nous faisons gloire de le dire, cette Encylopédie a servi de base à la nôtre,
qui n'existeroit certainement point sans elle; tout comme il est à présumer
que celle de Paris n'auroit jamais paru, si celle de Chambers n'en avoit fourni
l'idée & le plan. Nous aurions été effrayés de la seule idée de donner un
DICTIONNAIRE UNIVERSEL DES CONNOISSANCES HUMAINES,
si nous eussions dû partir de l'Encyclopédie Angloise, & si nous n'eussions
pas eu sous les yeux la Françoise.[1]

What his encyclopedia owes to the *Encyclopédie* and what is original
in it are stated in more precise terms later in the same preface:

Notre plan est celui de l'Encyclopédie de Paris, qui fait en quelque sorte la
base de notre ouvrage. Nous avons tâché d'abord de mettre plus de liaison
entre les articles qui appartiennent à la même science, pour qu'on pût en
suivre aisément l'enchaînure & le systême complet. Nous avons suppléé
autant qu'il nous a été possible au nombre immense d'articles essentiels qui y

[1] pp. vii–ix.

manquoient, & nous en avons retranchés [*sic*] ceux qui de l'aveu général de toute l'Europe éclairée étoient inutiles; tels que les articles purement Nationnaux, qui n'intéressent point les autres Nations; ceux des Langues étrangeres, qui n'ont pas été adoptés par la Françoise. Nous avons abrégé ceux qui étoient d'une longueur révoltante; principalement lorsque nous avons jugé que cette immense longueur n'étoit pas proportionnée à leur utilité. Nous avons refait à neuf la plus grande partie de ceux qui s'y trouvoient déja; soit qu'ils étoient bons pour le tems qu'ils parurent, mais qu'aujourd'hui on pouvoit les faire meilleurs; soit parce qu'ils étoient mauvais dans leur origine.

Nous nous sommes contentés d'augmenter les articles qui étoient susceptibles d'augmentation, sans être refaits à neuf. En un mot, nous avons suivi l'Encyclopédie de Paris article par article; & nous n'avons laissé subsister en entier que ce que nous y avons trouvé veritablement d'excellent.

Nous avons traité même plusieurs sciences à neuf, telles que la Théologie, l'Histoire Sacrée & Ecclésiastique, l'Histoire Littéraire, l'Agriculture dans toutes ses branches, l'Oeconomie politique &c.

. . . Les articles que nous appellons *refaits*, nous appartiennent en entier aussi bien que ceux que nous appellons *nouveaux*; mais nous avons cru devoir les distinguer par ces deux mots, pour que le premier indiquât les articles qui se trouvent dans l'Encyclopédie de Paris, & que nous n'avons pas trouvé à propos de laisser subsister tels qu'ils étoient; & que le second marquât les articles qui n'existoient point dans la même *Encyclopédie*.

En général, pour que le public pût aisément voir ce qui est à nous dans cet immense ouvrage, & ce que nous avons pris dans l'Encyclopédie de Paris, les Articles nouveaux sont suivis immédiatement par un (N), les Articles refaits par un (R).

Outre les changemens indiqués par ces deux lettres, on trouvera des portions plus ou moins considérables d'articles renfermés entre deux étoiles; ce sont des additions faites à des articles anciens ou nouveaux, qui ont été fournies par un Auteur différent de celui de qui vient l'article même.

Quant aux articles que nous avons tirés de l'Encyclopédie de Paris, après avoir long-tems hésité sur le parti que nous devions prendre, nous nous sommes déterminés à en retrancher les marques par lesquelles leurs auteurs s'étoient désignés. Obligés de répondre de tout ce qui est dans notre ouvrage, nous nous sommes crus autorisés à faire en divers endroits des articles conservés, des changemens, des additions ou des retranchemens plus ou moins considérables, que les premiers Auteurs ne voudroient peut-être pas avouer, & que nous ne sommes pas en droit de leur imputer, en mettant leurs noms à la fin de l'article. . . . Au reste il est facile de reconnoître à l'absence des lettres (N) ou (R) ou des étoiles, tous les articles de l'Encyclopédie de Paris que nous avons conservés ou entiers ou avec de légers changemens. . . .[1]

It is less easy, however, to get an over-all picture of the *Encyclopédie*

[1] pp. xii–xiii.

d'Yverdon so as to determine what proportion of its forty-two volumes of text is new. At first sight it seems a relatively simple task to take, say, two volumes of the work, chosen at random from different parts of the alphabet, and to list those articles which are reproduced as they stand from Diderot's *Encyclopédie*, those which are taken over with cuts or additions, those which are omitted, and those which are entirely new, either because the article is *refait* or because it is lacking in the original work.

However, an examination of Vol. IX (CHAP–CIV) and Vol. XXII (GOU–HEG) soon showed that the statistical approach led to very misleading results, as although the articles taken without change from the *Encyclopédie* are clearly in the majority, many of them are of no great length or significance. It is, however, abundantly clear that the Swiss Protestant editor and contributors gave the *Encyclopédie d'Yverdon* a very different tone from that of the *Encyclopédie* of Diderot and D'Alembert, and that, in a chapter on the different editions of the latter work, De Félice's encyclopedia can appear only in an appendix.

After a half-title which indicates that A–AJO is the part of the alphabet covered, the first volume has the following title-page:

ENCYCLOPÉDIE, | OU | *DICTIONNAIRE* | UNIVERSEL RAISONNÉ | *DES* | CONNOISSANCES HUMAINES. | *Mis en ordre par M.* DE FELICE. [double rule] *E tenebris tantis tam clarum tollere lumen* | *Quis potuit?* LUCRET. [double rule] TOME I. [Ornament: Tablet with the word 'ENCYCLOPEDIE' supported by two children, a woman with a sun above her head, and a man with shield and lance, surrounded by symbols of the arts and sciences.] *YVERDON*, [double rule] MDCCLXX.

The forty-two volumes of text appeared in the following order:

1770 Vols. I, II.
1771 Vols. III–IX.
1772 Vols. X–XVIII.
1773 Vols. XIX–XXVIII.
1774 Vols. XXIX–XXXVIII.
1775 Vols. XXXIX–XLII.

These forty-two volumes of text were followed by six more for the supplement:

1775 Vols. I–III.
1776 Vols. IV–VI.

Ten volumes of plates brought the total up to fifty-eight:

1775 Vol. I.

1776 Vols. II, III.
1777 Vols. IV, V.
1778 Vols. VI, VII.
1779 Vols. VIII, IX.
1780 Vol. X.[1]

[1] This information about dates of publication is derived from J. P. Perret, *Les Imprimeries d'Yverdon au XVIIe et au XVIIIe siècle*, Lausanne, 1945, pp. 229–32. I am grateful to Professor Charly Guyot who both drew my attention to this work and presented me with a copy of it. It contains two substantial chapters on Barthélemy de Félice and his encyclopedia which add a considerable amount of information to that contained in the earlier thesis of E. Maccabez, *F. B. de Félice (1723–1789) et son Encyclopédie (Yverdon, 1770–1780)*, Basle, 1903.

II. The Panckoucke–Cramer Edition

T H E history of this edition of the *Encyclopédie* is complicated and at times obscure. This is due both to a shortage of essential documents and to the dispersal of those that have survived; they are to be found not only in such obvious places as Paris and Geneva where the printing of the edition was carried out, but also as far afield as Amsterdam, The Hague, Bouillon, and Neuchâtel. Its history is also to some extent bound up with the publication of both the *Supplément* and the *Encyclopédie d'Yverdon*. What is more, while many of the relevant documents have been published or made use of by a variety of scholars,[1] this has been done in a piecemeal fashion and often in ignorance of documents already published elsewhere. The result is that some strange confusions have arisen. This chapter contributes a certain number of new documents; but its main aim is to assemble the available material and to interpret it correctly.

The story begins with the decision of the young and pushing publisher, Charles Joseph Panckoucke, to bring out a new and revised edition of the *Encyclopédie*. His first steps were apparently taken in 1768. He approached Diderot and obtained his views as to which parts of the *Encyclopédie* were defective and stood in need of revision. Diderot offered some very forthright criticisms of parts of the original edition; these were dragged out into the open some years later during Luneau de Boisjermain's lawsuit and thus preserved for posterity.[2] The

[1] In addition to the publications of Professor George B. Watts the following books and articles also contain relevant material: J. P. Belin, *Le Mouvement philosophique de 1748 à 1789*, Paris, 1913; R. F. Birn, *Pierre Rousseau and the Philosophes of Bouillon*, Geneva, 1964 (*Studies*, vol. xxix); F. Clément, 'Pierre Rousseau et l'édition des *Suppléments* de l'*Encyclopédie*' (*RSH*, 1957, pp. 133–42); Y. Z. Dubosq, *Le Livre français et son commerce en Hollande de 1750 à 1780*, Amsterdam, 1925; C. Guyot, *Le Rayonnement de l'Encyclopédie en Suisse française*, Neuchâtel, 1955; E. Maccabez, *F. B. de Félice (1723–1789) et son Encyclopédie (Yverdon, 1770–1780)*, Basle, 1903; J. P. Perret, *Les Imprimeries d'Yverdon au XVIIe et au XVIIIe siècle*, Lausanne, 1945; and *Le Journal encyclopédique et la Société typographique*, Bouillon, 1955. Some important letters on this subject are printed in the Besterman edition of Voltaire's correspondence.

[2] See *Studies*, vol. xxiii, pp. 159–62. The text of this document is reproduced in AT, vol. xx, pp. 129–33.

editor's views were placed before either Sartine, as Lieutenant de Police and Directeur de la Librairie,[1] or the Chancellor, Maupeou,[2] in support of the case for a revised edition.

Voltaire was informed of this plan for a new edition, and in a letter written to Panckoucke in October or November 1768[3] proceeded to offer him some advice. After urging that not all of Jaucourt's articles should be discarded,[4] he goes on to suggest that the *Encyclopédie* should be reduced in size rather than expanded:

> Songez surtout qu'il faut plutôt retrancher qu'ajouter à cette encyclopédie. Il y a des articles qui ne sont qu'une déclamation insupportable. Ceux qui ont voulu se faire valoir en y insérant leurs puérilités, ont absolument gâté cet ouvrage. La rage du bel esprit est absolument incompatible avec un bon dictionnaire. L'enthousiasme y nuit encore plus, et les exclamations à Jean Jacques sont d'un prodigieux ridicule.

Panckoucke himself, writing in 1789, speaks of the interest shown by Voltaire in the project:

> M. de Voltaire ... en desiroit vivement une nouvelle édition; ce fut à notre sollicitation qu'il s'étoit chargé de revoir & corriger tous les articles de l'ancienne édition, & d'en composer nombre de nouveaux pour celle que nous nous étions proposé de publier de cet Ouvrage sous le Ministère de Monseigneur le Chancelier de Maupeou.[5]

As late as May and June 1769 we find Voltaire writing to inquire of D'Alembert whether he was going to contribute to this new edition.[6]

Publicity for this revised edition began to be given in the press early in 1769. In the number for 15 February, under the heading 'France' in its *Nouvelles littéraires*, the *Journal encyclopédique* made the following announcement:

> Tous ceux qui s'intéressent à la gloire des sciences & des arts en France, apprendront avec plaisir que les Srs. Dessaint & Pankoucke, Libraires à Paris, ont acquis les droits & les planches du grand *Dictionnaire Encyclopédique*, in fol., & qu'ils se proposent d'en donner, par souscription, une nouvelle édition, sous le titre de *Dictionnaire universel & raisonné des sciences & des arts*. Cet ouvrage, auquel l'Encyclopédie servira principalement de base, sera entièrement neuf. Chaque partie de l'Encyclopédie sera reprise en

---

[1] According to Bachaumont, vol. vi, pp. 154-5 (29 June 1772).
[2] According to Luneau de Boisjermain (see *Studies*, vol. xxiii, p. 160).
[3] Best. 14320.
[4] See *Studies*, vol. xxiii, p. 162.
[5] *Encyclopédie méthodique, Mathématiques*, vol. iii, 'Tableau et Apperçu du nombre de volumes de Discours et de Planches que doit avoir l'Encyclopédie ...', p. 26.
[6] Best. 14683 and 14699.

entier, refondue, étendue, rectifiée. Les erreurs, les redites, les contradictions, qui ont été inévitables dans la Ire édition, seront corrigées. On ne laissera subsister que tout ce qui mérite d'être conservé. On fera rapporter les discours aux planches, & les planches aux discours, ce qui n'est point dans la première édition. On nous assure en même tems que les hommes les plus distingués dans les sciences, les arts & la littérature, sont actuellement occupés à ce travail.

Another typical notice is to be found under the heading 'Paris' in the April volume of the Amsterdam edition of the *Journal des Savants*:

Le Public éclairé apprendra avec satisfaction que les Gens de Lettres & les Sçavans les plus distingués &c. travaillent à la nouvelle édition de l'Encyclopédie: toutes les parties en seront refondues & portées au plus haut degré de perfection possible à l'esprit humain.

Cette nouvelle édition sera composée de 18 vol. in folio, de Discours, d'un volume de Table Générale & particuliere, & de 9 vol. de planches. Ces 28 volumes in folio en composeroient plus de 60 in 4. Le prix de la souscription sera environ moitié de ce que coûte actuellement l'ancienne édition. Les premiers volumes ne pourront paroître avant 1771. On s'adressera à Marc Michel Rey Libraire à Amsterdam pour avoir des éclaircissemens détaillés à ce sujet.[1]

After stating that 'les Imprimeurs donneront séparément les Additions en faveur de ceux qui ont la premiere Edition' (an early allusion to the *Supplément* which was finally to appear in 1776–7), the next number of the same review goes on to reproduce the following *Avis*:

Nouvelle Edition de l'Encyclopédie ou Dictionnaire raisonné & universel des Sciences & Arts. 18 Vol. fol. & 9 de planches proposée par souscription.

Les hommes les plus célébres dans tous les genres sont actuellement occupés à Paris du soin de refondre cet important & fameux Dictionnaire. Ils se proposent de mettre de l'ordre dans l'ensemble & dans toutes les parties de l'ouvrage, d'éviter les répétitions, les redites, les erreurs, les contradictions qui ont été inévitables dans une premiere édition.

La nomenclature sera la plus complette qu'il est possible: on profitera de toutes les découvertes & ouvrages nouveaux qui ont paru depuis 25 ans. Le principal but de l'Ouvrage sera de donner l'histoire du progrès de toutes les connoissances humaines depuis leur origine jusqu'à nos jours; enfin chaque partie de ce Dictionnaire sera refondue & refaite en entier: on fera rapporter les discours aux planches & les planches aux discours: tous les Arts y seront repris & developpés.

L'ouvrage sera terminé par un volume de table générale & particuliere;

---

[1] pp. 570–1. There was a similar notice in the *Gazette de Berne* of 12 April (I am indebted to Mr. S. S. B. Taylor for all the references to this journal).

la table générale indiquera l'ensemble & la liaison de toutes les parties de l'ouvrage & les tables particulieres indiqueront l'ordre des maticres de chaque art ou science.

Il paroîtra incessamment un *prospectus* détaillé du plan de l'ouvrage, des conditions de la souscription & de l'ordre de la livraison des volumes.[1]

This *Avis* proves that the planning of the new, revised edition had gone fairly far.

Reactions to the project for a revised edition varied. In January 1769 Bachaumont showed interest in the proposal:

On ne peut qu'applaudir à cette entreprise, si les Editeurs savent profiter des justes critiques qu'on a faites de ce célebre ouvrage, dépôt éternel des connoissances & des délires de l'esprit humain. On sait avec quelle négligence nombre d'Articles ont été rédigés, combien d'autres ont dicté la passion & l'esprit de parti, comment la cupidité a introduit dans cette société une quantité de manœuvres à ce travail; ensorte que les deux tiers de cette compilation immense ont besoin d'être refondus ou du moins revus & corrigés.

However, well-founded fears about the difficulties of carrying out such an undertaking in Paris were then expressed:

Mais le lieu même paroît déjà faire craindre qu'on ne laisse pas aux auteurs toute la liberté qu'exige un livre de cette espece. L'impression de Paris est sujette à tant de gênes, tant de gens se mêlent de cette partie de la police, on y est si facile à donner accès aux plaintes des mécontens de tout caractere, qu'il est presqu'impossible qu'une entreprise de cette étendue y arrive à sa perfection.[2]

On the other hand, Grimm, writing, it is true, two years later, spoke with contempt of the whole project:

Il se forma à Paris, il y a environ trois ans, une nouvelle compagnie de libraires, à la tête de laquelle se trouva Panckoucke, et qui proposa au public, au moyen d'une nouvelle souscription, une nouvelle édition entièrement refondue. Cette proposition étoit aussi irréfléchie qu'indiscrète. Elle révolta le public avec raison: il fut choqué, qu'avant qu'il ait joui d'un ouvrage qu'il avait payé si cher, et qui n'était pas encore achevé, on exigeât de lui de concourir par de nouvelles avances à rendre cette première édition inutile. Je dis que cette proposition était irréfléchie, parce que la liberté de la presse était plus que jamais gênée en France, et que les nouveaux entrepreneurs n'avaient que le choix, ou de faire encore plus platement que l'Ostrogoth Le Breton et compagnie, ou de s'exposer à de nouvelles persécutions qui auraient arrêté

---

[1] May 1769, pp. 566–7.   [2] vol. iv, p. 192 (19 January).

l'édition à tout instant. Heureusement M. Diderot ne se laissa pas rengager dans cette nouvelle entreprise, pour laquelle le public ne souscrivit point.[1]

The announcement of plans for a new and revised Paris edition of the *Encyclopédie* early in 1769 happened to coincide with the advertising campaign undertaken by Barthélemy de Félice to find subscribers for his own revised edition, known as the *Encyclopédie d'Yverdon*. The first advertisement for the Swiss venture seems to have appeared in the *Gazette de Leyde* in February of that year.[2] On 18 February we find one of Panckoucke's partners, Dessaint, writing to Rey, the Amsterdam publisher, to boost their new edition and to run down the rival Swiss project:

> Les Gens de Lettres et les Sçavans les plus distingués de ce Pays-ci dans tous les genres de connoissance travaillent à la nouvelle Edit. de l'Encyclopédie. Toutes les parties en seront refondues et portées au plus haut degré de perfection possible à l'esprit humain. Nous avons acquis, M. Panckoucke et moi tous les Droits des premiers Proprietaires de cet important ouvrage, et nous nous disposons à mettre sous presse la nouvelle édition.
>
> L'avis que Le S.r Felice d'Yverdon a fait insérer dans vos gazettes est une pure charlatanerie dont le Public instruit ne peut être la dupe.
>
> Ce grand ouvrage connu [*sic*] et executé en France ne peut être perfectionné que dans son sein, et il est, nous osons le croire, impossible de trouver ailleurs qu'ici tous les secours dont on ne peut se passer pour en faire le meilleur ouvrage qui ait jamais existé.
>
> Je vous prie, Monsieur, d'en prevenir les gens de Lettres, les Sçavans et les amateurs de votre Pays.[3]

The open war which raged between the publishers of Paris and Yverdon is reflected in such announcements of De Félice as one which appeared in the *Gazette de Berne* of 19 April, in answer to the note on Panckoucke's edition in a recent number:

> Dans l'annonce de la nouvelle Edition de l'Encyclopédie in folio, que l'on propose à Paris, insérée dans la Gazette du 12me; on dit, que cette édition in folio, réduite à une Edition in 4.to, donneront [*sic*] plus de 80 Volumes. Le Directeur de l'Imprimerie d'Yverdon se prépare d'en donner une superbe Edition in 4.to d'après la nouvelle in folio de Paris,[4] avec des Corrections, des Augmentations & des Améliorations très considérables, fournies par des

---

[1] *Corr. litt.*, vol. ix, p. 215 (1 January 1771).

[2] Perret, *Les Imprimeries d'Yverdon*, p. 213.

[3] Rey Papers, 4, in the Bibliotheek van de Vereeniging ter Bevordering van de Belangen des Boekhandels, Amsterdam.

[4] It will be noted that, at this date, De Félice proposed to work into his edition anything he cared to lift from Panckoucke's revised version.

Savans du premier rang, & il assure le Public, que son Edition ne contiendra que 34 ou 36 Volumes de Discours, & 6 Volumes de Planches; ainsi quoique infiniment plus parfaite que celle de Paris, & ne lui cédant en rien dans l'Exécution Typographique, elle ne coûtera que la moitié du prix de cette dernière.[1]

As a counterblast Rey published in the May number of his edition of the *Journal des Savants*, after the *Avis* for the Panckoucke *Encyclopédie*, letters from Haller and Tissot denying that they intended to contribute to De Félice's work. After the text of the two letters comes the following: 'Je soussigné certifie ces Lettres conformes aux originaux. Paris 21 Avril 1769. C. PANCKOUCKE.'[2]

For our present purpose it is unnecessary to enter into further details of the war which raged in 1769 between Panckoucke and De Félice over their rival projects for revised editions of the *Encyclopédie*. Panckoucke kept on advertising his project as late as November 1769. On 12 July, for instance, we find the following announcement in the *Gazette de Berne*:

Il n'y a rien qu'on ne dise pour déprimer la nouvelle Edition de l'*Encyclopédie* de Paris. On a publié; qu'elle ne se feroit point du tout; qu'on y retrancheroit des articles importans; qu'elle ne paroîtroit que longtems après les contrefactions &c. Ce ne sont pas des Amis qui débitent ces misères. Le Public éclairé doit être en garde contre de telles publications. On l'assure très positivement, que l'Edition se fera sans aucun empêchement; que bien loin d'y retrancher, on l'augmentera considérablement; & qu'elle sera supérieure à celles qui pourroient être contrefaites. On invite les Amis des Lettres à lire l'Annonce de l'Edition de Paris qui se trouve dans les principales Librairies.

On 1 November we find the following passage in the same journal:

Actuellement on peut se procurer gratis dans les principales Librairies de l'Europe le Prospectus de l'Enciclopédie ou Dictionnaire raisonné des Sciences & des Arts, in folio, édition originale, revüe, corrigée & augmentée. Les trois premiers Volumes de Discours, de même qu'un Volume de Planches, en seront délivrés aux Souscripteurs dans le Mois de Janvier 1770. Et ce n'est que jusqu'à cette époque que l'on recevra des Souscriptions.

However, long before this date Panckoucke must have decided to abandon his plan for a revised edition and to confine his efforts to reprinting the original text and producing a *Supplément*. One could speculate as to whether the decision was partly due to the competition of the *Encyclopédie d'Yverdon* which might well have frightened off

---

[1] Maccabez (pp. 32–34) gives the text of a letter dated 27 April from De Félice to Panckoucke, on their rival editions.
[2] pp. 567–70.

subscribers to a much more expensive project; but Panckoucke himself, writing in 1789 when he was presumably free to speak his mind, attributes the change in his plans to the refusal of the Chancellor, Maupeou, to allow him to produce a revised edition in Paris:

[Il] ne voulut jamais la permettre, sous le prétexte que les circonstances n'étoient pas favorables, & que nous ne manquerions pas d'éprouver une persécution semblable à celle des premiers entrepreneurs.

To this he adds the following footnote:

Il aima mieux en permettre la réimpression pure & simple. Ce fut sur une lettre de M. le duc de Choiseul, que j'obtins cette permission.[1]

The story of the first stages of the new edition is related by Panckoucke himself in a letter to Rey of 26 October 1770:

Vous n'ignorés pas que jai acquis il y a environ 18 mois avec M. de Saint et un papetier de Paris nommé M. Chauchat tous les droits et cuivres de l'enciclopédie. M. de Saint et Chauchat ne firent cette acquisition [que] parce qu'ils crurent que le gouvernement permettroit la refonte de louvrage en supprimant les articles qui avoient pu déplaire. Nous sollicitames cette permission six mois de suite sans pouvoir lobtenir. Le gouvernement craignit de la part du clergé des difficultés plus grandes qu'en permettant la reimpression tacite de louvrage tel quil existe. On permit donc la reimpression de louvrage. M. de Saint et Chauchat dans la crainte de deplaire a des parens devots et livrés euxmêmes à des prejuges religieux ne voulurent pas y prendre interet. Je me vis obligé pour abreger les difficultés dacheter leurs parts que je vendis ensuite à de nouveaux associes.[2]

Panckoucke's decision to produce a literal reprint of the original edition along with a *Supplément* cannot have been taken later than September 1769. On 29 September Voltaire wrote to him: 'J'aprouve fort vôtre dessein, M^r, de faire un supplément à l'enciclopédie.'[3] He offered his enthusiastic collaboration in this new work, rejecting with scorn all offers of payment; it is well known, however, that in the end his articles went into his own *Questions sur l'Encyclopédie*. Apparently Diderot had been approached by Panckoucke about a month earlier; but when the latter came in person to sollicit his collaboration in the

---

[1] *Encyclopédie méthodique, Mathématiques*, vol. iii, 'Tableau et Apperçu du nombre de Volumes de Discours et de Planches que doit avoir l'Encyclopédie . . .', p. 26.

[2] Archives Weissenbruch, 20: 2. (The complete text of this important letter was published by Dr. F. Clément, *RSH*, 1957, pp. 140–2.) His two new partners were Brunet and Lambot, who were associated in the publication of the *Supplément*. See the agreement of 20 October 1772 (Rey Papers, 15) where they are listed as 'Brunet M[archan]d de Papier, Lambot Notaire'.

[3] Best. 14944.

Supplément, they had a violent quarrel and Diderot refused to have anything to do with the whole enterprise.[1]

A document brought to light by Professor G. B. Watts[2]—an agreement signed by Panckoucke, Dessaint, and Chauchat with the original publishers of the *Encyclopédie* on 16 December 1768 for the purchase of the plates and the right to reprint the work—would seem to indicate that already at that date the notion of a revised edition had been given up. It will be noticed that in the fifth article the new owners of the work undertook to publish their edition at the same price as the original work and that in the second last paragraph Le Breton and his partners reserved the right to publish a supplement to their edition. The agreement is worth reproducing in full:

1°. Nous associés de l'Encyclopedie, pour les parts et portions que nous y avons chacun, reconnoissons avoir vendu, cede et Transporté, pour toujours, comme en effet par ces présentes nous vendons pour toujours aux sieurs De Saint Panckoucke et Chauchat, tous nos droits dans les reimpressions à faire à l'avenir dudit ouvrage de l'Encyclopedie, nos dits droits tels qu'ils se poursuivent et qu'ils se Comportent, que les dits sieurs acquereurs ont dit bien connoitre et dont ils Sont Contents; En conséquence de quoi ledit objet est par nous vendu sans aucune garantie.

2°. Nous vendeurs sus nommés vendons pareillement cedons et transportons pour toujours la totalité des planches de cuivre qui sont gravées jusqu'à présent, ainsi que celles qui restent encore à publier pour le Susdit ouvrage de l'Encyclopedie, après qu'elles auront imprimé pour nôtre bénéfice les quatre mille que nous nous sommes réservés et seront lesdites planches de Cuivre par nous Livrées aux dits Sieurs acquereurs, aux différentes époques qui seront dites ci-après.

3°. La présente vente est faite par nous vendeurs à raison et sur le pié de deux cent mil Livres, la Totalité des droits dans les reimpressions futures et dans la Totalité des planches En Cuivre.

---

[1] See his letter to Sophie Volland of 31 August (?) (Roth, vol. ix, pp. 123–4). There is, of course, the awkward footnote in Jean Louis Carra's diatribe, *Le faux philosophe démasqué, ou Mémoire du Sr. Carra, collaborateur aux Suppléments de la grande Encyclopédie de Paris, contre le Sr. Robinet, Editeur desdits Suppléments* (Bouillon, 1772, p. 39): '. . . Vous avez eu l'impertinence de promettre à M. Diderot 50 liv. par feuille, tandis que les entrepreneurs vous en donnent 72 liv.; vous lui aviez écrit nombre de lettres à ce sujet, auxquelles il n'a pas daigné répondre; & sans le dernier voyage de M. Rousseau à Paris, M. Diderot n'auroit pas fait une panse d'A pour vos Suppléments.' But if Diderot had actually contributed to the *Supplément*, there would surely be more reliable evidence to that effect, including the mention of his name (along with that of D'Alembert) in the preface to the work.

[2] It is analysed in 'The Geneva Folio Reprinting of the *Encyclopédie*', p. 361. A copy of the document is preserved in the Archives d'État, Geneva, Notaires Dunant et Mercier, vol. viii, pp. 1305–7.

Ainsi il appartiendra, à moi Le Breton dans la présente vente pour mes dix dix-huitièmes d'intérets dans l'Encyclopédie[1] la Somme de cent onze mil cent onze Livres deux Sols deux deniers et deux tiers de denier, A moi, Briasson pour mes quatre dix-huitiemes celles de quarante quatre mil quatre cent quarante quatre Livres huit Sols dix deniers et deux tiers de denier; Et a moi David pareille Somme qu'à M. Briasson.

4°. Les Sommes enoncées dans l'article précédent nous seront payées solidairement par lesdits sieurs acquereurs dans l'espace de Six années la première à commencer en Janvier mil sept cent Soixante et onze en argent ou billets de Librairie de Paris ou de Province échéans à cette Epoque ou la précédant ainsi d'année en année, sous leurs engagemens Solidaires, soit qu'ils nous donnent leurs propres billets soit qu'ils nous en donnent d'autres, et dans tous les cas ils seront tous endossés par les trois acquereurs.

5°. Comme en faisant la présente vente nous n'entendons nuire ni au débit, ni à la délivraison des differens objets de nôtre entreprise qui nous restent a effectuer envers le public, tels que des volumes séparés du discours ou des planches de l'Encyclopedie, dont la principale partie est déja entre les mains du public, comme aussi des volumes des planches qui n'ont pas encore été publiées,[2] il convient de Statuer et arrêter les conditions Suivantes auxquelles nous faisons la présente vente: Lesdits Sieurs acquereurs garderont sur cette affaire le plus grand Secret aussi longtems qu'il leur sera possible; et cependant ils prendront leurs mesures, sans les publier, pour parvenir à commencer l'Edition qu'ils se proposent de faire dans le mois de Juillet mil sept cent Soixante neuf au plutôt; Et la première Livraison qu'ils feront au public sera composée des trois premiers volumes de discours et du premier volume des Planches. Les Livraisons postérieures seront pareillement composées de plusieurs volumes de discours avec un ou plusieurs volumes de Planches, tellement et de manière que les dits Sieurs acquereurs ne pourront dans aucun tems ni sous quelque pretexte que ce Soit, livrer au Public les volumes de discours ou de Planches séparément ou un a un comme nous les avons livrés, ni aucun volume de discours ou de Planches, faisant suite des Souscriptions que nous aurions faites et qui n'auroient pas encore été reitérées.

La Souscription a ouvrir pour l'Edition projettée par les dits Sieurs aquereurs ne pourra être publiée avant Juillet mil sept cent soixante et dix et devra être au même prix que celle que nous vendeurs avons précédemment faite, tant pour le texte que pour les planches, savoir les dix sept vollumes de Texte ensemble à cinq cent quatre Livres et le mille de planches à deux cent vingt six Livres.

S'il nous reste quelques centaines des dix derniers volumes de l'Encyclo-

---

[1] Originally Le Breton had owned 50 per cent. of the shares and the other three publishers—Briasson, Durand, and David—one sixth each (May, p. 15). Presumably when Durand died in 1763 his share was divided equally among the three surviving partners.
[2] i.e. Vols. VII–XI.

pédie lorsque les dits Sieurs acquereurs commenceront leur reimpression ils s'obligent de nous fournir un nombre égal des sept premiers volumes à raison de douze Livres le volume si mieux ils n'aiment reprendre ce qui nous restera des dix derniers volumes des discours Susdits à vingt cinq pour cent de rabais sur le prix de deux cent Livres fixé pour le Souscripteur.

Les autres volumes séparés, soit de discours soit de planches qui resteront à fournir à nos Souscripteurs, et dont le nombre n'excedera pas deux cent cinquante ou trois cent, seront pareillement remis par Nous aux dits Sieurs acquereurs qui s'en chargeront à raison de vingt cinq pour cent de rabais sur le prix que les souscripteurs en payent et le prix de cette nouvelle vente nous sera payé par les dits sieurs acquereurs solidairement comme la vente principale dans ce terme de trois années, d'année en année.

Nous Livrerons aux dits sieurs acquereurs les cuivres du Tome premier des planches au premier Octobre mil sept cent soixante et neuf, la Seconde livraison en deux parties le premier Octobre mil sept cent soixante et dix, et les autres livraisons d'année en année; Et les trois dernieres livraisons dans l'année qui suivra la cinquieme livraison, ainsi que ces Livraisons sont désignées sur chacun des Titres des volumes de planches.

Nous De Saint, Panckoucke et Chauchat, acceptons toutes les Clauses et conditions Stipulées ci-dessus; et Spécialement celle de payer solidairement, un seul de nous pour le tout, les sommes énoncées ci-devant: Enfin nous Promettons de ne rien faire de Contraire aux Intérêts des dits Sieurs Vendeurs et de ne livrer aucun volume séparé de discours ou de planches à leurs Souscripteurs jusqu'à ce que nous ayons effectué la Clause ci-dessus qui nous oblige à nous charger des volumes restans; de plus nous nous engageons sous nôtre parole d'honneur et sous l'obligation solidaire de nous tous de payer mille Louis d'or neufs dans le cas où nous contreviendrions à quelques uns des articles de la présente convention: s'engagent de même les dits Sieurs vendeurs sous leur parole d'honneur et sur un pareil dédommagement de ne tirer leurs volumes de planches qu'au nombre de quatre mille et les passés.

Il est cependant réservé aux Sieurs vendeurs tous leurs droits dans un ou plusieurs volumes de Suplément qu'il leur sera libre d'entreprendre si le cas y écheoit, même au nombre de quatre mil et le droit de reimpression des dits volumes de Suplément dont les vendeurs auroient payé la Copie reviendra de droit aux sieurs acquereurs dans deux années après la publication dudit Suplement.

Fait sextuple entre nous sous nos Signatures privées à Paris ce Seize Décembre mil sept cent soixante huit. Signés Briasson, Le Breton, David, De Saint, Chauchat et C. Panckouke.

Panckoucke's statement to Rey in October 1770 that Dessaint and Chauchat had given up their interest in the projected new edition is confirmed by two other documents in the Geneva Archives. By an agreement of 1 July 1769 Dessaint sold to Panckoucke his one-third share in the purchase of the plates and copyright of the *Encyclopédie*, and his example was followed on 24 May 1770—after the *embastillement* of the first three volumes—by the paper manufacturer, Jacques Chauchat.[1] As Dessaint's share is specifically stated to have been a third, presumably all three partners had had equal shares of one third in the enterprise.

By September 1769 at the latest[2] a prospectus was issued inviting subscriptions for a 'Nouvelle Edition du Dictionnaire Encyclopédique, XVII Volumes *in Folio* de Discours & VIII Volumes de Planches'.[3] The following reasons were given for the issue of a literal reprint of the *Encyclopédie*:

La premiere Edition de ce Dictionnaire étant entierement épuisée,[4] la Compagnie qui en avoit projetté la refonte & la rédaction, en ayant reconnu l'impossibilité, & cet Ouvrage étant aujourd'hui d'un prix excessif; on a cru qu'une nouvelle Edition entièrement & exactement conforme à la premiere, même papier, même format, même caractere, imprimée ligne pour ligne, mot pour mot, seroit très-favorablement accueillie du Public.

The terms of the subscription were as follows:

Le prix de cette nouvelle Edition par souscription, sera de 840 liv. *de France* pour les 17 Volumes de Discours & les 8 Volumes de Planches. On fera observer que le prix de la premiere Edition étoit par souscription, de 956 livres,[5] & que le prix actuel de cette premiere Edition est de 13 à 14 cens livres, quand on peut la trouver, car les sept premiers Volumes sur-tout, sont devenus très-rares.

Conditions & ordre de la Livraison

On payera actuellement en souscrivant	48 liv.
En recevant chaque Volume de Discours, 24 liv., et pour les 17 Volumes	408 liv.
En recevant chaque Volume de Planches, 48 liv. & pour les 8 Volumes	384 liv.
	840 liv.

The first three volumes of text and one volume of plates were to appear in January 1770, and the remaining volumes were to follow at

---

[1] Archives d'État, Geneva, Notaires Dunant et Mercier, vol. viii, pp. 1309, 1303–4.

[2] See the *Journal encyclopédique* for 15 September (pp. 461–3) and also the October volume of the Amsterdam edition of the *Journal des Savants* (pp. 275–9). The text is to be found printed separately in BN, Ms. Fr. 22069, ff. 170–1.

[3] In the end there were to be eleven volumes of plates, as in the Paris edition.

[4] This was not strictly true; see article 5 of the agreement of 16 December 1768 (pp. 60–1).

[5] In the end the total sum paid was 980 *livres* (see *Studies*, vol. xxiii, p. 127 n.).

three-monthly intervals so that the edition would be completed inside three years at the latest. Only the publication of the last volumes of plates would drag on into a fourth year 'parce qu'il faut avoir le tems de refaire les Planches, & de les faire tirer avec soin'. Potential customers were urged on by the statement that 'comme cette Edition n'a été tirée qu'à un très-petit nombre, on ne recevra que 800 souscriptions'.

The publication of the prospectus in the *Journal encyclopédique* was accompanied by an attack on the *Encyclopédie d'Yverdon*. Pierre Rousseau declared that 'les avis publics & les prospectus qu'on a répandus à ce sujet, ne sont pas même écrits en langue françoise' and he printed the letter of Tissot denying that he was one of the contributors to De Félice's work. Both Rousseau and Rey also reproduced on the same occasion the prospectus of a separate *Supplément*.[1] There is here no mention of the difficulties which the government had put in the way of a revised edition; only technical reasons are given for the abandonment of the original project.

By the beginning of 1770 the first three volumes of the new edition had been duly printed by Le Breton and the first volume of plates was also ready; but before they could be distributed the enemies of the *Encyclopédie* once more asserted themselves. As Panckoucke explained later in the year in a letter to Rey:

> On imprima les trois premiers volumes; on alloit les mettre en vente avec un volume de planches lorsque l'assemblée du clergé eut lieu. On porta des plaintes au Roy. Les trois volumes furent mis à la Bastille.[2]

On 5 March Bachaumont commented on the event:

> M. l'Archevêque de Rheims, Président de l'Assemblée du Clergé, poussé par les Prélats ses confreres, n'a pu s'empêcher de témoigner au Roi la douleur du Corps Episcopal, de voir, au moment où il alloit s'assembler, élever sous ses yeux dans la Capitale de la France un monument à l'erreur & à l'irréligion, par la nouvelle Edition qui s'y faisoit du *Dictionnaire Encyclopédique*, ouvrage contre lequel il avoit toujours réclamé, & anathémisé de tant de censures canoniques.

---

[1] *Journal encyclopédique*, 15 September 1769 (pp. 463–5); *Journal des Savants*, October (pp. 280–3). On 1 November (p. 496) Rousseau gave further publicity to both the reprint and the *Supplément*.

[2] Letter to Rey, 26 October 1770 (Archives Weissenbruch, 20: 2; *RSH*, 1957, p. 140). With this one should compare the account of the matter given in the *Encyclopédie méthodique*: after explaining (in the passage quoted above, p. 58) how Maupeou had given him permission to publish a new edition, Panckoucke goes on: '& quelque tems après Mgr le Chancelier la fit mettre à la Bastille, où elle est restée six ans.'

La Religion de S.M. ne lui a pas permis de refuser au Clergé la justice qu'il lui demandoit. En conséquence la nouvelle Edition de ce Dictionnaire est arrêtée, & M. le Comte de St. Florentin a fait déposer à la Bastille tous les exemplaires des trois premiers volumes de ce livre déja imprimés.

On se flatte qu'après la dissolution de l'assemblée l'Edition se reprendra, & l'on le présume par l'attention avec laquelle on conserve ce qui en est fait, & qu'on auroit dû brûler avec authenticité, si l'on eût voulu donner sérieusement satisfaction aux Evêques.[1]

Bachaumont's concluding sentence was, as we shall see, very wide of the mark. A month earlier the bookseller Hardy had noted the same event in his diary:

3 février. — On apprend que l'Archevêque de Reims avait obtenu du Roi que tout ce qui se trouvait pour lors imprimé de la nouvelle édition du *Dictionnaire encyclopédique* qui se faisait aux frais des libraires Dessaint et Panckoucke, chez le sieur Lebreton, imprimeur, rue de la Harpe, serait et demeurerait saisi (il y en avait, disait-on, trois volumes totalement finis) et que le lieutenant de police, qui d'abord avait consenti, sur les représentations des libraires, que cette édition fût déposée dans un magasin sur lequel il avait apposé les scellés, avait ensuite donné de nouveaux ordres pour que le tout fût transporté au château de la Bastille et que le sieur d'Hémery avait été chargé d'exécuter ces ordres. On assurait que le chancelier avait reçu des libraires un présent de 1000 louis pour favoriser cette entreprise et que le sieur Corby, commissaire des guerres et ci-devant colporteur de livres, en avait reçu autant pour soudoyer les différentes personnes qui pourraient aider ces mêmes libraires de leur crédit.[2]

At the beginning of 1771 Grimm wrote gloomily:

Mais enfin, ce que j'avais prédit, ce que tout homme sensé pouvait prévoir, est arrivé. L'année dernière, l'assemblée du clergé, ayant reçu l'inspiration du Saint-Esprit aux Grands-Augustins, se plaignit au roi de cette nouvelle réimpression: on saisit chez Panckoucke les trois premiers volumes réimprimés, et ils sont encore aujourd'hui à la Bastille, sans aucune espérance d'être délivrés.[3]

From Ferney Voltaire followed these events closely. On 21 February 1770 he wrote to Panckoucke, in deliberately veiled language:

Consolez vous, monsieur; il est impossible que les captifs qui sont à

---

[1] vol. v, pp. 73–74.

[2] S. P. Hardy, *Mes Loisirs*, ed. M. Tourneux and M. Vitrac, Paris, 1912, vol. i, p. 173. See also the letter of J. F. Ducis to Prince Louis-Eugène de Wurtemberg, 21 March 1771: 'C'est ce même prélat [i.e. the Archbishop of Rheims] . . . qui a fait saisir tous les volumes déjà imprimés de l'*Encyclopédie* qui sont encore à la Bastille' (*L'Amateur d'Autographes*, 1899, p. 155).

[3] *Corr. litt.*, vol. ix, p. 215 (1 January).

Alger ne soient pas délivrés par les mathurins quand le temps sera favorable; puisqu'on a rendu les premiers on rendra les seconds. Les cadets ne peuvent être traités plus durement que les aînés.[1]

On the following day D'Alembert wrote from Paris, agreeing with many of Voltaire's criticisms of the *Encyclopédie*, and adding a reference to the Bastille incident: 'En vérité on est bien bon d'en avoir tant de peur, et de ruiner par ce motif de pauvres libraires.'[2] Voltaire continued to take the optimistic view that, as soon as the Assemblée du Clergé was out of the way, the volumes would be released. On 2 March he wrote to La Harpe:

Je regarde la prison des quatre mille volumes in-folio comme une lettre de cachet qu'on donne à un fils de famille pour le mettre à la Bastille, de peur que le parlement ne le mette sur la sellette.[3]

The same idea is to be found in a letter written to the publisher, Jacques Lacombe, a few days later:

Je ne regarde l'avanture de l'encyclopédie que comme une défense aux rôtisseurs de Paris d'étaler des perdrix pendant le carême. Je suis persuadé qu'après Pâques on fera très bonne chère.[4]

D'Alembert too continued to interest himself in the question. On 9 March he wrote from Paris:

Je verrai Panckoucke, & je le tranquilliserai,[5] si cependant un pauvre diable qui a cent mille écus en papier sous un hangard à la Bastille, peut être dûment tranquillisé. Je ne comprends pas, je l'avoue, pourquoi on veut empêcher de répandre dans le royaume et en Europe 4000 exemplaires de l'Encyclopédie, lorsqu'il y en a déjà 4000 de distribués.[6]

In the following month he announced that Panckoucke was coming to Geneva, nominally to 'rendre ses hommages' to Voltaire, but, as we shall see, to make arrangements for the printing of the new edition there.[7]

The imprisoned volumes have their dossier in the Archives de la Bastille.[8] There is first of all the following document:

Etat des Ballots d'Imprimés de l'Enciclopedie que M. Le Lieutenant

---

[1] Best. 15179. See also Diderot's letter to Le Breton (26 February): 'J'ai été vraiment fâché de la saisie des premiers volumes de la seconde édition de l'Encyclopédie, quoique j'eusse prévenu M. Pancouke du peu de fond qu'il y avoit à faire sur ses supérieurs' (Roth, vol. x, p. 27).

[2] Best. 15182.   [3] Best. 15196.   [4] Best. 15212.

[5] On the subject of possible competition between the *Supplément* and Voltaire's *Questions sur l'Encyclopédie*.

[6] Best. 15218. (The figure for the new edition should, of course, be 2,000.)

[7] Best. 15285.   [8] Bibliothèque de l'Arsenal, 10305.

Général de Police a envoyé à la Bastille par le Sr Demery. Inspecteur de la librairie pendant le Courant de fevrier 1770.

Sçavoir

Le six fevrier, trente cinq cy	35	Ballots
Le sept Soixante cy	60	
Le huit Soixante cy	60	
Le neuf Soixante trois cy	63	
Le dix cinquante deux cy	52	
Le douze soixante douze cy	72	
Le treize soixante dix huit cy	78	
Total quatre cent vingt cy	420	

Le tout appartenant aux S^{rs} Le Breton, Panquouque & de Sain.

A note to this document reads as follows:

Tous ces ballots ont été mis sous la voute de la Cour interieure ou l'on a fait un Mur, porte et fenetre pour mettre ces imprimés or de l'injure de l'air et des Saisons. Cette dépense s'est montée à la somme de 380^{11}, dont moitié a été payé par le Roy et l'autre moitié par les S^{rs} Le Breton, Panquouque et de Sain.

The incarceration of these three volumes was to last almost exactly six years. It was not until 1 February 1776, during the Turgot régime, that in a letter preserved in the same dossier Albert, the Lieutenant de Police,[1] ordered the release of the 'ballots appartenant au Sr Panckouke'. 'Les raisons qui les y avoient fait déposer ne subsistant plus,' he wrote, 'il n'y a point d'inconvénient à les lui rendre.' A marginal note to the document quoted above states that the volumes were removed by Panckoucke's agent in two instalments on 8 and 9 February.

In the early summer of 1770, since publication of the new edition inside France was now impossible, Panckoucke, as we have seen, bought back from Chauchat his third share in the enterprise on 24 May and on 8 June he sold it to the *notaire* Lambot.[2] He then betook himself to Geneva, arriving at Ferney with a letter of recommendation from D'Alembert:

Cette lettre[3] vous sera remise par m^r Panckoucke . . . Il va à Genève pour

[1] Rather ironically, we find Amélie Suard, in a letter to her husband during her visit to Ferney in June 1775, describing how her brother Panckoucke lamented the replacement of Le Noir by Albert as Lieutenant de Police: 'Mon frère en prit occasion de déplorer la perte de m. Le Noir qui l'aimait, qui le traitait à merveille, qui devait lui faire rendre les volumes de l'Encyclopédie' (Best. 18386).

[2] See Article 2 of the agreement of 26 June reproduced below (p. 68).

[3] Best. 15389 (8 June).

des affaires qui l'intéressent, & je l'ai assuré que vous ne lui refuseriés pas vos bontés et vos conseils. Il vous contera tous les malheurs qu'a essuyés l'infortunée Encyclopédie, & le besoin qu'elle a que les honnêtes gens & les Philosophes fassent un bataillon carré pour la soutenir.

On 26 June in Geneva he signed an agreement—also brought to light by Professor Watts[1]—with Gabriel Cramer[2] and Samuel de Tournes to whom he sold a third share in the new edition. In this agreement it was stipulated that Panckoucke was to be responsible for producing 2,000 copies of the remaining seven volumes of plates, while Cramer and De Tournes were to print the same number of copies of the last fourteen volumes of text. An early release of the copies of the first three volumes in the Bastille was clearly hoped for, since it was agreed that the first of the eight instalments in which the new edition was to be published—Vols. I–III of the text and the first volume of plates—was to be published in the course of the year 1770, to be followed every eight months by two volumes of text, from Geneva, and one volume of plates, from Paris. Because of its importance for the whole history of this edition of the *Encyclopédie* the agreement[3] seems worth reproducing in full:

Du vingt sixième Juin 1770 après midy Par devant nous ont Comparu d'une part Monsieur Charles Joseph Pankouke Libraire de Paris, propriétaire des droits et cuivres de L'ouvrage intitulé dictionaire Encyclopédique de dix sept volumes in folio de discours et de huit volumes Infolio de planches, y compris Les discours servans d'explications qui y sont répandus, par L'acquisition qu'il en a faite conjointement avec Les Sieurs De Saint et Chauchat, des Srs Le Breton David et Briasson par acte du 16e X bre 1768; et devenu seul propriétaire des dits droits et cuivres par La cession que lui ont faite Les dits Srs De Saint et Chauchat des portions pour Lesquelles ils y étoient intéressés, par actes sous seings privés de 1er Juillet 1769, et 24e May 1770 dont Les copies demeurent jointes ainsi que celle du susdit acte du 16e Xbre 1768 à La présente minute, Et d'autre part Monsieur Gabriel Cramer et Monsieur Samuel de Tournes Citoyens de Geneve, Lesquels Comparans disent et déclarent avoir fait entr'eux Les Conventions suivantes. Savoir Le dit Monsieur Pankouke a associé comme de fait il associe Les dits Srs Gabriel

---

1 It is summarized in 'The Geneva Folio Reprinting of the *Encyclopédie*', pp. 362–3.

2 Already in 1760, when the printing of the *Encyclopédie* was held up in Paris, Cramer had shown considerable interest in printing the rest of the work in Geneva (see two letters to Grimm—Best. 8044 and 8172).

3 The original is to be found in the Archives d'État, Geneva, Notaires Dunant et Mercier, vol. viii, pp. 1289–1302, 1311 (the intervening pages are occupied by copies of documents dated 16 December 1768, 1 July 1769, and 24 May 1770 which have already been discussed).

Cramer et Samuel de Tournes pour un tiers dans une Edition de Deux mille exemplaires[1] du dit Dictionnaire Encyclopédique ci-dessus désigné et ce pour le prix de septante six mille quatre cent cinquante une Livres dix sols de France, payables comme Suit. Savoir huit mille Livres au trente et unième décembre mil sept cent septante un, neuf mille Livres à pareil jour de L'année mil sept cent septante deux. Neuf mille neuf cent livres à pareil jour de L'année mil sept cent septante trois, dix mille Livres à pareil jour de L'année mil sept cent Septante quatre, dix mille cent Livres à pareil jour de l'année mil sept cent Septante cinq et vingt neuf mille quatre cent cinquante une Livres dix sols à pareil jour de L'année mil sept cent Septante six. Monsieur Charles Joseph Pankouke déclare, que Les trois volumes de discours à l'exception de trente ou quarante feuilles, sont imprimés et Séquestrés au Château de la Bastille; que de plus un volume de planches est retouché tiré et Imprimé à Deux Mille existans [*sic*] dans son magasin; et que Les retouches du second volume de planches sont faites à très peu près: Que pour L'impression, papier tirage retouches et autres fraix des dits trois volumes de discours et des planches ci-dessus énoncées Ledit Mr Pankouke a déboursé Soixante neuf mille deux cent nonante Six Livres dit argent de France dont Le tiers monte à vingt trois mil nonante huit Livres treize sols quatre deniers que Les dits Srs Cramer et De Tournes payeront 1.º en un Billet pour le trente uniéme Juillet mil sept cent Septante deux, de onze mille Livres de France, et 2.º en un autre Billet pour le trente et uniéme décembre même année de douze mille nonante huit Livres treize sols quatre deniers. Le dit Sr Pankouke promettant de leur faire apparoir par un Compte en règle que ses déboursés pour l'objet ci-dessus montent réellement à Lad^{te} somme de 69296£ de France. Et au sujet de la présente société Les dits Sieurs Comparans ont arrêté entr'eux les articles suivans. 1.er Mrs Cramer et De Tournes n'entendent s'intéresser que dans l'Edition actuelle de Deux mille exemplaires, et ne prétendent aucun droit de propriété perpétuelle sur les droits et cuivres du dit ouvrage; ensorte que Les dits Srs Cramer et De Tournes auront pour Le tiers pour Lequel Le dit Sr Pankouke les associe avec Lui par le présent acte, droit et propriété dans les dits droits et Cuivres dudit ouvrage seulement pendant, et jusqu'à l'entiere impression débit et Consommation des deux mille exemplaires auxquels sera tirée L'Edition actuelle après quoi le dit Sr Pankouke en dédommagement des soins qu'il s'est donné antérieurement pour ce dictionaire Encyclopédique, sera Libre de faire de ce droit et de ces cuivres, tel usage qu'il jugera à propos.

Art. s.^d Monsieur Pankouke et Les dits acquéreurs s'engagent ainsi que s'est engagé Monsieur Lambot que Le dit Sr Pankouke a associé pour un tiers à cette entreprise par acte sous seing privé du huitiéme du Courant. Ils

---

[1] 'non compris cent cinquante exemplaires de Chaperon' (addition at the end of Article 32 on p. 1310). Cf. Littré, *Chaperon*: 'Terme d'imprimerie. Feuilles de tirage en surnombre pour remplacer les feuilles gâtées.'

s'engagent dis je à ne résigner Leur intéret dans cette entreprise à qui que ce soit et sous quelque prétexte que ce puisse être, sans le consentement de tous Les associés.

Art. 3. Monsieur Pankouke se charge de diriger, soigner, payer L'impression à Deux mille, assemblage collationage correction Magasinage et autres fraix de tous Les huit volumes de planches retouches discours concernant les planches, dont il lui sera tenu compte, ainsi qu'il sera dit article cinquiéme.

Art. 4. Mr Cramer et Monsieur De Tournes se chargent de faire imprimer Les quatorze volumes de discours tirés à Deux mille, non compris le Chaperon de cent cinquante, de Les faire corriger, assembler, collationer, emmagasiner, de payer Les fraix des commis, teneurs de Livres, et autres dont il Leur sera tenu compte ainsi qu'il est dit article Suivant.

Art. 5. Les dits Associés pour simplifier les redditions de Comptes sont convenus de fixer des prix Invariablement à la besogne dont chacun d'eux demeure chargé, comme suit. — Le prix de L'impression à Deux mille, de chaque feuille du discours concernant les planches, compris tous les fraix demeure fixé à trente huit livres de France. — Le prix de la retouche de chaque planche demeure fixé à vingt cinq Livres, et sur ce prix Là Mr Pankouke s'engage à faire graver de nouveau, tous les cuivres assez mauvais pour ne pouvoir pas être retouchés, et fournir au moyen de La retouche deux mille bonnes épreuves. Le prix de chaque millier de planches demeure fixé à quinze Livres. — Le prix du papier des planches et du discours qui les concerne savoir papier quarré fin double demeure fixé à dix huit Livres La Rame. — Le prix de chaque feuille des quatorze volumes de discours, que Les acquéreurs se chargent de faire imprimer et tirer à deux mille comme a été dit dans L'art. 4 demeure fixé tant pour L'impression que pour tous fraix, à trente quatre Livres toujours argent de France.

Art. 6. Monsieur Pankouke s'engage à fournir aux dits Srs Cramer et De Tournes tous les caractères nécessaires à L'impression des quatorze volumes dont ils sont chargés, Monsieur Pankouke en fera L'avance, et il se payera sur les premiers fonds qui Lui rentreront pour Le compte de La Société Suivant L'état qu'il produira de ses déboursés.

Art. 7. Monsieur Pankouke s'engage de même à fournir pour le compte de La Société, les papiers nécessaires à La susdite impression des quatorze volumes de discours, savoir d'en fournir assez pour que L'impression une fois commencée ne chomme pas; Et pour y parvenir, il est convenu que Le dit Mr Pankouke envoyera au moins quinze cent rames avant Le mois de Septembre prochain, afin que L'impression puisse se mettre en train dans le courant du mois suivant.

Art. 8. Il sera tenu Compte à Mr Pankouke de six Livres de France par chaque Rame de Papier qu'il fournira, et il sera tenu Compte à Messieurs

Cramer et De Tournes de Leurs déboursés pour Les fraix de voiture des susdits caractères et du susdit papier.

Art. 9. Dans le cas où Les derniers pourroient faire fabriquer dans Le voisinage de Geneve du papier de La qualité requise, ils y procéderont et il Leur sera tenu Compte sur le pié de dix Livres de France par chaque Rame.

Art. 10. Les dits Srs Cramer et De Tournes pour se payer des fraix de voiture, de la moitié du prix de L'impression, et du papier qu'ils auront fourni tireront des Lettres de change sur Monsieur Pankouke à un mois de date,[1] et pour se payer de L'autre moitié du prix de L'impression, ils recevront de Monsieur Pankouke des Billets de Paris ou de la Province duement endossés Le plus petit de cinq cent Livres au moins, à quinze mois de terme sous L'escompte de cinq pour cent par an. C'est à dire, que Lon bonifiera à Mr Pankouke L'escompte sur ce pié Là, des billets dont L'échéance sera plus courte que quinze mois, et qu'il Bonifiera aux dits Srs Cramer et De Tournes sur le même pié Lescompte des Billets dont L'échéance sera plus Longue que quinze mois.

Art. 11. Quoique Le prospectus qui a déja été publié dès Paris de même que celui que L'on publiera dès Geneve porte Le prix de chaque exemplaire complet, à La somme de huit cent quarante Livres, cependant Les associés ne rendront compte à La Masse, des exemplaires qu'ils auront placés que sur Le pié de sept cent livres pour chacun savoir.

Souscription	36^{11}		
trois volumes discours			
déja imprimés	54	126	
1 vol planches déjà prêt	36		
pour chacun des			
14 vol. discours	20^{11}	280	700^{11}
pour chacun des			
7 d^{rs} volumes de			
planches	42^{11}	294	

Art. 12. Les associés ne pourront vendre pendant Le cours de L'impression aucun exemplaire à qui que ce soit au dessus du prix de huit cent quarante Livres savoir

Souscription 48^{11} . . .	48^{11}	
17 vol. discours à 24^{11}	408^{11}	840^{11}
8 vol. planches à 48^{11}	384^{11}	

[1] 'Bien entendu que si l'on tire avant que Mr Pankouke ait entre Les mains des effets de La société négotiables comme Les traites de La 1ere Livraison. Mrs Cramer et De Tournes ne tireront que Les deux tiers de leurs fraix et avances se réservant de tirer le 3me tiers dès que Les effets susdits seront entre Les mains de Mr Panckouke' (addition at the end of Article 32 on pp. 1302 and 1311).

Art. 13. Après que La derniére Livraison sera distribuée aux Souscripteurs, s'il restoit des exemplaires en magasin, ils seront partagés entre Les associés, chacun proportionnellement à son intérêt pour qu'ils en disposent comme il leur plaira sous La réserve néantmoins de n'en pouvoir vendre aucun au dessous du prix de sept cent Livres, pour ne fournir aux Souscripteurs aucun sujet de plainte.

Art. 14. Les Livraisons au nombre de huit se feront autant qu'il sera possible de La manière Suivante savoir Dans le Courant de la présente année Les trois premiers volumes de Discours, et Le premier volume de planches, et puis au moins tous Les huit mois deux volumes de Discours et un volume de planches successivement jusqu'à La fin.

Art. 15. Nul des associés ne pourra vendre aucun volume de discours ni de planches que conformément aux Livraisons ci-dessus détaillées.

Art. 16. La première Livraison partira toute de Paris si cela se peut, et par rapport aux Suivantes, Les volumes de planches partiront de Paris et Les volumes de discours partiront de Geneve; les expéditions de Paris et de Geneve se feront dans le même tems.

Art. 17. Pour faciliter Les payemens aux Libraires Souscripteurs, on accordera un an de crédit à ceux qui prendront depuis une, jusques à Six Souscriptions, un an et dix huit mois à ceux qui en prendront depuis sept jusqu'à douze, et enfin un an, dix huit mois et deux ans à ceux qui en prendront depuis treize en Sus: Les payemens se feront par L'acceptation des Traites tirées de Geneve, en expédiant chaque Livraison, comme il sera dit dans Le nouveau prospectus.

Art. 18. Pour favoriser d'autant plus Les Souscripteurs qui se chargeront d'un nombre de Souscriptions Les associés sont convenus de donner Le vingt unième exemplaire gratis.

Art. 19. M.ᵣ Pankouke après son retour à Paris envoyera le plus tôt qu'il lui sera possible, à M.ʳˢ Cramer et De Tournes La Liste Détaillée de tous Les Les [*sic*] Souscripteurs qui se sont adressés à Lui ou à ses précédens associés afin que les dits M.ʳˢ Cramer et De Tournes soyent juges de La solidité des dits Souscripteurs, du moins autant qu'ils pourront La connoitre tant par eux-mêmes que par Les informations qu'ils pourront se procurer afin de Savoir ce que L'on fait. Et à L'avenir aucun des interessés, N'adoptera de Souscripteur, sans en avoir obtenu Le consentement de ses associés à moins qu'il ne veuille bien courrir pour son propre compte Les risques de Sa confiance.

Art. 20. Il sera fait toutes les années un Inventaire général des Magasins de Paris et de celui de Geneve, dont on se communiquera réciproquement Le résultat, et tous les six mois ou du moins à chaque Livraison M.ᵣ

Pankouke fera dresser un Compte des Billets et de La caisse de La société qu'il envoyera à Geneve ou qu'il communiquera au procureur de M.ᵣˢ Cramer et De Tournes, Lesquels s'engagent de Leur côté de montrer Létat des effets entre Leurs mains appartenans à La Société toutes Les fois que Mᵣ Pankouke ou quelqu'un de sa part Le Requerra.

Art. 21. Au moment de L'expédition de chaque Livraison Mᵣˢ Cramer et De Tournes tireront des traites sur Les débiteurs, traites de sommes égales sur ceux, sur Lesquels on en aura deux ou trois à tirer. Ils les envoyeront à L'acceptation puis les endosseront à M.ᵣ Pankouke, à qui ils les envoyeront, et Celui-ci en tiendra compte et s'en servira pour Les dépenses de L'entreprise suivant ses Lumières et sa prudence.

Art. 22. Dès que M.ᵣ Pankouke au moyen des traites que Mᵣˢ Cramer et De Tournes lui auront envoyées, se verra des fonds au de Là de ce dont il aura besoin Pour ses dépenses courantes, L'excédent servira à éteindre, C. à. d. à acquitter L'engagement pris par Les dits Mᵣˢ Cramer et De Tournes pour L'achapt de Leur tiers, de même qu'à retirer Leurs deux Billets spécifiés dans Le préambule du présent acte, Lesquels Billets M.ᵣ Pankouke pourra s'il en a besoin déposer chez son Banquier mais non Les négotier.

Art. 23. A mesure que M.ᵣ Pankouke chargera Le Compte de Mᵣˢ Cramer et De Tournes de l'une des six sommes qui constituent Le prix d'achat de Leur tiers savoir 76451. 10ˢ Mᵣˢ Cramer et De Tournes seront duement Libérés sur une simple quittance de la main de M.ᵣ Pankouke.

Art. 24. Lorsque M.ᵣ Pankouke chargera Le Compte de Mᵣˢ Cramer et De Tournes d'un ou des deux Billets il Les Leur renverra duement quittancés.

Art. 25. L'on bonifiera à Mᵣˢ Cramer et De Tournes sur Le pié du cinq pour cent L'année L'interêt des sommes que Les fonds de La Société auront acquittées pour eux avant Les échéances.

Art. 26. Si à L'échéance des Six payemens que doivent faire Mᵣˢ Cramer et De Tournes ou à L'échéance de Leurs deux Billets, il apparoissoit contre toute vraisemblance, que M.ᵣ Pankouke manquât de fonds pour poursuivre L'entreprise, Loin d'en avoir de reste, comme cela ne peut guéres être autrement. Alors Mᵣˢ Cramer et De Tournes rempliroient Leurs engagemens par voye de remises sur Paris.

Art. 27. Mᵣˢ Cramer et De Tournes déclarent que par L'art. 5 d'un traité du 16ᵉ Xᵇʳᵉ 1768. dont il a été parlé ci-dessus et dont Copie est jointe au présent acte M.ᵣ Pankouke et ses précédens associés prennent en faveur des premiers propriétaires des droits et Cuivres de L'Encyclopédie des engagemens dans Lesquels ils ne veulent entrer en façon quelconque; a quoi Monsieur Pankouke consent. Promettant en faire absolument son affaire si jamais il y avoit quelque prétention élevée à ce sujet.

Art. 28. S'il arrivoit que par L'effet d'une volonté Supérieure, Les volumes détenus à La Bastille ne fussent pas restitués et Libérés, Les dits Srs Cramer et De Tournes Supporteront Le tiers de La Perte conformément à L'interet du tiers qu'ils acquierent dans cette affaire.

Art. 29. Il est Convenu qu'en reconnoissance des Services rendus précédemment aux entrepreneurs de cette Edition Par Mr Heilmann de Bienne et Par Mr Marc Michel Rey d'Amsterdam on fera présent au premier de vingt cinq exemplaires complets et de huit exemplaires au Second, bien entendu néantmoins qu'on ne Les Leur délivrera qu'après La dernière Livraison, à moins que Le nombre de Souscriptions que ces M.^{rs} procureront n'engage La Société à Les Leur délivrer ou partie d'iceux, à mesure, ce dont Les associés conviendront entr'eux avant que de distribuer La 1ere Livraison.

Art. 30. Dès qu'il y aura des fonds de reste Mr Pankouke se remboursera de cinquante Louis qu'il a envoyés à M.^{r} De Sartines pour être distribués à des familles malheureuses pour Le Compte de La Société.

Art. 31. Les fonds excédans Les besoins se distribueront de bonne foi à chacun des intéressés Suivant sa quotepart d'interêt dans L'entreprise.

Art. 32. M.^{r} De Tournes Déclare que c'est lui personnellement qui s'engage dans le présent traité et nullement La maison de Librairie qui roule sous La raison des frères De Tournes. Et comme Les frères de Tournes ont un établissement à Lyon, et que par conséquent, il a Les mêmes raisons que Mr Pankouke à ne pas paroitre intéressés en France dans cette entreprise, Les prospectus se publieront, et Les titres s'imprimeront sous Le nom de Cramer Lainé et Comp^e et ce sera avec Mr Cramer que Mr Pankouke entretiendra La Correspondance, M.^{r} De Tournes s'en réservant La connoissance et Le droit de s'en charger au besoin.

Art. 33. Mr Pankoucke prendra de plus fort par cet article L'engagement de fournir quelque chose qui puisse arriver, deux mille exemplaires et Le Chaperon bien imprimés de tous Les cuivres concernans Le dictionaire Encyclopédique aux prix et aux époques ci-devant énoncés à peine de tous dépens dommages et interêts. Ainsi fait et Convenu entre Les parties qui ont promis observer Le présent acte à L'obligation, Soumission, Constitutions, Renonciations, & Clauses Requises. Fait et prononcé à Geneve présens Srs Jaq.^{s} Ant.^{ne} Du Roveray étudiant en droit citoyen de Geneve et Francois Guyaz y demeurant témoins Requis et Signés avec Les parties et moi notaire.

C. Panckoucke
Gabriel Cramer
Samuel De Tournes
J. A. Du Roveray

F. Guyaz   Testis
J. J. Dunant

Seven years later, after he had quarrelled with Panckoucke, Cramer was to describe the state of agitation in which his former partner had come to seek him out and ask for his help:

C'étoit en 1770, au milieu de l'Eté, que mon^r Panckoucke fit un second voiage à Genêve, et qu'il arriva chés moi à la Campagne avec un abbé de ses amis; il se trouvoit disoit-il dans le plus cruel embarras; & il ne voyoit de ressource qu'auprès de moi, de qui depuis que nous nous connoissons, il éprouvoit sans cesse les meilleurs procédés; il s'agissoit de le tirer d'affaire au sujet de l'impression de l'Encyclopedie: il me conta qu'il avoit achetté tous les Cuivres, et qu'il avoit déjà fait imprimer trois vollumes tirés à deux mille exemplaires, c'et [*sic*] à dire, six mille vollumes in folio, que la police venoit de saisir par ordre de m^r le Chancellier que l'on avoit renfermés à la Bastille; Panckoucke voioit sa machine arrêtée, ces avances perdües, son crédit annéanti & sa fortune hazardée si je ne venois à son secours, il me propose de suivre à son entreprise en m'y associant; je lui témoignai l'intérêt que m'inspiroit sa position, & l'effroy que me causoit sa proposition, il insista; M. de Tournes-Cannac mon parent & mon ami se joignit à Panckoucke, nous fimes tout ce qu'il voulut; nous achetâmes les Cuivres sur le pied de deux cent mille livres, (et nous avons sceu depuis que le prix qu'il en avoit payé n'excédoit pas la valeur de Vingt mille écus comptant); nous lui payâmes très chèrement les trois vollumes emprisonnés, dont il promettoit la libération incessamment, & que nous n'avons jamais ëues; en fin je traittai m^r Panckoucke non comme un homme embarrassé de qui on peut exiger quelque sacrifice, mais en vérité, (et m^r de Tournes vous le dira) comme un homme pour le quel on se sacrifie.[1]

It is curious to see how, in a letter to Rey written in October 1770 when he was seeking to persuade him to take the place of Cramer and De Tournes in the publication of the new edition,[2] Panckoucke deliberately plays down the difficult position in which the actions of the government had placed him. Although he estimated that the loss caused by the incarceration of the three volumes in the Bastille would amount to 45,000 *livres*,[3] he affected not to be really bothered by this setback:

Comme la première édition fut saisie cinq à six fois[4] nous ne fûmes pas plus inquiets, cependant pour éviter toute tracasserie à lavenir et daprès de sages conseils que des magistrats même nous donnèrent, on prit la résolution de

[1] Letter to Louis Necker de Germagny (25 May 1777, Best. 19526).
[2] Rey ultimately rejected the proposal (see his letters in the Archives Weissenbruch, 21: 1, 4, 5).
[3] Archives Weissenbruch, 20: 2 (*RSH*, 1957, p. 141).
[4] Somewhat of an exaggeration.

faire imprimer au dehors, car la libre-circulation dans les provinces n'a jamais été arêtée,[1] elle n'a souffert d'obstacle que dans la capitale.[2]

Clearly Panckoucke envisaged the possibility of getting the imprisoned volumes out of the Bastille by means of bribery, for he writes:

... Ceux qui travaillent à obtenir leur élargissement demandent une somme assez considérable, car dans ces sortes de cas, cest toujours de largent, Monsieur, qui tire les malheureux d'embarras.[3]

A prospectus for the new edition was published by Cramer on 28 February 1771 and was reproduced in the May number of the Amsterdam edition of the *Journal des Savants* under the heading 'Geneve' in the *Nouvelles littéraires*:

NOUVELLE ÉDITION DU DICTIONNAIRE ENCYCLOPEDIQUE; *proposée par souscription.*

Nous donnons avis au public, que nous venons de nous charger de la réimpression que l'on avoit projettée à Paris, du DICTIONNAIRE EN-CYCLOPÉDIQUE, *en 25 volumes in-folio; savoir, 17 volumes de Discours, & 8 volumes de planches.* Nous les ferons imprimer sur du papier de France que l'on fabrique à cet effet, & avec des caracteres neufs de Mad.ᵉ la veuve Fournier, & de M. Fournier l'aîné. L'on suivra l'édition de Paris, mot pour mot, ligne pour ligne, page pour page, volume pour volume: la plûpart des planches ont été refaites, on a conservé celles qui se sont trouvées en état de servir, en les faisant retoucher avec le plus grand soin: la correction, (cette partie essentielle,) est en très bonnes mains, en un mot, l'on ne néglige rien, l'on n'épargne rien, pour que cette édition soit en tout semblable à la premiere. Nous nous proposons de publier dans le courant du mois de Novembre prochain, *deux volumes de Discours & le premier volume des planches*: dans le courant du mois de Juin de l'année prochaine 1772, *trois volumes de Discours, & le second volume des planches*; & tous les six mois ensuite *deux volumes de Discours & un volume de planches*; de sorte qu'en ne s'écartant point de ce plan,

---

[1] This is presumably a reference to the first edition (see *Studies*, pp. 151–9).

[2] *RSH*, 1957, p. 140.

[3] Ibid. There is a curious entry for 27 June 1770 in the BN manuscript (Nouv. acq. françaises, 1214, f. 597r) entitled 'Copie de lettres relatives à la police de la librairie de Paris, 1750–1770, provenant de M. d'Hémery'. The marginal note to the entry reads: 'Particulier qui a été proposer des arrang.ˢ a M.ᵈᵉ Le Breton pour retirer de la Bastille les 3 p.ʳˢ Vol. de l'encyclopedie' and the entry itself begins: 'Quelques jours apres que j'ai fait conduire a la Bastille par ordre de Sa Majesté les 3 p.ʳˢ Volumes de l'Encyclopedie Mad.ᵉ Le Breton me parlant de cette affaire me dit avoir été fort étonnée de voir dernierement arriver chez elle un Particulier lui proposer des arrangemens pour lui faire rendre les Volumes de l'Encyclopedie quil savoit qu'on avoit fait conduire a la Bastille et qu'il lui avoit même donné son adresse.' Mme Le Breton gave D'Hémery the address, but nothing seems to have come of the matter.

l'ouvrage sera entierement achevé & délivré au 30 Juin de l'année mille sept cent soixante & quinze.

L'exemplaire entier coûtera aux souscripteurs 840 livres de France, le louis à vingt-quatre francs, qui seront payables de la maniere suivante.

> On payera en souscrivant . . L. 48.
> En recevant 2 *volumes de discours & un volume de planches* . . . 96.
> En recevant 3 *volumes de discours, & le second volume des planches, en Juin 1772* . . . . . 120.
> En recevant tous les six mois ensuite, *deux volumes de discours & un volume de planches*, 96 livres, qui répétées six fois, font . . . 576.
>
> L. 840.

Les fraix & les hazards de la route seront pour le compte des souscripteurs.

L'on payera séparément la cartonnure des volumes de planches, à moins que l'on ne préfere de les recevoir en feuilles.

La souscription sera ouverte pendant quatre mois seulement, à compter de ce jour.

L'on avertit que l'on ne tire pas un grand nombre, & que les premiers qui auront souscrit seront servis de préférence.

Sans chercher à faire valoir notre entreprise, nous pouvons néanmoins faire observer en passant, que la premiere édition de ce Dictionnaire coûtoit par souscription 956 livres, & qu'elle coûte aujourd'hui jusqu'à soixante louis, quand on peut la trouver, car les premiers volumes entr'autres sont d'une rareté extrême.

On s'étoit proposé d'abord de refondre entièrement ce grand ouvrage, mais pour parer aux inconvéniens qui résultoient nécessairement d'un projet aussi vaste, & d'une exécution aussi difficile; surtout, pour ne point causer de regrets aux premiers souscripteurs, on s'est décidé à donner un Supplément séparé, bien fait, & bien ordonné sur toutes les parties de ce Dictionnaire.

Ce Supplément, auquel travaillent des gens de lettres du premier ordre, & des experts en tout genre, servira pour l'une & l'autre édition, ainsi que pour les contrefaçons qui sont, dit-on, sous presse dans les pays étrangers;[1] il comprendra, outre les nouvelles découvertes, tout ce qui auroit pu être omis dans l'Encyclopédie, de même que toutes les vérités neuves & importantes qui pourront être renfermées dans l'ouvrage que l'on imprime a Yverdon, sous le nom de *Dictionnaire Encyclopédique*. Enfin, ce supplément formera un

---

[1] At Lucca and Leghorn.

Dictionnaire particulier, sur lequel il n'est pas tems de s'expliquer encore, on y travaille à tête reposée; ceci n'est qu'un avertissement, parce qu'on ne veut rien promettre, sans être bien assuré de tenir parole. Nous espérons que le public ne perdra rien pour avoir attendu.

CRAMER l'aîné & Ce.

Geneve le 28 Février 1771

P.S. Les personnes qui me feront l'honneur de m'écrire sont priées d'adresser leurs lettres simplement,

A MONSIEUR
MONSIEUR CRAMER l'aîné
A GENEVE.[1]

The appearance of the prospectus brought to a head a dispute which had been brewing for several months between the Geneva publishers of the *Encyclopédie* and the Venerable Company of Pastors of that city. However, the Pastors' complaints eventually came to nothing, and the matter appears to have been buried at a meeting of the Venerable Company on 7 June.[2] Much more significant was the attempt of the French government, after the Bastille incident, to bring pressure to bear in Geneva to stop the edition being continued and completed there.[3] Shortly after the opposition inside Geneva had died down, Sartine, the Lieutenant de Police and Directeur de la Librairie, wrote to the Duc d'Aiguillon, the Foreign Minister, a letter the contents of which are summed up in a marginal note: 'Ne peut on pas faire interrompre à Geneve la Nouvelle Edition de l'encyclopédie':

Paris, le 25 J^{llet} 1771

Monsieur

On travaille depuis longtems à Genêve à une nouvelle Edition de l'Encyclopedie. J'ai pris des précautions pour empêcher que les differens Libraires du Royaume ne se chargent de recevoir des souscriptions. Quant à l'introduction de l'ouvrage, il sera peutêtre bien difficile de l'Empêcher; mais ne seroit-il pas possible, Monsieur, d'Empêcher la Continuation de cette Edition.

---

[1] May 1771, pp. 141–7. Although Rey states flatly in a letter to Pierre Rousseau of January 1771 (Archives Weissenbruch, 21: 3): 'Mr Panckoucke demande que je me dise interessé à l'Encyclopédie, ce que je ne puis pas faire ny ayant aucune part', he does add at the end of the prospectus: 'On peut souscrire à Amsterdam chez Marc Michel Rey'; and he also reprinted it in a series of unnumbered pages at the beginning of vol. i of the Amsterdam edition of the *Journal des Savants* for October 1772.

[2] See 'The Geneva Folio Printing of the *Encyclopédie*', pp. 363–4.

[3] I owe to a note in the Besterman edition of Voltaire's correspondence (Best. 16292) information about the existence of the documents which follow.

Je ne puis que laisser à votre décision le choix des moiens que Vous croirés pouvoir employer.

M. L'Archevêque, Monsieur,	Je suis avec respect
qui a été instruit que	Monsieur
l'on travailloit à	Votre très humble et
cette Edition m'en a	Très obéissant Serviteur
ecrit et sollicite	de Sartine
avec instance pour	
qu'elle ne soit pas	
continuée.[1]	

D'Aiguillon replied promptly from Compiègne where the Court then was, in a letter which bears the marginal summary: 'M. hennin aura ordre de demander la suppression de l'edition de l'Encyclopedie a Geneve, mais on doute du succès':

A Compiegne le 28 Juillet 1771

Je connois, M: tous les dangers qui peuvent résulter de l'édition à laquelle on travaille à Geneve, de l'ouvrage intitulé, l'encyclopédie, et combien il est a desirer qu'elle ne soit pas introduite en France, mais c'est sur les mesures que vous avez prises, si elles sont fidelement executées, qu'on peut compter pour cet effet. J'ecrirai volontiers au Resident du Roi a Geneve de faire tout ce qui pourra dependre de lui pour empecher l'ouvrage de paroitre, mais je doute fort que son Zele et ses soins soient assez efficaces pour faire supprimer dans un pays libre et independant une edition qui a déja cousté des depenses considerables, et dont les libraires ont un si grand intéret à multiplier le débit. C'est donc à vous, M: qu'on doit s'en raporter principalement pour prevenir son entrée dans le Royaume.[2]

On the same day the Foreign Minister duly wrote to the French Resident in Geneva, Pierre Michel Hennin, a letter which bears the marginal summary: 'Il demandera la suppression de l'édition a Geneve de l'Encyclopedie':

A Compiegne le 28 Juillet 1771

Nous savons, M: qu'on travaille actuellement a Geneve à une nouvelle édition de l'Encyclopédie, on prendra de ce coté cy les mesures les plus . . .[3] pour empecher l'introduction de cet ouvrage en France, mais le moyen le plus sûr d'en prevenir l'entrée dans le royaume seroit de faire interrompre et de supprimer cette nouvelle Edition a sa source. Je vous recommande de faire tout ce qui pourra dependre de vous pour cet effet.[4]

The prime mover in this campaign, Christophe de Beaumont, now

---

[1] Ministère des Affaires Étrangères, Correspondance politique, Genève, lxxx. 73. The archbishop in question was Christophe de Beaumont, Archbishop of Paris.

[2] Ibid. 77.   [3] One word illegible.   [4] Ibid. 78.

weighed in with a letter to the Foreign Minister the contents of which are summarized as follows: 'Il demande la supression de la nouvelle edition de Geneve de l'encyclopedie':

A Paris ce 30 Juillet 1771
M. l'Archev? de Paris

Je suis informé par une voie sure Monsieur le Duc que les Sieurs Crammer imprimeurs de Geneve ont entrepris une nouvelle edition de l'Enciclopedie, et ont promis de la donner mot pour mot et ligne par ligne conforme à celle de Paris, au moyen de 800 souscriptions qu'ils se sont deja procurées. Comme une nouvelle édition de ce pernicieux ouvrage qui a été proscrit en France par les deux puissances ne peut manquer d'y faire beaucoup de mal, et surtout dans la Capitale, ne seroit-il pas possible d'en empecher l'impression à Geneve? La Connoissance que j'ai de votre amour pour la Religion et de Votre Zele pour les bonnes mœurs, Monsieur le Duc, me fait esperer que Votre sagesse vous suggerera les moyens les plus propres à dissiper mes allarmes sur un objet aussi interressant pour la Religion. Rien n'egale l'inviolable et respectueux attachement avec lequel j'ai l'honneur d'être Monsieur le Duc votre tres humble et tres obeissant serviteur.

+ Chr. Arch. de Paris

M. le Duc d'Aiguillon.[1]

To this D'Aiguillon replied:

A Compiegne le 4 Aoust 1771

J'avois deja ete prévenu M? par M? de Sartine de la Nouvelle édition de l'encyclopedie a laquelle on travaille a Geneve, et je pense comme vous sur le danger et les inconveniens qui seroient une suite nécessaire de lentrée en France de cet ouvrage pernicieux qui y a deja été proscrit par les deux puissances. J'ai ecrit en conséquence au Resident du Roi à Geneve, et je l'ai autorisé a faire tout ce qui pourroit dependre de son Zele et de ses soins pour en empecher l'impression, mais ce n'est que des precautions efficaces que la police prendra dans le Royaume que j'espere de remede a un mal qui interesse si essentiellement la Religion.

Vous connoissez, M? l'inviolable et respectueux attachement avec lequel j'ai l'ho? d'etre, M? Votre. . . .[2]

The duke's pessimism about the result of any *démarche* in Geneva was promptly confirmed by the reply which he received from Hennin:

N? 20   A Genève le Lundy 5 Aoust 1771

Monseigneur

J'ai reçû les Lettres que vous m'avez fait l'honneur de m'écrire le 25, et le 28. du mois dernier; Je me conformerai dans l'occasion à ce que la premiere renferme.

---

[1] Ibid. 79.   [2] Ibid. 82.

Plusieurs fois j'avois eû dessein de donner avis à Mg: le Duc de la Vrilliere[1] de l'édition qui se faisoit ici de l'Encyclopedie. J'étois faché de voir des Libraires étrangers faire une entreprise de plusieurs millions dont la france auroit pû profiter. On m'assura que des Libraires de Paris et de Hollande étoient associés avec M:s Cramer et autres pour cette édition et je crus des lors que c'étoit après un consentement tacite du Ministere de france qu'elle se faisoit ici en grande partie pour le compte des françois. Aussitôt, Monseigneur, que j'ai eu reçû vos ordres j'ai fait venir un des libraires associés et j'ai tâché de le détourner de son entreprise en lui annonçant que l'édition qu'on prepare à Genève de l'Encyclopedie ne passeroit pas en france. Il m'a repondû que jamais on n'avoit compté qu'elle y pût entrer,[2] du moins avec une sorte de liberté, qu'ils n'avoient aucune souscription pour la france, parce que dans l'incertitude aucun libraire n'avoit jugé à propos de faire jusqu'à present des demarches a cet égard, qu'ils étoient assurés d'écouler leur édition en Allemagne, en Hollande et en Italie, et comme j'ai insisté sur le danger qu'il y avoit pour eux que, si la france leur étoit interdite, la plus grande partie de leur édition ne leur restât, il m'a protesté qu'il étoit trop tard pour en revenir, que l'édition étoit très avancée et que lui en particulier seroit ruiné si elle ne s'achevoit pas. Je n'ai pas été plus loin. Il paroit, donc, Monseigneur, que du côté des libraires on ne peut pas s'attendre à mettre obstacle à la suite de cette entreprise. Vous ne me prescrivez pas d'agir ministeriellement dans cette affaire et je ne le ferois pas sans vous avoir demandé de nouveaux ordres, parce que je suis presque assuré de ne pas reussir. 1º M:s Cramer sont fort accrédités ici, un d'eux est dans le Conseil et passe pour y avoir la plus grande influence, plusieurs autres Conseillers sont intéressés dans la librairie soit par eux mêmes soit par leurs Parents. Ils regardent cette affaire comme très importante. Toutes les planches sont ici[3] et la plus part sont deja tirées, plus de vingt presses roulent tous les jours et il y a deja au moins trois cens mille livres de frais.

2º Si le Conseil malgré ce que j'ai l'honneur de vous mander alloit arrêter l'impression, je doute qu'on lui obeit, c'est une affaire de commerce, le peuple prendra feu, on lui prouveroit que le Magistrat n'a pas le droit de s'opposer à cette édition, que les Genévois peuvent bien contrefaire un livre françois qui à l'abri de quelques Nottes a été contrefait à Lucques avec privilege des Inquisiteurs; On feroit de cette affaire une affaire d'Etat et plus nous y metterions de chaleur plus le peuple devenu insolent depuis les derniers troubles s'obstineroit à nous contrecarrer. Ils croiroient faire leur cour aux Bernois qui permettent une reimpression de l'Encyclopédie à Yverdun. Enfin, Monseigneur, ce livre qui n'a fait que trop de bruit reviendroit sur la scène avec plus d'éclat.

---

[1] Louis Phélypeaux, Comte de Saint-Florentin (created Duc de La Vrillière in 1770), the responsible minister.

[2] This was obviously the very opposite of the truth.   [3] See below, p. 89.

Si vous jugez neanmoins, Monseigneur, que je doive mettre le Conseil en jeu pour arrêter cette nouvelle édition, je vous supplie de croire que j'exécuterai vos ordres à cet égard avec toute l'activité et la dextérité dont je suis capable, mais un mot de votre part à M. Necker[1] suffira pour vous faire voir si je me trompe et si on peut se flatter d'engager les Genèvois à renoncer à une entreprise qu'ils regardent comme infiniment avantageuse.

Comme il doit paroitre avant peu trois ou quatre volumes de l'Encyclopédie Genèvoise, j'aurai soin, Monseigneur, de veiller à ce qu'il n'en parte pas pour la france et si j'apprenois qu'il s'est fait des envois je vous le ferois savoir, affin qu'on y put mettre les obstacles qu'on jugera convenables.

J'ai l'honneur d'être avec le plus profond respect
Monseigneur
Votre très humble et très obeissant serviteur
Hennin[2]

D'Aiguillon thereupon let the matter drop. Some weeks later (on 14 September) another dispatch from Hennin contains this one paragraph on the Geneva edition:

Il doit être entré en France des exemplaires du troisieme et quatrieme volume de l'Encyclopedie. On a commencé l'édition par ces volumes dans l'esperance d'obtenir main levée des deux premiers qui sont depuis longtems déposés à la Bastille.[3] Les libraires de de [sic] Paris ont les deux tiers de l'entreprise. On a fait venir de France des Imprimeurs tant pour le corps de l'ouvrage que pour les planches; le papier se fabrique à Divonne dans le pays de Gex.[4]

All that Christophe de Beaumont got for his pains was a copy of Hennin's dispatch of 5 August and a short covering letter which is summed up as follows in a marginal note: 'il n'est pas possible d'en empecher l'impression':

a Compiegne le 11 aoust 1771

Vous verrez, Mᵣ par la copie cy jointe de la reponse que j'ai reçue du sᵣ Hennin resident du Roi a Geneve, au sujet de la nouvelle Edition qui s'y fait de l'Encyclopedie, que le seul moyen d'en prevenir l'introduction dans le Royaume depend uniquement du Zele et de la vigilance de la police.

J'ai l'hᵣ d'etre avec un
sincére et respectueux attachement,
Mᵣ, votre . . .[5]

---

[1] Jacques Necker, the future minister, at this time the Resident in Paris for Geneva.

[2] Correspondance politique, Genève, lxxx. 83.

[3] It was copies of the first *three* volumes which were incarcerated in the Bastille and consequently the first volumes of the Geneva reprint to be produced were IV and V (see below pp. 90–1).

[4] Correspondance politique, Genève, lxxx. 98.   [5] Ibid. 86.

It is obvious that the duke did not take very seriously his attempt to stop the publication of the new edition. Hennin was not asked to take up the matter with the Genevan Council. It is, however, significant that, as late as the summer of 1771, the party headed by the Archbishop of Paris should have attempted to put a stop to the transfer of the Panckoucke–Cramer edition to Geneva. The *Encyclopédie* still remained 'un pernicieux ouvrage', the further distribution of which must be stopped at all costs.

Meanwhile, thanks mainly to a series of letters from Gabriel Cramer to Panckoucke,[1] we can follow the history of the publication of the new edition from the date of the agreement signed on 26 June 1770 down to the end of 1772. In the first of these letters (18 July)[2] there is a reference to the fact (mentioned in the preamble to this agreement) that the printing of the first three volumes in the Bastille was not absolutely complete, since Panckoucke is urgently requested to ensure 'que nous recevions très incessamment le papier necessaire pour imprimer les feuilles qui manquent aux trois vollumes prisonniers: envoyez-moi je vous prie très promptement *la notte très exacte de ces feuillets*.' The partners obviously continued to hope that the three incarcerated volumes would soon be released:

L'Assemblée sera dissoute à la fin d'Aoust: si vous obtenez l'agrément de décocher la première livraison depuis Paris; nous vous envoyerons les feuilles qui vous manquent, & vous nous envoyerez les exemplaires excédens afin que nous puissions pourvoir directement les Souscripteurs qui viendront à la Suitte. Si, au contraire, vous n'obtenez pas cet agrément la; envoyez nous les prisonniers[3] bien soigneusement emballés, au moment de leur libération; il est de la dernière importance que ce convoy parte & arrive avant l'arriere saison. . . .

In this very first letter to be written after the agreement of June 1770 there are already signs of tension between Panckoucke and his Genevan partners. Cramer insists that De Tournes and he intend to adhere strictly to the terms of their agreement. Panckoucke now had grandiose ideas of getting part of the printing done at Bienne and Lyons:

Nous pouvons ici fournir une livraison de 2 voll. tous les six mois, & voila que vous voudriez en fournir le double: notre Traitté porte, que nous livrerons toûjours un vollume de planches avec deux vollumes de Discours; cet article, M.r de Tournes l'a extremement a cœur; il ne sortira jamais de là & il a raison: or, mon cher Monsieur, êtes-vous bien assuré de pouvoir four-

---

[1] Most of them are in the BPUG (Dossier Panckoucke, Ms. Suppl. 148).
[2] Ibid., ff. 7–8.   [3] The volumes in the Bastille.

nir au delà de 2 vol. de planches par an? Et quand la police de Lyon mettra un imbargo sur l'Imprimerie; quand les Ballots arriveront mouillés et mal en ordre; quand ceux partis de Bienne se chargeront sur un mechant batteau plan, quand le moindre orage les aura envoyé aux truittes de nôtre Lac, quand les papiers ne se ressembleront point; quand l'Edition fourmillera de fautes; que deviendrons-nous? Vous ne perdres que vôtre argent, mais moi qui serai seul nommé & seul connu du public des Souscripteurs, je deviendrai le plastron de tous les reproches, je recevrai cent lettres desagréables, je voudrai battre l'un, eclairer l'autre, & vous m'aurez rendu la vie Amère. Suivons nôtre Traitté, il n'y a que cela.

With his next letter (12 September)[1] Cramer enclosed a letter for Sartine for which Panckoucke, as requested in the previous letter, had supplied a draft:

Voici ma lettre à Monsieur de Sartines, je l'ai couchée sur le modele que vous m'avez envoyé, à cela près, quau lieu de parler *d'exportation* je parle *d'importation*, l'essentiel est de Savoir si les Souscripteurs du Royaume pourront recevoir leurs exemplaires; ce n'est que sur cette assurance que nous pouvons travailler.

Cramer still continued to cherish illusions about the attitude of the Paris authorities to the new edition. He gives here instructions as to the addresses in Dijon, Nyon, and Geneva to which 'les prisonniers' should be sent. 'Dès que les caractères seront arrivés', he adds,

et que nous aurons du papier, nous mettrons sous presse les feuilles qui manquent aux trois premiers vollumes, en exceptant celles qui sont composées chez Monsieur le Breton, parce que j'espère toujours que vous obtiendrez la permission de les faire tirer & de nous les expedier.

The uncertainties surrounding the printing of the new edition at Geneva during the second half of 1770 are reflected in a letter of Voltaire to Cramer, which can be assigned to October or November of that year:

Je plains ce pauvre Pankouke à qui on lie les mains tandis que ses rivaux[2] les ont libres. Monsieur Caro[3] est bien heureux de ne s'être pas embarqué sur une mer si orageuse.

Voicy assurément le tems de débiter ces trois volumes.[4] J'ai bien peur que Pankouke n'ait imprimé dans ceux qui sont en prison, toutes les fautes de

---

[1] Ms. Suppl. 148, ff. 9–10.

[2] The Lucca and Leghorn editions and especially the *Encyclopédie d'Yverdon* the first volume of which appeared in September or October 1770.

[3] Cramer.

[4] Dr. Besterman takes this to refer to the *Questions sur l'Encyclopédie* which Cramer was printing.

géographie, qui fourmillaient dans la première édition. Si ces fautes sont corrigées dans l'in 4° d'Yverdun l'in folio embastillé sera décrié sans retour.[1]

In December, in another letter to Cramer, he returns to the dangers presented by competition from the *Encyclopédie d'Yverdon*:

Il est très triste d'avoir été prévenus par Messieurs d'Yverdun. Il ne faut pas s'imaginer que leur entreprise soit infructueuse. Ils sont secourus par deux membres de l'académie des sciences et des belles lettres, et par un homme très savant et très laborieux. Ils ont l'avantage de corriger dans leur édition beaucoup de fautes grossières qui fourmillent dans l'Enciclopédie de Paris, et que Pankouke et De Saint ont eu l'imprudence de réimprimer. Cette faute capitale les force à donner un supplément qui renchérit le livre, et on aura l'édition d'Yverdun à une fois meilleur marché. Pour moi je sais bien que J'achêterai l'édition d'Yverdûn et non l'autre.[2]

In the latter part of 1770 Cramer and De Tournes had every reason to be dissatisfied with their partner, Panckoucke, because within four months of signing the agreement of 26 June, he had gone behind their backs and invited Rey of Amsterdam to take their place in the partnership. The pretext for this somewhat unscrupulous behaviour was that conditions in Geneva made it uncertain whether the work could be printed there. After telling Rey how the first three volumes of the new edition had been put in the Bastille, Panckoucke wrote in a letter of 26 October:[3]

Je fis donc un voyage à Genève, je pris des arrangements avec M. detournes et Cramer, je fis faire des fontes très considérables et au moment où ces fontes alloient partir, ou l'on se disposoit à imprimer japprens que le clergé de cette ville encore plus imbécile que le notre veut faire naitre des difficultés à l'exécution de cette entreprise et que les troubles qui agitent Genève depuis longtemps pouvaient encore y mettre des entraves.

Under the circumstances Panckoucke felt himself at liberty to offer Rey the one-third share held by Cramer and De Tournes:

Nous sommes actuellement six associés, trois à Paris,[4] M. Rousseau à bouillon[5] et Mrs Cramer et detournes à Genève, si on n'imprime pas dans cette dernière ville comme il paraît que cela naura pas lieu je rentre dans tous mes

---

[1] Best. 15712. [2] Best. 15807.
[3] Archives Weissenbruch, 20: 2 (*RSH*, 1957, pp. 140–2).
[4] Panckoucke, Brunet and Lambot.
[5] See the letter of Rey to Rousseau of January 1771 (Archives Weissenbruch, 21: 3) in which he speaks of the new edition and adds: 'Vous me ferez plaisir, monsieur, de donner exactement copie des avis que vous publierez afin que je les fasse insérer dans nos papiers publics.'

droits de ces deux sixième et j'en puis disposer et les vendre comme bon me semblera. Telle est la loi et les traités, j'offre donc Monsieur de vous mettre en lieu et place de Mm. Cramer et detournes, de faire avec vous le traité que jay avec eux et dont je joins icy copie.

Panckoucke's fertile brain had worked out a new plan. This was to write off the three volumes in the Bastille and to combine with an edition of the *Supplément* of 4,000 copies the original project for a revised edition, 2,150 copies of which would be printed. The editing of the revised version would be entrusted to Robinet who was already at work at Bouillon on the *Supplément*. Both works would be printed at Amsterdam under Rey's eye. The essentially commercial nature of the enterprise (Panckoucke reckoned on a net profit of 600,000 *livres* from the revised edition alone) is underlined in the following significant sentence:

Il ne faudra point se permettre aucune hardiesse impie qui puisse effrayer les magistrats. Au contraire il faudra que tout l'ouvrage soit écrit avec beaucoup de sagesse, de modération qui puisse même mériter les encouragements de votre gouvernement.

Nothing, however, came of this scheme. Rey was unwilling to do more than participate in the publication of the *Supplément* and Panckoucke was compelled to return to the plan of reprinting the text of the first edition at Geneva.

The prospectus, dated 28 February 1771, and bearing the signature of 'Cramer l'aîné et Compagnie' began to circulate shortly before the next extant letter of Cramer to Panckoucke (26 March).[1] After recalling that the last date for subscriptions, except for distant correspondents, was 30 June, Cramer goes on to speak of the first instalment of the new edition (Vols. IV and V of the text, and Vol. I of the plates):

Je serai content & en repos sur la livraison que nous devons faire en Novembre, quand je verrai entre nos mains & bien conditionnés, les 2100 exemplaires du premier Vollume des planches, déduction faitte de 50 envoyez à Amsterdam, & autant à Bouillon.

The reference here is to Rey and Pierre Rousseau whom Panckoucke, Robinet, Brunet, Cramer, and De Tournes were to join on 12 April in a partnership to produce the *Supplément*.[2]

Cramer declares himself satisfied with a one-eighth interest in the *Supplément*, but states that De Tournes is not and that both are

---

[1] Ms. Suppl. 148, ff. 11–14 (the full text is reproduced in Best. 16075).
[2] See the full text of the so-called 'Acte de Bouillon' in the Rey Papers, 13.

annoyed to discover that there should be any doubt about the intention to print the work in Geneva. They have set up, he points out, three presses, and a fourth is on the way. In the midst of the troubles with the pastors of Geneva and with the problem of securing entry for the Geneva edition into France still unsolved, he writes gloomily of the whole enterprise:

> Aurions nous fait tous ces fraix, pour le plaisir de nous créver à la peine d'une entreprise ingrate, hérissée d'épines, qui commence par la privation de trois vollumes, dont nous avons crû sur vôtre parole la libération aisée & prochaine? d'une entreprise contrecarrée par le gouvernement de France, & par des criailleries de notre clergé qui se fait écouter d'une partie de nôtre conseil?

He concludes by declaring that De Tournes and he will agree to accept a one-eighth share each in the *Supplément* provided that the work is printed in Geneva, conditions which were to be incorporated in the agreement signed at Bouillon on 12 April.

The most interesting parts of the letter from our point of view are those dealing with the difficulties of securing entry into France for the new edition. The precise meaning of the following lines is difficult to establish as 'M. de Marolles' has not been identified:

> J'ai lieu de croire que c'est M. Machuel[1] qui mal à propos a écrit à Monsr de Sartines pour savoir si nous entrerions librement; j'écris aujourd'huy en conséquence à M. Machuel. Donnez moi l'addresse de M. de Marolles,[2] je lui écrirai une lettre polie dans l'esprit des instructions que vous me donnez.

Clearer and more to the point are the remarks about the difficulties which Cramer was having with French booksellers over the uncertainty surrounding the new edition. A sentence from the prospectus—'Les fraix et les hazards de la route regarderont les souscripteurs'[3]—had caused particular trouble:

> ... La plûpart de vos Libraires de Province, du moins la plupart de ceux qui m'ont déjà répondu, ont pris [cela?] pour un avertissement que l'entrée seroit interdite, & ils fondent leur défiance sur ce que l'Edition d'Yverdun est défendüe:[4] Je me morfonds à leur répondre que ce sont les précédens pro-

---

[1] Pierre Machuel, a Rouen bookseller.
[2] There is another reference to him in a later letter of Cramer (see below p. 98).
[3] See above, p. 76.
[4] There is a reference to the ban on the entry into France of copies of the *Encyclopédie d'Yverdon* in a letter of Pierre Rousseau to Cramer of 7 November 1771 (quoted in Guyot, pp. 50–51).

priétaires, ceux de qui j'ai achetté,[1] qui ont sollicité cette défense d'Yverdun, que l'on se permet dans cette édition barbare, de retrancher, d'ajouter, de dénaturer la besogne de tous les littérateurs du Royaume, qui ont pâti pendant 15 ans sur le canavas de Chambers, l'homme de l'Angleterre le plus savant & le plus laborieux; que je suis fâché que l'on ait persécuté Salmigondis[2] qui se seroit assez décrié par lui-même; mais que l'Edition que j'ai annoncée est la même que l'Edition de Paris, que ce sont les mêmes planches, caractères et papiers semblables, que les ouvriers même sont sujets du Roi, qu'enfin tout est françois dans cette Edition excepté les Editeurs.[3] J'ajoute que cet ouvrage immense qui contribue si fort à la gloire de la Nation françoise, a mérité la protection du gouvernement, & qu'on ne peut, sans manquer au respect qui est deu à ce même gouvernement, supposer qu'il retire sa protection sans aucune raison connüe;[4] que puisqu'il a permis que deux mille François eussent l'Encyclopédie dans leur Cabinet, il est probable qu'il ne s'opposera pas à ce qu'il y en ait trois mille;[5] je finis, pour les mettre en repos, par leur dire que nous garantissons l'entrée dans Lyon & l'Examen de la chambre syndicale, mais qu'il n'est pas nécessaire de crier cela sur les toits, parce que l'on peut avoir des motifs secrets pour ne pas approuver tout haut, ce que l'on approuve dans le fond.

Another announcement about the forthcoming reprint of the *Encyclopédie* and its *Supplément* was issued in Geneva on 1 July 1771.[6] It repeats the information about the publication dates of the successive volumes of the reprint given in the prospectus of February, assuring potential subscribers that the volumes of the *Supplément* would appear in the same period 'de sorte que dans l'espace de 4 à 5 ans l'on aura l'ouvrage complet'. A good deal of space was devoted to an attack on the rival enterprise, the *Encyclopédie d'Yverdon*. It is interesting to note that on 23 July Voltaire wrote to a correspondent to say that Cramer had promised to print a certain manuscript, 'mais l'Enciclopédie s'est emparée de toutes ses affections et de tout son temps'.[7]

On the very same day Cramer himself wrote to Pierre Rousseau. If the main point of his letter[8] was to secure virtual control over the

---

[1] i.e. Le Breton and his partners. In the agreement of 26 June 1770 it had been stipulated that all the affairs of the partnership were to be carried on in the name of 'Cramer l'aîné et Compagnie'. This explains why Cramer should speak as if it were he who had bought out the original owners.   [2] De Félice.   [3] See n. 1 above.

[4] The 'protection' extended by the French government to the first edition had been, to put it mildly, somewhat uncertain.

[5] It is interesting to see that Cramer should estimate at about half the total printing the number of copies of the original and of the new edition finding a home in France (see *Studies*, vol. xxiii, pp. 131–3).

[6] *Journal des Savants* (Amsterdam edition), September 1771, pp. 559–66.

[7] Best. 16269.   [8] As of an earlier one of 3 May (Archives Weissenbruch, 7: 6 *bis*).

Supplément for De Tournes and himself, he has also some interesting remarks to make about the *Journal Encyclopédique*'s attack on the *Encyclopédie d'Yverdon*:[1]

M. Panckoucke a été un peu ebouriffé à la lecture de ce Cayer de vôtre Journal dans lequel vous pelotez le Sr Felice; j'avoüe que la derniere notte m'a paru un peu vive: Ne pourroit on pas faire plus d'effet & se mettre à l'abri de tout reproche, en presentant le tableau de la presomption ridicule d'un homme peu ou point connu, d'un homme presque seul, d'un etranger à la langue françoise, qui entreprend de redresser les erreurs, d'etendre les lumières de tous les Savans, Artistes, & Litterateurs du Royaume de France: en mettant sous les yeux du public une liste de plus de 100 articles pillés dans la Martinière & autres auteurs, auxquels cet Editeur a mis son nom sans compliment: en faisant sentir aux Souscripteurs que de près de 2000 cuivres infolio qui accompagnent le Discours de l'Encyclopedie il y en a 2000 utiles & pres de 1500 necessaires; que cependant le Proffesseur d'Italie n'en a pas encore publié une, & qu'il n'y a pas l'ombre d'un graveur à Yverdon! Il me semble qu'en plaisantant sur tout cela, en écrivant comme vous savez écrire, & en écrivant au moment de notre premiere livraison, dans 6 semaines, vous enseveliriez pour jamais votre homme sous ses petits inquarto, & vous en debarrassiez pour toujours. Il seroit bon d'examiner auparavant, si la position actuelle des choses permet qu'il soit si fort question de l'Encyclopédie dans les Journaux.[2]

The next letter of Cramer to Panckoucke to have come down to us[3] was written on 25 November. In it he announces that De Tournes and he have decided to give up their shares in the *Supplément*. He speaks of

le parti que nous avons pris, M. De Tournes & moi, de renoncer à tout interet dans cette entreprise, quelque specieuse qu'elle soit. Des motifs superieurs à tout interet pécuniaire nous ont déterminé, en nous reservant touttefois le plaisir de vous être utile. Si vous éprouviez quelqu'embarras pour l'impression, je vous offre mes services ici, & quand je dis moi, j'y comprends M. de Tournes, mais ce ne seroit qu'aux Conditions que nous serions simplement editeurs, & si vous voulez vos Commissionnaires pour les Expeditions.

At the end of the letter there is another enigmatic reference to their withdrawal from the *Supplément*:

---

[1] On 15 June (pp. 445–54) Rousseau had published a *Lettre de M. Dutens à M.*** sur les différentes éditions de l'Encyclopédie* which was very favourable to De Félice. The letter was accompanied by very sarcastic notes, allegedly written by 'ceux qui ont entrepris à Genève la nouvelle édition de l'*Encyclopédie* de Paris'. Dutens's reply was published on 15 March 1772 (pp. 441–5).

[2] Archives Weissenbruch, 7: 8.

[3] It is not among the Panckoucke papers in Geneva, but in the Archives Weissenbruch (25: 3).

Exprimés je vous prie mes sincères regrets à Monsieur Robinet & à Monsieur Rousseau, je regardois comme une bonne fortune l'occasion de me lier d'affaire avec eux; mais l'obstacle est insurmontable absolument; j'en suis très faché.[1]

The letter also contains an interesting reference to the possibility of disposing of some of the copies of the *Supplément* to the publishers of the Leghorn edition of the *Encyclopédie*:

Quand je vous propose d'imprimer ici pour votre compte c'est dans le cas ou cela vous conviendra beaucoup, & ce qui me le fait supposer c'est la vente des 1500 exempl. que je puis vous ménager à Livourne, nous sommes surs de réussir.

Nothing was to come of this idea, since the Leghorn edition, as we have seen, was ultimately to include the five volumes of the *Supplément*.[2]

In this letter there is a reference to a lost letter written earlier in the same month about the reprinting of the *Encyclopédie*:

Je vous demandois pour prix de nôtre renoncement aux profits des deux huitiemes d'être liberé de la reconnoissance que vous pouvez devoir à Mr Heilmann & à M. Rey, qui n'ayant rien fait pour l'Encyclopédie, ne doivent rien attendre de nous devant le tribunal de l'Equité, de la justice & du bon sens.

This is a reference to the free copies of the new edition which, according to clause 29 of the agreement of 26 June 1770, were to be given to these two publishers—a condition which always seems to have irked Cramer.

From his next letter to Panckoucke (10 January 1772)[3] and from later letters we may infer that, after the first volume of the plates had been produced in Paris, the printing of the remaining volumes was also transferred to Geneva with, Cramer claims, highly beneficial results:

Ayez soin des cuivres, accelerez les retouches: tout le monde se plaint du 1er volume des planches; quand on voit le second, il est si superieur, que l'on ne peut pas se persuader que ce soit des gravûres de même genre.

---

[1] In a letter to Pierre Rousseau (12 April 1772) Cramer again refers somewhat mysteriously to their withdrawal: 'J'ay la meilleure opinion du succès du Supplément; c'est bien malgré moy que je me suis veu forcé d'y renoncer' (Archives Weissenbruch, 7: 7).

[2] Robinet was also interested in this plan. After the withdrawal of Cramer and De Tournes he wrote to Pierre Rousseau from Paris on 19 December: 'Votre derniere lettre, mon cher Rousseau, a comblé de joie Mr. P. notre ami. Tout ira bien, il ne faut plus penser à Geneve, & tout n'en ira que mieux. Amsterdam pourra nous convenir. Nous verrons dans le temps. Nous n'y sommes pas encore. Il faut assurer Mrs. de Livourne qu'on leur donnera tout ce qu'ils desireront à des conditions raisonnables' (Archives Weissenbruch, 25: 4). [3] BPUG, Dossier Panckoucke, Ms. Suppl. 148, ff. 15–16.

The letter also contains an enigmatic paragraph on the financial relations between Panckoucke and his Genevan partners:

> Je ne vous comprends plus; vous me proposez il y a quelque temps d'abandonner mon 6ᵉ & celuy de Mʳ De Tournes; nous nous disposons l'un & l'autre à ce sacrifice pour le bien de la chose, & puis à cette heure vous me mandés que ce succès est devenu douteux; j'avois crû, au ton de vôtre lettre que rien n'etoit plus sur. Est-ce pour diminuer le prix de notre complaisance que vous estimez le chaperon¹ de l'Encyclopedie 100/m livres? Si c'est ainsi que vous vous plaisés a compter, vous vous faites de furieuses illusions; 36 mille francs bien reels & sonnants valent mieux que ces cent mille livres la, mais ce n'est pas de quoi il s'agit; vous pouvez toûjours compter sur nôtre desistement, jusques au 31ᵉ Mars; je serois charmé de contribuer à votre bien être.

However, it is in a letter written by Cramer to Pierre Rousseau on 12 April 1772 that we find at last precise information about the progress of the new edition (it will be noted that Cramer's opening words betray his uneasy relationship with Panckoucke):

> Je savois bien que M. Panckoucke nétoit pas l'homme du monde le plus exact, mais j'avoüe que je ne me doutois pas qu'il poussat l'indifference au point de vous laisser ignorer l'état actuel de la reïmpression de l'Encyclopédie. Sans vous parler de nos travaux, de nos soucis, & de nos entraves Voici de quoi il s'agit en deux mots.

> Les tomes 4.5 discours & le 1ᵉʳ des planches furent delivrés en Septembre dernier.

> Les tomes 6.7.8 discours & le 2ᵈ des planches seront delivrés dans trois Semaines.

> Les tomes 1.2.3.9. discours seront prêts en Xᵇʳᵉ prochain.

> Tous les 6 mois ensuitte, on delivrera 2 voll. discours & 1 vol. de planches, jusques à la fin de l'Ouvrage.²

¹ The 150 extra copies, over and above the 2,000 stipulated as the size of the printing of the new edition (see the preamble to the agreement of 26 June 1770).

² Archives Weissenbruch, 7: 7. Slightly more detail about the progress of the work is given in a printed *Avis au sujet de l'Encyclopédie, qui s'imprime à Geneve* which is attached to a letter of Pierre Rousseau to Panckoucke written on 5 April of this same year: 'On délivre actuellement les tomes 6, 7, 8 du discours, & le second des planches. On sçait que les tomes 4 & 5 de cet immense ouvrage, ainsi que le Ier tome des planches ont paru l'année derniere. Les tomes 1, 2, 3, 9 du discours composeront la troisieme livraison, & seront prêts vers la fin de l'année. Les tomes 3 & 4 des planches, feront la matiere de la livraison suivante en Mai 1773; après quoi, tous les six mois, on délivrera régulierement deux volumes de discours & un volume de planches, jusques à la fin de l'ouvrage' (BPUG, Ms. Suppl. 148, No. 18).

We can thus reconstruct the history of the publication of the earlier volumes of the new edition. In September 1771 there appeared Vols. IV and V of the text along with Vol. I of the plates (already available for distribution at the beginning of 1770 along with the three volumes incarcerated in the Bastille); and before the end of 1772 Vols. I, II, III, VI, VII, VIII, and IX of the text and Vol. II of the plates were ready for distribution.

It is interesting to compare this with Rey's announcements in the Amsterdam edition of the *Journal des Savants*. In a notice dated 30 September 1772, published at the beginning of the first of the October volumes, he reprinted the prospectus and then announced that he had available Vols. IV, V, VI, VII, and VIII of the text as well as Vols. I and II of the plates.[1] By April 1773 he was announcing that he had available the first nine volumes of text and the first two volumes of plates. It only remained now to publish Vols. X–XVII of the text and the last nine volumes of plates. He also stated that Vols. X and XI of the text and the third volume of plates would be available by the middle of the same year, to be followed at six-monthly intervals by two volumes of text and one of plates.

Some insight into the difficulties encountered by the whole enterprise is afforded by this same letter of Cramer to Pierre Rousseau (12 April 1772). There was, first, the tax imposed by the government in Paris on books in French printed abroad for reasons indicated by Voltaire in a letter to Cramer of December 1771:

> On doute que l'impôt de 78[11] sur chaque quintal de livres français imprimés chez l'étranger, soit révoqué ou adouci, puisqu'il est très certain que cette taxe n'a été proposée dans le conseil qu'à l'occasion de l'enciclopédie de Genève, de celle d'Yverdon et d'Italie.[2]

The effect of the tax on Cramer's relations with the subscribers to the new edition is vividly described in his letter to Rousseau:

> A propos de l'Impôt sur l'entrée des livres etrangers, j'ai offert aux Souscripteurs du Royaume un rabais de 25[11] par exemplaire, sur le dernier

---

[1] See the interesting passage (quoted in Guyot, p. 73) from a letter of Bonnet to Haller of 27 October: 'L'*Encyclopédie* s'imprime à Genève; le 8e volume de cette *seconde édition* a déjà paru. . . . Au reste, on ne change pas *un seul mot* au texte de la 1re édition. Je vous ai dit que les entrepreneurs avaient été obligés de réimprimer pour la deuxième fois les trois premiers volumes, qui avaient été saisis, à Paris, par la police, sur un ordre du Chancelier, et déposés à la Bastille, où ils sont encore. Cette saisie a été faite sur les pressantes sollicitations du Clergé.'

[2] Best. 16467 (see also Article XVI of the agreement of 13 June 1775 between Panckoucke, Cramer, and De Tournes, quoted below, pp. 106–7).

payement. Ce procedé m'a semblé, sinon de justice rigoureuse, du moins de toutte equité; malgré cela, une partie des Souscripteurs n'y veut pas acquiescer. Ce sont des contestations, des sophismes, des écritures insupportables & qui ne finissent point.

The third instalment (Vols. I, II, III, and IX), to be delivered in the following December, was obviously of crucial importance for the success of the whole enterprise, but raised the awkward question of what was to happen to the 2,000 copies of the first three volumes which had been mouldering in the Bastille for over two years by now:

> Je comprends que nous ne respirerons quaprès la livraison de Xbre prochain, et je ne vois pas trop ce que nous fairons un jour des vollumes prisonniers, que nous avons achetté au poids de l'or, & qu'il n'a pas été question d'oser réclamer encore.

Cramer offers some interesting information as to how the volumes of the new edition were introduced into the French provinces (the problem of securing their entry into Paris, it will be noticed, still remained unsolved):

> M. Panckoucke pretend toujours que la porte de la capitale sera ouverte a deux battans, dès que la livraison du mois de Xbre sera faitte. Dieu le veuille! En attendant nous entrons dans les provinces par Lyon, à la faveur de l'impôt & d'un homme de mes amis; mais il est bon de se taire: le chapitre des inconséquences ne sauroit se calculer, on marche sur des charbons dès qu'on fait aujourdhuy la moindre affaire en France.

Fresh complaints about the failure to extract from the Bastille the copies of the first three volumes of the new edition, let alone secure free entry into Paris for it, are contained in Cramer's next letter to Panckoucke, written on 27 July 1772:[1]

> ... Vous oubliés, que vous nous assurâtes, qu'a la Separation de l'assemblée du Clergé, les prisonniers seroient delivrés, & qu'au moment de la liberté, l'entrée de la Capitale seroit ouverte, ou nous devions trouver le Perou: nous calculames làdessus, vous voyez quel furieux mécompte.[2]

---

[1] BPUG, Dossier Panckoucke, Ms. Suppl. 148, ff. 17–19.

[2] There is an interesting piece of gossip about the imprisoned volumes in Bachaumont (vol. vi, pp. 157–8) under the date of 7 July: 'On a dit dans son tems que la nouvelle Edition de l'Encyclopédie préparée à Paris par le Sr. Pankoucke, avoit été enlevée & mise à la Bastille, c'est-à-dire renfermée dans de vastes emplacemens de cette citadelle. On prétend que ce Libraire ayant eu l'indiscrétion de se vanter qu'au moyen des présens faits à Madame la Marquise de Langeac [the mother of the Abbé de Langeac, an illegitimate son of the Comte de Saint-Florentin, now Duc de la Vrillière], il comptoit obtenir de M. le Duc de la Vrillière la liberté de son ouvrage. Le Chancelier instruit de ce projet, & qui a dans la plus belle haine l'Encyclopédie & les Encyclopédistes & tout ce qui tend à

However, Cramer had not yet given up hope of securing permission to send copies of the new edition to Paris, once Vols. I, II, and III had been reprinted so as to replace the copies in the Bastille:

Nous avons promis les premiers vollumes pour le commencement de 9bre prochain; ce n'est qu'après leur publication que nous verrons clair dans nôtre affaire. . . . J'ai toûjours pensé comme vous, que dès que les premiers vol. seront lâchés, la Capitale seroit ouverte.

What was holding up Cramer and De Tournes at this point was 'le mot caractère'.[1] Le Breton was expected either to print this himself or else to provide the characters necessary for it. As CARACTERE is in the second volume of the *Encyclopédie*, it is clear that all hope of retrieving the volumes from the Bastille had been abandoned and that their reprinting at Geneva was well under way.

Shortly afterwards (7 August)[2] Cramer wrote again begging Panckoucke to get an answer out of Le Breton, adding: 'Le succés de l'entreprise depend absolument de [la] livraison des 3 premiers Vollumes.' After speaking of the printing of the volumes of plates, he adds: 'L'Impression du Discours, va aussi vite qu'elle peut aller en allant bien; elle sera finie dans 21 mois suivant mon calcul: en la précipitant, la Correction en souffriroit, & c'est l'article que j'ai a cœur.' There are also references to the question of Cramer and De Tournes acquiring from Pierre Rousseau a one-sixth share in the enterprise.

éclairer le Royaume, sur lequel il voudroit ramener l'heureuse nuit de l'ignorance, a obtenu de faire murer les portes des dépôts en question, & même un second rempart à leur enclos, pour qu'aucune surprise ne puisse favoriser les desseins de ceux qui voudroient répandre ce livre.' It should be added that in 1779, in summarizing a pamphlet called *Lettre d'un Libraire de Lyon à un Libraire de Paris*, Bachaumont gives a rather different account of Maupeou's attitude, alleging that he 'a reçu dans le tems 50000 liv. pour tolérer l'impression de l'Encyclopédie, & 50000 liv. pour l'empêcher' (30 June, vol. xiv, p. 102). There is another entry on 12 September 1772 on the subject of the imprisoned volumes (wrongly described as being two in number): 'On a parlé de l'édition de l'encyclopédie imaginée & annoncée par le sieur Pankouke, dont M. le Chancelier a fait enfermer à la Bastille les deux premiers volumes. Ce libraire & sa compagnie n'ayant pu trouver grace auprès du chef de la justice, ont cru pouvoir continuer l'édition proposée à Geneve, à commencer du troisième volume seulement; ils esperent que M. de Maupeou mourra ou sera hors de place avant la fin de l'ouvrage: mais il est à craindre que ces masses de papiers enfermés dans des lieux humides & à la merci des rats ne souffrent un déchet considérable, & ne deviennent hors d'état de servir' (vol. xxiv, pp. 220–1).

[1] The article *CARACTERES D'IMPRIMERIE occupies pp. 650–66 of Vol. II. See especially pp. 663–5 which are preceded by the following note (p. 662): '*Voici des exemples de tous les* Caracteres *en usage: ils sont de l'Imprimerie de* M. le Breton, *notre Imprimeur, & de la fonderie du sieur Fournier, excepté la* Perle *& la* Sédanoise, *qui ne se trouvent qu'à l'Imprimerie Royale, & que* M. Anisson, *directeur de cette Imprimerie ,a bien voulu communiquer.*'

[2] ff. 20–21.

Four days later (11 August)[1] Cramer wrote again. The article CARACTERE was apparently being printed by Le Breton, and Panckoucke was requested to send the copies as quickly as possible. Panckoucke, it seems, was still toying with the idea of having some of the volumes of plates printed in Paris, as Cramer writes:

> Je répete que nous avons dans le magasin, ou en Contrats passez avec les fabriquants, tout le papier necessaire pour imprimer les 17 vollumes du discours & les 8 premiers Vollumes des planches: que d'ailleurs, nôtre établissement pour le tirage des planches a coutté des soins & des depenses infinies & qu'il est monté a merveilles: Songez au surplus, quels fraix & quels embarras, s'il falloit faire venir ici les vollumes de planches tout tirés, ou s'il falloit envoyer depuis Paris quatre vollumes à Prague, deux a Stockholm, six a Coppenhague, autant a Ratisbonne, &c.

'Au nom de Dieu,' he adds later, 'faittes avancer les retouches & envoyez-nous des cuivres.'

This letter also shows both how the work was progressing and what disillusionment had followed earlier hopes of obtaining permission to distribute copies in Paris:

> Vous m'avez écrit pendant 2 ans mon cher Monsieur, que dés que nous aurions 7 vollumes, l'entrée de Paris seroit libre; Aujourd'hui que nous touchons au moment d'en avoir neuf, vous me renvoyez à la fin: jugez par la, combien nous voila eloignés du temps ou je vous promettois gayement de faire touttes les avances: je comptois alors d'apres l'assurance que vous nous donniez, que les prisonniers seroient relachés, & que Paris seroit ouvert; je comptois de plus que l'Edition de Livorne n'inonderoit pas les provinces. . . .[2]

Towards the end of the letter there is another reference to Rousseau's one-sixth share; it ends with the words: 'L'Article Caractere, pour L'amour de Dieu?'

Cramer's next letter[3] (it is unsigned as well as undated) is chiefly concerned with the financial relations between Panckoucke and his Genevan partners and with his quarrel with Pierre Rousseau over the *Supplément*. On this Cramer writes:

> Votre crainte sur une nouvelle entreprise par Rey & M. Rousseau, ne me semble guéres fondée, & au surplus c'est un motif déterminant pour acheter son 6éme, le luy bien payer, & luy imposer la loi de ne pas imprimer l'Encyclo-

[1] ff. 22–23.
[2] Vol. I of the text of the Leghorn edition appeared in 1770, two more volumes in 1771, and another three in 1772; the first volume of plates appeared in 1771 and another two in 1772 (see Chap. I, pp. 30–4).
[3] ff. 24–25.

pédie pendant un certain nombre d'années. Qui est-ce qui s'avisera d'entreprendre la gravûre de tous les cuivres? Ne dependra ton pas toûjours de vous par cet endroit là? n'en resterez-vous pas seul le Maître? vous pourrez un jour a venir, faire tirer un millier très nettement sans aucune nouvelle retouche. Si vous êtes mal avec M. Rousseau, c'est un pretexte admirable pour terminer toutte affaire avec luy, & luy bien payer son 6ᵉᵐᵉ.

Pour mêler le Supplément avec l'Encyclopédie d'une maniére utile, il faudroit que l'on fut assuré que ce supplement sera très bien fait; je m'en flatte, mais vous n'en savés rien encore: Encore une fois, ne craignez rien de semblable. S'il se fait encore une édition de l'Encyclopédie, c'est vous qui la fairez; il n'y a que le propriétaire des Cuivres qui puisse former cette entreprise raisonnablement.

The last paragraph of this letter brings us back to the pressing problem of the article CARACTERE which had been holding up Cramer for so long. The letter concludes:

Est-il possible que vous m'ecriviez froidement, j'ai dans mes Magasins l'article Caractere, & les titres,[1] & que vous ne vous empressiez pas a me les envoyer, tandis que nous ne respirons que cette reception pour faire assembler & mettre en ordre le Vollume qui est tout sens dessus dessous, & qui tient une place énorme: Expediez, au nom de Dieu; vous êtes un cruel homme; je ne vous embrasse pas moins de tout mon cœur.

With the next letter in the series (21 August)[2] comes a sudden volteface: Cramer writes to suggest that Panckoucke should sell to De Tournes and himself his two-thirds interest in the edition. From the 'Conditions du marché proposé à Monʳ Panckouke' we learn some interesting facts about the state of the whole undertaking in August 1772. Apparently Cramer was still waiting for the article CARACTERE. De Tournes and he had not yet received the blocks for Vol. IV of the plates which Panckoucke was to have retouched; they propose that the blocks for the remaining volumes of plates should be handed over to them so that they can have them retouched themselves. On the partners other than Cramer and De Tournes whom Panckoucke brought into the enterprise the proposed agreement is clearcut:

Monsʳ Panckoucke s'arrangera avec Mʳˢ Rousseau de Bouillon, Lambot de Paris, & tel autre associé s'il y en a, pour l'interest qu'il peut leur avoir cedé cydevant, dans l'Edition de l'Encyclopédie qui se fait á Genêve, parce que nous ne reconnoissons Monsieur de Tournes & moi par l'acte de Juin 1770, que Monsieur Panckouke seul, pour associé á cette entreprise.

---

[1] The title-pages of Vols. I–III printed by Le Breton (see the letter of 7 September, p. 97 below).　　[2] ff. 26–29.

The volumes imprisoned in the Bastille were written off:

Nous abandonnons dés a présent & pour toujours á Mons.ʳ Panckouke, tout droit á nôtre tiers, sur les trois premiers vollumes du Discours, sequestrez au Château de la Bastille, & que nous avons achetté, suivant l'acte de Juin 1770.

There is finally an interesting point about the slow sale of the last ten volumes of the original edition of the *Encyclopédie*:

Monsieur Panckoucke observera, que les premiers Editeurs de Paris ont de reste, au moins, 600 tomes 8 a 17 de discours dont ils faisoient bon marché; de maniére que, si M. Panckouke obtient un jour la libération des tomes 1.2.3 il se procurera plus de 600 Ex. complets, en imprimant les tomes 4 à 7.

The rest of the document is of only minor interest since nothing came of the proposal; indeed in the end, as we shall see, it was Panckoucke who bought out his Genevan partners.

We learn from the next letter (September)[1] that Cramer and De Tournes were now interested in acquiring the shares of Panckoucke's other partners:

S'il est aisé d'acquerir le 6.ᵉ de M. Rousseau, & deux autres sixiémes, mettez nous à même d'entrer en negociation avec ces messieurs, ou prenés la peine de negocier la chose vous-même; je serai charmé si elle peut s'amener à une heureuse fin, & je suis fort aise de vous voir une assez bonne opinion de l'entreprise pour vouloir conserver vôtre part; cette disposition m'encourage a acquerir celles des autres, independamment du plaisir de rester vôtre associé.

The last paragraph of the letter is concerned with publicity for the third instalment of the Geneva edition (Vols. I, II, III, and IX of the text) which was nearing completion:

Voici l'avis qu'il conviendroit que vous envoyassiez aux souscripteurs de vôtre Journal; mais sans y changer un mot je vous prie, & même il conviendroit d'attendre le mois de janvier; je n'aimerois pas a faire trop de bruit avant que la 3.ᵉ Livraison fut bien connûe. Ce seroient des fraix inutiles, que d'imprimer un avis ici & puis vous l'envoyer, quel inconvenient voyez-vous a le faire imprimer vous-même sans rien dire? Je crois qu'il n'en faut pas repandre un seul dans Paris, puisque vous jugez que nous ne sommes pas arrivez encore au moment d'introduire des Exemplaires dans la Capitale.

Apparently the problem of obtaining permission to send copies to Paris still remained unsolved.

---

[1] ff. 30–31 (the day of the month is left blank).

The next letter (7 September)[1] shows that the copies of the article CARACTERE and of the title-pages of Vols. I–III were still in Paris, for Cramer writes in a positive fury:

Est-il possible que ce soit fautte d'une addresse, que vous me faittes bouillir le sang, en n'expediant pas l'Article Caractère? Addressez le sur le champ je vous conjure, à *Madame la Veuve Rameau & fils de Dijon, pour faire parvenir à Monsieur de Tournes Cannac, Auditeur de la Justice à Genêve.* Si les titres des trois premiers Vollumes sont bien propres & bien complets, expediez-les de la même manière & dans le même temps.

With the prospect of the first three volumes of text being at last complete, he continues:

Quand les 3 premiers vollumes de l'Encyclopédie seront prets, vous voulés que je vous envoye un Avis pour le répandre: dites-moi donc mon cher Monsieur, comment vous entendez qu'il soit fait cet Avis, faittes-moi parvenir un modéle, &c.

The letter continues with a reference to Panckoucke's rejection of the proposal that he should sell his share of the undertaking to Cramer and De Tournes, and after discussing arrangements for the payment of the remainder of the sums due to Panckoucke under their agreement of 1770, Cramer asks for the blocks of Vols. V–VIII of the plates to be sent to De Tournes without being retouched. The letter concludes with a postscript: 'L'Article Caractére, je vous conjure, il n'y a pas un jour a perdre: présidez à l'emballage au nom de Dieu.'

There is a gap of over two months (until 19 November) before the next two letters in which we find Cramer discussing once again the possibility of taking over Panckoucke's share. The first of these letters[2] is described in the second as 'une lettre ostensible pour Messrs Lambot & Brunet', two of Panckoucke's partners whom Cramer and De Tournes did not recognize. Cramer here proposes that, in order to avoid wearisome complications,

vous pourriez vous arranger avec ces deux Messieurs, avec de l'argent ou des billiets, en modeste quantité, & puis j'acquerrois de vous, leur portion & la vôtre; je vous donnerois des Exemplaires en payement; je prendrois l'engagement de n'en pas envoyer dans Paris jusques a ce que vous les eussiez placés & de cette façon, ces Messrs sortiroient d'une affaire douteuse, longue, embarrassée, vous fairiez une bonne négociation, & je n'aurois de Compte a rendre qu'a Dieu & au public, car je suppose que j'acquerrois aussi le 6e de Bouillon: Quand je dis *je*, Monsieur de Tournes y est Compris.

---

¹ ff. 32–33.   ² ff. 34–35.

Cramer adds that, if these proposals were accepted, De Tournes and he would require the use of the blocks for Vols. IX–XI of the plates. After the signature comes another paragraph:

En relisant vos lettres je vois un Article qui ne me m'avoit pas frappé d'abord; vous parlez de ces MM. de Bouillon & de M. Rey qui doivent acquerir vos portions: je vous déclare que je n'aurai affaire qu'à vous; nous ne connoissons que vous seul pour Associé par nôtre Acte de 1770. Si j'ai cent mille Ecus a demander pour poursuivre la besogne, je n'irai assurement les chercher ny a Bouillon, ny en Hollande, ny auprès de gens que je ne connois pas, & il faudra bien venir a faire des fonds: Si nous faisons nôtre affaire, si j'acquiers le tout, je les trouverai ces fonds, parceque j'interesserai ici des Amis riches, qui fairont ce que je voudrai, & j'espère à force de travail & de temps, que s'il n'y a pas grand profit, il n'y aura du moins point de perte.

In the second letter of the same date[1] Cramer refers to the printing of an *Avis* for the new edition:

Je ne vous envoye pas l'avis que vous demandez, parce qu'il me paroit dangereux d'envoyer quatre mille morceaux de papier dans un pays ou vous n'osés pas l'imprimer: je vous avoue que l'un me semble plus difficile & plus inconvenient que l'autre. Comment pourroit-on blâmer un homme qui fait imprimer un avis en huit lignes pour son Correspondant etranger: je vous renvoie le modèle, vous fairez ce que vous jugerez à propos.

There are further references to the problem of getting sets of the new edition into France, obviously by means of presents offered in the right places:

Je n'envoye rien à M.ᵣ de Marolles[2] parce que je n'ai pas l'honneur de le connoitre, parce qu'il seroit bizarre d'aborder un homme qu'on n'a jamais veu, un présent à la main, parce que cette façon pourroit déplaire & paroitre suspecte, parce qu'enfin cela n'est pas naturel.

J'en dis autant des Ecoles gratuites, & de quoi ont servi 50 Louïs delivrés pour charités il y a 3 ans & que vous avez passés en Compte?[3] Si vous croyez necessaire de remettre de l'argent à M. de S.[4] & un Ex. à M. de Marolles de qui vous avez souvent besoin; il me paroit naturel que vous fassiez ces choses là pour vôtre propre Compte, & puis s'il en resulte quelque chose de reel & d'avantageux pour nôtre entreprise, on sait comme on doit se conduire.

---

[1] ff. 36–37.

[2] There is an earlier reference to this personage on p. 86 above.

[3] See the agreement of 26 June 1770 (Article 30) under which Panckoucke was to reimburse himself for the 50 louis which he had sent to Sartine to be distributed to the poor (p. 73 above).

[4] Sartine.

After speaking of his withdrawal from the publication of the *Supplément*,[1] Cramer offers in passing some news of the progress of the new edition. Under the agreement of 1770 Rey was to receive eight copies of the work; Panckoucke had now written to ask that they should not be sent, but he is informed that it is too late: 'Il a reçeu deja deux livraisons par vôtre ordre & suivant nôtre Acte; la troisiéme est en chemin.' Vols. I, II, III, and IX of the text were apparently available for distribution by this date.

Six days later (25 November)[2] another letter followed from Cramer. It throws light on the continuing difficulties of getting the new edition into the French market:

Vous me dites que les circonstances sont encore favorables; vous me fairiez bien plaisir de me montrer en quoi: je vois la porte de la Capitale fermée, suivant vôtre propre opinion: je vois trois vollumes à la Bastille, qu'il a fallu payer & refaire, faute d'oser même les rèclamer; je vois un impot ruineux & révoltant;[3] je vois l'entrée de la plupart des Provinces herissée de difficultés: dites moi donc pour Dieu, en quoi les Circonstances sont favorables.

A somewhat enigmatic letter of 26 November from Panckoucke to Pierre Rousseau (it is no doubt connected with the negotiations for the acquisition by Cramer and De Tournes of the other partners' shares in the enterprise) gives a gloomy account of the prospects of the whole edition:

Je vous envoye cy joint Monsieur copie d'une Lettre que je viens de recevoir de Mr Cramer. Elle est la confirmation de ce que je vous ai avancé. L'entreprise a eu tres peu de succes Jusqu'a present. Les Genevois ont été obligé [*sic*] a des avances considerables. Dans le nombre de Leurs lettres ils m'ont souvent exprimé Le regret d'etre entré dans cette affaire. Vous pensez bien qu'un Livre dont on commence a publier le tome 4 n'a pas du faire fortune. Il faut attendre L'effet de la publication des trois premiers Volumes. J'en ferai entrer a Paris, mais peut etre seroit il prudent d'attendre que les 17 Volumes de Discours fussent imprimés. Vous pourriez de votre coté aider les Genevois dans le débit sans cependant faire trop de Bruit. Une reponse definitive, Je vous Supplie; ne perdons pas de temps en des écritures inutiles.[4]

Whether one should accept this gloomy view of the fate of the new edition is doubtful. Pierre Rousseau appears to have thought

---

[1] '... Quand je me suis retiré des Supplémens, j'en etois très fort le maitre; jamais je n'ai pris d'engagement. ...'
[2] ff. 38–39.
[3] The tax on French books printed abroad.
[4] Archives Weissenbruch, 20: 4.

differently since earlier in the same month he had written to Rey of the
new edition: 'Le débit va très bien.'[1]

The last extant letter in the series written by Cramer to Panckoucke
takes us to 14 December 1772.[2] We learn from it that Panckoucke and
his partners had rejected the offer for their shares in the Geneva edition.
The letter is, as usual, full of lamentations about the difficulties of the
whole undertaking and about Panckoucke's failure to be of any assistance. We learn too that the first nine volumes of the edition were by
now available, with two more (Vols. X and XI) on the way:

> Il y a deux ans edemi [*sic*] que je me captive, que je m'efforce, que je pâlis
> sur la besogne dont vous m'avez embâtté, il seroit juste aussi que vous vous
> évertuassiez; cette indifférence de vôtre part, n'est n'y ce que vous nous
> aviez promis, n'y ce sur quoi nous comptions: Paris sera ouvert disiez-vous,
> dés qu'il y aura 7 vollumes; en voici neuf, & tout à l'heure onze, nos magazins
> regorgent, & vous n'avez rien daigné faire encore, si ce n'est de nous adresser
> des particuliers à qui vous aviez promis la remise, à qui nous l'avons accordée
> pour l'honneur de vôtre engagement & qui nous attirent des reproches
> insupportables de la part des Libraires.

Another of Cramer's complaints was that the blocks for Vol. V of the
plates had not yet arrived in Geneva: 'Où en sommes-nous des cuivres
du tome 5e?' he asks, 'que coûteroit-il d'en dire un mot en passant?'

At this point (6 January 1773)[3] we have for once a letter of Panckoucke to Cramer. In addition to giving news of the *Supplément*,
Panckoucke speaks of a proposal that Cramer should acquire the share
in the Geneva edition held by Weissenbruch, Pierre Rousseau's
brother-in-law. We also learn that not only were copies of the Geneva
edition being sent via Lyons into the French provinces, but that Panckoucke now had hopes of being able to arrange for their introduction
into Paris itself:

> Plusieurs Libraires me demandent des ex^es de l'encyclopedie, mais je ne
> sais pas qu'elle route les faire tenir. a qui Les adressés vous à Lyon? Je
> m'occupe du soin d'en faire entrer ici 300, sans faire courir aucun risque et
> avant 15. jours, cette affaire sera arrangée. il faudra faire des Ballots de 4 ex^es.
> je voudrois savoir ce qu'un tel convoye coutera a très peu près de frais de
> voitures, d'embalage & d'entrée. vous pourriez me le dire.

And there tantalizingly the correspondence breaks off.[4]

[1] 2 November (The Hague, Koninklijk Huisarchief, MS. G16–287: 33).
[2] BPUG, ff. 40–42 (reproduced in full, Best. 17019).   [3] ff. 145–6.
[4] There is another letter of Panckoucke to Cramer (22 December 1778—f. 147), but
it has nothing to do with the *Encyclopédie*.

The rest of the history of the publication of the Geneva reprint is less well documented. At the end of 1772 it still remained to publish the last eight volumes of text and the last nine volumes of plates. We can trace most of the rest of the story in Rey's announcements in the Amsterdam edition of the *Journal des Savants*, bearing in mind that distance from Geneva no doubt added weeks or even months to the time which his customers had to wait for their copies. In August 1773 he announced that he had available two more volumes of text (X and XI) and one more volume of plates (III). By February 1774 Vols. XII and XIII of the text and Vol. IV of the plates were available. In August of the same year he added Vols. XIV and XV to the list of the published volumes of text together with Vol. V of the plates. By January 1775 he was able to announce the last two volumes of text (XVI and XVII), as well as Vol. VI of the plates, from which we may deduce that the printing of the seventeen volumes of text was completed before the end of 1774.[1] He continued to announce seventeen volumes of text and Vols. I–VI of the plates down to February 1776. Then suddenly, in March of that year, two more volumes of plates were added (VII and VIII). This advertisement was repeated month after month until all at once, in December 1776, we find an advertisement for the complete work: 'L'ENCYCLOPEDIE fol. 28 vol. *Edition de Geneve conforme à celle de Paris* contenant 17 vol. de Discours, 11 vol. de Planches, 28 Tomes.'

Rey's delay in announcing the appearance of the last three volumes of plates is odd as the Amsterdam edition of the *Journal des Savants* for August of that year reproduces the text of the prospectus of the *Supplément* in which there is a reference to 'l'Ouvrage en vingt-huit volumes *in folio*, dont on vient d'achever à Geneve une réimpression entierement conforme à l'Edition de Paris'.[2] We may thus conclude that the publication of the complete work was spread over the period from December 1771 to the summer of 1776.

Professor Watts brought to light two more agreements between Panckoucke and his Genevan partners.[3] If the first of these is of relatively minor interest, the second was of considerable significance as it brought the whole partnership to an end. The first agreement was a necessary consequence of the fact that, whereas the Paris edition was to have eight volumes of plates, in the end eleven appeared. When the last

---

[1] Cf. the reference to 'un imprimeur qui vient d'achever la grande enciclopedie' in a letter of Voltaire of 21 April 1775 (Best. 18317).

[2] p. 281. See also Panckoucke's own *Journal de politique et de littérature*, 25 December 1776, p. 598.

[3] 'The Geneva Folio Reprinting of the *Encyclopédie*', p. 366.

two volumes of the plates of the original edition were published in 1772, it was agreed on 13 October of the following year that Cramer and De Tournes should have a one-third share in the publication of Vols. IX–XI of the plates.[1]

More interesting is the agreement of 13 June 1775 which brought the partnership to an end.[2] By this date, of course, all seventeen volumes of text had appeared and only the last five volumes of plates remained to be published. We learn from this document that on 5 June Cramer had sold his interest in the edition to De Tournes who now sold his share in the enterprise to Panckoucke, although agreeing to continue to handle the work on the latter's behalf. By this date 1,330 out of the 2,000 copies of the edition had been disposed of. De Tournes also sold to Panckoucke the rights which he had acquired in the *Table* which the Basle pastor, Pierre Mouchon, had in preparation. Although Cramer no longer had any part, direct or indirect, in the enterprise, the work was to continue to be published under the name of 'Cramer et Cⁱᵉ' Vols. VII and VIII of the plates were to appear at the end of 1775, Vols. IX and X in 1776 and the last volume, together with the *Table*, in 1777. In practice, as we have seen, the last volumes of the plates appeared more rapidly than had been hoped, the whole edition being complete in twenty-eight volumes by the summer of 1776. The *Table* on the other hand did not appear until 1780, and despite the clause in this agreement specifying that it should be printed in Geneva, it was printed in Paris and published by Panckoucke and Rey.

As it throws considerable light on the last part of the story of this edition of the *Encyclopédie*, the document is worth reproducing in full:

Du treiziéme Juin 1775 après midy ont Comparu Monsieur Charles Joseph Pankoucke Libraire de Paris et Messʳˢ Gabriel Cramer et Samuel De Tournes citoyens de Geneve tous associés dans L'entreprise de La réimpression du Dictionaire Encyclopédique par acte passé devant moi notᵉ Le 26ᵉ Juin 1770. Savoir Mʳ Charles Joseph Pankoucke intéressé dans L'entreprise pour Les deux tiers et Mʳˢ Cramer et De Tournes ensemble pour L'autre tiers Soit chacun pour un Sixiéme, Lesquels disent et déclarent qu'ils sont convenus ensemble de ce qui suit. Savoir

Iᵒ Mʳ Charles Joseph Pankoucke reconnoit que d'après L'état de l'Encyclopédie que Lui ont remis Mʳˢ Cramer et De Tournes et de tous Les Comptes

---

[1] This agreement has not been preserved as it was 'un acte sous seing privé', but we know of its existence from the agreement of 13 June 1775, the text of which is reproduced below (see Articles I and IV).

[2] Archives d'État, Geneva: Notaires Mercier et Dunant, vol. xii, pp. 269–80.

qui y ont rapport jusqu'au premier May dernier il Conste *en premier Lieu* qu'on a placé mille trois cent trente exemplaires des premieres Livraisons dont il y a plusieurs Souscripteurs qui n'ont pas encore retiré Les derniéres. *En Second Lieu* que les débours de Mrs Cramer et De Tournes jusqu'à cette époque montent à cinq cent trente et un mille trente et une Livres onze sols deux deniers de France et que par contre Les Sommes qu'ils ont reçues montent à celle de six cent deux mille Soixante et onze Livres cinq Sols, qu'ainsi Les dits Sieurs Cramer et De Tournes sont débiteurs pour solde à cette époque de septante et un mille trente neuf Livres treize sols dix deniers de France. En troisiéme Lieu que les effets ou billets en nature appartenans à La société Encyclopédique qui étoient au dit jour entre Les mains des dits Srs Cramer et De Tournes montent à La somme de cent deux mille vingt Livres dix neuf Sols Six deniers. *En quatriéme Lieu* Qu'il est du par divers débiteurs dont les comptes sont ouverts n'ayant pas encore fourni Leurs billets environ La somme de cinquante mille Livres de France: ce que Le dit Sieur Pankoucke ayant reconnu il déclare qu'il a approuvé et qu'il approuve tous Les Comptes dont Le résultat est exprimé ci-dessus à La décharge générale et particulière des dits Srs Cramer et De Tournes et il reconnoit de plus que Les dits Srs Cramer et De Tournes ont rempli tous Les engagemens qu'ils avoient pris avec lui tant par l'acte du 26e Juin 1770. Reçu par moi not^e que par L'acte Sous Seing privé passé entr'eux Le 13e 8bre 1773.

II° Mr Cramer de son côté reconnoit et déclare que par acte passé sous seing privé Le 5e du Courant entre Lui et Mr Samuel De Tournes il a vendu cédé et transporté à celui-ci tous Les droits quelconques qu'il avoit ou pouvoit avoir dans La totalité ou dans Les parties séparées de L'entreprise du Dictionaire Encyclopédique et ce à des conditions dont il se déclare satisfait au moyen de quoi Mr Samuel De Tournes est seul possesseur et représentant des parties d'intérêt qu'ils avoient ci-devant en commun dans L'entreprise; Et Mr Panckoucke en approuvant autant que de besoin est La susdite cession reconnoit M^r De Tournes pour seul possesseur de toutes Les parties possédées ci-devant en Commun entre Lui et Mr Cramer.

III° En Conséquence de ce que dessus M^r De Tournes devenu seul propriétaire du tiers d'intérêt dans Les vingt cinq premiers volumes de L'Encyclopédie qu'il avoit acquis en commun avec Mr Cramer du Sr Pankoucke par Le dit acte Reçu par moi not^e Le 26e Juin 1770. Vend et Retrocéde au dit Sr Pankoucke par le présent acte tout son Interêt dans les sus dits vingt cinq premiers volumes ainsi que son tiers d'intérêt dans Les volumes détenus à La Bastille pour Le prix et somme de cent soixante mille Livres de France, dont cent mille Livres sont en rembours du prix d'achat primitif et Soixante mille Livres pour son bénéfice sur cet Intérêt, La dite somme payable par Mr Pankoucke de la maniére ci-dessous désignée.

IV° M^r De Tournes seul propriétaire du tiers d'intérêt dans Les volumes

9.10.11 des planches du dictionaire Encyclopédique qu'il avoit acquis en commun entre Lui et M.ʳ Cramer de M.ʳ Pankoucke par acte Sous Seing privé en datte du 13.ᵉ 8.ᵇʳᵉ 1773. Vend de même et retrocéde au dit Sieur Pankoucke tout son Intérêt dans ces trois volumes pour Le prix et somme de dix huit mille Livres de France dont douze mille sont en rembours du prix d'achat primitif et six mille pour son bénéfice sur cet Intéret La dite somme payable par M.ʳ Pankoucke de La manière ci après désignée.

V.° Le dit Sieur De Tournes seul propriétaire de La totalité d'une table générale des matiéres des dix sept volumes de discours qui se fait à Basle par M.ʳ Mouchon céde et transporte au dit S.ʳ Pankouke La totalité de son Intérêt dans cette table des matiéres sous La Condition de L'imprimer ici dans Geneve; la présente Cession faite pour Le prix et somme de vingt deux mille Livres de France payables par M.ʳ Pankoucke de la maniére ci-après désignée.

VI.° M.ʳ Charles Joseph Pankoucke acceptant Les Cessions et et [sic] ventes d'interet désignées dans Les trois articles précédens pour Les prix qui y sont Stipulés Lesquels font ensemble La somme de deux cent mille Livres de France s'en reconnoit débiteur envers M.ʳ Samuel de Tournes et les payera de la manière Suivante. Savoir 1.° Le dit Sieur Pankoucke paye à M.ʳ De Tournes La somme de Septante mille Livres de France par La quittance qu'il fait par Le présent acte de La somme de Septante et un mille trente neuf Livres treize sols dix deniers dont M.ʳˢ Cramer et De Tournes étoient débiteurs pour solde de Compte au premier May dernier ensuite de L'état mentionné en L'article premier Lequel Solde de £71039.13ˢ10ᵈ a été réduit entre les parties à septante mille Livres. Et au moyen de la quittance présentement faite par M.ʳ Pankoucke du dit solde en faveur des dits S.ʳˢ Cramer et De Tournes ces derniers Reconnoissent par le présent acte être payés de la susdite somme de Septante mille livres de France. 2.° M.ʳ Pankoucke payera La somme restante de cent trente mille Livres de France en trente six billets à L'ordre de M.ʳ Samuel De Tournes chacun de trois mille six cent onze Livres deux sols trois deniers, Les dits billets payables de mois en mois pendant trois ans sans Intérêt à Commencer Le vingtiéme Janvier prochain; et M.ʳ De Tournes au moyen des susdits billets qu'il a entre Les mains reconnoit être payé de La susdite somme de cent trente mille Livres. 3.° En sus du susdit prix en argent M.ʳ Pankoucke fournira gratis à M.ʳ De Tournes vingt exemplaires des Supplémens qui s'impriment actuellement pris en feuilles à Paris à mesure qu'ils paroitront.

VII.° Des obstacles connus de M.ʳˢ Cramer et De Tournes ne permettant pas à M.ʳ Pankoucke devenu par Le présent acte seul et unique propriétaire de l'Encyclopédie de débiter ce Livre par Lui-même M.ʳ Cramer Consent à ce que La Continuation du débit de ce Livre et de La table des matiéres continue à se faire dans Geneve sous Le nom de Cramer L'ainé et C.ⁱᵉ et M.ʳ De Tournes consent aussi à gérer pour Le Compte et au profit de M.ʳ Pankoucke tout ce qui a rapport à cette entreprise de La même maniére qu'il Le pratiquoit quand il y étoit intéressé et cela pendant L'espace de six ans terme à peu près nécessaire pour achever entiérement l'Impression des planches et de La table des matiéres et pour l'écoulement de toute L'Edition.

VIII? M. De Tournes continuera à faire pour Le Compte de M. Pankoucke tous Les fraix de quelque espéce qu'ils soyent et Les fournitures nécessaires pour amener L'ouvrage à sa perfection et pour L'écoulement du Livre sur Le même pié qu'il Le faisoit ci-devant pour Le Compte de La société Encyclopédique et M. Pankoucke Lui tiendra Compte de ses avances sur de Le pié de six pour cent par année ensuite des Comptes de débours que M. De Tournes Lui fournira tous les trois mois.

IX? La présente cession et Convention ayant été faite d'après Les états dressés au premier May dernier toutes Les Sommes déboursées par M. De Tournes depuis le dit jour pour Le fait de l'Encyclopédie Lui seront bonifiées sur le 1ᵉʳ Compte qu'il rendra et Lui de son côté y tiendra Compte de tout de tout [sic] ce qu'il aura reçu pour Le Compte de L'Encyclopédie depuis cette même Epoque.

X? M. De Tournes ayant reconnu qu'à L'époque du premier May dernier il avoit en mains des effets appartenans à La société encyclopédique montans ensemble à La somme de cent deux mille vingt Livres dix neuf Sols Six deniers remettra à M. Pankoucke sans aucune garantie de Leur payement ni de sa part ni de celle de M. Cramer ceux de ces effets qui n'ont pas encore été négociés et Lui tiendra compte de ceux qu'il a déja négociés à mesure qu'ils rentreront: Il Lui remettra aussi une copie de tous Les Comptes précédens de dépense et de recette de même que La notte des Souscripteurs, celle des comptes restés ouverts et de Leur résultat et La note de ceux des Souscripteurs à qui pour diverses raisons on n'a pas encore fourni Les Suites de toutes Les Livraisons; et pour tous Les articles ci-dessus Les Comptes signés par M. Pankoucke tiendront lieu de décharge à M. De Tournes.

XI? Ensuite des premières conventions du 26ᵉ Juin 1770. Il avoit il avoit [sic] été dit que l'Encyclopédie se tireroit au nombre de deux mille et cent exemplaires;[1] il devroit donc s'en trouver à peu près ce nombre; mais pour éviter toute discussion il est dit que M. De Tournes n'en devra fournir en tout que Le nombre de deux mille nonante à Compte desquels il est entendu qu'il en a déjà fourni treize cent trente exemplaires des Sept premières Livraisons y Compris Les Souscripteurs à qui on n'a pas fourni Les Suites Lesquelles sont encore dans Les magazins de Geneve; Et comme sur ce nombre de treize cent trente il y en a huit exemplaires qui ont été donnés à divers en présent de politique ou de nécessité Ces huit exemplaires Sont Compris dans

---

[1] The preamble to the agreement of 26 June 1770 gives the size of the edition as 'deux mille non compris cent cinquante exemplaires de Chaperon' (see above, p. 68).

Le nombre de treize cent trente; et dans ce nombre de treize cent trente sont encore compris huit exemplaires qu'il fut convenu par L'acte du 26ᵉ Juin 1770. de donner en présent à Mͬ Rey d'Amsterdam et Les Suites de ces Seize exemplaires continueront à s'en fournir de même en présent à ces Messieurs aux quels ils ont été donnés. De même dans ces treize cent trente sont Compris quelques exemplaires que des Libraires ont gardés par des malentendus pour Le Compte de la Société et qui sont[1] *à La disposition*; de même aussi dans ces treize cent trente sont Compris quelques exemplaires au nombre de quatre ou cinq pour le payement desquels Mͬˢ Cramer et De Tournes ont été obligés de consentir à des termes un peu plus éloignés ou à une diminution sur Le prix; Et Mͬ Pankoucke en approuve l'emploi et La continuation de ce procédé comme aussi Les offres de facilité que Mͬˢ Cramer et De Tournes ont pu faire à divers Libraires pour Les engager à souscrire Lesquelles n'ont pas encore eu Leur effet. Mͬ Pankoucke ratifiant aussi son consentement donné à Mͬ De Tournes Le 10ᵉ du Courant à ce que sur le nombre des exemplaires restans il en tint cent et vingt exemplaires à La disposition de Mͬ Brunet de Paris.

XII? Mͬ De Tournes qui se charge seul de la gestion de L'Enciclopédie pour Le Compte de Mͬ Pankoucke ne sera garant ni des payemens des effets qu'il a ou qu'il aura en mains ni de La solidité des débiteurs actuels ou futurs tous ces risques étant pour Le Compte de Mͬ Pankoucke seul, mais il ne fera d'envoy de nouveaux exemplaires qu'aux Souscripteurs dont il a remis La note à Mͬ Pankoucke qui jusqu'à présent ont acquitté Leur engagement et il n'en admettra de nouveaux que du Consentement de ce dernier.

XIII? Mͬ Pankoucke tiendra compte annuellement à Mͬ De Tournes de La somme de douze cent Livres de France pour Les gages d'un Commis qu'il est nécessité d'entretenir pour Le fait de L'Encyclopédie et de quatre cent Livres de France pour Le Loyer des magasins nécessaires pour Loger Les exemplaires de cet ouvrage Le tout à Commencer du 1ᵉʳ May dernier.

XIV? Mͬˢ Cramer et De Tournes n'ayant jamais reçu de Paris que mille et neuf cents exemplaires du premier volume de planches Mͬ De Tournes ne répond par conséquent que de ce nombre du premier volume des planches.

XV? Mͬ De Tournes consentant à être gardien des exemplaires et des volumes de L'Encyclopédie n'entend point répondre des événemens qui pourroient arriver par force majeure comme incendie chute de Maisons Saisies de la part du Gouvernement et autres accidens qui seroient à La charge de Mͬ Pankoucke.

XVI? Comme ensuite de L'impot mis en France sur Les Livres venans de L'étranger il s'éleva de grandes plaintes de La part des Souscripteurs du

[1] 'Je dis qui sont des à present à La disposition de Mͬ Pankoucke' (added at the end of Article XXII, p. 279).

Royaume et que pour Les appaiser l'on fut obligé de consentir à Supporter La moitié des fraix de L'impôt et à diminuer cette moitié sur Le prix de la dernière Livraison c'est à dire sur celle des tomes Sept et huit des planches et que cette Livraison se fera à La fin de cette année M.ʳ De Tournes fera aux Souscrivans Les réductions convenues et M.ʳ Pankoucke approuve d'avance tout ce qu'il fera à cet égard.

XVII.° Comme Les Libraires de Paris avoient donné à Leurs Souscripteurs gratis un frontispice gravé pour l'Encyclopédie Les Souscripteurs de L'Edition de Geneve en ayant eu Connoissance demandérent aussi ce frontispice; En conséquence M.ʳ De Tournes étant à Paris fit (après en avoir eu Le Consentement de ses associés) une Convention avec M.ʳ Prevost graveur du 1.ᵉʳ frontispice pour en graver un nouveau avec des changemens et des augmentations de M.ʳ Cochin moyennant un prix dont il convint. L'ouvrage est prêt d'être achevé et M.ʳ Pankoucke nouvel acquereur convient de remplir tous Les engagemens pris sur cet article soit avec Le graveur soit avec Les Souscripteurs et remboursera à M.ʳ De Tournes ce qu'il payera pour cet objet soit pour La gravure soit pour Le tirage qui s'en doit faire à Paris sous Les yeux du Sieur Prevost.

XVIII.° Comme par L'acte du 26ᵉ Juin 1770 Reçu par moi not.ᵉ M.ʳˢ Panckoucke, Cramer et De Tournes étoient convenus de fournir gratis à M.ʳ Heilman de Bienne vingt cinq exemplaires des vingt cinq premiers volumes de l'Encyclopédie il est expressément convenu par cet article que M.ʳ Pankoucke au moyen de La présente acquisition qu'il fait de tout L'intérêt de M.ʳˢ Cramer et De Tournes dans La totalité de L'entreprise Libére entièrement ceux-ci de tout engagement qu'ils ont pris dans le Susdit acte relativement au Susdit S.ʳ Heilman et se charge de Les garder et garantir de toutes demandes que Le dit Sieur Leur pourroit faire pour raison du dit engagement.

XIX.° Comme aussi M.ʳ Pankoucke peut avoir cédé à d'autres particuliers des parties de L'intérêt qu'il avoit dans Les vingt huit volumes de L'Encyclopédie et que M.ʳˢ Cramer et De Tournes ne reconnoissent que Lui et n'ont jamais traité qu'avec Lui M.ʳ Pankoucke s'engage par les présentes à les garder et garantir de toutes demandes qui pourroient leur être faites par quelqu'un qui se diroit son associé de quelque nature que puissent être ces demandes.

XX.° M.ʳ De Tournes continuera à faire Les Livraisons des tomes sept.ᵉ huit.ᵐᵉ neuv.ᵐᵉ dix.ᵐᵉ et onz.ᵐᵉ des planches et celle de La Table des matiéres tirant sur Les Souscripteurs ou recevant Leurs effets et donnera après chaque Livraison à M.ʳ Pankoucke La note des traites faites et des effets Reçus en Les Lui envoyant endossées à son ordre Sans aucune garantie laquelle clause sera stipulée au besoin sur L'endossement.

XXI.° Le dit M.ʳ De Tournes se Chargeant par le présent acte de faire pour

Le compte de M.ͬ Pankoucke tous les débours nécessaires pour amener L'ouvrage à sa perfection de La même maniére et sur Le même pié qu'il Le faisoit quand il étoit Lui-même Intéressé dans L'entreprise fournira tous Les trois mois à M.ͬ Pankoucke un compte général de Ses débours de toute espéce et en tirera Le même Jour Le montant à six mois de date sur M.ͬ Pankoucke en y ajoutant L'intérêt soit provision sur le pié du six pour cent par année; Et si M.ͬ De Tournes a reçu dans L'Intervale quelque somme pour Le Compte de M.ͬ Pankoucke cette somme sera déduite de celle qu'il devroit tirer.

XXII.ᵉ La Livraison des tomes sept.ᵐᵉ et huit.ᵐᵉ des planches Se fera à La fin de cette année; Celle des Tomes neuv.ᵐᵉ et dix.ᵐᵉ dans le Courant de mil Sept cent Septante Six et celle des tomes onz.ᵐᵉ et de la table des matiéres dans le courant de mil Sept cent Septante Sept autant cependant que la chose sera au pouvoir de M.ͬ De Tournes.

Ainsi fait et Convenu entre Les parties qui ont promis d'observer Le présent acte à L'obligation de Leurs biens présens et à venir Soumissions Constitutions Renonciations et Clauses Requises. Fait et passé à Geneve en mon Etude présens S.ͬˢ Daniel Zwallen citoyen et Pierre Allaz demeurant en cette ville témoins Requis et signés avec les parties et moi not.ᵉ / un mot rayé comme nul à La cinquiéme page et un autre à La page ci-derriére.

Gabriel Cramer	C. Panckoucke
Allaz	Samuel De Tournes
	D.ˡ Zwallen
	J. J. Dunant

Thus ended a relationship which, as we have seen from the letters which passed between Cramer and Panckoucke in the years 1770–2, was at times decidedly stormy.

A letter of Panckoucke, written in 1777 when the whole enterprise had been completed, tells of the tribulations through which he had passed:

Il y a près de 8 ans que cette affaire a été pour moi une occasion de supplices. Dom Félice[1] n'est-il pas venu nous barrer par son in 4° au moment de la publication de l'in folio? N'ai-je pas été mis à la Bastille? 6000 volumes in folio n'y ont tils [*sic*] pas restés six ans? les portes de la France nont telles [*sic*] pas été fermées deux fois?[2]

Yet Panckoucke's ardour for producing folio reprints of the *Encyclopédie* had not been cooled when the Geneva edition was completed.

[1] The editor and publisher of the *Encyclopédie d'Yverdon*.
[2] Bibliothèque de la Ville, Neuchâtel, MS. 1189, f. 355 (19 November 1777). I cannot see that this passage means that not only the 6,000 volumes, but Panckoucke himself, had been imprisoned in the Bastille.

On 3 July 1776—round about the time when it was at last finished—he signed an agreement in Neuchâtel with the Société Typographique to produce a new folio edition in which each would have a half share.[1] 2,150 copies of Vols. IV–XVII of the text were to be printed in Neuchâtel; use could now be made of the 2,000 copies of the first three volumes which had been released from the Bastille earlier that year: 'Le Sieur Panckoucke déclare que les trois premiers Volumes de cette nouvelle Edition sont actuellement imprimés dans ses Magasins, ainsi que le premier volume de planches. . . .'[2] Panckoucke was to be responsible for the remaining volumes of plates.

Various additions were subsequently made to this agreement. On 31 August,[3] on the advice of D'Alembert, Condorcet, and Suard, it was decided to abandon the plan of reprinting the *Encyclopédie* as it stood, and to produce instead a revised edition, although this entailed the scrapping of the first three volumes which had already been printed by the beginning of 1770. As Panckoucke still had 'environ trois cents exemplaires de l'Edition de Geneve à placer', it was also agreed that the new edition, 'corrigée et refondue avec le supplement', should not be announced before 1 July 1777. On 14 August[4] Panckoucke and Suard had signed an agreement for the preparation, 'conjointement avec M. D'alembert et M. le M[1s] de Condorcet', of a new edition of the *Encyclopédie* 'avec les Supplemens, aussi bien que les articles des encyclopedies étrangeres qui seront jugés dignes d'être conservés'. Suard was to incorporate in the new edition 'une partie des materiaux qu'il avoit rassemblés pour le dictionnaire particulier qu'il se proposoit de faire sur la Langue françoise'. It was also stipulated that he should enlist the services not only of D'Alembert and Condorcet, but also of 'plusieurs hommes de Lettres d'un merite reconnu et distingué, chacun dans leur partie'. The following names are written into the agreement —Saint-Lambert, Thomas, Morellet, D'Arnaud, Marmontel, La Harpe, Petit, and Louis. On 28 March 1777[5] the arrangements made in this agreement for the payment of Suard were superseded by another addition to the original contract between Panckoucke and the Société Typographique; Suard was now to have a one-twelfth interest in the enterprise. By this time, however, the initial enthusiasm for the project was cooling: on the same date[6] another addition to the original contract laid down that, owing to the competition of the quarto edition of the

---

[1] Bibliothèque de la Ville, Neuchâtel, MS. 1233, 2.
[2] We have seen that only Vols. II–XI of the plates were produced in Geneva.
[3] Bibliothèque de la Ville, Neuchâtel, MS. 1233, 4.
[4] Ibid. 15.   [5] Ibid. 7.   [6] Ibid. 5.

Encyclopédie, the number of copies of the folio edition was to be reduced from 2,000 to 1,000.

In the end nothing came of this new and revised folio edition of the *Encyclopédie*; but the plan for it put forward by Panckoucke shortly after the release of the 6,000 volumes imprisoned in the Bastille shows that all the difficulties which he had to surmount to secure the successful completion of the original enterprise had not completely exhausted his interest in the commercial possibilities of the work.[1]

The story of Panckoucke's tribulations (and those of his Genevan partners) is interesting in its own right. It is also worth while to trace in the documents of the time the various stages of the enterprise—the abortive plans for a new and revised edition, which had to be given up in favour of a literal reprint; the brutal intervention of the French authorities at the moment when Vols. I–III of the text and the first volume of the plates of Panckoucke's edition were ready for publication at the beginning of 1770; and finally the successful completion of the whole enterprise in Geneva between 1771 and 1776. The story of this eight-year struggle to produce a new edition is particularly revealing because it shows that the battle over the *Encyclopédie* did not end in 1765 with the publication of the last ten volumes of the text of the original edition. The opponents of the *Encyclopédie* had by no means thrown up the sponge. Not only did the distribution of these volumes of the first edition encounter difficulties, especially in Paris itself;[2] proposals for a revised edition were turned down by the government, and when the first volumes of a literal reprint came off the press, the government stepped in and incarcerated the 6,000 volumes in the Bastille. This happened five years after the appearance of the last volumes of text of the original edition, and it marked the end of all attempts to reprint the *Encyclopédie* inside France. In other words, the enemies of the work did not give up the struggle in 1765; they succeeded in preventing any further editions being produced on French soil. Indeed, the French government, egged on by the ecclesiastical authorities, even made some efforts to prevent Panckoucke's reprint of 'ce pernicieux ouvrage' being carried out abroad, in Geneva.

---

[1] It would not have been a cheap edition. The agreement of 3 July 1776 laid down that the price to private individuals was to be 720 *livres*. On 31 August it was agreed that the price of the new edition, 'corrigée et refondue avec le supplement', would be 24 *livres* for each volume of text and 36 *livres* for each volume of plates. Assuming there were, as for the *Encyclopédie* and *Supplément* combined, twenty-one volumes of text and twelve volumes of plates, the total price would have been 936 *livres*.

[2] See *Studies*, vol. xxiii, pp. 151–9.

III. D'Holbach's Contribution

A T first sight there seems to be no problem here, despite the fact that when in the *Avertissement* to the second volume which appeared in January 1752, the editors presented this new contributor to the public, they took care not to reveal his name. To quote the well-known passage:

> Mais nous devons sur-tout beaucoup à une Personne, dont l'Allemand est la Langue maternelle, & qui est très-versée dans les matieres de Minéralogie, de Métallurgie, & de Physique; elle nous a donné sur ces objets une multitude prodigieuse d'articles, dont on trouvera déjà une quantité considérable dans ce second Volume. Ces articles sont extraits des meilleurs ouvrages Allemands sur la Chimie, que la Personne dont nous parlons a bien voulu nous communiquer. On sait combien l'Allemagne est riche en ce genre; & nous osons en conséquence assûrer que notre Ouvrage contiendra sur une si vaste matiere un grand nombre de choses intéressantes & nouvelles, qu'on chercheroit en vain dans nos livres François.
>
> Ce savant ne s'est pas contenté de nous rendre un si grand service. Il nous a fourni encore plusieurs articles sur d'autres matieres; mais il a exigé que son nom demeurât inconnu; c'est ce qui nous empêche de faire connoître au Public le nom de ce Philosophe citoyen, qui cultive les Sciences sans intérêt, sans ambition, & sans bruit; & qui, content du plaisir d'être utile, n'aspire pas même à la gloire si légitime de le paroître.[1]

In accordance with his desire to remain anonymous, in the list of names of contributors 'avec la marque de leurs articles' given at the end of the volume Paul Thiry appears thus:

(—) à la fin de l'article, { la Personne dont il est parlé
dans l'Avertissement.[2]

However, even this disguise had vanished by the time the third volume was published in November 1753. Two months earlier Paul Thiry's uncle, François Adam d'Holbach, had died and he had succeeded to the title of Baron d'Holbach. The preliminary matter of this volume lists his name *en toutes lettres* among the 'Noms des Personnes

---

[1] p. i.
[2] On an unnumbered page after p. 871.

qui ont fourni des articles ou des secours pour ce Volume, & les suivans'.[1] His entry runs as follows:

M. le baron d'HOLBACH, qui s'occupe à faire connoître aux François les meilleurs auteurs Allemands qui ayent écrit sur la Chimie, nous a donné les articles qui portent la marque (—).

Though he kept to the very end the sign which had originally been meant to secure his anonymity, with the appearance of the third volume there was no longer any secret about the identity of this particular contributor.

I

If we wish then to know which articles D'Holbach wrote for the *Encyclopédie*, the task appears to be simple, though somewhat tedious. All we need to do is to plough our way through the text of the sixteen volumes to which he contributed, noting as we go those articles which have at the end the sign '(—)'. Assuming that the printer never omitted the sign where it was on the manuscript in front of him nor added it to articles to which it did not belong, assuming too that we can identify with certainty which parts of articles or which articles in a series were actually written by D'Holbach, the task seems plain sailing.

Several attempts appear to have been made to compile a complete list of the articles bearing the signature '(—)'. The first seems to have been that of W. H. Wickwar who, in an appendix to his *Baron d'Holbach, a Prelude to the French Revolution* (London, 1935),[2] gives for each volume from II to XVII the total number of articles which he had counted, naming from most volumes a few which appeared to be of particular importance. A complete list of all the articles is given by Manfred Naumann in the bibliography of his *Paul Thiry d'Holbach, Ausgewählte Texte* (Berlin, 1959).[3] I have had two shots at the task, one in the mid 1930s and the other some thirty years later. The result, complete with page numbers and corrected by reference to Herr Naumann's list,[4] is as follows:

Vol. II. 209 BÉRIL (second part); 221 BEZOAR MINERAL; BEZOAR MARTIAL;[5] BEZOAR LUNAIRE; BEZOAR JOVIAL; 262–3 BISMUTH; 270 BLANC *ou* MAGISTERE DE BISMUTH; 281 BLENDE; 282 BLEU D'AZUR: BLEU D'EMAIL; 283 BLEU D'OUTRE-MER; BLEU DE MONTAGNE; 284–5 BLEY-GLANTZ; 285 BLEY-SACK; BLEY-

---

[1] p. xiv.   [2] pp. 237–8.   [3] pp. 298–9, 301–2.
[4] I owe to him the following articles: CHALCANTHUM; GALARICIDE; IRIS *ou* PIERRE D'IRIS; MÉLOS, *terre de*; and NASAMMONITE.
[5] BEZOAR SOLAIRE, which is unsigned, is probably by D'Holbach.

SWEIFF; 315 BOLOGNE (PIERRE DE); 330–1 BORAX; 436 BRONTIAS; 450 BRU-
MAZAR; 454–5 BUCAROS; 462 BULGOLDA; BULLE (*Hist. anc. & mod.*); 463–4
BULLE D'OR *du Brabant*; 466 BURGGRAVE; BURGHELLI; 466–7 BURGMANN;
467 BURIA; 509 CACHIMIA; 516–17 CADMIE; 535–6 CAILLOU (second part);
539–40 CALAMINE; 541–2 CALCAIRE; 542 CALCEDOINE FACTICE; 578–80 CAM-
PHRE (first part); 633–4 CAPITULATION IMPÉRIALE; 672 CARATURE; 688–9
CARMIN; 692 CARO FOSSILIS; 749–50 CASTELLANS; 750 CASTEN-VOGTEY;
CASTINE; 776 CATHERINE (L'ORDRE DE STE.); 812–13 CEMENTATOIRE; 814–15
CENDRES GRAVELÉES; 815 CENDRES VERTES; CENDRES DE ROQUETTE; 815–16
CENDRÉE; 816 CENDRIER; 838 CEREMONIAL.

Vol. III. 3 CHABRATE; 12 CHAIR *fossile*; 18 CHALAXIA; 19 CHALCANTHAM;
CHALCITIS (*Hist. nat. Minéral.*); 20 CHALCOPHONUS; CHALCOPYRITES; 52–53
CHAMBRE IMPÉRIALE; 139 CHANQUO; 190–4 CHARBON MINÉRAL; 194–5 CHAR-
BON VÉGÉTAL & FOSSILE; 236 CHAT (*pierre de*); 274 CHEKAO; 283 CHEMISE
(*Métallurgie & Fonderie*); 403 CHRYSOCOLLE; CHRYSITES; CHRYSOLITE
FACTICE; CHUMPI; 451 CILICIE (TERRE DE); 454 CIMOLÉE (TERRE); 454–6
CINNABRE; 458 CIQUES; 500 CLAIRE (with Venel); 556–7 COBALT.

Vol. IV. 248–9 CORNE (*pierre de*); 427–8 CRAIE (*Hist. nat. Minéralog.*); 428
CRAIE DE BRIANÇON; 429 CRAION ROUGE;[1] 513 CRON *ou* CRAN; 523–4 CRYSTAL,
CRYSTAUX, *ou* CRYSTALLISATIONS; 524 CRYSTAL D'ISLANDE (*Hist. nat. Min.*);
525–6 CRYSTAL DE ROCHE; 526–7 CRYSTAL FACTICE; 529 CRYSTALLISATION;
535 CUIR FOSSILE; 540–7 CUIVRE; 568 CUPOLO; 958 DICTATURE; 972–5 DIETE
DE L'EMPIRE; 989–90 DIFFIDATION; 1012 DINGGRAVE; 1016 DIPHRYGES; 1026
DIRECTEURS DES CERCLES.

Vol. V. 33 DOMINE (PIERRE DE); 81 DOUBLETS (*Art méchan.*); 99–100 DRACO-
NITES; 112 DRIFF; 148 DROSOLITE; 151 DRUSEN; 214 EBENE FOSSILE; 453–4
ELECTEURS; 498–9 ELEO-SACHARUM; 505 ELÉVATION (*Alchimie*); 564 EMERIL;
575–7 EMPEREUR (*Hist. & Droit public Germanique*); 582–3 EMPIRE (*Hist. &
Droit politique*); 634 ENCRINUS; 651 ENEOSTIS; 689 ENHYDRUS; 695 ENORCHIS;
949 ESCORTE (*droit d'*).

Vol. VI. 4–9 ETAIN (*Hist. nat. Minéralog. & Métallurg.*); 13–14 ETAMER
(*Chimie, Arts & Métiers*); 20 ETATS DE L'EMPIRE; 145 EVEQUE (two para-
graphs on German bishops); 254–5 EXHALAISONS MINÉRALES *ou* MOUPHETES;
260 EXIMER; 290 EXPÉDITION ROMAINE; 414 FARINE MINÉRALE; 493–7 FER
(*Hist. nat. Minéral. Métall. & Chimie*); 547 FERRET *ou* FERRETO; FERRETES
D'ESPAGNE; 675 FIBRE, *ou* VENULE; 782–3 FIGURÉES (PIERRES); 801–3 FILON,
VEINES MÉTALLIQUES; 809 FILTRER (*pierre à*); 858 FLEUR DE FER; 858–9
FLEURS D'ASIE; 892 FLUORS.

Vol. VII. 71 FONDANT, *en Métallurgie*; 79 FONDERIE (*Métallurgie & Minéralogie*); 209–11 FOSSILE; 375 FUNGIFER LAPIS; FUNGITES; 400 FUSION

[1] CRAION, which is unsigned, is probably by D'Holbach.

(Chimie & Métallurgie); 428 GALARICIDE; 435 GALENE; 466 GANERBINAT; 473
GANGUE; 606 GÉODE; 660 GIFT-MEHL; 689–90 GLACIERE NATURELLE; 691–3
GLACIERS *ou* GLETSCHERS; 698–700 GLAISE; 723 *GLUTEN*; 837 GRAIS, *ou* GRÈS;
858 GRANIT (first part); 870–1 GRAVIER; 939–40 GRENAT *(Hist. nat. Miné-
ralogie)*; 946–7 GRILLAGE *(Métallurgie)*; 967–8 GROTTE; 974 GRYPHITE; 1000
GUHR; 1004 GUIANACOES; 1022–5 GYPSE.

Vol. VIII. 28 *HALINATRUM*; 31 HALOSACHNE; HALOS ANTHOS; 33 HAMA-
CHATES; 60 HARTZ *ou* FORET HERCINIENNE; 94–95 HECLA; 95 HEERDLING; 104
HELIOTROPE *(Hist. nat. Lithologie)*; 107 HELMINTOLITES; 110 HEMATITE
132–3 *HEPAR ANTIMONII*; *HEPAR SULPHURIS*; 135–6 HÉPATITE; 137–8 HÉPHO-
ESTITE; 216 HIPPOLITE; 219 HIPPURITES; 220 HIRONDELLE *(pierre d')*; 232
HOATCHÉ; 322 HOUBLON; 356 HUSO; 358 HYACINTHE *(Hist. nat. Lithologie)*;
359 HYALOIDE; 373–4 HYDROLOGIE *(Hist. nat.)*; 420–1 HYSTÉROLITE; 421–2
HYSTRICITE; 429 JACKAASHAPUCK; 432 JADE; 436 JAIS; 466–7 JASPE; 467
JASPE-AGATE; JASPE-CAMÉE; JASPE-ONYX; 468 JASWA-MOREWAIA; 482
ICHTYODONTES; 482–3 ICHTYOLOTES; 488 *ICTERIUS LAPIS*; 535 JEUX DE LA
NATURE *(Hist. nat. Lithologie)*; 657–8 INCRUSTATION *(Hist. nat. minéralog.)*;
667 INDE, *rouge d'*; 708 INFLAMMABLES, *substances*; 776 INSALITA; 873 JONCS
DE PIERRE; 903 IRIS *ou* PIERRE D'IRIS; 915–16 ISLANDE; 916–19 *De l'Edda,
ou de la Mythologie des Islandois.*

Vol. IX. 2–3 JUDAIQUES (PIERRES); 63–64 IVOIRE FOSSILE; 109–10 KAMENOIE
MASLO; 112 KAOLIN; KARABÉ; 132 KLUFFT; 133 KNOPFFSTEIN; 139 KUHRIEM;
KUPFERNIKKEL; 166 LACHTER; LACKMUS; 167 LACONIE *(marbre de)*; 212 LAIT
DE LUNE; 229 LAMIES *(dents de)*; 240–1 LANDGRAVE; 286–7 LAPIS-LAZULI;
306–7 LAVAGE *des mines*; 308 LAVANCHES, LAVANGES, *ou* AVALANCHES; 310–12
LAVE; 330 LÉAO; 383–4 LEMNOS, TERRE DE; 385–6 LENTICULAIRES, PIERRES;
453 LIAIS, PIERRE DE; 486 LICORNE FOSSILE; 543–4 LIMON *(Hist. nat.)*; 571
LIS DE PIERRE; 742 *LUNENSE MARMOR*; 775 *LYDIUS LAPIS*; *LYGDINUM MAR-
MOR*; 776 *LYNCURIUS LAPIS*; 863–4 MAHLSTROM; 929 MALCHITE; MALACUBI;
953 MALTHE, *terre de.*

Vol. X. 5–6 MAMMELONS *(Hist. nat. Minéral.)*; 8 *MANATI LAPIS*; 18–19 MAN-
GANESE; 47–48 MANNSFELD, PIERRE DE; 70–71 MARBRE *(Hist. nat. Min.)*;
99 MARGGRAVE; 131 MARMOROIDES; 132–3 MARNE; 144 MARRON, *mines en*;
179 MASSEL, TERRE BOLAIRE DE; MASSICOT; 205–6 MATRICE, *en Minéralogie*;
206 MATRICULE DE L'EMPIRE; 207 MATTE; 300 MEDOC, *cailloux de*; *MEDULLA
SAXORUM*; 311 MÉLANTERIE; 316 *MELINUM*; 318 MELITITES; 321–2 MELONS
PÉTRIFIÉS; 323 MÉLOS, *terre de*; 331 MEMPHITE; 359–61 MER (second part);
371–4 MERCURE *ou* VIF-ARGENT; 389 MERKUFAT; 392–3 MERVEILLES DU DAU-
PHINÉ; 428–30 MÉTAL; 431 MÉTALLÉITÉ; 431–2 MÉTALLIQUE *(Chimie)*; 432
MÉTALLISATION; 432–5 MÉTALLURGIE; 476–7 MEULIERE, *pierre de*; 485 MICA;
521–3 MINE *(Hist. nat. Minéralog.)*; 523–8 MINES *(Hist. nat. Minéral. arts)*;
534 MINERAI; 534 MINÉRAL (adj.); MINÉRAL, regne; 541 MINÉRALISATION;

541–3 MINÉRALOGIE; 543–4 MINÉRAUX; 552 MINIERE; 556 MINIUM (*Chimie & Art*); 572–3 MIRZA; 574 MISCELLA TERRA; 577 *MISSI DOMINICI*; 579 MISUM; MISY; 581–2 MITHRAX; 590 MOCKA, PIERRES DE; 633 MOLYBDAENA; MOMBAZA, *pierre de*; 672–6 MONTAGNES (*Hist. nat. Géographie, Physique & Minéralogie*); 698 MOORSTONE; 703 MORATOIRES, LETTRES; 711 MORGANATIQUE, MARIAGE; 714 MORION; 715 MOROCHTUS; 716 MORRHA; 730 MORTIER . . . *en Architecture*; 778–80 MOUFFETTES; 861 MUNDICK.

Vol. XI. 13 NANNIEST, PIERRE DE; 16–17 NAPHTE; 32 NASAMMONITE; 36 NATIF (*Hist. nat. Minéral.*); 37–38 NATRUM; 67 NEBELLOCH; 97–98 NÉPHRÉTIQUE, PIERRE; 128 NEZ (*Métallurg.*); 134 NICKEL; 138 NIDS (*Hist. nat. Minéral.*); 141 *NIHIL ALBUM*; 188 NOIR DE FUMÉE; 190 NOIRE, PIERRE; 230 NORRKA; 267 NOYAU (*Hist. nat. Minéral.*); 283 NUMIDIE, MARBRE DE; NUMISMALES, PIERRES; 326 OBSIDIENNE, PIERRE; 337–8 OCHRES; 342 OCULAIRE, PIERRE; 354 ODORANTES, *pierres*; 397 ŒIL DE CHAT; ŒIL DU MONDE; ŒIL (*Métallurgie*); 400 ŒLAND, MARBRE D'; 411 ŒUVRE (*Métallurgie*); 418–19 OFFICES, *grands*; 454 OLLAIRE, PIERRE; 465–6 OMBRE, TERRE D'; 467 OMBRIA; 469 OMMATIAS; 472 OMULI; ONAGRE, *pierre d'*; 487 ONYCHITES; 487–8 ONYX (*Hist. nat. Minéral.*); 491 OOKEY-HOLE; OOLITE; 493 OPALE (*Hist. nat. Minéral.*); 503 OPHITE (*Hist. nat.*); 520–5 OR (*Hist. nat. Minéralogie & Chimie*); 526 OR, TERRE D'; 644 ORIENTAL (*Commerce & Hist. nat.*); 651 ORITES; ORITORIENNE, PIERRE; 659 ORNITOLITES; 661 ORPAILLEURS; 663–6 ORPIMENT; 667–8 ORTHOCERATITE; 686–7 OSSEMENS FOSSILES; 694 OSTRACITES; 694–5 OSTREOPECTINITES; 696 OTHONNA; 698 OVAIRE, *pierre*; 776 PALATIN, ELECTEUR, PALATINAT; PALATIN DE HONGRIE.

Vol. XII. 357 PÉRIDOT; 468–70 PÉTRIFICATION; 474 PÉTUNTSE; 540–1 PHYTOLITES; 574–6 PIERRES; 577 PIERRES APYRES; PIERRES A CHAUX; 578 PIERREPONCE; 593–5 PIERRES PRÉCIEUSES; 595 PIERRES PUANTES; 740 PLATEUR; 740–3 PLATINE, *ou* OR BLANC; 772–6 PLOMB (*Hist. nat. Min. & Métall.*); 780 PLOMBAGINE; 885 POIS, *arbre aux*.

Vol. XIII. 125 PORES (*Hist. nat. Minéral.*); 126–7 PORPHYRE; 178–80 POTASSE; 183–4 POTIER D'ÉTAIN (first part); 367 PRIME (*Hist. nat. Minéral.*); 367–8 PRIME D'ÉMERAUDE; 457 9 PRONONCIATION *des langues*; 540 PSEUDOACACIA (second part); 572 PUNIQUE (*Hist. anc.*); 576 PUREITE; 603 PYRITE; 672 QUARTATION; 693–4 QUARTZ.

Vol. XIV. 38–41 REGULE D'ANTIMOINE; 425 RUBIS (first part); 463–4 SABLE (*Hist. nat. Minéralogie*); 490–3 SAFRE; 539–40 SALBANDES; 633–4 SAPHIR (*Hist. nat.*); 638 SAPINETTE; 767–8 SCHISTE; 768 SCHLICH; 769–70 SCHOERL; 804–5 SCORIES; 912–14 SEL AMMONIAC; 915–17 SEL GEMME.

Vol. XV. 61–63 SÉPARATION ou *départ par la voie seche*; 183 SIGILLÉE, TERRE; 193–4 *SILEX*; 390–4 SOUDURE *ou* SOUDER; 398–402 SOUFRE; 402–3 SOUFRIERE; 439–41 SPATH; 449 SPEISS; 489–90 STALACTITE; 494–5 STATHOUDER; 616–17

SUCRE D'ÉRABLE; 773 SYRINGOIDE, PIERRE; 861 TALC (*Hist. nat.*); 862–3 TALC, *huile de.*

Vol. XVI. 169–71 TERRE, *couches de la*; 171 TERRE, *révolutions de la*; 171–2 TERRE (*Chimie & Physique*); 172–3 TERRE (*Hist. nat. Minéral.*); 296–7 THOR (*Mythol.*); 397–8 TOMBAC; 398 TOMBAC BLANC; 416 TOPASE (first part); 468–70 TOURBE; 474–6 TOURMALINE; 497 TOUTENAGUE; 566 TRAPP; 580–3 TREMBLEMENS DE TERRE; 585–7 TREMPE DE L'ACIER; 658–9 TRIPOLI . . . *ou* TERRE DE TRIPOLI; 737 TUF (*Hist. nat. Litholog.*); 745 TUNGSTEEN; 759–60 TURQUOISE (first part); 782–3 TYPOLITES *ou* PIERRES A EMPREINTES.

Vol. XVII. 364–6 VITRIOL; 443–5 VOLCANS; 705–6 ZEOLITE; 712–13 ZIBELINE (*Hist. nat. des animaux*); 715–17 ZINC (*Hist. nat. Minéralog. Chimie & Métallurgie*); [ARTICLES OMIS]; 763 CHIO, MARBRE DE; CHOLON *ou* CHOLUS.

One should not forget one other public mention of D'Holbach's contributions to the *Encyclopédie*. In the preliminary matter to Vol. VI of the plates—the volume dealing with natural history—which appeared in 1768, Diderot writes: 'Le troisieme Regne ou la Minéralogie est toute de M. le baron d'Holback, discours, collection & choix d'objets, de desseins, soins de gravure, excepté les deux Planches & le Mémoire sur les prismes articulés que nous devons à M. Desmarais.'[1] The collection of plates on mineralogy consists of the following:

I. Coquilles fossiles—14 plates.
II. Crystallisations—9 plates.
III. Crystallisations métalliques, Pyrites ou Marcassites—3 plates.
IV. Montagnes—3 plates.
V. Glaciers—3 plates.
VI. Volcans—8 plates.
VII. Filons & travaux des Mines—7 plates.

How D'Holbach came to be involved in this volume of the plates is explained by Diderot on two occasions—in the pamphlet, *Au Public et aux Magistrats*, which he wrote in connexion with the Luneau de Boisjermain lawsuit, but did not publish,[2] and in an angry letter to Le Breton, dated 4 March 1769.[3] When Daubenton le jeune[4] refused to take on this part of the work,

[1] p. 6.
[2] Roth, vol. xi, pp. 113–14 (see *Studies*, vol. xxiii, pp. 146–7).
[3] The letter was published by Mme M. J. Durry in *Autographes de Mariemont*, part i, vol. ii, pp. 593–8. The reference is on p. 595 (cf. Roth, vol. ix, p. 31).
[4] In the preface to Vol. VI (p. 6) Diderot distinguishes carefully between this Daubenton and the famous naturalist, Louis Jean Marie Daubenton (1716–99): 'C'est M. d'Aubenton le jeune qui a ordonné, dessiné, fait graver & expliqué les deux premiers Regnes de

Diderot persuaded D'Holbach to do it. Indeed D'Holbach seems to have played a very considerable part in the production of this expensive volume, which was very much a piece of private enterprise on Diderot's part as he had scrapped the original drawings as inadequate. In his letter to Le Breton Diderot recalled how he had promised to pay Daubenton 6,000 *livres* for his share of the work:

... Mr. d'Holback avoit avancé deux mille quatre cent livres, en payement a Mr. Daubenton, lorsque vous avez commencé à payer des planches. Cette somme avancée par mon ami, en ma consideration, lui a été due pendant trois ans. Elle ne lui est rentrée qu'au moment où le traité a été consommé. C'est encore a ma consideration qu'il a fait toute la partie mineralogique gratuitement; comme c'étoit à ma consideration qu'il avoit suivi l'ouvrage presque depuis le commencement jusqu'à la fin.[1]

Leaving aside this contribution to Vol. VI of the plates we see then that, between Vols. II and XVII of the text, 427 articles, long and short, bear the signature '(—)'. Two curious points about their distribution immediately strike one, as they go beyond the sort of irregularity which might be produced by the accidents of alphabetical order. The first concerns Vols. II to VII: after contributing forty-nine articles to Vol. II, D'Holbach never again reached more than about half this figure (twenty-six, to be precise, in Vol. VII). It must, however, be borne in mind that between the appearance of the second volume in January 1752 and that of the seventh in November 1757 D'Holbach passed through considerable domestic difficulties. While his uncle's death in September 1753 no doubt left him free to reveal his identity as a contributor to the *Encyclopédie*, it must have produced many legal complications, as did that of his father-in-law, Nicolas Daine, two years later, when he succeeded to the sinecure of *Secrétaire du roi*. The great tragedy in this period of his life was the death, in 1754, at the age of twenty-four, of his first wife, Basile Suzanne Geneviève, the daughter

---

l'Histoire naturelle, les animaux & les végétaux . . .; mais tout le discours contenu dans l'Encyclopédie est de M. d'Aubenton son cousin.' To complicate matters a third member of the family had contributed to the volumes of text; he is described in the list of contributors as a *subdélégué* and in the *Avertissement* to Vol. III (p. xiv) as the brother of Louis Jean Marie. According to A. Albrier, 'La famille Daubenton' (*Revue historique nobiliaire et biographique*, 1874, p. 18), this was Pierre Daubenton (1703–76). Who their cousin was I have been unable to determine.

[1] *Autographes de Mariemont*, part i, vol. ii, p. 594 (Roth, vol. ix, pp. 29–30). One is left wondering whether the last part of this sentence refers merely to Vol. VI of the plates or whether it has a wider meaning—of considerable importance from the point of view of this chapter—and alludes to D'Holbach's part in the whole enterprise, going back to his first appearance as a contributor in Vol. II of the text.

of his cousin, Mme Daine.[1] Left a widower with a son under a year old, D'Holbach was again involved in all manner of legal formalities; he was obliged, for instance, to visit his estates in Holland in the summer of 1756. On his return, in October, he signed a second marriage contract, this time with his deceased wife's sister, Charlotte Suzanne.

A glance at a bibliography of D'Holbach's writings shows how his other publications in the 1750s reflect these complicated domestic circumstances. If he published in rapid succession, in 1752 and 1753, his translations of the *Art de la verrerie* of Neri, Merret, and Kunckel and the *Minéralogie* of Wallerius, it was not until 1756 that he was to resume the series of his scientific publications with his translation of Henckel's *Introduction à la Minéralogie*.

If one can account quite simply for the apparent flagging in D'Holbach's interest in the volumes of the *Encyclopédie* which appeared between 1752 and 1757, it is less easy to see any explanation of the great disparity between his renewed interest, as shown in Vols. VIII to XI (44, 34, 60, and 54 articles), and the slump it appears to have undergone in the rest of the ten volumes of text which were to appear all together in 1765. In Vols. XII to XVII his signed contributions sank to an average of less than 15 (15, 13, 13, 14, 19, 7).

This apparent detachment from the whole enterprise is contradicted by his constant interest in the successful conclusion of the *Encyclopédie*—an interest which is reflected in his own letters and in those of Diderot. On 1 May 1759—in the midst of the crisis caused by the Parlement's proceedings against the *Encyclopédie* and the government's withdrawal of the *privilège*—Diderot described to Grimm how the continuation of the work had been discussed at a dinner attended by himself and the publishers along with D'Alembert, Jaucourt, and D'Holbach. Here we see D'Holbach among the members of the inner circle of the whole enterprise. Diderot describes in some detail the baron's reactions to the petulant attitude of D'Alembert:

> Et notre ami le baron, me direz-vous, quelle contenance faisoit-il au milieu de cette discussion là? Il se tourmentoit sur sa chaise. Je tremblois à tout moment que les sots propos de d'Alembert ne le missent hors des gonds et qu'il ne lui rompît en visière. Cependant il se contint, et je fus tout-à-fait content de sa discrétion.[2]

After relating how D'Alembert had been persuaded to finish off his

[1] See the letter of Grimm to Gottsched in T. W. Danzel, *Gottsched und seine Zeit, Auszüge aus seinem Briefwechsel* (Leipzig, 1848), pp. 352–3.

[2] Roth, vol. ii, p. 120.

work as contributor in the course of the next two years and how, after his departure, the publishers and the editor, along with D'Holbach and Jaucourt, had agreed on measures to bring the whole work to a conclusion, Diderot notes that 'le baron fut enchanté des libraires'.

D'Holbach's interest in the work certainly continued down to the completion and publication of the last ten volumes of text in 1765 and, as we have seen, to the appearance of the sixth volume of plates in 1768. His name is twice mentioned in the furious letter which Diderot wrote to Le Breton in November 1764 after he had discovered how the text of the last ten volumes of the *Encyclopédie* had been mutilated. In it he warned the printer that the contributors would raise Cain when they saw what had happened to their articles: 'Les cris de MM. Diderot, de Saint-Lambert, Turgot, d'Holbach, Jaucourt et autres . . . seront répétés par la multitude.' An even more prominent position is given to D'Holbach in the threat which occurs a few pages later: 'Comme le baron d'Holbach vous enverroit paître, vous et vos planches, si je lui disois un mot !'[1]

D'Holbach's apparent lack of interest in the last few volumes of the *Encyclopédie* is similarly belied by what remains of his correspondence for the years 1765 and 1766 which saw the completion of the printing and the slow distribution of the last ten volumes of text. On 14 March 1765, in the course of a letter to Servan, recently appointed *avocat général* of the Grenoble Parlement, he expressed the profoundest concern about the fate of the whole enterprise:

M. Diderot feroit peut-être très bien de s'en aller au loin se repentir d'avoir fait du bien à ses concitoyens. Je vous avoue, Monsieur, que je tremble en voyant approcher le moment où le fatal Dictionnaire paroîtra complet dans le monde, ce qui arrivera infaillblement d'ici à quelques mois.[2]

Towards the end of the following year he wrote to the same correspondent:

M. Diderot n'est pas encore quitte de son travail, il doit encore au public 4 volumes de planches dont il fait les explications. Cependant la capitale par une prédilection marquée se trouve toujours privée des dix derniers volumes de l'Encyclopédie, que l'on a tant qu'on veut en province; d'où vous voyéz que notre salut est plus cher à nos maîtres que celui des ames de province. Au reste, il n'y a point de mal à tout celà; il est avantageux de prévenir les criailleries de Paris, qui sont communément les plus écoutées.[3]

[1] Roth, vol. iv, pp. 301, 304.
[2] Published by P. Vernière in 'Deux cas de prosélytisme philosophique au XVIIIe siècle. A propos de deux lettres inédites du Baron d'Holbach' (*RHL*, 1955, p. 496).
[3] The text of this letter, dated 4 December 1766, was published in *L'Amateur*

However, two documents which have been brought to light in recent years show that D'Holbach's interest in the *Encyclopédie*'s fate, when the last ten volumes were brought out in one massive instalment, went beyond that of a well-wisher or even of a fairly modest contributor to the work. That his part in it was not limited to the articles which bear the familiar signature '(—)' is indicated in another letter to Servan, published by Mme M. J. Durry in her *Autographes de Mariemont*. Six weeks after the first letter quoted above—on 27 April 1765— D'Holbach wrote to the same correspondent:

> Vous auréz je crois dans quelques mois la masse Encyclopédique; je m'estimerois fort heureux si quelques uns de mes articles avoient le bonheur de vous plaire, mais ils passeront à la faveur des autres. Les signes distinctifs disparoîtront, ce qui sera du moins favorable à ceux qui, comme moi, ne peuvent avoir dans la République des Lettres qu'une existence collective.[1]

This last sentence does not, of course, altogether correspond to the facts since all the last ten volumes contain articles bearing the signature '(—)'. It does, however, give us a broad hint that these volumes also contain unsigned articles by D'Holbach.

This is confirmed by a document discovered by Herbert Dieckmann[2]—a list of some of the articles which D'Holbach contributed to the *Encyclopédie* in the handwriting of one of his sons.[3] The list is extremely short—it names only twenty-nine articles—and is clearly ridiculously inadequate. Yet it has this value from our point of view that, in addition to naming eighteen signed articles,[4] it also mentions eleven which are unsigned.

HAWAMAAL (*Hist. anc.*)[5]

---

d'autographes of 1 March 1864 (pp. 75–77); it is also to be found in the Besterman edition of Voltaire's correspondence, vol. lxiii, Appendix 198, pp. 242–3, where it is printed as 'falsely said to be addressed to Voltaire'.

[1] Part i, p. 558.

[2] '*L'Encyclopédie* et le Fonds Vandeul' (*RHL*, 1951, p. 332).

[3] Judging by the date of two other documents in the same hand quoted by Professor Dieckmann (p. 331), this list must have been drawn up by the younger son, Charles-Marius (1757–1832), as the elder son, François Paul Nicolas, died in 1796. I have been unable to consult the original of this list, as visits to the Salle des Manuscrits of the Bibliothèque Nationale have produced repeated assurances that it was not to be found there, and correspondence with the Archives Départementales de la Haute-Marne, to which I was referred, has not led to the finding of this document. It is not listed in Professor Dieckmann's *Inventaire du Fonds Vandeul*.

[4] CRAYE, CRYSTAL, FOSSILE, JAIS, YVOIRE FOSSILE, LAVE, MER, MONTAGNES, NAPHTE, OSSEMENTS FOSSILES, PÉTRIFICATIONS, PHYTOLITES, PIERRES, SYLEX, TERRE (COUCHES DE LA), TREMBLEMENTS DE TERRE, TYPOLITES, VOLCANS.

[5] The words in brackets are added from the *Encyclopédie*.

MADREPORES (*Hist. nat.*)

NGOMBOS (*Hist. mod. Superstition*): reproduced in AT (vol. xvi, p. 146).

OMBIASSES (*Hist. mod. culte*)

OVISSA (*Hist. mod. culte*)

PAVÉ DES GÉANTS. (*Hist. nat. Minér.*): Plate VI of the section on volcanoes in the collection of plates on mineralogy for which D'Holbach was responsible in Vol. VI of the *Planches* depicts the Giant's Causeway.

PRETRES (*Religion & Politique*): reproduced in AT (vol. xvi, pp. 406–9; the cross-reference to THÉOCRATIE at the end is omitted).

REPRÉSENTANS (*Droit politiq. hist. mod.*): reproduced in AT (vol. xvii, pp. 11–22).

SAMBA-PONGO (*Hist. mod.*)

THÉOCRATIE (*Hist. anc. & politiq.*): reproduced in AT (vol. xvii, pp. 238–42; the cross-reference to PRETRES at the end of the article is omitted).

TOPILZIN (*Hist. mod. superstition*).

The attribution of some of these unsigned articles to D'Holbach receives a certain amount of support from Naigeon, his closest collaborator in the years of his feverish publishing activity.[1] As with

---

[1] Authors of works on D'Holbach appear to have overlooked Naigeon's account of the curious rift which later developed between the two men; cf. the following 'Note de l'Editeur' (*PAM*, vol. iii, pp. 777–8) to the text of an anonymous article on D'Alembert which speaks of the way in which 'une chimère nouvelle n'a pas d'enthousiastes plus zélés que les fougueux adversaires des vieux préjugés': 'On en voit une preuve bien remarquable dans l'opiniâtreté un peu ridicule avec laquelle des athées, d'ailleurs très-instruits, très-fermes dans cette opinion, qu'ils avoient embrassée avec connoissance de cause, ont cru, sur la simple parole de Thouvenel, aux expériences puériles de Bléton & de Mesmer. L'auteur du systême de la Nature, entr'autres, portoit, à cet égard, la crédulité aussi loin qu'elle peut l'être; il ne m'a même jamais pardonné le mépris profond avec lequel je parlois de ces trois misérables charlatans, & de leurs prétendus miracles. Je voyois avec peine, mais sans me plaindre, que cette différence dans notre manière de penser sur ce point, avoit rendu son amitié pour moi moins douce & moins vive. Depuis ce temps, il avoit pour moi un certain air contraint qui affoiblissoit le besoin que son ame, naturellement droite & sensible, avoit de s'épancher dans le sein d'un ancien ami; & quoiqu'il n'osât pas me le dire, ni peut-être même se l'avouer à lui-même, je m'appercevois souvent qu'il me savoit très-mauvais gré de ne pas partager son enthousiasme pour Bléton & pour Thouvenel, son digne *compère*. Il les prônoit l'un & l'autre avec cette ferveur qu'inspire aux dévots le fanatisme religieux le plus exalté: & il souffroit impatiemment que ses meilleurs & ses plus anciens amis eussent, sur cet étrange article de sa foi, d'autres idées, & une autre mesure du vrai & du faux. Cet exemple, auquel on en pourroit joindre beaucoup d'autres est bien propre à confirmer ce que Fontenelle observe quelque part; c'est que, quand les philosophes s'entêtent une fois d'un préjugé, ils sont plus incurables que le peuple même, parce qu'ils s'entêtent également, & du préjugé & des fausses raisons dont ils se soutiennent.'

Diderot's unsigned contributions to the *Encyclopédie*, the new situation brought about by the vast upheaval which began in 1789, the year of D'Holbach's death, perhaps made Naigeon feel freer, by the time he came to compose the third volume of his *Philosophie ancienne et moderne*, to lift a tiny corner of the veil of anonymity which had cloaked a great part of D'Holbach's contributions to the *Encyclopédie*. It is an interesting fact that five of the unsigned articles in his son's list are reproduced in the last volume of Naigeon's work—NGOMBOS, OMBIASSES, OVISSA, SAMBA-PONGO, and TOPILZIN. It is true that only the last of these articles bears after it the unambiguous attribution: 'Cet article est du Baron d'Holbach.' SAMBA-PONGO is merely described as 'Anonyme' while the other three articles bear no signature. However, even with these last four articles Naigeon's testimony is of some value. As we shall see, there are a certain number of cases in which it is virtually impossible to decide whether a given unsigned article is by Diderot or D'Holbach or some third person. At least we have Naigeon's assurance that NGOMBOS, OMBIASSES, OVISSA, and SAMBA-PONGO are not by Diderot, since by this stage in the writing of his *Philosophie ancienne et moderne* he no longer had any inhibitions about revealing Diderot's authorship of even the boldest unsigned articles.

Not only does the list of articles brought to light by Professor Dieckmann name twenty-nine signed and unsigned articles; after VOLCANS come the following words: 'et plusieurs autres tant sur l'hist. naturelle que sur l'hist. des religions et superstitions des peuples idolâtres modernes'. This offers us a valuable hint as to the directions in which we should seek further unsigned articles contributed by D'Holbach.

In our search we do not find ourselves entirely unaided. To the end D'Holbach continued, as meticulously as any contributor, to supply cross-references to articles on the same or related subjects. In his signed articles there are numerous cross-references to unsigned articles, and in unsigned articles we find frequent references back to those articles which bear the sign '(—)'. Again, in his signed articles he frequently indicates his sources, sometimes works to which he, with his knowledge of German, alone among the contributors had access. What is more, we have a printed catalogue of his library, published after his death in 1789;[1] while this may not be absolutely complete, it contains 2,777 works together with an appendix listing 179 German works. The same sources as are quoted in signed articles are sometimes also given in

---

[1] *Catalogue des livres de la bibliothèque de feu M. le Baron d'Holbach* (Paris, De Bure l'aîné). There is a copy in the Bibliothèque Nationale (Q. 8047).

certain unsigned articles; frequently the work in question is to be found in the catalogue of his library. We also obtain some guidance in our search if we bear in mind the various types of article which he contributed over his own signature.

As an example of the assistance afforded by cross-references in the identification of unsigned articles which came from his pen we may take PAVÉ DES GÉANS, attributed to him by his son. In addition to directing the reader to 'la suite des Pl. d'Hist. nat.' in which, as we have seen, D'Holbach inserted a plate of the Giant's Causeway, the author of this article gives a reference also to two more unsigned articles, STOLPEN, *pierre de*, and TOUCHE, *pierre de*. The first of these articles contains a cross-reference to TOUCHE (*pierre de*), while the second directs the reader both to STOLPEN, *pierre de*, and to PAVÉ DES GÉANS. A signed article, SCHOERL, contains a cross-reference to both PAVÉ DES GÉANS and STOLPEN, *pierre de*. And one could pursue this particular network of cross-references further; it surely leaves no doubt—given D'Holbach's interest in mineralogy, shown both in his signed articles and in his contribution to Vol. VI of the plates—that he was the author not only of PAVÉ DES GÉANS, but also of STOLPEN, *pierre de*, and TOUCHE, *pierre de*.

The help afforded by D'Holbach's indication of his sources and by the existence of a catalogue of his library may be illustrated by an examination of the unsigned article, JAKUTES ou YAKUTES (*Géog.*),[1] which was included by Assézat in the *Œuvres complètes* of Diderot.[2] The last words of the article refer the reader to a source—Gmelin, *Voyage de Sibérie*. Who was Gmelin and when was his *Voyage de Sibérie* published? were questions which an ignorant reader asked himself. Library catalogues produced the answer that Johann Georg Gmelin's *Reise durch Sibirien von dem Jahr 1733 bis 1743* was published in Göttingen in four volumes in 1751 and 1752; and reference to the work itself confirmed that the article JAKUTES was based on passages in the second volume.[3]

As Diderot did not know German, he could not have made use of Gmelin unless the work had been translated into French before 1765. The first translation—a partial one by Keralio—did not appear until 1767; it was followed in the next year by another abridged version in

---

[1] It was a consideration of the problems raised by this article in the course of a study of the unsigned articles attributed to Diderot which led me to investigate more closely the problem of D'Holbach's unsigned articles.
[2] vol. xv, pp. 255–6.
[3] pp. 351–62, 478.

vol. xviii of the continuation of the *Histoire générale des voyages*. On the other hand, not only did D'Holbach have in his library the Keralio translation[1] and nineteen volumes of the *Histoire générale des voyages*;[2] amongst his German books were the four volumes of Gmelin.[3]

The attribution to D'Holbach of the article JAKUTES is made even more certain by the fact that in several of his signed articles, which belong to roughly the same part of the alphabet—for instance, JASPE, JASWA-MOREWAIA, IVOIRE FOSSILE, and KAMENOIE MASLO—D'Holbach used Gmelin as a source. Indeed, in the course of his article, IVOIRE FOSSILE, he went out of his way to praise Gmelin for 'son excellent voyage en Sibérie, publié en Allemand en 4 volumes *in-8°*, ouvrage propre à servir de modele à tous les voyageurs'.[4] It would be a sceptical reader who was not prepared to attribute to D'Holbach the unsigned articles in the *Encyclopédie* which make use of this particular source.

Another example of the same sources being quoted both in articles signed by D'Holbach and in unsigned articles is furnished by a massive English work—*An Universal History, from the earliest account of time to the present, compiled from original authors*.[5] This was published in London in twenty-three folio volumes between 1736 and 1765, the first seven volumes being devoted to ancient history and a further sixteen volumes being described as *The Modern Part of the Universal History*; the work was reprinted there in sixty-four octavo volumes between 1747 and 1766.[6] The article PUNIQUE (*Hist. anc.*) which bears D'Holbach's signature ends with the words: '*Voyez l'hist. univ. d'une société de gens de Lettres*, publiée en anglois, à l'article des *Carthaginois*.'[7] Several notable unsigned articles refer the reader to the same source. JAGAS, GIAGAS *ou* GIAGUES (*Hist. mod. & Géog.*), for instance, ends with the words: '*Voyez the modern. part. of an universal history, vol. XVI*.'[8] Similarly RUDDIREN, RUTREN *ou* ISSUREN (*Hist. mod. & Mythologie*),[9] VEDAM (*Hist. superstit.*),[10] and VISTNOU (*Hist. mod. Mythol.*),[11] which, as we shall see, are linked with a whole series of unsigned articles on Oriental religions, all contain the reference: '*Voyez l'histoire universelle*

[1] *Catalogue*, No. 1939.   [2] No. 1890.   [3] No. 142.
[4] Vol. IX, p. 63.   [5] By G. Sale and others.
[6] The references given in this chapter are to the folio edition; to avoid confusion between the first seven volumes on ancient history and vols. i–xvi covering the modern period the abbreviations *UHA* and *UHM* are used in front of the number of the volume.
[7] *UHA*, vol. vi, pp. 697–702.   [8] *UHM*, vol. vi, pp. 414–18, 558–71.
[9] *UHM*, vol. iii, pp. 199–205.
[10] *UHM*, vol. iii, pp. 183–4.   [11] *UHM*, vol. iii, pp. 196–9.

d'une société de savans anglois. *Hist. mod. tome VI. in-8°.*' The attribution of these four unsigned articles to D'Holbach is further strengthened if we turn to the catalogue of his library. There we find the entry (No. 1966): 'An universal History, from the earliest account of time to the present. *Dublin, Owen*, 1745, 67 vol. *in-8°.*' What is more, three of the unsigned articles attributed to him by his son—NGOMBOS, OMBIASSES, and OVISSA—can be traced back to this same source.

Another compilation of the time from which many of the articles listed in this chapter were drawn was Prévost's *Histoire générale des voyages*, which had conveniently appeared in fifteen large quarto volumes between 1746 and 1759.[1] To adduce as a proof of D'Holbach's authorship of these unsigned articles the fact that, as we have seen, he had a set of this work in his library would rightly provoke derisive laughter. If the *Histoire générale des voyages* had been listed by Daniel Mornet in his study of the contents of 500 eighteenth-century French libraries, he would no doubt have noted its presence in scores of catalogues. Yet two of the articles attributed to D'Holbach by his son—SAMBA-PONGO and TOPILZIN—may be traced back to this source; moreover the second of these articles contains a cross-reference to VITZILIPUTZLI (also derived from Prévost), and this article refers the reader to YPAINA which concludes: '*Voyez l'hist. générale des voyages*, tom. XII. in-4°, pag. 547.'[2]

D'Holbach's use of cross-references and the indication of certain sources which are common to signed and unsigned articles and which are often to be found in the catalogue of his library are then of considerable help in identifying unsigned articles which may be attributed to him; in addition, many of these unsigned articles fall in the same field as those which bear his signature or else come into the sphere of what his son called 'l'hist. des religions et superstitions des peuples idolâtres modernes'.

Even so, it must be confessed that the task of identifying with reasonable certainty those unsigned articles which came from D'Holbach's pen is by no means easy. There are a number of such articles which might be by him or Diderot or some other contributor. In the lists which follow, his part in the last ten volumes of the *Encyclopédie* is probably underestimated, because it seemed highly desirable on every ground not to overstate the case for attributing to D'Holbach a much

---

[1] Abbreviated to *HG* in the notes to this chapter.
[2] A second article among those listed below—LANDINOS—also gives as its source the *Histoire générale des voyages*.

larger part in the composition of the last ten volumes of the *Encyclopédie*—a part which, while clearly smaller than that of such a diligent compiler as the Chevalier de Jaucourt, may well have been as great as that of Diderot himself.

II

Where there is least room for controversy is obviously in the field of scientific and technological articles, in which D'Holbach's contribution to the *Encyclopédie* from the second volume onwards was outstanding. Two points should be noted about the list of articles of this type which follows. On the one hand a considerable number of the articles in question are short—often only two or three lines.[1] On the other hand, not only does the list contain some quite long articles; it is certainly incomplete. There is no doubt that some of the unsigned articles in the field of botany and zoology must have come from his pen, as his signed articles include quite a number of contributions on these subjects. On the other hand, articles in these spheres were produced by several other contributors, and it is thus impossible to identify with any degree of certainty which of the unsigned articles are by him. On balance then it could be argued that the list which follows is conservative in its attribution to D'Holbach of unsigned articles in the scientific and technological fields:

Vol. VIII. 30 HALMYRAGA; 130 HEMUI; 141 HERACLION; 200 HIBERNIE, PIERRE D'; 202 HIERACITE; 210 HING-WANG; 294-5 HOPLITE; 310 HORMEZION; HORMINODES; 368 HYDRINUS LAPIS; 384 HYDROTITE; 432 JACUT; 436-7

---

[1] In Vol. VII a number of unsigned articles could reasonably be attributed to D'Holbach: 71 FONDANT (*Métall.*) (it follows the signed article FONDANT, *en Métallurgie*, and has a cross-reference to another signed article, NEZ); 426 GALACHIDE, *ou* GARACHIDE (*Hist. nat.*), GALACTITE, *ou* GALAXIE (*Hist. nat.*); 443 GALERIE (*Hist. nat. Minéralogie*) (cross-reference to the signed article, MINES); 457 GAMITES *ou* GEMITES (*Hist. nat.*); 581 GENIANE (*Hist. nat.*); 669 GIRGITE (*Hist. nat.*); 706 GLETSCHERS (*Hist. natur.*) (cross-reference to the signed article, GLACIERS); GLIMMER (*Hist. nat. Minéralogie*) (cross-reference to the signed article, MICA); GLISCO-MARGA (*Hist. nat. Minéral.*); 715 GLOBOSITES (*Hist. nat. Lythol.*); 721 GLOSSOIDE (*Hist. nat.*); 722 GLOSSOPÈTRES (*Hist. nat. Minéral.*) (it is no doubt in error that this article bears the symbol of Louis Daubenton; it is based on Wallerius); 732 GOLDBERG (*terre de*). Like the signed article GRAVIER, four of these— GALACHIDE, GIRGITE, GLOSSOIDE, and GOLDBERG—refer to the *Supplement* to Chambers's *Cyclopedia*, the two volumes of which appeared in 1753. D'Holbach does not appear to have possessed a copy of either Chambers or the *Supplement*, but the publishers had acquired a copy of the latter in the year of its publication (see item 843 of their accounts). The important thing about the list of unsigned articles in Vol. VII which might be attributed to D'Holbach is that, in contrast to those which are to be found in the last ten volumes, they are all relatively insignificant.

JAKUTSK; 545 JEVRASCHKA; 558 *ILUANATERRA*; 642 INCAS, *Pierre des*; 673 *INDICA GEMMA*; 772 INOSARCION; 867 JOEKUL; 872 IOLITE; 910 ISADA; 934 ITEITES.

Vol. IX. 103 IZTIA-YOTLI; 109 KAMAN *ou* LAKAMAN; 119 KERATOPHYTE; 123 KERN-STONE; 129 KILLAS; 133 KNEUSS, KNEISS *ou* GNEISS; 138 KRASNOIE DEREWO; 150–1 LAC; 212 LAIT, PIERRE DE; 272 LANGUES DE SERPENS; 284 LAPIDIFICATION; LAPIDIFIQUE, MATIERE *ou* SUC; 286 *LAPIS FABALIS*; 287 *LAPIS LEBETUM*; LAPIS LUCIS, *ou* LAPIS LUMINIS; 291 LARD, *Pierre de*; 296 LARMES, *pierre de*; 306 LAVADEROS, en français LAVOIRS; 312 LAVEGE *ou* LAVEZZI; 391 LEONTESERE; LEONTION; 394 LÉPIDOTES; 398 LESBOS, MARBRE DE; 434 LEUCHACHATZ; 436 LEUCOCRYSOS; LEUCOGÉE; LEUCOLITHE; 437 LEUCOPHTALMUS; LEUCOSTICTOS; 489 LIEGE FOSSILE; 527 LIGNITZ; LIGNITZ, *terre de*; 534 LIMACE, *pierre de*; 545 LIMONIATES; 555 *LINFICIUS LAPIS*; 559 LINURGUS; 560–1 LIPARE, PIERRE DE; 561 LIPIS, PIERRE DE; 587 LITHOBIBLIA; LITHOLOGIE; 588 LITHOMARGA; LITHOPHOSPHORE; 589 LITHOPTERIS; LITHOSTREON; LITHOSTROTION; 592 LITHUS; 596 LITUITE; 699 LOUGH LENE; LOUGH NEAGH; 714 *LUCULLEUM MARMOR*; 715 *LUDUS HELMONTII*; 717 LUMACHELLE, *marbre*; 724–5 LUMINEUSE, *pierre*; 725 LUNAIRE (*pierre*); 737–41 LUNE (*Hist. nat. Chimie, Métallurgie & Minéralogie*);[1] 741 LUNE CORNÉE; 773 LYCHNITES; LYCODONTES; 774 LYCOPHTALMUS; 776 LYNCE; 781 LYSIMACHUS; 791 MACÉRATION *des mines*; 792 MACHERA; 801 MACIGNO; 802 MACLE; 841–2 MADRÉPORES;[2] 854 MAGIOTAN; 858 *MAGNES CARNEUS*; 861 MAGNISSA; 925 MALACASSA; 941 MALAQUE, PIERRE DE.

Vol. X. 7 MAMMOTH; 82–83 MARCASSITES; 92 *MARE SMARAGDINUM*; 103 *MARIAE GLACIES*; 182 MASTIC, TERRE; 197 MATITES; 219 MÉANDRITE; 228 MÉCONITES; 292 MÉDÉE, *pierre de*; 304 MÉGARE, *pierre de*; 318 MELITES; *MELLEUM MARMOR*; 337 MENOIS; 391 MEROCTE; 398 *MESPILEUS LAPIS*; 408 *MESUE LAPIS*; 470 MÉTROLITE; 474 METZCUITLATL; 479 MEXICAINE, TERRE; 517 MILLEPORE; 519 MILTOS (*Hist. nat.*); 552 MINJOE-TAMNACH; 570 MIROIRS ARDENS;[3] 577 MISPIKKEL; 831 MULATO; 866 MURAILLE (*Minéralog.*); 869 MURICITE; 912 MYITES; 914 MYREPS; MYRMECIAS; MYRMECITES; 917 MYR-

---

[1] The article begins: 'C'est le nom sous lequel un grand nombre de Chimistes ont désigné l'argent', and continues with the following note (in italics): 'Comme dans l'article ARGENT [it bears Diderot's editorial asterisk], contenu dans le premier volume de ce Dictionnaire, on n'est point entré dans tous les détails nécessaires pour faire connoitre ce métal, ses mines & les opérations par lesquelles on est obligé de le faire passer, on a cru devoir y suppléer ici, afin de ne rien laisser à désirer au lecteur sur une matiere si intéressante.'

[2] Attributed to D'Holbach by his son (*RHL*, 1951, p. 332).

[3] The article begins with a reference to the article ARDENS (MIROIRS) in Vol. I and then goes on: 'Mais depuis la publication de ce volume, on a fait quelques découvertes intéressantes à ce sujet qui méritent de trouver place ici; elles sont dûes à M. Hoesen, méchanicien du roi de Pologne électeur de Saxe, établi à Dresde.'

---

[1] Attributed to D'Holbach by his son (*RHL*, 1951, p. 332).

697 QUEI; 701 QUESTENBERG, GROTTE DE; 754–5 RAFFINAGE (*Métallurgie*); 791 RAPACE (*Métallurgie*); RAPAKIVI; 813 RASCOUDRE; 833 RAULI; 838 RÉAL-GAR; 840 REBELLE (*Métallurgie*); 892 REFRACTAIRE *Métallurgie*).)

Vol. XIV. 48 REINS, *pierre des*; 93 REMES *ou* REMITE; 110 RENNES, *caillou de*; 192 RESSUAGE; 199 RÉTELSTEIN, *grotte de*; 258 RHODITES *ou* ROSOITES; 259 RHOMBITES; 267 RHYNCOLITES; 301 RISIGALLUM; 308 RIZOLITES; 310 ROBIAS; 320 ROGNONS (*Minéralogie*); 370 ROSETTE *ou* CUIVRE DE ROSETTE; 372 ROSICLE; 407 ROUILLE (*Chimie métall.*); 426 RUBRICA; 433 RUINES, *pierre de*; 441 RUSMA; 461–2 SABINITES; 470 SACAL; 474 SACODION; 500 SAIGA; 532 SALAGRAMAM (*Hist. nat. & superstition*);[1] 542 SALICITE; 574 *SALLIUS LAPIS*; 590 SALZTHAL, PIERRE DE; 601 SAMOS, *terre de*; 610 *SANDARESUS*; 617 SANGE-NON; 625 *SANGUINALIS LAPIS*; 630 SANTÉ, *pierre de*; 638 SAPINOS; 646 SAR-CITE; 649 SARCOPHAGUS, LAPIS; SARDA, SARDIUS, *ou* SARDION; SARDACHATE; 658–9 SARDOINE; 659 SARDONYX; 661 *SARMENIUS LAPIS*; *SARNIUS LAPIS*; 682 SASSENAGE (*pierre de*); 723 SAVONNEUSE, *pierre*; 724 SAURITES; 760 SCHARTZ-FELD, GROTTE DE; 761 SCHIRL; 781 SCIARRI; 844 *SCUTELLATI LAPIDES*; 929–30 SÉLÉNITE; 932 SELLE (*Métallurgie*); 944 SÉMINAIRE, *pierre*.

Vol. XV. 108 SERPENS, *pierres de*; SERPENS, *langues de*; 111–12 SERPENTINE; 141 SHELF (*Minéralog.*); 190 SIL; 222 *SIPHNIUS LAPIS*; 239 SMARAGDO-PRASE; SMECTIS; 240 SMEIOWITSCH; 245–6 SMYRNE, *terre de*; 319 SOLFATARA; 382 SORY; 448 SPECULAIRE, PIERRE; 481 SPONDYLOLITE; SPONGIOLITE; SPONGITE; 482 *SPUMA LUNAE*; 490 STALAGMITE; 506 STAUROLITE; STÉATITE; 508 STELECHITES; *STELLA TERRAE*; *STELLARIS LAPIS*; 509 STELLITE; STENO-MARGA; 510 STIGMITES; STIGNITES; 534 STOLPEN, PIERRE DE; 540 STRASITES; 546 STRIPERTZ *ou* STRIPMALM; 547 STROMBITE; 551 *STUDIOLO*; 645 SUILLUS LAPIS; 659 SUNCOPULLI; 709 SWARTSTEN *ou* SWARTSKIOEI; 712 SYDERITES; *SYDEROPOECILIUS*; SYDEROPYRITES; 713 SYENITES; *SYFINUS LAPIS*; 771 *SYRIACUS LAPIS*; 773 SYRINGITES; 774 SYRITES; 776 SYRTITES; *SYRUS LAPIS*; 893 TANOS; 895 TAPHIUSIENNE, PIERRE; 902 TARAC; 903 TARASUN; 919 TARSO; 926 *TARTI, LAPIS*; 950 TCHIGITAI.

Vol. XVI. 2 TECOLITUS; 50 *TELICARDUS LAPIS*; 51 TELLINITE; 127 TENARIEN, MARBRE; 144 TEPHRITES; 153 TÉRÉBRATULITE; 188 *TESSERAE LAPIDEAE ou* DES FOSSILES; 212 TETRAS, PIERRE DE; 242–3 THÈBES, *marbre de*; 246 THENSY; 299 THRACE, PIERRE DE; 308 THYITES; 312 THYRRÉENNE, PIERRE; 313 TIBERE, MARBRE; 362 TIVOLI, PIERRE DE; 364 TLILAYTIC; 441 TOSCANE, TERRE BOLAIRE DE; 445 TOUCHE, PIERRE DE; 506 *TRACHINUS LAPIS*; 572 TRAZÉNES, PIERRES DE; 633 TRICHITES; 634 TRICHRUS; 638 TRIDENTULE; 682 TROCHILITE; 683 TRO-CHITE; 727 TRUITÉE, PIERRE; 731 TSIN; 735 TUBULAIRE; 735–6 TUBULITE; 750 TURBINITES; 755 TURQUIE, TERRE DE; TURQUIE, *pierre de*; 771 TUYERE; 778

---

[1] The text of this article, which provides a link between D'Holbach's scientific articles and those dealing with religion, is given below (p. 207).

TYMPHÉE, GYPSE DE; 784 TYR, *marbre de*; 786 TYROMORPHITE; 847 VARIOLITE; 871 VÉGÉTALE, *terre*; 880 VELITIS.

Vol. XVII. 15 VENISE, *terre de*; 54 VERD DE MONTAGNE; VERD DE PRATA; VERD ANTIQUE; VERD MODERNE; 59 VERDELLO; 73 VERMEILLE; VERMICU-LITES; 102 VERRE DE RUSSIE; 262 VIENNE, *métal de*; 317 VIOLETTE, *pierre de*, *ou* IODITE; 362 VITRESCIBILITÉ; 363–4 VITRIFIABLE; 380–1 UNICORNU FOS-SILE; 462 VOLVULES; 521–2 USEN; 556 UTERINE, PIERRE; 630 WOLOSSEZ; 650 XANTHUS; 656 XIPHINUS; 668 YETTUS; 677 YTAHU; 692 ZANNA; ZANTHENE; 700 ZEMPHYRUS; 712 ZIAZAA; 718 ZINGNITES; 720 ZMILACES; ZMILAMPIS; 722 ZOEBLITZ, MARBRE DE; 744 ZOOLITES; ZOZONISIOS.

Even this first list of some 450 articles proves at once that it is wrong to imagine—on the strength of the number of articles bearing his sig-nature—that D'Holbach's interest in the *Encyclopédie* waned in the last volumes of the work. It is difficult to see why articles like these, pur-veying with rare exceptions purely technical information without any subversive intent, should have been left without a signature. The only plausible explanation is that, in view of the much more dangerous content of certain other articles, it was felt desirable to make his total contribution to these last ten volumes appear as inconspicuous as possible.

III

D'Holbach was born in 1723 in the Palatinate of German parents, and brought to Paris by his uncle who had made a fortune in the *Système*. He did not, however, become naturalized and settle there until 1749, the year before his first marriage. He could thus place at the disposal of the editors of the *Encyclopédie* his knowledge not only of German scientific and technological works, but also of German life, history, and institutions. His signed articles in this field were undoubtedly matched by the following unsigned contributions. Most of them are harmless enough, but one or two have a distinct bearing on conditions in eighteenth-century France:

Vol. VIII

22 HAGENSTELZEN, *célibataires*, (*Hist. mod.*) nom que l'on donne en Alle-magne, dans le bas Palatinat, aux garçons qui ont laissé passer l'âge de vingt-cinq ans sans se marier. . . . [Taxes on bachelors] . . . Voyez Hubner, *dictionn. géograph.* (See the catalogue of D'Holbach's library, in the section 'Livres allemands', No. 123: Dictionnaire géographique & des Sciences, par Jean Hubners, 1737, *in*-4.)

588–9 IMPÉRATRICE, *imperatrix, augusta, &c.* (*Hist. mod. & droit public.*) c'est le nom qu'on donne en Allemagne à l'épouse de l'empereur. . . . (D'Holbach contributed the signed article EMPEREUR in Vol. V.)

Vol. IX

241 LANDSASSE, s.m. (*Hist. mod.*) on appelle ainsi en Allemagne celui dont la personne & les biens sont soumis à la jurisdiction d'un souverain qui releve lui-même de l'empereur & de l'Empire, & qui a fixé son domicile dans les états de ce souverain; ou bien un *landsasse* est tout sujet médiat de l'Empire. . . . *Voyez* Vitriarii *Institut. juris publici.* (Cf. *Catalogue*, No. 300; Vitriarii Institutiones Juris publici, *Francoforti*, 1743, 5 vol. *in-4.*)

Vol. XI

770 PAIX RELIGIEUSE (*Hist. mod. Politiq.*) *pax religiosa*; c'est ainsi qu'on nomme en Allemagne une convention ou traité conclu en 1555, entre l'empereur Charles-Quint & les princes & états Protestans, par lequel l'exercice de la religion Luthérienne ou confession d'Augsbourg étoit permis dans tout l'Empire. Les princes Protestans demeuroient en possession des biens ecclésiastiques dont ils s'étoient emparés, sans cependant pouvoir s'en approprier de nouveaux; tous les Protestans étoient soustraits à la jurisdiction du Pape. Cet acte est encore regardé comme faisant une des loix fondamentales de l'empire d'Allemagne. En 1629 l'empereur Ferdinand II. poussé par un zele aveugle, ou peut-être par l'envie d'exercer un pouvoir absolu dans l'Empire, sans avoir égard à la *paix religieuse*, publia un édit, par lequel il ordonnoit aux Protestans de l'Empire, de restituer aux ecclésiastiques catholiques les biens qui leur avoient été enlevés durant les troubles précédens. Les princes protestans, comme il étoit facile de le prévoir, ne voulurent point se soumettre à une loi qui leur paroissoit si dure, ce qui donna lieu à une guerre civile qui désola toute l'Allemagne pendant 30 ans, & qui ne fut terminée que par la paix de Westphalie en 1648. (Cf. *La Contagion sacrée*, vol. ii, p. 36 n.: 'La fameuse guerre de trente ans en Allemagne, terminée par la Paix de Westphalie, n'eut pour prétexte & pour cause que le zèle religieux servant de masque à l'ambition de la Maison d'Autriche. . . .')

899 PARAGIES, adj. (*Hist. mod. Droit public.*) *paragiati principes.* On nomme ainsi dans le droit public germanique les princes & états de l'empire, qui, étant freres, ont partagé entr'eux les domaines de leur pere, en laissant cependant jouir l'aîné de la maison de certaines prérogatives: d'où l'on voit que *parage* n'est pas la même chose qu'*apanage.*

Vol. XIII

570 PUMPER NICKEL, s.m. (*Hist. mod.*) c'est ainsi que l'on nomme en Westphalie, un pain de seigle très-noir, très compacte, & dont la croûte est si épaisse & si dûre, qu'il faut une hache pour le couper. On fait du pain de la

même espece dans un grand nombre de provinces des Pays-bas; il ne laisse pas d'avoir du goût, mais il est lourd, & difficile à digérer.

832 RAUGRAVE, s.m. (*Hist. mod.*) nom de dignité qui a été en usage en Allemagne, comme ceux de *landgrave, margrave, burgrave, &c.* . . . Imhof, *Notitia.* (The articles on the three other titles mentioned are all signed by D'Holbach, and we find in the catalogue of his library, No. 2593: Jac. Wilh. Imhofii notitia S. Rom. Germanici Imperii procerum. *Stutgardiae, Cotta,* 1699, *in-fol.*)

845 RECÈS DE L'EMPIRE, *recessus imperii,* (*Hist. mod. Droit public.*) C'est ainsi que l'on nomme en général toutes les constitutions, les réglemens & les loix de l'empire. . . . Voyez l'article DIETE [signed by D'Holbach]. . . . *Voyez Vitriarii institutiones juris publici Romano germanici.* (See LANDSASSE above.)

Vol. XIV

168–9 RÉSERVES (*Hist. mod. Droit public.*) *reservata caesarea.* C'est ainsi qu'on nomme dans le droit public germanique les prérogatives réservés à l'empereur seul, & qu'il ne partage point avec les états de l'empire. . . . V. *Vitriarii jus publicum* [see LANDSASSE above]. *Voyez* l'article EMPEREUR [signed by D'Holbach].

232 RÉVERSALES (*Hist. mod. politique*) *reversalia.* C'est ainsi que l'on nomme en Allemagne une déclaration par laquelle l'empereur, ou quelqu'autre souverain de l'empire, fait savoir que par quelque acte qu'il a fait, il. n'a point entendu porter préjudice aux droits d'un tiers. . . .

330 ROLAND, STATUES DE (*Hist. mod.*) dans plusieurs villes de Saxe & d'autres parties d'Allemagne, on voit dans les marchés publics, des colomnes sur lesquelles on a sculpté une épée, ou bien ces colomnes sont surmontées de la statue d'un homme armé d'une épée, ce qui est un symbole de la haute justice. . . .

340 ROMAINS, ROI DES (*Hist. mod. Droit public.*) . . . *Voyez* EMPEREUR & CAPITULATION IMPÉRIALE. (Both articles signed by D'Holbach; on pp. 327–8 there is another, longer article, also unsigned, under the heading ROI DES ROMAINS (*Hist. mod.*): it ends with the reference: Heiss, *hist. de l'empire,* t. iii.)

883 SÉCULARISATION, (*Hist. mod. polit.*) dans le tems que les dogmes de Luther & des réformateurs eurent été adoptés par un grand nombre de princes d'Allemagne, un de leurs premiers soins fut de s'emparer des biens des évêques, des abbés & des moines, qui étoient situés dans leurs états. L'empereur Charles-Quint n'ayant pu venir à bout de réduire les Protestans, ni de faire restituer à l'Eglise les biens qui en avoient été démembrés; lassé

d'avoir fait une guerre longue & sans succès, il convint que chacun des princes protestans demeureroit en possession des terres ecclésiastiques dont il s'étoit emparé, & que ces biens seroient *sécularisés*, c'est-à-dire ôtés aux gens d'église. L'Allemagne ayant été déchirée par une guerre de 30 ans sous les regnes de Ferdinand II. & de ses successeurs, on fut encore obligé de recourir à des *sécularisations*, pour satisfaire les parties belligérantes; en conséquence par le traité de Westphalie qui rendit la paix à l'Allemagne, on *sécularisa* un grand nombre d'évêchés & d'abbayes en faveur de plusieurs princes protestans, qui ont continué à jouir de ces biens jusqu'à ce jour, malgré les protestations des papes qui ne vouloient point donner les mains à de pareils arrangemens.

Les immenses revenus que possedent un grand nombre d'évêchés & abbayes d'Allemagne, fournissoient une maniere facile de terminer les disputes sanglantes qui déchirent souvent les princes & les états séculiers dont le corps germanique est composé. Il seroit à désirer que l'ont [*sic*] eût recours à la *sécularisation* pour tirer des mains des ecclésiastiques, des biens que l'ignorance & la superstition ont fait autrefois prodiguer à des hommes, que la puissance & la grandeur temporelles détournent des fonctions du ministere sacré, auxquels ils se doivent tout entiers.

Vol. XVI

630 TRIBUNAL SECRET DE WESTPHALIE, (*Hist. mod.*) c'est le nom d'un *tribunal* assez semblable à celui de l'inquisition, qui fut, dit-on, établi en Westphalie par l'empereur Charlemagne, & par le pape Léon III. pour forcer les Saxons payens à se convertir au christianisme. On a une description de ce *tribunal* faite par plusieurs auteurs & historiens, ainsi que l'ordre & les statuts des assesseurs de ce *tribunal*, appellés *vry graves, frey graves, comtes libres*, ou *échevins du saint & secret tribunal de Westphalie*.

Une superstition cruelle, aidée d'une politique barbare, autorisa pendant long-tems les jugemens clandestins de ces redoutables *tribunaux*, qui remplissoient l'Allemagne de délateurs, d'espions, d'assesseurs & d'exécuteurs de leurs arrêts ténébreux; les juges de Westphalie usurperent une autorité semblable à celle que s'est arrogée depuis le *tribunal* odieux que l'Espagne, l'Italie & le Portugal réverent encore sous le titre de *saint-office*. Il paroît en effet que c'est sur le modele du *tribunal secret de Westphalie* que la cour de Rome a formé celui de l'inquisition, si favorable à ses prétentions & à l'abrutissement des peuples, & si contraire aux maximes de la vraie religion & de l'humanité.

Quoi qu'il en soit, ces deux *tribunaux* furent toujours également propres à anéantir la liberté des citoyens en les mettant à la merci d'une autorité secrette qui punissoit des crimes qu'il fut toujours facile d'imputer à tous ceux qu'on voulut perdre. En effet, *le tribunal secret* connoissoit également de tous les crimes & même de tous les péchés, puisqu'à la liste des cas qui étoient spécialement de sa compétence on joignoit toutes les transgressions du décalogue &

des lois de l'Eglise, la violation du carême, &c. Son autorité s'étendoit sur tous les ordres de l'état; les électeurs, les princes, les évêques mêmes y furent soumis, & ne pouvoient en être exemptés que par le pape & l'empereur. Par la suite néanmoins les ecclésiastiques & les femmes furent soustraits de sa jurisdiction; cet établissement fut protégé par les empereurs, à qui il fut, sans doute, utile pour perdre ceux qui avoient le malheur de leur déplaire. L'empereur Sigismond y présida une fois, il fut alors garni de mille assesseurs ou échevins; Charles IV. en sut tirer un très-grand parti, & les bourreaux du *tribunal secret* eussent empêché la déposition de l'affreux Wenceslas, s'il ne les eût indisposés en divulgant leur secret. La superstition ne sert les tyrans que lorsqu'ils consentent à lui être fideles. . . .

Au mépris de toutes les formes judiciaires, on condamnoit souvent l'accusé sans le citer, sans l'entendre, sans le convaincre; un homme absent étoit légalement pendu ou assassiné sans qu'on sût le motif de sa mort, ni ceux qui en étoient les auteurs. Un *tribunal* si détestable, sujet à des abus si crians, & si contraires à toute raison & à toute justice, subsista pourtant pendant plusieurs siecles en Allemagne. Cependant il fut réformé à plusieurs reprises par quelques empereurs qui rougirent des horreurs qu'on commettoit en leur nom; & enfin il fut entierement aboli par l'empereur Maximilien I. en 1512; & on l'appella depuis le *tribunal défendu de Westphalie*, & il n'en fut plus question dans l'empire. Il faut espérer que les progrès de la raison, qui tend toujours à rendre les hommes plus humains, feront abolir de même ces institutions odieuses & tyranniques, qui sous le faux prétexte des intérêts de la divinité, permettent à quelques hommes d'exercer la tyrannie le plus cruelle sur les êtres qu'elle a créés à son image; quelles que soient leurs opinions, un chrétien doit de l'indulgence à ses semblables; s'ils sont vraiment criminels, ils doivent être punis suivant les lois de la justice & de la raison. Ce *tribunal* se trouve désigné dans les historiens & dans les écrivains sur le droit public germanique, sous le nom de *Judicium occultum Westphalicum*, de *Vemium*, *Wemium* ou *Wehem Gericht* en allemand. Ce que quelques-uns dérivent du Latin *vaemihi*; & d'autres du mot saxon *vehmen*, qui signifie *proscrire*, *bannir*, *condamner*, ou de *verfaymer*, diffamer, noter d'infamie, &c. *Voyez* VRIGRAVES, INQUISITION, &c. . . . (While this article is surrounded by articles by Jaucourt—it is followed by his TRIBUNAL DE L'INQUISITION—and while the reference to INQUISITION, also from his pen, again points to him as a possible author, the reference to VRIGRAVES—or rather VRYGRAVES—which is reproduced below suggests D'Holbach. Two paragraphs which are not reproduced here quote from 1. Aeneas Sylvius, Europ. *cap. xlix* and 2. *page 624 du tome III. scriptorum Brunswic.* publié par M. de Leibnitz—see the catalogue of D'Holbach's library, No. 2398: Scriptores rerum Brunsvicensium, cura God. Guil. Leibnitii. *Hanoverae, Foesterus, 1707, in-fol.* At the end there is also the reference: *Voyez* Pfeffinger, *in vitriarium, tome IV. p. 470. & suiv.* —see LANDSASSE above.)

Vol. XVII

515 VRYGRAVES, *ou* FREYGRAVES, (*Hist. mod. & droit politique.*) mots allemands qui signifient *comtes libres*; c'est ainsi que l'on nommoit les assesseurs,
echevins ou juges qui composoient le *tribunal secret de Westphalie*. Dans les
tems d'ignorance & de superstition, les plus grands seigneurs d'Allemagne
se faisoient un honneur d'être aggrégés à ce tribunal infâme. Semblables aux
familiers de l'Inquisition d'Espagne ou de Portugal, ils croyoient se faire un
mérite devant Dieu, en se rendant les délateurs, les espions & les accusateurs,
& souvent en devenant les assassins & les bourreaux secrets de ceux de leurs
concitoyens, accusés ou coupables d'avoir violé les commandemens de Dieu
& de l'Eglise. Leurs fonctions sublimes furent abolies en 1512 par l'empereur
Maximilien I. ainsi que le tribunal affreux auquel ils ne rougissoient pas de
prêter leur ministere. *Voyez* l'article TRIBUNAL *secret de Westphalie.*

616 WILDFANGIAT, s.m. (*Hist. mod. Droit public.*) c'est ainsi qu'on nomme en
Allemagne un droit singulier qui appartient à l'électeur palatin. Il consiste à
s'approprier ou à rendre serfs les bâtards & les étrangers qui viennent de leur
propre mouvement s'établir & fixer leur domicile dans le palatinat & dans
quelques pays adjacens. . . . *Voyez* Vitriarii, *Inst. juris publici* (See LANDSASSE.)

IV

As these examples show, various unsigned articles on related subjects
which may be attributed to D'Holbach are linked together by a complicated network of cross-references and common sources. It would
seem therefore most satisfactory to arrange in related groups the large
number of other unsigned articles which may have come from his pen.
But before passing on to them, we might perhaps deal with a small
group of miscellaneous articles—some of very considerable importance
—which cannot be classified very easily on the geographical–historical
system as in the case of articles on Germany which we have just examined, which seems the most appropriate here.

Three of the following articles—PRETRES, REPRÉSENTANS, and
THÉOCRATIE—were generally held to earn their place in the collected
works of Diderot until in 1951 Professor Dieckmann published the list
of D'Holbach's articles drawn up by his son. This mentions all of
them. The other articles listed here cannot compete in importance with
these three. RÉPRESENTANS is especially important, both for its acute
historical sense and for the way it looks into the future to the Constituent Assembly and the *Monarchie censitaire* in such matters as its
advocacy of a limited franchise. Nor is the attribution of some of them
to D'Holbach so certain.

Vol. XI

738 PACTA CONVENTA, (*Hist. mod. politiq.*) c'est ainsi que l'on nomme en Pologne les conditions que la nation polonoise impose aux rois qu'elle s'est choisi dans la diete d'élection. Le prince élu est obligé de jurer l'observation des *pacta-conventa*, qui renferment ses obligations envers son peuple, & surtout le maintien des privileges des nobles & des grands officiers de la république dont ils sont très-jaloux. Au premier coup-d'œil on croiroit d'après cela que la Pologne jouit de la plus parfaite liberté; mais cette liberté n'existe que pour les nobles & les seigneurs, qui lient les mains de leur monarque afin de pouvoir exercer impunément sur leurs vassaux la tyrannie la plus cruelle, tandis qu'ils jouissent eux-mêmes d'une indépendance & d'une anarchie presque toujours funeste au repos de l'état; en un mot, par les *pacta-conventa* les seigneurs polonois s'assurent que le roi ne les troublera jamais dans l'exercice des droits, souvent barbares, du gouvernement féodal, qui subsiste aujourd'hui chez eux avec les mêmes inconvéniens que dans une grande partie de l'Europe, avant que les peuples indignés eussent recouvré leur liberté, ou avant que les rois, devenus plus puissans, eussent opprimé les nobles ainsi que leurs vassaux.

Lorsqu'une diete polonoise est assemblée, on commence toujours par faire lecture des *pacta-conventa*, & chaque membre de l'Assemblée est en droit de demander l'observation, & de faire remarquer les infractions que le roi peut y avoir faites. (The definition is adapted from the three-lined article in Chambers, PACTA CONVENTA. After earlier suggesting a possible attribution to Diderot, I now feel that the strong historical sense makes D'Holbach a much more likely author of this outspoken article. His interest in eastern Europe is shown by a number of items in the catalogue of his library, including three works on Polish history published before 1765—Nos. 2501, 2502, and 2504.)

Vol. XIII

340–1 PRETRES, s.m.pl. (*Religion & Politique*): reproduced in AT, vol. xvi, pp. 406–9, but without the cross-reference at the end: '*Voyez* THÉOCRATIE'. Attributed to D'Holbach by his son (*RHL*, 1951, p. 332). A link with the article TOPILZIN (see below, p. 150), attributed to D'Holbach by both his son and Naigeon, is provided by the fact that both relate how the Mexican high priest would justify human sacrifices by declaring: 'Le dieu a faim.'[1]

Vol. XIV

143–6 REPRÉSENTANS (*Droit politiq. hist. mod.*): reproduced in AT, vol. xvii, pp. 11–22, but without the cross-reference at the end of the seventh para-

---

[1] 776 RAISON D'ÉTAT (*Droit politiq.*): this interesting article has neither indication of source nor cross-references; D'Holbach is a possible candidate for its authorship, but so is Diderot or a third contributor.

graph to DIETE DE L'EMPIRE, one of D'Holbach's signed articles. Attributed to him by his son (*RHL*, 1951, p. 332); as Professor Dieckmann has pointed out, the ideas set forth in this article offer striking analogies with D'Holbach's later political writings (see below, p. 226).

Vol. XVI

246–8 THÉOCRATIE, s.f. (*Hist. anc. & politiq.*): reproduced in AT, vol. xvii, pp. 238–42, but without the final cross-reference to PRETRES. Attributed to D'Holbach by his son (*RHL*, 1951, p. 332). Boulanger's posthumous *Recherches sur l'origine du despotisme oriental*, which is summarized in the last paragraph of the article, was published by D'Holbach in 1761.

Vol. XVII

690–1 ZAMOLXIS, s.m. (*Mythol.*) génie supérieur qui fleurissoit long-tems avant Pythagore; & l'on place le tems auquel Pythagore a fleuri, ses voyages & sa retraite en Italie, entre l'an 376 & 532.[1] *Zamolxis* devint après sa mort le grand dieu des Thraces & des Gétes, au rapport d'Hérodote. Il leur tenoit même lieu de tous les autres; car ils ne vouloient honorer que celui-là. Il fut d'abord esclave en Ionie, & après avoir obtenu sa liberté, il y acquit de grandes richesses, & retourna dans son pays. Son premier objet fut de polir une nation grossiere, & de la porter à vivre à la maniere des Ioniens. Pour y réussir, il fit bâtir un superbe palais, où il régaloit tour-à-tour tous les habitans de sa ville, leur insinuant pendant le repas, que ceux qui vivoient ainsi que lui, serioent [*sic*] immortels, & qu'apres avoir payé à la nature le tribut que tous les hommes lui doivent, ils seroient reçus dans un lieu délicieux, où ils jouiroient éternellement d'une vie heureuse. Pendant ce tems-là, il travoilloit à faire construire une chambre sous terre; & ayant disparu tout-d'un-coup, il s'y renferma & y demeura caché pendant trois ans. On le pleura comme mort; mais au commencement de la quatrieme année, il se montra de nouveau, & sa vue frappa tellement ses compatriotes, qu'ils crurent tout ce qu'il leur avoit dit. Dans la suite ils le mirent au rang des dieux, & éleverent des temples en son honneur. (As this article contains neither indication of source nor cross-reference, it is difficult to know whether to attribute it to D'Holbach or Diderot or a third contributor, but it is worth noting that Zamolxis is also mentioned in D'Holbach's article, *De l'Edda ou de la Mythologie des Islandois.*)

V

With the next group of articles—those concerned with Northern Europe—we find ourselves on firm ground, guided by a series of cross-references to signed articles as well as to unsigned and, in almost all the articles listed below, by a precise indication of source:

[1] Pythagoras lived in the sixth century B.C.

Vol. VIII

74 HAWAMAAL, s.m. (Hist. anc.) c'est ainsi qu'on nommoit chez les anciens Celtes Scandinaves ou peuples du Nord, un poëme qui renfermoit les préceptes de morale que le scythe *Odin* ou *Othon* avoit apportés à ces nations dont il fit la conquête. *Hawamaal* signifie en leur langue *discours sublime*; ce poëme contient cent vingt strophes, dont quelques-unes renferment des maximes d'une très-belle simplicité: en voici quelques-unes.

Plus un homme boit, plus il perd de raison; l'oiseau de l'oubli chante devant ceux qui s'enyvrent, & leur dérobe leur ame.

L'homme gourmand mange sa propre mort; & l'avidité de l'insensé est la risée du sage.

Quand j'étois jeune j'errois seul dans le monde; je me croyois devenu riche quand j'avois trouvé un compagnon: un homme fait plaisir à un autre homme.

Qu'un homme soit sage modérément, & qu'il n'ait pas plus de prudence qu'il ne faut; qu'il ne cherche point à savoir sa destinée, s'il veut dormir tranquille.

Il vaut mieux vivre bien que long-tems: quand un homme allume du feu, la mort est chez lui avant qu'il soit éteint.

Il vaut mieux avoir un fils tard que jamais: rarement voit-on des pierres sépulchrales élevées sur les tombeaux des morts par d'autre mains que celles de leurs fils.

Louer la beauté du jour quand il est fini; une femme quand vous l'aurez connue; une épée quand vous l'aurez essayée; une fille quand elle sera mariée; la glace quand vous l'aurez traversée; la bierre quand vous l'aurez bûe.

Il n'y a point de maladie plus cruelle que de n'être pas content de son sort.

Les richesses passent comme un clin-d'œil; elles sont les plus inconstantes des amies. Les troupeaux périssent, les parens meurent, les amis ne sont point immortels, vous mourrez vous-même: je connois une seule chose qui ne meurt point, c'est le jugement qu'on porte des morts.

Voyez les monumens de la Mythologie & de la Poésie des Celtes, par M. Mallet; *voyez l'article* SCANDINAVES (*philosophie des*). (This article was attributed to D'Holbach by his son, *RHL*, 1951, p. 332. The signed article *De l'Edda, ou de la Mythologie des Islandois*, which follows on the signed article, ISLANDE, gives as its source Mallet's *Introduction à l'histoire de Danemarck*. See the catalogue of D'Holbach's library, No. 2487: Histoire de Dannemarck, par Mallet, Geneve, 1763, *6 vol*. Vol. i of this edition contains an *Introduction à l'histoire de Dannemarc*, and vol. ii *Les Monumens de la Mythologie & de la Poésie des anciens Peuples du Nord*. It is perhaps odd that in the signed article, *De l'Edda . . .*, the title of the poem is printed as *havamal*, and that there should be slight differences in the text of the extracts from the poem printed in the two articles. Much more puzzling is the cross-reference to the article SCANDINAVES (*philosophie des*), as there is no such article in the *Encyclopédie*.

Presumably it would have come into Diderot's province. Was it ever written? Was it suppressed by Le Breton?)

98 HEIMDALL, s.m. (*Mythologie*) nom d'un dieu des anciens Celtes Scandinaves, ou des Goths. Suivant la mythologie de ces peuples, il est fils de neuf vierges qui sont sœurs; on l'appelloit aussi le *dieu aux dents d'or*; il demeuroit au bout de l'arc-en-ciel, dans le château nommé *le fort céleste*; il étoit le gardien des dieux, & devoit les défendre contre les efforts des géans leurs ennemis. Ces peuples barbares disoient qu'il dort moins qu'un oiseau, & voit la nuit comme le jour à cent lieues autour de lui: il entend l'herbe croître sur la terre, & la laine sur les brebis. Il a une trompette qui se fait entendre par tous les mondes. Il paroît que sous cette fable, les Celtes ont voulu peindre la Vigilance. *Voy*. l'*Edda des Islandois, ou la Mythologie celtique*, traduite par M. Mallet.

HELA, s.f. (*Hist. anc. & Mythologie.*) C'est ainsi que les anciens Celtes, qui habitoient la Scandinavie, appelloient la déesse de la mort. Suivant leur mythologie, elle étoit fille de *Loke* ou du démon; elle habitoit un séjour appellé *niflheim* ou l'*enfer*. Son palais étoit l'angoisse; sa table, la famine; ses serviteurs, l'attente & la lenteur; le seuil de sa porte, le danger; son lit, la maigreur & la maladie: elle étoit livide, & ses regards inspiroient l'effroi.

Il paroît que c'est du mot *hela* que les Allemands ont emprunté le mot *hell*, dont ils se servent pour désigner l'*enfer*. *Voyez* l'*introduction à l'histoire de Dannemarck*, par M. Mallet. (See LOKE, NIFLHEIM below.)

174 HERMODE, s.m. (*Myth*.) divinité révérée par les anciens peuples du Nord, ou Goths. Suivant leur mythologie, *Hermode*, surnommé l'*Agile*, étoit fils d'Odin, le premier de leurs dieux; il descendit aux enfers pour en aller retirer *Balder* son frere, qui avoit été tué. *Voyez l'Edda, ou la Mythologie celtique*. (See ODIN below.)

243 HODER, s.m. (*Mythol*.) nom d'un dieu révéré par les Celtes ou les Goths; ils disoient qu'il étoit aveugle, mais extrêmement fort; les dieux & les hommes, ajoutoient-ils, voudroient bien qu'on n'eût jamais besoin de prononcer son nom, mais ils conserveront un long souvenir des exploits qu'ont fait ses mains. *Voyez l'Edda ou la Mythologie celtique*.

Vol. IX

680 LOKE, s.m. (*Mythol*.) nom donné par les anciens peuples du Nord au démon. Suivant leur mythologie *Loke* étoit le calomniateur des dieux, l'artisan des tromperies, l'opprobre du ciel & de la terre. Il étoit fils d'un géant, & avoit une femme nommée *Signie*. Il en eut plusieurs fils; il eut aussi trois enfans de la géante *Angerbode*, messagere des malheurs; savoir le loup *Fenris*, le grand serpent de Midgard, & Hela le mort. *Loke* faisoit une guerre éternelle aux dieux, qui le prirent enfin, l'attacherent avec les intestins de son fils, & suspendirent sur sa tête un serpent dont le venin lui tombe goutte à goutte sur

le visage. Cependant *Signie* sa femme est assise auprès de lui, & reçoit ces gouttes dans un bassin qu'elle va vuider; alors le venin tombant sur *Loke,* le fait hurler & frémir avec tant de force, que la terre en est ébranlée. Telle étoit, suivant les Goths, la cause des tremblemens de terre. *Loke* devoit rester enchaîné jusqu'au jour des ténébres des dieux. *Voyez l'Edda des Islandois.*

Vol. XI

33 NASTRANDE, s.m. (*Mythol.*) c'est ainsi que les anciens Celtes Scandinaves appelloient le second enfer, ou le séjour malheureux qui, après l'embrasement du monde & la consommation de toutes choses, étoit destiné à recevoir les lâches, les parjures & les meurtriers. Voici comme le *nastrande* ou rivage des morts est décrit dans l'Edda des Islandois. 'Il y a un bâtiment vaste & infâme dont la porte est tournée vers le nord; il n'est construit que de cadavres de serpens, dont toutes les têtes sont tournées vers l'intérieur de la maison, ils y vomissent tant de venin qu'ils forment un long fleuve empoisoné; c'est dans ce fleuve que flottent les parjures & les meurtriers, & ceux qui cherchent à séduire les femmes d'autrui: d'autres sont déchirés par un loup dévorant.' Il faut distinguer l'enfer, appellé *nastrande* dont nous parlons, de celui que ces peuples appelloient *nifléheim,* qui étoit destiné à servir de séjour aux méchans jusqu'à la fin du monde seulement. *Voyez* NIFLEHEIM, & voyez l'*Edda des Islandois,* publié par M. Mallet, p. 112.

140 NIFLHEIM, s.m. (*Mythologie.*) c'est le nom que les anciens Scandinaves ou Goths donnoient à leur enfer fabuleux. Ce mot signifie dans la langue gothique *séjour de scélérats.* Ils disoient qu'au milieu de ce lieu terrible étoit une fontaine nommée *Huergelmer,* d'où découloient les fleuves suivans, l'Angoisse, L'Ennemi de la joie, le Séjour de la mort, la Perdition, le Gouffre, la Tempête, le Tourbillon, le Rugissement, & le Hurlement, le Vaste; celui qui s'appelle Bruyant coule près des grilles du Séjour de la mort. *Voyez l'Edda des Islandois.*

349–50 ODIN, OTHEN, *ou* VODEN, s.m. (*Mythol.*) c'est ainsi que les anciens Celtes qui habitoient les pays du nord, appelloient le plus grand de leurs dieux, avant que la lumiere de l'evangile eût été portée dans leur pays. . . . Voyez l'*introduction à l'histoire de Danemark* par M. Mallet, & l'art. EDDA *des Islandois.* (This article, which occupies nearly two columns, is reproduced in AT, vol. xvi, pp. 155–8. Although it has a cross-reference to *FRIGGA, it also refers to two signed articles of D'Holbach—THOR and EDDA *des Islandois*— as well as to the unsigned article, VALHALLA, which is also derived from Mallet —see below.)

Vol. XIV

437–8 RUNIQUES *ou* RUNES, CARACTERES, (*Hist. ancienne & Belles-lettres.*) c'est ainsi qu'on nomme des caracteres très-différens de tous ceux qui nous sont connus dans une langue qu'on croit être la celtique, que l'on trouve gravés sur des rochers, sur des pierres & sur des bâtons de bois, qui se rencontrent dans les pays septentrionaux de l'Europe, c'est-à-dire, en Dannemark, en Suede, en Norwege, & même dans la partie la plus septentrionale de la Tartarie.

Le mot *rune* ou *runor*, vient, dit-on, d'un mot de l'ancienne langue gothique, qui signifie *couper, tailler*. Quelques savans croient que les caracteres *runiques* n'ont été connus dans le nord, que lorsque la lumiere de l'Evangile fut portée aux peuples qui habitoient ces contrées; il y en a même qui croient que les *runes* ne sont que les caracteres romains mal tracés. L'histoire romaine nous apprend que sous le regne de l'empereur Valens, un évêque des Goths établis dans la Thrace & la Mésie, nommé *Ulphilas*, traduisit la bible en langue gothique, & l'écrivit en caracteres *runiques*; cela a fait que quelques-uns ont cru que c'étoit cet évêque qui avoit été l'inventeur de ces caracteres. Mais M. Mallet présume qu'Ulphilas n'a fait qu'ajouter quelques nouveaux caracteres à l'alphabet *runique*, déja connu des Goths; cet alphabet n'étoit composé que de seize lettres; par conséquent il ne pouvoit rendre plusieurs sons étrangers à la langue gothique qui devoient se trouver dans l'ouvrage d'Ulphilas. Il est certain, suivant la remarque du même auteur, que toutes les chroniques & les poésies du nord s'accordent à attribuer aux *runes* une antiquité très-reculée; suivant ces monumens, c'est Odin le conquérant, le législateur, & le dieu de ces peuples septentrionaux, qui leur donna ces caracteres qu'il avoit vraissemblablement apportés de la Scythie sa patrie; aussi trouve-t-on parmi les titres de ce dieu celui d'inventeur des *runes*. D'ailleurs on a plusieurs monumens qui prouvent que des rois payens du nord ont fait usage des *runes*; dans le Blekingie, province de Suede, on voit un chemin taillé dans le roc, où l'on trouve divers caracteres *runiques* qui ont été tracés par le roi Harald Hildebrand, qui étoit payen, & qui régnoit au commencement du septieme siecle, c'est-à-dire, long-tems avant que l'Evangile fût porté dans ces contrées.

Les peuples grossiers du nord n'eurent pas de peine à se persuader qu'il y avoit quelque chose de surnaturel ou de magique dans l'écriture qui leur avoit été apportée; peut-être même que Odin leur fit entendre qu'il opéroit des prodiges par son secours. On distinguoit donc plusieurs especes de *runes*; il y en avoit de nuisibles, que l'on nommoit *runes ameres*; on les employoit lorsqu'on vouloit faire du mal. Les *runes secourables* détournoient les accidens; les *runes victorieuses* procuroient la victoire à ceux qui en faisoient usage; les *runes médicinales* guérissoient des maladies; on les gravoit sur des feuilles d'arbres. Enfin, il y avoit des *runes* pour éviter les naufrages, pour soulager les femmes en travail, pour préserver des empoisonnemens, pour se rendre une belle favorable; mais une faute d'ortographe étoit de la derniere conséquence; elle exposoit sa maîtresse à quelque maladie dangereuse, à laquelle on ne pouvoit remédier que par d'autres *runes* écrites avec la derniere exactitude. Ces *runes* ne différoient que par les cérémonies qu'on observoit en les écrivant, par la matiere sur laquelle on les traçoit, par l'endroit où on les exposoit, par la maniere dont on arrangeoit les lignes, soit en cercle, soit en serpentant, soit en triangle, &c. Sur quoi M. Mallet observe avec beaucoup de raison, que la magie opere des prodiges chez toutes les nations qui y croient.

Les *caracteres runiques* furent aussi employés à des usages plus raisonnables & moins superstitieux; on s'en servoit pour écrire des lettres, & pour graver des inscriptions & des épitaphes; on a remarqué que les plus anciennes sont les mieux gravées; il est rare d'en trouver qui soient écrites de la droite à la gauche; mais on en rencontre assez communément qui sont écrites de haut-en-bas sur une même ligne, à la maniere des Chinois.

De tous les monumens écrits en caracteres *runiques*, il n'y en a point qui se soient mieux conservés que ceux qui ont été gravés sur des rochers; cependant on traçoit aussi ces caracteres sur des écorces de bouleau, sur des peaux préparées, sur des bâtons de bois poli, sur des planches. On a trouvé des bâtons chargés de caracteres *runiques*, qui n'étoient autre chose que des especes d'almanachs. L'usage de ces caracteres s'est maintenu dans le nord long-tems après que le Christianisme y eût été embrassé; l'on assûre même que l'on s'en sert encore parmi les montagnards d'une province de Suede. *Voyez l'introduction à l'histoire du Danemark*, de M. l'abbé [*sic*] Mallet.

On a trouvé dans la Helsingie, province du nord de la Suede, plusieurs monumens chargés de caracteres qui different considérablement des *runes* ordinaires. Ces caracteres ont été déchiffrés par M. Magnus Celsius, professeur en Astronomie dans l'université d'Upsal, qui a trouvé que l'alphabet de ces *runes* de Helsingie étoit aussi composé de seize lettres; ce sont des traits ou des lignes courbes qui, quoique d'ailleurs parfaitement semblables, ont des sons différens, suivant la maniere dont elles sont disposées, soit perpendiculairement, soit en diagonale. On ne peut décider si les *runes* ordinaires ont donné naissance aux caracteres de Helsingie, ou si ce sont ces derniers dont on a dérivé les *runes* ordinaires. M. Celsius croit que ces caracteres ont été dérivés des lettres grecques ou romaines, ce qui n'est guere probable; vu que jamais les Grecs ni les Romains n'ont pénétré dans ces pays septentrionaux. Le même auteur remarque qu'il n'y a point de caracteres qui ressemblent plus à ces *runes*, que ceux que l'on trouve encore dans les inscriptions qui accompagnent les ruines de Persepolis ou de Tchelminar en Perse. *Voyez les Transactions philosophiques*, n.° 445, où l'on trouvera l'alphabet des *runes* de Helsingie, donné par M. Celsius. (See the catalogue of D'Holbach's library, No. 2864: A new abridgment of the philosophical transactions, by Baddam. *London, Nourse*, 1745, 10 *vol. in*-8.)

737 SCALDES, s.m.pl. (*Hist. anc.*) c'est ainsi que les anciens peuples du nord nommoient leurs poëtes. Les vers étoient le seul genre de littérature qui fût cultivé chez eux; c'étoit la seule façon de transmettre à la postérité les hauts

faits des rois, les victoires des peuples, & la mythologie des dieux. On rendoit les plus grands honneurs aux *scaldes* ou poëtes, ils étoient souvent de la naissance la plus illustre, & plusieurs souverains se glorifioient de ce titre. Les rois avoient toujours quelques *scaldes* à leur cour; & ces derniers en étoient chéris & honorés; ils leur donnoient place dans les festins parmi les premiers officiers de la couronne, & les chargeoient souvent des commissions les plus importantes. Lorsque ces rois marchoient à quelque expédition, ils se faisoient accompagner des *scaldes,* qui étoient témoins oculaires de leurs exploits, les chantoient sur le champ de bataille, & excitoient les guerriers aux combats. Ces poëtes ignoroient la flatterie, & ils ne louoient les rois que sur des faits bien constatés. Un roi de Norwege nommé *Olaüs Triggueson,* dans un jour de bataille, plaça plusieurs *scaldes* autour de sa personne, en leur disant avec fierté, *vous ne raconterez pas ce que vous aurez entendu, mais ce que vous aurez vu.* Les poësies des *scaldes* étoient les seuls monumens historiques des nations du nord; & c'est chez elles que l'on a puisé tout ce qui nous reste de l'histoire ancienne de ces peuples. *Voyez l'introduction à l'histoire de Danemark* par M. Mallet.

Vol. XV

535 STONEHENGE, (*Antiquité.*) c'est ainsi que les Anglois nomment un monument singulier qui se voit dans les plaines de Salisbury, à environ deux lieues de cette ville. . . . [The first three paragraphs are adapted from Chambers, STONEHENGE; then comes the following:]

M. Mallet, dans son *Introduction à l'histoire de Danemark,* nous apprend que les anciens peuples du nord élevoient sur des collines, soit naturelles soit artificielles, des autels qui n'étoient composés que de rochers dressés sur la pointe, & qui servoient de base à de grandes pierres plates qui formoient les tables. Quelques-uns de ces autels étoient entourés d'un double rang de pierres énormes, qui environnoient aussi la colline même sur laquelle ces autels étoient placés. On voit encore une semblable enceinte dans l'île de Sélande, où ces pierres ont dû être apportées de fort loin, & par un travail énorme; sur quoi M. Mallet remarque que *de tout tems la superstition a imaginé qu'on ne pouvoit honorer la divinité qu'en faisant pour elle des especes de tours de force.* Le même auteur observe encore que dans les lieux où les peuples du nord faisoient l'élection de leurs rois, on formoit une enceinte composée de douze rochers placés sur la pointe & perpendiculairement, au milieu desquels il s'en élevoit un plus grand que les autres, sur lequel on mettoit un siége pour le roi; les autres pierres servoient de barriere entre le peuple & lui. On trouve trois de ces monumens grossiers; l'un près de Lund en Scanie, l'autre à Leyre en Sélande, & le troisieme près de Vibord [*sic*] en Jutlande. Il y a lieu de croire que le *stonehenge* des Anglois servoit à quelques usages semblables, qui étoient communs aux Bretons & aux anciens Danois, ou que ces derniers avoient apporté en Angleterre, lorsqu'ils en firent la conquête.

560 SUANTEWITH, s.m. (*Mythologie*) nom d'une divinité adorée par les habitans de l'île de Rugen, dans la mer Baltique, & à qui ils consacroient le tiers du butin qu'ils faisoient sur leurs ennemis, parce qu'ils croyoient que c'étoit ce dieu qui les assistoit dans les combats. Quelques auteurs ont nié l'existence de cette divinité, & ont prétendu que le *Suantewith* des Rugiens étoit Saint Wit martyr; mais il y a lieu de croire que cette opinion n'est point fondée, & que ce n'est qu'une certaine conformité dans les noms qui y a pu donner lieu. *Voyez* Keysler, *Voyage*. (No. 137 of the 'Livres allemands' in the catalogue of D'Holbach's library is: Nouveaux Voyages en Allemagne, Bohême, Hongrie, Italie, &c. par J. Georges Keisler, *Hannover*, 1751, 2 *vol. in-4*.)

Vol. XVI

821 VALHALLA, s.m. (*Mythologie*.) c'est le nom que la Mythologie des anciens Celtes, Scandinaves ou Goths, donne à un séjour de délices, destiné pour ceux qui périssoient dans les combats; *valhalla* étoit le palais du dieu *Odin*; les plaisirs dont on y jouissoit étoient conformes aux idées guerrieres de ces peuples avides de combats. Ils supposoient donc que ceux qui étoient admis dans le valhalla, avoient tous les jours le plaisir de s'armer, de passer en revue, de se ranger en ordre de bataille, & de se tailler en pieces les uns les autres; mais dès que l'heure du festin étoit venue, les héros retournoient dans la salle d'Odin, parfaitement guéris de leurs blessures; là ils se mettoient à boire & à manger; leur boisson étoit de la biere & de l'hydromel, qu'ils buvoient dans les crânes des ennemis qu'ils avoient tués, & qui leur étoit versée par les nymphes appellées *valkyries*. On voit combien une pareille doctrine étoit propre à inspirer le courage & le desir d'une mort glorieuse dans les combats, à ces peuples qui ont conquis la plus grande partie de l'Europe.

L'entrée du *valhalla* n'étoit promise qu'à ceux qui périssoient dans les combats, toute autre mort étoit regardée comme ignominieuse; & ceux qui mouroient de maladie ou de vieillesse, alloient dans le *niflheim* ou dans l'enfer destiné aux lâches & aux scélérats. Voyez *l'Introduction à l'histoire de Danemarck, par M.* Mallet, *& voyez* NIFLHEIM. (See also ODIN and VALKYRIES.)

VALKYRIES, s.f.pl. (*Mythologie*.) C'est le nom que les anciens Scandinaves ou Goths donnoient à des nymphes, qui habitoient le *valhalla*, c'est-à-dire paradis des héros, ou la demeure d'Odin; ce dieu les emploie par [*sic*] choisir ceux qui doivent être tués dans les combats. Une de leurs fonctions étoit de verser à boire aux héros qui avoient été admis dans le palais d'Odin; c'étoient aussi elles qui présentoient à ce dieu ceux qui mouroient dans les batailles. *Voyez* l'EDDA *des Islandois*.

The network of cross-references between most of these articles and such signed articles as ISLANDE, *De l'Edda ou de la Mythologie des Islandois*, and THOR, together with their common source in Mallet, can leave no doubt as to their authorship.

VI

Another series of articles, most of which are derived from a common source—Gmelin's *Reise durch Sibirien*, which D'Holbach so warmly recommended in the signed article, IVOIRE FOSSILE—deals with other northern countries:

Vol. VIII

436 JAKUTES *ou* YAKUTES, s.m.pl. (*Géog.*) nation tartare payenne de la Sibérie orientale, qui habite les bords du fleuve Lena. Elle est divisée en dix tribus d'environ trois mille hommes chacune. Dans de certains tems, ils font des sacrifices aux dieux & aux diables; ils consistent à jetter du lait de jument dans un grand feu, & à égorger des chevaux & des brebis qu'ils mangent, en buvant de l'eau-de-vie jusqu'à perdre la raison. Ils n'ont d'autres prêtres que des *schamans*, especes de sorciers en qui ils ont beaucoup de foi, qui les trompent par une infinité de tours & de supercheries, par lesquels il n'y a qu'une nation aussi grossiere qui puisse être séduite. Ils sont tributaires de l'empire de Russie, & payent leur tribut en peaux de zibelines & autres pelleteries. Un usage bien étrange des *Jakutes*, c'est que, lorsqu'une femme est accouchée, le pere de l'enfant s'approprie l'arriere-faix & le mange avec ses amis qu'il invite à un régal si extraordinaire. *Voyez* Gmelin, *voyage de Sibérie*. (Vol. ii, pp. 351–62, 478. Reproduced in AT, vol. xv, pp. 255–6; see pp. 123–4 above, and also SCHAMANS below. The very next article, JAKUTSK— listed above, p. 127—also gives Gmelin as a source and refers to the signed article, IVOIRE FOSSILE.)

Vol. IX

84 JURTES OU JURTI, (*Hist. mod.*) c'est ainsi que les Russes nomment les habitations des nations tartares qui sont en Sibérie. Chaque famille occupe une cabane formée par des échalats fichés en terre, & recouverts d'écorce de bouleau ou de peaux d'animaux, pour se garantir des injures de l'air. On laisse au milieu du toit qui a la forme d'un cône, une ouverture pour la sortie de la fumée. Quand un tartare ne trouve plus que l'endroit où il avoit placé sa *jurte* lui convienne, il l'abandonne, & va avec sa famille construire une autre *jurte* dans un lieu plus commode. *Voyez* Gmelin, *voyage de Sibérie*. (Vol. ii, p. 473.)

109 KAMEN, (*Hist. mod.*) Ce mot signifie *roche* en langue russienne. Les nations Tartares & payennes qui habitent la Sibérie ont beaucoup de respect pour les roches, sur-tout celles qui sont d'une forme singuliere; ils croyent qu'elles sont en état de leur faire du mal, & se détournent lorsqu'ils en rencontrent dans leur chemin; quelquefois pour se les rendre favorables, ils attachent à une certaine distance de ces *kamens* ou roches, toutes sortes de guenilles de

nulle valeur. *Voyez* Gmelin, *voyage de Sibérie.* (Vol. ii, pp. 490–1. This is followed by the signed article, KAMENOIE MASLO, which also quotes Gmelin as a source.)

110 KAMTSCHADALI, (*Géog.*) nation Tartare qui habite près du golfe de Kamtschaka au nord de la Sibérie. Ils sont petits de taille, portent de grandes barbes; ils se vétissent de peaux de zibelines, de loups, de rennes & de chiens; en hiver ils demeurent sous terre, & en été ils habitent des cabanes fort élevées, où ils montent par des échelles. Ils se nourissent de divers animaux & de poissons, qu'ils mangent souvent cruds & gelés. L'hyver ils font des fosses où ils mettent le poisson en magasin, & le couvrent d'herbes & de terre. Ils en vont prendre pour leurs repas lors même qu'ils sont pourris; ils les mettent dans des vases, où ils jettent des pierres rougies au feu pour les faire cuire. Ils ont parmi eux des magiciens, qu'ils nomment *schamans.* On ne leur connoît aucun culte. *Voyez description de l'empire Russien.* (See the catalogue of D'Holbach's library, No. 2492: Description historique de l'Empire Russien, trad. de Strahlenberg. *Paris, Desaint,* 1757, 2 *vol. in-*12. See also SCHAMANS below.)

112 KANUN, sub. masc. (*Hist. mod.*) on nomme ainsi parmi les Russes le repas que ces peuples font tous les ans sur les tombeaux de leurs parens. *Kanun* signifie aussi la veille d'une grande fête. Ce jour-là l'ancien de l'église en Russie & en Sibérie, brasse de la bierre pour sa communauté, & la donne gratuitement à ceux qui lui ont donné généreusement à la quête qu'il est dans l'usage de faire auparavant. Les Sibériens chrétiens croient ne pouvoir se dispenser de s'enivrer dans ces sortes d'occasion; & ceux qui sont payens ne laissent pas de se joindre à eux dans cet acte de dévotion. *Voyez* Gmelin, *voyage de Sibérie.* (Vol. ii, p. 90.)

Vol. XI

12 NAN, (*Hist. mod.*) c'est ainsi que les Lapons nomment des especes de mouches, communes dans leur pays; ils sont dans l'idée que ces insectes sont des esprits; ils les renferment dans des sacs de cuir, & les portent avec eux, parce qu'ils esperent par leur moyen se garantir des maladies.

Vol. XIV

759 SCHAMANS, s.m.pl. (*Hist. mod.*) c'est le nom que les habitans de Sibérie donnent à des imposteurs, qui chez eux font les fonctions de prêtres, de jongleurs, de sorciers & de médecins. Ces *schamans* prétendent avoir du crédit sur le diable, qu'ils consultent pour savoir l'avenir, pour la guérison des maladies, & pour faire des tours qui paroissent surnaturels à un peuple ignorant & superstitieux: ils se servent pour cela de tambours qu'ils frappent avec force, en dansant & tournant avec une rapidité surprenante; lorsqu'ils se sont aliénés à force de contorsions & de fatigue, ils prétendent que le

diable se manifeste à eux quand il est de bonne humeur. Quelquefois la cérémonie finit par feindre de se percer d'un coup de couteau, ce qui redouble l'étonnement & le respect des spectateurs imbécilles. Ces contorsions sont ordinairement précédées du sacrifice d'un chien ou d'un cheval, que l'on mange en buvant force eau-de-vie, & la comédie finit par donner de l'argent au *schaman*, qui ne se piquent [*sic*] pas plus de désintéressement que les autres imposteurs de la même espece. (See JAKUTES and KAMTSCHADALI; although the article does not refer the reader to Gmelin, his book contains numerous passages on this subject: vol. i, pp. 398–400; vol. ii, pp. 44–46, 82–90, 193–4, 357–65, 491–510.)

Vol. XV

139 SEYTA, s.m. (*Hist. mod. superst.*) idole fameuse adorée par les Lapons. Ce dieu est une pierre qui n'a aucune forme déterminée, non-plus que sa femme & ses enfans qui ne sont autre chose que des masses de pierre informes, auxquelles les Lapons font des sacrifices, & qu'ils frottent avec le sang & la graisse des victimes, qui sont communément des rennes. Le hasard ou l'art ont donné à la partie supérieure de quelques-unes de ces pierres une forme dans laquelle on a cru reconnoître la ressemblance de chapeaux. Le lieu où sont placées les idoles est à l'endroit où le lac de Tornotresch forme une riviere & une cataracte. (*HG*, xv. 318–19.)

VII

Turning now to the group of unsigned articles dealing with North America, we find a striking series dealing with the ancient civilization of Mexico and its religion. In reading through these articles one is reminded of a well-known passage in a letter of Diderot to Sophie Volland, written at a time when D'Holbach must have been engaged in composing his articles for the last ten volumes of the *Encyclopédie*: 'Le baron se tue de lire l'histoire qui ne sert qu'à lui gâter l'esprit et à lui aigrir le cœur. Il n'en retient que les atrocités de l'homme et de la nature. Il y apprend à mépriser et à haïr de plus en plus ses semblables. Y rencontre-t-il quelques pages noires à faire trembler, il a une joye secrette de m'en régaler.'[1] This series of articles on Mexico—one of which, TOPILZIN, as we have seen,[2] is attributed to D'Holbach by both his son and Naigeon—offers a particularly black picture of the atrocities perpetrated by crafty and cruel priests:

Vol. X

217 MAYEQUES, s.m.pl. (*Hist. mod.*) c'est ainsi que l'on nommoit chez les Mexicains un ordre d'hommes tributaires, à qui il n'étoit point permis de

---

[1] Roth, vol. iii, p. 212 (1 November 1760). [2] pp. 121–2.

posséder de terres en propre, ils ne pouvoient que les tenir en rentes; il ne leur étoit point permis de quitter une terre pour en prendre une autre, ni de jamais abandonner celle qu'ils labouroient. Les seigneurs avoient sur eux la jurisdiction civile & criminelle; ils ne servoient à la guerre que dans les nécessités pressantes, parce que les Mexicains savoient que la guerre ne doit point faire perdre de vûe l'agriculture. (*HG*, xii. 569.)

582 MITOTE (*Hist. mod.*) danse solemnelle qui se faisoit dans les cours du temple de la ville de Mexico, à laquelle les rois même ne dédaignoient pas de prendre part. . . . Les Espagnols étoient remplis d'admiration à la vûe de ces divertissemens d'un peuple barbare. (*HG*, xii. 566.)

Vol. XI

107–8 NETOTILITZE, (*Hist. mod.*) espece de danse que l'on faisoit en présence du roi du Mexique, dans les cours de son palais. . . . (*HG*, xii. 565–6.)

469 OMETOCHTLI, (*Hist. mod. superstit.*) c'est le nom sous lequel les Méxiquains désignoient le dieu du vin. (*HG*, xii. 541.)

Vol. XIII

696 QUATZALCOATL, s.m. (*Hist. mod. Superst.*) c'est le nom que les Mexicains donnoient à la divinité des marchands. Elle est représentée sous la figure d'un homme, mais avec la tête d'un oiseau à bec rouge, avec des dents, & couvert d'une espece de mitre pointue. Sa main étoit armée d'une faux; ses jambes étoient ornées de bijoux d'or & d'argent. Ce dieu avoit un temple magnifique chex les Cholulans, peuples voisins du Mexique, & l'on s'y rendoit en pélérinage de toutes les provinces de l'empire. Sa statue étoit entourée d'un tas d'or, d'argent, de plumes rares, & d'autres choses précieuses. On célébroit une fête annuelle en son honneur, & on lui sacrifioit un captif, que l'on avoit soin de bien engraisser; les prêtres lui annonçoient son sort neuf jours avant la cérémonie; & s'il s'en affligeoit, son chagrin passoit pour un signe de mauvais augure; mais les prêtres remédioient à cet inconvénient par des cérémonies qui, selon eux, changeoient les dispositions de la victime; le sacrifice se faisoit au milieu de la nuit; on offroit son cœur palpitant à la lune, & le corps étoit porté chez le principal des marchands où il étoit rôti pour le festin qui devoit se faire; la fête se terminoit par des danses & des mascarades. (*HG*, xii, 540–1, 549.)

740 RACAXIPE-VELITZLI, (*Hist. mod.*) c'est le nom que les Mexiquains donnoient à des sacrifices affreux qu'ils faisoient à leurs dieux, dans de certaines fêtes; ils consistoient à écorcher plusieurs captifs. Cette cérémonie étoit faite par des prêtres qui se revêtoient de la peau de la victime, & couroient de cette maniere dans les rues de Mexique, pour obtenir des libéralités du peuple. Ils continuoient à courir ainsi jusqu'à ce que la peau commençât à se pourir. Cette coutume barbare leur produisoit un revenu immense, vû que les prêtres

frappoient impunément ceux qui refusoient de les récompenser de leur sacrifice infâme. (*HG*, xii. 546–7.)

Vol. XVI

3 TÉCUITLES, s.m.pl. (*Hist. mod.*) c'est ainsi que les Mexiquains nommoient ceux qui avoient été reçus dans une espece d'ordre de chevalerie, où l'on n'étoit admis qu'après un noviciat très-rude & très-bizarre. Cet honneur ne s'accordoit pourtant qu'aux fils des principaux seigneurs de l'empire. Le jour de la réception, le récipiendaire accompagné de ses parens & des anciens chevaliers se rendoit au temple; après s'être mis à genoux devant l'autel, un prêtre lui perçoit le nez avec un os pointu ou avec un ongle d'aigle; cette douloureuse cérémonie étoit suivie d'un discours dans lequel le prêtre ne lui épargnoit point les injures; il finissoit par lui faire toute sorte d'outrages, & par le dépouiller de ses habits. Pendant tout ce tems, les anciens chevaliers faisoient un festin pompeux aux dépens du récipiendaire, auquel on affectoit de ne faire aucune attention; le repas étant fini, les prêtres lui apportoient un peu de paille pour se coucher, un manteau pour se couvrir, de la teinture pour se frotter le corps, & des poinçons pour se percer les oreilles, les bras & les jambes. On ne lui laissoit pour compagnie que trois vieux soldats chargés de troubler sans cesse son sommeil pendant quatre jours, ce qu'ils faisoient en le piquant avec des poinçons, aussitôt qu'il paroissoit s'assoupir. Au milieu de la nuit il devoit encenser les idoles, & leur offrir quelques gouttes de son sang, ce qui étoit suivi de quelques autres cérémonies superstitieuses. Les plus courageux ne prenoient aucune nourriture pendant ces quatre jours; les autres ne mangeoient qu'un peu de maïz, & ne buvoient qu'un verre d'eau. Au bout de ce tems le récipiendaire prenoit congé des prêtres, pour aller renouveller dans les autres temples des exercices moins rudes à la vérité, mais qui duroient pendant un an; alors on le remenoit au premier temple où on lui donnoit des habits somptueux; le prêtre lui faisoit un grand discours rempli des éloges de son courage; il lui recommandoit la défense de la religion & de la patrie, & la fête se terminoit par des festins & des réjouissances. Les *Técuiltes* [*sic*] se mettoient de l'or, des perles ou des pierres prétieuses dans les trous qu'on leur avoit faits au nez, ce qui étoit la marque de leur éminente dignité. (*HG*, xii. 537–8.)

187 TESCATILPUTZA, (*Hist. mod. Superst.*) nom d'une divinité adorée par les Mexiquains, à qui ils adressoient leurs vœux pour obtenir le pardon de leurs fautes. Cette idole était d'une pierre noire, luisante & polie comme du marbre, & parée de rubans; elle avoit à la levre inférieure des anneaux d'or & d'argent, avec un petit tuyau de crystal, d'où sortoit une plume verte ou bleue; la tresse de ses cheveux étoit dorée, & supportoit une oreille d'or souillée par de la fumée, pour représenter les prieres des pécheurs. Cette statue avoit sur la poitrine un lingot d'or fort grand; ses bras étoient cou-verts de chaînes d'or, & une grande émeraude formoit son nombril; elle

tenoit dans la main gauche une plaque d'or unie comme un miroir, d'où sortoient des plumes de différentes couleurs; la main droite portoit quatre dards. Ce Dieu étoit très-redouté des Mexiquains, parce qu'on craignoit qu'il ne punît & ne révélât les crimes que l'on avoit pu commettre. Sa fête se célébroit tout [*sic*] les quatre ans, c'étoit une espece de jubilé, qui apportoit un pardon général de toutes les fautes. (*HG*, xii. 540.)

363 TLACHTLI, s.m. (*Hist. mod.*) espece de jeu d'adresse assez semblable au jeu de la paume, qui étoit fort en usage chez les Mexicains lorsque les Espagnols en firent la conquête. . . . Ces tripots étoient aussi respectés que des temples; aussi y plaçoit-on deux idoles ou dieux tutélaires, auxquels on étoit obligé de faire des offrandes. (*HG*, xii. 564–5.)

417 TOPILZIN, s.m. (*Hist. mod. superstition*) c'est le nom que les Mexiquains donnoient à leur grand-prêtre ou chef des sacrificateurs. Cette éminente dignité étoit héréditaire, & passoit toujours au fils aîné. Sa robe étoit une tunique rouge, bordée de franges ou de flocons de coton; il portoit sur sa tête une couronne de plumes vertes ou jaunes; il avoit des anneaux d'or enrichis de pierres vertes aux oreilles; & sur ses levres il portoit un tuyau de pierre d'un bleu d'azur. Son visage étoit peint d'un noir très-épais.

Le *topilzin* avoit le privilege d'égorger les victimes humaines que les barbares mexiquains immoloient à leurs dieux; il s'acquittoit de cette horrible cérémonie avec un couteau de caillou fort tranchant. Il étoit assisté dans cette odieuse fonction par cinq autres prêtres subalternes, qui tenoient les malheureux que l'on sacrifioit; ces derniers étoient vêtus de tuniques blanches & noires; ils avoient une chevelure artificielle qui étoit retenue par des bandes de cuir.

Lorsque le *topilzin* avoit arraché le cœur de la victime, il l'offroit au Soleil, & en frottoit le visage de l'idole, avec des prieres mystérieuses, & l'on précipitoit le corps du sacrifié le long des degrés de l'escalier; il étoit mangé par ceux qui l'avoient fait prisonnier à la guerre, & qui l'avoient livré à la cruauté des prêtres. Dans de certaines solemnités on immoloit jusqu'à vingt mille de ces victimes à Mexico.

Lorsque la paix duroit trop long-tems au gré des prêtres, le *topilzin* alloit trouver l'empereur, & lui disoit, *le dieu a faim*, aussitôt toute la nation prenoit les armes, & l'on alloit faire des captifs, pour assouvir la prétendue faim du dieu & la barbarie réelle de ses ministres. *Voyez* VITZILIPUTZLI. (*HG*, xii. 545–6. Attributed to D'Holbach by his son—*RHL*, 1951, p. 332—and also by Naigeon, who reproduced the article in *PAM*, vol. iii, pp. 725–6. For 'Le dieu a faim' see the second last paragraph of the article PRETRES, also attributed to D'Holbach by his son.)

501 TOXCOALT, s.f. (*Hist. mod. superstition*) c'est une fête ou une espece de jubilé, que les Méxicains célébroient tous les ans au printems, & qui duroit pendant neuf jours. Un prêtre, jouant de la flûte, sortoit du temple, & se

tournoit successivement vers les quatre parties du monde; ensuite il s'incli-
noit devant l'idole, & prenant de la terre, il la mangeoit; le peuple suivoit son
exemple, & demandoit au dieu la rémission de ses péchés, les guerriers
demandoient la victoire; mais le principal objet de la fête étoit d'obtenir
de l'eau. Le neuvieme jour on promenoit l'idole par les rues; le peuple la
suivoit en gémissant amérement, & en se donnant des coups de fouet sur
les épaules. La cérémonie se terminoit par le sacrifice d'un captif qu'on
immoloit pour se rendre le ciel propice. (*HG*, xii. 548–9.)

Vol. XVII

367–8 VITZILIPUTZLI, s.m. (*Hist. mod. Superstit.*) c'étoit le nom que les
Mexicains donnoient à leur principale idole, ou au Seigneur tout-puissant
de l'univers: c'étoit le dieu de la guerre. On le représentoit sous une figure
humaine assise sur une boule d'azur, posée sur un brancard, de chaque coin
duquel sortoit un serpent de bois. Ce dieu avoit le front peint en bleu; une
bande de la même couleur lui passoit par-dessus le nez, & alloit d'une oreille
à l'autre. Sa tête étoit couverte d'une couronne de plumes élevées dont la
pointe étoit dorée; il portoit dans sa main gauche une rondache sur laquelle
étoient cinq pommes de pin & quatre fleches que les Mexicains croyoient
avoir été envoyées du ciel. Dans la main droite il tenoit un serpent bleu. Les
premiers espagnols appelloient ce dieu *Huchilobos,* faute de pouvoir prononcer son nom. Les Mexicains appeloient son temple *teutcalli*: ce qui signifie la *maison de Dieu.* Ce temple étoit d'une richesse extraordinaire; on y
montoit par cent quatorze degrés, qui conduisoient à une plate-forme, au-
dessus de laquelle étoient deux chapelles: l'une dédiée à *Vitziliputzli,* &
l'autre au dieu *Tlaloch,* qui partageoit avec lui les hommages & les sacrifices.
Devant ces chapelles étoit une pierre verte haute de cinq piés, taillée en dos-
d'âne, sur laquelle on plaçoit les victimes humaines, pour leur fendre l'estomac & leur arracher le cœur, que l'on offroit tout fumant à ces dieux
sanguinaires; cette pierre s'appelloit *quatixicali.* On célébroit plusieurs fêtes en
l'honneur de ce dieu, dont la plus singuliere est décrite à *l'article* YPAÏNA.
(*HG*, xii. 540. See the cross-reference to this article at the end of TOPILZIN.)

676 YPAINA, s.f. (*Hist. mod. Superstition.*) c'est le nom que les Méxiquains
donnoient à une de leurs fêtes solemnelles, qui se célébroient au mois de
Mai, en l'honneur de leur dieu *Vitziliputzli.* Deux jeunes filles, consacrées au
service du temple, formoient une pâte composée de miel & de farine de maïz,
dont on faisoit une grande idole, que l'on paroit d'ornemens très-riches, &
que l'on plaçoit ensuite sur un brancard. Le jour de la fête, dès l'aurore, toutes
les jeunes filles mexicaines, vêtues de robes blanches, couronnées de maïz
grillé, ornées de bracelets & de guirlandes de la même matiere, fardées &
parées de plumes de différentes couleurs, se rendoient au temple pour porter
l'idole jusqu'à la cour. Là des jeunes gens la recevoient de leurs mains, & la
plaçoient au pié des degrés, où le peuple venoit lui rendre ses hommages;

ensuite de quoi on portoit le dieu en procession vers une montagne, où l'on faisoit promptement un sacrifice; on partoit de-là avec précipitation, & après avoir fait deux nouvelles stations, on revenoit à Mexico. La procession étoit de quatre lieues, & devoit se faire en quatre heures. On remontoit le dieu dans son temple, au milieu des adorations du peuple, & on le posoit dans une boëte parfumée & remplie de fleurs: pendant ce tems, de jeunes filles formoient avec la même pâte dont l'idole étoit faite, des masses semblables à des os, qu'elles nommoient les *os du dieu Vitziliputzli*. Les prêtres offroient des victimes sans nombre, & bénissoient les morceaux de pâte que l'on distribuoit au peuple; chacun les mangeoit avec une dévotion merveilleuse, croyant se nourrir réellement de la chair du dieu. On en portoit aux malades, & il n'étoit point permis de rien boire ou manger avant que de l'avoir consommée. *Voyez l'hist. générale des voyages, tom. XII. in-4°, pag.* 547 *& suiv.* (See the cross-reference from VITZILIPUTZLI.)

VIII

There are also a number of unsigned articles dealing with other regions of North America which may be attributed to D'Holbach:

Vol. VIII

356 HUSCANAOUIMENT, s.m. (*Hist. mod. superstition*) espece d'initiation ou de cérémonie superstitieuse que les sauvages de la Virginie pratiquent sur les jeunes gens de leur pays, lorsqu'ils sont parvenus à l'âge de 15 ans; & sans laquelle ils ne sont point admis au nombre des braves dans la nation. Cette cérémonie consiste à choisir les jeunes gens qui se sont le plus distingués à la chasse par leur adresse & leur agilité; on les confine pendant un certain tems dans les forêts, où ils n'ont communication avec personne, & ne prennent pour toute nourriture qu'une décoction de racines, qui ont la propriété de troubler le cerveau; ce breuvage se nomme *ouisoccan,* il les jette dans une folie qui dure dix-huit ou vingt jours, au bout desquels on les promene dans les différentes bourgades, où ils sont obligés de paroître avoir totalement oublié le passé & d'affecter d'être sourds, muets & insensibles, sous peine d'être *huscanoués* de nouveau. Plusieurs de ces jeunes gens meurent dans cette pénible épreuve ou cérémonie, qui a pour objet de débarrasser la jeunesse des impressions de l'enfance, & de la rendre propre aux choses qui conviennent à l'âge viril. (*HG*, xiv. 500–1. See TÉCUITLES, although here priests play no part in the ceremony.)

Vol. X

41 MANITOUS, s.f. [*sic*] (*Hist. mod. superstition.*) c'est le nom que les Algonquins, peuple sauvage de l'Amérique septentrionale, donnent à des génies ou esprits subordonnés au Dieu de l'univers. Suivant eux, il y en a de bons & de

mauvais; chaque homme a un de ces bons génies qui veille à sa défense & à sa sûreté; c'est à lui qu'il a recours dans les entreprises difficiles & dans les périls pressans. On n'acquiert en naissant aucun droit à ses faveurs, il faut pour cela savoir manier l'arc & la fleche; & il faut que chaque sauvage passe par une espece d'initiation, avant que de pouvoir mériter les soins de l'un des *manitous*. On commence par noircir la tête du jeune sauvage, ensuite on le fait jeûner rigoureusement pendant huit jours, afin que le génie qui doit le prendre sous sa protection se montre à lui par des songes, ce qui peut aisément arriver à un jeune homme sain dont l'estomac demeure vuide; mais on se contente des symboles, qui sont ou une pierre, ou un morceau de bois, ou un animal, *&c.* parce que, selon les sauvages, il n'est rien dans la nature qui n'ait un génie particulier. Quand le jeune sauvage a connu ce qu'il doit regarder comme son génie tutélaire, on lui apprend l'hommage qu'il doit lui rendre. La cérémonie se termine par un festin, & il se pique sur quelque partie du corps la figure du *manitou* qu'il a choisi. Les femmes ont aussi leurs *manitous*. On leur fait des offrandes & des sacrifices, qui consistent à jetter dans les rivieres des oiseaux égorgés, du tabac, *&c.* on brûle les offrandes destinées au soleil; quelquefois on fait des libations accompagnées de paroles mystérieuses. On trouve aussi des colliers de verre, du tabac, du maïz, des peaux, des animaux & sur-tout des chiens, attachés à des arbres & à des rochers escarpés, pour servir d'offrandes aux *manitous* qui président à ces lieux. Quant aux esprits malfaisans, on leur rend les mêmes hommages, dans la vûe de détourner les maux qu'ils pourroient faire. Les Hurons désignent ces génies sous le nom d'*okkisik*. (*HG*, xv. 28. See MICHABOU and OKKISIK.)

485–6 MICHABOU (*Hist. mod. culte*) c'est le nom que les Alonquins, & autres sauvages de l'Amérique septentrionale donnent à l'Etre suprême ou premier Esprit, que quelques-uns appellent le *grand-liévre*: d'autres l'appellent *atahocan*. Rien n'est plus ridicule que les idées que ces sauvages ont de la divinité; ils croient que le grand-liévre étant porté sur les eaux avec tous les quadrupedes qui formoient sa cour, forma la terre d'un grain de sable, tiré du fond de l'Océan, & les hommes des corps morts des animaux; mais le grand-tigre, dieu des eaux, s'opposa aux desseins du grand-liévre, ou du-moins refusa de s'y prêter. Voilà, suivant les sauvages, les deux principes qui se combattent perpétuellement.

Les Hurons désignent l'Être suprème sous le nom d'*Areskoui*, que les Iroquois nomment *Agréskoué*. Ils le regardent comme le dieu de la guerre. Ils croient qu'il y eut d'abord six hommes dans le monde; l'un d'eux monta au ciel pour y chercher une femme, avec qui il eut commerce; le très-haut s'en étant apperçu précipita la femme, nommée *Atahentsik* sur la terre, où elle eut deux fils, dont l'un tua l'autre. Suivant les Iroquois, la race humaine fut détruite par un déluge universel, & pour repeupler la terre les animaux furent changés en hommes. Les sauvages admettent des génies subalternes bons & mauvais, à qui ils rendent un culte; *Atahentsik* qu'ils confondent avec la lune, est à la tête des mauvais, & *Joukeska*, qui est le soleil, est le chef des bons. Ces génies s'appellent *Okkisik* dans la langue des Hurons, & *Manitous* chez les Algonquins. *Voyez ces deux articles.* (*HG*, xv. 27–28.)

486 MICO, (*Hist. mod.*) c'est le titre que les sauvages de la Géorgie, dans l'Amérique septentrionale, donnent aux chefs ou rois de chacune de leurs nations. En 1734 Tomokichi, *mico* des Yamacraws, fut amené en Angleterre, où il fut très-bien reçu du roi à qui il présenta des plumes d'aigles, qui sont le présent le plus respectueux de ces sauvages. Parmi les curiosités que l'on fit voir à Londres à ce prince barbare, rien ne le frappa autant que les couvertures de laine, qui selon lui, *imitoient assez bien les peaux des bêtes*; tout le reste n'avoit rien qui frappât son imagination au même point. (*HG*, xiv. 580–2.)

Vol. XI

446 OKKISIK, (*Hist. mod. superstition*) c'est le nom sous lequel les Hurons sauvages de l'Amérique septentrionale désignent des génies ou des esprits, soit bienfaisans, soit malfaisans, qui sont attachés à chaque homme. On trouvera les idées que les sauvages en ont *à l'article* MANITOUS. (*HG*, xv. 28.)

833 PAOUAOUCI, (*Hist. mod. superstition*) c'est le nom que les habitans sauvages de la Virginie donnent à leurs enchantemens ou conjurations, au moyen desquels quelques Européens mêmes ont été assez simples pour croire que leurs devins pouvoient faire paroître des nuages, & faire tomber de la pluie. (*HG*, xiv. 519.)

918 PARAOUSTIS, (*Hist. mod.*) c'est le nom que les habitans de la Floride donnent aux chefs qui les commandent, & qui marchent toujours à leur tête. Ils sont les seuls de la nation à qui la polygamie soit permise. Ils ont une très-grande autorité sur les peuples qui leur sont soumis, qu'ils traitent en esclaves, & dont la succession leur appartient; on leur rend de grands honneurs, même après leur mort; on brûle leur habitation & tout ce qui leur appartenoit, & les femmes, après les avoir pleurés, se coupent les cheveux pour les semer sur leurs tombeaux. Ces peuples ne connoissent d'autre divinité que le soleil, à qui ils immolent des victimes humaines qu'ils mangent ensuite. (*HG*, xiv. 455–6.)

Vol. XIII

724 QUIOCO, s.m. (*Hist. mod. Culte*) c'est le nom que les sauvages de la Virginie donnent à leur principale idole; cependant quelques-uns la désignent sous le nom d'*Okos* ou de *Kiousa*. Cette idole n'est qu'un assemblage de pieces de bois, que l'on pare les jours de fête, & que les prêtres ont soin de placer dans un lieu obscur au fond du *quiocosan* ou temple, où il n'est point permis au peuple de pénétrer; là par le moyen de cordes ils impriment dif-férens mouvemens à cette statue informe, dont ils se servent pour tromper la

crédulité des sauvages. Ils admettent un Dieu infiniment bon, & à qui par conséquent ils jugent qu'il est inutile de rendre un culte; leurs hommages sont uniquement réservés à un esprit malfaisant qui réside dans l'air, dans le tonnerre & dans les tempêtes; il s'occupe sans cesse à défaire le bien que le Dieu de la bonté leur a fait; c'est cet esprit malin que les Virginiens adorent sous le nom de *Quioco*; ils lui offrent les prémices de toutes les plantes, animaux & poissons; on les accuse même de lui sacrifier de jeunes garçons de douze ou quinze ans, que l'on a soin de peindre de blanc, & que l'on assomme de coups de bâtons pour plaire à l'idole, au milieu des pleurs & des gémisse-mens de leurs meres, qui sont présentes à ces barbares cérémonies. Les Virginiens élevent encore des pyramides de pierres qu'ils peignent de différentes couleurs, & auxquelles ils rendent une espece de culte, comme à des emblèmes de la durée & de l'immutabilité de la divinité. (*HG*, xiv. 515–20.)

IX

A similar picture of ancient civilizations in which crafty and cruel priests lorded it over ignorant and barbarous peoples is presented in a series of unsigned articles on South America which may also be attributed to D'Holbach:

Vol. VIII

358 HUVACAS, s.m. (*Hist. mod.*) c'est ainsi que les Espagnols nomment les trésors cachés par les anciens habitans de l'Amérique, lors de la conquête de ce pays. On en trouve quelquefois près des anciennes habitations des Indiens & sous les débris de leurs temples; ces pauvres gens les cachoient comme des ressources contre les besoins qu'ils craignoient d'éprouver après leur mort. Quelques-uns de ces trésors ont été enfouis pour tromper l'avarice des Espagnols, que les Indiens voyoient attirés par leurs trésors. La moitié de ces *huvacas* appartient au roi. (*HG*, xii. 654.)

641–2 INCA *ou* YNCA, s.m. (*Hist. mod.*) nom que les naturels du Pérou donnoient à leurs rois & aux princes de leur sang.

La chronique du Pérou rapporte ainsi l'origine des *Incas*. Le Pérou fut long-tems un théatre de toutes sortes de crimes, de guerres, de dissensions & de desordres les plus abominables, jusqu'à ce qu'enfin parurent deux freres, dont l'un se nommoit Mango-capac, dont les Indiens racontent de grandes merveilles. Il bâtit la ville de Cusco, il fit des loix & des réglemens, & lui & ses descendans prirent le nom d'*inca*, qui signifie *roi* ou *grand seigneur*. Ils devinrent si puissans qu'ils se rendirent maîtres de tout le pays qui s'étend depuis Parto jusqu'au Chili, & qui comprend 1300 lieues, & ils le possederent jusqu'aux divisions qui survinrent entre Guascar &

Atabalipa; car les Espagnols en ayant profité, ils se rendirent maîtres de leurs états, & détruisirent l'empire des *incas*.

On ne compte que douze *incas*, & l'on assure que les personnes les plus considérables du pays portent encore aujourd'hui ce nom. Mais ce n'est plus qu'un titre honorable sans aucune ombre d'autorité, aussi-bien que celui de *cacique*.

Quant aux anciens *incas* qui regnerent avant la conquête des Espagnols, leur nom en langue peruviene, signifioit proprement & littéralement *seigneur* ou *empereur*, & *sang-royal*. Le roi étoit appellé *capac inca*, c'est-à-dire *seigneur par excellence*; la reine s'appelloit *pallas*, & les princes simplement *incas*. Leurs sujets avoient pour eux une extrème vénération, & les regardoient comme les fils du soleil, & les croyoient infaillibles. Si quelqu'un avoit offensé le roi dans la moindre chose, la ville d'où il étoit originaire ou citoyen, étoit démolie ou ruinée. Lorsque les *incas* voyageoient, chaque chambre où ils avoient couché en route étoit aussi-tôt murée, afin que personne n'y entrât après eux. On en usoit de même à l'égard des lieux où ils mouroient; on y enfermoit tout l'or, l'argent, & les autres choses précieuses qui s'y trouvoient au moment de la mort du prince, & l'on bâtissoit de nouvelles chambres pour son successeur.

Les femmes & les domestiques du roi défunt étoient aussi sacrifiés dans les funérailles; on les brûloit en même tems que son corps, & sur le même bûcher. *Voyez l'histoire des incas* par Garcilasso de la Vega. (See the catalogue of D'Holbach's library, No. 2586: Histoire des Yncas, Rois du Pérou. *Amsterdam, Bernard*. The next article, INCAS, *Pierre des (Hist. nat.)*, while also unsigned, falls very clearly inside D'Holbach's field and is therefore listed above, p. 127.)

Vol. IX

241 LANDINOS, *(Hist. mod.)* c'est le nom sous lequel les Espagnols désig[n]ent les Indiens du Pérou qui ont été élevés dans les villes & dans les bourgs; ils savent la langue espagnole, & exerçent quelque métier: ils ont l'esprit plus ouvert & les mœurs plus reglées que ceux des campagnes; cependant ils conservent presque toujours quelque chose des idées & des usages de leurs ancêtres. Il est sur-tout un préjugé dont les Chrétiens n'ont point pû faire revenir les Indiens du Pérou; ils sont persuadés que la personne qu'ils épousent a peu de mérite s'ils la trouvent vierge. Aussi-tôt qu'un jeune homme a demandé une fille en mariage, il vit avec elle comme si le mariage étoit fait, & il est le maître de la renvoyer s'il se repent de son choix après en avoir fait l'essai: ce repentir s'appelle *amanarse*. Les amans éprouvés se nomment *ammanados*. Les évêques & les curés n'ont jamais pû déraciner cet usage bizarre. Une autre disposition remarquable de ces indiens, est leur indifférence pour la mort; ils ont sur cet objet, si effrayant pour les autres hommes, une insensibilité que les apprêts du supplice même ne peuvent point

altérer. Les curés du Pérou exercent sur ces pauvres indiens une autorité très-absolue; souvent ils leur font donner la bastonade pour avoir manqué à quelques-uns de leurs devoirs religieux. M. d'Ulloa raconte qu'un curé ayant réprimandé un de ces indiens, pour avoir manqué d'aller à la messe, un jour de fête, lui fit donner ensuite un certain nombre de coups. A peine la réprimande & la bastonade furent-elles finies, que l'indien s'approchant du curé, d'un air humble & naïf, le pria de lui faire donner le même nombre de coups pour le lendemain, parce qu'ayant envie de boire encore, il prévoyoit qu'il ne pourroit assister à la messe. *Voyez l'hist. générale des voyages*, tom. XIII. (pp. 547–50.)

954 MAMACUNAS, (*Hist. mod. culte*) c'est le nom que les Péruviens, sous le gouvernement des Incas, donnoient aux plus âgées des vierges consacrées au soleil; elles étoient chargées de gouverner les vierges les plus jeunes. Ces filles étoient consacrées au soleil dès l'âge de huit ans; on les renfermoit dans les cloitres, dont l'entrée étoit interdite aux hommes; il n'étoit point permis à ces vierges d'entrer dans les temples du soleil, leur fonction étoit de recevoir les offrandes du peuple. Dans la seule ville de Cusco on comptoit mille de ces vierges. Tous les vases qui leur servoient étoient d'or ou d'argent. Dans les intervalles que leur laissoient les exercices de la religion, elles s'occupoient à filer & à faire des ouvrages pour le roi & la reine. Le souverain choisissoit ordinairement ses concubines parmi ces vierges consacrées: elles sortoient de leur couvent lorsqu'il les faisoit appeler; celles qui avoient servi à ses plaisirs ne rentroient plus dans leur cloitre, elles passoient au service de la reine, & jamais elles ne pouvoient épouser personne; celles qui se laissoient corrompre étoient enterrées vives, & l'on condamnoit au feu ceux qui les avoient débauchées. (*HG*, xiii. 568–9.)

Vol. XII

541 PIACHES, s.m. (*Hist. mod. culte.*) nom sous lequel les Indiens de la côte de Cumana en Amérique désignoient leurs prêtres. Ils étoient non-seulement les ministres de la religion, mais encore ils exerçoient la Médecine, & ils aidoient les Caciques de leurs conseils dans toutes leurs entreprises. Pour être admis dans l'ordre des *piaches*, il falloit passer par une espece de noviciat, qui consistoit à errer pendant deux ans dans les forêts, où ils persuadoient au peuple qu'ils recevoient des instructions de certains esprits qui prenoient une forme humaine pour leur enseigner leurs devoirs & les dogmes de leur religion. Leurs principales divinités étoient le soleil & la lune, qu'ils assuroient être le mari & la femme. Ils regardoient les éclairs & le tonnerre comme des signes sensibles de la colere du soleil. Pendant les éclipses, on se privoit de toute nourriture; les femmes se tiroient du sang & s'égratignoient les bras, parce qu'elles croyoient que la lune étoit en querelle avec son mari. Les prêtres montroient au peuple une croix, semblable à celle de S. André, que l'on regardoit comme préservatif contre les fantômes. La médecine

qu'exerçoient les *piaches* consistoit à donner aux malades quelques herbes & racines, à les frotter avec le sang & la graisse des animaux, & pour les douleurs ils scarifioient la partie affligée, & la suçoient long-tems pour en tirer les humeurs. Ces prêtres se mêloient aussi de prédire, & il s'est trouvé des Espagnols assez ignorans pour ajouter foi à leurs prédictions. Les *piaches*, ainsi que bien d'autres prêtres, savoient mettre à profit les erreurs des peuples, & se faisoient payer chérement leurs services. Ils tenoient les premiers rangs dans les festins où ils s'enivroient sans difficulté. Ils n'avoient aucune idée d'une vie à venir. On brûloit les corps des grands un an après leur mort, & les échos passoient pour les réponses des ombres. (*HG*, xiii. 13–14. Reproduced in AT, vol. xvi, pp. 292–3.)

541–2 PIAIE, s.m. (*Hist. mod.*) c'est le nom que les sauvages qui habitent l'île de Cayenne donnent à un mauvais génie, qu'ils regardent comme l'auteur de tous les maux. Ces mêmes sauvages donnent encore le nom de *piaies* ou de *piayes* à leurs prêtres, qui sont en même tems leurs sorciers & leurs médecins. Avant que d'être aggrégés à ce corps, celui qui s'y destine passe par des épreuves si rudes, que peu de gens pourroient devenir médecins à ce prix. Lorsque le récipiendaire a reçu pendant dix années les instrumens [*sic*] d'un ancien *piaie*, dont il est en même tems le valet, on lui fait observer un jeûne si rigoureux, qu'il en est totalement exténué; alors les anciens *piaies* s'assemblent dans une cabane, & apprennent au novice le principal mystere de leur art, qui consiste à évoquer les puissances de l'enfer; après quoi on le fait danser jusqu'à ce qu'il perde connoissance; on le fait revenir en lui mettant des colliers & des ceintures remplis de fourmis noires, qui le piquent très-vivement; après cela, pour l'accoutumer aux remedes, on lui fait avaler un grand verre de jus de tabac, ce qui lui cause des évacuations très-violentes, qui durent quelquefois pendant plusieurs jours. Lorsque toutes ces cérémonies cruelles & ridicules sont finies, le récipiendaire est déclaré *piaie*, & on lui confie le pouvoir de guerir toutes les maladies, cependant il n'est en droit d'exercer qu'après avoir passé encore trois ans d'abstinence. Leur méthode curative consiste en grande partie dans l'évacuation des esprits infernaux; cependant on assure qu'ils font usage de quelques plantes très-efficaces contre les plaies les plus envenimées, à l'aide desquelles ils operent quelquefois des cures merveilleuses. (*HG*, xi. 161–2.)

Vol. XIII

834 RAYMI, s.m. (*Hist. mod. culte.*) c'est le nom que les anciens Péruviens donnoient à la grande fête du soleil; elle se célébroit immédiatement après le solstice d'été. Tous les grands du royaume & les officiers se rassembloient dans la capitale: on se préparoit à la fête par un jeûne de trois jours, pendant lesquels on se privoit du commerce des femmes; & il n'étoit point permis d'allumer du feu dans la ville. Les prêtres purifioient les brebis & les agneaux qui devoient être immolés en sacrifice, & les vierges consacrées au soleil

préparoient les pains & les liqueurs qui devoient servir d'offrandes & de libations. Le jour de la solemnité dès le grand matin, le monarque, à la tête des princes de sa maison se rendoit à la place publique les piés nuds, & la face tournée vers l'orient, pour attendre le lever du soleil; & par différens gestes ils marquoient le respect & la joie que leur causoient les premiers rayons. On célébroit les louanges du soleil par des hymnes, & le roi lui-même lui offroit des libations. Les grands du royaume faisoient les mêmes cérémonies dans d'autres places publiques de la ville de Cusco; après quoi les différentes troupes se rendoient au grand temple, où il n'étoit pourtant permis qu'au roi & aux incas d'entrer. La cérémonie se terminoit par le sacrifice d'un grand nombre de brebis; on choisissoit entr'autres un agneau noir pour consulter l'avenir; on l'étendoit à terre la tête tournée vers l'orient, & le sacrificateur lui ouvroit le côté gauche pour en retirer le cœur & les poumons. Lorsque l'on ôtoit ces parties vives & palpitantes, on se promettoit un succes très-favorable. Enfin, ceux qui assistoient à la fête faisoient rôtir la chair des victimes, qu'ils mangeoient avec dévotion & avec joie. (*HG*, xiii. 569–70.)

X

For D'Holbach's unsigned articles on African religion and on African civilization in general we receive valuable guidance from his son's list: four of the eleven unsigned articles which he attributed to his father— NGOMBOS, OMBIASSES, OVISSA, and SAMBA-PONGO—concern this continent, and all four of them were reproduced by Naigeon in the last volume of his *Philosophie ancienne et moderne*, though without any indication as to their authorship.[1] NGOMBOS was reproduced in Diderot's works by Assézat, but must obviously be restored to D'Holbach. The manner of the author of the *Théologie portative* as well as of *Le Christianisme dévoilé* and the *Système de la Nature* stands out pretty clearly through the studied reticence of the following unsigned articles:

Vol. VIII

433 JAGAS, GIAGAS OU GIAGUES, s.m. (*Hist. mod.* & *Géog.*) peuple féroce, guerrier, & anthropophage, qui habite la partie intérieure de l'Afrique méridionale, & qui s'est rendu redoutable à tous ses voisins par ses excursions & par la desolation qu'il a souvent portée dans les royaumes de Congo, d'Angola, c'est-à-dire sur les côtes occidentales & orientales de l'Afrique.

Si l'on en croit le témoignage unanime de plusieurs voyageurs & missionnaires qui ont fréquenté les *Jagas*, nulle nation n'a porté si loin la cruauté & la superstition: en effet ils nous présentent le phénomene étrange de l'inhumanité la plus atroce, autorisée & même ordonnée par la religion

[1] Vol. iii, pp. 370, 373, 387–8, 517.

& par la législation. Ces peuples sont noirs comme tous les habitans de cette partie de l'Afrique; ils n'ont point de demeure fixe, mais ils forment des camps volans, appellés *kilombos*, à-peu-près comme les Arabes du désert ou Bédouins; ils ne cultivent point la terre, la guerre est leur unique occupation; non-seulement ils brûlent & détruisent tous les pays par où ils passent, mais encore ils attaquent leurs voisins, pour faire sur eux des prisonniers dont ils mangent la chair, & dont ils boivent le sang; nourriture que leurs préjugés & leur éducation leur fait préférer à toutes les autres. Ces guerriers impitoyables ont eu plusieurs chefs fameux dans les annales africaines, sous la conduite desquels ils ont porté au loin le ravage & la desolation; ils conservent la mémoire de quelques héroïnes qui les ont gouvernés, & sous les ordres de qui ils ont marché à la victoire. La plus célebre de ces furies s'appelloit *Ten-ban-dumba*; après avoir mérité par le meurtre de sa mere, par sa valeur & par ses talens militaires de commander aux *Jagas*, elle leur donna les lois les plus propres qu'elle put imaginer pour étouffer tous les sentimens de la nature & de l'humanité, & pour exciter une valeur feroce, & des inclinations cruelles qui font frémir la raison; ces lois, qui s'appellent *Quixillos*, méritent d'être rapportées comme des chefs-d'œuvre de la barbarie, de la dépravation, & du délire des hommes. Persuadée que la superstition seule étoit capable de faire taire la nature, *Ten-ban-dumba* l'appella à son secours; elle parvint à en imposer à ses soldats par un crime si abominable, que leur raison fut réduite au silence; elle leur fit une harangue, dans laquelle elle leur dit qu'elle vouloit les initier dans les mysteres des *Jagas*, leurs ancêtres, dont elle alloit leur apprendre les rites & les cérémonies, promettant par-là de les rendre riches, puissans, & invincibles. Après les avoir préparés par ce discours, elle voulut leur donner l'exemple de la barbarie la plus horrible; elle fit apporter son fils unique, encore enfant, qu'elle mit dans un mortier, où elle le pila tout vif, de ses propres mains, aux yeux de son armée; après l'avoir réduit en une espece de bouillie, elle y joignit des herbes & des racines & en fit un onguent, dont elle se fit frotter tout le corps en présence de ses soldats; ceux-ci, sans balancer, suivirent son exemple, & massacrerent leurs enfans pour les employer aux mêmes usages. Cette pratique abominable devint pour les *Jagas* une loi qu'il ne fut plus permis d'enfreindre; à chaque expédition, ils eurent recours à cet onguent détestable. Pour remédier à la destruction des mâles, causée par ces pratiques exécrables, les armées des *Jagas* étoient recrutées par les enfans captifs qu'on enlevoit à la guerre, & qui devenus grands & élevés dans le carnage & l'horreur, ne connoissoient d'autre patrie que leur camp, & d'autres lois que celles de leur férocité. La vue politique de cette odieuse reine étoit, sans doute, de rendre ses guerriers plus terribles, en détruisant en eux les liens de la nature & du sang. Une autre loi ordonnoit de préférer la chair humaine à toute autre nourriture, mais défendoit celle des femmes; cependant on remarque que cette défense ne fit qu'exciter l'appétit exécrable des *Jagas* les plus distingués, pour une chair qu'ils trouvoient plus délicate que celle des hommes; quelques-uns de ces chefs faisoient, dit-on, tuer tous les jours une femme pour leur table. Quant aux autres, on assure qu'en conséquence de leurs lois, ils mangent de la chair humaine qui se vend publiquement dans leurs boucheries. Une autre loi ordonnoit de reserver les femmes stériles, pour être tuées aux obseques des grands; on permettoit à leurs maris de les tuer pour les manger. Après avoir ainsi rompu tous les liens les plus sacrés de la nature parmi les *Jagas*, leur législatrice voulut encore éteindre en eux toute pudeur; pour cet effet elle fit une loi, qui ordonnoit aux officiers qui partoient pour une expédition, de remplir le devoir conjugal avec leurs femmes en présence de l'armée. A l'égard des lois relatives à la religion, elles consistoient à ordonner de porter dans des boëtes ou châsses les os de ses parens, & de leur offrir de tems en tems des victimes humaines, & de les arroser de leur sang, lorsqu'on vouloit les consulter. De plus, on sacrifioit des hécatombes entieres de victimes humaines aux funérailles des chefs & des rois; on enterroit tout vifs plusieurs de ses esclaves & officiers pour lui tenir compagnie dans l'autre monde, & l'on ensevelissoit avec lui deux de ses femmes, à qui on cassoit préalablement les bras. Le reste des cérémonies religieuses étoit abandonné à la discrétion des *singhillos*, ou prêtres de cette nation abominable, qui multiplient les rites & les cérémonies d'un culte exécrable, dont eux seuls savent tirer parti. Quelques *Jagas* ont, dit-on, embrassé le christianisme, mais on a eu beaucoup de peine à les déshabituer de leurs rites infernaux, & sur-tout de leur goût pour la chair humaine. *Voyez the modern. part. of an universal history, vol. XVI.* (*UHM*, vi. 414–18, 558–71. See also SINGHILLOS which has a cross-reference to this article. It was severely criticized in the *Journal encyclopédique*, 1 February 1767: see below, p. 412.)

447 JANNANINS, s.m.pl. (*Hist. mod. superstit.*) c'est le nom que les Negres de quelques parties intérieures de l'Afrique donnent à des esprits qu'ils croient être les ombres ou les ames de leurs ancêtres, & qu'ils vont consulter & adorer dans les tombeaux. Quoique ces peuples reconnoissent un dieu suprême nommé *Kanno*, leur principal culte est réservé pour ces prétendus esprits. Chaque négre a son *jannanin* tutélaire, à qui il s'adresse dans ses besoins, il va le consulter dans son tombeau, & regle sa conduite sur les réponses qu'il croit en avoir reçûes. Ils vont sur-tout les interroger sur l'arrivée des vaisseaux européens, dont les marchandises leur plaisent autant qu'aux habitans des côtes. Chaque village a un *jannanin* protecteur, à qui l'on rend un culte public, auquel les femmes, les enfans & les esclaves ne sont point admis: on croiroit s'attirer la colere du génie, si l'on permettoit la violation de cette regle. (*HG*, iii. 603–4. See KANNO below.)

Vol. IX

111–12 KANNO, s.m. (*Hist. mod. Superst.*) c'est le nom sous lequel les Negres, habitans des pays intérieurs de l'Afrique, vers Sierra Léona, désignent l'être suprème. Quoiqu'ils lui attribuent la toute-puissance, l'omniscience, l'ubiquité, l'immensité, ils lui refusent l'éternité, & prétendent qu'il doit avoir un successeur qui punira les crimes & récompensera la vertu. Les idées qu'ils ont de la divinité ne les empêchent point de rendre tout leur culte à des esprits qu'ils nomment *Jannanins*, & qui, selon eux, habitent les tombeaux. C'est à eux que ces negres ont recours dans leurs maux; ils leur font des offrandes & des sacrifices; ils les consultent sur l'avenir, & chaque village a un lieu où l'on honore le *Jannanin* tutelaire: les femmes, les enfans & les esclaves sont exclus de son temple. (*HG*, iii. 603–4. See JANNANINS, above.)

135 KONQUER, s.m. (*Hist. mod.*) c'est ainsi que l'on nomme le chef de chaque nation des Hottentots. Cette dignité est héréditaire; celui qui en jouit, porte une couronne de cuivre; il commande dans les guerres, négocie la paix, & préside aux assemblées de la nation, au milieu des capitaines qui sont sous lui. Il n'y a aucun revenu attaché à sa place, ni aucune distinction personnelle. En prenant possession de son emploi, il s'engage de ne rien entreprendre contre les privileges des capitaines & du peuple. (*HG*, v. 176. See KRAALS.)

137–9 KRAALS, s.m. (*Hist. mod.*) espece de villages mobiles, qui servent d'habitations aux Hottentots. Elles sont ordinairement composées de vingt cabanes bâties fort près les unes des autres & rangées en cercle. L'entrée de ces habitations est fort étroite. On les place sur les bords de quelques rivieres. Les cabanes sont de bois; elles ont la forme d'un four, & sont recouvertes de nattes de jonc si serrées que la pluie ne peut point les pénétrer. Ces cabanes ont environ 14 ou 15 piés de diamètre; les portes en sont si basses que l'on ne peut y entrer qu'en rampant, & l'on est obligé de s'y tenir accroupi faute d'élévation: au centre de la cabane est un trou fait en terre qui sert de cheminée ou de foyer, il est entouré de trous plus petits qui servent de sieges & de lits. Les Hottentots vont se transporter ailleurs, lorsque les pâturages leur manquent, ou lorsque quelqu'un d'entre eux est venu à mourir d'une mort violente ou naturelle. Chaque *kraal* est sous l'autorité d'un capitaine, dont le pouvoir est limité. Cette dignité est héréditaire; lorsque le capitaine en prend possession, il promet de ne rien changer aux lois & coutumes du *kraal*. Il reçoit les plaintes du peuple, & juge avec les anciens les procès & les disputes qui surviennent. Les capitaines, qui sont les nobles du pays, sont subordonnés au *konquer*. *Voyez cet article.* Ils sont aussi soumis au tribunal du *kraal*, qui les juge & les punit lorsqu'ils ont commis quelque faute. D'où l'on voit que les Hottentots vivent sous un gouvernement très-prudent & très-sage, tandis que des peuples qui se croient beaucoup plus éclairés qu'eux, gémissent sous l'oppression & la tyrannie. (*HG*, v. 153, 176–7.)

332 LECHONA-GEEZ, (*Hist. mod.*) ce mot signifie *langue savante*. Les Ethiopiens & les Abissins s'en servent pour désigner la langue dans laquelle sont

écrits leurs livres sacrés; elle n'est point entendue par le peuple, étant reservée aux seuls prêtres, qui souvent ne l'entendent pas mieux que les autres. On croit que cette langue est l'ancien éthiopien; le roi s'en sert dans ses édits; elle adit-on, beaucoup d'affinité avec l'hebreu & le syriaque. (*UHA*, vii. 197–9; *UHM*, vi. 190.)

760 LUVAS *ou* LUBOS, (*Hist. mod.*) c'est le nom qu'on donne aux chefs d'une nation guerriere & barbare appellée *Gallas*, qui depuis très-long-tems sont les fléaux des Ethiopiens & des Abyssins, sur qui ils font des excursions très-fréquentes. Ces *lubos* sont des souverains dont l'autorité ne dure que pendant huit ans. Aussi-tôt que l'un d'eux a été élu, il cherche à se signaler par les ravages & les cruautés qu'il exerce dans quelque province d'Ethiopie. Son pouvoir ne s'étend que sur les affaires militaires; pour les affaires civiles, elles se reglent dans les assemblées ou diètes de la nation, que le *lubo* a droit de convoquer, mais qui peut de son côté annuller ce qu'il peut avoir fait de contraire aux lois du pays. Il y a, dit-on, environ soixante de ces souverains éphémeres dans la nation des Gallas; ils font une très-pauvre figure dans leur cour, dont le pere Lobo raconte un usage singulier & peu propre à engager les étrangers à s'y rendre. Lorsque le *lubo* donne audience à quelque étranger, les courtisans qui l'accompagnent tombent sur lui, & lui donnent une bastonnade très-vive qui l'oblige à fuir; lorsqu'il rentre, on le reçoit avec politesse. Le P. Lobo eut le malheur d'essuyer cette cérémonie; en ayant demandé le motif, on lui dit que c'étoit pour faire connoître aux étrangers la valeur & la supériorité des Gallas sur toutes les autres nations. (*UHM*, vi. 179.)

Vol. X

66 MARAMBA (*Hist. mod. superstition.*) fameuse idole ou fétiche adorée par les habitans du royaume de Loango en Afrique, & auquel ils sont tous con-sacrés dès l'âge de douze ans. Lorsque le tems de faire cette cérémonie est venu, les candidats s'adressent aux devins ou prêtres appellés *gangas*, qui les enferment quelques tems dans un lieu obscur, où ils les font jeûner très rigoureusement; au sortir de-là il leur est défendu de parler à personne pendant quelque jour, sous quelque prétexte que ce soit; à ce défaut, ils seroient indignes d'être présentés au dieu *Maramba*. Après ce noviciat le prêtre leur fait sur les épaules deux incisions en forme de croissant, & le sang qui coule de la blessure est offert au dieu. On leur enjoint ensuite de s'abstenir de certaines viandes, de faire quelques pénitences, & de porter au col quelque relique de *Maramba*. On porte toujours cette idole devant le mani-hamma, ou gouverneur de province, par-tout où il va, & il offre à ce dieu les prémices de ce qu'on sert sur sa table. On le consulte pour connoître l'avenir, les bons ou les mauvais succès que l'on aura, & enfin pour découvrir ceux qui sont auteurs des enchantemens ou maléfices, auxquels ces peuples ont beaucoup de foi. Alors l'accusé embrasse l'idole, & lui dit: *je viens faire*

l'épreuve devant toi, ô Maranba! [*sic*] les negres sont persuadés que si un homme est coupable, il tombera mort sur le champ; ceux à qui il n'arrive rien sont tenus pour innocens. (*HG*, iv. 579–80.)

520 MIMOS, s.m. (*Hist. mod.*) lorsque le roi de Loango en Afrique est assis sur son trône, il est entouré d'un grand nombre de nains, remarquables par leur difformité, qui sont assez communs dans ses états. Ils n'ont que la moitié de la taille d'un homme ordinaire, leur tête est fort large, & ils ne sont vêtus que de peaux d'animaux. On les nomme *mimos* ou *bakke-bakke*; leur fonction ordinaire est d'aller tuer des éléphans qui sont fort communs dans leur pays, on dit qu'ils sont fort adroits à cet exercice. Lorsqu'ils sont auprès de la personne du roi, on les entremêle avec des négres blancs pour faire un contraste, ce qui fait un spectacle très-bisarre, & dont la singularité est augmentée par les contorsions & la figure des nains. (*HG*, iv. 601–2. A hit at the courtiers of Louis XV? Cf. 'Essai sur l'art de ramper, à l'usage des courtisans, facétie philosophique tirée des manuscrits de feu M. le baron d'Holbach', *Corr. litt.*, vol. xvi, pp. 131–5, December 1790.)

624 MOKISSOS, (*Hist. mod. superstition.*) les habitans des royaumes de Loango & de Benguela en Afrique, & plusieurs autres peuples idolâtres de cette partie du monde, désignent sous ce nom des génies ou démons, qui sont les seuls objets de leur adoration & de leur culte. Il y en a de bienfaisans & de malfaisans; on croit qu'ils ont des départemens séparés dans la nature, & qu'ils sont les auteurs des biens & des maux que chaque homme éprouve. Les uns président à l'air, d'autres aux vents, aux pluies, aux orages: on les consulte sur le passé & sur l'avenir. Ces idolâtres représentent leurs *mokissos* sous la forme d'hommes ou de femmes grossierement sculptés; ils portent les plus petits suspendus à leur cou; quant à ceux qui sont grands, ils les placent dans leurs maisons, ils les ornent de plumes d'oiseaux, & leur peignent le visage de différentes couleurs.

Les prêtres destinés au culte de ces divinités, ont un chef appellé *enganga-mokisso*, ou *chef des magiciens*. Avant que d'être installé prêtre, on est obligé de passer par un noviciat étrange qui dure quinze jours; pendant ce tems, le novice est confiné dans une cabane solitaire; il ne lui est permis de parler à personne, & pour s'en souvenir il se fourre une plume de perroquet dans la bouche. Il porte un bâton, au haut duquel est représentée une tête humaine qui est un *mokisso*. Au bout de ce tems le peuple s'assemble & forme autour du récipiendaire une danse en rond, pendant laquelle il invoque son dieu, & danse lui-même autour d'un tambour qui est au milieu de l'aire où l'on danse. Cette cérémonie dure trois jours, au bout desquels l'enganga ou chef fait des contorsions, des folies, & des cris comme un frénétique; il se fait des plaies au visage, au front, & aux temples; il avale des charbons ardens, & fait une infinité de tours que le novice est obligé d'imiter. Après quoi il est agrégé au collège des prêtres ou sorciers, nommés *fetisseros*, & il continue à contrefaire le possédé, & à prédire l'avenir pendant le reste de ses jours. Belle vocation! (*HG*, iv. 603–5.)

860–1 MUMBO-JUMBO, (*Hist. mod. superstition.*) espece de fantôme dont les Mandingos, peuple vagabond de l'intérieur de l'Afrique, se servent pour tenir leurs femmes dans la soumission. C'est une idole fort grande. On leur persuade, ou elles affectent de croire qu'elle veille sans cesse sur leurs actions. Le mari va quelquefois pendant l'obscurité de la nuit, faire un bruit singulier derriere l'idole, & il persuade à sa femme que c'est le dieu qui s'est fait entendre. Lorsque les femmes paroissent bien persuadées des vertus que leurs maris attribuent à leur *mumbo-jumbo*, on leur accorde plus de liberté, & l'on assure qu'elles savent mettre à profit les momens où elles demeurent sous l'inspection de l'idole. Cependant on prétend qu'il se trouve des femmes assez simples pour craindre réellement les regards de ce fantôme incommode; alors elles cherchent à le gagner par des présens, afin qu'il ne s'oppose point à leurs plaisirs. Des voyageurs nous apprennent qu'en 1727, le roi de Jagra eut la foiblesse de révéler à une de ses femmes tout le secret de *mumbo-jumbo*: celle-ci communiqua sa découverte à plusieurs de ses compagnes; elle se répandit en peu de tems, & parvint jusqu'aux seigneurs du pays; ceux-ci prenant le ton d'autorité que donne [*sic*] les intérêts de la religion, citerent le foible monarque à comparoître devant le *mumbo-jumbo*: ce dieu lui fit une reprimande sévere, & lui ordonna de faire venir toutes les femmes: on les massacra sur le champ; par-là l'on étouffa un secret que les maris avoient tant d'intérêt à cacher, & qu'ils s'étoient engagés par serment de ne jamais réveler. (*HG*, iii. 215–16.)

911 MUZIMOS, (*Hist. mod. Superstit.*) Les habitans du Monomotapa sont persuadés que leurs empereurs en mourant passent de la terre au ciel, & deviennent pour eux des objets de culte qu'ils appellent *muzimos*; ils leur adressent leurs vœux. Il y a dans ce pays une fête solemnelle appellée *chuavo*: tous les seigneurs se rendent au palais de l'empereur, & forment en sa présence des combats simulés. Le souverain est ensuite huit jours sans se faire voir, & au bout de ce tems, il fait donner la mort aux grands qui lui déplaisent, sous prétexte de les sacrifier aux *muzimos* ses ancêtres. (*HG*, v. 226–7.)

MUZUKO, (*Hist. mod.*) c'est ainsi que les habitans du Monomotapa appellent un être malfaisant, & qu'ils croient l'auteur des maux qui arrivent au genre humain. (*HG*, v. 226.)

Vol. XI

85 NEGUS, (*Hist.*) c'est le nom que les Ethiopiens & les Abyssins donnent à leur souverain: ce mot signifie *roi* dans la langue de ces peuples. Ce prince prend lui-même le titre de *negusa nagast zaitiopia*, c'est-à-dire, *roi des rois d'Ethiopie*. Les Abyssins croient que les rois qui les gouvernent descendent

de la reine de Saba, qui étant allée à Jerusalem pour admirer la sagesse de Salomon, eut, dit-on, de ce prince un fils appellé *Menilehech*, de qui sont venus les *negus*, ou rois d'Ethiopie, qui occupent aujourd'hui le trône. Ce prince fut, dit-on, élevé à la cour de Salomon son pere, d'où il amena plusieurs docteurs juifs, qui apporterent la loi de Moïse dans ses états: les rois d'Ethiopie ont depuis embrassé le christianisme. Les anciens rois d'Ethiopie fournissent un exemple frappant de l'abus du pouvoir sacerdotal; Diodore de Sicile nous apprend que les prêtres de Meroe, les plus révérés de toute l'Ethiopie, ordonnoient quelquefois à leurs rois de se tuer eux-mêmes; & que ces princes dociles ne manquoient point de se conformer à cet ordre qui leur étoit signifié de la part des dieux. Le même auteur dit que ce pouvoir exorbitant des prêtres dura jusqu'au regne d'Ergamenes, qui étant un prince guerrier, marcha à la tête d'une armée, pour réduire les pontifes impérieux qui avoient fait la loi à ses prédécesseurs. (*UHA*, vii. 194; *UHM*, vi. 207.)

129 NGOMBOS, (*Hist. mod. Superstition.*) prêtres imposteurs des peuples idolâtres du royaume de Congo en Afrique. On nous les dépeint comme des fripons avides qui ont une infinité de moyens pour tirer des libéralités des peuples superstitieux & crédules. Toutes les calamités publiques & particulieres tournent à leur profit; parce qu'ils persuadent aux peuples que ce sont des effets de la colere des dieux, que l'on ne peut appaiser que par des sacrifices, & sur-tout par des présens à leurs ministres. Comme ils prétendent être sorciers & devins, on s'adresse à eux pour connoître l'avenir & les choses cachées. Mais une source intarissable de richesses pour les *Ngombos*, c'est qu'ils persuadent aux negres qu'aucun d'eux ne meurt d'une mort naturelle, & qu'elle est dûe à quelqu'empoisonnement ou maléfice dont ils veulent bien découvrir les auteurs, moyennant une rétribution; et toujours ils font tomber la vengeance sur ceux qui leur ont déplu, quelqu'innocens qu'ils puissent être. Sur la déclaration du prêtre, on saisit le prétendu coupable à qui l'on fait boire un breuvage préparé par le *ngombo*, & dans lequel il a eu soin de mêler un poison très vif, qui empêche les innocens de pouvoir se justifier, en se tirant de l'épreuve. Les *ngombos* ont au-dessous d'eux des prêtres ordinaires appellés *gangas* qui ne sont que des fripons subalternes. (This article is reproduced in AT, vol. xvi, p. 146, but it is attributed to D'Holbach by his son, *RHL*, 1951, p. 332, and was printed by Naigeon, *PAM*, vol. iii, p. 370, but without any indication of authorship.)

459 OMBIASSES, s.m.pl. (*Hist. mod. culte.*) ce sont des prêtres parmi les negres, habitans de l'île de Madagascar, qui font en même tems le métier de médecins, de sorciers & d'astrologues. Ils vendent au peuple superstitieux des billets écrits en caracteres arabes, qu'il regarde comme des préservatifs contre le tonnerre, la pluie, les vents, les blessures à la guerre, & même contre la mort. D'autres mettent ceux qui les portent à couvert des poisons, des animaux

venimeux; il y en a qui garantissent des maisons & des villes entieres du feu & du pillage. On porte au cou ces sortes de billets cousus en sachets. Au moyen de ces talismans, les *ombiasses* ont le secret de tirer un profit immense des peuples séduits, qui n'ont d'autre religion que ces superstitions ridicules. Lorsque quelqu'un tombe malade ou en démence, on envoie chercher un *ombiasse*, qui est chargé d'aller au tombeau du pere du malade qu'il ouvre; il évoque son ombre, & la prie de rendre le jugement à son fils; après quoi le prêtre retourne vers le malade, lui met son bonnet sur la tête, lui promet un succès infaillible; & sans l'attendre, a soin de se faire payer de sa peine. Mais le plus affreuse superstition à laquelle ces imposteurs donnent les mains, c'est l'usage où sont les habitans de Madagascar de sacrifier le premier-né de leurs bestiaux à Dieu & au diable à-la-fois; sur quoi il est bon d'observer qu'ils nomment satan le premier dans leurs prieres, & disent *dianbilis aminnam-habare*, ce qui signifie, *le seigneur diable & dieu*. (*UHM*, vi. 89, 115. Attributed to D'Holbach by his son, *RHL*, 1951, p. 332; reproduced by Naigeon in *PAM*, vol. iii, p. 373, but without any indication of authorship.)

476–7 ONÉGOUAS, (*Hist. mod.*) c'est le titre qu'on donne à la cour du roi de Benin en Afrique, aux trois personnes les plus distinguées du royaume, & qui sont toujours auprès de la personne du monarque. Ce mot signifie *grands seigneurs*, c'est à eux que l'on s'adresse dans toutes les demandes, & ils sont chargés des réponses du souverain, en sorte qu'on peut dire que ce sont eux qui regnent réellement, d'autant plus qu'ils sont presque les seuls qui approchent le roi; lorsque ce prince sent sa fin approcher, il déclare en secret à l'un des *onégouas*, celui de ses enfans qu'il veut avoir pour successeur, ce qui le rend pour ainsi dire maître absolu de la couronne. Les seigneurs d'un ordre inférieur sont nommés par les Portugais *ares de roe* ou *princes des rues*; ils sont chargés des détails du gouvernement, & de l'inspection des artisans, des marchands, &c. C'est un collier de corail qui est la marque de leur dignité, & jamais ils ne peuvent le quitter sous peine de mort; ils sont sujets à la même peine si on venoit à leur voler leur collier. (*UHM*, vi. 578–9.)

709–10 OVISSA, (*Hist. mod. culte.*) c'est le nom sous lequel les habitans du royaume de Benin en Afrique désignent l'*Etre suprème*. Ils ont, suivant le rapport des voyageurs, des idées assez justes de la divinité, qu'ils regardent comme un être tout-puissant, qui sait tout, qui, quoique invisible, est présent partout, qui est le créateur & le conservateur de l'univers. Ils ne le représentent point sous une forme corporelle; mais comme ils disent que Dieu est infiniment bon, ils se croient dispensés de lui rendre leurs hommages qu'ils réservent pour les mauvais esprits ou démons qui sont les auteurs de tous les maux, & à qui ils font des sacrifices pour les empêcher de leur nuire. Ces idolâtres sont d'ailleurs fort superstitieux, ils croient aux esprits & aux apparitions, & sont persuadés que les ombres de leurs ancêtres sont occupées à parcourir

l'univers, & viennent les avertir en songe des dangers qui les menacent; ils
ne manquent point à suivre les inspirations qu'ils ont reçues, & en conséquence ils offrent des sacrifices à leurs fétiches ou démons. Les habitans de
Bénin placent dans la mer leur séjour à venir de bonheur ou de misere. Ils
croient que l'ombre d'un homme est un corps existant réellement, qui
rendra un jour témoignage de leurs bonnes & de leurs mauvaises actions;
ils nomment *passador* cet être chimérique, qu'ils tâchent de se rendre favorable par des sacrifices, persuadés que son témoignage peut décider de leur
bonheur ou de leur malheur éternel. Les prêtres de Bénin prétendent découvrir l'avenir, ce qu'ils font au moyen d'un pot percé par le fond en trois endroits,
dont ils tirent un son qu'ils font passer pour des oracles, & qu'ils expliquent
comme ils veulent; mais ces prêtres sont punis de mort lorsqu'ils se mêlent
de rendre des oracles qui concernent l'état ou le gouvernement. De plus il
est défendu sous des peines très-grieves aux prêtres des provinces d'entrer
dans la capitale. Malgré ces rigueurs contre les ministres des autels, le gouvernement a dans de certaines occasions des complaisances pour eux qui sont très-
choquantes pour l'humanité; c'est un usage établi à Bénin de sacrifier aux
idoles les criminels que l'on réserve dans cette vûe; il faut toujours qu'ils
soient au nombre de vingt-cinq; lorsque ce nombre n'est point complet, les
officiers du roi ont ordre de se répandre pendant l'obscurité de la nuit, & de
saisir indistinctement tous ceux qu'ils rencontrent, mais il ne faut point
qu'ils soient éclairés par le moindre rayon de lumiere; les victimes qui ont
été saisies sont remises entre les mains des prêtres, qui sont maîtres de leur
sort: les riches ont la liberté de se racheter, ainsi que leurs esclaves, tandis que
les pauvres sont impitoyablement sacrifiés. (*UHM*, vi. 584–5. Attributed
to D'Holbach by his son, *RHL*, 1951, p. 332; reproduced by Naigeon in
PAM, vol. iii, pp. 387–8, but without any indication as to its authorship.)

Vol. XIV

498 SAGGONAS, s.m. (*Hist. mod.*) ce sont les prêtres ou chefs d'une secte
établie parmi les negres des parties intérieures de l'Afrique, & que l'on nomme
belli. Cette secte se consacre à l'éducation de la jeunesse; il faut que les jeunes
gens aient passé par cette école pour pouvoir être admis aux emplois civils &
aux dignités ecclésiastiques. Ce sont les rois qui sont les supérieurs de ces
sortes de seminaires; tout ce qu'on y apprend se borne à la danse, à la lutte,
la pêche, la chasse, & sur-tout on y montre la maniere de chanter une hymne
en l'honneur du dieu *Belli*; elle est remplie d'expressions obscenes, accompagnées de postures indécentes; quand un jeune negre a acquis ces connoissances importantes, il a des privileges considérables, & il peut aspirer à toutes
les dignités de l'état. Les lieux où se tiennent ces écoles, sont dans le fond des
bois; il n'est point permis aux femmes d'en approcher, & les étudians ne
peuvent communiquer avec personne, si ce n'est avec leurs camarades, &
les maîtres qui les enseignent; pour les distinguer, on leur fait avec un fer

chaud des cicatrices depuis l'oreille jusqu'à l'épaule. Lorsque le tems de cette singuliere éducation est fini, chaque *sagonna* remet son éleve à ses parens, on célebre des fêtes, pendant lesquelles on forme des danses qui ont été apprises dans l'école; ceux qui s'en acquittent bien reçoivent les applaudissemens du public, ceux au-contraire qui dansent mal sont hués sur-tout par les femmes.

Le dieu *Belli*, si respecté par ces negres, est une idole faite par le grand prêtre, qui lui donne telle forme qu'il juge convenable; c'est suivant eux un mystere impénétrable que cette idole, aussi n'en parle-t-on qu'avec le plus profond respect; cependant ce dieu ne dérive son pouvoir que du roi; d'où l'on voit que le souverain est parvenu dans ce pays à soumettre la superstition à la politique. (*HG*, iii. 605–7. See SANDI-SIMODISINO below.)

581 SALTATESQUIS, s.m. (*Hist. mod.*) c'est le nom qu'on donne à des juges ou aux membres d'un tribunal supérieur, qui décide de toutes les affaires parmi les négres qui habitent le pays appellé *Sierra Leona*, en Afrique. Leur réception est des plus singulieres. Le candidat est assis sur une sellette de bois, là le président lui frappe à plusieurs reprises le visage avec les intestins sanglans d'un bouc qui a été tué pour la cérémonie; il lui en frotte ensuite tout le corps, après quoi il lui met un bonnet rouge sur la tête, en prononçant le mot *sallatesqui* [*sic*]; il le revêtit d'une longue robbe garnie de plumes, & la fête finit par immoler un bœuf & par des réjouissances. Les avocats qui plaident devant la cour des *saltatesquis* ont des cliquets dans leurs mains, & des clochettes aux jambes, qu'ils font sonner afin de réveiller l'attention des juges aux endroits de leurs plaidoyers qui demandent le plus d'attention. (*HG*, iii. 237.)

595 SAMBA-PONGO, (*Hist. mod.*) c'est le titre que les habitans du royaume de Loango en Afrique donnent à leur roi, qu'ils regardent non-seulement comme l'image de la divinité, mais encore comme un dieu véritable; dans cette idée ridicule, ils lui attribuent la toute-puissance; ils croient que les pluies, les vents & les orages, sont à ses ordres; c'est pourquoi ils ont recours à lui dans les tems de sécheresse & de stérilité, & à force de présens & de prieres, le déterminent à leur rendre le ciel favorable. Lorsque le roi consent aux vœux de ses sujets, il ne fait que tirer une fleche contre le ciel, mais il y a lieu de croire qu'il ne s'y détermine que lorsqu'il voit le tems chargé, sur-tout quand c'est de la pluie qu'on lui demande. En un mot, ces peuples croient qu'il n'y a rien d'impossible pour leur monarque, & lui rendent en conséquence les honneurs divins. Malgré cette haute opinion, ils ne laissent pas de croire que sa vie ne puisse être mise en danger par les sortileges & les maléfices; c'est sur ce préjugé qu'est fondée une loi irrévocable, qui décerne la peine de mort contre quiconque a vu le roi de Loango boire ou manger; cet ordre s'étend même sur les animaux. Des voyageurs rapportent qu'un fils du roi, encore enfant, étant entré par hasard dans l'appartement de son pere, au moment où il buvoit, fut massacré sur le champ par ordre du grand

prêtre, qui prit aussi-tôt de son sang, & en frotta le bras de sa majesté, pour détourner les maux dont elle étoit menacée; ainsi la superstition vient par-tout à l'appui des despotes & des tyrans, qui sont quelquefois eux-mêmes les victimes du pouvoir qu'ils lui ont accordé. (*HG*, iv. 595, 599. Attributed to D'Holbach by his son, *RHL*, 1951, p. 332; reproduced by Naigeon in *PAM*, vol. iii, p. 517, where it is described as 'Anonyme'.)

610 SANDI-SIMODISINO, (*Hist. mod. superst.*) c'est le nom que les negres du royaume de Quoja, dans les parties intérieures de l'Afrique, donnent à des jeunes filles, qui sont pendant quatre mois séparées du reste des humains, & qui vivent en communauté sous des cabanes bâties dans les bois, pour recevoir de l'éducation; la supérieure de cette espece de communauté, s'appelle *soguilli*; c'est une matrone respectable par son âge; les jeunes filles qui doivent être élevées dans cette retraite, sont toutes nues, pendant tout le tems de leur séjour dans cette école; on les conduit à un ruisseau où on les baigne, on les frotte avec de l'huile, & on leur fait la cérémonie de la circoncision, qui consiste à leur couper le clitoris, opération très-douloureuse, mais qui est bientôt guérie; l'éducation consiste à leur apprendre des danses fort lascives, & à chanter des hymnes très-indécens, en l'honneur de l'idole *sandi*; quand le tems du noviciat est expiré, la dame supérieure conduit ses éleves au palais du roi, au milieu des acclamations du peuple, elles font devant sa majesté les exercices qu'elles ont appris, après quoi on les remet à leurs parens qui sont charmés des talens que leurs filles ont acquis. (*HG*, iii. 607. See SAGGONAS.)

Vol. XV

108–9 SERPENT-FÉTICHE (*Hist. mod. superstition*) les negres d'Afrique prennent pour objet de leur culte le premier objet, soit animé, soit inanimé, qu'ils rencontrent en sortant de chez eux pour exécuter quelque entreprise; tantôt c'est un chien, un chat, un insecte, un reptile; tantôt c'est une pierre, ou un arbre, &c. Lorsque les negres ont fait choix d'une divinité qu'ils nomment *fétiche*, ils lui font une offrande, & font vœu de continuer à lui rendre un culte, s'il les favorise dans le projet qu'ils méditent; lorsqu'ils réussissent, ils attribuent leur succès à la divinité dont ils font choix; si au contraire l'entreprise manque, le *fétiche* est oublié; de cette maniere ces peuples font & défont leurs divinités à volonté. Ces superstitions si grossieres, n'empêchent point ces negres d'avoir des idées assez justes d'un être suprême, qu'ils regardent comme le souverain du ciel & de la terre; ils lui attribuent la justice, la bonté, l'omniscience; c'est un esprit qui réside dans les cieux & qui gouverne l'univers; malgré cela leurs hommages sont réservés pour les fétiches dont nous avons parlé.

　　C'est sur-tout un *serpent* qui est la divinité le plus révérée des negres de la côte de Juidah; ils l'invoquent dans les tems de sécheresse, dans les calamités publiques, dans la guerre, &c. On lui offre alors de l'argent, des pieces d'étoffes de soie, des marchandises précieuses, des bestiaux vivans & des mêts délicieux; toutes ces offrandes tournent au profit des prêtres. Le *serpent* qui est l'objet de ce culte est très-familier; sa peau est de la plus grande beauté par la variété de ses couleurs. Il n'est point venimeux, mais est d'une espece qui fait la guerre aux autres & qui les détruit efficacement; il est même facile de les distinguer par leur forme & leurs couleurs. Le respect que l'on a pour le grand *serpent-fétiche*, s'étend à tous les serpens de son espece. Un capitaine anglois fut massacré impitoyablement, parce que les matelots de son équipage avoient eu le malheur de tuer un de ces *serpens* qui étoit venu se loger dans leur magasin. Comme les cochons se nourris-sent de *serpens*, on a pris le parti d'en détruire l'espece, de peur qu'ils ne continuassent à manger les divinités favorites de la nation. Le grand *serpent-fétiche*, que les negres croient immortel, a un temple magnifique, des prêtres auxquels la crédulité des souverains a fait accorder des terres & des revenus considérables: de plus tous les ans on consacre à ce dieu un certain nombre de vierges choisies destinées à ses plaisirs, ou plutôt à ceux de ses ministres. Ces imposteurs sont parvenus à persuader au peuple qu'il est un tems dans l'année pendant lequel les *serpens* saisissent toutes les jeunes filles qui leur plaisent, & les jettent dans une espece de délire qui suit leurs embrassemens; les parens de ces filles, pour les faire guérir de cette frénésie, les mettent dans des hôpitaux sous la direction des prêtres, qui travaillent à leur cure, & qui se font payer un prix considérable à titre de pension; de cette maniere ils savent se faire payer même des plaisirs qu'ils se procurent. Ces pensions & les préscns qui les accompagnent, font un produit immense, que les prêtres sont pourtant obligés de partager avec le souverain. Les filles qui ont été guéries dans ces sortes d'hôpitaux, sont obligées de garder un secret invio-lable sur les choses qu'elles y ont vues; la moindre indiscrétion seroit punie de mort. Cependant on nous dit que les prêtres imposteurs parviennent à fasciner tellement ces victimes de leur brutalité, que quelques-unes croyent réellement avoir été honorées des embrassemens du grand *serpent-fétiche*. Bosman raconte que la fille d'un roi fut obligée de subir les mêmes épreuves que les autres. Rien ne seroit plus dangereux que de révoquer en doute la probité des prêtres & la certitude des amours de leurs dieux. Ces prêtres se nomment *féticheres*, ils ont un chef ou souverain pontife qui n'est pas moins révéré que le roi, & dont le pouvoir balance souvent celui du monarque. Son autorité est fondée sur l'opinion du vulgaire, qui croit que ce pontife converse familierement avec le dieu, & est l'interprete de ses volontés. Les *féticheres* ont une infinité de moyens pour s'engraisser de la substance des peuples qui gémissent sous leurs cruelles extorsions; ils font le commerce, ont un grand nombre d'esclaves pour cultiver leurs terres; & la noblesse, qui s'apperçoit souvent de leur manege, est accablée de leur crédit, & gémit en silence des impostures de ces misérables.

Le grand *serpent-fétiche* a aussi des prêtresses, appellées *betas*, qui se consacrent à son service; les anciennes en choisissent tous les ans un certain nombre parmi les belles filles du pays. Pour cet effet, armées de bâtons, elles vont courir dans les villes, elles saisissent toutes les jeunes filles qu'elles rencontrent dans les rues; & secondées des prêtres, elles assomment quiconque voudroit leur opposer de la résistance. Les jeunes captives sont conduites au séjour des prêtresses, qui leur impriment la marque du grand *serpent*. On leur apprend à chanter des hymnes en son honneur, à former des danses autour de lui, enfin à faire valoir leurs charmes, dont elles partagent les revenus avec les vieilles prêtresses qui les instruisent. Cela n'empêche point que l'on n'ait pour elles la plus profonde vénération. (See the catalogue of D'Holbach's library, No. 2620: Du Culte des Dieux Fétiches, 1760, *in*-12; this article is based on pp. 18–45 of De Brosses.)

211 SINGHILLOS, (*Hist. mod.*) c'est le nom que les Jagas, peuple anthropophage de l'intérieur de l'Afrique, donnent à leurs prêtres; ce sont eux qui sont chargés de consulter les manes de leurs ancêtres, qui paroissent être les seuls dieux que ces peuples connoissent; les prêtres le font par des conjurations accompagnées ordinairement de sacrifices humains, que l'on fait en présence des ossemens des rois, conservés pour cet effet après leur mort, dans des especes de boëtes, ou de chasses portatives. Ces prêtres, dont l'empire est fondé sur la cruauté & la superstition, persuadent à leurs concitoyens que toutes les calamités qui leur arrivent, sont des effets de la vengeance de leurs divinités irritées, & qui veulent être appaisées par des hécatombes de victimes humaines; jamais le sang humain ne coule assez abondamment au gré de ces odieux ministres; les moindres souffles de vents, les tempêtes, les orages, en un mot les évènemens les plus communs, annoncent la colere & les plaintes des ombres altérées de sang; plus coupables en celà que les peuples aveugles & barbares qu'ils gouvernent, & qu'ils entretiennent par la terreur dans des pratiques révoltantes; c'est à leurs suggestions que sont dues les cruautés que ces sauvages exercent sur tous leurs voisins; ce sont ces prêtres qui leur persuadent que plus ils seront inhumains, plus ils plairont aux puissances inconnues, de qui ils croient dépendre. *Voyez l'article* JAGAS. (*UHM*, vi. 57.)

225 SIRATICK, s.m. (*Hist. mod.*) c'est le nom sous lequel on désigne le souverain d'une nation de négres d'Afrique, appellée *les foulis*; contre l'ordinaire des rois de ces climats, il gouverne avec la plus grande modération, ses lois paroissent dictées par l'amour du bien public, & il n'est, pour ainsi dire, que l'organe de sa nation; cela n'empêche point que son autorité soit très-respectée & très-étendue; les peuples se soumettent avec joie à des volontés qui tendent à leur bonheur. Le *siratick* a sous lui un grand officier, qui est pour ainsi dire le lieutenant général du royaume, qui commande à d'autres officiers, ces derniers sont tenus de fournir un certain contingent en cavalerie & en infanterie, sur le premier ordre qu'on leur donne; ils sont payés sur le

prix qui résulte de la vente des prisonniers de guerre, & de ceux qui refusent de servir le roi ou la patrie; ce droit est fondé sur les lois primitives de l'état, qu'il n'est point permis au *siratick* de changer, quoiqu'il ouvre la porte à des oppressions sans nombre. La dignité de *siratick* ne passe point aux enfans, mais aux freres du roi défunt, ou bien à leur défaut, au fils de sa sœur; usage qui est établi chez presque tous les négres. (*HG*, ii. 515.)

784 TABA *ou* TABO-SEIL, s.m. (*Hist. mod.*) c'est le nom sous lequel les Negres qui habitent la côte de grain en Afrique désignent leur roi, dont le pouvoir est très-arbitraire, vû que les peuples le regardent comme un être d'une nature fort supérieure à la leur. Sentiment qui est fortifié par les prêtres du pays, qui, comme en beaucoup d'autres endroits, sont les plus fermes supports de la tyrannie & du despotisme, lorsqu'ils n'y sont point soumis eux-mêmes. (*UHM*, vii. 15.)

810–11 TABOT, s.m. (*Hist. mod.*) c'est ainsi que l'on nomme, chez les Ethiopiens, une espece de coffre qui sert en même tems d'autel sur lequel leurs prêtres célebrent la messe. Ils ont la plus grande vénération pour ce coffre, dans l'idée que c'est l'arche d'alliance conservée dans le temple de Jérusalem, mais qui, suivant eux, fut enlevée furtivement par des missionnaires juifs, qui furent envoyés en Ethiopie par le roi Salomon pour instruire les peuples dans la loi du vrai Dieu. Les Abyssins, quoique convertis au christianisme, conservent toujours le même respect pour le *tabot*. Le roi lui-même n'a point la permission de le voir. Ce coffre est porté en grande cérémonie par quatre prélats qui sont accompagnés de beaucoup d'autres; on dépose le *tabot* sous une tente qui sert d'église dans les camps où le roi fait sa demeure ordinaire. Les missionnaires portugais ayant voulu soumettre les Abyssins au siege de Rome, tâcherent de se rendre maîtres de cet objet de la vénération du pays. Mais des moines zélés le transporterent secretement dans des endroits inaccessibles, d'où le *tabot* ne fut tiré qu'après l'expulsion des missionnaires catholiques, que l'on avoit trouvés trop entreprenans. (*UHM*, vi. 220.)

811 TABRA, s.m. (*Superstition.*) c'est le nom d'un rocher qui se trouve en Afrique, sur la côte du cap, & contre lequel les barques des negres font souvent naufrage; c'est pour cette raison que les habitans en ont fait une divinité ou un *fétiche*, auquel ils offrent des sacrifices & des libations, qui consistent à lui immoler une chevre dont on mange une partie, & dont on jette le surplus dans la mer; cependant un prêtre, par des contorsions ridicules & des invocations, prétend consulter le dieu pour savoir les momens qui seront favorables pour la navigation, & il se fait récompenser de la peine par les matelots qui lui font quelques présens. (*HG*, iv. 162.)

Vol. XVI

138 TENHALA, s.m. (*Hist. mod.*) c'est le nom que les habitans du Sénégal donnent aux princes du sang de leurs souverains, qu'ils nomment *Damel*.

Les nobles du pays se nomment *sahibobos*. Le souverain a sous lui deux seigneurs revétus des postes les plus éminens de l'état; le premier s'appelle *kondi*, il est chargé du département de la guerre & du commandement des armées; le second s'appelle le grand *jarofo*, il a le département des affaires civiles & est le chef de toutes les cours de judicature; le damel ou souverain lui-même ne peut point annuller ses décisions; il est chargé de parcourir les provinces, afin d'écouter les plaintes des peuples, contre les *alcaires*, qui sont des magistrats municipaux, chargés de la perception des revenus de l'état. (*HG*, iii. 145.)

396–7 TOMBA *ou* TOMBO, (*Hist. mod.*) c'est ainsi que l'on nomme en Afrique parmi les habitans idolâtres des royaumes d'Angola & de Metamba, des cérémonies cruelles superstitieuses qui se pratiquent aux funérailles des rois & des grands du pays. Elles consistent à enterrer avec le mort plusieurs des officiers & des esclaves qui l'ont servi pendant sa vie, & à immoler sur son tombeau un certain nombre de victimes humaines, proportionné au rang que la personne décédée occupoit dans le monde; après que ces malheureux ont été égorgés, & ont arrosé la terre de leur sang, les assistans dévorent leur chair. Les missionnaires européens ont eu beaucoup de peine à déraciner cette coutume abominable dans les pays où ils ont prêché l'évangile. (*UHM*, vi. 500–1.)

454 TOUQUOA, (*Hist. mod. Superst.*) c'est une divinité reconnue par les Hottentots, qu'ils regardent comme malfaisante, comme ennemie de leur nation, & comme la source de tous les maux qui arrivent dans ce monde: on lui offre des sacrifices pour l'appaiser. Quelques-uns de ces sauvages prétendent avoir vû ce démon sous la figure d'un monstre couvert de poil, vêtu de blanc, avec la tête & les piés d'un cheval. (*HG*, v. 174.)

Vol. XVII

377 UMBARES, s.m.pl. (*Hist. mod.*) c'est le nom qu'on donne en Ethiopie & en Abissinie aux juges ou magistrats civils qui rendent la justice aux particuliers; ils jugent les procès partout où ils se trouvent, même sur les grands chemins, où ils s'asseient & écoutent ce que chacune des parties a à alléguer; après quoi ils prennent l'avis des assistans, & décident la question. Mais on appelle des décisions des *Umbares* à des tribunaux supérieurs. (*UHM*, vi. 215.)

XI

If we look now at the unsigned articles concerning the continent of Asia, we come up against the difficulty that quite a number of contributors, for instance Jaucourt and Mallet, furnished articles in this field and an article without a signature could therefore well be by them as well as by a genuinely anonymous contributor. On the other hand the articles on Japan and especially its religion form a coherent whole, linked together by cross-references, as will be seen from the following:

Vol. VIII

444–5 JAMMABOS, s.m. (*Hist. mod.*) ce sont des moines japonnois, qui font profession de renoncer à tous les biens de ce monde, & vivent d'une très-grande austérité; ils passent leur tems à voyager dans les montagnes; & l'hiver ils se baignent dans l'eau froide. Il y en a de deux especes; les uns se nomment *Tosanfa*, & les autres *Fonsanfa*. Les premiers sont obligés de monter une fois en leur vie au haut d'une haute montagne bordée de précipices, & dont le sommet est d'un froid excessif, nommée *Ficoosan*; ils disent que s'ils étoient souillés lorsqu'ils y montent, le renard, c'est-à-dire, le diable les saisiroit. Quand ils sont revenus de cette entreprise périlleuse, ils vont payer un tribut des aumones qu'ils ont amassées au général de leur ordre, qui en échange leur donne un titre plus relevé, & le droit de porter quelques ornemens à leurs habits.

Ces moines prétendent avoir beaucoup de secrets pour découvrir la vérité, & ils font le métier de sorciers. Ils font un grand mystere de leurs prétendus secrets, & n'admettent personne dans leur ordre sans avoir passé par de très-rudes épreuves, comme de les faire abstenir de tout ce qui a eu vie, de les faire laver sept fois le jour dans l'eau froide, de les faire asseoir les fesses sur les talons, de frapper dans cette posture les mains au-dessus de la tête, & de se lever sept cens quatre-vingt fois par jour. *Voyez* Kempher, *Voyage du Japon*. (*HG*, x. 631–2. See SINTOS which refers back to this article.)

Vol. IX

52 JUITZ, (*Hist. mod. superstit.*) c'est ainsi que l'on nomme au Japon les partisans orthodoxes de la religion du Sintos, qui ont toujours adhéré aux dogmes & au culte de leurs ancêtres, sans jamais admettre les innovations de la religion de Budsdo; on donne le nom de *Rio-bus* à la secte qui leur est opposée. Voyez SINTOS, BUDSDO, SIAKA. (*HG*, x. 633–4. See RIO-BUS, SIAKA, and SINTOS below; there is no article on BUDSDO in the *Encyclopédie*.)

114 KASIEMATZ, s.m. (*Hist. mod. mœurs.*) c'est le nom qu'on donne au Japon à un quartier des villes qui n'est consacré qu'aux courtisanes ou filles de joie. Les pauvres gens y placent leurs filles dès l'âge de dix ans, pour qu'elles y apprennent leur métier lubrique. Elles sont sous la conduite d'un directeur qui leur fait apprendre à danser, à chanter & à jouer de différens instrumens. Le profit qu'elles tirent de leurs appas est pour leurs directeurs ou maîtres de pension. Ces filles après avoir servi leur tems peuvent se marier, & les Japonois sont si peu délicats qu'elles trouvent sans peine des partis; tout le blâme retombe sur leurs parens qui les ont prostituées. Quant aux directeurs des *kasiematz*, ils sont abhorrés & mis au même rang que les bourreaux. (*HG*, x. 540.)

139 KUGE, s.m. (*Hist. mod.*) ce mot signifie *seigneur*. Les prêtres japonois, tant ceux qui sont à la cour du Dairi que ceux qui sont répandus dans le reste du royaume, prennent ce titre fastueux. Ils ont un habillement particulier qui les distingue des laïques; & cet habillement change suivant le poste qu'un prêtre occupe à la cour. Les dames de la cour du Dairi ont aussi un habit qui les distingue des femmes laïques. (*HG*, x. 566–7. See MASSIA.)

Vol. X

179 MASSIA, (*Hist. mod. Culte.*) c'est le nom que les Japonnois donnent à des petits oratoires ou chapelles bâtis en l'honneur des dieux subalternes; elles sont desservies par un homme appellé *canusi*, qui s'y tient pour recevoir les dons & les offrandes des voyageurs dévots qui vont invoquer ce dieu. Ces *canusi* sont des séculiers à qui les kuges ou prêtres de la religion du Sintos, par un désintéressement assez rare dans les hommes de leur profession, ont abandonné le soin & le profit des chapelles & même des mia ou temples. (See KUGE and MIA.)

484 MIA, (*Hist. mod.*) c'est le nom que les Japonois donnent aux temples dédiés aux anciens dieux du pays: ce mot signifie *demeure des ames*. Ces temples sont très-peu ornés; ils sont construits de bois de cèdre ou de sapin, ils n'ont que quinze ou seize piés de hauteur; il regne communément une galerie tout-au-tour, à laquelle on monte par des degrés. Cette espece de sanctuaire n'a point de portes; il ne tire du jour que par une ou deux fenêtres grillées, devant lesquelles se prosternent les Japonois qui viennent faire leur dévotion. Le plafond est orné d'un grand nombre de bandes de papier blanc, symbole de la pureté du lieu. Au milieu du temple est un miroir, fait pour annoncer que la divinité connoît toutes les souillures de l'ame. Ces temples sont dédiés à des especes de saints appellés *Cami*, qui font, dit-on, quelquefois des miracles, & alors on place dans le *mia* ses ossemens, ses habits, & ses autres reliques, pour les exposer à la vénération du peuple: à côté de tous les *mias*, des prêtres ont soin de placer un tronc pour recevoir les aumones. Ceux qui vont offrir leurs prieres au cami, frappent sur une lame de cuivre pour avertir le dieu de leur arrivée. A quelque distance du temple est un bassin de pierre rempli d'eau, afin que ceux qui vont faire leurs dévotions puissent s'y laver; on place ordinairement ces temples dans des solitudes agréables, dans des bois, ou sur le penchant des collines; on y est conduit par des avenues de cèdres ou de cyprès. Dans la seule ville de Méaco on compte près de quatre mille *mia*, desservis par environ quarante mille prêtres; les temples des dieux étrangers se nomment *tira*. (*HG*, x. 625–7.)

Vol. XI

76 NEGORES, (*Hist. mod.*) c'est le nom que l'on donne au Japon à un ordre de bonzes ou de moines militaires, institué comme les chevaliers de Malte, pour

défendre la religion. Le P. Charlevoix nous apprend qu'il n'est point de soldats plus aguerris & plus disciplinés que les *negores*. Ils font vœu de continence, & l'entrée de leur couvent est interdite aux femmes. (See the catalogue of D'Holbach's library, No. 2553: Histoire du Japon, par le Pere de Charlevoix. *Paris, Giffart*, 1754, 6 *vol. in-*12; the reference is to be found in this edition, vol. i, pp. 253–4.)

412 OFAVAI, (*Hist. mod. superstition*.) c'est ainsi que l'on nomme au Japon une petite boîte longue d'un pié & d'environ deux pouces de largeur, remplie de bâtons fort menus, autour desquels on entortille des papiers découpés: ce mot signifie *grande purification*, ou *rémission totale des péchés*, parce que les *canusi* ou desservans des temples de la province d'Isje, donnent ces sortes de boîtes aux pelerins qui sont venus faire leurs dévotions dans les temples de cette province, respectés par tous les Japonois qui professent la religion du Sintos. Ces pelerins reçoivent cette boîte avec la plus profonde vénération, & lorsqu'ils sont de retour chez eux ils la conservent soigneusement dans une niche faite exprès, quoique leurs vertus soient limitées au terme d'une année, parce qu'il est de l'intérêt des *canusi* que l'on recommence souvent des pelerinages, dont ils reconnoissent mieux que personne l'utilité. *Voyez* SIAKA. (*HG*, x. 631. Reproduced in AT, vol. xvi, p. 160, but without the cross-reference to SIAKA; see SINTOS which refers back to this article.)

Vol. XIII

841 REBI, s.m. (*Hist. mod. Religion*.) c'est ainsi que l'on nomme au Japon les fêtes solemnelles que célebrent ceux qui suivent la religion du Sintos; elles se passent à visiter ses amis. Après avoir été au temple, on emploie le reste du jour en festins & en réjouissances. Les Japonois sont persuadés que les plaisirs innocens dont jouissent les hommes, sont très-agréables à la divinité, & que la meilleure maniere d'honorer les cami, c'est-à-dire, les saints, est de se procurer dans ce monde une partie de la félicité que ces êtres heureux goûtent dans le ciel. Les Sintoïstes ont chaque mois trois fêtes: la premiere se célebre à la nouvelle lune; la seconde, à la pleine lune, & la troisieme, le dernier jour de la lune. Ils ont outre cela plusieurs fêtes solemnelles; la principale s'appelle *songuatz*; elle arrive le premier jour de l'année; elle se passe à se faire des présens. La seconde fête se nomme *songuatz-somnitz*, & se célebre le troisieme jour du troisieme mois; elle est destinée à la récréation des jeunes filles, à qui leurs parens donnent un grand festin. La troisieme fête s'appelle *goguatz-gonitz*, & tombe sur le cinquieme jour du cinquieme mois; elle est destinée pour les jeunes garçons. La quatrieme nommée *sissiguartz-nanuka*, se célebre le septieme jour du septieme mois; c'est un jour de réjouissance pour les enfans. Enfin la fête appellée *kunitz* se célebre le neuvieme jour du neuvieme mois; elle est consacrée au plaisir de la table, au jeu, à la danse, & même à la débauche & à la dissolution. (*HG*, x. 628–9. See SINTOS which refers back to this article.)

Vol. XIV

295 RIO-BUS, (*Hist. mod. superstit.*) c'est chez les Japonois le nom d'une secte de la religion du Sintos, qui a adopté les pratiques superstitieuses des religions étrangeres, & sur-tout celles du Budsdoïsme ou de la religion de Siaka. *Voyez* SIAKA. (*HG*, x. 634.)

Vol. XV

147–8 SIAKA, RELIGION DE, (*Hist. mod. superstition.*) cette religion qui s'est établie au Japon, a pour fondateur *Siaka* ou *Xaca*, qui est aussi nommé *Budsdo*, & sa religion *Budsdoïsme*. On croit que le *buds* ou le *siaka* des Japonois, est le même que le *foë* des Chinois, & que le *visnou*, le *buda* ou *putza* des Indiens, le *sommonacodum* des Siamois; car il paroît certain que cette religion est venue originairement des Indes au Japon, où l'on professoit auparavant la seule religion du *sintos*. *Voyez* SINTOS. Les Budsdoïstes disent que *Siaka* naquit environ douze cens ans avant l'ere chrétienne; que son pere étoit un roi; que son fils quitta le palais de son pere, abandonna sa femme & son fils, pour embrasser une vie pénitente & solitaire, & pour se livrer à la contemplation des choses célestes. Le fruit de ses méditations fut de pénétrer la profondeur des mysteres les plus sublimes, tels que la nature du ciel & de l'enfer; l'état des ames après la mort; leur transmigration; le chemin de l'éternelle félicité, & beaucoup d'autres choses fort au-dessus de la portée du commun des hommes. *Siaka* eut un grand nombre de disciples; se sentant proche de sa fin, il leur déclara que pendant toute sa vie, il avoit enveloppé la vérité sous le voile des métaphores, & qu'il étoit enfin tems de leur révéler un important mystere. *Il n'y a,* leur dit-il, *rien de réel dans le monde, que le néant & le vuide : c'est le premier principe de toutes choses; ne cherchez rien au-dela, & ne mettez point ailleurs votre confiance.* Après cet aveu impie, *Siaka* mourut à l'âge de soixante-dix neuf ans; ses disciples diviserent en conséquence sa loi en deux parties; l'une extérieure, que l'on enseigne au peuple; l'autre intérieure, que l'on ne communique qu'à un petit nombre de prosélites. Cette derniere consiste à établir le vuide & le néant, pour le principe & la fin de toutes choses. Ils prétendent que les élémens, les hommes, & généralement toutes les créatures sont formées de ce vuide, & y rentrent après un certain tems par la dissolution des parties; qu'ainsi il n'y a qu'une seule substance dans l'univers, laquelle se diversifie dans les êtres particuliers, & reçoit pour un tems différentes modifications, quoiqu'au fond elle soit toujours la même : à-peu-près comme l'eau est toujours essentiellement de l'eau, quoiqu'elle prenne la figure de la neige, de la pluie, de la grêle ou de la glace.

Quant à la religion extérieure du *budsdoïsme*, les principaux points de sa doctrine sont, 1° que les ames des hommes & des animaux sont immortelles; qu'elles sont originairement de la même substance, & qu'elles ne different que selon les différens corps qu'elles animent. 2° Que les ames des hommes séparées du corps sont récompensées ou punies dans une autre vie. 3° Que le séjour des bienheureux s'appelle *gokurakf*; les hommes y jouissent d'un bonheur proportionné à leur mérite. Amida est le chef de ces demeures célestes; ce n'est que par sa médiation que l'on peut obtenir la rémission de ses péchés, & une place dans le ciel, ce qui fait qu'Amida est l'objet du culte des sectateurs de *Siaka*. 4? Cette religion admet un lieu appellé *dsigokf*, où les méchans sont tourmentés suivant le nombre & la qualité de leurs crimes. Jemma est le juge souverain de ces lieux; il a devant lui un grand miroir, dans lequel il voit tous les crimes des réprouvés. Leurs tourmens ne durent qu'un certain tems, au bout duquel les ames malheureuses sont renvoyées dans le monde pour animer les corps des animaux impurs, dont les vices s'accordent avec ceux dont ces ames s'étoient souillées; de ces corps, elles passent successivement dans ceux des animaux plus nobles, jusqu'à ce qu'elles puissent rentrer dans des corps humains, où elles peuvent mériter ou démériter sur nouveaux frais.

5? La loi de *Siaka* défend de tuer aucunes créatures vivantes, de voler, de commettre l'adultere, de mentir, de faire usage de liqueurs fortes. Cette loi prescrit, outre cela, des devoirs très-gênans, & une mortification con-tinuelle du corps & de l'esprit. Les bonzes ou moines de cette religion punissent avec la derniere sévérité, & de la maniere la plus cruelle, les moindres fautes de ceux qui sont soumis à leur direction; ces moines sont de deux especes, les uns appellés *genguis*, & les autres appellés *goguis*. Ils menent une vie extraordinairement pénitente, & leur figure a quelque chose de hideux: le peuple les croit des saints, & n'ose résister à leurs ordres, quelques barbares qu'ils puissent être, & lors même que leur exécution doit être suivie de la mort. Ces bonzes font passer les pellerins qui visitent les temples de *Siaka* par les épreuves les plus cruelles, pour les forcer de confesser leurs crimes avant que de les admettre à rendre leurs hommages à ce dieu.

Cette religion a ses martyrs, qui se donnent une mort volontaire, dans la vue de se rendre agréables à leurs dieux. On voit, le long des côtes de la mer, des barques remplies de fanatiques, qui après s'être attachés une pierre au col, se précipitent dans le fond de la mer. D'autres se renferment dans des cavernes qu'ils font murer, & s'y laissent mourir de faim. D'autres se précipitent dans les abymes brûlans des volcans. Quelques-uns se font écraser sous les roues des chariots sur lesquels on porte en procession Amida & les autres dieux de leur religion; ces scenes se renouvellent chaque jour, & les prétendus martyrs deviennent eux-mêmes les objets de la vénération & du culte du peuple.

Il y a plusieurs fêtes solemnelles que célebrent les sectateurs de la religion de *Siaka*. La principale est celle que l'on appelle *la fête de l'homme*. L'on y porte en procession la statue du dieu *Siaka* sur un brancard, celle de sa maîtresse paroît ensuite; cette derniere rencontre comme par hasard la statue de sa femme légitime: alors ceux qui portent celle-ci se mettent à courir de côté & d'autre, & tâchent d'exprimer par leurs actions le chagrin que la rencontre d'une rivale préférée cause à cette épouse infortunée; ce chagrin se communique au peuple, qui communément se met à fondre en larmes. On s'approche confusément des brancards comme pour prendre parti entre le dieu, sa femme & sa maîtresse, & au bout de quelque tems, chacun se retire paisiblement chez soi, après avoir remis les divinités dans leurs temples. Ces idolâtres ont une autre fête singuliere, qui semble faite pour décider, les armes à la main, la préséance que méritent les dieux. Des cavaliers armés de pié en cap, échauffés par l'ivresse, portent sur le dos les dieux dont chacun d'eux s'est fait le champion; ils se livrent des combats qui ne sont rien moins que des jeux, & le champ de bataille finit par se couvrir de morts; cette fête sert de prétexte à ceux qui ont à venger des injures personnelles, & souvent la cause des dieux fait place à l'animosité des hommes.

La religion de *Siaka* a un souverain pontife, appellé *siako*, des évêques que l'on nomme *tundes*, & des moines ou bonzes appelles *xenxus* & *xodoxins*. Voyez ces différens articles. (The opening lines of the article come from *HG*, x. 636–8, and the fourth paragraph from *HG*, x. 638 or *UHM*, iv. 7. The next paragraph is from *HG*, x. 643–4. Paragraphs I, II, and III seem for the most part to be adapted from Charlevoix, *Histoire du Japon*, Paris, 1754, vol. i, pp. 207–23. SIAKO, SINTOS, TUNDES, XENXUS, and XODOXINS, to which this article refers the reader, are all reproduced below; see also SIUTO which refers back to SIAKA.)

148 SIAKO, *ou* XACO, (*Hist. mod.*) c'est le nom que l'on donne au Japon au souverain pontife du Budsdoïsme, ou de la religion de Siaka. Il est regardé par ceux de la secte comme le vicaire du grand Budsdo ou Siaka. *Voyez l'article qui précede.* Le *siako* a un pouvoir absolu sur tous les ministres de sa religion; c'est lui qui consacre les tundes, dont la dignité répond à celle de nos évêques, mais ils sont nommés par le cubo ou empereur séculier. Il est le chef suprême de tous les ordres monastiques du Budsdoïsme; il décide toutes les questions qui s'élevent au sujet des livres sacrés, & ses jugemens sont regardés comme infaillibles. Le *siako* a, suivant le P. Charlevoix, le droit de canoniser les saints, & de leur décerner un culte religieux. On lui attribue le pouvoir d'abréger les peines du purgatoire, & même celui de tirer les ames de l'enfer pour les placer en paradis. (See Charlevoix, *Histoire du Japon*, Paris, 1754, vol. i, pp. 250–1 and *HG*, x. 641; cf. TUNDES below.)

218–19 SINTOS ou SINTOISME, s.m. (*Hist. mod. Culte religieux.*) c'est le nom que l'on donne à la religion idolâtre la plus anciennement établie au Japon. Elle consiste dans le culte que l'on rend à des héros déifiés, que les Japonois adorent sous le nom de *cami* ou *kami*, ce qui signifie *esprits immortels*. On leur éleve des temples dans lesquels on conserve des épées, & d'autres armes antiques dont ces héros, devenus dieux, se servoient pour exterminer les monstres & les ennemis de l'empire. Les *sintoïstes* ont la vénération la plus profonde pour les reliques de ces dieux, qu'ils regardent comme les génies tutélaires de la nation, ses fondateurs & ses premiers rois. L'histoire de ces dieux fait la principale partie de la théologie du *sintos*; elle est remplie d'événemens miraculeux, de géans vaincus, de dragons exterminés, & d'autres aventures extraordinaires, qui ressemblent beaucoup à celles qui sont contenues dans nos anciens livres de chevalerie. Le chef de la religion du *sintos* & le souverain pontife, se nomme *mikaddo* ou *dairi*; il a seul le droit de placer les héros & les grands hommes de la nation au rang des dieux. On prétend qu'il descend lui-même des anciennes divinités du pays, qui se font un devoir de le visiter une fois tous les ans.

La religion du *sintos* n'admet point la métempsycose; cependant ses sectateurs s'abstiennent de tuer ou de manger les animaux utiles aux hommes. Ils croient l'immortalité de l'ame, & un état futur de bonheur & de malheur. Ils sont persuadés que le diable anime le renard qu'ils appellent *ma*, c'est-à-dire *esprit malin*, parce que cet animal cause de grands dommages à leurs pays.

Les principaux objets de la religion du *sintos* se réduisent à quatre chefs: 1º Les cérémonies légales: elles consistent à ne point se souiller de sang; à s'abstenir de manger de la chair; à ne point toucher aux corps morts; il n'est point permis de se présenter aux temples lorsque l'on est impur; toute effusion de sang, même la plus involontaire, est regardée comme une grande souillure, & l'on démoliroit un temple si un ouvrier qui travailleroit à sa construction venoit à se blesser jusqu'à répandre du sang. La plus grande de toutes les impuretés, est celle que l'on contracte par la mort de ses parens; la souillure augmente à proportion de la proximité du degré. Quelques casuistes ajoutent que l'on peut contracter l'impureté des autres, ce qui arrive, soit en voyant, soit en entendant, soit en disant des choses impures & malhonnêtes. Les *sintoïstes* les plus rigides croient encore que c'est un crime, que de se présenter aux dieux avec un esprit inquiet & chagrin; ils disent que *les prieres des malheureux doivent être des objets fâcheux pour des êtres qui jouissent de la suprème félicité.*

2º La célébration des fêtes de religion est le second objet du *sintoïsme*. Ces fêtes s'appellent *rébi*, voyez *cet article*. Les principales se célebrent en l'honneur de Tensio-dai-sin qui est le plus grand des dieux du *sintoïsme*: les autres dieux sont *Suwa, Fatzman, Morisaki, Sitios, Sitenno, Gotsutenno, Inari, Idsumo, Jebisu, Daikoku, Tossi-toku, Fottei* ou *Moroku*.

3º Un des principaux points de la religion du *sintos* consiste à faire des pélerinages fréquens dans la province d'Isjé, où sont les temples consacrés au plus grand de leurs dieux, les femmes ne s'exemptent point de ce devoir; mais les grands s'en dispensent & font faire ce pélerinage par des substituts. Lorsque les pélerins ont visité les saints lieux d'Isjé, on leur donne une boëte appellée *ofavai*, qu'ils ont en grande vénération. *Voyez* OFAVAI.

4º La religion du *sintos* a des sociétés & des confréries religieuses, & ses moines. Voyez JAMMABOS. (*HG*, x. 564, 624–33. See also REBI, mentioned above, and TENSIO-DAI-SIN as well as SIUTO which refers back to SINTOS.)

221 SIOMIO, (*Hist. mod.*) c'est ainsi qu'on nomme au Japon des seigneurs particuliers de certains districts ou terres dont ils sont propriétaires, & où ils rendent la justice au nom des empereurs du Japon. Ils sont dans une telle dépendance de la cour, qu'il ne leur est pas permis de rester plus de six mois dans leurs terres; ils sont obligés de passer les six autres mois dans la ville de Jedo, où l'on retient toute l'année leurs enfans, qui répondent au souverain de la fidélité de leurs peres. (*HG*, x. 537, 569. See TONO-SAMA.)

233–4 SIUTO, s.m. (*Hist. mod. relig. & philos.*) c'est le nom sous lequel on désigne au Japon une secte de philosophes qui font profession de ne suivre aucune des religions admises dans cet empire. Ces philosophes font consister la perfection & le souverain bien dans une vie sage & vertueuse. Ils ne reconnoissent point un état futur, & prétendent que les bonnes actions & les crimes n'ont point hors de ce monde de récompenses ou de punitions à attendre. L'homme, selon eux étant doué de la raison, doit vivre conformément aux lumieres qu'il a reçues, & par conséquent il est obligé de vivre sagement. Les *siutoïstes* rejettent les chimeres de la métempsycose & toutes les divinités ridicules des religions du sintos & de siaka. *Voyez* SINTOS & SIAKA. Ils croient que nos ames, issues d'un esprit universel, qui anime toute la nature, après avoir été séparées du corps, retournent dans le sein de ce même esprit, de même que les fleuves après avoir terminé leurs cours, rentrent dans la mer d'où ils tiroient leur origine. *Tien*, c'est-à-dire le *ciel*, est le nom qu'ils donnent à cet esprit, qui est la seule divinité qu'ils admettent; d'où l'on voit que les *siutoïstes* ont les mêmes idées sur la divinité que les lettrés chinois, c'est-à-dire, ce sont de vrais théistes; car quoique le mot *tien* signifie le *ciel*, il ne faut point croire que ce soit au ciel matériel & visible que ces philosophes adressent leurs vœux, mais à l'Etre suprème, créateur du ciel & de la terre. *Voyez* TIEN. Cependant on assure que quelques-uns d'entr'eux admettent un être intellectuel & incorporel qui gouverne la nature, mais qu'ils distinguent de son auteur, & qu'ils regardent comme étant lui-même une production de la nature. Selon eux cet être a été engendré par *In* & *Jo*; deux puissances différentes, dont l'une est active, & l'autre passive; l'une est le principe de la génération, & l'autre de la corruption. Les *siutoïstes* croient le monde éternel, mais que les hommes, les animaux, le ciel & tous les élémens ont été produits par *In* & *Jo*. Ces philosophes n'ont aucun temple, ni aucune forme de culte; ainsi que les lettrés chinois, ils font des cérémonies en mémoire de leurs ancêtres, sur les tombeaux desquels ils offrent du riz & des viandes; ils allument des cierges devant leurs images, & donnent des repas somptueux en leur honneur. Ils regardent le suicide non-seulement comme permis, mais même comme honorable.

Les *siutoïstes* ont, ainsi que les lettrés de la Chine, une profonde vénération pour la mémoire & les écrits de Confucius, & particulierement pour un de ses livres intitulé *siudo*, c'est-à-dire *voie philosophique*, d'où l'on voit que leur secte a tiré son nom; elle étoit autrefois très-nombreuse au Japon

& avoit beaucoup de partisans parmi les personnes savantes & éclairées, qui s'étoient détrompées des superstitions & des religions absurdes du pays. Mais ces philosophes eurent à essuyer de la part des bonzes ou des moines, des calomnies & des persécutions qui les obligerent de se conformer, du moins extérieurement, à l'idolâtrie du Japon. Le plus grand crime qu'on leur imputa, étoit de favoriser le Christianisme, accusation la plus terrible dont on puisse charger quelqu'un dans l'empire japonois. (*HG*, x. 649–50. See LETTRÉS, as well as TIEN.)

Vol. XVI

140 TENSIO-DAI-SIN, s.m. (*Mythologie & culte*.) c'est le plus grand dieu des Japonois qui professent la religion du sintos; on le regarde comme le patron & le protecteur de l'empire. On celebre sa fête le seizieme jour du neuvieme mois, avec une pompe & un [*sic*] magnificence extraordinaire. (*HG*, x. 624, 629. See SINTOS.)

339 TIRA, s.m. (*Hist. mod. Culte*.) c'est ainsi que l'on nomme au Japon, les temples consacrés aux idoles étrangeres. Ces temples sont sans fenêtres, & ne tirent de jour que de leurs portiques, qui conduisent à une grande salle remplie de niches, dans lesquelles on place des idoles. Au milieu du temple est un autel isolé, qui est communément très-orné, & sur lequel on place une ou plusieurs idoles d'une figure monstrueuse. On place devant elles un grand chandelier à plusieurs branches, où l'on allume des bougies odoriférantes; le tout est ordinairement surmonté d'un dôme. Quelques-uns de ces temples sont d'une grandeur prodigieuse, & qui excede de beaucoup nos plus grandes églises d'Europe. A côté des *tiras* l'on voit ordinairement des édifices somptueux, destinés à la demeure des bonzes ou des prêtres, qui ont toujours eu soin de choisir des emplacemens agréables. (*HG*, x. 642.)

413 TONO-SAMA, s.m. (*Hist. mod.*) c'est le nom qu'on donne au Japon aux gouverneurs des villes impériales; chaque ville a deux gouverneurs qui commandent alternativement pendant une année; celui qui est en exercice ne peut sortir de son gouvernement, l'autre est obligé de résider auprès de l'empereur. Lorsque quelqu'un est nommé à un gouvernement, il part pour s'y rendre, mais il laisse sa femme & ses enfans à la cour pour répondre de sa fidélité: pendant qu'il est en place, il lui est défendu sous peine de mort, de recevoir aucune femme dans son palais; la punition la plus douce dans ce cas seroit un bannissement perpétuel, & la ruine de toute sa famille. La cour des *tono-samas* est très-brillante, & composé [*sic*] d'un grand nombre d'officiers, que l'on nomme *jorikis*, qui doivent être nobles, & qui sont nommés par l'empereur lui-même; les gouverneurs exercent un pouvoir presqu'absolu dans leur gouvernement; mais l'empereur tient dans chaque ville un agent qui éclaire la conduite des gouverneurs; on l'appelle *dai-quen*; il est lui-même observé par des espions qui lui sont inconnus. Les *tono-samas* ont sous

eux des officiers ou magistrats municipaux, qui les soulagent des détails de l'administration; on les nomme *te-sii-jori.* (*HG*, x. 570. See SIOMIO.)

744–5 TUNDES, s.m. (*Hist. mod. superstit.*) les Japonois désignent sous ce nom des prêtres revêtus d'une dignité ecclésiastique de la religion de Budsdo, qui répond à celle de nos évêques. Ils tiennent leurs pouvoirs & leur consécration du souverain pontife de leur religion appellé *siaka, voyez* cet *article*; c'est l'empereur séculier du Japon qui nomme ces *tundes,* le siaka confirme son choix, & leur accorde le *droit de dispenser dans les cas ordinaires, & d'appliquer aux vivans & aux morts les mérites des dieux & des saints.*

Les *tundes* ne communiquent point sans restrictions, un pouvoir si étendu aux prêtres ordinaires. Ils ont communément la direction de quelque riche monastere de bonzes, qui leur fournissent les moyens de soutenir avec splendeur la dignité de leur état. *Voyez* SIAKA. (*HG*, x. 641.)

Vol. XVII

648 XAMABUGIS, s.m. (*Hist. mod. superstition.*) ce sont des especes de bonzes ou de moines japonois, qui suivent le budsdoïsme, ou la religion de Siaka. Ils servent de guides aux dévots pélerins qui vont visiter les temples de leurs fausses divinités. Ils leur font faire le voyage piés nuds; les obligent d'observer une abstinence très-sévere, & ils abandonnent sans pitié les infortunés qui sont hors d'état de suivre la caravane, & qui périssent faute de secours dans les déserts que l'on est forcé de traverser. Ensuite ces moines barbares remettent leurs pélerins sous la conduite des genguis, bonzes encore plus inhumains, qui les traitent avec une dureté que le fanatisme le plus outré auroit peine à justifier. *Voyez* SIAKA. (*HG*, x. 639–40 and Charlevoix, *Histoire du Japon*, Paris, 1754, vol. i, pp. 227–33.)

654 XENXUS, s.m. (*Hist. mod. superstit.*) ce sont des moines du Japon qui professent la religion de Budsdo. Le p. Charlevoix, jésuite, nous apprend que pour se rendre agréables aux grands, ils ont cherché à rendre la morale facile, & à débarrasser la religion de tout ce qu'elle peut avoir de gênant: ce sont des casuistes relâchés qui décident toujours en faveur des passions.

Ils nient l'immortalité de l'ame, & l'existence de l'enfer & du paradis; ils enseignent que toutes les espérances des hommes doivent se borner aux avantages de la vie présente, & ils prétendent appuyer leurs opinions sur la doctrine intérieure de Siaka, qu'ils accommodent à leur morale corrompue. *Voyez* SIAKA. (Charlevoix, *Histoire du Japon*, Paris, 1754, vol. i, p. 253, but much expanded.)

656–7 XODOXINS, s.m.plur. (*Hist. mod. superstit.*) ce sont des bronzes [*sic*] ou moines japonois de la secte de Budsdo ou de Siaka, qui suivent littéralement les préceptes de Siaka, & qui ont en horreur la morale relâchée des Xenxus; ils rendent un culte particulier au dieu Amida. *Voyez* SIAKA (*religion de.*) (See the same page in Charlevoix.)

XII

Though less closely linked than the above articles on Japan, there is a group of unsigned articles on China which may be attributed to D'Holbach with reasonable certainty:

Vol. VIII

210 HING-PU, s.m. (*Hist. mod.*) c'est le nom qu'on donne à la Chine à un tribunal supérieur qui réside auprès de l'empereur. Il est chargé de la révision de tous les procès criminels de l'empire, dont il juge en dernier ressort. Il a sous lui quatorze tribunaux subalternes, qui résident dans chaque province. Nul Chinois ne peut être mis à mort sans que sa sentence ait été signée par l'empereur même, ce qui prouve le cas que l'on fait à la Chine de la vie d'un homme. (*HG*, vi. 414.)

507 JEBUSES, s.f.pl. (*Hist. mod. superstition.*) espece de prêtresses de l'île de Formosa ou de Tay-Van, qui est située vis-à-vis de la province de To-Kyen. Ces prêtresses, qui font le métier de sorcieres & de devineresses, en imposent au peuple par des tours de forces au-dessus de leur portée; elles commencent leurs cérémonies par le sacrifice de quelques porcs ou d'autres animaux; ensuite, à force de contorsions, de postures indécentes, de chants, de cris & de conjurations, elles parviennent à s'aliéner, & entrent dans une espece de frénésie, à la suite de laquelle elles prétendent avoir eu des visions, & être en état de prédire l'avenir, d'annoncer le tems qu'il fera, de chasser les esprits malins, &c. Une autre fonction des *jébuses* ou prêtresses de Formosa, est de fouler aux piés les femmes qui sont devenues grosses avant l'âge de trente-sept ans, afin de les faire avorter, parce qu'il n'est, dit-on, point permis par les lois du pays de devenir mere avant cet âge. (*UHM*, iii. 536, but the statement contained in the last sentence is rejected there as false.)

Vol. IX

53 JU-KIAU, (*Hist. mod. & Philosophie.*) c'est le nom que l'on donne à la Chine à des sectaires qui, si l'on en croit les missionnaires, sont de véritables athées. Les fondateurs de leur secte sont deux hommes célebres appellés *Chu-tse & Ching-tsé*; ils parurent dans le quinzieme siécle, & s'associerent avec quarante-deux savans, qui leur aiderent à faire un commentaire sur les anciens livres de religion de la Chine, auxquels ils joignirent un corps particulier de doctrine, distribué en vingt volumes, sous le titre de *Sing-li-ta-tsuen*, c'est-à-dire *philosophie naturelle*. Ils admettent une premiere cause, qu'ils nomment *Tai-Ki*. Il n'est pas aisé d'expliquer ce qu'ils entendent par ce mot; ils avouent eux-mêmes que le *Tai-Ki* est une chose dont les propriétés ne peuvent être exprimées: quoi qu'il en soit, voici l'idée qu'ils tâchent de s'en former. Comme ces mots *Tai-Ki* dans leurs sens propres, signifient *faîte de maison*, ces docteurs enseignent que le *Tai-Ki* est à l'égard

des autres êtres, ce que le faîte d'une maison est à l'égard de toutes les parties qui la composent; que comme le faîte unit & conserve toutes les pieces d'un bâtiment, de même le *Tai-Ki* sert à allier entr'elles & à conserver toutes les parties de l'univers. C'est le *Tai-Ki*, disent-ils, qui imprime à chaque chose un caractere spécial, qui la distingue des autres choses: on fait d'une piece de bois un banc ou une table; mais le *Tai-Ki* donne au bois la forme d'une table ou d'un banc: lorsque ces instrumens sont brisés, leur *Tai-Ki* ne subsiste plus.

Les *Ju-Kiau* donnent à cette premiere cause des qualités infinies, mais contradictoires. Ils lui attribuent des perfections sans bornes; c'est le plus pur & le plus puissant de tous les principes; il n'a point de commencement, il ne peut avoir de fin. C'est l'idée, le modele & l'essence de tous les êtres; c'est l'ame souveraine de l'univers; c'est l'intelligence suprême qui gouverne tout. Ils soutiennent même que c'est une substance immatérielle & un pur esprit; mais bientôt s'écartant de ces belles idées, ils confondent leur *Tai-Ki* avec tous les autres êtres. C'est la même chose, disent-ils, que le ciel, la terre & les cinq élémens, en sorte que dans un sens chaque être particulier peut être appellé *Tai-Ki*. Ils ajoûtent que ce premier être est la cause seconde de toutes les productions de la nature, mais une cause aveugle & inanimée, qui ignore la cause de ses propres opérations. Enfin, dit le P. du Halde, après avoir flotté entre mille incertitudes, ils tombent dans les ténebres de l'athéisme, rejettant toute cause surnaturelle, n'admettant d'autre principe qu'une vertu insensible, unie & identifiée à la matiere. (*HG*, vi. 346–9. See the catalogue of D'Holbach's library, No. 2542: Description de la Chine, par le Pere J. B. du Halde. *Paris, le Mercier*, 1735, 4 *vol. in-fol.*)

111 KAN-JA, s.m. (*Hist. mod.*) c'est une fête solemnelle qui se célebre tous les ans au Tonquin, à l'imitation de la Chine. Le bova ou roi du pays, accompagné des grands du royaume, se rend à un endroit marqué pour la cérémonie: là il forme avec une charrue plusieurs sillons, & il finit par donner un grand repas à ses courtisans. Par cet usage le souverain veut inspirer à ses sujets le soin de l'agriculture, qui est autant en honneur à la Chine & au Tonquin, qu'elle est négligée & méprisée dans des royaumes d'Europe où l'on se croit bien plus éclairé. (*UHM*, iii. 444.)

129 KING, (*Hist. mod. Philosoph.*) ce mot signifie *doctrine sublime*. Les Chinois donnent ce nom à des livres qu'ils regardent comme sacrés, & pour qui ils ont la plus profonde vénération. C'est un mélange confus de mysteres incompréhensibles, de préceptes religieux, d'ordonnances légales, de poésies allégoriques, & de traits curieux tirés de l'histoire chinoise. Ces livres qui sont au nombre de cinq, font l'objet des études des lettrés. Le premier s'appelle *y-king*; les Chinois l'attribuent à Fohi leur fondateur; ce n'est qu'un amas de figures hiéroglyphiques, qui depuis long tems ont exercé la sagacité de ce peuple. Cet ouvrage a été commenté par le célebre Confucius, qui, pour s'accommoder à la crédulité des Chinois, fit un commentaire très-

philosophique sur un ouvrage rempli de chimeres, mais adopté par sa nation; il tâcha de persuader aux Chinois, & il parut lui-même convaincu, que les figures symboliques contenues dans cet ouvrage renfermoient de grands mysteres pour la conduite des états. Il réalisa en quelque sorte ces vaines chimeres, & il en tira méthodiquement d'excellentes inductions. *Dès que le ciel & la terre furent produits*, dit Confucius, *tous les autres êtres matériels existerent; il y eut des animaux des deux sexes. Quand le mâle & la femelle existerent, il y eut mari & femme, il y eut pere & fils; quand il y eut pere & fils, il y eut prince & sujet.* De-là Confucius conclut l'origine des lois & des devoirs de la vie civile. Il seroit difficile d'imaginer de plus beaux principes de morale & de politique; c'est dommage qu'une philosophie si sublime ait elle-même pour base un ouvrage aussi extravagant que le *y-king*. Voyez CHINOIS, *Philosophie des*.

Le second de ces livres a été appellé *chu-king*. Il contient l'histoire des trois premieres dynasties. Outre les faits historiques qu'il renferme, & de l'authenticité desquels tous nos savans européens ne conviennent pas, on y trouve de beaux préceptes & d'excellentes maximes de conduite.

Le troisieme qu'on nomme *chi-king* est un recueil de poésies anciennes, partie dévotes & partie impies, partie morales & partie libertines, la plûpart très-froides. Le peuple accoûtumé à respecter ce qui porte un caractere sacré, ne s'apperçoit point de l'irréligion, ni du libertinage de ces poésies; les docteurs qui voyent plus clair que le peuple, disent pour la défense de ce livre, qu'il a été altéré par des mains profanes.

Le quatrieme & le cinquieme *king* ont été compilés par Confucius. Le premier est purement historique, & sert de continuation au *chi-king*; l'autre traite des rites, des usages, des cérémonies légales, & des devoirs de la société civile.

Ce sont là des ouvrages que les Chinois regardent comme sacrés, & pour lesquels ils ont le respect le plus profond; ils font l'objet de l'étude de leurs lettrés, qui passent toute leur vie à débrouiller les mysteres qu'ils renferment. (*HG*, vi. 295–8. Perhaps on the strength of the cross-reference to *CHINOIS, Philosophie des*, this article is reproduced in AT, vol. xv, pp. 403–5; it seems to fit in better with the group of unsigned articles reproduced here, but this can only be advanced as a suggestion concerning its authorship. A comparison with *CHINOIS—AT, vol. xiv, pp. 124–5—shows that the collection and its separate parts are given different names from those in KING.)

281 LAO-KIUN, (*Hist. mod. & Philosophie.*) c'est le nom que l'on donne à la Chine à une secte qui porte le nom de son fondateur. *Lao-Kiun* naquit environ 600 ans avant l'ere chrétienne. Ses sectateurs racontent sa naissance d'une maniere tout-à-fait extraordinaire; son pere s'appelloit *Quang*; c'étoit un pauvre laboureur qui parvint à soixante & dix ans, sans avoir pu se faire aimer d'aucune femme. Enfin, à cet âge, il toucha le cœur d'une villageoise de quarante ans, qui sans avoir eu commerce avec son mari, se trouva

enceinte par la vertu vivifiante du ciel & de la terre. Sa grossesse dura quatre-vingt ans, au bout desquels elle mit au monde un fils qui avoit les cheveux & les sourcils blancs comme la neige; quand il fut en âge, il s'appliqua à l'étude des Sciences, de l'Histoire, & des usages de son pays. Il composa un livre intitulé *Tau-Tsé*, qui contient cinquante mille sentences de Morale. Ce philosophe enseignoit la mortalité de l'ame; il soutenoit que Dieu étoit matériel; il admettoit encore d'autres dieux subalternes. Il faisoit consister le bonheur dans un sentiment de volupté douce & paisible qui suspend toutes les fonctions de l'ame. Il recommandoit à ses disciples la solitude comme le moyen le plus sûr d'élever l'ame au-dessus des choses terrestres. Ces ouvrages subsistent encore aujourd'hui; mais on les soupçonne d'avoir été altérés par ses disciples; leur maitre prétendoit avoir trouvé le secret de pro-longer la vie humaine au-delà de ses bornes ordinaires; mais ils allerent plus loin, & tâcherent de persuader qu'ils avoient un breuvage qui rendoit les hommes immortels, & parvinrent à accréditer une opinion si ridicule; ce qui fit qu'on appella leur secte la *secte des Immortels*. La religion de *Lao-Kiun* fut adoptée par plusieurs empereurs de la Chine; peu-à-peu elle dégénéra en un culte idolâtre & finit par adorer des demons, des esprits, & des génies; on y rendit même un culte aux princes & aux héros. Les prêtres de cette religion donnent dans les superstitions de la Magie, des enchantemens, des conjurations; cérémonies qu'ils accompagnent de hurlemens, de con-torsions, & d'un bruit de tambours & de bassins de cuivre. Ils se mêlent aussi de prédire l'avenir. Comme la superstition & le merveilleux ne man-quent jamais de partisans, toute la sagesse du gouvernement chinois n'a pu jusqu'ici décréditer cette secte corrompue. (*HG*, vi. 323–7. See TAUT-SE, below.)

433 LETTRÉS, Litrados (*Littérat.*) nom que les Chinois donnent à ceux qui savent lire & écrire leur langue. *Voyez* CHINOIS.

Il n'y a que les *lettrés* qui puissent être élevés à la qualité de mandarins. *Voyez* MANDARINS. *Lettrés* est aussi dans le même pays le nom d'une secte qu'on distingue par ses sentimens sur la religion, la Philosophie, la politique. Elle est principalement composée de gens de lettres du pays, qui lui donnent le nom de *jukiao*, c'est-à-dire les *savans* ou *gens de lettres*.

Elle s'est élevée l'an 1400 de J. C. lorsque l'empereur, pour réveiller la passion de son peuple pour les Sciences, dont le goût avoit été entièrement émoussé par les dernieres guerres civiles, & pour exciter l'émulation parmi les mandarins, choisit quarante-deux des plus habiles docteurs, qu'il chargea de composer un corps de doctrine conforme à celle des anciens, pour servir desormais de regle du savoir, & de marque pour reconnoître les gens de lettres. Les savans préposés à cet ouvrage, s'y appliquerent avec beaucoup d'attention; mais quelques personnes s'imaginerent qu'ils donnerent la torture à la doctrine des anciens pour la faire accorder avec la leur, plutôt qu'ils ne formerent leurs sentimens sur le modele des anciens. Ils parlent de la divinité comme si ce n'étoit rien de plus qu'une pure nature, ou bien le pouvoir ou la vertu naturelle qui produit, arrange & conserve toutes les parties de l'univers. C'est, disent-ils, un pur & parfait principe, sans commencement ni fin; c'est la source de toutes choses, l'espérance de tout être, & ce qui se détermine soi-même à être ce qu'il est. Ils font de Dieu l'ame du monde; il est, selon leurs principes, répandu dans toute la matiere, & il y produit tous les changemens qui lui arrivent. En un mot, il n'est pas aisé de décider s'ils réduisent l'idée de Dieu à celle de la nature, ou s'ils élevent plutôt l'idée de la nature à celle de Dieu: car ils attribuent à la nature une infinité de ces choses que nous attribuons à Dieu.

Cette doctrine introduisit à la Chine une espece d'athéisme raffiné, à la place de l'idolatrie qui y avoit régné auparavant. Comme l'ouvrage avoit été composé par tant de personnes réputées savantes & versées en tant de parties, que l'empereur lui-même lui avoit donné son approbation, le corps de doctrine fut reçu du peuple non seulement sans contradiction, mais même avec applaudissement. Plusieurs le goûterent, parce qu'il leur paroissoit détruire toutes les religions; d'autres en furent satisfaits, parce que la grande liberté de penser qu'il leur laissoit en matiere de religion, ne leur pouvoit pas donner beaucoup d'inquiétude. C'est ainsi que se forma la secte des *lettrés*, qui est composée de ceux des Chinois qui soutiennent les sentimens que nous venons de rapporter, & qui y adherent. La cour, les mandarins, les gens de qualité, les riches, *&c.* adoptent presque généralement cette façon de penser; mais une grande partie du menu peuple est encore attachée au culte des idoles.

Les *lettrés* tolerent sans peine les Mahométans, parce que ceux-ci adorent comme eux le roi des cieux & l'auteur de la nature; mais ils ont une parfaite aversion pour toutes les sectes idolatres qui se trouvent dans leur nation. Ils résolurent même une fois de les extirper, mais le désordre que cette entreprise auroit produit dans l'empire les empêcha; ils se contentent maintenant de les condamner en général comme autant d'hérétiques, & renouvellent solemnellement tous les ans à Pékin cette condamnation. (*UHM*, iii. 564–5. CHINOIS is, of course, *CHINOIS, Philosophie des.* See JU-KIAU and also SIUTO which alludes to 'les lettrés de la Chine' and the parallel between their attitude to religion and that of certain Japanese.)

Vol. XI

469 O MI-TO (*Hist. mod.*) c'est le nom que les Chinois idolâtres, qui suivent la secte de *Fo,* donnent à une divinité pour laquelle ils ont la plus grande vénération. On croit que c'est le même dieu que les Japonois adorent sous le nom d'*Amida.* Les Chinois croient qu'il suffit de l'invoquer pour obtenir le pardon des crimes les plus atroces. Ils joignent son nom avec celui de *Fo,* & en font un même mot *O-mi-to-fo.* Ce dieu prétendu, de l'aveu de ses adorateurs, étoit un homme du royaume de Bengale, fameux par la sainteté de ses mœurs. (*HG*, vi. 329.)

Vol. XIV

302 RITES, TRIBUNAL DES, (*Hist. mod.*) c'est un tribunal composé de mandarins & de lettrés chinois, dont la destination est de veiller sur les affaires qui regardent la religion, & d'empêcher qu'il ne s'introduise dans le royaume de la Chine, les superstitions & innovations que l'on voudroit y prêcher. Ce tribunal est, dit-on, presqu'aussi ancien que la monarchie; les mandarins qui le composent sont de la secte des lettrés, c'est-à-dire, ne suivent aucune des superstitions adoptées par les bonzes & par le vulgaire. Cependant on accuse quelques-uns de ces lettrés de se livrer en particulier à des pratiques superstitieuses, qu'ils désavouent & condamnent en public. On croit que c'est à ce tribunal que la Chine est redevable de la durée des principes de la religion des lettrés chinois, qui est exempte d'idolâtrie, vû qu'elle n'admet qu'un seul dieu, créateur & conservateur de l'univers. *Voyez* TYEN-TCHU.

Le *tribunal des rites* a donc le département des affaires religieuses; il est chargé de faire observer les anciennes cérémonies; les arts & les sciences sont sous sa direction, & c'est lui qui examine les candidats qui veulent prendre des degrés parmi les lettrés. Il fait les dépenses nécessaires pour les sacrifices & pour l'entretien des temples; enfin c'est lui qui reçoit les ambassadeurs étrangers, & qui regle le cérémonial que l'on doit observer. Ce tribunal s'appelle *li-pu* ou *li-pou* parmi les Chinois. (*HG*, vi. 413. There is no such article as TYEN-TCHU, but see TIEN, *ou* TYEN below. See also LETTRÉS.)

Vol. XV

832 TAI-KI, (*Hist. mod. Philosophie.*) ce mot en chinois signifie le *faîte d'une maison*. Une secte de philosophes de la Chine, appellée *la secte des ju-kiau*, se sert de ce mot pour désigner l'Etre suprème, ou la cause premiere de toutes les productions de la nature. *Voyez* JU-KIAU. (*HG*, vi. 347–8.)

946 TAUT-SE, s.f. (*Hist. mod.*) c'est le nom d'une secte de la Chine, dont *Lao-kiun* est le fondateur, & qui a un grand nombre de partisans dans cet empire. Les livres de *Lao-kiun* se sont conservés jusqu'à ce jour; mais on assure qu'ils ont été altérés par ses disciples, qui y ont ajouté un grand nombre de superstitions. Ces ouvrages renferment des préceptes de morale propres à rendre les hommes vertueux, à leur inspirer le mépris des richesses, & à leur inculquer qu'ils peuvent se suffire à eux-mêmes. La morale de Lao-kiun est assez semblable à celle d'Epicure; elle fait consister le bonheur dans la tranquillité de l'ame, & dans l'absence des soins qui sont ses plus grands ennemis. On assure que ce chef de secte admettoit un dieu corporel. Ses disciples sont fort adonnés à l'alchimie, ou à la recherche de la pierre philo-sophale; ils prétendent que leur fondateur avoit trouvé un elixir au moyen duquel on pouvoit se rendre immortel. Ils persuadent de plus au peuple qu'ils ont un commerce familier avec les démons, par le secours desquels ils operent des choses merveilleuses & surnaturelles pour le vulgaire. Ces miracles, joints à la faculté qu'ils prétendent avoir de rendre les hommes

immortels, leur donnent de la vogue, sur-tout parmi les grands du royaume
& les femmes; il y a eu même des monarques chinois à qui ils en ont imposé.
Ils ont plusieurs temples dédiés aux démons en différens endroits de l'empire;
mais la ville de Kiang-si est le lieu de la résidence des chefs de la secte; il s'y
rend une grande foule de gens qui s'adressent à eux pour être guéris de leurs
maladies, & pour savoir l'avenir; ces imposteurs ont le secret de leur tirer
leur argent, en place duquel ils leur donnent des papiers chargés de caracteres magiques & mystérieux. Ces sorciers offrent en sacrifice aux démons
un porc, un oiseau et un poisson. Les cérémonies de leur culte sont accompagnées de postures étranges, de cris effrayans, & d'un bruit de tambour qui
étourdit ceux qui les consultent, & leur fait voir tout ce que les imposteurs
veulent. *Voyez* Duhalde, *hist. de la Chine.* (*HG*, vi. 323–6. No. 2542 in the
catalogue of D'Holbach's library is: Description de la Chine, par le Pere
J. B. du Halde. *Paris, le Mercier,* 1735, 4 *vol. in-fol.* See LAO-KIUN.)

949 TAY-BOU-TO-NI, s.m. (*Hist. mod.*) c'est le nom que les habitans du Tonquin donnent à des jongleurs, ou prétendus magiciens, qui, au moyen de
quelques charmes, persuadent au peuple qu'ils peuvent guérir toutes sortes
de maladies; leur maniere de procéder à la guérison d'un malade, est de
danser autour de lui, en faisant un bruit horrible, soit avec une trompette,
soit avec une espece de tambour, soit avec une clochette, *&c.* & en proférant
des paroles mystérieuses pour conjurer les démons, auprès desquels ils
prétendent avoir beaucoup de crédit. (*UHM*, iii. 442.)

TAYDELIS, s.m. (*Hist. mod.*) c'est ainsi que l'on nomme au royaume de
Tonquin des especes de devins, qui n'ont d'autre fonction que de chercher
& d'indiquer les endroits les plus avantageux pour enterrer les morts; ces
endroits, suivant les Chinois & les Tonquinois, ne sont rien moins qu'in-
différens, & l'on apporte le plus grand scrupule dans leur choix. Les *taydelis*
examinent pour cet effet, la position des lieux, les vents qui y regnent, le
cours des ruisseaux, *&c.* & jamais un tonquinois n'enterreroit ses parens
sans avoir consulté ces prétendus devins sur la sépulture qu'il doit leur donner.
Le devin, suivant l'usage, ne lui donne point ses conseils gratuitement.
(*UHM*, iii. 442–3.)

Vol. XVI

313 TIBALANG, s.m. (*Hist. mod. superstit.*) nom que les anciens habitans
idolâtres des Philippines donnoient à des fantômes qu'ils croyoient voir sur
le sommet des arbres. Ils se les représentoient comme d'une taille gigantesque,
avec de longs cheveux, de petits piés, des ailes étendues, & le corps peint.
Ils prétendoient connoître leur arrivée par l'odorat, & ils avoient l'imagination si forte, qu'ils assûroient les voir. Quoique ces insulaires reconnussent
un Dieu suprême qu'ils nommoient *Barhala-may-capal,* ou *dieu fabricateur;*
ils adoroient des animaux, des oiseaux, le soleil & la lune, des rochers, des
rivieres, *&c.* Ils avoient sur-tout une profonde vénération pour les vieux

arbres; c'étoit un sacrilége de le [*sic*] couper, parce qu'ils étoient le séjour ordinaire des *Tibalangs*. (*HG*, x. 424.)

319 TIEN, *ou* TYEN, s.m. (*Hist. mod. Relig.*) ce mot signifie en langue chinoise *le ciel*. Les lettrés chinois désignent sous ce nom *l'Etre suprème*, créateur & conservateur de l'Univers. Les Chinois de la même secte des lettrés, désignent encore la divinité sous le nom de *cham-ti*, ou *chang-ti*, ce qui signifie *souverain* ou *empereur*; ces dénominations donnerent lieu à de grandes contestations entre les missionnaires jésuites & les mandarins qui sont de la secte des lettrés; les premiers ne voulurent jamais admettre le nom de *tien*, que les lettrés donnoient à la divinité, parce qu'ils les accusoient d'athéïsme, ou du moins de rendre un culte d'idolatrie au ciel matériel & visible. Ils vouloient que l'on donnât à Dieu le nom de *tien-tchu*, seigneur du ciel. L'empereur Canghi, dans la vue de calmer les soupçons & les scrupules des missionnaires, qu'il aimoit, donna un édit ou déclaration solemnelle, qu'il fit publier dans tout son empire, par laquelle il faisoit connoître que ce n'étoit point au ciel matériel que l'on offroit des sacrifices, & à qui l'on adressoit ses vœux; que c'étoit uniquement au souverain maître des cieux à qui l'on rendoit un culte d'adoration, & que par le nom de *chang-ti*, on ne prétendoit désigner que l'Etre suprème. L'empereur, non content de cette déclaration, la fit souscrire & confirmer par un grand nombre des mandarins les plus distingués de l'empire, & par les plus habiles d'entre les lettrés; ils furent très-surpris d'apprendre que les Européens les eussent soupçonnés d'adorer un être inanimé & matériel, tel que le ciel visible; ils déclarerent donc de la maniere la plus authentique, que par le mot *tyen*, ainsi que par celui de *chang-ti*, ils entendoient le Seigneur suprème du ciel, le principe de toutes choses, le dispensateur de tous les biens, dont la providence, l'omniscience, & la bonté, nous donnent tout ce que nous possédons. Par une fatalité incompréhensible, des déclarations si formelles n'ont jamais pu rassurer les consciences timorées des missionnaires; ils crurent que l'empereur & les lettrés ne s'étoient expliqués de cette façon, que par une condescendance & par une foiblesse à laquelle rien ne pouvoit pourtant les obliger; ils persisterent à les soupçonner d'athéïsme & d'idolatrie, quelqu'incompatible que la chose paroisse; & ils refuserent constamment de se servir des mots de *tyen* & de *chang-ti*, pour désigner l'Etre suprème, aimant mieux se persuader que les lettrés ne croyoient point intérieurement ce qu'ils professoient de bouche, & les accusant de quelques restrictions mentales qui, comme on sait, ont été authorisées en Europe, par quelques théologiens connus des missionnaires. *Voyez l'histoire de la Chine* du R. P. du Halde. (*UHM*, iii. 565–6.)

XIII

If we turn now to the religion and civilization of the Indies and then to those of what one might call the Mohammedan countries, the number of articles which might well be attributed to D'Holbach swells even further. First, the articles which deal with the Indies:

Vol. VIII

284 HONDREOUS, s.m. (*Hist. mod.*) c'est le nom que l'on donne dans l'isle de Ceylan aux nobles, qui ainsi que par-tout ailleurs, se distinguent du peuple par beaucoup de hauteur & d'arrogance. Ils ont le droit de porter une robe qui descend jusqu'à la moitié de leurs jambes, de laisser tomber leurs cheveux sur leurs épaules, de porter l'épée au côté, & une canne à la main; enfin d'avoir la tête couverte d'un bonnet en forme de mitre. Les plus qualifiés d'entre les *hondreous* sont ceux dont le roi a ceint le front d'un ruban d'or & d'argent; on le [*sic*] nomme *mundiana*. Il n'est point permis aux nobles de contracter des alliances avec des personnes d'une tribu inférieure à la leur; & le supplice le plus affreux que le roi inflige aux filles des nobles qui lui déplaisent, est de les faire prostituer à des gens de la lie du peuple, qui sont regardés comme abominables, & que l'on exclud du droit d'habiter dans les villes. (*HG*, viii. 524, 527.)

432 JADDESES, s.m.pl. (*Hist. mod.*) c'est ainsi que l'on nomme dans l'isle de Ceylan des prêtres d'un ordre inférieur & obscur, qui sont chargés de desservir les chapelles ou les oratoires des génies qui forment un troisieme ordre de dieux parmi ces idolâtres. Chaque habitant a droit de faire les fonctions des *jaddeses*, sur-tout lorsqu'il a fait bâtir à ses dépens une chapelle, dont il devient le prêtre; cependant le peuple a recours à eux dans les maladies & les autres calamités, & l'on croit qu'ils ont beaucoup de crédit sur l'esprit des démons, qui passent chez eux pour avoir un pouvoir absolu sur les hommes, & à qui les *jaddeses* offrent un coq en sacrifice dans la vûe de les appaiser. Les *jaddeses* sont inférieurs aux *gonnis* & aux *koppus*. *Voyez* KOPPUS. (*HG*, viii. 531.)

Vol. IX

126 KIAKKIAK, s.m. (*Hist. mod. Mythol.*) c'est le nom d'une divinité adorée aux Indes orientales, dans le royaume de Pégu. Ce mot signifie le *dieu des dieux*. Le dieu *Kiakkiak* est représenté sous une figure humaine, qui a vingt aulnes de longueur, couchée dans l'attitude d'un homme qui dort. Suivant la tradition du pays, ce dieu dort depuis 6 mille ans, & son réveil sera suivi de la fin du monde. Cette idole est placé [*sic*] dans un temple somptueux, dont les portes & les fenêtres sont toujours ouvertes, & dont l'entrée est permise à tout le monde. (*UHM*, iii. 241.)

136 KOPPUS, s.m. (*Hist. mod.*) c'est le nom que les habitans de l'isle de Ceylan donnent à des prêtres consacrés au service des dieux du second ordre. Ces prêtres ne sont point si respectés que les *Gonnis* qui forment une classe supérieure de pontifes pour qui le peuple a autant de vénération que pour

le dieu *Buddou* ou *Poutza*, dont ils sont les ministres, & qui est la grande divinité des chingulais; les *Gonnis* sont toujours choisis parmi les nobles, ils ont su se soumettre le roi lui-même, qui n'oseroit les réprimer ou les punir lors même qu'ils ont attenté à sa propre personne; ces prêtres si puissans & si redoutables suivent la même régle, & ont les mêmes prérogatives que ceux que l'on nomme *talapoins* chez les Siamois. *Voyez cet article.* Quant aux *koppus* dont il s'agit ici, ils sont soumis aux taxes & aux charges publiques dont les *gonnis* sont exempts, & souvent ils sont obligés de labourer & de travailler comme les autres sujets pour gagner de quoi subsister, tandis que les *gonnis* menent une vie fainéante & s'engraissent de la substance du peuple. Les habitans de Ceylan ont encore un troisieme ordre de prêtres qu'ils nomment *jaddeses*. *Voyez cet article.* (*HG*, viii. 530–1.)

137 KOUROU *ou* KURU, s.m. (*Hist. mod.*) Les bramines ou prêtres des peuples idolâtres de l'Indostan, sont partagés en deux classes; les uns se nomment *kourou* ou *gourou*, prêtres, & les autres sont appellés *shastiriar*, qui enseignent les systèmes de la théologie indienne. Dans la partie orientale du Malabare, il y a trois especes de *kourous*, que l'on nomme aussi *buts*, & qui sont d'un ordre inférieur aux nambouris & aux bramines; leur fonction est de préparer les offrandes que les prêtres ou bramines font aux dieux. Quant aux shastiriars, ils sont chargés d'enseigner les dogmes & les mystères de la religion à la jeunesse dans les écoles. Leur nom vient de *shaster*, qui est le livre qui contient les principes de la religion des Indiens. *Voyez* SHASTER. (See also NAMBOURIS below.) (*UHM*, iii. 214.)

Vol. X

177 MASSANKRACHES, (*Hist. mod.*) c'est ainsi que l'on nomme dans le royaume de Camboya, situé aux Indes orientales, le premier ordre du clergé, qui commande à tous les prêtres, & qui est supérieur même aux rois. Les prêtres du second ordre se nomment *nassendeches*, qui sont des especes d'évêques qui sont égaux aux rois, & qui s'asseient sur la même ligne qu'eux. Le troisieme ordre est celui de *mitires* ou prêtres, qui prennent séance au-dessous du souverain; ils ont au-dessous d'eux les *chaynises* & les *sazes*, qui sont des prêtres d'un rang plus bas encore. (*UHM*, iii. 414.)

Vol. XI

8 NAIRES, NAHERS *ou* NAYERS, (*Hist. mod.*) c'est le nom que les Malabares donnent aux militaires de leur pays, qui forment une classe ou tribu très-nombreuse, & qui, comme ailleurs, se croit infiniment au-dessus du reste de la nation; c'est dans cette tribu que les rois ou souverains du Malabare choisissent leurs gardes-du-corps. Les Malabares portent l'orgueil de la naissance à un point d'extravagance encore plus grand qu'en aucune contrée de l'Europe; ils ne veulent pas même souffrir que leurs alimens soient préparés par des gens d'une tribu inférieure à la leur; ils ne souffrent pas que ces

derniers entrent dans leurs maisons, & quand par hasard cela est arrivé, un bramine est obligé de venir faire des prieres pour purifier la maison. Une femme ne peut point épouser un homme d'un rang inférieur au sien, cette mésalliance seroit punie par la mort des deux parties: or si la femme est de la tribu des nambouris, c'est-à-dire du haut clergé ou de celle des bramines, le souverain la fait vendre comme une esclave. Les faveurs d'une femme de qualité, accordées à un homme d'une tribu inférieure, non-seulement coutent la vie à ce dernier lorsque l'intrigue vient à se découvrir, mais encore les plus proches parens de la dame ont le droit pendant trois jours de massacrer impunément tous les parens du coupable.

Malgré la fierté des *naïres*, ils servent communément de guides aux étrangers & aux voyageurs, moyennant une rétribution très légere. Ces *naïres* sont, dit-on, si fidéles qu'ils se tuent, lorsque celui qu'ils conduisent vient à être tué sur la route. Les enfans des *naïres* portent un bâton qui indiquent [*sic*] leur naissance; ils servent aussi de guides & de sûreté aux étrangers, parce que les voleurs malabares ont pour principe de ne jamais faire de mal aux enfans. (*HG*, xi. 441–4. See NAMBOURIS below.)

11 NAMBOURIS, (*Hist. mod.*) c'est ainsi qu'on nomme chez les Malabares le premier ordre du clergé, dans lequel il y a une hiérarchie. Les *nambouris* exercent dans quelques cantons l'autorité souveraine & sacerdotale à-la-fois; dans d'autres endroits les souverains séculiers ne laissent pas d'être soumis à l'autorité spirituelle des *nambouris*, & même des bramines, qui sont des prêtres du second ordre. Les prêtres du troisieme ordre se nomment *buts*; ces derniers sont regardés comme des sorciers, & le peuple a pour eux une très-grande vénération. (*UHM*, iii. 167. See SAMORIN below.)

64 NAYBES, (*Hist. mod.*) c'est ainsi que dans les isles Maldives on nomme des prêtres, sur qui le roi se repose de tous les soins de la royauté. Ainsi les *naybes* réunissent la puissance spirituelle & temporelle, & jugent souverainement de toutes les affaires, chacun dans son gouvernement. Ils ont sous eux des magistrats nommés *catibes*, qui rendent la justice en leur nom, & qui sont aussi tirés de l'ordre sacerdotal. Le chef des *naybes* se nomme *Pandiare*. Il est le souverain pontife & le premier magistrat de la nation: ceux qui composent son conseil se nomment *mocouris*; il est obligé de les consulter dans les affaires importantes. (*HG*, viii. 248. See RASQAN below.)

64–65 NAYS, (*Hist. mod.*) c'est ainsi qu'on nomme dans le royaume de Siam, les chefs ou officiers qui commandent aux troupes. Il y en a sept especes, distinguées par différentes dénominations, suivant le nombre des soldats qui sont sous leurs ordres. Le souverain ne leur donne point de solde, vu que tous les sujets sont ou soldats ou esclaves. Il se contente de leur fournir des armes, des esclaves, des maisons, & quelquefois des terres, qui retournent au roi après la mort d'un *nays* à qui il les avoit données. Ces dignités ne sont point héréditaires; & les enfans d'un homme en place se trouvent souvent réduits aux fonctions les plus viles pour gagner leur subsistance. Les *nays* s'enrichissent par les extorsions qu'ils font souffrir au peuple, que le despote livre à leur avidité, sans que les opprimés aient de ressource contre leurs oppresseurs. (*HG*, ix. 252–3.)

91 NEN, (*Hist. mod.*) c'est ainsi qu'on nomme dans le royaume de Siam de jeunes enfans, que leurs parens consacrent au service des talapoins ou prêtres, & qui demeurent auprès d'eux dans leurs couvens, & vieillissent dans cet état. Ils ont des écoles où ils vont prendre les leçons des moines leurs maîtres; ils reçoivent les aumônes pour eux, parce qu'il ne leur est pas permis de toucher de l'argent. Enfin, les *nens* arrachent les mauvaises herbes du jardin du couvent, ce que les talapoins ne pourroient faire eux-mêmes sans pécher. (*HG*, ix. 287–8. See TALAPOINS below.)

146 NIREUPAN, (*Hist. mod. Mythol.*) suivant la Théologie des Siamois, des peuples de Laos & du Pegu, il y a dix-huit mondes différens par lesquels les ames des hommes doivent passer successivement. Neuf de ces mondes sont des séjours fortunés; c'est le neuvieme qui est le plus heureux de tous. Les neuf autres mondes sont des habitations malheureuses, & c'est le neuvieme sur-tout qui est le plus infortuné. Mais quelle que soit la félicité dont on jouit dans le neuvieme des premiers mondes, elle ne sera point éternelle, ni exempte d'inquiétudes, ceux qui y sont étant sujets à la mort. Suivant ces Indiens, si l'ame après ses différentes transmigrations, est parvenue à la perfection par ses bonnes œuvres dans chaque nouvelle vie, alors il n'y a plus aucun des mondes heureux qui soit digne d'elle, & l'ame jouit du *Nireupan*, c'est-à-dire qu'elle jouit d'une inactivité & d'une impassibilité éternelles, & n'est plus sujette à aucune transmigration; état qui peut passer pour un véritable anéantissement. C'est dans cet état que les Siamois prétendent que se trouve leur dieu Sommna-Kodom [*sic*], & tous les autres dieux qui sont les objets de leur culte. Selon eux, la punition des mechans sera de ne jamais parvenir au *Nireupan*. La voie la plus sûre pour obtenir ce bonheur est de se faire *tala-poin*, c'est-à-dire *moine*. Quelques-uns par *Nireupan*, entendent la possession de tout l'univers. (*UHM*, iii. 334–5. See SOMMONA-KODOM and TALAPOINS below; this article was reproduced by Naigeon in *PAM*, vol. iii, pp. 370–1, but without any indication as to its authorship.)

446–7 OKNIAS, *ou* OKINAS, (*Hist. mod.*) on désigne sous ce nom les grands seigneurs ou principaux officiers de la cour du roi de Kamboje, dans les Indes orientales. Ce sont eux qui forment le conseil du monarque, & qui jugent les causes des sujets dont ils font rapport à sa majesté. La marque de leur dignité est une boîte d'or qui renferme le bétel que les Indiens mâchent perpétuellement; ils la portent dans leur main, ou bien ils la font porter par un esclave qui les précede. Les seigneurs d'un rang inférieur s'appellent *tonimas*; il ne leur est permis d'avoir qu'une boîte d'argent. Les *nampras* forment le troisieme ordre de la noblesse. (*UHM*, iii. 414.)

552 ORANCAIES, (*Hist. mod.*) c'est le titre qu'on donne à la cour du roi d'Achem, dans l'île de Sumatra, à des gouverneurs que ce prince charge des départemens des provinces. Leur conduite est continuellement éclairée par ces souverains despotiques & soupçonneux, de peur qu'ils n'entreprennent quelque chose contre leurs intérêts. Ces seigneurs tiennent à grand honneur d'être chargés du soin des coqs du monarque qui, ainsi que ses sujets, s'amuse beaucoup des combats de ces sortes d'animaux. (*HG*, ix. 349.)

685 OSSA-POLLA-MAUPS, (*Hist. mod. culte.*) c'est le nom sous lequel les habitans de l'île de Ceylan désignent *l'Etre suprême*, c'est-à-dire *le Dieu qui a créé le ciel & la terre*; mais ils ne font pas difficulté de lui associer d'autres dieux qu'ils lui croient subordonnés, & qui sont les ministres de ses volontés; le principal d'entr'eux est *buddon*, qui est le même que le budsdo des Japonois, ou le fohi des Chinois; son emploi est de sauver les hommes, & de les introduire après leur mort dans le séjour de la félicité. (*HG*, viii. 530.)

730 OYAS (*Hist. mod.*) c'est le titre que l'on donne à la cour du roi de Siam, aux ministres & à ceux qui possedent les postes les plus éminens de l'état. Pour les distinguer des autres, le monarque leur donne une boîte d'or artistement travaillée, dans laquelle ils ont des feuilles de bétel qu'ils mâchent de même que les autres Indiens. C'est le plus ou le moins de travail qui se trouve sur cette boîte qui annonce le rang des *oyas*: ils ont au-dessous d'eux les *ok-pras*, parmi lesquels on choisit les ambassadeurs; leurs boîtes sont moins travaillées que celles des *oyas*. Les *ok-louans* forment un troisieme ordre de noblesse, leur boîte est d'argent façonné; enfin, les *ok-munes* & les *ok-konnes* sont des officiers subalternes, dont les boîtes sont d'or ou d'argent, sans nulle façon. (*UHM*, iii. 347.)

791 PALLI *ou* BALLI, (*Hist. mod.*) c'est le nom que les Siamois donnent à une langue savante, dans laquelle sont écrits les livres de leur théologie, & qui n'est connue que des talapoins ou prêtres siamois. C'est Sommona-Kodom leur législateur, qui passe pour être l'auteur du principal de ces livres; il est rempli des extravagances les plus grossieres, & des contes les plus ridicules. (*UHM*, iii. 335. See SOMMONA-KODOM and TALAPOINS below.)

885 PARABRAMA, s.m. (*Hist.*) le premier des dieux de l'Inde. Une fois il eut envie de se montrer à terre, & il se fit homme. Le premier effet de cette envie fut de lui faire concevoir un fils qui lui sortit de la bouche, & qui s'appella *Misao*. Il ne s'en tint pas là; il lui en sortit un second de l'estomac qui s'appella *Wilma*, & un troisieme du ventre qui fut nommé *Brama*. Avant que de disparoître il fit un état à chacun de ses enfans. Il voulut que l'aîné occupât le premier ciel & dominât sur les élémens & sur les mixtes. Il plaça le second sous son frere, & le constitua juge des hommes, pere des pauvres, & protecteur des malheureux. Il confera au troisieme l'empire du troisieme ciel, & la surintendance de tout ce qui appartient aux sacrifices & aux cérémonies

religieuses. Les Indiens représentent cette trinité de leur contrée par un [*sic*] idole à trois têtes sur un même corps; d'où quelques auteurs concluent qu'ils ont entendu parler de nos dogmes; mais ils ont tort, cette théologie ridicule est fort antérieure à la nôtre. (This article was reproduced by Naigeon in *PAM*, vol. iii, p. 389, but without any indication as to its authorship. See PROBAR-MISSOUR and RAM *ou* BRAMA below.)

934 PARÉAS, PERRÉAS *ou* PARIAS, (*Hist. mod.*) on designe sous ce nom parmi les habitans idolâtres de l'Indostan, une classe d'hommes séparée de toutes les autres, qui est l'objet de leur horreur & de leur mépris. Il ne leur est point permis de vivre avec les autres; ils habitent à l'extrémité des villes ou à la campagne, où ils ont des puits pour leur usage où les autres Indiens ne voudroient jamais aller puiser de l'eau. Les *Paréas* ne peuvent pas même passer dans les villes par les rues où demeurent les Bramines. Il leur est défendu d'entrer dans les temples ou pagodes, qu'ils souilleroient de leur présence. Ils gagnent leur vie à ensemencer les terres des autres, à bâtir pour eux des maisons de terre, & en se livrant aux travaux les plus vils. Ils se nourrissent des vaches, des chevaux & des autres animaux qui sont morts naturellement, ce qui est la principale source de l'aversion que l'on a pour eux. Quelque abjects que soient les *Paréas*, ils prétendent la supériorité sur d'autres hommes que l'on nomme *Scriperes*, avec qui ils ne veulent point manger, & qui sont obligés de se lever devant eux lorsqu'ils passent, sous peine d'être mal-traités. Ces derniers sont appellés *Halalchours* à Surate, nom si odieux que l'on ne peut faire une plus grande insulte à un banian que de le lui donner. Ce mot signifie un *glouton*, ou un homme qui mange tout ce qu'il trouve. (*UHM*, iii. 27–28. Reproduced in AT, vol. xvi, pp. 195–6, but the article fits in much better with D'Holbach's contribution to the last ten volumes of the *Encyclopédie*; see POULICHIS and VALOUVERS.)

Vol. XII

83–84 PARSIS, (*Hist. moderne.*) nom que l'on donne dans l'Indostan aux adorateurs du feu, ou sectateurs de la religion fondée en Perse par Zerdust ou Zoroastre. Les *Parsis* qui se trouvent aujourd'hui dans l'Inde, sont venus de Perse, comme leur nom l'indique; leurs ancêtres se sont réfugiés dans ce pays pour se soustraire aux persécutions des Mahométans arabes & tartares qui avoient fait la conquête de leur patrie. Ils sont vêtus comme les autres indiens, à l'exception de leur barbe qu'ils laissent croître; ils se livrent ordinairement à l'agriculture & à la culture de la vigne & des arbres. Ils ne communiquent point avec ceux d'une autre religion, de peur de se souiller; il leur est permis de manger des animaux, mais ils s'abstiennent de faire usage de la viande de porc & de celle de vache, de peur d'offenser les Maho-métans & les Banians. Ils ont une grande vénération pour le coq; leurs prêtres, qu'ils nomment *darous*, sont chargés du soin d'entretenir le feu sacré que leurs ancêtres ont autrefois apporté de Perse; ce seroit un crime irrémissible que de le laisser éteindre. Ce ne seroit pas un péché moins grand que de répandre de l'eau ou de cracher sur le feu ordinaire qui sert dans le ménage. Il est pareillement un objet de vénération pour les *Parsis*; & il y auroit de l'impiété à l'entretenir avec quelque chose d'impur. Leur respect pour le feu va jusqu'au point de ne point vouloir l'éteindre avec de l'eau, quand même leur maison seroit en danger d'en être consumée; par la même raison ils ne consentiroient jamais à éteindre une chandelle. En un mot, il ne leur est jamais permis de rien faire pour éteindre le feu; il faut qu'il s'éteigne de lui-même. Les *Parsis* regardent le mariage comme un état qui conduit au bonheur éternel; ils ont en horreur le célibat, au point qui si le fils ou la fille d'un homme riche viennent à mourir avant que d'avoir été mariés, le pere cherche des gens, qui pour de l'argent consentent à épouser la personne qui est morte. La cérémonie du mariage des *Parsis* consiste à faire venir deux *darous* ou prêtres, dont l'un place un doigt sur le front de la fille, tandis que l'autre place le sien sur le front de l'époux. Chacun de ces prêtres demande à l'une des parties, si elle consent à épouser l'autre; après quoi ils répandent du ris sur la tête des nouveaux mariés; ce qui est un emblème de la fécondité qu'ils leur souhaitent. Les *Parsis* n'enterrent point leurs morts; ils les exposent à l'air dans une enceinte environnée d'un mur où ils restent pour servir de proie aux vautours. Le terrein de cette enceinte va en pente de la circonférence au centre: c'est là que l'on expose les morts, qui dans un climat si chaud, répandent une odeur très-incommode pour les vivans. Quelques jours après qu'un corps a été exposé dans cet endroit, les amis & les parens du défunt vont se rendre au lieu de la sépulture; ils examinent ses yeux; si les vautours ont commencé par lui arracher l'œil droit, on ne doute pas que le mort ne jouisse de la béatitude; si au contraire l'œil gauche a été emporté le premier, on conclud que le mort est malheureux dans l'autre vie. C'est aux environs de Surate que demeurent la plûpart des *Parsis* de l'Indostan. (*UHM*, iii. 39–40.)

112 PASENDA, (*Hist. mod.*) c'est le nom que l'on donne parmi les indiens à une secte de Bramines ou de prêtres qui fait profession d'incrédulité. Ces sectaires regardent le *vedam*, le *shaster* & le *pouran*, c'est-à dire les livres qui contiennent la foi indienne, comme de pures rêveries; ils nient l'immortalité de l'ame & la vie future; ils se livrent, dit-on, à toutes sortes d'excès; commettent sans scrupule les incestes & les impuretés les plus abominables, & se mettent au-dessus de l'opinion des hommes; ce sont-là les couleurs sous lesquelles les ennemis des *pasendas* les représentent. De leur côté ils traitent d'hypocrites les partisans des sectes plus austeres, & prétendent qu'ils ne cherchent qu'à se faire applaudir & considérer par leur conduite sévere; cependant ils sont obligés de cacher leurs sentimens, de peur d'exciter le zele fougueux des bramines leurs adversaires, qui en plusieurs occasions ont fait faire main basse sur les sectaires dont nous parlons. (*UHM*, iii. 217. See PURAN, SHASTER, and VEDAM.)

161 PATALAM *ou* PADALAS, (*Hist. mod.*) c'est ainsi que les Banians ou Idolâtres de l'Indoustan nomment des abîmes souterreins ou des lieux de tourmens qui, suivant leur religion, sont destinés à recevoir les criminels sur qui Dieu exercera sa vengeance. Ils les nomment aussi *padala-logum* ou *enfer*; c'est *Emen* ou le dieu de la mort qui y préside: sa cour est composée de démons appellés *Rashejas*; c'est-là que les ames des damnés seront tourmentées. Suivant la mythologie de ces peuples, il y a sept royaumes dans le *patalam*; les hommes qui seront condamnés à ce séjour affreux, ne recevront d'autre lumiere que celle que leur fourniront des serpens qui porteront des pierres étincelantes sur leurs têtes. Cependant les Indiens ne croient point que les tourmens des damnés seront éternels: le *patalam* n'est fait, selon eux, que pour servir de purgatoire aux ames criminelles, qui rentreront ensuite dans le sein de la divinité, d'où elles sont émanées. (*UHM*, iii. 208.)

306 PÉNITENS INDIENS, (*Hist. mod. superst.*) rien n'est plus étonnant que ce que les voyageurs nous rapportent des austérités & des rigueurs que quelques bramines ou prêtres de l'Indostan exercent sur eux-mêmes. Les vies des premiers solitaires & anachoretes de l'Eglise chrétienne ne nous offrent rien de si frappant que les pénitences que s'imposent ces fanatiques idolâtres, que l'on nomme *joguis* ou *jaguis*. Ils forment plusieurs sectes qui different les unes des autres, non pour la doctrine, mais pour le genre de vie qu'elles embrassent, dans la vue de plaire à la divinité.

Les *vanaprastas* vivent avec leurs femmes & leurs enfans dans les déserts & les forêts; ils ne se nourissent que de plantes & des fruits que la terre donne sans qu'il soit besoin de la cultiver. Quelques-uns d'entr'eux poussent le scrupule jusqu'à ne point arracher des racines de la terre de peur de déloger quelqu'ame qui pourroit y être passée.

Les *sanjassi* ou *sanias* renoncent à tous les plaisirs du monde. Ils s'interdisent le mariage, ne prennent de la nourriture qu'une fois le jour; ils ne se servent que de vaisseaux de terre. Ils sont obligés de ne vivre que d'aumônes, sans cependant qu'il leur soit permis de toucher de l'argent. Ces *pénitens* n'ont point de demeure fixe, ils ne peuvent demeurer plus d'une nuit dans un même endroit. Ils portent un habit rouge & un bâton. Ils ont six ennemis à combattre; la concupiscence, la colere, l'avarice, l'orgueil, l'amour du monde, & le desir de la vengeance, pour s'élever à la contemplation des choses divines. Les *sanjassi* sont de la tribu des bramines. Ceux de la tribu des kutterys ou nobles, s'appellent *perma amfa*; ceux de la tribu des soudras ou du petit peuple, se nomment *joguis*; ces derniers sont moins réglés.

Les *avadoutas* sont encore plus austeres que les *sanjassi*. Ils quittent tout, femmes, enfans & leurs biens. Ils vont tout nuds, cependant quelques-uns couvrent leur nudité avec une piece d'étoffe. Ils se frottent le corps avec de la fiente de vache. Pour demander à manger ils ne font que tendre la main, sans proférer une parole; d'autres attendent qu'on vienne leur apporter des alimens pour se nourrir. Ces *pénitens* pratiquent quelquefois des macérations incroyables, comme de garder pendant long-tems la même posture. Les uns tiendront pendant plusieurs jours les deux bras élevés; les autres se font suspendre par les piés au-dessus d'un feu qui rend une fumée épaisse; d'autres se tiennent immobiles, & sont comme en extase, sans paroître s'appercevoir de ce qui se passe autour d'eux: en un mot, il n'y a sortes d'austérités & de rigueurs que ces *pénitens* n'exercent sur eux. Ils n'en ont d'autre récompense que la vénération qu'ont pour eux les Indiens idolâtres; les femmes poussent la leur jusqu'à leur baiser dévotement les parties que la pudeur ne permet point de nommer. (*UHM*, iii. 218–19.)

Vol. XIII

104 PORA, (*Hist. mod. Mythol.*) ce mot signifie *Dieu* dans la langue des habitans du royaume d'Arrakan aux Indes orientales. On donne ce nom à une montagne, située dans le voisinage de la ville de Ramu, au sommet de laquelle est un [*sic*] idole, sous la figure d'un homme assis les jambes croisées, pour qui les Indiens ont la plus grande vénération. (*HG*, ix. 65.)

203–4 POULIAS, s.m. (*Hist. mod.*) c'est ainsi que sur la côte de Malabar on nomme une tribu ou classe d'hommes qui vivent du travail de leurs mains, parmi lesquels sont tous les artisans. Jamais il ne leur est permis de sortir de leur état, ni de porter les armes même dans la plus grande extrémité. Ces hommes utiles, par une barbarie incroyable, sont si méprisés par ceux des tribus ou classes supérieures, qu'il ne leur est point permis d'entrer dans les maisons, ni de converser avec eux. Une maison dans laquelle un *poulia* seroit venu, est regardée comme souillée. Cependant les *poulias* sont moins détestés que les poulichis, que les Malabares regardent comme les derniers des hommes. *Voyez* POULICHIS. Lorsqu'un *poulia* ou artisan rencontre sur le chemin un naïre, ou noble, il est obligé de se ranger de côté, sans quoi il court risque d'être maltraité ou même tué impunément. Ces infortunés sont si méprisés, que les bramines ou prêtres n'acceptent point leurs offrandes, à moins qu'elles ne soient en or ou en argent. Lorsqu'ils font des présens à leur prince, ils sont obligés de les mettre à terre, après quoi ils se retirent de vingt pas, alors un naïre, ou garde du prince va les ramasser. Cela n'empêche point le souverain & les nobles de leur faire éprouver toutes sortes d'extorsions pour leur tirer de l'argent, & l'on ne se fait aucun scrupule de les mettre à mort sur le moindre soupçon. On dit que l'origine du mépris & de l'horreur que les Malabares ont pour la tribu des *poulias*, vient de ce que ces malheureux mangent des charognes, & de la viande des vaches & des bœufs qui sont morts naturellement. On les accuse aussi de voler les tombeaux des Malabares, où l'on est dans l'usage d'enterrer une partie de leurs richesses. (*HG*, xi. 441–2; *UHM*, iii. 168. See NAIRES and PARÉAS as well as POULICHIS and VALOUVERS.)

204 POULICHIS, *ou* PULCHIS, s.m. (*Hist. mod.*) c'est une classe d'hommes qui chez les Malabares est regardée comme indigne de participer aux avantages

de l'humanité. Il ne leur est point permis de bâtir des maisons sur la terre ni dans les champs, les forêts sont leur unique habitation, & ils forment sur les branches des arbres des especes de niches dans lesquelles ils demeurent comme des oiseaux. Lorsqu'ils rencontrent quelqu'un, ils se mettent à hurler comme des chiens, & ils se sauvent de peur d'offenser ceux d'une tribu supérieure, & sur-tout les naïres ou soldats, qui ne manqueroient pas de les tuer pour oser respirer le même air qu'eux. Les *poulichis* n'ont point le droit de labourer, de semer ou de planter ailleurs que dans des endroits écartés & sauvages. Ils sont obligés de voler pendant la nuit de quoi ensemencer leurs terres, & on les tue sans miséricorde lorsqu'on les attrape sur le fait. Lorsqu'ils ont besoin de nourriture, ils se mettent à heurler [*sic*] comme des bêtes féroces aux environs de leur bois, jusqu'à ce que quelques indiens charitables viennent leur donner un peu de riz, de cocos ou des fruits, qu'ils placent à vingt pas du malheureux qu'ils veulent secourir; il attend qu'ils soient partis pour s'en saisir, & il se sauve ensuite dans les bois. Ces hommes infortunés n'ont d'autre culte que celui qui leur vient en fantaisie; un arbre ou quelques branches arrangées leur servent de temple, ils adorent pendant la journée un serpent, un chien, ou le premier animal qui se présente à eux le matin. Cependant on dit qu'ils n'admettent qu'un Dieu suprème, & qu'ils croient la métempsychose ou la transmigration des ames. (*UHM*, iii. 168–9.)

254 POUTI-SAT *ou* PUTSA, s.m. (*Hist. mod.*) c'est le nom sous lequel les Siamois & quelques autres habitans des Indes orientales désignent le dieu plus connu sous le nom *sommona-kodom*. On croit que c'est le même dieu que les Chinois nomment *foë*, & les Japonois *siaka* ou *xaca*; d'autres indiens le nomment *budda* ou *boutta*. Ce nom signifie le seigneur, *pouti*. *Voyez* SOMMONA-KODOM & SIAKA. (*UHM*, iii. 306.)

263 PRASSAT, s.m. (*Hist. mod.*) c'est ainsi que l'on nomme le palais du roi de Siam. Jamais les sujets de ce monarque despotique n'entrent dans ce lieu redoutable ou n'en sortent sans se prosterner jusqu'à terre. La partie intérieure du palais où le roi a ses appartemens & les jardins, s'appelle *vang*. On n'y est admis qu'après beaucoup de formalités, dont la premiere est d'examiner si l'haleine de ceux qui veulent entrer ne sent point l'arack, ou l'eau-de-vie de riz; on ôte ensuite les armes aux personnes qui doivent être admises, parce que la tyrannie est toujours soupçonneuse. (*HG*, ix. 280. Reproduced in AT, vol. xvi, pp. 386–7, but its proper place seems to be in this list.)

400 PROBAR-MISSOUR, (*Mythol.*) c'est le nom d'une divinité adorée par les habitans de Camboya, dans les Indes orientales, qui le regardent comme le créateur du ciel & de la terre; cependant ils croient que ce dieu a reçu la faculté de créer d'un autre dieu appellé *Pra-lokussar*, qui en avoit reçu la permission d'un troisieme dieu, nommé *Pra-Issur*. (*UHM*, iii. 413. See PARABRAMA.)

575–6 PURAN, POURAN, *ou* POURANUM, subst.m. (*Hist. mod. superstit.*) ce mot dans la langue des idolâtres de l'Indostan, signifie les *poëmes*; ce sont des livres qui contiennent l'explication du livre appellé *shaster*, qui n'est lui-même qu'un commentaire du *vedam*, c'est-à-dire du livre sacré qui contient les dogmes de la religion des Bramines. Le *puran* comprend dix-huit livres qui renferment l'histoire sacrée & profane des anciens Indiens ou habitans de l'Indostan & du Malabar. C'est dans cet ouvrage que l'on trouve les légendes des rois, des héros, des prophetes & des pénitens, ainsi que celles des divinités inférieures. Il renferme le système de religion que les Bramines ont bien voulu communiquer au vulgaire, & est rempli de fictions absurdes & d'une mythologie romanesque; cependant les prêtres prétendent avoir reçu le *puran*, ainsi que le shaster & le vedam de la divinité même. Il n'est permis au peuple de lire que le *puran*, que l'on nomme par excellence *Harma-pouranum*. Les Indiens & les Malabares donnent encore le nom de *puran* ou de poésie, à un grand nombre de poésies qui célebrent les exploits des dieux Vistnou, & Issuren ou Ruddiren; on y donne l'histoire de la guerre des géans avec les dieux, les miracles opérés par ces derniers, la maniere de leur rendre un culte qui leur soit agréable. Il y a de ces poëmes qui ne parlent que des dieux particuliers à certains cantons des Indes & de la côte de Mala-bare. *Voyez* SHASTER & VEDAM. On trouvera des exemples de la théologie & des traditions contenues dans le *pouran*, aux *articles* RAM, VISTNOU & RUDIREN. (*UHM*, iii. 183–4. These five articles are all reproduced below.)

708 QUIAY, s.m. (*Hist. mod. superstit.*) nom générique que l'on donne aux idoles ou pagodes dans la péninsule ultérieure de l'Inde, c'est-à-dire au Pégu, dans les royaumes d'Arrakan, de Siam, *&c. Quiay-Poragray* est la grande divinité d'Arrakan; ses prêtres s'appellent *raulins, voyez cet article.* Dans certaines solemnités, ce dieu est porté en procession sur un char très-pesant, dont les roues sont fort épaisses & garnies de crochets de fer. Les dévots d'Arrakan se font écraser sous le poids de ces roues, ou s'accrochent aux crampons de fer qui s'y trouvent, ou bien ils se font des incisions & arrosent le dieu de leur sang; ces martyrs de la superstition sont des objets de vénération pour le peuple, & les prêtres conservent dans leurs temples les instrumens de leur supplice. (*HG*, ix. 68–69. See SHOKANADENS.)

760 RAJAH-POURSON, s.m. (*Hist. mod.*) ce mot signifie *roi des prêtres* dans la langue des Indiens du royaume de Kamboje. C'est le chef suprême de tous les talapoins ou prêtres du pays; il réside à Sombrapour; son vicaire ou substitut s'appelle *tivinia*; il a de plus un conseil sacerdotal, à la tête duquel il préside, & qui décide souverainement de toutes les matieres de sa compé-tence; elles sont fort étendues, vû que dans ce pays l'autorité des prêtres s'étend même sur les choses civiles. (*UHM*, iii. 414. See TALAPOINS.)

780 RAM *ou* BRAMA, s.m. (*Hist. mod. Mythol.*) c'est le nom que les idolâtres de l'Indostan donnent au principal des trois dieux du premier ordre, qui

sont l'objet de leur culte; les deux autres sont *Vistnou* & *Ruddiren*. Voyez *ces articles*. La religion primitive des Indiens n'admettoit qu'un seul dieu. Il paroît par le livre appellé *vedam*, qui contient leur loi & leur théologie, que l'Etre suprême créa *Ram* ou *Brama*; malgré cela leur religion s'étant corrompue, & ayant dégénéré en idolâtrie, les bramines ou prêtres substituerent un grand nombre de divinités ridicules au seul dieu de l'univers, que les Indiens adoroient dans les tems les plus reculés. Telle fut la source de la fortune de *Brama*, de créature il devint dieu. Les différentes sectes des idolâtres de l'Indostan attribuent des origines ridicules à ce dieu. Quelques-uns croient qu'il fut créé le premier, & qu'il doit être préféré à Vistnou & à Ruddiren; d'autres au contraire donnent la préférence à l'un de ces derniers. Quoi qu'il en soit de ces importantes querelles, on dit que le Tout-puissant après avoir créé *Brama*, lui donna le pouvoir de créer l'univers, & tous les êtres qui s'y trouvent; en conséquence il créa les différens mondes & les hommes; il se réposa [*sic*] sur des ministres ou dieux subalternes du soin des créations du détail, telles que les plantes, les herbes, *&c*. Les Malabares au contraire, prétendent que la faculté de créer lui fut donnée par Vistnou, quoique d'autres assurent que ce dernier n'a eu dans son département que le soin de veiller à la conservation des êtres créés par *Ram* ou *Brama*. Quant aux bramines ou prêtres, qui prétendent tirer leur origine de *Brama*, ils soutiennent sa primauté, & disent que le Tout-puissant lui donna le pouvoir de créer & de gouverner l'univers. Ils ajoutent que Dieu, semblable à un grand roi, dédaigne de se mêler des affaires de ce monde qu'il fait gouverner par des ministres. La fonction de *Brama* est, selon eux, de fixer la bonne ou la mauvaise fortune, le tems de la durée de la vie; en un mot, tous les événemens qui arrivent dans les huit mondes. Pour le soulager on lui donne un grand nombre de subdélégués & un premier ministre qui préside sur eux. Suivant les fictions des Bramines, le dieu *Brama* fut créé avec cinq têtes; mais il ne lui en reste plus que quatre, parce que Vistnou, suivant les uns, & Ruddiren ou Issuren, suivant les autres, lui coupa une de ces têtes. Suivant les sectateurs de *Brama*, ce dieu réside dans *brama-logum*, qui est le huitieme ciel, c'est-à-dire, le plus proche de celui où réside le Dieu suprème. *Brama*, selon eux, est sujet à la mort; & quelques-uns prétendent même qu'il meure [*sic*] & revient à la vie tous les ans. On lui donne deux femmes; la premiere est *Sarasvati*, qui est sa propre fille; la seconde s'appelle *Quiatri*. De la premiere il eut un fils nommé *Dacha*; il en eut un autre, qui fut produit par le sang qui découla de sa tête coupée, on l'appelle *Sagatrakavashen*, il a 500 têtes & 1000 bras. *Brama* eut encore un autre fils appellé *Kassiopa*, qui fut le pere des bons & des mauvais anges. Quoique suivant le *vedam*, ou livre de la loi, *Brama* ait été créé le premier, il y a une secte de Banians qui lui refuse les honneurs divins, le second des triumvirs célestes. *Voyez* VISTNOU. (*UHM*, iii. 195–6. In addition to RUDDIREN and VISTNOU to which this article gives cross-references, see VEDAM below.)

787 RAMTRUT, s.m. (*Hist. mod. superstit.*) c'est le nom d'une divinité adorée par les Kanarins, peuple de l'Indostan; elle a un temple fameux à Onor. On la représente sous des traits qui approchent plus de ceux d'un singe que d'un homme. Dans certains jours solemnels on le porte en procession dans une espece de char, qui a la forme d'une tour pyramidale d'environ quinze piés de haut; une douzaine de prêtres montent sur cette voiture pour accompagner l'idole; ils sont traînés par des hommes, qui tiennent à très-grand honneur de servir de bêtes de charge à ce dieu & à ses ministres. (*UHM*, iii. 160.)

816 RASQUAN, s.m. (*Hist. mod.*) c'est le titre que l'on donne au roi des îles Maldives. Ce prince est très-despotique; cela n'est point surprenant, ce sont les prêtres qui sont les dépositaires de son autorité, & qui exercent l'autorité temporelle, ainsi que la spirituelle. *Voyez* NAYBES. (*HG*, viii. 247–9.)

833 RAULIN, s.m. (*Hist. mod.*) c'est le nom qu'on donne aux pontifes ou prêtres idolâtres dans le royaume d'Arrakan, aux Indes orientales. Il y a une espece d'hierarchie parmi ces prêtres, qui sont de trois ordres différens; savoir les *pungrini*, les *panjani*, & les *schoshom*, ce qui répond à nos évêques, aux prêtres & aux diacres. Tous ces *raulins* sont soumis à un souverain pontife, qui est l'arbitre suprème de toutes les matieres relatives à la religion. La vénération que l'on a pour lui est si grande, que le roi du pays lui cede la place d'honneur, & ne lui parle qu'avec le plus profond respect. Les *pungrini* portent sur leur tête un mitre ou un bonnet jaune; les autres se rasent la tête & sont vêtus de jaune: ils sont obligés de garder le célibat; & en cas de désobéissance à leurs superieurs, on les chasse du clergé, & ils deviennent sujets aux mêmes taxes que les laïcs. Lorsqu'un indien tombe malade, on envoie chercher un *raulin* ou prêtre, à qui l'on a plus de foi qu'au médecin; ce prêtre dit des prieres, & souffle sur le malade; & lorsque cela ne réussit point, il lui conseille d'offrir un sacrifice à *Chaorbaos*, c'est-à-dire au dieu des quatre vents. Il consiste à immoler des cochons, de la volaille, & d'autres animaux, que le prêtre est chargé de manger. Ce sacrifice se réitere quatre fois en l'honneur des quatre vents, à-moins que le malade ne meure avant que d'en avoir fait la dépense. Si ces quatre sacrifices ne produisent aucun effet, l'on a recours à une nouvelle cérémonie appellée *talagno*. On commence par tendre la chambre du malade avec des tapis; on y dresse un autel sur lequel on place une idole; on fait danser le malade au son des instrumens, jusqu'à ce qu'il tombe en défaillance; alors on croit qu'il est en conférence avec le dieu. Cet exercice dure pendant huit jours; si le malade ne peut y suffire, on fait danser un de ses parens en sa place: durant ce tems on ne doit pas manquer de faire grande chere aux prêtres, sans quoi le ciel ne seroit point favorable au malade. (*HG*, ix. 67–69. See QUIAY.)

Vol. XIV

427–8 RUDDIREN, RUTREN *ou* ISSUREN, (*Hist. mod. & Mythologie.*) c'est un des trois dieux du premier ordre qui sont l'objet du culte des Banians ou idolâtres de l'Indostan; ses deux associés sont Ram ou Brama & Vistnou. *Voyez ces deux articles.* Ce dieu a 1008 noms differens; mais *Ruddiren* est celui que lui donnent le *Vedam* & le *Shaster*, qui sont les deux livres fondamentaux de la religion des Indes. Les Malabares l'appellent *Ichuren, Issuren, Ipsuren, Ipsara*; sur la côte de Coromandel & à Karnate, on le nomme *Esvara*. Ceux des Basnians & des Malabares qui le préférent aux deux autres dieux ses confreres, l'appellent *Mahaden* ou le *grand dieu.* D'autres lui donnent le nom de *Chiven*, le vrai dieu, l'être suprème, quoique le Vedam dise formellement qu'il n'est que le dernier dans l'ordre de la création, & que la fonction qui lui a été assignée par l'être suprème, est de détruire, tandis que celle de Ram ou Brama est de créer, & celle de Vistnou de conserver les êtres. Suivant les fictions des Indiens *Ruddiren* est d'une taille si prodigieuse, qu'il remplit les 7 mondes d'en-bas, & les 7 cieux; on le représente avec trois yeux, dont un est au milieu du front; ce dernier est si étincelant, qu'il consume, dit-on, tous les objets sur lesquels il se porte. Ce dieu a 16 bras. Il est couvert de la peau d'un tigre, & son manteau est la peau d'un éléphant entourée de serpens. Il porte trois chaînes autour du col, à l'une desquelles est suspendue une cloche. Dans cet équipage on le transporte monté sur un bœuf appellé *Irishipatan*, qui est lui-même un objet de vénération pour les Indiens. Ce dieu est regardé comme le Priape de l'Indostan; c'est pour cela que dans quelques pagodes ou temples il est représenté sous la figure du membre viril, ou comme les parties de la génération des deux sexes en conjonction: c'est ce que les Indiens appellent *linga* ou *lingam*, pour lequel ils ont la plus haute vénération, au point que plusieurs femmes portent cette figure obscène pendue à leur col. On assure même qu'aux environs de Goa & de Kananor, les nouvelles mariées se font déflorer par ce Priape, avant que de passer dans les bras de leurs époux. On croit que sous cet emblème, les bramines ont voulu représenter la génération de toutes choses, à laquelle, suivant quelques-uns, le dieu *Ichuretta* qui est le même que *Ruddiren*, est censé présider. Ce dieu impudique a des religieux qui se consacrent à son service, & qui demeurent constamment dans ses temples; ils vont quelquefois tout nuds dans les rues de Kananor & de Mangalor, en sonnant une clochette; alors toutes les femmes, de quelque rang qu'elles soient, sortent de leurs maisons pour venir toucher & baiser avec respect les parties de la génération de ces serviteurs du dieu. *Voyez l'histoire universelle* d'une société de savans anglois. *Hist. mod. tome VI. in-8º*

Il y a dans l'Indostan trois sectes consacrées au culte de *Ruddiren* ou *Ischuren*; elles se distinguent par le *lingam* que portent les sectaires; il est fait de crystal. On les enterre assis, & on ne brule point leurs corps, comme ceux des autres bramines. Ces trois sectes sont comprises sous le nom de *Chiwakalan* ou *Chivamadam. (UHM*, iii. 199–201, 204–5. In addition to RAM and VISTNOU, see SHASTER and VEDAM.)

532 SALAGRAMAM, (*Hist. nat. & superstition.*) c'est le nom que les Indiens donnent à une pierre coquilliere ou remplie de coquilles fossilles, que l'on trouve dans la riviere de Gandica, qui se jette dans le Gange près de Patna. Cette pierre, qui est réputée sacrée, est communément noire, quelquefois marbrée & de différentes couleurs, de forme ronde ou ovale. Les Indiens croyent qu'elle a été rongée par un ver, & que le dieu Vistnou, changé en ver, est cause de la figure qu'on y voit. Si l'on consulte le dessein qui nous est parvenu dans les lettres édifiantes, le *salagramam* n'est qu'une pierre qui porte l'empreinte d'une corne d'ammon, & que l'on détache des roches de la riviere de Gandica. Les Indiens, plus superstitieux que physiciens, en distinguent différentes especes, consacrées à des dieux différens, & auxquels ils donnent des noms divers. Les Brahmes offrent des sacrifices de râclure de bois de santal à cette pierre divine, & lui font des libations. *Voyez les lettres édifiantes, tom. XXVI. page 399.* (This article, which is listed above among the scientific and technological contributions of D'Holbach, is interesting as showing where his scientific and religious interests met. The *Lettres édifiantes* does not appear in the catalogue of his library.)

598 SAMORIN, *ou* ZAMORIN, s.m. (*Hist. mod.*) c'est le nom que l'on donne à un souverain de l'Indostan, dont les états sont placés sur la côte de Malabare, & qui étoit autrefois le prince le plus puissant de cette côte. Sa résidence ordinaire est à Calecut ou Kalicut. Autrefois le *samorin* ne pouvoit occuper le trône au delà de douze ans; s'il mouroit avant que ce tems fût accompli, il étoit dispensé d'une cérémonie aussi singuliere que cruelle; elle consistoit à se couper la gorge en public; on dressoit un échaffaut pour cet effet, le *samorin* y montoit, après avoir donné un grand festin à sa noblesse & à ses courtisans: immédiatement après sa mort ces derniers élisoient un nouveau *samorin*. Les souverains se sont actuellement délivré [*sic*] en grande partie d'une coutume si incommode; lorsque les douze années sont révolues, les *samorins* se contentent de donner sous une tente dressée dans une plaine, un repas somptueux pendant douze jours de suite, aux grands du royaume; au bout de ce tems de réjouissances, si quelqu'un des convives a assez de courage pour aller tuer le *samorin* dans sa tente, où il est entouré de plusieurs milliers de gardes, la couronne est à lui, & il est reconnu *samorin* en la place de celui à qui il a ôté la vie.

Lorsque le *samorin* se marie, il ne lui est point permis d'habiter avec sa femme jusqu'à ce que le nambouri ou grand-prêtre en ait eu les prémices; ce dernier peut même, s'il veut, la garder trois jours. Les principaux de la noblesse ont la complaisance d'accorder au clergé le même droit sur leurs épouses: quant au peuple, il est obligé de se passer des services des prêtres, & de remplir lui-même ses devoirs. (*UHM*, iii. 164. See NAMBOURIS above.)

606 SANCRAT, s.m. (*Hist. mod.*) c'est ainsi que l'on nomme dans le royaume de Siam les chefs ou supérieurs généraux des talapoins ou prêtres du pays.

Celui qui préside au couvent du palais royal est le plus considéré; cependant les *sancrats*, dont la dignité ressemble à celle de nos évêques, n'ont aucune jurisdiction les uns sur les autres; mais chacun d'eux a au-dessous de lui un supérieur de couvent. Il n'y a que les *sancrats* qui aient droit de consacrer les talapoins; ces derniers ont pour eux le plus grand respect après qu'ils les ont élus pour remplir cette place. Leur choix tombe communément sur le plus vieux talapoin du couvent. (*HG*, ix. 288. See TALAPOINS below.)

633 SAPAN, s.m. (*Hist. mod.*) c'est le nom que les habitans du Pégu donnent à leurs principales fêtes ou solemnités, qui se célebrent avec beaucoup de pompe. La premiere est la fête des *fusées*; les gens riches lancent des fusées en l'air, & ils jugent du degré de faveur qu'ils obtiennent auprès de la divinité, par la hauteur à laquelle leur fusée s'éleve: ceux dont la fusée ne s'éleve point, s'ils en ont les moyens, font bâtir un temple à leurs dépens, pour expier les fautes qui leur ont attiré le déplaisir du ciel. La seconde fête s'appelle *kollok*, on choisit des femmes du peuple, & sur-tout des hermaphrodites qui sont communs au Pégu, qui forment une danse en l'honneur des dieux de la terre. Lorsque la danse est finie, les acteurs ou actrices entrent en convulsion, & prétendent ensuite avoir conversé avec les dieux, & se mêlent de prédire si l'année sera bonne ou mauvaise, s'il y aura des épidémies, &c. La fête appellée *sapan-katena*, consiste à faire de grandes illuminations, & à promener dans les rues de grandes pyramides ou colonnes. Celle que l'on nomme *sapan-dayka* ou *la fête des eaux*, se célebre en se baignant & en se jettant les uns aux autres une grande quantité d'eau. La fête appellée *sapan-donon*, se célebre par des joutes ou courses sur l'eau. Le maître ou conducteur de la barque qui arrive la premiere au palais du roi, obtient un prix; celui qui arrive le dernier reçoit par dérision un habit de veuve: cette fête dure pendant un mois entier. (*UHM*, iii. 247–8.)

661 SARMANES *ou* SHAMMANES, s.m.pl. (*Hist. anc. & mod.*) c'est ainsi que l'on nommoit des prêtres ou philosophes indiens, qui vivoient dans les déserts & les forêts. Suivant S. Clément d'Alexandrie, les *sarmanes* n'habitoient jamais dans les villes, ni dans des maisons; ils ne se nourrissoient que de fruits, ne buvoient que de l'eau, ne se vêtissoient que d'écorces d'arbres, & gardoient le célibat.

Les *sarmanes* sont les mêmes hommes que Strabon a désignés sous le nom de *germanes*, qui étoient une espece de gymnosophistes différens des brachmanes. Les *sarmanes* étoient, suivant les Indiens du Malabar, les prêtres de l'Inde, avant les bramines, qui les chasserent du pays, les détruisirent & s'emparerent de leurs fonctions, parce qu'ils ne vouloient point admettre la divinité des dieux *Vistnou* & *Issuren*, non-plus que les livres de la théologie des bramines qui sont parvenus à faire oublier entierement les *sarmanes* ou *shammanes*. Ces derniers regardoient comme leur législateur & leur dieu *Butta*, *Budda* ou *Pouta*, que l'on croit être le même que le *Sommona-kodom* des Siamois, qui est appellé *Pontisat* ou le seigneur *Ponti*, dans quelques endroits de l'Indostan. C'est ce dieu qui est aujourd'hui révéré dans le royaume de Laos. (*UHM*, iii. 307. See POUTI-SAT, SOMMONA-KODOM, etc.)

735 SAYS, s.m.pl. (*Hist. mod.*) espece de prêtres ou de bonzes du royaume de Tonquin, qui passent pour de très-grands fripons, & pour mener une vie oisive & licentieuse aux dépens du peuple, qui ne croiroit point que ses prieres pussent être agréables à la divinité, si elles n'étoient présentées par ces fainéans qu'ils paient & qu'ils font subsister pour cela. Ces prêtres sont très-nombreux; le roi est souvent obligé de les envoyer à la guerre pour en diminuer le nombre, lorsqu'ils deviennent trop à charge à ses sujets. Les gens de qualité les méprisent, & offrent eux-mêmes leurs prieres & leurs sacrifices. (*UHM*, iii. 442.)

903 SEIVIA, (*Hist. mod.*) nom d'une secte de bramines ou de prêtres des idolâtres de l'Indostan, qui different des autres en ce qu'ils regardent *Ruddiren* ou *Issuren* comme le premier des trois grands dieux de l'Inde; ils le mettent au-dessus de *Ram* ou *Brama* & de *Vistnou*. *Voyez* RAM, VISTNOU & RUDDIREN. Ceux qui font profession de cette secte, se marquent le front avec de la cendre de fiente de vache, brûlée; & quelques-uns portent le *lingam* au col, & le font porter à leurs enfans, en l'honneur de leur dieu favori qui est le Priape des Indiens. *Voyez* RUDDIREN. (*UHM*, iii. 217.)

Vol. XV

140 SHARVAKKA, (*Hist. mod.*) nom d'une secte de bramines, ou de prêtres indiens qui ont des sentimens très-peu orthodoxes & conformes à ceux des Epicuriens. Ils ne croient point l'immortalité de l'ame, ni la vie à venir, & ils exigent de leurs adversaires des preuves sensibles & positives que l'on ne peut point trouver dans une fausse religion; malgré cela, on dit que les *Sharvakkas* menent une vie très-exemplaire. (*UHM*, iii. 217.)

140–1 SHASTER, *ou* CHASTER, s.m. (*Hist. mod. sup.*) c'est le nom que les idolâtres de l'Indostan donnent à un livre dont l'autorité est très-respectée parmi eux, qui contient tous les dogmes de la religion des brames, toutes les cérémonies de leur culte, & qui est destiné à servir de commentaire au livre appellé *vedam*, qui est le fondement de leur croyance, & il étoit fait dans la vue de prévenir les disputes qui pouvoient s'élever au sujet de ce livre; mais il n'a point produit cet effet, parce qu'il n'est guere possible d'empêcher les disputes entre les différentes sectes d'une religion absurde par elle-même. On le nomme *shaster, shastrum*, ou *jastra*, ce qui signifie *science* ou *système*: aussi donne-t-on ce même nom à plusieurs autres ouvrages, sur-tout sur la philosophie & sur l'astronomie, qui n'ont d'ailleurs aucun rapport avec la religion des Indiens. Il n'est permis qu'aux bramines & aux *rajahs* ou *princes* de l'Inde de lire le vedam, *voyez* VEDAM: mais les prêtres des Banians, appellés *shuderers*, peuvent lire le *shaster*: quant au peuple, il ne lui est permis de lire que le livre appellé *puran* ou *pouran*, qui est un commentaire du *shaster*; ainsi il ne leur est permis de puiser les dogmes de sa religion que de la troisieme main.

Le *shaster* est divisé en trois parties, dont la premiere contient la morale des bramines; la seconde contient les rites & les cérémonies de leur religion, & la troisieme divise les Indiens en différentes tribus ou classes, & prescrit à chacune les devoirs qu'elle doit observer.

Les principaux préceptes de morale contenus dans la premiere partie du *shaster* sont 1.° de ne point tuer aucun animal vivant, parce que les animaux ont, selon les Indiens, une ame aussi-bien que les hommes; 2.° de ne point prêter l'oreille au mal, & de ne point parler mal soi-même; de ne point boire du vin, de ne point manger de viande, de ne point toucher à rien d'impur; 3.° d'observer les fêtes prescrites, de faire des prieres & de se laver; 4.° de ne point mentir, & de ne point tromper dans le commerce; 5.° de faire des aumônes suivant ses facultés; 6.° de ne point opprimer, ni faire violence aux autres; 7.° de célébrer les fêtes solemnelles, d'observer les jeûnes, de se retrancher quelques heures de sommeil pour être plus disposé à prier; 8.° de ne point voler, ni frauder personne de ce qui lui appartient.

La seconde partie du *shaster* a pour objet les cérémonies: elles consistent 1.° à se baigner souvent dans les rivieres. En y entrant, les Banians commencent par se frotter tout le corps avec de la boue ou du limon, après quoi ils s'enfoncent plus avant dans l'eau, & se tournent vers le soleil; alors un bramine ou prêtre adresse une priere à Dieu pour le prier de purifier l'ame de ses souillures; les Banians se plongent quelquefois dans la riviere, & ils croient par-là avoir obtenu le pardon de tous leurs péchés; 2.° les Banians se frottent le front d'une couleur rouge, qui est le signe qu'ils font partie du peuple de Dieu; 3.° il leur est ordonné de faire des offrandes, des prieres sous des arbres destinés à ces usages sacrés, & qu'ils doivent tenir en grande vénération; 4.° de faire des prieres dans les temples, de faire des offrandes aux pagodes ou idoles, de chanter des hymnes, & de faire des processions, *&c.* 5.° de faire des pélerinages à des rivieres éloignées, & sur-tout au Gange, afin de s'y laver, & de faire des offrandes; 6.° d'adresser leurs vœux à des saints qui ont chacun des départemens particuliers; 7.° il leur est ordonné de rendre hommage à Dieu, à la vue de la premiere de ses créatures qui s'offre à leurs yeux après le lever du soleil; de rendre leurs respects au soleil & à la lune, qui sont les deux yeux de la divinité; de respecter pareillement les animaux qui sont regardés comme plus purs que les autres, tels que la vache, le buffle, *&c.* parce que les ames des hommes passent dans ces animaux: c'est pour cela que les Banians frottent leurs maisons avec leur fiente, dans l'idée de les sanctifier par ce moyen.

La troisieme partie du *shaster* établit une distinction entre les hommes, & les divise en quatre tribus ou classes: la premiere est celle des bramines, ou prêtres chargés de l'instruction du peuple; la seconde est celle des kutteris ou nobles, dont la fonction est de commander aux hommes; la troisieme est celle des shudderis, ou des marchands, qui procurent aux autres leurs besoins à l'aide du trafic; la quatrieme classe est celle des vises, ou artisans. Chacun est obligé de demeurer dans la classe ou tribu dans laquelle il est né, & de s'en tenir aux occupations qui lui sont assignées par le *shaster*.

Suivant les bramines, le *shaster* fut donné par Dieu lui-même à Brama, qui par son ordre le remit aux bramines de son tems pour en communiquer le contenu aux peuples de l'Indostan, qui en conséquence se diviserent en quatre tribus qui subsistent parmi eux jusqu'à ce jour. (*UHM*, iii. 182–8. In addition to VEDAM see KOUROU, PASENDA, PURAN, RUDDIREN, and SHUDDERERS.)

141 SHECTEA *ou* CHECTEA, (*Hist. mod.*) c'est le nom d'une secte des bramines ou prêtres indiens, qui croient contre toutes les autres que *Ramon*, *Brama*, *Vistnou* & *Ruddiren* sont des êtres subordonnés à *Shecti* ou *Checti* de qui seul ils ont dérivé leur pouvoir, & qu'ils regardent comme le créateur & le modérateur de l'univers. Ces sectaires, qui sont des déïstes, n'admettent point l'autorité du *vedam* ou livre sacré; de plus, ils refusent de croire les choses qui ne tombent point sous leur sens, par conséquent ils ne croient aucuns mysteres. Les Indiens les regardent comme des hérétiques dangereux, qui ne méritent que d'être exterminés. (*UHM*, iii. 218. See RAM *ou* BRAMA, RUDDIREN, VEDAM, and VISTNOU.)

142 SHOKANADEN, s.m. (*Hist. mod. Superstit.*) divinité adorée dans le royaume de Maduré, sur la côte de Coromandel, & qui a un temple très-somptueux à Madure capitale du pays. Dans les jours de solemnité, on porte ce dieu sur un char d'une grandeur si prodigieuse, qu'il faut, dit-on, quatre mille hommes pour le traîner. L'idole pendant la procession est servie par plus de quatre cens prêtres qui sont portés sur la même voiture, sous laquelle quelques indiens se font écraser par dévotion. (*UHM*, iii. 173–4. See QUIAY.)

146 SHUDDERERS *ou* CHUDERERS, (*Hist. mod.*) c'est ainsi que l'on nomme dans la partie orientale du Malabare les prêtres du second ordre, c'est-à-dire, inférieurs aux bramines, qui font la fonction de desservir les temples ou pagodes de la tribu des Indiens idolâtres, appellés *shudderi*, qui est celle des marchands ou banians. Il ne leur est point permis de lire le *vedam* ou livre de la loi, mais ils enseignent à leur tribu le *shaster*, qui est le commentaire du vedam. Ils ont le privilege de porter au col la figure obscene, appellée *lingam*. *Voyez* cet *article*, & le mot RUDDIREN. (*UHM*, iii. 26–27, 182. LINGAM is by Jaucourt; see, besides RUDDIREN, SHASTER.)

239 SMARTA, (*Hist. mod.*) nom d'une secte de prêtres ou bramines de l'Indostan, qui prétendent que les dieux *Vistnou* & *Issuren* ou *Ruddiren*, ne sont qu'une même divinité, adorée sous des emblèmes & des figures différentes. Il y a peu de gens du peuple qui adoptent cette secte, vu que ses principes paroissent fort au-dessus de la capacité du vulgaire. (*UHM*, iii. 217).

340 SOMMONA-KODOM, s.m. (*Hist. mod. superstition.*) c'est un personnage fameux, qui est l'objet de la vénération, & même du culte des Siamois, des habitans de Laos, & du Pégu. Suivant les talapoins, ou prêtres siamois, le nom propre de cet homme est *Kodom*, & *sommona* signifie le *solitaire* ou le *religieux des bois*, parce que ce législateur, devenu l'idole des Siamois, étoit un *sarmane* ou *sammane*, de la côte de Malabar ou de Coromandel, qui leur apporta la religion qu'ils suivent aujourd'hui, & qui est préchée par les talapoins ses disciples. On croit que cet homme, ou ce dieu, est le même que *Pouti-sat* ou *Budda*, nom qu'on lui donne en différentes parties de l'Inde : on présume aussi que c'est lui qui est adoré par une secte de Chinois qui l'appellent *Shaka*, ou *Shekia*. Quoi qu'il en soit de ces opinions, les prêtres siamois font une histoire non moins merveilleuse que ridicule, de leur législateur ; ils disent qu'il est né d'une fleur, sortie du nombril d'un enfant qui mordoit le gros doigt de son pié, & qui lui-même n'étoit que la feuille d'un arbre nageant à la surface des eaux. Malgré cela, les Siamois ne laissent pas de donner à *Sommona kodom*, un pere qui étoit roi de Tanka, ou de Ceylan, & une mere appellée *Maha* ou *Marya*, ou suivant d'autres, *Man-ya*. Ce nom a attiré l'attention des missionnaires chrétiens qui ont été à Siam ; il a fait croire aux Siamois que Jesus-Christ étoit un frere de *Sommona-kodom*, qu'ils appellent le méchant *Thevetat*, qui, selon ces aveugles idolâtres, est tourmenté en enfer, par un supplice qui a du rapport avec celui de la croix.

Sommona-kodom mourut, suivant les annales de Siam, 544 ans avant l'ere chrétienne ; les talapoins, dont le but principal est de tirer de l'argent du peuple, qu'ils séduisent, assurent que non-content d'avoir donné tout son bien aux pauvres, n'ayant plus rien, il s'arracha les yeux, & tua sa femme & ses enfans, pour les donner à manger aux talapoins. Ces charités si inouies dégagerent le saint homme de tous les liens de la vie : alors il se livra au jeûne, à la priere, & aux autres exercices qui menent à la perfection ; il ne tarda point à recevoir la recompense de ses bonnes œuvres ; il obtint une force de corps extraordinaire, le don de faire des miracles, la faculté de se rendre aussi grand & aussi petit qu'il vouloit, celle de disparoître ou de s'anéantir, & d'en substituer un autre à sa place ; il savoit tout, connoissoit le passé & l'avenir ; il se transportoit avec une promptitude merveilleuse, d'un lieu dans un autre, pour y prêcher ses dogmes. Suivant les mêmes traditions, ce prétendu prophete eut deux disciples, qui partagent avec lui la vénération & le culte des Siamois ; l'un deux [*sic*] pria un jour son maître d'éteindre le feu de l'enfer, mais il ne voulut en rien faire, disant que les hommes deviendroient trop méchans, si on leur ôtoit la crainte de ce châtiment. Malgré sa sainteté, *Sommona-kodom* eut un jour le malheur de tuer un homme ; en punition de ce crime, il mourut d'une colique, qui lui vint pour avoir mangé de la viande de porc ; avant de mourir, il ordonna qu'on lui érigeât des temples & des autels, après quoi il alla jouir du *nireupan*, c'est-à-dire de l'état d'anéantissement dans lequel la théologie siamoise fait consister la félicité suprême ; là il ne peut faire ni bien ni mal; cela n'empêche point qu'on ne lui adresse des vœux. Les Siamois attendent la venue d'un second *Sommona-kodom*, prédit par le premier; ils le nomment *Pra-narotte*; il sera si charitable, qu'il donnera ses deux fils à manger aux talapoins; action qui mettra le comble à ses vertus. *Voyez* la Loubere, *hist. & descript. de Siam.* (*UHM*, iii. 306–8, 341–3. See the catalogue of D'Holbach's library, No. 2540: Description du Royaume de Siam, par de la Loubere. *Amsterdam, Mortier*, 1714. 2 *vol. in*-12. cf. NIREU-PAN, PALLI, POUTI-SAT, SARMANES, SIAKA, TALAPOINS, and TIRINANXES.)

390 SOUDRAS, s.m. (*Hist. mod.*) c'est le nom sous lequel on désigne dans les Indes orientales une tribu d'Indiens idolâtres, parmi laquelle sont tous les ouvriers, les laboureurs & les artisans. Dans quelques endroits on les nomme *Veys*. Cette tribu se soudivise en plusieurs ordres ou castes, qui se méprisent les unes les autres, suivant les fonctions auxquelles elles se livrent. Chaque caste a ses usages particuliers; il y en a qui se permettent de manger les animaux; & d'autres, de même que ceux des tribus plus distinguées, ne mangent rien de ce qui a eu vie. (*UHM*, iii. 27.)

860 TALAPOINS *ou* TALEPOIS, (*Hist. mod.*) c'est le nom que les Siamois & les habitans des royaumes de Laos & de Pégu donnent à leurs prêtres; cependant, dans les deux derniers royaumes, on les désigne sous le nom de *Fé*. Ces prêtres sont des especes de moines qui vivent en communauté dans des couvens, où chacun, comme nos chartreux, a une petite habitation séparée des autres.

Le P. Marini, jésuite missionnaire, nous dépeint ces moines avec les coulcurs les plus odieuses & les plus noires; sous un extérieur de gravité qui en impose au peuple, ils se livrent aux débauches les plus honteuses; leur orgueil & leur dureté sont poussées jusqu'à l'excès. Les *talapoins* ont une espece de noviciat, ils ne sont admis dans l'ordre qu'à l'âge de vingt-trois ans; alors ils choisissent un homme riche ou distingué qui leur sert, pour ainsi dire, de parrein lorsqu'ils sont reçus à la profession; elle se fait avec toute la pompe imaginable. Malgré cette profession, il leur est permis de quitter leurs couvens & de se marier, ils peuvent ensuite y rentrer de nouveau si la fantaisie leur prend. Ils portent une tunique de toile jaune qui ne va qu'aux genoux, & elle est liée par une ceinture rouge; ils ont les bras & les jambes nuds, & portent dans leurs mains une espece d'éventail pour marque de leur dignité; ils se rasent la tête & même les sourcils, le premier jour de chaque nouvelle lune. Ils sont soumis à des chefs qu'ils choisissent entr'eux. Dès le grand matin ils sortent de leurs couvens en marchant d'abord deux à deux; après quoi ils se répandent de divers côtés pour demander des aumônes qu'ils exigent avec la derniere insolence. Quelques crimes qu'ils commettent, le roi de Laos n'ose les punir; leur influence sur le peuple les met au-dessus des lois, le souverain même se fait honneur d'être leur chef. Les *talapoins* sont obligés de se confesser de leurs fautes dans leur couvent, cérémonie qui se fait tous les quinze jours. Ils consacrent de l'eau qu'ils envoient aux malades, à qui ils la font payer très-cherement. Le culte qu'ils rendent aux idoles consiste à leur offrir des fleurs, des parfums, du riz qu'ils mettent sur les autels. Ils portent à leurs bras des chapelets composés de cent grains enfilés. Ces indignes prêtres sont servis par des esclaves qu'ils traitent avec la derniere dureté : les premiers de l'état ne font point difficulté de leur rendre les services les plus bas. Le respect qu'on a pour eux vient de ce qu'on les croit sorciers, au moyen de quelques secrets qu'ils ont pour en imposer au peuple, qui se dépouille volontairement de tout ce qu'il a pour satisfaire l'avarice, la gourmandise & la vanité d'une troupe de fainéans inutiles & nuisibles à l'état. La seule occupation des *talapoins* consiste à prêcher pendant les solemnités dans les temples de *Shaka* ou de *Sommona-kodom* qui est leur législateur & leur dieu. *Voyez* cet *article*. Dans leurs sermons ils exhortent leurs auditeurs à dévouer leurs enfans à l'état monastique, & ils les entretiennent des vertus des prétendus saints de leur ordre. Quant à leur loi, elle se borne, 1º à ne rien tuer de ce qui a vie; 2º à ne jamais mentir; 3º à ne point commettre l'adultere; 4º à ne point voler; 5º à ne point boire du vin. Ces commandemens ne sont point obligatoires pour les *talapoins*, qui moyennant des présens en dispensent les autres, ainsi qu'eux-mêmes. Le précepte que l'on inculque avec le plus de soin, est de faire la charité & des présens aux moines. Tels sont les *talapoins* du royaume de Laos. Il y en a d'autres qui sont beaucoup plus estimés que les premiers; ils vivent dans les bois; le peuple, & les femmes sur-tout, vont leur rendre leurs hommages; les visites de ces dernieres leur sont fort agréables : elles contribuent, dit-on, beaucoup à la population du pays.

A Siam les *talapoins* ont des supérieurs nommés *sancrats*. Il y en a, comme à Laos, de deux especes; les uns habitent les villes, & les autres les forêts.

Il y a aussi des religieuses *talapoines*, qui sont vêtues de blanc, & qui, suivant la regle, devroient observer la continence, ainsi que les *talapoins* mâles. Les Siamois croient que la vertu véritable ne réside que dans les *talapoins* : ces derniers ne peuvent jamais pécher, mais ils sont faits pour absoudre les péchés des autres. Ces prêtres ont de très-grands privileges à Siam; cependant les rois ne leur sont point si dévoués qu'à Laos; on ne peut pourtant pas les mettre à mort, à-moins qu'ils n'aient quitté l'habit de l'ordre. Ils sont chargés à Siam de l'éducation de la jeunesse, & d'expliquer au peuple la doctrine contenue dans leurs livres écrits en langue *balli* ou *palli*, qui est la langue des prêtres. *Voyez* Laloubere, *description de Siam*. (*UHM*, iii. 336–9 and *HG*, ix. 287–93. In addition to SOMMONA-KODOM, see KOPPUS, NEN, PALLI, RAJAH-POURSON, and SANCRAT.)

Vol. XVI

34 TEK-KIDA, s.m. (*Hist. mod.*) fête qui se célebre avec beaucoup de solemnité parmi les habitans du Tonquin. On y fait une espece d'exorcisme, par le

moyen duquel on prétend chasser tous les démons ou esprits malins du royaume. Toutes les troupes y assistent, afin de prêter main-forte aux exorcistes.

351 TIRINANXES, s.m. (*Hist. mod.*) les Chingulais ou habitans de l'île de Ceylan ont trois sortes de prêtres, comme ils ont trois sortes de dieux & de temples. Les prêtres du premier ordre ou de la religion dominante, qui est celle des sectateurs de *Buddou*, s'appellent *Tirinanxes*; leurs temples se nomment *ochars*; on ne reçoit parmi eux que des personnes distinguées par la naissance & le savoir; on n'en compte que trois ou quatre qui sont les supérieurs de tous les autres prêtres subalternes que l'on nomme *gonnis*; tous ces prêtres sont vétus de jaune; ils ont la tête rasée, & ils portent un éventail pour se garantir du soleil; ils sont également respectés des rois & des peuples, & ils jouissent de revenus considérables; leur regle les oblige au célibat; ils ne peuvent manger de la viande qu'une fois par jour; mais ils ne doivent point ordonner la mort des animaux qu'ils mangent, ni consentir qu'on les tue. Leur culte & leur regle sont les mêmes que ceux des Talapoins de Siam. *Voyez cet article.* Leur divinité est *Buddou* ou *Poutsa*, qui est la même chose que *Siakka*, que *Fohi*, ou que *Sommona-Kodom.*

Les prêtres des autres divinités de Ceylan s'appellent *koppus*; leur habillement, même dans leurs temples, ne les distingue point du peuple; leurs temples se nomment *deovels*; ils offrent du ris à leurs dieux; les *koppus* ne sont point exempts des charges de la société.

Le troisieme ordre de prêtres s'appelle celui des *jaddeses*, & leurs temples se nomment *cavels*; ils se consacrent au culte des esprits, & font des sacrifices au diable, que les habitans craignent sur-tout dans leurs maladies; ce sont des coqs qui servent alors de victimes; chaque particulier qui bâtit un temple peut en devenir le *jaddese* ou le prêtre: cet ordre est méprisé par les autres. (*HG*, viii. 530–1. In addition to TALAPOINS see JADDESES, KOPPUS, POUTI-SAT, SIAKA, and SOMMONA-KODOM.)

825 VALOUVERS, s.m. (*Hist. mod.*) c'est ainsi que l'on nomme les idolâtres de l'Indostan, les prêtres de la derniere des tribus, appellée *parreas* ou *poulias*, qui est l'objet du mépris du peuple. Il y a parmi[1] une famille sacerdotale, appellée des *valouvers*, qui prétendent avoir occupé anciennement dans les Indes un rang aussi distingué que les bramines ou prêtres actuels. Les *valouvers* s'appliquent à l'Astronomie & l'Astrologie; ils ont des livres qui contiennent des préceptes de morale très-estimés. On dit qu'ils portent un filet de pêcheur autour du col lorsqu'ils font leurs sacrifices. (*UHM*, iii. 216. See PARÉAS and POULIAS.)

849–50 VARTIAS, s.m. (*Hist. mod.*) ce sont des bramines ou prêtres indiens,

---

[1] *Parmi* should be removed from the second sentence and placed before 'les idolâtres' in the first sentence.

qui ont embrassé la vie monastique ou cénobitique. Ils vivent en communauté sous un général, un provincial & sous d'autres supérieurs choisis d'entre eux.

Ils font vœu de pauvreté, de chasteté & d'obéissance; & ils l'observent avec la derniere rigueur. Ils ne vivent que d'aumônes qu'ils envoient recueillir par les plus jeunes d'entre eux, & ne mangent qu'une fois par jour. Ils changent de couvent tous les trois mois. Ils passent par un noviciat plus ou moins long, suivant la volonté des supérieurs. Leur regle leur interdit la vengeance; & ils poussent la patience jusqu'à se laisser battre sans marquer de ressentiment. Il ne leur est point permis d'envisager une femme. Ils n'ont d'autre habillement qu'un morceau d'étoffe qui couvre les parties naturelles, & qu'ils font revenir par-dessus la tête. Ils ne peuvent réserver pour le lendemain les aumônes qu'on leur donne. Ils ne font point de feu dans leurs couvents, de peur de détruire quelque insecte. Ils couchent à terre tous ensemble dans un même lieu. Il ne leur est point permis de quitter leur ordre après qu'ils ont fait leurs vœux; mais on les en chasse après qu'ils ont violé celui de chasteté. Les *vartias*, suivant Thevenot, ont plus de dix mille couvens dans l'Indostan, dont quelques-uns surpassent les autres en austérités. Quelques-uns de ces cénobites ne rendent aucun hommage aux idoles; ils croient qu'il suffit d'adorer l'être suprème en esprit, & ils sont exempts de toutes les superstitions indiennes.

Il y a aussi des religieuses dans les Indes, qui ne le cedent point aux *vartias* pour les austérités. *Voyez* Thevenot, *Voyage des Indes*. (*UHM*, iii. 219. See the catalogue of D'Holbach's library, No. 1907: Voyages de Thévenot en Europe, Asie & Afrique. *Paris, Angot*, 1689, 5 vols.)

868 VEDAM, s.m. (*Hist. superst.*) c'est un livre pour qui les Bramines ou nations idolâtres de l'Indostan ont la plus grande vénération, dans la persuasion où ils sont que Brama leur législateur l'a reçu des mains de Dieu même. Cet ouvrage est divisé en quatre parties à qui l'on donne des noms différens. La premiere que l'on nomme *rogo, roukou* ou *ouroukou*. *Vedam* traite de la premiere cause & de la matiere premiere; des anges; de l'ame; des récompenses destinées aux bons, des peines réservées aux méchans; de la production des êtres & de leur destruction; des péchés, & de ce qu'il faut faire pour en obtenir le pardon, &c. La seconde partie se nomme *jadara* ou *issu-revedam*, c'est un traité du gouvernement ou du pouvoir des souverains. La troisieme partie se nomme *sama-vedam*, c'est un traité de morale fait pour inspirer l'amour de la vertu & la haine du vice. Enfin la quatrieme partie appellée *aadera-vedam, brama-vedam*, ou *latharvana-vedam*, a pour objet le culte extérieur, les sacrifices, les cérémonies qui doivent s'observer dans les temples, les fêtes qu'il faut célébrer, &c. On assure que cette derniere partie s'est perdue depuis longtems, au grand regret des bramines ou prêtres, qui se plaignent d'avoir perdu par-là une grande partie de leur considération, vû que si elle existoit, ils auroient plus de pouvoir que les rois mêmes; peut-être sont-ce

ces derniers qui, jaloux de leur autorité, ont eu soin de soustraire les titres sacrés sur lesquels celle des prêtres pouvoit être établie aux dépens de la leur.

On voit par-là que le *vedam* est le fondement de la théologie des Brames, le recueil de leurs opinions sur Dieu, l'ame & le monde; on ajoute qu'il contient les pratiques superstitieuses des anciens pénitens & anachoretes de l'Inde. Quoi qu'il en soit la lecture du *vedam* n'est permise qu'aux bramines ou prêtres & aux rajahs ou nobles, le peuple ne peut pas même le nommer ni faire usage des prieres qui y sont contenues, non-seulement parce que ce livre contient des mysteres incompréhensibles pour le vulgaire, mais encore parce qu'il est écrit dans une langue qui n'est entendue que des prêtres; on prétend même que tous ne l'entendent point, & que c'est tout ce que peuvent faire les plus habiles docteurs d'entre eux. En effet, on assure que le *vedam* est écrit dans une langue beaucoup plus ancienne que le *sanskrit* qui est la langue savante connue des bramines. Le mot *vedam* signifie *science*. Les Indiens idolâtres ont encore d'autres livres sur qui la religion est fondée; tels sont le *shaster* & le *pouran*. *Voyez* ces deux *articles*. Le respect que les bramines ont pour le *vedam* est cause qu'ils n'en veulent communiquer des copies à personne; malgré ces obstacles les jésuites missionnaires sont parvenus à obtenir une copie du *vedam* par le moyen d'un bramine converti; le célebre dom Calmet en a enrichi la bibliotheque du Roi en 1733. *Voyez l'Histoire universelle d'une société de savans d'Angleterre, hist. mod. tom. VI.* in-8? (*UHM*, iii. 182–5. In addition to PURAN and SHASTER, see PASENDA, RAM *ou* BRAMA, RUDDIREN, SHECTEA, SHUDDERERS, and VISTNOU.)

Vol. XVII

357–8 VISTNOU, *ou* VISTNUM, s.m. (*Hist. mod. Mythol.*) c'est le nom que l'on donne dans la théologie des Bramines à l'un des trois grands dieux de la premiere classe, qui sont l'objet du culte des habitans de l'Indostan. Ces trois dieux sont *Brama, Vistnou & Ruddiren.* Suivant le védam, c'est-à-dire la bible des Indiens idolâtres, ces trois dieux ont été créés par le grand Dieu, ou par l'être suprème, pour être ses ministres dans la nature. Brama a été chargé de la création des êtres; *Vistnou* est chargé de la conservation; & *Ruddiren* de la destruction. Malgré cela, il y a des sectes qui donnent à *Vistnou* la préférence sur ses deux confreres, & ils prétendent que *Brama* lui-même lui doit son existence & a été créé par lui. Ils disent que *Vistnou* a divisé les hommes en trois classes, les riches, les pauvres, & ceux qui sont dans un état moyen; & que d'ailleurs il a créé plusieurs mondes, qu'il a rempli [*sic*] d'esprits, dont la fonction est de conserver les êtres. Ils affirment que le védam, ou livre de la loi, n'a point été donné à Brama, comme prétendent les autres Indiens, mais que c'est *Vistnou* qui l'a trouvé dans une coquille. Toutes ces importantes disputes ont occasionné des guerres fréquentes & cruelles, entre les différentes sectes des Indiens, qui ne sont pas plus disposées que d'autres à se passer leurs opinions théologiques.

Les Indiens donnent un grand nombre de femmes à leur dieu *Vistnou*, sans compter mille concubines. Ses femmes les plus chéries sont *Lechisni*, qui est la Vénus indienne, & la déesse de la fortune, dont la fonction est de gratter la tête de son époux. La seconde est *Siri pagoda*, appellée aussi *pumi-divi*, la déesse du ciel, sur les genoux de qui *Vistnou* met ses piés, qu'elle s'occupe à frotter avec ses mains. On nous apprend que ce dieu a eu trois fils, *Kachen*, *Laven*, & *Varen*; ce dernier est provenu du sang qui sortit d'un doigt que *Vistnou* s'est une fois coupé.

Ce dieu est sur-tout fameux dans l'Indostan, par ses incarnations qui sont au nombre de dix, & qui renferment, dit-on, les principaux mysteres de la théologie des Bramines, & qu'ils ne communiquent point ni au peuple ni aux étrangers. Ils disent que ce dieu s'est transformé 1°. en chien de mer; 2°. en tortue; 3°. en cochon; 4°. en un monstre moitié homme & moitié lion; 5°. en mendiant; 6°. en un très-beau garçon appelé *Prassaram* ou *parecha Rama*; 7°. il prit la figure de Ram qui déconfit un géant; 8°. sous la figure de Kisna, ou Krisna; dans cet état il opéra des exploits merveilleux contre un grand nombre de géants, il détrôna des tyrans, rétablit de bons rois détrônés, & secourut les opprimés; après quoi il remonta au ciel avec ses 16000 femmes. Les Indiens disent que si toute la terre étoit de papier, elle ne pourroit contenir toute l'histoire des grandes actions de *Vistnou*, sous la figure de Kisna; 9°. il prit la forme de Bodha, qui, suivant les Banians, n'a ni pere ni mere, & qui se rend invisible; lorsqu'il se montre il a quatre bras: on croit que c'est ce dieu qui est adoré sous le nom de *Fo*, dans la Chine, & dans une grande partie de l'Asie; 10°. la derniere transformation de *Vistnou*, sera sous la forme d'un cheval aîlé, appelé *Kalenkin*, elle n'est point encore arrivée, & n'aura lieu qu'à la fin du monde.

Le dieu *Vistnou* est le plus respecté dans le royaume de Carnato, au-lieu que Ram ou Brama est mis fort au-dessus de lui, par les bramines de l'empire du Mogol; & *Ruddiren* est le premier des trois dieux, pour les Malabares. *Voyez* RAM & RUDDIREN.

Ceux qui voudront approfondir les mysteres de la religion indienne, & connoître à fond l'histoire de *Vistnou*, n'auront qu'à consulter l'*histoire universelle* d'une société de savans Anglois, *tom. VI. in-8°. (UHM*, iii. 196–200. See also RAM *ou* BRAMA and RUDDIREN.)

358 VISTNOUVA, (*Hist. mod.*) on a vu dans l'article qui précède, que les bramines ou prêtres sont divisés en plusieurs sectes, suivant les dieux à qui ils donnent le premier rang. Ceux qui regardent le dieu *Wistnou* [*sic*] comme la divinité suprème, s'appellent *Vistnouvas*; leur secte se soudivise en deux, les uns se nomment *tadvadis*, disputeurs, ou bien *madva-vistnouva*, du nom de leur fondateur. Ils se font une marque blanche qui va du nés au front, sur les temples, & sur les omoplates; c'est selon eux, le signe de *Vistnou*, & ils sont convaincus que tant qu'ils le porteront, ni le diable, ni le juge des enfers n'auront aucun pouvoir sur eux. Ces *tadvadis* ont un chef ou patriarche, qui

réside près de Paliacate sur la côte de Coromandel, qui est obligé de garder le célibat, sous peine de quitter son ordre.

La seconde secte de *vistnouvas* s'appelle *romanouva vistnouva*, ceux-ci se mettent la marque de l'Y grec sur le front, faite avec de la craye; & ils se font une brûlure sur les omoplates; ils sont persuadés que *Vistnou* ne les punira d'aucun péché. Ces sectaires, comme de raison, se croient infiniment plus parfaits que les *Tadvadis*; leur chef réside à Karnate. Il n'est point permis à ces prêtres ni de faire le commerce, ni d'entrer dans les lieux de débauche, comme aux autres. (*UHM*, iii. 217.)

XIV

It remains now to deal with one last group of unsigned articles, those relating to the world of Islam. Though they form quite a substantial group, they are less numerous than those which we have just considered and perhaps less interesting from a polemical point of view:

Vol. X

65 MARABOUS *ou* MARBOUTS, s.m. (*Hist. mod.*) c'est le nom que les Mahométans, soit negres, soit maures d'Afrique, donnent à des prêtres pour qui ils ont le plus grand respect, & qui jouissent des plus grands privileges. Dans leur habillement ils different très-peu des autres hommes; mais ils sont aisés à distinguer du vulgaire par leur gravité affectée, & par un air hypocrite & résevé qui en impose aux simples, & sous lequel ils cachent l'avarice, l'orgueil & l'ambition les plus demesurées. Ces *marabous* ont des villes & des provinces entieres, dont les revenus leur appartiennent; ils n'y admettent que les negres destinés à la culture de leurs terres & aux travaux domestiques. Ils ne se marient jamais hors de leur tribu; leurs enfans mâles sont destinés dès la naissance aux fonctions du sacerdoce; on leur enseigne les cérémonies légales contenues dans un livre pour lequel après l'alcoran, ils marquent le plus grand respect; d'ailleurs leurs usages sont pour les laïcs un mystere impénétrable. Cependant on croit qu'ils se permettent la polygamie, ainsi que tous les Mahométans. Au reste ils sont, dit-on, observateurs exacts de l'alcoran; ils s'abstiennent avec soin du vin & de toute liqueur forte; & par la bonne foi qu'ils mettent dans le commerce qu'ils font les uns avec les autres, ils cherchent à expier les friponneries & les impostures qu'ils exercent sur le peuple; ils sont très-charitables pour leurs confreres, qu'ils punissent eux-mêmes suivant leurs lois ecclésiastiques, sans permettre aux juges civils d'exercer aucun pouvoir sur eux. Lorsqu'un *marabou* passe, le peuple se met à genoux autour de lui pour recevoir sa bénédiction. Les negres du Sénégal sont dans la persuasion que celui qui a insulté un de ces prêtres, ne peut survivre que trois jours à un crime si abominable. Ils ont des écoles dans lesquelles on explique l'alcoran, le rituel de l'ordre, ses regles. On fait voir

aux jeunes *marabous* comment les intérêts du corps des prêtres sont liés à la politique, quoiqu'ils fassent un corps séparé dans l'état; mais ce qu'on leur inculque avec le plus de soin, c'est un attachement sans bornes pour le bien de la confraternité, une discrétion à toute épreuve, & une gravité imposante. Les *marabous* avec toute leur famille, voyagent de province & province en enseignant les peuples; le respect que l'on a pour eux est si grand, que pendant les guerres les plus sanglantes, ils n'ont rien à craindre des deux parties. Quelques-uns vivent des aumônes & des libéralités du peuple; d'autres font le commerce de la poudre d'or & des esclaves; mais le commerce le plus lucratif pour eux, est celui de vendre des *gris-gris*, qui sont des bandes de papiers remplis de caracteres mystérieux, que le peuple regarde comme des préservatifs contre tous les maux; ils ont le secret d'échanger ces papiers contre l'or des negres; quelques-uns d'entr'eux amassent des richesses immenses, qu'ils enfouissent en terre. Des voyageurs assurent que les *marabous*, craignant que les Européens ne fassent tort à leur commerce, sont le principal obstacle qui a empêché jusqu'ici ces derniers de pénétrer dans l'intérieur de l'Afrique & de la Nigritie. Ces prêtres les ont effrayés sur des périls qui ne sont peut-être qu'imaginaires ou exagérés. Il y a aussi des *marabous* dans les royaumes de Maroc, d'Alger, de Tunis, &c. On a pour eux le plus grand respect, au point de se trouver très-honoré de leur commerce avec les femmes. (*UHM*, vii. 68–69. Reproduced in AT, vol. xvi, pp. 105–7. See SÉPHARITES.)

445 METHER, s.m. (*Hist. mod.*) c'est ainsi que l'on nomme en Perse un des grands-officiers de la cour du roi, dont la fonction l'oblige à être toujours auprès de sa personne, pour lui présenter des mouchoirs lorsqu'il en a besoin; ce sublime emploi est rempli par un eunuque, qui a communément le plus grand crédit.

698 MOQUA, s.f. (*Hist. mod.*) cérémonie fanatique en usage parmi les Mahométans indiens. Lorsqu'ils sont revenus du pelerinage de la Mecque, un d'entre eux fait une course sur ceux qui ne suivent pas la loi de Mahomet; il prend pour cela en main son poignard, dont la moitié de la lame est empoisonnée, & courant dans les rues, ils [*sic*] tue tous ceux qu'il rencontre qui ne sont pas Mahométans, jusqu'à ce que quelqu'un lui donne la mort à lui-même. Ces furieux croient plaire à Dieu & à leur prophete en leur immolant de pareilles victimes; la multitude après leur mort les révere comme saints, & leur fait de magnifiques funérailles. Tavernier, *Voyage des Indes*. (For Tavernier see the catalogue of D'Holbach's library, No. 1923.)

765 MOTAZALITES, s.m. (*Hist. mod.*) C'est le nom des partisans d'une secte de la religion mahométane, dont la principale erreur est de croire que l'alcoran a été créé, & n'est point co-éternel à Dieu. Cette opinion, anathémisée par l'alcoran même, & proscrite par les Sonnites, n'a pas laissé de trouver des partisans zélés; elle excita même des persécutions sous quelques-uns des

califes abassides qui déciderent que l'alcoran avoit été créé; enfin Motawakel permit à tous ses sujets de penser ce qu'ils voudroient sur la création ou l'éternité de cet ouvrage. Un docteur musulman trouva un milieu à la dispute, en disant que l'idée originaire du koran étoit réellement en Dieu; par conséquent qu'elle étoit co-essentielle & co-éternelle à lui, mais que les copies qui en ont été faites, étoient l'ouvrage des hommes. (*UHM*, i. 460, 463, 465. See SONNA below.)

Vol. XI

10 NAKIB, s.m. (*Hist. mod.*) c'est ainsi que les Turcs nomment un officier fort considéré, dont la fonction est de porter l'étendart de Mahomet. Il n'est point inférieur au muphti même; cette dignité est toûjours conférée par le sultan à un des émirs descendans de la fille de Mahomet; & sans son consentement, le prince n'oseroit offenser ni faire du mal à aucun des émirs; le sultan a soin de ne pas laisser un personnage de cette importance jouir long-tems d'une dignité si incommode à son despotisme; il change souvent de *nakib*, mais il ne lui en ôte que l'exercice; les émolumens lui restent comme les fruits d'un caractere indélible. *Voyez* Cantemir, *Histoire ottomane*. (Quoted in MIRZA, a signed article of D'Holbach, and see the catalogue of his library, No. 2520: Histoire de l'Empire Ottoman, par le Prince Demetrius Cantemir, trad. par de Joncquieres. *Paris, Savoye*, 1743. 4 *vol. in-*12.)

11 NAMAZ, s.m. (*Hist. mod.*) c'est ainsi que les Mahométans nomment les prieres qu'ils sont obligés par leurs lois de faire tous les jours; elles se répetent cinq fois en vingt-quatre heures. Les Turcs sont si scrupuleux, qu'ils croient que si on manque à une de ces prieres à l'heure marquée, il est inutile de la réciter après. Les armées font leurs prieres très-régulierement; mais on peut y manquer sans pécher, lorsque la bataille est commencée, parce qu'ils croient que de tuer des chrétiens, est une action plus méritoire encore que de prier. Tel est l'aveuglement où porte l'esprit d'intolérance.

Le vendredi on fait six prieres, & on les appelle *salah namazi*. *Voyez* Cantemir, *Hist. ottomane*. (See the note to NAKIB.)

Vol. XIV

269 RIADHIAT, s.m. (*Hist. mod. superstition.*) c'est une pratique superstitieuse en usage chez les Mahométans, & sur-tout chez ceux de l'Indostan. Elle consiste à s'enfermer pendant quinze jours dans un lieu où il n'entre aucune lumiere; durant ce tems le dévot musulman qui s'est reclus, répete sans cesse le mot *hou*, qui est un des attributs de Dieu; il ne prend d'autre nourriture que du pain & de l'eau après le coucher du soleil. Les cris redoublés de *hou*, les contorsions dont le pénitent les accompagne, le jeûne rigoureux qu'il observe ne tardent pas à le mettre dans un état violent; alors les Mahométans croyent que la force de leurs prieres oblige le diable à leur révéler l'avenir, & ils s'imaginent avoir des visions.

Vol. XV

142 SHIITES *ou* CHIITES, s.m.pl. (*Hist. mod.*) Depuis environ onze siecles, les Mahométans sont partagés en deux sectes principales qui ont l'une pour l'autre toute la haine dont les disputes de religion puissent rendre les hommes capables. Les partisans de l'une de ces sectes s'appellent *Sonnites*, parce qu'ils admettent l'autorité des traditions mahométanes contenues dans la *Sonna. Voyez* cet *article.* Les Sonnites donnent à leurs adversaires le nom de *Shiites*, par où ils désignent des *hérétiques*, des *sectaires*, des *gens abominables*, nom que ceux-ci retorquent libéralement à leurs adversaires.

Les *Shiites* se soudivisent, dit-on, en soixante & douze sectes qui enchérissent les unes sur les autres pour leurs extravagances. C'est Ali, gendre de Mahomet, & son quatrieme successeur ou calife, qui est l'objet de leur querelle avec les Sonnites & les Karejites. Ils prétendent qu'Abubecr, Omar & Ottoman, qui ont succédé immédiatement à Mahomet, n'étoient que des usurpateurs; & que la souveraineté & le pontificat des Musulmans appartenoit de droit à Ali & sa famille. Non contens de ces prétentions, quelques *Shiites* soutiennent qu'Ali étoit au-dessus de la condition humaine; que Dieu s'est manifesté par lui; qu'il a parlé par sa bouche. Ils le préférent à Mahomet lui-même. D'autres, plus mitigés, les mettent sur la même ligne, & disent qu'*ils se ressemblent aussi parfaitement que deux corbeaux*; ceux-ci s'appellent *Gobarites*, c'est-à-dire *partisans de la secte des corbeaux*. Quoiqu'Ali ait été assassiné, il y a des *shiites* qui soutiennent sa divinité: ils attendent son second avénement à la fin du monde, ce qui ne les empêche point d'aller faire leurs dévotions à Cufa où est son tombeau. Le respect des *Shiites* pour Ali est si grand, que toutes les fois qu'ils le nomment, ils ajoutent *que Dieu glorifie sa face.* Le surnom qu'ils lui donnent est celui de *lion de Dieu.* Les *Shiites* n'admettent point la *sonna*; ils traitent de mensonges & de rêveries les traditions contenues dans ce livre. *Voyez* SONNA.

Tels sont les motifs de la haine implacable qui divise les Sonnites & les *Shiites.* Ces querelles qui ont fait couler des flots de sang, subsistent encore dans toute leur force entre les Turcs qui sont *Sonnites* & les Persans qui sont *Shiites*, ainsi que les Tartares-usbecs & quelques princes mahométans de l'Indostan. (*UHM*, i. 277–9.)

359 SONNA, s.f. (*Hist. mod.*) c'est le nom que les Mahométans donnent à un recueil de traditions contenant les faits & les paroles remarquables de Mahomet leur prophete. Quoique ce recueil soit rempli de [*sic*] rêveries les plus absurdes & les plus destituées de vraissemblance, ils l'ont en très grande vénération, & c'est après le koran ou l'alkoran, le livre qui a le plus d'autorité chez les sectateurs de la religion mahométane. La *sonna* est, pour ainsi dire, un supplément à cet ouvrage; elle contient, outre les traditions dont on a parlé, les réglemens & les décisions des premiers califes ou successeurs de Mahomet: ce qui constitue un corps de Théologie dont il n'est point permis de s'écarter. L'attachement des Mahométans pour cet ouvrage leur a fait

donner le nom de *Sonnites* ou *Traditionites.* Quelques-uns des faits merveilleux qui y sont rapportés, sont même attestés & confirmés par l'alcoran, &
deviennent par-là des articles de foi. Tels sont les miracles de Mahomet, son
voyage au ciel, & d'autres évenemens merveilleux dont le prophete fait
attester la vérité par la voix de Dieu même. Les *Sonnites* regardent l'alcoran
comme coéternel à Dieu. Ils ont encore des opinions relatives à la politique
par lesquelles ils different de ceux qu'ils appellent *Shutes* ou *sectaires schis-
matiques;* ces derniers regardent les califes ou successeurs de Mahomet qui ont
précédé Ali, gendre de ce prophete, comme des usurpateurs; ils prétendent
que c'est à Ali que l'autorité pontificale & souveraine étoit dévolue de droit
après la mort de Mahomet. Les Persans sont shutes, & les Turcs, ainsi que les
Arabes, sont *sonnites*: ces deux sectes s'anathémisent réciproquement, & ont
l'une pour l'autre toute la haine dont les opinions religieuses peuvent rendre
les hommes susceptibles. Les *Sonnites* assurent qu'au jour du jugement dernier
leurs adversaires seront montés sur les épaules des Juifs qui les conduiront
au grand trot en enfer. Les *Sonnites* se divisent en quatre sectes principales
qui sont toutes regardées comme orthodoxes par tous les Musulmans qui ne
sont point *shutes.* *Voyez* SHUTES (i.e. SHIITES, as in the text of the above
article). (*UHM*, i. 37, 277–9.)

Vol. XVII

374 ULEMA, s.m. (*Hist. mod.*) c'est le nom que les Turcs donnent à leur clergé,
à la tête duquel se trouve le mufti, qui a sous lui des scheiks ou prélats. Ce
corps, ainsi qu'ailleurs, a sçu souvent se rendre redoutable aux sultans, qui
cependant ont plusieurs fois reprimé son insolence, en faisant étrangler ses
chefs; unique voie pour se procurer la sûreté dans un pays où il n'y a d'autre
loi que celle de la force, que le clergé turc fait trouver très-légitime au peuple,
lorsqu'il n'en est pas lui-même la victime. (Reproduced in AT, vol. xvii,
p. 303.)

700 ZEMZEM, (*Hist. mod. superstition*) c'est le nom d'une fontaine qui se
trouve à la Mecque, & qui est un objet de vénération pour tous les mahométans; elle est placée à côté de la Caaba, c'est-à-dire du temple, qui, suivant
les traditions des Arabes, étoit autrefois la maison du patriarche Abraham;
ils croient que cette source est la même qu'un ange indiqua à Agar, lorsque
son fils Ismaël fut prêt à périr de soif dans le désert.

La fontaine de *zemzem* est placée sous une coupole, où les pelerins de la
Mecque vont boire son eau avec grande dévotion. On la transporte en bouteilles dans les états des différens princes, sectateurs de la religion de Mahomet,
elle y est regardée comme un présent considérable, à cause des vertus merveilleuses que l'on lui attribue, tant pour le corps que pour l'ame; non-
seulement elle guérit toutes les maladies, mais encore elle purifie de tout
péché. (*UHM*, i. 101.)

704 ZENDICISME, (*Hist. mod.*) c'est le nom d'une secte, qui du tems de Mahomet avoit des partisans en Arabie, & sur-tout dans la tribu de Koreishites, qui s'opposa le plus fortement aux progrès de la religion mahométane. On croit que les opinions de cette secte avoient beaucoup de ressemblance avec celles des Saducéens parmi les juifs; les Arabes qui professoient le *zendicisme* étoient des especes de déistes, qui nioient la résurrection, la vie à venir, & qui croyoient que la providence ne se mêloit point des affaires des hommes. M. Sale, auteur d'une excellente traduction angloise de l'alcoran, dit de ces Arabes, qu'ils adoroient un seul Dieu sans se livrer à aucune espece d'idolatrie & de superstition, & sans adopter aucune des religions que suivoient leurs compatriotes. On prétend que ces sectaires admettoient ainsi que les disciples de Zoroastre & de Manès, un bon & un mauvais principe, qui se faisoient continuellement la guerre. (*UHM*, i. 17. Reproduced by Naigeon, *PAM*, vol. iii, p. 765, but without any indication as to its authorship. The catalogue of D'Holbach's library lists, No. 259: The Koran of Mohammed, translated into English, with explanatory notes, by G. Sale. *London, Hawes,* 1764, 2 *vol. in-*8.)

XV

While, so as to make comparisons easier, it seemed desirable to present these articles grouped together according to their subject-matter, an alphabetical list will no doubt facilitate quick reference:[1]

Vol. VIII. 22 HAGENSTELZEN; 74 HAWAMAAL; 98 HEIMDALL; HELA; 174 HERMODE; 210 HING-PU; 243 HODER; 284 HONDREOUS; 356 HUSCANAOUI-MENT; 358 HUVACAS; 432 JADDESES; 433 JAGAS, GIAGAS *ou* GIAGUES; 436 JAKUTES *ou* YAKUTES; 444–5 JAMMABOS; 447 JANNANINS; 507 JEBUSES; 588–9 IMPÉRATRICE; 641–2 INCA *ou* YNCA.

Vol. IX. 52 JUITZ; 53 JU-KIAU; 84 JURTES *ou* JURTI; 109 KAMEN; 110 KAMT-SCHADALI; 111 KAN-JA; 111–12 KANNO; 112 KANUN; 114 KASIEMATZ; 126 KIAKKIAK; 129 KING; 135 KONQUER; 136 KOPPUS; 137 KOUROU *ou* KURU; 137–8 KRAALS; 139 KUGE; 241 LANDINOS; LANDSASSE; 281 LAO-KIUN; 332 LECHONA-GEEZ; 433 LETTRÉS, *Litrados*; 680 LOKE; 760 LUVAS *ou* LUBOS; 954 MAMACUNAS.

Vol. X. 41 MANITOUS; 65 MARABOUS *ou* MARBOUTS; 66 MARAMBA; 177 MASSAN-KRACHES; 179 MASSIA; 217 MAYEQUES; 445 METHER; 484 MIA; 485–6 MICHA-BOU; 486 MICO; 520 MIMOS; 582 MITOTE; 624 MOKISSOS; 698 MOQUA; 765 MOTAZALITES; 860–1 MUMBO-JUMBO; 911 MUZIMOS; MUZUKO.

Vol. XI. 8 NAIRES, NAHERS *ou* NAYERS; 10 NAKIB; 11 NAMAZ; NAMBOURIS; 12 NAN; 33 NASTRANDE; 64 NAYBES; 64–65 NAYS; 76 NEGORES; 85 NEGUS;

---

[1] See above (pp. 126–30) the list of unsigned articles on science and technology attributed to D'Holbach.

91 NEN; 107–8 NETOTILITZE; 129 NGOMBOS; 140 NIFLHEIM; 146 NIREUPAN;
349–50 ODIN, OTHEN, *ou* VODEN; 412 OFAVAI; 446 OKKISIK; 446–7 OKNIAS,
ou OKINAS; 459 OMBIASSES; 469 OMETOCHTLI; 0 MI-TO; 476–7 ONÉGOUAS;
552 ORANCAIES; 685 OSSA-POLLA-MAUPS; 709–10 OVISSA; 730 OYAS; 738
PACTA CONVENTA; 770 PAIX RELIGIEUSE; 791 PALLI *ou* BALLI; 833
PAOUAOCUI; 885 PARABRAMA; 899 PARAGIES; 918 PARAOUSTIS; 934 PARÉAS,
PERREAS *ou* PARIAS.

Vol. XII. 83–84 PARSIS; 112 PASENDA; 161 PATALAM *ou* PADALAS; 306
PÉNITENS INDIENS; 541 PIACHES; 541–2 PIAIE.

Vol. XIII. 104 PORA; 203–4 POULIAS; 204 POULICHIS, *ou* PULCHIS; 254
POUTI-SAT *ou* PUTSA; 283 PRASSAT; 340–1 PRETRES; 400 PROBAR-MISSOUR;
570 PUMPER NICKEL; 575–6 PURAN, POURAN, *ou* POURANUM; 696 QUATZAL-
COATL; 708 QUIAY; 724 QUIOCO; 740 RACAXIPE-VELITZLI; 760 RAJAH-POURSON;
780 RAM *ou* BRAMA; 787 RAMTRUT; 816 RASQUAN; 832 RAUGRAVE; 833 RAULIN;
834 RAYMI; 841 REBI; 845 RECÈS DE L'EMPIRE.

Vol. XIV. 143–6 REPRÉSENTANS; 168–9 RÉSERVES; 232 RÉVERSALES; 269
RIADHIAT; 295 RIO-BUS; 302 RITES, TRIBUNAL DES; 330 ROLAND, STATUES DE;
340 ROMAINS, ROI DES; 427–8 RUDDIREN, RUTREN *ou* ISSUREN; 437–8 RUNIQUES
ou RUNES, CARACTERES; 498 SAGGONAS; 532 SALAGRAMAM;[1] 581 SALTA-
TESQUIS; 595 SAMBA-PONGO; 598 SAMORIN, *ou* ZAMORIN; 606 SANCRAT; 610
SANDI-SIMODISINO; 633 SAPAN; 661 SARMANES *ou* SHAMMANES; 735 SAYS;
737 SCALDES; 759 SCHAMANS; 883 SÉCULARISATION; 903 SEIVIA.

Vol. XV. 108–9 SERPENT-FÉTICHE; 139 SEYTA; 140 SHARVAKKA; 140–1
SHASTER, *ou* CHASTER; 141 SHECTEA *ou* CHECTEA; 142 SHIITES *ou* CHIITES;
SHOKANADEN; 146 SHUDDERERS *ou* CHUDERERS; 146–7 SIAKA, RELIGION DE;
148 SIAKO, *ou* XACO; 211 SINGHILLOS; 218–19 SINTOS *ou* SINTOISME; 221
SIOMIO; 225 SIRATICK; 233–4 SIUTO; 239 SMARTA; 340 SOMMONA-KODOM;
359 SONNA; 390 SOUDRAS; 535 STONEHENGE; 560 SUANTEWITH; 784 TABA *ou*
TABO-SEIL; 810–11 TABOT; 811 TABRA; 832 TAI-KI; 860 TALAPOINS; 946
TAUT-SE; 949 TAY-BOU-TO-NI; TAYDELIS.

Vol. XVI. 3 TÉCUITLES; 34 TEK-KIDA; 138 TENHALA; 140 TENSIO-DAI-SIN;
187 TESCATILPUTZA; 246–8 THÉOCRATIE; 313 TIBALANG; 319 TIEN, *ou* TYEN;
339 TIRA; 351 TIRINANXES; 363 TLACHTLI; 396–7 TOMBA *ou* TOMBO; 413
TONO-SAMA; 417 TOPILZIN; 454 TOUQUOA; 501 TOXCOALT; 630 TRIBUNAL
SECRET DE WESTPHALIE; 744–5 TUNDES; 821 VALHALLA; VALKYRIES; 825
VALOUVERS; 849–50 VARTIAS; 868 VEDAM.

Vol. XVII. 357–8 VISTNOU, *ou* VISTNUM; 358 VISTNOUVA; 367–8 VITZILIPUTZLI;
374 ULEMA; 377 UMBARES; 515 VRYGRAVES, *ou* FREYGRAVES; 616 WILDFAN-
GIAT; 648 XAMABUGIS; 654 XENXUS; 656–7 XODOXINS; 676 YPAINA; 690–1
ZAMOLXIS; 700 ZEMZEM; 704 ZENDICISME.

---

[1] This article is included in the list of scientific and technological articles (p. 129).

If at moments the writer cannot help feeling rather as if he were engaged in trying to prove that Bacon wrote Shakespeare or that Racine was the real author of the comedies of Molière, the cohesion of the great mass of the two hundred and more articles in the above list, backed by the use of cross-references and common sources, supported too by the existence of the catalogue of D'Holbach's library, is further demonstrated by reference to the works which D'Holbach published in the years following the appearance of the last ten volumes of the *Encyclopédie*. There is here, of course, a slight difficulty; none of these writings bears his name on the title-page. They appeared under all sorts of disguises, as the work of 'feu M. Boulanger', or 'M. Mirabaud', or as 'traduit de l'anglois'. Yet there is no serious disagreement as to the authorship of the main writings attributed to D'Holbach.[1]

As Professor Dieckmann has pointed out, it is possible to find clear resemblances between the political ideas expressed in the important article, REPRÉSENTANS, and those set forth in D'Holbach's *Système social*.[2] This same work also has strange affinities with other unsigned articles in the *Encyclopédie*. For instance, a long footnote, beginning 'Rien de plus incroyable & de plus révoltant que les excès de bassesse auxquels l'histoire nous apprend que des courtisans se sont portés en tout pays',[3] contains these sentences: 'Les grands, dans l'île de Ceylan, ont un souverain mépris pour les roturiers; mais leur morgue disparoît en présence du monarque, lorsqu'ils lui parlent d'eux-mêmes ils se qualifient de chiens.' One thinks immediately of such articles as HONDREOUS. The same work[4] contains an important passage on China which confirms that D'Holbach was, with slight reservations, a decided sinophil, and therefore a quite probable author of unsigned articles in this field.

An examination of *Le Christianisme dévoilé*, the first in date of D'Holbach's anonymous attacks on religion, brings out many interesting comparisons with the large number of unsigned articles devoted to primitive and exotic religions. The underlying purpose of this part of D'Holbach's contribution to the *Encyclopédie* is clearly reflected in the preface to *Le Christianisme dévoilé*, where he describes Christianity as

[1] See 'Essai de bibliographie critique des publications du baron d'Holbach' (*RHL*, 1939, pp. 215–34). In recent years doubt has been cast on his authorship of *Essai sur les préjugés*; to avoid unnecessary argument this work has been left out of the discussion.

[2] See Part II, chap. iv, 'Du Gouvernement mixte. Des Représentans d'une Nation'; cf. *La Politique naturelle*, Discours III, § xvii, 'Nation représentée'; § xxix, 'Le souverain doit connoître le vœu de sa nation'; and § xxx, 'Des corps intermédiaires'.

[3] Part II, chap. xiv.   [4] Part II, chap. vii.

le produit informe de presque toutes les anciennes superstitions enfantées par le fanatisme oriental, & diversement modifiées par les circonstances, & les préjugés de ceux qui se sont depuis donnés pour des inspirés, pour des envoyés de Dieu, pour des interprêtes de ses volontés nouvelles.[1]

In the same work he argues at length that Christianity is only one among many revealed religions:

... Le Christianisme n'a aucun avantage sur toutes les autres religions du monde, qui toutes, malgré leur discordance, se disent émanées de la Divinité, & pretendent avoir un droit exclusif à ses faveurs. L'Indien assure que le *Brama* lui-même est l'auteur de son culte. Le Scandinave tenoit le sien du redoutable *Odin*. Si le Juif & le Chrétien ont reçu le leur de *Jehovah*, par le ministere de Moyse & de Jésus, le Mahométan assure qu'il a reçu le sien par son prophete, inspiré du même Dieu. Ainsi, toutes les religions se disent émanées du ciel; toutes interdisent l'usage de la raison, pour examiner leurs titres sacrés; toutes se prétendent vraies, à l'exclusion des autres; toutes menacent du courroux divin ceux qui refuseront de se soumettre à leur autorité; enfin toutes ont le caractere de la fausseté, par les contradictions palpables dont elles sont remplies; par les idées informes, obscures, & souvent odieuses, qu'elles donnent de la Divinité; par les loix bizarres qu'elles lui attribuent; par les disputes qu'elles font naître entre leurs sectateurs: enfin, toutes les religions, que nous voyons sur la terre, ne nous montrent qu'un amas d'impostures & de rêveries qui révoltent également la raison. Ainsi, du côté des prétentions, la Religion Chrétienne n'a aucun avantage sur les autres superstitions dont l'univers est infecté, & son origine céleste lui est contestée par toutes les autres, avec autant de raison qu'elle conteste la leur.[2]

This last sentence sums up admirably the message which the main body of unsigned articles reproduced above strives to insinuate at every turn.

In the details of his attack on Christianity we find clear analogies between passages in *Le Christianisme dévoilé* and these unsigned articles. For instance, in attacking 'ce que le Christianisme appelle *le mystere de l'incarnation*', D'Holbach traces the doctrine back to 'les ridicules mythologies' of Egypt, India, and Greece, and adds in a footnote: '*Foé*, le dieu du peuple Chinois, est né d'une vierge, fécondée par un rayon du soleil. Personne ne doute, dans l'Indostan, des incarnations de *Vistnou*.'[3] The attack on the doctrine of transubstantiation recalls various of the articles reproduced above:

Les Brames de l'Indostan distribuent du riz dans leurs pagodes: cette distribution se nomme *Prajadam*, ou Eucharistie. Les Mexiquains croyoient

[1] p. ii.   [2] pp. 65–67.   [3] p. 90. See also *Le Bon Sens*, chap. cxvi.

une sorte de transsubstantiation. Le P. Acosta en fait mention. *l.v. chap.* 24 *de ses voyages.* Ainsi, les Catholiques romains ne sont pas les seuls, qui aient donné dans cette extravagance. . . . Les Péruviens avoient une pâque, dans laquelle on immoloit un agneau, dont on mêloit le sang avec de la farine, pour le distribuer au peuple.[1]

This is almost as if D'Holbach were referring the reader to such articles as TALAPOINS, YPAINA, and RAYMI.

The attack on missionaries in *Le Christianisme dévoilé* refers to 'les révoltes que les Jesuites ont excitées au Japon & en Ethiopie, dont ils ont fait entiérement bannir le christianisme',[2] which reminds one at once of the unsigned articles SIUTO and TABOT. Similarly the attack on the Pope's power to canonize saints draws forth a comparison with Japan: 'On sait que le *Dairy*, ou Pape des Japonnois, a, comme celui des Romains, le droit de canoniser, ou de faire des saints. Ces saints se nomment *Camis* au Japon.'[3] The parallel with MIA and SINTOS is obvious.

One last comparison between a passage taken from one of D'Holbach's own works and the unsigned articles reproduced above from the *Encyclopédie* is particularly striking. It comes from *La Contagion sacrée* which, although given out as 'Ouvrage traduit de l'Anglois' of John Trenchard, is undoubtedly by D'Holbach. He illustrates the barbarous and unnatural practices to which religion gives rise by a footnote which, in addition to denouncing Catholicism for the way in which it imprisons unfortunate young women in convents, also attacks various religions of the East and of Africa:

Dans l'Isle de Formose la Religion ordonne aux femmes, qui avant un certain âge sont enceintes, de se faire fouler aux pieds de la Prêtresse. La Religion chez les *Jagas*, peuple d'Afrique, vouloit que les guerriers pour se rendre invincibles se frottassent le corps avec la graisse de leurs enfans pilés dans un mortier.[4]

The connexion between this passage and the articles JEBUSES and JAGAS is obvious. It is almost as if D'Holbach had himself put his signature to the horrific article, JAGAS.

It is impossible to end this examination of the problem presented by the unsigned contributions of D'Holbach to the *Encyclopédie* with a neat and absolutely clear-cut solution. No doubt the two lists of unsigned articles given above are not devoid of occasional errors. In a number of cases there can be no saying that an article is definitely by

---

[1] pp. 108–9 n.   [2] pp. 152–3 n.   [3] p. 180 n.   [4] Vol. ii, p. 58 n.

D'Holbach and not by Diderot or some other contributor. Yet there still remain a large number of articles on both religion and politics in which D'Holbach's hand is unmistakable. This hidden contribution to the last ten volumes of the *Encyclopédie* has an importance which goes far beyond the worthy Baron and his prolific writings. It is not without significance for a study of the *Encyclopédie* that in the pages of the last ten volumes there should lurk many bold contributions from the pen of so redoutable a propagandist as the author of the *Système de la Nature*.

IV. D'Alembert's Contribution

A GOOD deal is to be found, both in books on the *Encyclopédie* and in a recent study of D'Alembert,[1] about the part which he played in the history of the enterprise, from its earliest beginnings down to his withdrawal from the position of joint editor in 1758. It would no doubt be possible to supplement and to correct on points of detail the generally accepted account of his role as editor of the work; but a more urgent task would seem to be to provide some more precise information as to what he actually contributed to the seventeen volumes of text, in addition to the two longest prefaces to the first seven volumes (the *Discours préliminaire* in Vol. I and the *Avertissement des Editeurs* in Vol. III) and the *Éloges* of Montesquieu (Vol. V), Lenglet-Dufresnoy and Abbé Mallet (Vol. VI), and Dumarsais (Vol. VII). There are, of course, in the works mentioned above numerous references to individual articles which came from his pen. What is lacking is an over-all picture of his contribution to the work; at present we lack even a list of the articles which he wrote for successive volumes down to the end of the enterprise. Such a list would serve to show what form his contribution took both in the more specialized field ('la partie mathématique' as it is called in the prospectus) in which he accepted editorial responsibilities, and in a much wider field. It would also enable us to see what effect his abandonment of the post of joint editor had on the quantity and range of the articles which he contributed to the last ten volumes of the work.

Unlike successive editors of the works of Diderot, the two early nineteenth-century editors of the works of D'Alembert reproduced relatively very few of the articles which he contributed to the *Encyclopédie*. While this undoubtedly produced less confusion about their author's actual contribution, it has meant that the great bulk of D'Alembert's articles have never been reprinted, and that the existence of hundreds of them can only be discovered by turning over the pages of the seventeen folio volumes. J. F. Bastien's edition of the *Œuvres philo-*

---

[1] R. Grimsley, *Jean D'Alembert*, Oxford, 1963. See especially the three chapters entitled 'D'Alembert and the *Encyclopédie*'.

sophiques, historiques et littéraires (1805) reproduces a *Mémoire de d'Alembert, par lui-même* which offers the following account of his part in the *Encyclopédie*:

Il a revu toute la partie de mathématique et de physique générale de l'Encyclopédie, et il a même refait en entier, ou presque en entier, plusieurs articles considérables relatifs à ces sciences, et qui contiennent, sur des objets élémentaires, des choses nouvelles, tels que *cas irréductible, courbe, équation, différentiel, figure de la terre, géométrie, infini,* &c., et un grand nombre d'autres. D'Alembert a donné en outre à l'Encyclopédie un nombre assez considérable d'articles de littérature ou de philosophie: on peut citer les articles *élémens des sciences, érudition, dictionnaire,* et plusieurs autres moins considérables, sans compter divers synonymes.[1]

The mathematical and scientific articles mentioned by D'Alembert fell outside the scope of the 1805 edition. After reproducing in the first volume the *Discours préliminaire* of the *Encyclopédie* and the *Avertissement des Éditeurs* to Vol. III, the editor offers in vol. iii a large number of synonyms, most of which are taken from the *Encyclopédie*, and the following fourteen articles, all of them from the first five volumes of the work:

ACADÉMIE, ACADÉMIE FRANÇAISE, AFFECTATION, COLLEGE, CONTRE-SENS, DÉCHIFFRER, DICTIONNAIRE, ÉLÉGIAQUE, ÉLISION, ÉLOCUTION, ÉLOGE, ÉLOGES ACADÉMIQUES, ÉLOQUENT, ÉRUDIT.[2]

The *Œuvres complètes,* published in five volumes in 1821–2 by Bossange and Belin, offers the same selection of articles.[3] In addition, both editors reprinted the article GENÈVE along with the documents relating to it.[4] This, however, is clearly a very modest, indeed almost insignificant, proportion of the articles contributed by D'Alembert.

At first sight it would seem an easy task to draw up a list of the articles which came from his pen. In theory at least there are none of the complications which arise, in the case of Diderot and D'Holbach, for instance, over unsigned articles. All D'Alembert's articles bear throughout the seventeen volumes the sign '(O)'. What could be easier, if more tedious, than ploughing through the seventeen volumes of text until one has a complete list? Unfortunately in the study of the

---

[1] Vol. i, p. xlii.
[2] Vol. iii, pp. 149–282, under the title 'Mélanges littéraires'; the synonyms follow (pp. 283–333).
[3] Vol. iv, pp. 478–538. The synonyms are also reproduced in the same volume (pp. 250–74).
[4] Bastien, vol. v, pp. 253–77 and Bossange and Belin, vol. iv, pp. 411–22.

Encyclopédie few things are easy. On occasion either D'Alembert or the printer may have omitted the symbol '(O)' at the end of an article; this is certainly the case with the article CONTINGENCE.[1] But how many more times did this happen? A certain number of unsigned articles which *might be* by D'Alembert are mentioned in footnotes to the list of his articles which follows.

There are other difficulties too. There is that infuriating note in the first volume of the *Encyclopédie*: 'N.B. Lorsque plusieurs articles appartenant à la même matière, & par conséquent faits ou revûs par la même personne, sont immédiatement consécutifs, on s'est contenté quelquefois de mettre la lettre distinctive à la fin du dernier de ces articles.'[2] Again and again it is uncertain whether one should attribute one or more unsigned articles to D'Alembert when one of his signed articles follows immediately after. Coupled with this is the problem of deciding exactly what constitutes an article.

NATURE affords a good example of the difficulties involved. Although in the preface to Vol. II the editors announced, with an appropriate flourish of trumpets, that Buffon had promised to write this article, all that we find at the appropriate point in Vol. XI is one article headed NATURE (*Philos.*) which bears no signature, followed immediately by another under the heading NATURE, *lois de la*, which bears the familiar signature '(O)'. Discussion of the question of 'authorship' becomes a trifle academic—as does the problem of deciding whether this is one article or two—when one follows up a little hint at the end of NATURE, *lois de la*. There '(O)' is preceded by '*Chambers*', and in fact one soon discovers that in Chambers these two articles form the one article, NATURE, NATURA. The Chambers article—despite the signature of D'Alembert—is taken over without any significant cut or addition.

Like other contributors, D'Alembert appears to have worked with the relevant parts of the translation of Chambers before him. This is what we may infer from Diderot's observations on the subject in the article *ENCYCLOPÉDIE:

Il n'y a presqu'aucun de nos collegues qu'on eût déterminé à travailler, si on lui eût proposé de composer à neuf toute sa partie; tous auroient été effrayés; & l'*Encyclopédie* ne se seroit point faite. Mais en présentant à chacun un rouleau de papiers, qu'il ne s'agissoit que de revoir, corriger, augmenter, le travail de création, qui est toujours celui qu'on redoute, disparoissoit, & l'on se laissoit engager par la considération la plus chimérique. Car ces lambeaux décousus se sont trouvés si incomplets, si mal com-

[1] *Encyclopédie*, Vol. IV, p. iv.   [2] Vol. I, p. xlvi.

posés, si pleins d'omissions, d'erreurs, & d'inexactitudes, si contraires aux idées de nos collegues, que la plupart les ont rejetés. Que n'ont-ils eu tous le même courage?[1]

It is clear that neither Diderot nor D'Alembert always threw aside in disgust the articles translated from Chambers. It will be noted that, in his own account of his contribution to the *Encyclopédie*,[2] D'Alembert does not seek to exaggerate his originality when he states: 'Il a revu toute la partie de mathématiques et de physique générale.' He claims only that 'il a même refait en entier, ou presque en entier, plusieurs articles considérables sur ces sciences'. Quite a number of his articles have at the end not only the symbol '(O)', but also the word *Chambers*.

Moreover, D'Alembert had at his disposal not only a translation of articles from Chambers, but also the contribution of Formey which had been bought in April 1747 by the publishers of the *Encyclopédie*.[3] For a certain number of his articles D'Alembert had incurred a debt to Formey which is suitably acknowledged.

However, one must not exaggerate what D'Alembert owed to such sources as Chambers and Formey. There is a great deal of original work in his varied contributions, both in his articles of scientific popularization and in the deliberately polemical articles, of which GENÈVE is the best-known example, in which—so long as he remained one of the editors—he sought to use the *Encyclopédie* as a vehicle for propaganda in favour of the outlook of the Enlightenment.

In considering his total contribution to the work, it seems advisable to separate his contribution to the first seven volumes which bear his name on the title-page from the articles which appeared in the last ten volumes published after he had given up his editorial responsibilities.

In Vols. I–VII, published between 1751 and 1757, we find the following articles which bear the signature '(O)':

Vol. I. 7–8 ABAISSEMENT (3 articles); 23–25 ABERRATION; 25–26 ABISME (with (G), i.e. Mallet); 32 ABONDANT (*nombre abondant*); 39–40 ABSCISSE; 40 ABSENT (with (H), i.e. Toussaint, and *, i.e. Diderot); 41 ABSOLU (*nombre absolu*); ABSOLU ... *en Astronomie*; 52–56 ACADÉMIE (*Hist. litt.*); 59 ACARNAR; 60–62 ACCELERATION; 62 ACCÉLERATRICE (*Force*); 62–63 ACCÉLÉRÉ (*Mouvement*); 63 ACCENSES; 72 ACCIDENTEL ... *en Physique*; 87 ACCROISSEMENT, *en Physique*; 95 ACHARNAR; 97 ACHRONIQUE; 110 ACONTIAS (*Physique*); 111 ACOUSTIQUE; 114 ACRONYQUE; 116 ACTES; 118 ACTIF; 119–20 ACTION ... *en Méchanique*; 124 ACTIVITÉ; 129–30 ACTION ... en Algebre; 132 ADHÉRENCE

---

[1] Vol. V, ff. 644–5 (AT, vol. xiv, p. 577). [2] See above, p. 231.
[3] See E. Marcu, 'Un encyclopédiste oublié, Formey' (*RHL*, 1953, pp. 296–305).

ou ADHÉSION; ADJACENT; 156 AFFAISSEMENT *des terres*; 156–7 AFFECTA-
TION; 157 AFFECTATION *dans la langue & dans la conversation*; AFFECTATION
dans le style; AFFECTÉ . . . *en Algebre*; 158 AFFECTION . . . en Géométrie; 161
AFFIRMATIF . . . en Algebre; 173 AGEOMETRIE; AGGRÉGATION . . . *en Physique*;
174 AGGRÉGÉ; 176 AGIR . . . *en Méchanique & en Physique*; AGITATION;
225–36 AIR; 238 AIRE (Part of); 238–9 AIROMETRIE; 241–2 AJUTAGE (second
part); 252 ALDEBARAM; 258 ALFERGAN; 259–62 ALGEBRE;[1] 262 ALGÉBRISTE;
ALGÉNÉE; ALGOL; ALGORITHME; 264 ALIGNEMENT; ALIGNER; 269 ALIMENT *du
feu*; 270–1 ALISÉ . . . *vents alisés*; 283–4 ALLIAGE (second part); 287 ALLIOTH;
288 ALLONGÉ . . . *en Géométrie*; 290 ALMAMOUM; ALMANACH; 291 ALMICAN-
TARATS; 297 ALPHETEA; 298 ALPHONSINES; ALRAMECH; 303–4 ALTÉRATION
. . . *en Physique*; 304 ALTERNATION; 318 AMAZONES, *riviere des*; 321 AMBIANT;
AMBIGENE; 356 AMERTUME; 358 AMIABLES (*Arithm.*); 378 AMPHORA; 380
AMPLITUDE; 387–92 AN *ou* ANNEE; 393–4 ANACAMPTIQUE; 395–6 ANACLASTI-
QUE; 398–9 ANALEMME; 400 ANALOGIE, *en Mathématique*; 400–1 ANALYSE
(in mathematics); 401 ANALYSE (*Gram.*); 403–4 ANALYTIQUE; 404–5 ANAMOR-
PHOSE; 441 ANCIENNE GÉOMÉTRIE;[2] 442–3 ANCRE (first part); 448–51
ANDROIDE; 451 ANDROMEDE (*Astron.*); 453 ANEMOMETRE; 453–4 ANEMOSCOPE;
457 ANFRACTUOSITÉ; 461–3 ANGLE (*Géom.*); 476 ANIMÉ . . . *en Physique & en
Méchanique*; 480 ANNEAU, *terme d'Astronomie*; 484 ANNUEL; 484–6 ANNUITÉ;
487–8 ANOMALIE (*Astron.*); 488 ANOMALISTIQUE; 489 ANSE . . . *en Géographie*;
491 ANTARCTIQUE; ANTARES; *ANTECEDENTIA*; 492–3 ANTECIENS; 500
ANTICHTONES; 502 ANTILOGARITHME; ANTILOGIE; 510–11 ANTIPATHIE
(*Phys.*); 511–12 ANTIPERISTASE; 512–14 ANTIPODES; 516 ANTISCIENS; 521
AOUST; APAPOGIE; 523–4 APHÉLIE; 527 A-PLOMB; 530 APOGÉE; 531–2
APOLLONIEN; 533 APOMECOMÉTRIE; 534 APORON; 538 APOTHEME; 540
APOTOME; 543 APPARENCE; 542–6 APPARENT;[3] 546 APPARITION . . . *en
Astronomie*; 549 APPLATI; 550–3 APPLICATION; 553 APPLIQUÉE; 554–5
APPOSITION . . . *en Physique*; 557 APPROCHE (*en Géométrie*); 558–9 APPROXI-
MATION; 560 APPULSE; 561 APRETÉ; 561–2 APSIDE; 563 APUS; *AQUARIUS*;
565 AQUILON; 590 ARBRE . . . *en Méchanique*; 592–3 ARC . . . *en Géométrie*;
594–600 ARC-EN-CIEL; 615 ARCHIPEL; 617 ARCHITECTONIQUE; 621 ARCTIQUE;
ARCOPHYLAX; *ARCTURUS*; *ARCTUS*; 623–7 ARDENT (*miroir*); 628 ARDENT; 632–4
ARÉOMETRE;[4] 636 ARGANEAU; 647 ARGO; 649 ARGUMENT . . . *terme d'Astronomie*; ARGYROCOME; 651 *ARIES*; 675–8 ARITHMÉTIQUE (second part); 680
ECHELLES ARITHMÉTIQUES; 696 ARMILLAIRE; 699 ARMURE *d'un aimant*;
705–7 ARRÉRAGES (second part); 749 ASCENSION; ASCENSION *en Astronomie*;
750 ASCENSIONEL;[5] 751 ASCIENS; 776 ASTÉRISME; 778 ASTRAL; ASTRE; 779–80

---

[1] ALGEBRIQUE (p. 262) is unsigned and possibly by D'Alembert.
[2] ANCIENNE ASTRONOMIE (p. 441) is unsigned and possibly by D'Alembert.
[3] p. 544 is wrongly numbered 542.
[4] Two paragraphs are followed by 'M. Formey' and the article ends: 'Nous devons ces
remarques à M. Formey, qui les a tirées de M. l'abbé Nollet. *Lect. Phys.* (O).'
[5] The second paragraph ends: 'M. Formey.'

ASTROLABE;[1] 783 ASTROLOGIE (second part); ASTROLOGUE; 783–93 ASTRO-
NOMIE; 793–4 ASTRONOMIQUE;[2] 796 ASYMPTOTIQUE; 818 ATLANTIQUE;
819–23 ATMOSPHERE; 846 ATTRACTIF; 846–56 ATTRACTION; 856 ATTRACTION-
NAIRE; 862 AVANTAGE . . . *en termes de jeu*; 863–5 AUBE (*Hydraul.*); 870–3
AVEUGLE; 874 AUGES . . . *en Astronomie*; 886 *AURIGA*; AVRIL; 886–8 AURORE
BORÉALE;[3] 892 AUSTRAL; 894 AUTEL (*Astron. & Myth.*); 896–7 AUTOMATE;
897 AUTOMNAL; AUTOMNE; 904–6 AXE; 906 AXIFUGE; 912 AZIMUTHS.

Vol. II. 13 BAGUETTE DIVINE *ou* DIVINATOIRE; 15 BAIE . . . *en Géographie*;
23 BAISER, *terme de Géométrie*; 24–28 BALANCE;[4] 28 BALANCE, *Libra*; 36
BALEINE (*en Astronomie*); 38 BALISTIQUE; 57 BANDES *de Jupiter*; 71 BARBE
D'UNE COMETE; 77–87 BAROMETRE; 118 BASILIQUE . . . *en Astronomie*; 120
BASSE FONDAMENTALE (second part); 122 BASSETTE; 124 BASSINS *d'une
Balance*; 197 BELIER (*Astron.*); 213 BESICLES; 228 BIBLIOMANIE; 257–8 BINAIRE,
L'ARITHMETIQUE;[5] 258 BINOCLE (O-T) [*sic*]; 258–9 BINOME; 259 BI-QUINTILE;
264 BISSEXTILE; 269 BLANC . . . (*Physiq.*); 272 BLANCHEUR (*Physiq.*); 281–2
BLEU; 335 BORÉE; 338 BOSSE (second part); 339 BOSSU (*Astronomie*); 345
BOTHYNOE; 355 BOUEUSE (*ancre*); 357 BOUILLIR; 365 BOULON *ou* GOUGEON; 380
BOUTEILLES D'EAU; 387 BOUVIER . . . *en Astronomie*; 391–2 BRACHYSTOCHRONE;
393 BRANCHE *de courbe*; 398 BRAS *d'une balance*; 416 BRICOLE, *terme de jeu de
Billard*; 444–5 BROUILLARD;[6] 446 BROYEMENT (*Physiq.*); 448 BRUINE;[7]
BRULANT; BRULER (*l'action de*) *Physique*; 450 BRUMAL; 464 BULLES D'EAU;
486 . . . CABALE (by (C), i.e. Pestré: an addition to); 487–8 CABESTAN (second
part); 492–3 CABINETS SECRETS (*Physique*); CACOPHONIE (in music); 510–11
CADAVRE (second part); 513–15 CADENCE, *en Musique* (with (S), i.e. Rousseau);
517–25 CADRAN; 552–5 CALENDRIER; 560 CALLIPIQUE; 564 CALOMNIE
(*Morale*) (by (C), i.e. Pestré: an addition to); 581 CAMUS (second part); 589
CANCER (*en Astronomie*); 597 CANICULE; 598 CANNE *à vent*; 620 CANOPUS;
625 CAPABLE (*Géom.*); CAPACITÉ *d'un corps*; 626 CAPER; 627–9 CAPILLAIRE
(second part);[8] 629 CAPILLAMENT; 633 CAPITULAIRES (by (G), i.e. Mallet:
an addition to); 637 CAPOTAGE; 638 CAPRICORNE (*en Astronomie*); 645–9
CARACTERE (parts); 666 CARACTERE *des sociétés ou corps particuliers*;
669 CARACTÉRISTIQUE, s.f.; 680 CARDINAUX (*signes*); 684 CARICATURE; 702

---

[1] The article ends: 'M. Formey. (O).'

[2] ASYMPTOTE (pp. 795–6) is unsigned and possibly by D'Alembert.

[3] The article ends: '*Presque tout cet article est de M. Formey*. (O).'

[4] The article ends: 'Cet article est en partie de M. *Formey*. (O).'

[5] The third paragraph begins: 'Nous devons cet article à M. Formey, qui l'a tiré de
l'histoire de l'Académie des Sciences de Paris, année 1702'; but the article continues for
another column and more.

[6] The article ends: 'Nous devons presque tout cet article à M. Formey, qui l'a tiré en
grande partie de M. Musschenbroeck. (O).'

[7] The article ends: 'Cet article est presque tout entier de M. Formey. *Voyez* Mussch.
(O).'

[8] The article ends: 'Nous devons à M. Formey une partie de cet article (O)'. Marcu
(*RHL*, 1953, p. 303) wrongly attributes this article to '(G)' (i.e. Mallet).

Franc-CARREAU; 706–11 CARTE (*Géog.*); 725–6 CARTÉSIANISME (last part); 736–8 CAS IRREDUCTIBLE;[1] 739–40 *Méthode des cascades* (*Algebre*); 756 CAS-*TRATI*; 757 CATABIBAZON; CATACAUSTIQUE; 758–9 CATADIOPTRIQUE; 769–70 CATARACTE D'EAU; 776 CATHETE; 779–80 CATOPTRIQUE; 783 *CAUDA LUCIDA*; 783–4 CAVES; 784 CAVE (*Lune*); 789 CAUSES FINALES; 789–90 CAUSE en *Méchanique & en Physique*; 792 CAUSTIQUE . . . *dans la Géométrie transcendante*; 801 CELERITÉ; 814 CENDRE, *pluie de cendres*; 817 CENS (*Hist. anc. & mod.*) (second part); 818 CENSEUR (*Hist. anc.*) (second part); 821 CENTAURE . . . *en Astronomie*; CENTENIERS; 822–4 CENTRAL; 824–8 CENTRE (all but first two paragraphs); 828–30 CENTROBARBIQUE;[2] 822 CÉPHÉE; 834–6 CERCLE (*en Géométrie*).

Vol. III. 4 CHACONNE (last part); 9–10 CHAINETTE . . . *dans la Géométrie transcendante*; 23 CHALEUR (*Physiq.*); 62–63 CHAMBRE OBSCURE; 76 CHAMP *d'une lunette*; 85 CHAMPION (last part); 132 CHANGEMENT D'ORDRE; CHANGEMENT . . . *en Physique*; 204 CHARIOT (*Hist. mod.*); CHARIOT *en Astronomie*; CHARIOT, (PETIT) *en Astronomie*; 228 CHASSE *d'une balance*; 288–9 CHÊNE ROYAL (*Astronomie*); 297 CHERCHÉE, adj. *quantité cherchée* (second part); 308 CHEVAL, PETIT CHEVAL (*Astronomie*); 309 CHEVALERIE (*Hist. mod.*) (last part); 316 CHEVELURE DE BÉRÉNICE; 321 CHEVRE . . . *en Astronomie*; 332 CHIEN *en terme d'Astronomie*; CHIEN (LE GRAND); CHIEN (LE PETIT); 333–4 CHIFFRE (*Arith.*); 337–8 CHILIGONE (*Géom*); 359 CHOC . . . *en Méchanique*; 390–2 CHRONOLOGIE; 404 CHUTE . . . *en Physique*; 442–3 CIEL (*Physiq.*); 443 CIEL *dans l'Astronomie ancienne*; 462 CIRCONPOLAIRE; 463 HYPERBOLE CIRCONSCRITE; 466 CIRCONVOISIN; 466–7 CIRCULAIRE; 470 CIRCULATION *en Géométrie*; 470–1 CIRCULER; 471 CIRCUMAMBIANT; 480–1 CISSOIDE; 504 CLAPET; 517–18 CLÉ TRANSPOSÉE (last part); 522–3 CLEPSYDRE; 532–4 CLIMAT (*Géog.*); 555 COALITION; 560 COCHER (*le*); 561 *COCHLEA*; 590 COEFFICIENT; 602 CŒUR (*Géométrie*); CŒUR DU LION; CŒUR DE CHARLES; CŒUR DE L'HYDRE; 605–7 COHESION . . . *en termes de Physiq.*; 609–10 COIN (*Méchan.*); 612 COINCIDENCE; COINCIDENT; COINCIDER; 622 COLLATERAL . . . *en termes de Géographie*; 634–7 COLLÈGE; 661–2 COLURE; 663–4 COMBINAISON (*Mathémat.*); 665 COMBUSTION, *terme de l'ancienne Astronomie*; 672–8 COMETE (*Physiq. & Astron.*); 689–90 COMMENSURABLE; 716 COMMUN *en Géométrie*; 717 *COMMUNIBUS LOCIS*; 727–9 COMMUNICATION DU MOUVEMENT; 738 COMMUTATION, *terme d'Astronomie*; 739 COMPACTE; COMPAGNE DE LA CYCLOIDE; 743–4 *La regle de* COMPAGNIE; 750 *COMPARATIONE*; COMPARER *des équations*; 757 COMPAS ELLIPTIQUES; 760–1 COMPASSION; 765 COMPLÉMENT *d'un angle*; COMPLÉMENS *d'un parallélogramme*; COMPLÉMENT DE ROUTE; COMPLEXE . . . *en Algebre*; 766 COMPLIMENT; 767 COMPOSÉ (*Arithmét.*) (second part); 767–8 COMPOSÉ *en Méchanique*; 768 COMPOSÉ (*Pendule*); COMPOSÉ *quantités composées*; 769 COMPOSITEUR (last part); COMPOSITION *en Arithmé-*

---

[1] See above, p. 231.

[2] CENTRIFUGE and CENTRIPETE which immediately precede CENTROBARBIQUE on p. 828 are both unsigned and possibly by D'Alembert.

tique; 769–70 COMPOSITION DU MOUVEMENT; 775 COMPRESSIBLE; 775–6
COMPRESSION (*Physiq.*); 795 COMPTEPAS; 798 COMPUT; 802 CONCAVE;
CONCAVITÉ; 805 CONCHOIDE; 824 CONCORDANT *ou* BASSE-TAILLE (second
part); 826 CONCOURANTES (PUISSANCES); CONCOURIR; CONCOURS, *terme de
Géométrie*; 828–9 CONCRET, *nombre concret*; 829 CONCRÉTION, *en Physiq.*;
833 CONCURRENS; 835 CONDENSATEUR; 835–6 CONDENSATION; 843 CONDUIT
(*Physiq.*); 845–6 CONE . . . *en Géométrie*[1]; 856–7 CONFLAGRATION; 857–8
CONFLUENT; 858 CONFORMATION (*Physiq.*); 868 CONGRÉGATION (*Physiq.*);
869 CONGRÉGATION (religious sense); 871 CONJOINT (*Musique*) (parts of);
874 CONJONCTION *en Astronomie*; 875–9 CONIQUE (*Géom.*); 883–4 CONJUGUÉ;
884 CONJUGUÉES (*Hyperboles*); 898 CONOIDE.

Vol. IV. 1 CONSEIL, AVIS, AVERTISSEMENT; 33 CONSÉQUENCE, CONCLUSION;
CONSÉQUENT (*Arith.*); *CONSEQUENTIA*; 43 CONSIDÉRABLE, GRAND; CONSIDÉRA-
TION, ÉGARDS, RESPECT, DÉFÉRENCE; 46–47 CONSISTANCE (*Physiq.*); 47
CONSISTANCE (*Phys.*);[2] CONSISTANT; 51 CONSONNANCE, *en Musique* (last para-
graph); 58 CONSPIRANT (*Méch.*); CONSPIRATION, CONJURATION; CONSTANS,
vents constans; CONSTANT, FERME, INÉBRANLABLE, INFLEXIBLE; 58–59
CONSTANTE (QUANTITÉ); 59–60 CONSTELLATION; 92–94 CONSTRUCTION
(*Géométrie*); 109 CONTACT (*Physiq.*);[3] 111 CONTE, FABLE, ROMAN; CONTENT,
SATISFAIT, CONTENTEMENT, SATISFACTION; 112 CONTENU; CONTESTATION,
DISPUTE, DÉBAT, ALTERCATION; 113 CONTIGU, PROCHE; CONTIGU (*Physiq.*);
CONTIGU, *en Géométrie*; 114 CONTINGENCE;[4] 115 CONTINU (second part);
CONTINUATEURS; CONTINUATION, SUITE; CONTINUATION DU MOUVEMENT;
116 CONTINUITÉ (*Physiq.*); 116–17 CONTINUITÉ (*loi de*);[5] 118 CONTRACTION,
en Physique; 119 CONTRAINDRE, OBLIGER, FORCER; 127 CONTRAVENTION,
DÉSOBÉISSANCE; 113 CONTREFAIRE, IMITER, COPIER; 135 CONTRE-HARMONI-
QUE; 141 CONTRE-SENS; 161 CONVENTION, CONSENTEMENT, ACCORD; 165
CONVERGENT, *en Algebre*; CONVERGENT, *droites convergentes*; CONVERGENT,
hyperbole convergente; 165–6 CONVERSATION, ENTRETIEN; 166 CONVERSE;
CONVERSION . . . *en Arithmétique*; CONVERSION DES EQUATIONS; 168 CONVEXE;
CONVEXITÉ; 171 CONVULSIONNAIRES; COORDONNÉES; 173–4 COPERNIC,
système ou *hypothese de*; 174–5 COPERNIC . . . *instrument astronomique*;
208–9 CORDE (*Méchaniq.*); 209–10 CORDES (*Méchan.*); 210–11 CORDES
(*Vibrations des*); 214–15 CORDELIERE DES ANDES; 252 CORNETS *pour l'ouïe*;
259 COROLLAIRE; 261–3 CORPS (*Métaphys. & Physiq.*); 263 CORPS *en Géométrie*; CORPS (*Physiq.*); 270 CORPUSCULE; 272–3 CORRECTION DU MIDI; 274
CORRODÉ, CORROSION; 278 CORRUPTION . . . *en Philosophie*; 291 CO-SINUS;
COSMETIQUE; 292 COSMIQUE (*Géog.*); COSMIQUE . . . *en Astronomie*;

[1] CONFIGURATION (pp. 850–1) is unsigned and possibly by D'Alembert.
[2] Both the articles CONSISTANCE end with the mention 'Chambers' as well as '(O)'.
[3] CONTACT (*Géom.*) is unsigned and possibly by D'Alembert.
[4] Unsigned, but attributed to D'Alembert, *Encyclopédie*, Vol. IV, p. iv.
[5] The article ends: 'Nous devons cet article à M. Formey. (O).'

COSMIQUES (*Qualités*); 292–3 COSMOGONIE; 293 COSMOGRAPHE; 293–4 COSMO-
GRAPHIE; 294 COSMOLABE; 294–7 COSMOLOGIE; 298 COSSIQUE, *nombre cos-
sique*; 300 CO-TANGENTE; 303 COTÉ . . . *en Géométrie*; 319 COUCHANT; 321
COUCHER, *en Astronomie*; 324 CO-VERSE; 327–32 COULEUR (*Physiq.*); 375–6
COURANT . . . *en terme d'Hydrographie*; 377–89 COURBE;[1] 390 COURBURE;
392 COURIR . . . *en Géographie*; COURONNE . . . *en Géométrie*; COURONNE
BORÉALE; COURONNE MÉRIDIONALE; 392–3 COURONNE DE COULEURS; 396
COURROUX, COLERE, EMPORTEMENT; COURS (*Gram.*); COURS D'UNE COURBE;
400 COURTISAN; 400–1 COURTISANE; 410 COÛTUME, USAGE; 436 CRATICU-
LAIRE; 455 CREPUSCULAIRE; 455–8 CREPUSCULE; 459 CRETINS; 461 CRI,
CLAMEUR; 466 CRIME, FAUTE, PÉCHÉ, DÉLIT, FORFAIT; 490 CRITIQUE, CENSURE;
505 CROISADE *ou* CROISETTE, *en terme d'Astronomie*; 508 CROISSANT (*Astron.*);
CROISSANT (*Géom.*); 509 CROITRE, AUGMENTER; 512–13 CROIX OU PILE; 516
CROYANCE, FOI; 520 CRUCIFORME; 527 CRYSTAL (*cieux de*); 529–30 CUBATURE;
530 CUBE; 530–1 CUBE-DU-CUBE; 531 CUBIQUE; CUBO-CUBE; 549 CULMINA-
TION; 551 CULTELLATION; 579 *CURTATIO*; CURTIGONE; CURVILIGNE; 586–90
CYCLE; 590 CYCLOIDAL; 590–1 CYCLOIDE; 592 CYCLOMÉTRIE; CYGNE (*Astron.*);
592–3 CYLINDRE; 593 CYLINDROIDE, s.m.; CYLINDROIDE (*Géom.*); 600
CYNOSURE; 611 DACTYLONOMIE; 612 D'AILLEURS, DE PLUS, OUTRE CELA;
614 DAM, DOMMAGE, PERTE; 621 DANGER, PERIL, RISQUE; 634 DATE (*Chronol.*);
645 DAUPHIN (*Astron.*); 647–8 DÉ (*Anal. des hasards*); 658 DEBRIS, DE-
COMBRES, RUINES; 658–9 DÉCADE; 659 DECADENCE, RUINE; DECAGONE;
662 DÉCELER, DÉCOUVRIR, MANIFESTER, RÉVÉLER; DÉCEMBRE; 664 DECES,
MORT, TREPAS; 666–8 DECHIFFRER; 668 DÉCIDER, JUGER; DÉCIL *ou* DEXTIL;
669–70 DÉCIMAL (*Arithm.*) (second part); 695–7 DÉCLINAISON, *en terme
d'Astronomie*; 697 DÉCLINANT; *DECLIVITAS*; 699 DÉCOMPOSITION DES
FORCES; 705 DECOURS; 705–6 DECOUVERTE; 706 DECOUVRIR, TROUVER; 726
DECRIRE; DECRIVANT; 727 DECUPLE; 729–30 DÉDUCTION; 731 DEFAIT,
VAINCU, BATTU; DEFAITE, DEROUTE; 733 DEFECTIF, *nombres défectifs*;
733–4 DEFECTIF (*Géom.*); 734 DEFENDRE, PROTEGER, SOUTENIR; DEFENDRE,
JUSTIFIER QUELQU'UN; 735 DEFENDU, PROHIBÉ; 742 DÉFÉRENT (*Astron.*);
743–4 DÉFICIENT; 748–9 DÉFINITION, *en Mathématiques*; 749 DÉFLEXION;
753 DÉGEL; 761 DEGRÉ (*Métaph.*) (second part);[2] 763 DEGRÉS DE FROID ET
DE CHAUD; 769 DEGUISEMENT, TRAVESTISSEMENT; 773 DÉINCLINANT *ou*
DÉINCLINÉ; 803 DEMANDE, QUESTION; DEMANDE . . . *terme de Mathématique*
(second part); 805 DÉMANTELER, RASER, DÉMOLIR; 809 DEMETTRE (SE),
ABDIQUER; 811 DEMI-CERCLE; DEMI-DIAMETRE; 813 DEMI-ORDONNÉES;
DEMI-PARABOLE; DEMI-SEXTILE; 822–3 DÉMONSTRATION (*Philos.*); 825
DENEB; 830 DÉNOMINATEUR; 833 DENSE; 833–4 DENSITÉ; 862 DÉPOPULA-
TION; 873 DESCENDANT (*Méch.*); 874 DESCENSION; DESCENSIONEL; 874–6

---

[1] See above, p. 231.
[2] DEGRÉ . . . *en Géométrie* (pp. 761–3) and DEGRÉ *de Longitude* (p. 763) are unsigned
and possibly by D'Alembert.

DESCENTE *ou* CHUTE; 878 DESCRIPTION, *terme de Géométrie*; 885 DESINTÉRES-
SEMENT; DESIR, SOUHAIT; 902 DÉTERMINATION, *en Physique*; DÉTERMINÉ
(*Géométrie*); 904 DETROIT . . . *en Hydrogr.*; 907 DÉVELOPPANTE; 907–8
DÉVELOPPÉES; 908 DÉVELOPPEMENT . . . *en Géométrie*; 909 DEVIATION;
927–8 DIABLES CARTÉSIENS; 929 DIACAUSTIQUE; DIACENTROS; 933
DIAGRAMME; 941–2 DIAMETRE; 944 DIAPHANE; 945 DIAPHANÉITÉ; 955 DICHO-
TOME; DICHOTOMIE, BISSECTION; 958–69 DICTIONNAIRE;[1] 969–70 DIC-
TIONNAIRE, VOCABULAIRE, GLOSSAIRE; 970 DIDYMI; 984 DIFFÉRENCE (*Arith.
& Algébre*); 985–9 DIFFÉRENTIEL;[2] 989 DIFFÉRENTIER; 990 DIFFRACTION;
990–1 DIFFUSION; 1003 DIGESTOIRE *ou* DIGESTEUR de Papin; 1004–5 DIGUE;
1005 DIHÉLIE; 1005–6 DILATATION; 1009–10 DIMENSION; 1013–14 DIO-
PHANTE; 1014–15 DIOPTRIQUE, s.f.; 1015 DIOPTRIQUE, adj.; 1026 DIRECTE-
MENT; 1028 DIRECTION (*Méch.*); 1028–9 DIRECTION, *en Astronomie*; 1029
DIRECTRICE; 1037 DISJOINT; 1042 DISPERSION; 1045 DISQUE, *terme d'Astrono-
mie*; 1046 DISQUISITION; 1047 DISSEMBLABLE; 1050 DISSONNANCE (second
part); 1051–3 DISTANCE (parts); 1059 DISTINCTE (BASE) *en Optique*; 1070
DIVIDENDE . . . *en Arithmétique*; 1074 DIVISEUR (second part); 1074–6
DIVISIBILITÉ;[3] 1079–82 DIVISION . . . *en Arithmétique* (second part); 1087
DIURNE; 1088–9 DIX.

Vol. V. 4 DOCTE, SAVANT; 10 DODECAGONE; DODECATEMORIE; 16 DOIGT, *en
Astronomie*; 32 DOMIFICATION; 32–33 DOMINANTE (second part); 34–35
DOMINICALE (*Lettre*); 36 DON, PRÉSENT; 51 DONNÉ; DONNÉES; 73–74
DOUBLE (*Géom.*); 74 DOUBLE (point); 79 DOUBLE EMPLOI (*Musique*); 80
DOUBLE; 82–83 DOULEUR, CHAGRIN, TRISTESSE, AFFLICTION, DÉSOLATION;
90 DOUTEUX, INCERTAIN, IRRÉSOLU; 100 DRACONTIQUE; 103 DRAGON, *en
Astronomie*; 103–4 DRAGON, *terme d'Astronomie*; 114 DROIT . . . *en Géométrie*;
156–9 DUCTILITÉ; 168–9 DUPLICATION; 170 DURÉE, TEMS; 171–2 DURETÉ, *en
Philosophie*; 174 DYNAMIQUE; 186–7 EAU (*Phys.*); 217 EBULLITION (*Physique*);
221–2 ECARTER, METTRE À L'ECART, ELOIGNER; 223 ECCLÉSIASTIQUE; *Nouvelles ecclésiastiques*; 230 ECHANGER, TROQUER, PERMUTER; 231 ECHAPPÉ;
248 ECHELLE . . . *en Mathématiques* (second part); 251 ECHELLE . . . *en Musique*
(second part); 262–4 ECHO (*Physiq.*); 265 ECHO, *en Musique* (second part);
268 ECLAIR (*Physiq.*); ECLAIRCIR, EXPLIQUER, DEVELOPPER; 269 ECLAIRCIS-
SEMENT; ECLAT, LUEUR, CLARTÉ, SPLENDEUR; 293–8 ECLIPSE;[4] 298–9 ECLIPSER,
OBSCURCIR; 299–300 ECLIPTIQUE (*Astronomie*); 300 ECLIPTIQUE, *en Géographie*; 302 ECNEPHIS; 303–4 ECOLE (*Philosophie de l'*); 333–5 ECOLE, dans
les *Beaux Arts*; 337 ECOLIER, DISCIPLE, ELEVE; 372 ECRIVAIN, AUTEUR; 377
ECU *de Sobieski*; 378 ECUELLE (*Méchan.*); 385 ECUYERS (*Belles-Lett.*) (second
part); EDITION (*Belles-Lett.*); 403–4 EFFACER, RATURER, RAYER, BIFFER; 404
EFFECTION; EFFECTIVEMENT, EN EFFET; EFFECTUER, EXÉCUTER; 407 EFFICACE;

---

[1] See above, p. 231.   [2] See above, p. 231.
[3] The article ends: 'Nous devons à M. FORMEY une grande partie de cet article.'
[4] Nearly one column of this article is by Jaucourt.

409 EFFLUVES; EFFORT (*Méchan.*); 412 EFFRAYANT, EFFROYABLE, TERRIBLE, EPOUVANTABLE; EFFRAYÉ, EPOUVANTÉ, ALLARMÉ; 412–13 EFFRONTÉ, AUDACIEUX, HARDI; 413–14 EGAL (*Géom.*); 414 EGAL ... *terme de Méchanique*; EGAL ... *terme d'Optique*; EGALE (*Astron.*); 414–15 EGALITÉ, *en Astronomie*; 415–16 EGARDS, MENAGEMENT, ATTENTIONS, CIRCONSPECTION; 431 EGOISTES; 444–7 ELASTICITÉ ... *en Physique*; 447 ELASTIQUE (*Physique*); 447–8 ELASTIQUE (*Géométrie & Méchan.*); 448 ELATERISTES; 454 ELECTION (*Arithm. & Alg.*); 483 ELEGIAQUE (first part); 491–7 ELÉMENS DES SCIENCES;[1] 497 ELÉMENS (*Géomét. trans.*); 497–8 ELÉMENS, *en Astronomie*; 498 ELÉMENS ... *en Physique*; ELÉMENTAIRE; 504 ELEVATION (*Astron.*); 505 ELEVATION, *en Physique*; 506 ELEVE (*Philosoph. & Arts*); 507 ELEVER ... *terme d'Arithmétique & d'Algebre*; 508 ELIMINER; 509 ELISION (second part); 515–18 ELLIPSE, *en Géometrie*; 518–19 ELLIPSE *de* M. Cassini; 519 ELLIPSOIDE; ELLIPTICITÉ; 520 ELLIPTIQUE (*Géom.*); ELLIPTOIDE; 520–6 ELOCUTION; 526–7 ELOGE (*Belles-Lettres*); 527 ELOGE, LOUANGE; 527–8 ELOGES ACADÉMIQUES; 528–9 ELONGATION ... *en Astronomie*; 531 ELOQUENT; 545–6 EMANATIONS; 557 EMBOLISME; EMBOLISMIQUE; 564 EMERGENT; 565 EMERSION; 567 EMISSION ... *en Physique*; 582 EMPIRE, AUTORITÉ, POUVOIR, PUISSANCE; 650 ENDROIT, LIEU; 651 ENERGETIQUES; ENERGIE, FORCE; 682–3 ENGENDRER; 683 ENGIN (*Méchaniq.*); ENGONASIS; 688 ENGYSCOPE; 688–9 ENHARMONIQUE (second part); 692 ENNÉADÉCATÉRIDE; ENNÉAGONE; 695 ENONCÉ; 729 ENTRÉE; 738 ENVIEUX, JALOUX; 740–1 EOLIPYLE; 741 EONIENS; 741–3 EPACTE; 743 EPAGOMENES; 772 EPHÉMÉRIDES; 785–6 EPICYCLE; 786–7 EPICYCLOIDE; 833 ÉPOQUE, *en Astronomie*; 834 ÉPOQUE (*Histoire*) (first part); 840 EPTAGONE; 841 EQUANT; 841–2 EQUATEUR; 842–55 EQUATION;[2] 872 EQUIANGLE (second part); EQUICRURAL (second part); *EQUICULUS*; EQUIDISTANT (second part); 872–3 EQUILATÉRAL (second part); 873–4 EQUILIBRE ... *en Méchanique*;[3] 881 EQUINOXIAL; 900 ERE, *en Astronomie*; 906–7 ERGOT (*Agricult. & Économ. domest.*); 907 *ERICHTONIUS*; 913–14 ERUDIT; 914–18 ERUDITION;[4] 944–5 ESCOMPTE (second part); 956 ESPACE, *en Géométrie*; ESPACE, *en Méchanique*; 955 ESPECE, *en Arithmétique* (second part); 982–3 ESSAI (*Littérat.*).

Vol. VI. 39–40 ETÉ; 51 ETHER (*Physiq.*); 54 ETHÉRÉ; 57 ETINCELLEMENT; 60–64 ETOILE; 64 ETOILES ERRANTES; ETOILES FLAMBOYANTES; 64–65 ETOILE TOMBANTE; 119–21 EVANOUIR (second part); 138 EVECTION; 215 EXALTATION (*Algeb.*); 217–18 EXCENTRICITÉ; 218 EXCENTRIQUE; 221–2 EXCLUSION; 228–9 EXCURSION; 235 EXEGETIQUE; 253–4 EXHALAISON (*Physiq.*); 298–301 EXPERIMENTAL; 311 EXPLOSION ... *en Physique*; EXPONENTIEL; 312–14 EXPOSANT (*Algebre*); 325–6 EXTENSION (*Phys.*); 327 EXTINCTION (*Phys.*); 329–34 EXTRACTION (*Arith. & Algeb.*); 356 FACE ... *en Géomét.*; 358 FACETTE; 359 FACTEUR, ... *en Arithmétique & en Algebre*;

---

[1] See above, p. 231.   [2] See above, p. 231.
[3] EQUINOXE ... *en Astronomie* (pp. 880–1) is unsigned and possibly by D'Alembert.
[4] See above, p. 231.

361 FACULE; 435 FAULX (*Astron.*); 492 FENTES PERPENDICULAIRES; 508–9 FERME (*Physiq.*); 571–2 FÊTES MOBILES; 599–603 FEU (*Physiq.*); 613–14 FEU S. ELME; 748 FIGURABILITÉ; 748–9 FIGURE (*Physique*); 749–61 FIGURE DE LA TERRE;[1] 781–2 FIGURE (*Arithmétique & Algebre*); 789 FIL DE LA VIERGE; 807–8 FILTRATION (*Physiq.*); 817–18 FINI (*Philos. & Géom.*); 818 FINITEUR, *cercle*; 819 FIRMAMENT; 833 FLAGELLATION (*Hist. ecclés. & Phil.*); 837–9 FLAMME (*Phys. & Chim.*);[2] 849 FLECHE (*Géomét.*); 868–74 FLEUVE (*Physiq. & Géogr.*); 874 FLEUVE *ou* RIVIERE D'ORION; FLEXIBLE; 880 FLOTTER; 881–90 FLUIDE; 890–2 FLUIDITÉ . . . *en Physique*; 902–9 FLUX ET REFLUX; 920 FLUXIO-DIFFÉRENTIEL; 920–1 FLUXION (*Géométrie transcend.*).

Vol. VII. 45 FOLIUM *de Descartes*; 48 FOMAHAUT; 50–51 FONCTION (*Algebre*); 54–63 FONDAMENTAL; 101–2 FONTAINE ARTIFICIELLE (*Hydr.*); 110–20 FORCE . . . *en Méchanique*; 176 FORMATION, *en terme de Philosophie*; 176–7 FORME SUBSTANTIELLE; 182 FORMEL (*Philosophie scholast.*); 183 FORMU-LAIRE; 183–4 FORMULE (*Algebre*); 188–9 FORNICATION (second part); 204–5 FORTUIT (*Métaphys.*); 205–6 FORTUNE (*Morale*); 213–14 FOUDRE (*Gramm. & Physiq.*); 262 FOYER . . . *en Géométrie*, . . . *en Optique*; 266 FRACTION RATIONNELLE; 273 FRAGILITÉ (*Physiq.*); 290–1 FRATRICELLES; 295 FRÉMIS-SEMENT (*Physiq.*); 300 FRERES LAIS; 301 FRERES DE LA CHARITE; 308 FRIMAT; 337 FRONDE (*Hist. & Méchan.*) (second part); 359 *FRUSTUM*; 364–5 FUMÉE (*Physique*); 376 FUNICULAIRE; 385 FUSEAU (*Géom.*); 404–5 FUTUR CONTIN-GENT; 420–1 GAGEURE (*Analyse des hasards*); 429 GALAXIE; 457–65 GAMME (second part);[3] 545 GEMEAUX; 550 GÉNÉRAL (*Gram.*); 558 GÉNÉRATEUR, GÉNÉRATRICE; GÉNÉRATION, . . . *en Géométrie*; GÉNÉRATION, *en Physique*; 578–8 GENÈVE;[4] 594 GENRE, *en Géométrie*; 596–7 GENRE, *en Musique* (second part); 606 GÉOCENTRIQUE; 606–8 GÉODÉSIE; 608 GÉODESIQUE; GÉOGRAPHE; 626 GÉOGRAPHIQUE; 626–7 GÉOMETRAL; 627–9 GÉOMETRE; 629–38 GÉO-METRIE;[5] 639–40 GÉOMÉTRIQUE; 640 GÉOMÉTRIQUEMENT; 641 GÉOSTATIQUE; 661 GIGUE; 687 GLACE . . . *zone glacée*; 688–9 GLACIAL; 706–7 GLISSER; 707 GLOBE, *en terme de Géométrie*; 711–14 GLOBE (*Astron. & Géogr.*) (second part); 714–15 GLOBE DE FEU; 715 GLOBULE (*Physiq.*); 724–5 GNOMON; 725–6 GNOMONIQUE; 740 GONIOMÉTRIE; 767–70 GOÛT (*Gramm. Littérat. & Philos.*) (appendix to);[6] 772 GOUTTE (*Physiq.*); 782–3 GOUVERNAIL (second part); 811 GRADUER; 855 GRANDEUR (*Philos. & Mathém.*); 859 GRAPHIQUE; 859–60 GRAPHOMETRE; 871–3 GRAVITATION; 873–6 GRAVITÉ (*Phys. & Méchaniq.*); 966 GROSSIR; 971 GRUE (*Astron.*).

A glance at the list of articles which D'Alembert produced for the

[1] See above, p. 231. [2] Signed '(O) (b)' (= Venel).
[3] The text is continuous, but there are no pages 459, 460, 461, 462.
[4] At this point pp. 575–8 are repeated. [5] See above, p. 231.
[6] See p. 767: 'Nous terminerons cet article par un morceau qui nous paroît y avoir un rapport essentiel, & qui a été lû à l'Académie françoise le 14 Mars 1757', i.e. *Réflexions sur l'usage et sur l'abus de la Philosophie dans les matieres de goût.*

first seven volumes of the *Encyclopédie* shows that the main weight of his contribution fell in the sphere of mathematics, pure and applied, and of the natural sciences, ranging as far as geography. Yet there was also a marked diversity among the fairly considerable number of articles in other fields which he wrote in these years, now as a straightforward popularizer, now as an open propagandist for the outlook of the *Philosophes*. The man of letters and (from 1754 onwards) the academician is represented by a series of articles or parts of articles on literary subjects; ACADÉMIE (*Hist. litt.*); ACTES; AFFECTATION *dans le langage et dans la conversation*; AFFECTATION *dans le style*; BIBLIOMANIE; CARACTERE (parts of); CARACTERE *des sociétés ou corps particuliers*; CARICATURE; DICTIONNAIRE; ECOLE, dans les *beaux Arts*; ECUYERS (*Belles-Lett.*); EDITION (*Belles-Lett.*); ELEGIAQUE; ELISION; ELOCUTION; ELOGE (*Belles-Lettres*); ELOGES ACADÉMIQUES; ELOQUENT; ÉPOQUE (*Histoire*); ERUDIT; ERUDITION; ESSAI (*Littérat.*); and his share of the article GOÛT (*Gramm. Littérat. & Philos.*) which consists of his *Réflexions sur l'usage & sur l'abus de la Philosophie dans les matières de goût.*

Musical articles or, more frequently, parts of articles are also fairly numerous, e.g. CACOPHONIE; CADENCE, *en Musique*; CASTRATI; CHACONNE; CLÉ TRANSPOSÉE; COMPOSITEUR; CONCORDANT *ou* BASSETAILLE; CONJOINT (*Musique*); CONSONNANCE, *en Musique*; DISSONNANCE; ECHELLE . . . *en Musique*; ECHO, *en Musique*; ENHARMONIQUE; GAMME; GENRE, *en Musique*; and GIGUE.

A considerable number of articles are devoted to philosophy and religion, some of them expository, others having a very clear polemical flavour: AVEUGLE (it contains some interesting references to Diderot's *Lettre sur les Aveugles*); CABALE (an editorial addition to Pestré's article); CARTÉSIANISME (another addition to an article by the same contributor); CAUSES FINALES; CAUSE *en Méchanique & en Physique*; CHRONOLOGIE; CONGRÉGATION (in the religious sense); CONVULSIONNAIRES (the first of several outspoken attacks on Jansenism); CORRUPTION . . . *en Philosophie* (discusses Buffon, *Histoire Naturelle*, vol. ii); DÉMONSTRATION; *Nouvelles ecclésiastiques* (a bitter onslaught on this Jansenist periodical which had distinguished itself by its hostility to the *Philosophes* and its attacks on the *Encyclopédie*); ECOLE (*Philosophie de l'*) (an attack on Scholasticism); ELÉMENS DES SCIENCES; EXPÉRIMENTAL (two remarkable pieces of scientific popularization); FINI (*Philos. & Géom.*); FLAGELLATION (*Hist. ecclés. & Phil.*); FORME SUBSTANTIELLE; FORMEL (*Philosophie scholast.*); FORMULAIRE (a *Philosophe*'s view of the Jansenist–Jesuit controversy); FORNICATION (hardly

likely to appeal to clerical readers); FORTUIT (*Métaphys.*) (much criticized by enemies of the *Encyclopédie*); FRATRICELLES; FRERES LAIS;
FRERES DE LA CHARITÉ (an outspoken attack on religious orders);
FUTUR CONTINGENT; and, last but not least, GENÈVE, which, in addition
to its heretical views on the theatre, insinuated some remarkably bold
ideas on religion.

In addition, D'Alembert either penned or made editorial additions
to a varied batch of articles: CAPITULAIRES; CENS (*Hist. anc. & mod.*);
CENSEUR (*Hist. anc.*); CHAMPION; CHARIOT (*Hist. mod.*); COLLÈGE (one
of his best-known contributions to the *Encyclopédie*); COURTISAN;
COURTISANE; CRETINS; DÉPOPULATION; ELEVE (*Philosoph. & Arts*);
ERGOT (*Agricult. & Econom. domest.*); and FORTUNE (*Morale*).

The crisis which followed the publication of the seventh volume of
the *Encyclopédie* led to a considerable narrowing down of D'Alembert's contribution to the last ten volumes which appeared in 1765. In
a letter of 1 January 1758 he announced his complete break with the
whole undertaking: 'J'y renonce absolument.'[1] Yet it is well known
that in the end he did not go to such extreme lengths. It is difficult to
know what to make of an obscure sentence in a letter written by Mme
Diderot to her sister-in-law, Denise, on 11 December of the same year:
'Quant au volume de l'ansiclopedy, il n'est pas encore commencé, rapport à monsieur d'Aramber à qui il plaît de ne reprendre qu'à la nouvelle année.'[2] However, a letter of Diderot to Grimm, written on or
before 1 May 1759, offers a fairly clear description of D'Alembert's
relations with the publishers of the *Encyclopédie* at that date. Diderot
and the publishers managed to persuade D'Alembert, despite his
huffings and blowings, to agree to take on the mathematical and
scientific part of the remaining volumes:

Il ne s'agissoit pas de le rembarquer dans le travail de l'édition. La
proposition qu'on lui en faisoit n'étoit qu'une politesse indispensable dont
il avoit la foiblesse de se défendre sérieusement. Le point étoit de l'amener à
fournir sa partie en deux ans, et il s'y engagea, mais ce ne fut pas sans peine.[3]

Yet apparently as late as October of that year—judging by the account
given by Diderot to Sophie Volland[4]—D'Alembert was still toying
with the idea of resuming his labours on the same scale as before, and
not confining himself to more technical articles. He had, however, conditions to lay down: 'Il reste encore six à sept volumes à faire. Ils me

[1] Y. Laissus, 'Une lettre inédite de d'Alembert' (*Revue d'histoire des sciences*, 1954,
pp. 1–5).
[2] Roth, vol. ii, p. 103.   [3] Ibid., p. 120.   [4] Ibid., pp. 272–5.

donnoient, je crois, cinq cents francs par volume lorsqu'on imprimoit; il faut qu'ils me les continuent. C'est un millier d'écus qu'il leur en coûtera; les voilà bien à plaindre! Mais aussi ils peuvent compter qu'avant Pâques prochain le reste de ma besogne sera prêt.' This was apparently on top of the unknown amount laid down in D'Alembert's agreement with the publishers.[1] The conclusion of this conversation was that D'Alembert undertook merely to contribute his mathematical and scientific articles: 'Dites leur que je ne m'engage que pour ma partie.' To which Diderot retorted: 'Ils n'en veulent pas davantage, ni moi non plus.' None the less D'Alembert eventually received in instalments, paid to him between 1759 and 1762, the sum of 3,000 *livres* for which he had asked.[2]

A list of the articles contributed by D'Alembert to the last ten volumes of the *Encyclopédie* shows that, while these were numerous, they covered almost exclusively a much narrower range than those which he inserted in the seven volumes which appeared down to 1757:

Vol. VIII. 30–31 HALO; 54–56 HARMONIQUE (second part); 101 HÉLICE . . . *en Astronomie*; HÉLICE . . . *spirale*; 102 HELICOIDE; HELICOSOPHIE; HELIO-CENTRIQUE; HELIOCOMETE; 104 HELIOSCOPE; 130 HÉNIOCHUS; 189 HESPERUS (*Astronom.*); 190 HÉTERODROME; HÉTEROGENE (*Physiq.*); 194 HEURE (second part); 231 HIVER (*Physiq. & Astron.*); 281–2 HOMOGENE (*Phys.*); 296 HORAIRE; 296–7 *Cercles horaires*; 311 HOROGRAPHIE; HOROLOGIOGRAPHIE; HOROMÉTRIE; HOROPTERE; 312 HORREUR DU VUIDE; 359 HYADES (second part); 360 HYDRAULICO-PNEUMATIQUE; 360–1 HYDRAULIQUE; 371–3 HYDRO-DYNAMIQUE; 373 HYDROGRAPHE; HYDROGRAPHIE; HYDROGRAPHIQUE; 375 HYDROMANTIQUE; HYDROMETRE; HYDROMÉTRIE; 383 HYDROSCOPE; 383–4 HYDROSTATIQUE; 388–9 HYGROMETRE; 390 HYGROSCOPE; 402–4 HYPERBOLE . . . *en Géométrie*; 405 HYPERBOLIFORME; HYPERBOLIQUE; HYPERBOLOÏDE;

[1] By the original agreement of 16 October 1747 he was to receive 3,000 *livres*, 600 of which had already been paid; the remaining 2,400 *livres* were to be paid in monthly instalments of 144 *livres*. No doubt, as with Diderot, there were later agreements with the publishers, but these are unknown to us. Although D'Alembert's name appears in the publishers' accounts as early as 17 December 1745 (item No. 2), they are very far from clear about payments which he received after 1748. In 1751 he was presented with 'deux flambeaux d'argent' (No. 670), and the accounts (No. 859) confirm that in 1754 at any rate he received the 'vingt louis' (480 *livres*) which Diderot declared in the course of this conversation that he was given extra for each volume published. They also confirm Diderot's reference to the debt of 100 louis which they cancelled (see No. 954): 'vendu gratis a M. Dalembert son obligation de 2400.'

[2] (1759) No. 1004 payé a M. Dalembert pour H.J.K.L.M.N.   1000.
(?) No. 1019 payé a M. Dalembert pour O & P.   500.
(1760) No. 1031 payé a M. Dalembert   500.
(1760) No. 1058 payé a M. Dalembert pour solde jusqa Z   500.
(1762) No. 1195 payé a M. Dalembert   500.

411 HYPOMOCHLION; 474 JAUGER (*Géom.*) (second part); 494 IDENTIQUE; 521 JET *des bombes*; JET *d'eau* (second part); 560 IMAGINAIRE ... *en Algebre*; 575 IMMERSION, *en termes d'Astronomie*; 635 IMPULSION; 646–7 INCIDENCE; INCIDENT (*Physiq. & Optiq.*); 650–1 INCLINAISON; 652–3 INCOMMENSURABLE (second part); 653 INCOMPATIBLE; 654 INCONNU (*terme d'Algebre*); 657 INCRÉMENT; 672 INDÉTERMINÉ (*Mathémat.*) Un problème *indéterminé*; 695–6 INÉGALITÉ; 703 INFINI (*Géomét.*);[1] 703–4 INFINIMENT PETIT; 728 INFLEXION ... *en Optique*; 739 INFORME (*Astronom.*); 746 INHÉRENT; 805 INTÉGRAL; INTÉGRALE; INTÉGRER; INTÉGRANT; 812 INTENSITÉ; 812–13 INTERCALAIRE; 819–23 INTÉRÊT (*Arith. & Algeb.*);[2] 832 INTERPOSITION (*Astron.*); 889–90 JOUR (*Chronol. Astron. & Hist.*); 926–7 ISOCHRONE; 927 ISOCHRONISME; ISOMERIE; 927–8 ISOPÉRIMÈTRE (second part).

Vol. IX. 55–56 JULIEN; 64–65 JUPITER (*Astron.*); 119 KEPLER (LOI DE); 272 LANGUE D'UNE BALANCE; 276–7 LANTERNE MAGIQUE; 277 LANTERNE (*Méchaniq.*); 296 LARMES DE VERRE; 300 LATÉRAL (*Géom.*); 302–4 LATITUDE; 306 *LATUS RECTUM*; 353 LÉGERETÉ (*Phys.*); 382 LEMME; LEMNISCATE; LEMNISCEROS; 385 LENTICULAIRE; 387–8 LENTILLE, *terme d'Optique*; 443–4 LEVER, ... *terme d'Astronomie*; 445–7 LEVIER, ... *en Méchanique*; 479 LIBRATION (*en Astronom.*); 479–80 *Libration de la terre*; 495–7 LIEU (*en Philosophie*); 497–9 LIEU GÉOMETRIQUE; 520–1 LIGNE OU ECHELLE DE GUNTER; 537 LIMBE; 542 LIMITE (*Mathémat.*) (second part);[3] LIMITES, *en Algebre*; LINÉAIRE; 624 LOCAL ... *en Mathématiques*; 630–3 LOGARITHME; 633–4 LOGARITHMIQUE; 641 LOGISTIQUE; 685–8 LONGITUDE; 692 LORGNETTE; 694 LOTERIE (*Arithmétique*); 707–8 LOXODROMIE; 712 LUCIFER (*Astron.*); 716–17 LUISANTE; 717–22 LUMIERE;[4] 724 LUMINAIRES; LUMINEUX;[5] 726–37 LUNE (*Astronom.*); 742–3 LUNETTE; 745 LUNULE (*Géométr.*); 794–5 MACHINE (*Hydraul.*); 795 MACHINE DE BOYLE; 860 MAGNÉTISME.

Vol. X. 49–50 MANOMETRE; 65 MAPPEMONDE; 95–96 MARÉE; 149–50 MARS, ... *en Astronomie* (second half); 178 MASSE (*Phys.*); 189 MATHÉMATIQUE (second part); 189–91 MATIERE; 209 MATURE (*Marine*); 215–17 *MAXIMUM*; 222–6 MÉCHANIQUE; 325 MEMBRES D'UNE EQUATION; 334–5 MENISQUE; 358–9 MER (first part); 370–1 MERCURE, ... *en Astronomie* (second part); 371 MERCURE, *en Physique*; 383–6 MÉRIDIEN (first part); 386–7 MÉRIDIONAL; 443–4 METEMPTOSE; 445 MÉTÉOROLOGIQUE; MÉTÉOROLOGIQUES (*instruments*);

[1] See above, p. 231.
[2] The article ends: 'On nous a fait sur cet *article* ARRÉRAGES une imputation très-injuste, dont nous croyons nous être suffisamment justifiés par une lettre insérée dans le mercure de Décembre 1757. Nous y renvoyons le lecteur' (see below, pp. 366–7, 379–80).
[3] LIMITE *des Planetes* (p. 542) is unsigned and possibly by D'Alembert.
[4] This article is unsigned, but on p. 721 we find the sentence: 'Nous avons déja remar-qué à l'article COULEUR. . . .' COULEUR bears D'Alembert's signature. LUMIERE ZODIACALE (pp. 722–4) is also unsigned.
[5] LUNAISON (pp. 725–6) is unsigned, but it surely goes with LUNE to which it contains a cross-reference.

443 MÉTÉOROSCOPE; 446 MÉTHODE, . . . *en Mathématiques*;[1] 462 MÉTHO-
NIQUE;[2] 489–90 MICROSCOPE (*Diopt.*); 495 MIDI; 509–10 MILIEU 515
MILLE (*Géographie*); 559 MINUTE (*Géograph. & Astron.*); 563–70; MIROIR
(*Catoptr.*); 590 MOBILITÉ; 598 MODE, . . . *en Musique* (second part); 601
MODERNE (*Math.*); 604 MODULE (*Alg. & Géom.*); 619–20 MOIS; 624–5 MOL
(*Phys.*); 640–1 MONDE (*Phys.*); 780 MOUFFLE (*Méch.*); 801–3 *Obser-*
vations sur les moulins à vent & à eau; 830–40 MOUVEMENT (*Méchan.*);[3]
840–1 MOUVEMENT DE L'APOGÉE; 844 MOYEN, . . . *Astronomie*; MOYENNE
PROPORTIONNELLE ARITHMÉTIQUE; 856 MULTINOME; MULTIPLE; 856–7
MULTIPLICATEUR;[4] 860 MULTIPLIER; 913–14 MYOPE.

Vol. XI. 4 NADIR; 40–41 NATURE (*Philos.*); 41 NATURE, *lois de la*;[5] 44 NATUREL
(*Philos.*); 54 NAVIGATION (first part); 62 NAUTIQUE;[6] 71–72 NÉFASTE; 72–74
NÉGATIF; 74–75 NÉGLIGER (*Alg.*); 96–97 NEPER, BAGUETTES *ou* BATONS DE
(second and fourth parts); 122–5 NEWTONIANISME; 183 NOCTURNE; 184
NŒUD; NŒUDS, . . . *en Astronomie*; 189 NOIRCEUR (*Physiq.*); 204–5 NOMBRE
D'OR; 215 NONAGÉSIME; 248 NOTATION; 251 NOTE SENSIBLE (second part);
265 NOUVEAU, . . . *en Mathématique*; 266 NOUVELLE LUNE; 280 NUIT (*Astron.*)
(first part); 282 NUMÉRATION (second part); 286 NUTATION, . . . *en Astrono-*
mie; 291 NYCTEMERON; 301 OBJECTIF (first part); 306 OBLIQUANGLE; OBLIQUA-
TION; 308 OBLIQUITÉ (*Géom.*); OBLONG; 310 OBSERVATEUR (*Phys. & Astr.*); 313
OBSERVATIONS CELESTES; 323–4 OBSERVATOIRE; 331 OCCIDENT (*Astronom.*);
OCCIDENT, *dans la Géographie*; 332 OCCULTATION; 339 OCTAHEDRE (second
part); OCTANT (second part); 341 OCTOGONE (second part); 342 OCULAIRE
(*Dioptr.*); 348 ODEUR (first two parts); 351 ODOMETRE (second part); 395
ŒIL ARTIFICIEL (*Optiq.*); 431 OIE D'AMERIQUE *ou* TOUCAN; 444 OISEAU DE
PARADIS; 463–4 OMBRE EN PERSPECTIVE; 474–5 ONDE, . . . *en terme de*
Physique; 476 ONDULATION, . . . *en Physique*; 481 ONGLET (*Géom.*); 513
OPPOSITION . . . *en Astronomie*; 517 OPTIMISME; 517–20 OPTIQUE (*Ordre*
encyclop.. . .); 576 ORBITE, . . . *dans l'Astronomie*; 595 ORDONNÉE; 596 ORDRE,
en Géométrie; 641–2 ORIENT, . . . *dans l'Astronomie & dans la Géographie*;
642 ORIENTAL; 644 ORIENTER (*Astr. & Gnom.*); 648 ORIGINE, *en Géométrie*;
650 ORION (*Astron.*); 668 ORTHODROMIQUE; ORTHOGONAL; 679–80 OSCIL-
LATION, *terme de Méchanique*; 681 OSCULATEUR; OSCULATION; 698 OVALE
(*Géom.*); 701–2 OUEST; 774 PALAN (first part); 784 PALICUM; 827 PANTOGONIE;

---

[1] MÉTHODE (*Logique*) (pp. 445–6) is unsigned and might conceivably be by D'Alembert.
[2] MICROMETRE (pp. 488–9) and MICROPHONE (p. 489) are unsigned and possibly by
D'Alembert.
[3] Parts of this article are by Formey.
[4] There is an unsigned addition, possibly by D'Alembert, to the article MULTIPLICA-
TION, . . . *en Arithmétique*, signed by '(E)', i.e. Abbé de La Chapelle.
[5] NATURE (*Philos.*) is unsigned; NATURE, *lois de la*, ends: 'Chambers. (O).' For a discussion of these two articles see above, p. 232.
[6] NAZARÉEN (p. 65) and NAZARÉITES (pp. 65–66) are both signed '(O)'; but this must
surely be a mistake for '(G)', i.e. Mallet?

883–4 PARABOLE, . . . *en Géométrie*; 884–5 PARABOLIQUE; 885 PARABOLOIDE; 886–7 PARACENTRIQUE; 894–5 PARADOXE, . . . *en Philosophie*; 902–5 PARALLAXE; 906 PARALLELE, *anti*; PARALLELE, . . . *en Géométrie* (last part); 909–11 PARALLÉLISME *des rangées d'arbres*;[1] 911 PARALLÉLOGRAMME (second part); 911–12 *Regle du parallélogramme*; 916 PARAMETRE; 922–3 PARASELENE; 942 PARI.

Vol. XII. 74 PARODIQUE; 109 PAS DE VIS; 112 PASCHAL, *cycle*; 113 PASQUES (second part); 114–15 PASSAGE, *en terme d'Astronomie*; 239 PÉGASE, *en Astronomie*; 282 PELECOÏDE; 293–7 PENDULE (*Méchanique*) (second half); 297–8 PENDULE, RECIPROCATION DE; 307–8 PENOMBRE; 330–5 PERCUSSION; 359 PERIHELIE; 360–1 PERIODE; 363 PERIODIQUE (*Chron. & Astron.*); 394–5 PERPÉTUEL; 495 PHASES, . . . *en Astronomie*; 500 PHENOMENE; 523–4 PHONIQUE; 528 PHOTOSCIATERIQUE; 536 PHYSICIEN; 536–7 PHYSICO-MATHÉMATIQUES (*Sciences*); 539–40 PHYSIQUE; 692–5 PLAN . . . *en Géométrie*; 697 PLAN CONCAVE & PLAN CONVEXE; 703 PLANETAIRE; 703–8 PLANETE; 743 PLATONIQUE; 756 PLEINE-LUNE; 766 PLEYADES, . . . *en Astronomie*; 778 PLOMB (*Géom.*); 803 PLUS; 849–50 POIDS (*Phys.*) (first part); 871 POINT, *en Géométrie* (second part); 871–2 POINT DOUBLE, TRIPLE, QUADRUPLE, &c.; 876 POINTE (*Gram.*); 890 POISSONS, *les* (*Astron.*); POISSON VOLANT, *en Astronomie*; 900 POLAIRE (*Astron.*); 901–2 POLE; 941–2 POLYGONE; 943–4 POLYHEDRE; 954 POLYSPASTON.

Vol. XIII. 7–8 POMPE, . . . *en Méchanique*; 126 PORISME; PORISTIQUE; 161 POSITION, . . . *en Physique* (second part); 182 POTENTIEL (*Physiq.*); 204–5 POULIE (*Méch.*); 269–70 PRÉCESSION DES EQUINOXES (first part); 289 PREMIER MOBILE; PREMIER, *premier vertical*; 309 PRESBYTE; 316 PRÉSEPE; 323–4 PRESSION; 367 PRIME *ou* MINUTE (*Géom.*); PRIME DE LA LUNE; 372 PRINCIPAL (*Géom.*); 377 PRINTEMS; 384–5 PRISME, *en terme de Dioptrique*; 388 PRIVATIF; 402 PROBLÈME DES TROIS CORPS; 425 PROEMPTOSE; 437–40 PROJECTILE; 468 PROPORTION (*Mathémat.*) (last part); 500–1 PROSTAPHERESE; 555–6 PUISSANCE, . . . *en Méchanique*; 556 *Commensurable en puissance*; 568 PULSION; 571 PUNCTUM *ex comparatione*; 575 PUR (*Phys.*); 594 PYRAMIDAL, *nombre*; 599 PYRAMIDOIDE; 605 PYROMETRE; 614 PYTHAGORE, *système de*; 638 QUADRATIQUE; 639–41 QUADRATURE, . . . *terme de Géométrie*; 641–2 QUADRATURE DE LA LUNE; 651 QUALITÉ, *en Physique*; 653–5 QUANTITÉ (*Philosophie*) (second part); 684 QUARTIER, *en terme d'Astronomie*; 706 QUEUE *d'une comete*; QUEUE DE DRAGON; 749 RACINE D'UN NOMBRE;[2] 752–3 RADIAL (*Géom.*); 753 RADIATION, *en terme de Physique*; 834–6 RAYON (*Optique*); 837 REACTION;[3] 851 RÉCIPIENT *de la machine pneumatique*; 856 RECLINAISON

---

[1] The article ends: 'Le mémoire de M. Bouguer n'est point encore imprimé au moment où j'ajoute ces dernieres lignes au présent *article*, c'est-à-dire, en Décembre 1759. (O).'

[2] RACINE D'UNE EQUATION (pp. 747–9) is unsigned and possibly by D'Alembert.

[3] REBROUSSEMENT (*Géométrie*) is unsigned, but must be by D'Alembert. It ends: 'Je suis le premier qui ait démontré invinciblement l'existence de ces points . . .'; there is a

D'UN PLAN; 867 RECTIFICATION, . . . *terme de Géométrie*; RECTIFIER *le globe ou la sphere*; 876 REDONDANT; 885 REFLEXIBILITÉ;[1] 888–90 RÉFLEXION, *en terme de Catoptrique*; 890 RÉFLEXION (*Gnom.*); REFLUX; 892–900 RÉFRACTION; 900 RÉFRACTION, *Cadrans à*; 900–1 REFRANGIBILITÉ.

Vol. XIV. 96 RÉMISSION, . . . *en Physique*; 109 RENITENCE, . . . *en Philosophie*; 160–1 RÉPULSIF; 161 RÉPULSION; 167 RESECTE; 173–5 RÉSISTANCE (*Méchanique*); 175–8 RÉSISTANCE *des fluides*; 198–9 RETARDATION; 199 RETARDATRICE; 207 RETOUR DES SUITES; 218–19 RÉTROGRADATION; 219 RÉTROGRADE; 228 RÉVERBÉRATION; 237 RÉVOLUTION . . . *terme de Géométrie*; 264–5 RHUMB; 284–5 RICOCHET (*Méch.*); 290 RIGEL; 310 ROBERVALLIENNES, LIGNES;[2] 386–8 ROUE (*Méch.*); 388–9 ROUE D'ARISTOTE; 401 ROUGE (*Physiq.*); 411–12 ROULEMENT; 412 ROULETTE (*Géom.*); 596 SAMEDI; 662 SAROS; 683–6 SATELLITE, . . . *en termes d'Astronomie*; 755–6 SCENOGRAPHIE; 761 SCHEMATISME; 780 SCIAGRAPHIE; 781 SCIATERIQUE; 797 SCIOPTIQUE; SCIOTERIQUE; 809 SCORPION, . . . *en terme d'Astronomie*; 815 SCRUPULE *en Chronologie* . . .; 857 SECOND TERME; 857–8 SECONDAIRE (*Astronomie*); 930 SELENOGRAPHIE; 946 SEMI-QUARTILE; SEMI-QUINTILE; SEMI-SEXTILE.

Vol. XV. 71 SEPTENTRION, . . . *en Astronomie*; 72 SEPTIEME, *en Musique* (second part); 93–96 SERIE *ou* SUITE; 109 SERPENT, *en terme d'Astronomie*; 112 SERPENTAIRE, . . . *dans l'Astronomie*; SERPENTEMENT; 138 SEXTIL; 188 SIGNE, *en Algebre*; SIGNE, *en Astronomie*; 201 SIMILAIRE (*Physique*); SIMILAIRE, *lumiere*; 220 SINUS *ou* SINUS DROIT (second part); 227 SIRIUS; 232 SITUATION . . . *en Géométrie & en Algebre*; 312–15 SOLEIL, . . . *en Astronomie*; 321 SOLIDE HYPERBOLIQUE AIGU; SOLIDE (*Alg.*); 327 SOLSTICE; 328 SOLUTION, . . . *en Mathématique, en Physique*; 330 SOMME, . . . *en Mathématique*; 336 SOMMET (*Géom.*); 343 SON (*Phys.*) (first part); 407 SOUPAPE, *en Hydraulique*; 417 SOUS-DOMINANTE; 421–2 SOUSTYLAIRE; 442 SPÉCIEUSE (*Alg.*); 454 SPHÉRICITÉ; 454–5 SPHÉRIQUE (first part); 459 SPHÉROIDE; 474 SPIRALE; 481 SPORADES, . . . *en Astronomie*; 495–6 STATION, *en Astronomie*; 496 STATIONNAIRE, . . . *en Astronomie*; 496–7 STATIQUE, s.f.; 510 STÉRÉOGRAPHIE; 510–12 STÉRÉOGRAPHIQUE; 565–6 SUBLIME (*Math. Transc.*); 570 SUBLUNAIRE; 594 SUBTIL; 597 SUCCESSION (*en Astronomie*); 700 SUSPENSION, . . . *en Méchanique*; 735–6 SYMPATHIE; 747 SYNCHRONE; SYNCHRONISME; 755 SYNODE, . . . *dans l'ancienne Astronomie*;[3] 766 SYPHON (second part); 778–9 SYSTÈME, *en terme d'Astronomie*; 782 SYZYGIES; 797–8 TABLES, *en Mathémati-*

cross-reference to the article INFLUXION, or rather INFLEXION, which is signed by D'Alembert and which refers to REBROUSSEMENT.

[1] RÉFLEXION, . . . *en terme de Méchanique* (pp. 886–8) is unsigned and possibly by D'Alembert.

[2] ROTATION . . . *dans la Méchanique* is unsigned, but has a cross-reference to RÉVOLUTION.

[3] SYNODIQUE (*Astron.*) (p. 756) is unsigned and could be by D'Alembert.

ques . . .; 813–14 TACHES, *en Astronomie*; 883–5 TANGENTE; 893–4 TANTALE (*Hydraul.*); 945–6 TAUTOCHRONE; 946 TAUTOCHRONISME.

Vol. XVI. 59 TEMPÉRÉ; TEMPÊTE (*Phys.*); 117–19 TEMS (état ou disposition de l'atmosphère); 158 TERME (Mathematics); 163–4 TERRAQUÉE (first part); 166–9 TERRE, *en Géographie & en Physique*; 209 TÉTRAGONE; 270–2 THERMOMETRE (first part); 273–4 THERMOSCOPE; 339–40 TIRAGE *des traîneaux & des chariots*; 433 TORRICELLI, *tube de*; 433–4 TORRIDE; 462–3 TOUR, *ou* TAMBOUR, . . . *en méchanique*; 470–3 TOURBILLON (*Physique*); 507 TRACTION; TRACTOIRE, *ou* TRACTRICE; 523 TRAJECTOIRE, . . . *en Géométrie*; 524 TRAJECTOIRE . . . *en Méchanique*; TRAJECTOIRE *d'une planete* ou *d'une comete*; 545 TRANSACTIONS PHILOSOPHIQUES; 545–6 TRANSCENDANT; 546 TRANSFORMATION; TRANSFORMATION DES AXES; 557 TRANSMISSION, . . . *en Optique*; 557–8 TRANSMUTATION, . . . *en Géométrie*; 561 TRANSPOSITION, . . . *en Algebre*; 564 TRANSVERSAL *ou* TRANSVERSE; 594 TRÉPIDATION, . . . *ou* TITUBATION, *en terme d'Astronomie*; 608 TREUIL; 616 TRIANGLE, . . . *dans la haute Géométrie*; TRIANGLE (*Arithmétique*); 619 TRIBOMETRE; 637 TRIDENT (*Géom.*); 643 TRILLION; 662 TRISECTION; 683 TROCHOIDE; 732–3 TUBE (*Phys.*);[1] 840 VARIABLE (*Alg. & Géom.*).

Vol. XVII. 34–35 VENUS (*Astronomie*);[2] 97 VERRE, *en Optique*; 172 VERTICAL (*Géomét.*); 306 VINDAS (*Méch.*); 331–2 VIS (*Méchaniq.*);[3] 487 URANIBOURG (second part).[4]

A comparison of the two lists of articles—those contributed to Vols. I–VII and those which appeared in the last ten volumes—shows that, while still substantial, D'Alembert's part in the undertaking gradually tapered off. What he put into the last ten volumes is no doubt of interest to the historian of mathematics and science in the eighteenth century, but it lacks the large number of articles on literary, philosophical, religious, and other subjects which he contributed to those volumes which bear his name on the title-page. The article or articles on NATURE which carry his signature are, as we have seen, completely unoriginal. In these last ten volumes there is only one article of more general

---

[1] VAPEURS (*Physiq.*) (p. 836) is unsigned and could be by D'Alembert.

[2] The article contains the sentence: 'Ceci est écrit en Juillet 1760.'

[3] VISIBLE (*Optique*) (pp. 340–3) and VISION (*Optiq.*) (pp. 343–7) are both unsigned, and while they are based on articles in Chambers, they could have been put together by D'Alembert. The second part of VITESSE (*Méchan.*) (pp. 360–1) is unsigned and could be by D'Alembert. UNIFORME, adj. (*Méchan.*) (p. 381) is unsigned; it has a cross-reference to MOUVEMENT (by D'Alembert and Formey) and could perhaps be by D'Alembert.

[4] Among the 'Articles omis' at the end of Vol. XVII is VÉNUS (*Astronom.*) *satellites de Vénus* (pp. 837–9). It is unsigned and might possibly be by D'Alembert who contributed VÉNUS (see above).

interest—OPTIMISME. As it is short, it perhaps deserves to be reproduced in full:

OPTIMISME, s.m. (*Phil.*) on appelle ainsi l'opinion des philosophes qui prétendent que ce monde-ci est le meilleur que Dieu pût créer, le meilleur des mondes possibles. Le pere Malebranche, & sur-tout M. Leibnitz, ont fort contribué à accréditer cette opinion, voyez MALEBRANCHISME & LEIBNITZIANISME. C'est principalement dans sa théodicée que le dernier de ces philosophes a expliqué & développé son système. On peut en voir une idée dans son éloge par M. de Fontenelle, *Mémoires de l'académie, année 1716.* Il prétend, par exemple, que le crime de Tarquin qui viola Lucrece, étoit accessoire à la beauté & à la perfection de ce monde moral parce que ce crime a produit la liberté de Rome, & par conséquent toutes les vertus de la république romaine. Mais pourquoi les vertus de la république romaine avoient-elles besoin d'être précédées & produites par un crime? Voilà ce qu'on ne nous dit pas, & ce qu'on seroit bien embarrassé de nous dire. Et puis, comment accorder cet *optimisme* avec la liberté de Dieu, autre question non moins embarrassante? Comment tant d'hommes s'égorgent-ils dans le meilleur des mondes possibles? Et si c'est-là le meilleur des mondes possibles, pourquoi Dieu l'a-t-il créé? La réponse à toutes ces questions est en deux mots: *o altitudo!* &c. Il faut avouer que toute cette métaphysique de *l'optimisme* est bien creuse. (O).

There is no corresponding article in Chambers or its supplement,[1] so that it appears to be original; but if it has a mild interest, it lacks any of the polemical fire of certain of the articles which D'Alembert contributed to the first seven volumes of the *Encyclopédie*.

Despite his withdrawal from his position as joint editor of the *Encyclopédie*, D'Alembert took some part in Panckoucke's plans for a new and revised edition of the work and then, when this proved impossible to realize, in the *Supplément*. In May 1769 when Panckoucke was still working on his project for a revised edition, Voltaire wrote to D'Alembert to say that he had learned that 'vous vous chargiez d'embellir une nouvelle édition de l'*Encyclopédie*'.[2] When this plan had been abandoned in favour of the *Supplément*, Voltaire wrote again in October of the same year to say that he had been informed by Panckoucke 'que vous travaillez à tout ce qui regarde les mathématiques et la physique'.[3] In the following month D'Alembert replied that, while he had declined the post of editor of the work, 'j'ai promis à Panckoucke de lui

---

[1] For the excellent reason that the word did not come into English until after the date of the supplement; cf. the title of the English translation of Voltaire's *conte*—*Candide or all for the best*.

[2] Best. 14683.

[3] Best. 14988.

donner quelques additions pour les articles de mathématiques, et pour quelques uns de Physique'.[1] His part in the *Supplément* is defined as follows in the *avertissement* to the first volume:

M. D'Alembert, de l'Académie Royale des Sciences de Paris, & Secretaire perpétuel de l'Académie Françoise, à qui nous devons des articles de Physique & Géométrie, dignes du génie vaste & profond qui a tant contribué aux progrès de presque toutes les Sciences, ne s'est pas contenté de nous enrichir de ses propres trésors; il nous a remis d'excellens morceaux tirés des papiers de MM. de Mairan, de la Condamine, & d'autres hommes célebres.

Thus, unlike his former colleague, Diderot, D'Alembert did play a part—if a modest one—in completing the *Encyclopédie* by producing the long-promised *Supplément*.[2]

What is more, as late as 1776 and 1777 we find D'Alembert still involved in Panckoucke's plans for further editions of the *Encyclopédie*, along with Suard and Condorcet.[3] If nothing came of Panckoucke's projects, at least we see that—for all his defection in the years of crisis of the original edition—D'Alembert remained attached to the *Encyclopédie* longer than did Diderot. His name appears earlier than that of his colleague in the accounts of the original enterprise; he played a modest part in the *Supplément*; and when it was at last completed in 1776 and 1777 he was still prepared to give advice about fresh editions and even to take part in producing them. Diderot, in contrast, took no part in the *Supplément*, and although he returned from Russia in 1774 white-hot with enthusiasm for producing a new edition of the *Encyclopédie* under the patronage of Catherine, nothing came of the plan.

On the other hand, a glance at the list of D'Alembert's contributions to the *Encyclopédie* will suffice to show that Diderot put far more of himself into the work than did his colleague. Important and interesting as they often are, D'Alembert's articles can scarcely compare with what Diderot gave to the work both as contributor and as editor.

---

[1] Best. 15003.

[2] See, for instance, the end of Jaucourt's article GERGENTI (*Géog.*) in Vol. VII (p. 643): '*Voy.* AGRIGENTE *au supplém. de l'Encyclopédie*; car on ne négligera rien pour perfectionner cet Ouvrage.'

[3] See Chap. II, pp. 109–10.

V. Contemporary Books and Pamphlets on the *Encyclopédie*

O N the whole a study of the books, pamphlets, pastoral letters, and the like attacking and very occasionally defending the *Encyclopédie* is, as we shall see, more rewarding than an examination of the periodical press of the period. Such works sometimes appeared with a *privilège*, sometimes with a *permission tacite*, i.e. the authors had their works approved by the authorities, though without being given any formal permission to publish them. Sometimes opponents as well as defenders of the work simply did without permission, as is shown by the journal of D'Hémery, the *inspecteur de la librairie*. This greater freedom made for more lively criticism than in the periodicals of the age. Again quite a number of the works which will be examined below do not confine themselves to vague generalities, but examine in considerable detail a number of articles from the *Encyclopédie*. We thus find in these miscellaneous writings, ranging from short pamphlets and pastoral letters to works in several volumes, a more precise definition of what contemporaries thought of the *Encyclopédie*.

Its critics (and in the nature of things they outnumbered its admirers when it came to getting into print) alleged that, considered as a work of reference, it was marred by a host of errors and imperfections, and that, from the point of view of ideas, it was polluted by all manner of subversive doctrines affecting religion and morality as well as the very foundations of the political and social order. Their views throw light on two important problems—the originality of the *Encyclopédie* and its unorthodox opinions. Yet clearly such writings have to be interpreted with considerable caution. In general, they are far from being inspired by a spirit of detached inquiry; they are often marred by stupidity, exaggeration, bad faith (particularly in the manufacture of faked quotations), and occasionally a parrot-like repetition of earlier attacks.

Since these writings show such a marked tendency towards repetition of the same criticisms and of the same examples (very often misquoted), chronological order seems the best one to follow in our examination of them. This also has the advantage of showing in which periods controversy waxed most vigorous. However, before coming to the writings in question, we ought to note in passing a number of polemical works of which it has been impossible to trace a copy.

1. Under the heading 'Polémique autour de l'*Encyclopédie*' Lanson's *Manuel Bibliographique* lists (No. 10711):

> Jamet. Lettre aux Auteurs de l'Encyclopédie, 1750, in-4.

Barbier attributes this work to P. Ch. Jamet, but he states that it is an octavo volume. I have been unable to trace it at either the Bibliothèque Nationale or the Bibliothèque Mazarine.

2. Under the same heading Lanson's *Manuel bibliographique* lists (No. 10721):

> Le P. de Neuville. Sermon sur la Calomnie (contre l'Encyclopédie).

Lanson refers to Chevrier's *Le Colporteur* which speaks of Father Neuville's *Sermon sur la Calomnie* in the following terms:

> On a trouvé dans l'Ouvrage du Prédicateur Jésuite, une satyre amere contre les gens de Lettres, et sur-tout contre ces Philosophes éclairés qui ont travaillés [*sic*] au *Dictionnaire Encyclopédique*, que les Religieux se disant encore alors de la Compagnie de Jesus, sont parvenus à faire proscrire, parce qu'ils craignoient avec raison, le coup que la sagesse du premier Parlement de France vient de leur porter, & qui auroit éclaté aux Articles *Ignace, Jésuite* & *Molinisme*; c'est une vérité qu'il n'est plus permis de taire. On a reconnu que le Discours peu chrétien du Pere Neuville étoit une Apologie de la Société, & une Satyre de tous ceux qui n'étoient pas pénétrés pour elle de la vénération la plus profonde.[1]

The *Manuel Bibliographique* refers the reader to Father Frey de Neuville's *Sermons*, 1777,[2] 8 v. in-12 and to Joseph Bezy's *Un prédicateur apostolique au XVIIIe siècle*, 1904, but the first contains no such sermon and the second makes no reference to it either. To complicate matters further, there were two preachers with the name Frey de Neuville; Charles whose sermons appeared in 1776 in eight volumes, and Pierre Claude who published two volumes of sermons in 1778. Neither of these collections contains a sermon on calumny.

3. No. 10732 in Lanson's *Manuel Bibliographique* is

> Le Chapelain, Sermons [ou Discours sur différents sujets de piété ou de religion, 1768, 6 v. in-12], tome IV, p. 285 (Carême de 1758).

---

[1] *Le Colporteur, histoire morale et critique*, London, 'L'An de la Vérité', p. 85.
[2] This should be '1776'.

It is true that the 1768 edition of Father Le Chapelain's sermons contains (Vol. IV, pp. 285–348) a 'Discours pour le dimanche de la IIIᵉ semaine de Carême sur l'incrédulité des esprits forts du siècle', but it makes no reference to the *Encyclopédie*. His *Discours sur quelques sujets de piété et de religion* (Paris, 1760) also contains a 'Sermon sur l'incrédulité des esprits forts', in a form slightly different from that of the 1768 edition, but again with no bearing on the *Encyclopédie*. This is all very confusing. To begin with, Father Le Chapelain's sermon was preached not during Lent, but on Christmas Day 1757 (*Gazette*, December 1757, p. 674: 'L'après-dinée Leurs Majestés assistèrent au sermon du Pere Chapelain, Jésuite'). Hence the sentence in D'Alembert's letter of 1 January 1758: 'Un maraud de Jésuite nommé Chapelain a eu l'insolence de prêcher le jour de Noël contre nous devant le Roi, sans réclamation de la part de personne' (*Revue d'histoire des Sciences*, 1954, pp. 1–2). See also his letter to Voltaire of 11 January 1758 (Best. 6874) where he speaks of 'les sermons ou plutôt les tocsins qu'on sonne à Versailles contre nous en présence du Roi, *nemine reclamante*'; and Voltaire's answer of 13 February (Best. 6936): 'Quoy, on ose dans un sermon devant le roy traitter de dangereux et d'impie un livre aprouvé, muni d'un privilège du roy, un livre utile au monde entier, et qui fait l'honeur de la nation!' A note to the last letter refers the reader to the 1760 edition of Le Chapelain's sermons, but the sermon indicated (pp. 151–214) does not attack the *Encyclopédie* directly. Is it not reasonable to suppose that, like many other sermons, this one remained unpublished in the form in which it was delivered on Christmas Day 1757?

4. In his Journal D'Hémery notes under the date of 12 August 1751 (BN, Ms. fr. 22156, f. 101r) the following work which I have been unable to trace:

> Lettre a Mʳˢ Les Imprimeurs du dictionnʳᵉ de Trevoux du 26 Juin 1751 et a Mʳ. Les auteurs de l'Encyclopedie 24 9ᵇʳᵉ 1750.

A study of the controversy which surrounded the *Encyclopédie* in the 1750s and 1760s and even beyond is made more difficult by the tendency of works dealing with the question to confuse books and pamphlets directed against the *Philosophes* in general and those which, to however small a degree, are directed against the *Encyclopédie* itself. The following is a list of contemporary polemical works which have been eliminated from this study, however interesting they may be in a wider context, simply because they have no bearing on the *Encyclopédie* itself:[1]

1752 Christophe de Beaumont, *Mandement de Mgr l'archevêque de Paris portant condamnation* [de la thèse de l'abbé de Prades], Paris, 1752, 4°. 16 pp. E. 2400, Paris 359. (Lanson, *Manuel bibliographique*, 10716.)

[1] The classmarks are those of the Bibliothèque Nationale, Paris.

Michel Verthamon de Chavagnac, *Mandement de Mgr l'évêque de Montauban portant condamnation de la thèse de l'abbé de Prades*, Montauban, 1752, 4°. 8 pp. E. 2400, Montauban 4.

1753 Abbé Gabriel Gauchat, *Lettres critiques ou Analyse et Réfutation de divers écrits modernes contre la religion*, Paris, 1753–63, 19 vols. (Lanson, *Manuel bibliographique*, 10719.) It is true that, attached to the end of Vol. IX (1758), there is a separately paginated *Éclaircissement sur le Mémoire des Cacouacs* (xxxviii pp.), but it does not refer to the *Encyclopédie*. The *avertissement* to Vol. XIX states that the author had intended to 'insérer l'analyse & la révision de tous les Ouvrages de Bayle, ainsi que de tous les articles répréhensibles de l'Encyclopédie', but that he had abandoned the idea.

1759 *Mémoire pour Abraham Chaumeix contre les prétendus philosophes Diderot et Dalembert, Réfutation par faits authentiques des calomnies qu'on répand tous les jours contre les citoyens zélés qui ont eu le courage de relever les erreurs dangereuses de l'Encyclopédie*, Amsterdam, 1759, 8°. 46 pp. R. 44537.

Rémond de Saint-Sauveur, *Remerciement d'un particulier à Messieurs les Philosophes du jour*, n.p.n.d. [1759?], 8°. 8 pp. Rp. 2559.

1760 [Abbé Morellet], *Préface de la Comédie des Philosophes, ou la Vision de Charles Palissot*, A Paris, chez l'Auteur de la Comédie, 1760, 12°. 20 pp. Yf. 10417.

[Abbé Coyer], *Discours sur la Satyre contre les Philosophes représentée par une troupe qu'un poete philosophique fait vivre, et approuvée par un académicien qui a des philosophes pour collègues*, A Athènes, chez le libraire anti-philosophe, 1760, 12°. 91 pp. R. 33842.

Jean-Jacques Lefranc de Pompignan, *Discours prononcé à l'Académie Française, le 10 mars 1760; Mémoire présenté au roi, le 11 mai 1760*, n.p., 1760, 8°. 39 pp. Zz. 4144.

[François le Prévost d'Exmes], *Réflexions sur le système des nouveaux Philosophes à Madame ***, Francfort, 1761, 12°. 86 pp. R. 13178.

The following is a list of the works discussed below:

1751 *Lettre de M. ***, l'un des XXIV, à M. Diderot, Directeur de la Manufacture encyclopédique*, n.p., 1751, 8°. 9 pp. (Roth, vol. 1, pp. 265–7.)

Lettre d'un souscripteur pour le Dictionnaire Encyclopédique, à M. Diderot, n.p., 1751, 8°. 8 pp. (Roth, vol. i, pp. 263–5.)

*Lettre à M. *** de la Société Royale de Londres*, n.p.n.d., 8°. 4 pp. Zz. 4342.

[David Renaud Boullier], *Apologie de la Métaphysique à l'occasion du Discours Préliminaire de l'Encyclopédie, avec les sentiments de M.* *** *sur la Critique des Pensées de Pascal par M. de Voltaire*, Amsterdam, 1753. 12º. 183 pp. R. 11394. (Reprinted in *Pièces philosophiques et littéraires*, n.p., 1759, 12º. R. 29470. The *Apologie* occupies pp. 78–106. The text first appeared in the Amsterdam edition of the *Journal des Savants*, November 1751, pp. 404–31.)

1752 [Charles de Caylus], *Instruction pastorale de Monseigneur l'évêque d'Auxerre sur la vérité & la sainteté de la religion méconnue & attaquée en plusieurs chefs, par la Thèse soutenue en Sorbonne le 18. Novembre 1751* n.p., 1752, 12º. pp. 266. E. 4719, Auxerre 2.

[Father François Marie Hervé?], *Réflexions d'un Franciscain, avec une lettre préliminaire, addressées à M.* ***, *auteur en partie du Dictionnaire encyclopédique*, n.p., 1752, 12º. x+60 pp. Hz. 1452.

1753 *Observations de M.* ***, *principal du Collège de* ***, *sur un des articles du Dictionnaire Encyclopédique* [the article COLLÈGE, which appeared in 1753 in Vol. III], n.p.n.d., 12º. 53 pp. Rz. 3751.

1754 [Abbé B. Capmartin de Chaupy or Dom L. B. de la Taste], *Observations sur le refus que fait le Châtelet de reconnoître la Chambre royale*, En France, 1754, 4º. 258 pp. F. 13869.

Avis au Public sur le Troisième Volume de l'Encyclopédie, n.p.n.d., 16º. 22 pp. 8º. Z. 551.

[Fathers François Marie Hervé and —. Fruchet], *Réflexions d'un Franciscain sur les trois premiers volumes de l'Encyclopédie avec une lettre préliminaire aux éditeurs*, Berlin, 1754, 8º, xii [+2]+191 pp. Z. 11846.

1756 [P. Barral], *Dictionnaire portatif, historique, théologique et moral de la Bible, pour servir d'introduction à la lecture de l'Ecriture sainte*, Paris, 1756, 8º. 805 pp. A. 8000.

Antidote contre la doctrine du jésuite Molina, à l'usage de Messieurs les Auteurs de l'Encyclopédie, Avignon, 1756, 12º. 75 pp. D. 23537.

1757 [Palissot], *Petites lettres sur de grands philosophes*, Paris, 1757, 12º. iv+101 pp. Yf. 10554.

[J. N. Moreau], *Nouveau Mémoire pour servir à l'histoire des Cacouacs*, Amsterdam, 1757, 8º. pp. iv+108. D. 65582. (This volume also contains, on pp. 103–8, the *Premier mémoire sur les Cacouacs*, which first appeared in the *Mercure de France*, October 1757, vol. i, pp.15–19, under the title of *Avis utile*. This is attributed to the Abbé Giry de Saint-Cyr.)

1758 [Jean François de La Harpe], *L'Aléthophile, ou l'ami de la vérité*, Amsterdam, 1758, 12°. 33 pp. Z. 19081.

[Edme Louis Billardon] de S[auvigny], *La Religion révélée, poème en réponse à celui de la Religion naturelle, avec un poème sur la Cabale Anti-Ancyclopédique*, Geneva, 1758, 16°. 64 pp. Ye. 9672.

Abraham Joseph de Chaumeix, *Préjugés légitimes contre l'Encyclopédie, et Essai de Réfutation de ce Dictionnaire*, Brussels–Paris, 1758–9, 8 vols., 8°. Z. 11871–11878.

[Abbé Odet Joseph de Vaux de Giry de Saint-Cyr], *Catéchisme et décisions de cas de conscience à l'usage des Cacouacs; avec un discours du patriarche des Cacouacs pour la réception d'un nouveau disciple*, Cacopolis, 1758, 8°. xlii+107 pp. D. 65587.

1759 Abraham Joseph de Chaumeix, *Réponse de A.J. de Chaumeix d'Orléans, à la note de M. Marmontel, sur un passage du Livre des Préjugés légitimes, contenue dans le Mercure de France, Avril 1759, avec un Examen critique du passage de l'article Gloire rapporté dans ce Mercure. Réponse d'A.J. de Chaumeix à un article du Journal encyclopédique*, Brussels–Paris, 1759, 16°. 27 pp. Zz. 4138. (The same text is to be found in vol. vi of the *Préjugés légitimes*.)

Arrests de la Cour de Parlement, portant condamnation de plusieurs livres & autres ouvrages imprimés. Extrait des registres du Parlement, du 23 janvier 1759 ..., Paris, 1759, 4°. 31 pp. Ms. fr. 22177, ff. 257–272. (Contains the *réquisitoire* of the *avocat général*, Omer Joly de Fleury.)

Lettres sur le VIIe volume de l'Encyclopédie, n.p., 1759, 12°. viii+60 pp. Zz. 4128.

[Jean Félix Henri de Fumel], *Mandement et instruction pastorale de Monseigneur l'évêque de Lodève touchant plusieurs livres ou écrits modernes, portant condamnation desdits livres ou écrits*, Montpellier, 1759, 4°. 75 pp. E. 2400, Lodève 2.

Determinatio Sacrae Facultatis Parisiensis super Libro cui titulus, De l'Esprit, Paris, 1759, 4°. 68 pp. D. 10798.

Lettre d'un professeur en Théologie d'une Université Protestante à Mr. d'Alembert, Strasbourg, 1759, 12°. 20 pp. Rz. 3432.

Lettre de Monsieur Bayle à Monsieur d'Alembert (in *Journal des Savants*, Amsterdam edition, September–October 1759, pp. 507–26. Preceded, pp. 504–6, by a letter to the editor, signed Christophle Balouin.)

1760 [Abbé Charles A. J. Leclerc de Montlinot], *Justification de plusieurs articles du Dictionnaire encyclopédique, ou Préjugés légitimes contre*

Abraham-Joseph de Chaumeix, Brussels–Paris, 1760, 12°. 186 pp. Z. 11318.

Abraham Joseph de Chaumeix, *Les Philosophes aux abois, ou Lettres de M. de Chaumeix à messieurs les encyclopédistes au sujet d'un libelle anonyme intitulé Justification de plusieurs articles du Dictionnaire encyclopédique, ou Préjugés légitimes contre Ab. Jos. de Chaumeix*, Brussels–Paris, 1760, 8°. 16 pp. D. 29793.

Palissot, *Les Philosophes, comédie, en trois actes, en vers, représentée pour la première fois par les Comédiens Français ordinaires du Roi, le 2 mai 1760*, Paris, 1760, 8°. 91 pp. 8°. Yth. 14145.

Palissot, *Lettre de l'auteur de la comédie des Philosophes au public pour servir de préface à la pièce*, n.p., 1760, 12°. 23 pp. Yf. 752 (13).

Lettres et réponses de M. Palissot à M. de Voltaire, n.p.n.d., 12°. pp. 7–21 [= 12]; 3–12; 1–15; 13–19; 1–12. Z. Beuchot. 487.

Les Avis, n.p.n.d., 12°. 16 pp.

Conseil de Lanternes, ou la véritable vision de Charles Palissot, pour servir de post-scriptum à la Comédie des Filosofes, Aux Remparts, 1760, 12°. 24 pp.

[Louis Coste], *Le Philosophe ami de tout le monde, ou conseils désintéressés aux littérateurs. Par M. L . . . C . . . qui n'est point littérateur*, A Sopholis, Chez le Pacifique, à la Bonne-Foix, 1760, 12°. 36 pp. Ye. 19144.

Le Coq-à-l'asne ou l'éloge de Martin Zebre, prononcé dans l'Assemblée générale tenue à Montmartre par MM. ses confrères, A Asnières, Aux dépens de qui il appartiendra, 100070060, 8°. 23 pp. Rés. Z. 3990.

1761 *La Petite Encyclopédie ou Dictionnaire des philosophes, Ouvrage posthume d'un de ces messieurs*, Antwerp, n.d., 8°. viii+176 pp. Z. 17228.

[Jacob Vernet], *Lettres critiques d'un voyageur anglois sur l'article Genève du Dictionaire encyclopédique et sur la lettre de Mr. D'Alembert à Mr. Rousseau*, Utrecht, 1761, 12°. x+56+6 pp. (This edition contains two letters; a second edition, published at Utrecht in 1763, contains six letters; in the third edition, published at Copenhagen in 1766, the six letters have become seven, and a second volume containing six letters has been added. This work is dealt with in Chap. VI, pp. 385–6.)

[Abbé Simon Augustin Irail], *Querelles littéraires, ou Mémoires pour servir à l'Histoire des Révolutions de la République des Lettres, depuis Homere jusqu'à nos jours*, Paris, 1761, 4 vols., 12°. Z. 12889–12892.

1762 [Abbé Jean Saas], *Lettre d'un professeur de Douay à un professeur de Louvain sur le Dictionnaire historique portatif de M. l'abbé Ladvocat. Lettre d'un professeur de Douay à un professeur de Louvain sur l'Encyclopédie*, Douai [Rouen], 1762, 8°. 119 pp. (The second work begins on p. 75.)

1764 [Palissot], *La Dunciade ou la Guerre des Sots, Poëme*, Chelsea, 1764, 8°. 76 pp. Ye. 29442.

[Abbé Jean Saas], *Lettres sur l'Encyclopédie pour servir de Supplément aux sept volumes de ce dictionnaire*, Amsterdam [Rouen], 1764, 8°. 190 pp. Z. 11835.

1766 *Supplément aux diverses remarques faites sur les Actes de l'Assemblée du Clergé de 1765, ou Dissertation sur trois textes de l'Ecriture, qui s'y trouvent ou falsifiés, ou mal cités, ou mal appliqués, addressée à M. Le Corgne de Launay, Rédacteur des Actes*, n.p., 1766, 12°. 23 pp. Ld⁴ 2983.

Abbé Guillaume Malleville, *Histoire critique de l'éclectisme, ou des nouveaux platoniciens*, n.p., 1766, 2 vols., 12°. Rés. p. R. 514.

1767 Dom Louis Mayeul Chaudon, *Dictionnaire antiphilosophique, pour servir de commentaire & de correctif au Dictionnaire Philosophique, & autres Livres qui ont paru de nos jours contre le Christianisme*, Avignon, 1767, 8°. xx+451 pp. Z. Bengesco. 627.

Abbé Pierre Duval, *Essais sur différents sujets de philosophie*, Paris, 1767, 12°. xxiv+288 pp. R. 20434.

1769 [Palissot], *Dénonciation aux honnêtes gens d'un nouveau libelle philosophique contre M. Palissot, inséré dans l'Encyclopédie et faussement attribué à M. le comte de Tressan, avec quelques pièces relatives*, n.p., 1769, 12°. 61 pp. Yf. 8928.

1770 Father Aimé Henri Paulian, *Dictionnaire philosophico-théologique portatif, contenant l'accord de la véritable philosophie avec la saine théologie*, Nîmes, 1770, 8°. 536 pp. D. 21456.

1771 Palissot, *Mémoires pour servir à l'histoire de notre littérature depuis François Premier jusqu'à nos jours* in vol. ii of *La Dunciade*, London, 1771, 2 vols. 8°. Ye 9862.

1772 [Abbé Antoine Sabatier de Castres], *Les Trois Siècles de la Littérature Françoise*, Amsterdam–Paris, 1772, 3 vols., 8°. Z. 59489–59491.

1781 Abbé Augustin Barruel, *Les Helviennes ou Lettres provinciales philosophiques*, Amsterdam, 1781–8, 5 vols., 12°. R. 11469–11471, 11475–11476.

1797 Abbé Augustin Barruel, *Mémoires pour servir à l'histoire du Jacobinisme*, London, 1797, 4 vols., 8°.

It will be seen from this list that the main part of the controversy took place in the period between 1752 and 1760 or 1761, reaching its height with the publication of Vol. VII of the *Encyclopédie* in 1757 and the events which followed. Inevitably then, as with the controversy in the periodicals of the age, attention was concentrated almost exclusively on the first seven volumes of the work. As one might expect, the controversy was kept going much longer in the world of books than in that of periodicals, since the latter were more concerned with matters and particularly books of the moment. Abbé Barruel was to continue the battle against the *Encyclopédie* in works published not only in the 1780s, but even as late as 1797; and for all his wild exaggerations and nightmare visions of dark conspiracies his comments are not altogether negligible.

As in the journals of the time, the controversy broke out in pamphlet form before the appearance of the first volume of the *Encyclopédie* at the end of June 1751; it dates in practice from the publication of the prospectus in the previous October. The first three pamphlets are linked with Diderot's skirmishing with Father Berthier of the *Journal de Trévoux*. On 28 February 1751 D'Hémery noted in his Journal both the *LETTRE DE M.***, L'UN DES XXIV, À M. DIDEROT, DIRECTEUR DE LA MANUFACTURE ENCYCLOPÉDIQUE* and the *LETTRE D'UN SOUSCRIPTEUR POUR LE DICTIONNAIRE ENCYCLOPÉDIQUE, À MONSIEUR DIDEROT*, adding: Je n'ay point eu connoissance de ces deux lettres qui ont été faites par un abbé et qui ne tiennent qu'une demy feuille chacune.'[1] The third work, the *LETTRE À M.***, DE LA SOCIÉTÉ ROYALE DE LONDRES*, is described by D'Hémery in an entry for 4 March as 'petite feuille au Sujet de l'Encyclopedie qu'on croit être de Diderot quoiqu'en apparence elle soit contre luy'.[2] Although keeping up an air of impartiality the author is certainly well disposed towards Diderot.[3] But neither it nor the other two letters with their heavy sarcasm can be said to contribute anything to our understanding of the *Encyclopédie*.

The first polemical work inspired by the actual text of the *Encyclopédie* appeared in November 1751 in the Amsterdam edition of the

---

[1] BN, Ms. fr. 22156, f. 38r.   [2] BN, Ms. fr. 22156, f. 42v.

[3] See F. Venturi, *Jeunesse de Diderot*, Paris, 1939, p. 397. The letter opens with an allusion to Ayloffe's translation (see *FS*, 1952, pp. 293–4): 'S'il est vrai comme vous me le mandez, Monsieur, que l'on se propose de traduire à Londres l'*Encyclopédie Françoise*, à mesure que les volumes en paroîtront, & que l'on s'y soit déterminé par l'impression qu'a faite sur les Anglois la lecture du *Prospectus* de ce grand Ouvrage. . . .'

Journal des Savants.[1] The *APOLOGIE DE LA MÉTAPHYSI-QUE, À L'OCCASION DU DISCOURS PRÉLIMINAIRE DE L'ENCYCLOPÉDIE* was the work of DAVID RENAUD BOUL-LIER (1699–1759), the son of Huguenot parents who was a pastor in Amsterdam and later in London. Although the *Discours préliminaire* is accorded fulsome praise—'C'est un morceau de génie, où brille un savoir exquis, revêtu de toutes les graces du stile'[2]—D'Alembert is criticized at length for his attitude to Descartes and in particular for his rejection of innate ideas, while his praise of Locke—'l'idole de nos *Beaux-esprits Pirrhoniens*'[3]—is challenged. Coming as it does from Amsterdam, this criticism cannot really aid us in assessing the impact of the *Encyclopédie* on opinion inside France.[4]

The first attack on the text of the *Encyclopédie* to appear inside France was the anonymous *RÉFLEXIONS D'UN FRANCISCAIN, AVEC UNE LETTRE PRÉLIMINAIRE, ADDRESSÉES À M.***, AUTEUR EN PARTIE DU DICTIONNAIRE EN-CYCLOPÉDIQUE.* The appearance of this work is noted in D'Hémery's Journal on 20 January 1752;[5] it is attributed there to a Jesuit, Father Jean Baptiste Geoffroy, who taught rhetoric at the Collège Louis le Grand. According to the *Lettres sur le VIIe volume de l'Encyclopédie*[6] it was by another Jesuit, François Marie Hervé. It is clearly linked with a second work published with a similar title in 1754.[7]

Although the preliminary letter is dated 'Le 1. Novembre 1751', the second half of the pamphlet was written after Abbé de Prades had sustained his thesis on 18 November.[8] The author endeavours to link the thesis with the *Discours préliminaire*[9] and adds an appendix containing the text of a number of propositions from it.[10] There are brief references to the obscurity of the articles AGIR and ART;[11] but the whole of the rest of the work is devoted to an attack on ARISTOTÉLISME—or rather half

[1] pp. 404–31. [2] p. 405. [3] p. 425.

[4] The Amsterdam edition of the *Journal des Savants* also printed in 1759 (September–October, pp. 507–26) a curious 'Lettre de Monsieur Bayle à Monsieur D'Alembert', which is preceded by a letter to the editor, signed by Christophle Balouin. In the letter to D'Alembert, which is mainly concerned with the article GENÈVE, Bayle is made to appear as a more or less orthodox Calvinist.

[5] BN, Ms. fr. 22157, f. 12r. [6] N.p., 1759, p. 25.

[7] See below, pp. 266–73.

[8] On p. 33 there is a reference to this event and on p. 58 a footnote states: 'Le 15 Décembre la Faculté a déclaré censurable cette Thèse en général, en attendant le rapport des différentes Propositions qu'elle condamne en particulier, & a suspendu de toutes ses fonctions de Bachelier celui qui l'a soutenue' (see also a note on p. 60).

[9] pp. 54–57. [10] pp. 58–60. [11] pp. 13–15.

a paragraph in it, the passage beginning: 'L'ordre de S. François a eu des scholastiques fort célebres; le premier de tous est le fameux Scot, surnommé *le Docteur subtil*'.[1] It is clear from the preliminary letter that the author attributes this unsigned article to Diderot and he also alleges that it is lifted for the most part from Boureau-Deslandes.[2] The *Avertissement* to Vol. II of the *Encyclopédie* answers this criticism which was also made in the December 1751 number of the *Journal de Trévoux*:[3]

*A la fin d'*ARISTOTÉLISME, *ajoûtez*: L'auteur a cru pouvoir semer ici quelques morceaux de l'ouvrage de M. Deslandes, qui font environ la dix.e partie de ce long article; le reste est un extrait substantiel & raisonné de l'histoire Latine de la philosophie de Brucker. . . .[4]

It cannot be said that the *Réflexions d'un Franciscain* tells us a great deal about contemporary reactions to the first volume of the *Encyclopédie* as so much of its limited space is devoted to a defence of Franciscans in general and of Duns Scotus in particular.

The controversy aroused by the thesis of Abbé de Prades at the beginning of 1752, coinciding as it did with the publication of the second volume of the *Encyclopédie*, enabled several of its adversaries to link the two works together. Yet the affair gave rise to surprisingly little in the way of writings attacking the *Encyclopédie* itself. It is indeed only in the *INSTRUCTION PASTORALE SUR LA VÉRITÉ ET LA SAINTETÉ DE LA RELIGION MÉCONNUE & ATTAQUÉE EN PLUSIEURS CHEFS, PAR LA THESE SOUTENUE EN SORBONNE, LE 18 NOVEMBRE 1751* of CHARLES DE CAYLUS, BISHOP OF AUXERRE, that we find any really meaty criticisms of the work. Several sections are devoted to an extremely detailed and critical analysis of the article AUTORITÉ POLITIQUE.[5] Another article from the first volume which receives hostile attention is Yvon's AME. Once again the Abbé's thesis is traced back to its tainted source:

Les Encyclopédistes qui lui ont fourni les principes de sa Thèse, nous disent [Encycl. au mot, *Ame*, p. 327] que les Théistes prétendoient que l'ame étoit une portion de la Divinité; qu'ils multiplioient la nature de l'ame, & qu'ils donnoient à chaque homme deux ou même trois ames. On ne trouve pas dans ces paradoxes des Théistes le sens droit de l'ame, & encore moins les lumières de la Révélation.[6]

---

[1] From the section headed *Des Philosophes récents Aristotélico-Scholastiques* (*Encyclopédie*, Vol. I, pp. 662–3).
[2] pp. ix–x.   [3] pp. 2621–2.   [4] p. iv.
[5] pp. 68–84 (see Chap. VII, pp. 446–50).   [6] p. 171.

The appearance of the third volume in October 1753 stirred up rather more controversy. Before the year was out there appeared the anonymous *OBSERVATIONS DE M.***, PRINCIPAL DU COLLEGE DE ***, SUR UN DES ARTICLES DU DICTION-NAIRE ENCYCLOPÉDIQUE*; on 14 December D'Hémery noted the appearance of the work which he describes as being printed 'sans p[ermissi]on', adding for what it is worth this attribution—'Cet ouvrage qui accommode fort mal les auteurs de l'Encyclopédie, est du Pere Berthier.'[1] It was D'Alembert's article COLLÈGE which gave rise to this fifty-three-page pamphlet which, as one might guess, offers a defence of the existing educational system. After upholding the study of the classical tongues and rhetoric, the author turns to consider D'Alembert's ideas on the teaching of philosophy. Throughout the work he argues in favour of public education against private, and consequently he sees grave dangers in allowing the teaching of philosophy 'par des Maîtres particuliers, qui ne rendent compte à personne de leur doctrine & de leurs sentimens'.[2] If the government were to allow private instruction in this field, it would have no control over what the young were taught:

Si l'on adopte le sentiment de M. d'Al . . . . . chacun ayant chez soi des Maîtres particuliers, pourra impunément faire enseigner dans sa famille les opinions les plus dangereuses. Celui-ci prévenu en faveur de Locke voudra, que son fils embrasse sa doctrine, toute dangereuse qu'elle est pour la Religion; celui-là admirateur aveugle de Machiavel, le fera admirer à ses enfans, le leur fera aimer; d'autres enfin, qui ne voient rien de mieux pensé & de plus judicieux que *l'Esprit des loix*, préviendront leurs enfans en faveur de ce pernicieux ouvrage, leur feront boire jusqu'à la lie le poison qu'il renferme; & au lieu de laisser à la Religion des enfans Chrétiens, & à la Couronne des Sujets soumis; ils ne laisseront après eux que des rebelles de cœur & d'esprit, des Athées de conduite & de croyance.[3]

Though D'Alembert himself is absolved from any such sinister designs on the innocence of youth, such would be the dreadful results of the private education advocated by his article COLLÈGE. In rounding off his pamphlet with a section entitled 'La Religion et la Piété', the author makes use of a large number of quotations from Bacon in favour of public education—an ingenious retort to D'Alembert and his colleagues whose admiration for Bacon had been so loudly proclaimed.

Now that the critics had three volumes of the work to chew over, the year 1754 saw some increase in attacks on it. In addition to an

[1] BN, Ms. fr. 22158, f. 92r.   [2] p. 22.   [3] p. 24.

unfavourable allusion to the article AUTORITÉ POLITIQUE in the *OB-SERVATIONS SUR LE REFUS QUI FAIT LE CHATELET DE RECONNOITRE LA CHAMBRE ROYALE* (attributed to both Abbé B. Capmartin de Chaupy and Dom L. B. de La Taste), placing those responsible for the *Encyclopédie* among 'les Auteurs Anti-François',[1] two pamphlets, one of them fairly substantial, were devoted to criticism of it. The shorter of these was an *AVIS AU PUBLIC SUR LE TROISIÈME VOLUME DE L'ENCYCLO-PÉDIE*. On the whole, the author tends to stress the technical deficiencies of the work rather than the dangers which it presents from the ideological point of view, although these are not altogether ignored. He begins by attacking what he calls the 'ton de hauteur & d'indépendance' of the *Avertissement des Éditeurs* to the third volume. This he finds intolerable in view of the notorious deficiencies of the first two volumes:

> ... Le plagiat immense & inexcusable, les propositions hardies & dangereuses, le défaut d'exactitude dans les dates & dans les faits qui ont excité tant d'orages contre les premiers tomes de l'Encyclopédie, ne leur sont point imputés faussement; & cet Ouvrage, quoique fait en partie par des Auteurs estimables, ne mérite certainement point notre estime. Il ne faut pas croire que le Public excusera les Plagiaires qui ont rempli ces deux volumes de productions étrangeres, sans y rien ajouter du leur, sans en corriger les fautes, pas même celles d'impression,* qu'il pardonnera au Géographe d'avoir copié mot pour mot le plus mauvais Dictionnaire de Géographie que nous ayons, à l'Abbé Yvon de s'être donné pour Auteur de l'article *Agir*,** d'avoir présenté cet article comme une preuve de sa pénétration, de sa précision & de son goût. De pareils artifices ne s'excusent point; & quand après avoir essuyé de tels reproches, & des reproches plus sanglants encore, on ose se présenter au Public avec la même confiance & la même sécurité, le Public sçait qu'en penser, il sçait ce qu'il doit faire.[2]
>
> * Voyez une partie de ces fautes dans les Journaux de Trévoux.
> ** Avertiss. du I. tom. du Dict.

After a reference to the *Journal de Trévoux*'s attack on the third volume of the *Encyclopédie* in November 1753, the author continues with his detailed criticisms. He objects to the length of some of the articles, and, like several other contemporary writers, seems to have had little taste for Diderot's contributions on technology. 'Par exemple, qui voudra lire l'article *Chapeau*?' he asks, 'Il contient cependant quatorze pages *in-folio*.'[3] He objects to the amount of space given to such articles

---

[1] p. 198. See below, Chap. VII, pp. 450–1.   [2] pp. 3–4.   [3] p. 10.

as COLLIER, CHAT, CHIENS, CHANDELLE, CHAISE, CHAMPIGNON, CHANVRE, CHARBON, and CHAUDRON and argues that, if such articles had not been excessively long, not only the whole of the letter C, but also D and E could have been got into the third volume.

Ideological considerations are not wholly neglected by the author. His sympathies with the Jesuits are obvious in the following onslaught on Mallet's article, COMMUNION FRÉQUENTE, with its attack on *L'Esprit de Jésus-Christ et de l'Eglise sur la fréquente communion* by Father Jean Pichon, S. J., and on the article COLLÈGE:

> A l'article *Communion*, on lit l'histoire du *Pichonisme*, Historiette frivole, qui n'intéresse plus que la haine, & indigne d'avoir place dans un Livre consacré à la postérité. L'article *Collège* est encore un champ de bataille où leur fureur s'est satisfaite. Les Collèges sont, selon eux, des Ecoles de libertinage, l'éducation qu'on y donne est la cause de l'impiété & des vices qui regnent dans le monde, la méthode qu'on y observe la ressource de l'ignorance. Ici une colomne ne suffit pas pour leurs reproches, leur haine vomit des torrens, les pages entieres en sont infectées. Voilà *l'esprit philosophique* qui regne dans le Dictionnaire.[1]

The judgement on the work offered in the conclusion is a severe one:

> Un Ouvrage comme l'Encyclopédie devoit être un dépot sacré & un reméde universel contre le vice, l'ignorance & le mauvais goût: on n'y devoit louer que la vertu & les héros; il ne devoit contenir que les connoissances, qui font les vrais Sçavans. Les Auteurs qui le composent, ont donc manqué à la Patrie, ils se sont manqué à eux-mêmes en consacrant les noms de nos Farceurs &* de nos Comédiennes, en prodiguant leurs éloges à des Ecrivains justement décriés comme ennemis de l'Etat & de la Religion; & en décriant au contraire des Citoyens respectables par leur vertu, leur sçavoir & leurs services. Ils ont manqué à la Patrie, ils se sont manqué à eux-mêmes, en remplissant leur Livre de mille traits inutiles & ridicules, qui ne peuvent être ni avantageux à la Nation, ni honorables à leurs Auteurs. Ces articles devoient tenir peu de place dans leur Livre, ou même n'en avoir aucune: les autres au contraire devoient y être traités amplement, & discutés avec la critique & l'érudition dont ils font profession dans leurs Préfaces. Ils auroient immortalisé leur gloire & celle de la Nation, au lieu qu'ils ont éternisé leur honte & son opprobre.[2]

> * Le mot *Concert*.

It is clear that the writer of this pamphlet does not like the ideas behind the *Encyclopédie*, but unfortunately he seldom specifies which articles aroused his displeasure.

[1] pp. 16–17.   [2] pp. 21–22.

A much more substantial and more precise work is the *RÉFLE-XIONS D'UN FRANCISCAIN SUR LES TROIS PREMIERS VOLUMES DE L'ENCYCLOPÉDIE AVEC UNE LETTRE PRÉLIMINAIRE AUX ÉDITEURS*, nominally published in Berlin, but noted by D'Hémery on 17 October 1754 as printed 'sans p[ermissio]n'.[1] He adds: 'Le pere Hervé Jesuite et le Pere Fruchet Cordelier sont les auteurs de cet ouvrage qui accommode fort mal les auteurs de l'Encyclopedie.' The *Lettre préliminaire* links the work with the earlier *Réflexions d'un Franciscain* of 1752.

For the first time we find a work which goes into considerable detail to make clear and explicit to which articles it objects and why. After a few generalities on the plagiarisms of the *Encyclopédie* and the few 'bons articles' (those of Dumarsais, in particular, are singled out for praise), we come to a chapter entitled 'Raisons d'attribuer à quelques ENCYCLOPEDISTES la These de l'Abbé de Prades'. The authors will not accept the denials of either the Abbé or Diderot that the latter had seen the thesis before it was printed. For them the facts are perfectly clear:

> La premiere position n'est presqu'en tout qu'une traduction de ce qu'on lit dans le Discours préliminaire de l'*Encyclopédie*, sur l'origine des idées, la formation des Sociétés, l'établissement des Loix, & la maniere dont l'homme parvient à la connoissance du souverain Etre. C'est dans l'*Encyclopédie*, (article *Athéisme*) que l'Auteur de la These a puisé les principes qu'il veut, dans la seconde position, que toute Religion suppose. On trouve dans l'*Encyclopédie*, (article *Arche*) la preuve qu'on donne dans la quatrième position, de la divinité des Ecritures. Dans l'*Encyclopédie*, (article *Autorité*) & dans la neuvième position, on fait le même cas des Peres & des Théologiens Scolastiques. Enfin on apperçoit beaucoup de ressemblance entre quelques endroits de la These & une grande partie des articles *Cahos* & *Christianisme*, que l'on a donné dans le troisième volume.[2]

Heavy fire is directed against the article CERTITUDE which appeared in the second volume just when the controversy over the Abbé's thesis was at its height; it consists of an introduction and conclusion by Diderot with an article by De Prades sandwiched in between. The aim of the article, we are told, is to 'rendre tout incertain, & accréditer le *Scepticisme* en feignant de le combattre'.[3] The authors are not impressed by Diderot's concluding remarks in which, as author of the *Pensées philosophiques*, he concedes that the Abbé has vanquished him in argument:

[1] BN, Ms. fr. 22159, f. 71r.   [2] pp. 7–8.   [3] p. 13.

L'aveu de la défaite paraît simulé, & on le voit triompher dans le tems même qu'il abandonne la victoire. Ce *Sceptique* révoquoit en doute la Résurrection de J.C. & portoit le *Pyrrhonisme* jusqu'à refuser de croire tout Paris qui attesterait, qu'un mort reparaît au nombre des vivans.[1] On prouve à la vérité dans l'article *Certitude*, que le témoignage d'une Ville aussi peuplée que la Capitale de la France, ne peut être suspect. Mais était-ce là le point réel de la difficulté, & pour croire le miracle faut-il un nombre si prodigieux de témoins oculaires? Le témoignage de douze hommes d'une probité reconnue, qui n'ont d'autre intérêt à publier le miracle que celui de la vérité, qui risquent tout en le publiant, qui *se laissent égorger pour le soutenir*, ne suffirait donc pour le rendre certain? Non, dit l'Athlete qui se présente pour combattre le *Scepticisme*, *dès qu'il m'est impossible de lire dans leur cœur, je ne suis point assuré de leur probité*. Dès-lors les Apôtres attestent inutilement qu'ils ont vû plusieurs fois leur divin Maître, qu'ils ont touché sa chair, & reconnu sur ses pieds & sur ses mains les cicatrices de ses playes: pour établir la foi de sa Résurrection, il devait se montrer en public, & la réunion de la multitude à publier son triomphe, pouvait seule en établir la vérité. C'est tout ce que demandait le *Sceptique*. A ce prix il reconnaît son vainqueur; & pour abandonner son doute, il attend qu'on lui produise le témoignage exprès de tous les habitants de Jérusalem, lorsque JESUS-CHRIST sortit des liens de la mort.[2]

It is difficult for the modern reader not to share this scepticism about the sincerity of the conclusion which Diderot penned for the article CERTITUDE.

The notes inserted in the third volume of the *Encyclopédie* under the heading of *Errata pour les deux premiers volumes* attracted the attention of the authors of the *Réflexions*. They followed up the suggestion that readers who were offended by *AIUS-LOCUTIUS, with its plea for complete freedom for those writing in learned tongues, should turn to *CASUISTE where, as the editors put it, 'notre pensée est expliquée d'une manière qui doit satisfaire tout le monde'. It certainly did not give satisfaction to these authors who retort: 'On ne sera satisfait que lorsque vous avouerez simplement qu'il n'est point permis d'écrire dans aucune langue contre la Religion & l'Etat.'[3] Once again it must be said that their point is well made. They were no more pleased with the editors' reply to Father Berthier's criticism of the article AMOUR DES SCIENCES & DES LETTRES.[4]

The uncertainty surrounding the authorship of unsigned articles with which students of the *Encyclopédie* are all too familiar provides the

[1] *Pensées philosophiques*, xlvi. [2] pp. 13–14. [3] p. 22.
[4] See Chap. VI, p. 373.

authors with a genuine grievance. But what is somewhat puzzling is that their attacks on the anonymous article ADORER are in practice directed against *ADORER, *honorer, révérer*, about the authorship of which there is no doubt. If the objection raised against the last lines of this article—that the author 'croit impossible de connaître la vertu'—is a fairly obvious one to make, there is more in the other two points made against it. Diderot's stress on the role which must be played by reason in judgements concerning religion calls forth the comment: 'Le Déiste s'exprimerait-il autrement? Partisan de la seule raison, il croit que la révélation s'en *écarte*, & rejette tout culte surnaturel. . . .'[1] Diderot's remarks about saints, images, and relics provoke the questions:

> Dans quel siécle n'a-t'on donc pas honoré les Saints, réveré leurs images & leurs reliques? Dans quel siécle a-t'on confondu ce Culte avec l'Idolâtrie? Veut-on donc ici excuser les Iconoclastes ou renouveller leur erreur?[2]

The conclusion of this chapter offers a general observation which is of interest. 'Telle est la frivolité de quelques Sçavans de notre siécle,' we are told, 'ils négligent la science de la Foi & se donnent tout entier à l'étude de la Nature. Ce serait faire un bon usage de la Philosophie, de se taire sur ce qu'on ne sçait pas.'[3] The essentially secular outlook of the *Encyclopédie* was naturally displeasing to these critics.

D'Alembert's article AVEUGLE with its praise of Diderot's *Lettre sur les Aveugles* inevitably comes in for censure. The *Lettre* is described as 'une Brochure impie' containing passages which must be repugnant to 'tous ceux qui croyent un Dieu'. The passage goes on:

> Un Aveugle apprend par le toucher la Chymie, les Mathematiques, la Méchanique, l'Optique, il donne la définition d'un miroir, il devient même profond Métaphysicien; mais il est incrédule sur tout ce qu'il ne touche pas. Faut-il être clair-voyant pour appercevoir ici le Matérialiste? Le début annonçait cet Aveugle blasphême. *Si vous voulez que je croye en Dieu, il faut que vous me le fassiez toucher.* Et ce blasphême ne peut être attribué qu'à l'Auteur de la Lettre, puisque l'*Encyclopediste* nous *avertit que la prétendue histoire des derniers momens de Saunderson est absolument supposée.*[4]

D'Alembert's article has its bold, not to say rash, passages.

The article AUTORITÉ POLITIQUE naturally comes under close scrutiny,[5] and *CÉLIBAT is given even more space.[6] More interesting than the section on the latter article is a list of contributions to the first two volumes which, space permitting, would have invited censure:

---

[1] p. 30.   [2] pp. 31–32.   [3] p. 33.   [4] p. 34.
[5] See Chap. VII, pp. 451–2.   [6] pp. 40–76.

L'Evidence du Sophisme (1); un Ecclésiastique plaisant Médecin (2); les regles de Certitude données dans un article de Botanique (3); la béatitude des Pauvres d'esprit (4); le nombre des Matérialistes augmenté (5); une grande idée de l'Amour de soi-même (6); les articles *Bible, Canon des Juifs, Catacombes*, nous fourniraient encore bien des réflexions.

(1) Article *Athée*. (2) *Ame*. (3) *Agnus Scythicus*. (4) *Béatitude*. (5) *Ame*. (6) *Amour*.[1]

From this the *Réflexions* passes to a more detailed study of the third volume, beginning with the complaints made in the *Avertissement des Editeurs* about the accusations of irreligion brought against the work. To these the authors reply:

Votre Ouvrage, Messieurs, n'est-il pas plein de ces principes qui renversent les fondemens du Christianisme? Il semble que vous n'ayez conçu le projet d'un vaste Dictionnaire que pour l'attaquer ouvertement. . . . Il fallait ou ne point parler de la Religion, ce n'était pas-là en effet votre affaire, ou il fallait en parler avec respect. . . . La rivalité n'a point eu de part aux coups qu'on vous a portés. La seule *envie* de venger l'honneur de la Religion a armé la main qui vous a fait de profondes blessures. . . .[2]

There is no doubt some exaggeration in these remarks, but they serve merely as a prelude to a detailed examination of a series of articles from this volume. Prominent among these is the unsigned article CHRISTIANISME with which is combined Jaucourt's LIBERTÉ DE CONSCIENCE. On the subject of the former article the authors begin by saying:

On n'ose d'abord y confondre Jesus-Christ avec *ces Philosophes ingénieux qui enfantent des systêmes à force de réflexions*; mais on le compare avec *ces Législateurs qui pour rendre leurs Loix plus utiles, les appuyerent du dogme des peines & des récompenses de l'autre vie*, & on paraît lui prêter les mêmes vues.[3]

When the article goes on to give an enormous list of lawgivers with whom Christ is compared, the authors protest:

Quelques précautions que l'on prenne pour éviter le soupçon d'avoir voulu confondre Jesus-Christ avec ces *Imposteurs, qui, pour se rendre plus utiles au genre humain dans cette vie, ne pensaient gueres à le rendre heureux dans l'autre*, qu'il nous soit permis d'observer qu'il aurait été plus à propos de ne point entrer à ce sujet dans un si grand détail, sur-tout dans un siécle où l'impiété conteste la divinité de Jesus-Christ.[4]

Strong exception is taken to the large number of quotations from *L'Esprit des Lois* which the article contains: 'Est-ce sérieusement ou

---

[1] p. 77.   [2] pp. 85–86.   [3] p. 93.   [4] p. 95.

pour se jouer du Christianisme, qu'on renvoye à de pareilles sources pour y en puiser les principes?'[1]

The authors will have nothing to do with the notion of universal toleration—a 'systême affreux' in their eyes:

> N'est-il pas évident que c'est-là le but qu'on se propose, lorsqu'on réduit l'intolérance du Christianisme à l'excommunication Ecclésiastique, & qu'on se récrie tant contre la persécution qu'il est si facile d'éviter en n'écrivant ni contre la Religion, ni contre l'Etat. Mais n'est-il pas évident aussi que c'est-là le grand principe de tous les indifférens, qu'il n'est point d'Athée, de Matérialiste, de Déiste qui ne se contente de la tolérance Civile, puisque si elle était accordée, elle procurerait cette liberté tant désirée, de tout faire, de tout enseigner. Et qu'importe si l'Eglise lance ses foudres pourvû que l'Etat laisse tranquille & ne persécute point!

That the civil power should not intervene in such matters is a wholly unacceptable doctrine:

> L'Eglise n'a en main que des armes spirituelles; tout ce qu'elle peut faire c'est de ne point admettre dans sa Communion l'Infidèle qui ne la connaît pas, ou qui refuse de l'écouter; en retrancher l'opiniâtre qui persévere dans l'erreur qu'elle a proscrit[e], prononcer des anathêmes, condamner à des peines canoniques; c'est une jurisdiction à laquelle on peut facilement se soustraire, & que l'indifférent ne reconnaît, ni ne redoute.
>
> Mais le Souverain est le maître de ses Etats, il a le pouvoir de porter des Loix pour faire observer celles de l'Eglise, & de les faire exécuter. Il peut exclure *des Arts, des Charges, des Emplois les plus importans*, & condamner à des peines temporelles. C'est ce que l'homme sans Religion appelle persécuter, c'est cette autorité réunie avec la force qui l'intimide & qu'il voudrait qu'on ne déployât point contre lui.[2]

Following up the cross-reference from CHRISTIANISME to LIBERTÉ DE CONSCIENCE, the authors of the *Réflexions* indulge in further attacks on the principle of toleration. It is not enough, they argue, to seek to bring the unbeliever back to the strait and narrow path by peaceful persuasion; that can only be the first step:

> Mais si l'Impie continue; n'est-il pas évident que si on le tolere sous le prétexte de ne point faire violence à sa conscience, ce sera autoriser l'impiété, qui n'étant pas *réprimée* deviendra elle-même *réprimante*. Mille exemples prouvent qu'alors *la voye de l'instruction* n'est pas l'unique moyen qu'il faille employer; tandis qu'on travaille à convertir un Impie ou un Hérétique décidé le mal va toujours en croissant, il force ensuite d'employer les remedes les plus violents, souvent même il devient incurable. La Religion Protes-

tante ne doit son établissement, le Déisme ses progrès, qu'à la tolérance civile.[1]

Since LIBERTÉ DE CONSCIENCE deals with the state of affairs in a country where Christianity (i.e. Roman Catholicism) is the dominant religion, the authors of the *Réflexions* are scandalized by the suggestion that the rights of conscience should prevent the civil authority from proceeding against unbelievers. They will have none of this pernicious doctrine:

> Il sera permis de n'être point Chrétien dans le sein-même du Christianisme & de s'élever contre ses plus saints mysteres. Qu'on montre le masque d'une probité payenne, & l'on sera tranquillement tout ce qu'on voudra être, Protestant, Socinien, Déiste, Matérialiste, Athée. Là conduit la morale de *l'Encyclopédie*.[2]

And that, of course, was sufficient to damn it completely.

The article *CHRONOLOGIE SACRÉE also comes under attack, as does Faiguet de Villeneuve's CITATION as well as *CITÉ and *CITOYEN. The article COLLÈGE receives a good deal of attention, starting with an attempt to make play with the contradictions between it and Dumarsais's CLASSE. Whereas D'Alembert condemns a public system of education, Dumarsais weighs up the advantages and disadvantages of both private and public education and in the end gives preference to the latter. D'Alembert's proposals for reform of the curriculum come in for criticism, particularly those which concern the teaching of philosophy:

> Aucun Professeur ne bornera *la Logique* à quelques lignes. L'art de penser doit être plus étendu que vous ne croyez, & si vous en doutez on vous conseille de l'apprendre. Aucun Professeur Chrétien ne réduira la Métaphysique à *un abbregé de Locke*; la Morale que vous appellez *purement philosophique*, aux Ouvrages *de Seneque & d'Epictete*; la Morale Chrétienne *aux discours de Jesus-Christ sur la montagne*.

To D'Alembert's complaint that to confuse the proofs of the existence of God with the verbiage of Scholastic philosophy is to 'outrager & blasphémer en quelque sorte la plus grande les vérités', the *Réflexions* retorts:

> Si ce sont là des blasphêmes, quel nom donnerons-nous à l'assemblage que vous proposez des questions de l'existence de Dieu, de ses perfections infinies, & des délires de Locke sur le pouvoir de penser qu'il croit être dans

---

[1] p. 121. [2] pp. 124–5.

la matiere; de la morale des Payens, & sur-tout d'Epictete, & de celle de Jesus-Christ?[1]

The zeal of the authors perhaps outruns their discretion when they round on Jaucourt for a passage in his article CONQUETE in which he argues that a usurper can become a legitimate ruler by the consent of his new subjects. This inspires the following comment:

Que d'endroits dans cet article contre l'autorité des Princes légitimes! Un seul nous arrête. Dans nos Réflexions sur l'article *Autorité*, nous avons conjecturé qu'un *Usurpateur* cessait de l'être, dans l'idée d'un *Encyclopediste*, dès que le Peuple consentait de lui obéir.

After a lengthy quotation from Jaucourt's article, they go on:

Reconnaît-on un Chevalier à ce langage? N'attribue-t'on point par erreur cet article à M. de Jaucourt?[2]

Here the authors of the *Réflexions* were barking up the wrong tree. The passage to which they objected so violently comes straight from Burlamaqui's *Principes du Droit politique*.[3] It is interesting, however, to see how they round off this section by quoting the famous passage from the *Traité des droits de la reine* of which the editors had made use in the third volume, in the *Errata pour les deux premiers volumes*, in defence of the article AUTORITÉ POLITIQUE.[4] They now use the quotation against the editors in the last lines of their commentary on CONQUETE:

Cette liaison réciproque & éternelle que forme la Loi fondamentale de l'Etat entre le Prince & ses Descendans d'une part, & les Sujets & leurs descendans de l'autre, que l'Auteur du Traité établit si solidement, n'est-elle pas entierement anéantie par les principes de l'article *Conquête*, & sur-tout par cette maxime:

> *Les Usurpateurs des Provinces*
> *En deviennent les justes Princes*
> *En donnant de plus justes Loix.*

On peut dire que cet Article est un Traité du droit *du plus fort*.[5]

The conclusion of the pamphlet (it is entitled 'Conseil aux EN-CYCLOPEDISTES') warns them that the authors intend to continue their work of criticism as successive volumes of the *Encyclopédie* appear.[6] This promise was only partially kept. In 1759, when the controversy

---

[1] pp. 157–8.   [2] pp. 175–6.   [3] Amsterdam, 1751, p. 101.
[4] See Chap. VII, pp. 433–4.   [5] pp. 176–7.
[6] pp. 179–91 of the *Réflexions* are devoted to the Abbé de Prades.

was at its height, there appeared a revised version of the work under the title of *Éloge de l'Encyclopédie et des Encyclopédistes*. The *Lettre préliminaire* was now dropped and replaced by a 'Compliment aux Encyclopédistes' and an 'Eloge de l'Encyclopédie'.[1] The ironical praise of the first leads on to the usual attempt to link the *Encyclopédie* and *De l'Esprit* ('vous avez engagé un Prosélite à développer, dans un gros *in-4°*, ce que vous n'aviez pas osé dire dans sept volumes *in-folio*') and to threats of what the Parlement will do to the work. The 'Eloge de l'Encyclopédie' is brief enough to be quoted in full:

> Je n'ai pas lu tous les volumes de nos admirables Philosophes, je n'avois pas tant de tems à perdre, je me suis arrêté à quelques articles des premiers tomes, qui m'ont suffi pour décider mon *Eloge*. Le Lecteur en jugera.

Clearly what we are offered here is merely a reproduction by a third party of the original *Réflexions* with some minor changes at the beginning and end. The first three chapters[2]—'Caractère des Encyclopédistes', 'La Modestie des Encyclopédistes', and 'Merveilles de l'*Encyclopédie*'— replace three chapters from the *Réflexions*. They are full of mere abuse, like the conclusion, which is also new:

> Vous ne serez jamais les plus forts, Messieurs, la raison, le bon sens, s'élèvent contre vos paradoxes; la religion & l'état contestent vos blas-phèmes; le magistrat va lancer contre vous une foudre qui saura mieux se faire respecter que celle que vous bravez depuis longtemps; l'examen qu'il fera de votre *Encyclopédie* l'armera contre des auteurs qui insultent le ciel & la terre, & qu'on voit se raidir contre les préceptes de la divinité & les lois du gouvernement; tout bon citoyen attend le châtiment dû à votre témérité, & le chrétien gémissant sur votre sort ne désire que la réparation de vos scandales par la sincérité de votre conversion & le désaveu public de votre impiété.[3]

This conclusion, like the new material at the beginning, was clearly inserted in an attempt to bring the pamphlet up to date. Basically it remains unchanged from its original version, and this is regrettable as, although it confines itself to the first three volumes of the *Encyclopédie*, it does contain some acute criticisms of specific articles, a thing which is none too common in the polemical literature of the 1750s and 1760s.

Returning to 1754, the date of the first edition of the *Réflexions*, we find nothing for the following year and singularly little for 1756, a period in which the publication of the *Encyclopédie* was going steadily ahead at the rate of one volume a year, before the crisis which opened

[1] pp. 1–3.   [2] pp. 3–5.   [3] pp. 177–8.

in 1757. We shall see how the pin-prick in Barral's *Dictionnaire de la Bible*—the attack on the article AUTORITÉ POLITIQUE[1]—was inflamed by Fréron's addition of the word 'l'*Encyclopédie*' after the epithet, 'un ouvrage très-scandaleux'.[2] The name of the work is at least mentioned in the title of an anonymous pamphlet published at Avignon in 1756— *ANTIDOTE CONTRE LA DOCTRINE DU JÉSUITE MOLINA, À L'USAGE DE MESSIEURS LES AUTEURS DE L'ENCYCLOPÉDIE.* This work is decidedly odd. It begins with a paragraph of pompous praise for the mighty enterprise on which 'les auteurs de l'Encyclopédie' are engaged, goes on to mention the attacks made on the religious views of the editors and contributors, and then proceeds to offer a kind of defence of their attitude. We read, for instance:

> Messieurs les Auteurs de l'Encyclopédie sont des Citoyens & des Chrétiens. Comme Chrétiens, ils répudient tout ce qui caractérisoit le Paganisme. . . . Ces Messieurs admettent & adoptent dans le Christianisme tout ce qui ne combat pas de front une raison épurée. Peut-être étendent-ils trop loin le raisonnement.[3]

After a long passage on the Old Testament and Grace we come to a sentence which brings out clearly the Jansenist outlook of the author:

> Est-il surprenant que les Auteurs de l'Encyclopédie ayent suivi un sentier qui détourne de la route ancienne? La plûpart d'entre ces Messieurs ont reçu les premieres instructions dans les Colleges des RR.PP. Jésuites.[4]

The longest part of the work is taken up with an essay entitled 'Péché originel' and, after the conclusion in which Molina is denounced, comes a substantial *Avis au Public* in the course of which we are informed that the pamphlet is by the author of 'la premiere Lettre à Messieurs les Docteurs de la Faculté de Théologie de Paris, sur les droits de Dieu'.[5] There is certainly very little relevant to our purpose to be extracted from the seventy-five pages of this strange work.

When we reach the year 1757, things begin to warm up with the arrival on the scene of two redoubtable propagandists—PALISSOT and Moreau. Yet although the former's *PETITES LETTRES SUR DE GRANDS PHILOSOPHES* was described by D'Alembert on New Year's Day 1758 as being 'parmi tous les libelles qu'on publie contre nous, le plus infame, quoi-qu'il ne soit pas le plus dangereux',[6]

---

[1] p. 805.   [2] See Chap. VI, p. 377, and Chap. VII, pp. 445–6.
[3] p. 8.   [4] p. 19.
[5] p. 61.   [6] *Revue d'Histoire des Sciences*, 1954, pp. 2–3.

it is not much concerned with the *Encyclopédie*. The first letter contains only vague criticisms of the work as of the *Philosophes* in general. No precise references to particular articles are given, with one solitary exception:

Il sera permis de trouver des fautes même dans ce grand Dictionnaire qui est leur Ouvrage de prédilection, & de ne pas croire, par exemple, sur leur parole, que les Cerfs atteignent au bout d'un certain temps, l'âge de raison, &c. &c. &c.[1]

The criticism, which is directed against the article *CERF, is scarcely either profound or detailed. The second letter, which is devoted to Diderot's *Fils naturel*, denies all originality to the author. Of the *Encyclopédie* it has only one criticism to offer—the well-worn one that the contributors contradict each other:

Enfin . . . l'Encyclopédie au lieu de former un corps de doctrine, n'est qu'un cahos de contradictions, où l'on trouve autant de systêmes & de principes différens, qu'il y a d'Auteurs qui ont fourni des articles.[2]

One mild reference to the *Encyclopédie* is to be found in the fourth letter which, the author alleges, was originally addressed to 'une femme vraiment Philosophe':

Elle lisait un jour dans l'Encyclopédie un long article sur l'ame, qui ne la satisfaisait point. L'Auteur crut devoir la préparer à ce genre de lecture par quelques notions préliminaires, & tâcher sur-tout de n'être point obscur, défaut que de certains Philosophes ont regardé sans doute comme au-dessous d'eux d'éviter.[3]

None of this could be said either to represent a serious attack on the *Encyclopédie* or to throw any noticeable amount of light on the attitude of its critics.

Nor is there really much more in MOREAU's *NOUVEAU MÉMOIRE POUR SERVIR A L'HISTOIRE DES CACOUACS*, the publication of which is noted by D'Hémery in his Journal on 22 December 1757. 'Brochure', he says, '. . . imprimée avec tolerance de la part de M. de Malesherbes. C'est une Satyre tres forte contre les Encyclopedistes qui ne paroissent pas trop en faveur presentement.'[4] If the starting point of Moreau's pamphlet, the *Avis utile*, inserted in the *Mercure de France* of October 1757, contains not a single precise reference to the *Encyclopédie*, it cannot be said that the *Nouveau Mémoire* is exactly bursting with them either. What do we find there? Attacks on

[1] p. 16.   [2] p. 73.   [3] pp. 91–92.   [4] BN, Ms. fr. 22160, f. 67r.

Voltaire, Rousseau, Locke's *Civil Government* and especially Diderot's *Pensées sur l'interprétation de la nature*, together with three allusions (one of them pretty obscure) to the *Encyclopédie*. In a footnote[1] we find a reference to the by now stale joke about the reasoning powers of stags:

> Un Auteur Cacouac est persuadé que les Cerfs ont déja acquis de la Raison: peu s'en faut qu'il ne fixe l'âge où ils jouissent de cet avantage. Voyez le *Dict. Encycloped.* au mot *Cerf.*

Next comes the episode in which the 'hero' of the work is shown

> sept coffres d'un pied de long sur un demi pied de large, & sur un pouce & demi d'épaisseur. Ils étoient revêtus d'un maroquin bleu, & ne paroissoient distingués l'un de l'autre que par les sept premieres lettres de l'alphabet, que l'on y voyoit formées par des lignes de petits clouds de diamant. Chaque coffre avoit sa lettre qui lui paroissoit servir d'étiquette.

These mysterious objects are, one is left to gather, the first seven volumes of the *Encyclopédie*, but neither this page nor the three which follow[2] can be said to contain any worthwhile criticism of the work. Finally there is an attack on the idea of the contract in political theory, the sources of which are given as Locke's *Civil Government*, Rousseau's *Discours sur l'inégalité*, and 'le mot, *Autorité, Dict. Encycloped.* premier vol. avant l'Arrêt du Conseil qui le supprime'.[3] Once again, the *Encyclopédie* proper, as distinct from the writings of the *Philosophes* in general, comes off practically unscathed.

A much more dangerous work, indeed a mine of unreliable quotations which other enemies of the *Encyclopédie* were to exploit for years to come, was the *CATÉCHISME ET DÉCISIONS DE CAS DE CONSCIENCE, A L'USAGE DES CACOUACS, AVEC UN DISCOURS DU PATRIARCHE DES CACOUACS, POUR LA RÉCEPTION D'UN NOUVEAU DISCIPLE* of Abbé GIRY DE SAINT-CYR (1694–1761), sous-précepteur du Dauphin and an Academician, who is said to have been the author of the anonymous *Avis utile* which first used the term *cacouac*.[4] An entry in D'Hémery's Journal for 25 January 1759—this despite the date '1758' on the title page—described the *Catéchisme* as being printed 'sans p[ermissio]n'.[5]

This slim volume is based on quotations from all manner of works of the time, including a considerable number from the *Encyclopédie*.

---

[1] p. 8.   [2] pp. 56–59.   [3] p. 65 n.

[4] See the Besterman edition of Voltaire's *Correspondence*, Appendix 94 (vol. xxxiii, p. 287).

[5] BN, Ms. fr. 22161, f. 4v.

The *Avant-propos* makes mild fun of the expression 'toutes les vérités éparses sur la terre' which is allegedly used at the beginning of the article *ENCYCLOPÉDIE.[1] Characteristically the quotation is inaccurate as Diderot wrote *connoissances* and not *vérités*. The patriarch's speech which, despite the order indicated on the title-page, precedes the 'catechism', is laced with quotations, many of them from the *Encyclopédie*. For instance, Jaucourt's article FOIX furnishes the following passage:

'. . . Plus récemment, la France pouvoit se glorifier d'avoir donné le jour à Bayle,' bien digne de nous devancer par son '*Dictionnaire historique*, premier Ouvrage de raisonnement en ce genre, où l'on puisse apprendre à penser.'[2]

It is interesting to see that both the *Philosophes* and their opponents interpreted Bayle's dictionary in a sense which is becoming unfashionable today. On the same page we find a snippet adapted from *BRAMINES: 'Les centres de ténébres commençoient à devenir plus rares & à se resserrer.'

The author's method of quoting which consists of working into his text sentences or parts of sentences from the *Encyclopédie* and other works, is hardly in conformity with the best traditions of scholarship. Take, for instance, the famous words in the article *ENCYCLOPÉDIE on the subject of cross-references:

. . . Ils donneront à une *Encyclopédie* le caractere que doit avoir un bon dictionnaire; ce caractere est de changer la façon commune de penser. L'ouvrage qui produira ce grand effet général, aura des défauts d'exécution, j'y consens; mais le plan & le fond en seront excellens. L'ouvrage qui n'opérera rien de pareil, sera mauvais.

These are boiled down to

[ce monument . . . le plus capable] de changer la façon commune de penser; caractère que doit avoir tout bon Ouvrage en ce genre, & sans lequel il sera mauvais & tombera dans l'oubli.[3]

This is fairly harmless, but D'Alembert was certainly entitled to protest when he was alleged to have declared in the *Discours préliminaire* that 'l'inégalité des conditions, est un droit barbare',[4] particularly as

[1] p. v.   [2] p. xi.   [3] p. xii.
[4] pp. xxi–xxii. What he had actually written (Vol. I, p. iii)—and the sentence needs in any case to be read in its context—was 'Un droit si légitime est donc bien-tôt enfreint par ce droit barbare d'inégalité, appellé loi du plus fort, dont l'usage semble nous confondre avec les animaux, & dont il est pourtant si difficile de ne pas abuser.'

later critics kept on trotting out this 'quotation'. Similarly Jaucourt in the article GOUVERNEMENT is made to say that

aucune sujétion naturelle dans laquelle les hommes sont nés à l'égard de leur père ou de leur Prince, n'a jamais été regardée comme un lien qui les oblige, sans leur propre consentement, à se soumettre à eux.[1]

This quotation, though almost textually accurate, is torn from its context. Jaucourt is here arguing, after Locke, against the view that since all men are born under a government, they are not free to set up a new government elsewhere:

Ce raisonnement est plus spécieux que solide. Jamais les hommes n'ont regardé aucune sujétion naturelle dans laquelle ils soient nés, à l'égard de leur pere ou de leur prince, comme un lien qui les oblige sans leur propre consentement à se soûmettre à eux. L'histoire sacrée & profane nous fournissent de fréquens exemples d'une multitude de gens qui se sont retirés de l'obéissance & de la jurisdiction sous laquelle ils étoient nés, de la famille & de la communauté dans laquelle ils avoient été nourris, pour établir ailleurs de nouvelles sociétés & de nouveaux *gouvernemens*.

For good measure, the author mixes in with his quotations from the *Encyclopédie* and other works of the *Philosophes* excerpts from La Mettrie's *Discours sur la vie heureuse*, reprinted at Potsdam in 1750[2] under the title of *Anti-Sénèque ou le souverain bien*. He takes no account of the fact that Diderot and other materialists consistently rejected La Mettrie's compromising ideas; what is more, other opponents of the *Encyclopédie* such as Palissot were later to attribute to it snippets from La Mettrie's work which they culled from the *Catéchisme des Cacouacs*.

The author continues his misquotations from the *Encyclopédie* with a reference to the 'Cyniques, ces indécens, mais très-vertueux Philosophes',[3] allegedly taken from *CYNIQUE. What Diderot actually wrote was 'cet indécent, mais très-vertueux Philosophe', applying the expression to Diogenes himself. Both D'Alembert and Diderot are quoted on the subject of their round-about methods of presenting their unorthodox ideas. From D'Alembert's *Éloge de Montesquieu* in Vol. V comes the quotation:

. . . Nous enveloppons des Vérités importantes, dont l'énoncé absolu &

---

[1] p. xxii.

[2] This is the work, as a note points out, to which Voltaire was referring in a letter of 6 November 1750 to Mme Denis. He states that La Mettrie 'vient de faire, sans le savoir, un mauvais livre imprimé à Potsdam, dans lequel il proscrit la vertu et les remords, fait l'éloge des vices, invite son lecteur à tous les désordres, le tout sans mauvaise intention' (Best. 3683).

[3] p. xxi.

direct pourroit blesser sans fruit. Par cet innocent artifice, elles ne sont pas perdues pour le Sage. Cette obscurité volontaire n'en est point une.[1]

After quoting from *ENCYCLOPÉDIE the alleged statement that the work 'malgré le désordre des matières, sera l'étonnement des siécles',[2] the author reproduces—this time with reasonable accuracy—Diderot's extremely bold remarks on the use made of cross-references in it.[3]

In the *Catéchisme* proper the same use is made of snippets from the *Encyclopédie* and other works. Among the more significant quotations, there is, for instance, one from Deleyre's article FANATISME:

D. L'impiété n'a-t-elle pas causé & ne cause-t-elle pas encore, de grands maux dans le monde; & l'intérêt public ne demande-t-il pas qu'on en empêche les progrès?

R. 'Le fanatisme a fait beaucoup plus de mal au monde que l'impiété. . . . Tous ceux qui s'occupent à détruire le fanatisme, de quelque nom odieux qu'on les appelle, sont les vrais citoyens qui travaillent pour les intérêts du Prince & la tranquillité du Peuple. L'esprit philosophique est le grand pacificateur des Etats.'[4]

The article *ANIMAL as well as *De l'Esprit* is called in to answer the question 'Le Sentiment est-il une propriété commune à tous les corps?' with this passage:

Les grands Philosophes de notre siécle enseignent même que 'le vivant & l'animé' ne constituent pas une classe distinguée, ou comme on s'exprime en philosophie, 'ne sont pas un degré métaphysique des Etres, mais une propriété physique de la matière'.[5]

A good example of how, given the author's methods of presentation, he succeeds in mixing up the ideas of the *Encyclopédie* with those of other more outspoken works is furnished by the treatment meted out to Quesnay's ÉVIDENCE and Turgot's EXISTENCE in the following passage:

D. Si le Sentiment est une propriété de la matière, la pensée n'en sera-t-elle pas aussi un attribut?

---

[1] p. xxxvi.

[2] p. xxxvii. The quotation is very inaccurate. See *Encyclopédie*, Vol. V, f. 637 (the paragraph beginning 'Cependant les connoissances ne deviennent . . .'): 'Lorsque ce point est atteint, les monuments qui restent de ce progrès, sont à jamais l'étonnement de l'espece entiere.'

[3] pp. xxxvii–xxxviii.   [4] pp. 6–7.

[5] p. 22. Both *ANIMAL (*Encyclopédie*, Vol. I, p. 474a) and Buffon (*Histoire naturelle*, vol. ii, Paris, 1749, p. 17) from whom the quotation ultimately derives have 'au lieu d'être un degré métaphysique des ètres, est . . .'.

R. Oui sans doute; car 'Penser est une manière de Sentir (*a*). Le discerne-
ment s'exécute par les sensations mêmes (*b*). Juger n'est jamais que sentir
(*c*). Ce qu'on appelle *Conséquence* dans une suite de jugemens, n'est que
l'accord des sensations (*d*). C'est le véritable point où nous devons nous
placer pour suivre la génération de toutes nos idées (*e*)'.

> (*a*) Discours sur la Vie heureuse, p. 77.
> (*b*) Encycl. au mot *Evidence*, T.6, p. 148.
> (*c*) De l'Esprit, p. 3.
> (*d*) Encycl. au mot *Evidence*, T.6, p. 148.
> (*e*) Ibid. au mot *Existence*, T.6, p. 262.[1]

There is rather more justification for the following passage in the
section entitled 'De l'Homme comparé aux Animaux':

D. Quelle raison avez-vous pour confondre des Etres d'un ordre si différent?

R. 'C'est qu'il n'y a point de sauts dans la Nature (*c*). Elle descend, par degrés
& par nuances, d'un animal qui nous paroît le plus parfait à celui qui l'est
le moins, & de celui-ci au végétal (*d*).'

> (*c*) De l'esprit, p. 478.
> (*d*) Encycl. au mot *Animal*, T.1, p. 472.[2]

After several snippets from the article ÉVIDENCE comes, in the same
section, what is allegedly another quotation from *ANIMAL, but is in
practice one from Yvon's AME DES BETES:

> Il est vrai que les Bêtes ne parlent pas; & cette disparité entre les Bêtes
> & l'Homme, vous servira, tout au plus à prouver qu'elles n'ont point, comme
> lui, les idées universelles, & qu'elles ne forment point, comme lui, des
> raisonnemens abstraits.[3]

The point of this section of the *Catéchisme* is summed up in the last
question in it: 'Elever ainsi les Animaux, n'est-ce pas trop humilier
l'Homme?'[4]

When the author turns to political questions, he makes some play
with quotations from the article AUTORITÉ POLITIQUE;[5] but Jaucourt's
GOUVERNEMENT also comes under fire. A passage from the article which
the worthy Chevalier took straight from Locke[6] is treated as almost
treasonable:

D. N'est-ce pas un devoir indispensable de demeurer soumis au Gouvernement sous lequel nous sommes nés?

[1] pp. 22–23.
[2] p. 28. The quotation comes from Buffon, *Histoire naturelle*, vol. ii, p. 8.
[3] pp. 37–38.   [4] p. 40.   [5] See Chap. VII, pp. 452–4.
[6] *Two Treatises of Government*, Book II, § 114–21.

R. 'Quelques Ecrivains politiques prétendent que tous les hommes, étant nés sous un Gouvernement, n'ont point la liberté d'en instituer un nouveau. *Chacun, disent-ils, nait sujet de son pere ou de son Prince; & par conséquent chacun est dans une perpétuelle obligation de sujétion ou de fidelité.* Ce raisonnement est plus spécieux que solide. Car il est clair qu'un enfant ne nait sujet d'aucun païs ni d'aucun Gouvernement. . . . A l'âge de Raison il est Homme libre; il est maître de choisir le Gouvernement sous lequel il trouve bon de vivre, & de s'unir au Corps politique qui lui plaît davantage.'

D. Si vous rompez ainsi les liens naturels qui nous attachent au Prince & à la Patrie, quel principe pourra nous assujettir à la Puissance publique & aux Loix du Gouvernement?

R. 'Rien n'est capable de soumettre un homme à aucun pouvoir sur la terre, que son seul consentement. . . . Le consentement exprès le rend sans contredit membre de la Société qu'il adopte; le consentement tacite le lie aux Loix du Gouvernement dans lequel il jouit de quelque possession. Mais, si son obligation commence avec ses possessions, elle finit avec leur jouissance.'

D. Quoi! ceux qui ne possédent rien dans l'Etat, & qui ne vivent que de leur travail ou de leur industrie, ne doivent rien à la Patrie & au Souverain? Quelle foule de citoyens vous retranchez de la Société politique!

R. Les Hommes 'ne sont nés (comme je l'ai dit) sujets d'aucun Gouvernement'; & ils ne sont liés à l'Etat 'ni par un consentement exprès' qu'ils n'ont point donné 'ni par un consentement tacite' n'ayant aucune possession. 'Ils sont donc maîtres de s'incorporer à une autre communauté, & d'en ériger une nouvelle *in vacuis locis.*'[1]

Surely far more is being read into Jaucourt's text than it will bear. All he is arguing here—after Locke—is that men have the right to set up a new society in another place.

The chapter contains another attack on the same article:

D. Un Gouvernement légitimement établi peut-il cesser d'être légitime? Et dans quel cas?

R. 'Les Gouvernemens, de quelque espéce qu'ils soient, sont légitimes aussi longtems que, par l'intention du Souverain, ils tendent au bonheur des peuples. Mais les Gouvernemens peuvent se dissoudre quand les Puissances législative ou exécutrice agissent par la force, au de-là de l'autorité qui leur a été commise, & d'une manière opposée à la confiance qu'on a prise en elles.'[2]

This is, for once, a juxtaposition of two accurate, if abridged quotations.

---

[1] pp. 49–51. [2] pp. 52–53.

When we come to the section entitled 'De la liberté de penser & d'écrire' we find the article *AIUS-LOCUTIUS singled out once more for attack because of its plea for complete freedom for those who write in one of the learned tongues.[1] In the section 'Du Bonheur' a couple of sentences from Yvon's article BIEN are dragged in:

D. Qu'entendez-vous par le mot de *Bien?*

R. 'On peut donner le nom de *Bien* à toutes les choses qui par l'ordre établi par l'auteur de la Nature, sont les canaux par lesquels il fait, pour ainsi dire, couler les plaisirs jusqu'à l'ame. Plus les plaisirs qu'elles nous procurent, sont vifs, solides & durables, plus elles participent à la qualité de *Bien*.'[2]

The article ÉVIDENCE is again brought under contribution in the section 'Du libre arbitre'.[3]

We come now to the last part of the book—'Décisions de cas de conscience sur divers points de morale'—where the ethical teachings of the *Philosophes* in general and of the *Encyclopédie* among other works are assailed. Jaucourt's articles GOUVERNEMENT and ENFANT (*Droit nat. Morale*) are pressed into service to answer the question as to whether a son remains subject to paternal authority after attaining the age of reason. GOUVERNEMENT is made to supply the first part of the answer:

Il est clair que les enfans demeurent sous la tutelle & l'autorité de leurs pères, jusqu'à ce qu'ils soient parvenus à l'âge de Raison: à cet âge, ils sont hommes libres.[4]

By cutting off the quotation at this point the author gives the passage a moral and not a political meaning, for Jaucourt continues, following Locke, 'il est maître de choisir le *gouvernement* sous lequel il trouve bon de vivre & de s'unir au corps politique qui lui plaît davantage'. To this snippet are tacked on two sentences from ENFANT:

L'âge qui améne la Raison, les met hors du pouvoir paternel, & les rend maîtres d'eux-mêmes; en sorte qu'ils sont aussi égaux à leurs pères & à leurs mères, par rapport à l'état de liberté, qu'un Pupille devient égal à son Tuteur, après le tems de la minorité réglée par les Loix. Car ce n'est que par une suite de l'état de foiblesse & d'ignorance où naissent les enfans, qu'ils se trouvent naturellement assujettis à leurs pères & mères.[5]

The views of the *Encyclopédie* on marriage are also presented in an unfavourable light. The same article ENFANT supplies the answer to the question whether a son may marry without his father's permission:

[1] p. 60.   [2] pp. 75–76.   [3] p. 82.   [4] p. 87.   [5] pp. 87–88.

L'obligation d'être soumis aux parens, n'est que pour le tems 'où les enfans sont dans l'état d'ignorance & d'yvresse. Mais, quand les enfans ont atteint l'âge où se trouve la maturité de la Raison, ils peuvent disposer de leurs personnes, dans l'acte où la liberté est le plus nécessaire, c'est-à-dire dans le mariage; car on ne peut aimer par le cœur d'autrui. En un mot, le pouvoir paternel consiste à élever & gouverner ses enfans, pendant qu'ils ne sont pas en état de se gouverner eux-mêmes, mais il ne s'étend pas plus loin dans le droit de Nature'.[1]

Finally a passage from D'Alembert's *Éloge de Dumarsais*, in which he raises the dreadful subject of divorce, is pilloried:

Il est vrai que, suivant nos Loix, le Mariage est indissoluble. Mais un de nos Sages 'regrette [dans un Ecrit de sa main, trouvé parmi ses papiers après sa mort] que notre Religion, si attentive aux besoins de l'Humanité, n'ait pas permis le divorce'.[2]

And there the author leaves the *Encyclopédie* though he continues for a few more pages with the usual stream of quotations from all manner of dangerous books: Toussaint's *Les Mœurs*, *L'Esprit des Lois*, the *Lettres persanes*, the *Discours sur l'inégalité* and, of course, *De l'Esprit*.

No doubt the *Catéchisme des Cacouacs* derived considerable polemical force from its very method of presentation—taking all manner of snippets from the *Discours préliminaire* and from selected articles from the *Encyclopédie*, and mingling these passages, not always accurately quoted and inevitably torn from their context, with similar extracts from the writings of all manner of contemporaries including such black sheep as La Mettrie and Helvétius. The pamphlet aroused the fury of the *Philosophes*; it was to furnish several of their enemies with a good deal of ready-made ammunition and to save them the trouble of looking for suitable quotations in seven large and heavy folio volumes. On the other hand, for the modern student of the work it is relatively disappointing; its very effectiveness as a polemical work prevents it from providing a really detailed and acute analysis of the articles in the *Encyclopédie* to which the author took exception.

Leaving the Cacouacs and returning to strict chronological order— i.e. to the year 1758—one has for a change to record two works defending the *Encyclopédie*—a pamphlet, *L'ALÉTHOPHILE OU L'AMI DE LA VÉRITÉ*, attributed to the young LA HARPE, and (of all improbable things) a poem by Billardon de Sauvigny 'sur la cabale anti-ancyclopédique'. If the attribution of the pamphlet to La Harpe is correct, he was to travel a long way by the time, several decades later, when he denounced the *Encyclopédie* in his *Lycée* as 'ce monument, élevé contre le ciel à la *philosophie*'.[1]

In *L'Aléthophile* La Harpe attacks Fréron, Palissot's *Petites lettres*, and Moreau's *Nouveau Mémoire pour servir à l'histoire des Cacouacs*. He seizes on Fréron's rebuke to Palissot for attacking Voltaire:

> Mais dès qu'on attaque en général les Auteurs de l'Encyclopédie & leurs principes, d'où vient cette distinction maligne & injuste? N'est-ce pas là ce qu'on appelle la partialité la plus marquée, l'animosité la plus aveugle? Quoi! Parce que M. Diderot est d'un mérite moins universel & moins élevé que M. de Voltaire, il sera plus permis d'exercer sur lui l'art affreux de la méchanceté, que sur l'Auteur de la Henriade! Quel mépris ne doit-on pas avoir pour un Critique, qui donne dans de si grands travers, & qui ne craint pas d'exposer aux yeux du public, toute l'injustice de ses sentimens? M. de V. est sur le trône de la Littérature, il est vrai. Mais M. D. est un Philosophe profond, un homme dont le jugement est aussi droit que les connoissances étendues, un Ecrivain qui pense & qui s'exprime avec une force égale; enfin un Auteur qui fait honneur à notre siécle, & qui entr'autres avantages qu'il a de commun avec M. de V. a celui d'avoir toujours été en butte à la haine de cette foule méprisable d'obtrectateurs.[2]

The passage is rounded off with a pointed question: 'Et depuis quand M. Freron est-il devenu si grand admirateur de M. de V.?'[3] La Harpe maintains, quite correctly as we have seen, that in Palissot's *Petites Lettres*

> on ne voit aucun objet fixe, sur lequel tombe la censure. Ce n'est pas sur l'Encyclopédie elle-même, á peine en a-t-on [*sic*] deux articles. Ce ne sont par tout que des reproches vagues, des plaisanteries, des injures. Qu'est-ce que tout cela fait voir. Que tout le crime des Encyclopédistes, est de s'être rendus utiles au Public, & d'avoir mérité d'en être considérés.[4]

In the nature of things this counter-attack against the enemies of the *Encyclopédie* generates more heat than light and does not really tell us anything of note about the reactions of the public of the time to the work.

BILLARDON DE SAUVIGNY's *POËME SUR LA CABALE ANTI-ANCYCLOPÉDIQUE, AU SUJET DU DESSEIN QU' ONT EU LES ENCYCLOPÉDISTES DE DISCONTINUER*

---

[1] *Lycée ou Cours de Littérature ancienne et moderne*, Paris, 1834, 2 vols., vol. ii, p. 792 (Section IV of this volume is devoted to a denunciation of the *Encyclopédie*).

[2] A word unknown even to Littré (Latin, *obtrectator* = 'detractor').

[3] pp. 12–13.   [4] p. 23.

LEURS TRAVAUX was published in 1758 together with a longer work, *La Religion révelée en réponse à celui de la Religion naturelle*. These were early works of a young lieutenant in the guards of King Stanislas who was soon to embark on a prolific career as a writer. After praise of D'Alembert comes a curious eulogy of Diderot:

> Et toi* qu'à ce mortel un panchant secret lie;
> Philosophe hardi, dont le bouillant génie
> Répand sur ce qu'il touche un souffle créateur,
> Et semble à chaque objet vouloir donner un cœur;
> Toi qui cherchant le vrai dans une source pure,
> Marches d'un pas timide en suivant la nature,
> Et voyant son flambeau s'éteindre devant toi,
> Fais courber ta raison sous le joug de la foi,
> A la face du ciel, un dévot implacable
> Te peint, par charité, sous les traits d'un coupable.

*Mr. Diderot. On a jugé à propos, dans la suite, de faire deux syllabes de son nom pour l'harmonie du vers.

Ce Philosophe, après les plus grandes réflexions, convient que sans la foi, il se seroit égaré.[1]

These lines and in particular the note hardly seem to correspond with our image of Diderot! The terms in which the author urges that the work be continued are equally naïve. The contributors (or a very odd selection of them) are exhorted to unite their efforts to awaken the sleeping Frenchman:

> Marmontel & Jaucourt, redoublez vos efforts;
> Que Voltaire & Rousseau redoublent leurs transports.
> Armé du paradoxe, animé par sa lyre,
> L'un pourra l'éveiller, l'autre doit le séduire.[2]

The poem is more interesting as a curiosity than as providing solid information about contemporary reactions to the *Encyclopédie*.

The most substantial work to be examined in this chapter began to appear in November 1758. On the second of that month D'Hémery noted in his Journal[3] the publication, 'avec p[ermissio]n tacite', of the

[1] p. 52.

[2] pp. 61–62.

[3] BN, Ms. fr. 22160, f. 113r. Another D'Hémery manuscript with the title 'Historique des auteurs en 1752' (BN, Nouv. acq. fr. 1078) has the following entry, dated 1 January 1760, under the headings of 'Noms — Age — Pays — Signalement — Demeure — Histoire': '*Chaumeix*, Abraham Joseph de — 35 ans — d'Orleans — Petit de taille et de figure — Rue des Marmousets — Il est auteur des Préjuges legitimes contre l'Encyclopedie; de l'Examen

first two volumes of ABRAHAM JOSEPH DE CHAUMEIX's *PRÉJUGÉS LÉGITIMES CONTRE L'ENCYCLOPÉDIE, ET ESSAI DE RÉFUTATION DE CE DICTIONNAIRE.* In practice, despite the title of the work, it is only in the first two of its eight volumes that one finds a detailed examination and refutation of the *Encyclopédie*, as the remainder is given up to an attack on Helvétius and Locke and to a defence of religion.

A detailed study of the first two volumes is not quite as rewarding as one might hope. Like Hayer's *La Religion vengée*,[1] the *Préjugés légitimes* is inevitably limited to that part of the *Encyclopédie* which was available by the late 1750s—i.e. the first seven volumes. Moreover, unlike Hayer who was often a shrewd critic of the *Encyclopédie*, Chaumeix frequently gives the impression of lashing out blindly at anything which caught his attention without having the ability to see the wood for the trees in the 7,000 or so folio pages which he was supposed to be refuting. Quite a number of his criticisms are palpably unfounded, since he has a tendency to see subversive intentions where none probably existed, and to miss both sly digs and more daring unorthodoxies where they were certainly intended.

Even so, since he devoted well over 500 pages to a detailed analysis of the first seven volumes of the *Encyclopédie*, the *Préjugés légitimes* is worth careful study. It contains some revealing remarks which cast light both on the outlook of the opponents of the *Encyclopédie* and on the place of the work in the context of its age.

The half-title of the very first volume, which contains the words 'avec un examen critique du livre *De l'Esprit*', proclaims at once that the *Préjugés légitimes* was not to be concerned with refuting only the

---

critique du livre de l'Esprit; des Reflexions critiques sur un article du Journal Encyclopédique et d'une reponse a deux articles du Mercure et du Journal Encyclopedique.

'Il est fils d'un homme a ce qu'il dit qui etoit dans le genie, petitfils d'un m^{re} d'une très petite ville d'Auvergne et arriere petit fils d'un Notaire de Lyon.

'Il a beaucoup d'esprit scait parfaitement le latin, sans avoir fait aucune etude. Etant a Orleans il a elevé plusieurs jeunes gens parens a l'Epoque de M. de S^t. Vincent Con^{er} au Parlement. Cepend^t il a si mal fait ses affaires qu'il a été obligé de s'en aller d'Orleans sans payer ses dettes et de venir a Paris ou il a d'abord été precepteur chez Viard m^e de pension rue de Seine près la pitié; Cette pension ayant tombée [sic], Chaumeix s'est retiré dans de la croix d'or rue de la tissanderie ou il s'etoit amouraché de la servante a qui il avoit fait une promesse de mariage avec un dedit de 3000^{ll}. Ayant manqué de parole à cette fille, pour l'appaiser et retirer sa promesse, Herissant lib^{re} parvis Notre Dame luy a donné au nom de Chaumeix la somme de 300^{ll}. Chaumeix a depuis c'est a dire il y a environ six mois la servante de la femme du S. Alain m^e de pension rue du Cheval vert de laquelle il n'a rien eu et qui est une diablesse qui ne vaut rien' (f. 90).

[1] See Chap. VI, pp. 390–7.

Encyclopédie. An *Avertissement de l'Editeur* maintains that, of course, Chaumeix's intention in examining Helvétius's work was not to 'mettre sur le compte des Encyclopédistes toutes les horreurs du livre *de l'Esprit*'. This is somewhat hypocritical, since it is followed by the assertion that he will show how 'le Livre *de l'Esprit* partant de la Métaphysique & de la Morale Encyclopédiques a démontré que toutes ses assertions n'en étoient que des développemens. . . .'[1] This was soon to be a well-worn track for the enemies of the *Encyclopédie* and for the Parlement itself.

Chaumeix's preface states correctly that although the *Encyclopédie* has now reached seven volumes, so far nobody has attacked the work seriously, at least at any length. Yet, in view of its success, it ought, he declares, to have been refuted earlier: 'Combien de personnes se gâtent l'esprit, & puisent les principes d'erreur dans ce Dictionnaire!'[2] Some parts of the *Encyclopédie*, he maintains, are more dangerous than others; he has therefore left out of account the articles dealing with grammar, mathematics, science, and technology and concentrated on metaphysics, ethics, and religion. For the technological articles he has nothing but contempt:

> Je ne me suis pas mis en peine de m'informer, si M. Diderot avoit fait une description exacte du *Métier à faire des bas*, & des différentes manières de *tailler une chemise*: mais je me suis arrêté à considérer quelle idée l'Encyclopédie me donnoit de l'homme, de sa nature, de sa fin, de ses devoirs & de son bonheur.
>
> Je me suis proposé d'examiner, avec attention, quel respect les Encyclopédistes avoient pour Jésus-Christ, pour l'Ecriture Sainte, pour la Religion; & j'ai négligé de les suivre dans le détail qu'ils nous font des différentes espèces de *cheveux*, & de la manière de les friser, &c. &c. &c.[3]

Beneath the sarcasm we feel the author's hostility to the very notion of a *Dictionnaire des sciences et des arts* with its inevitable stress on the material world and on economic progress.

The first book of the *Préjugés légitimes* opens with a list of ten criticisms of the *Encyclopédie*. Most of these are technical; they concern such points as the disadvantages of employing a large number of contributors and of using alphabetical order, the superficial treatment of important subjects, and the presence of too many useless articles. Only the last four criticisms concern the ideas set forth by the editors and the other contributors. Chaumeix maintains:

[1] pp. iv–v.   [2] p. xvii.   [3] pp. xxvii–xxviii.

7°. Qu'ils ont abusé, en plusieurs manières, des renvois qu'ils ont mis aux divers articles de ce Dictionnaire.

8°. Que l'Encyclopédie est une collection d'objections contre les vérités les plus importantes, & que les Auteurs se sont dispensés de répondre à la plûpart de ces objections.

9°. Que la manière dont les Encyclopédistes écrivent, le choix des Auteurs dont ils font l'éloge, & de ceux qu'ils prennent pour garans, suffisent pour prévenir contre leur Ouvrage.

10°. Que la manière dont ils répondent à leurs Censeurs, & celle avec laquelle ils tâchent de prévenir la critique de leur Ouvrage, sont contre eux un violent préjugé.[1]

On the subject of cross-references Chaumeix quotes the well-known passages from *ENCYCLOPÉDIE, including the famous phrase, 'changer la façon commune de penser'. This leads him to the conclusion that the *Encyclopédie* should really be called 'un Dictionnaire fait avec adresse, pour changer la façon de penser des François sur la religion'.[2] In illustrating the destructive use of cross-references Chaumeix takes as his starting point the article *ÉTHIOPIENS which insinuates, he maintains, that the people in question were atheists.[3] The reader of the article is referred to the article DIEU ('tiré des papiers de M. Formey') where, as Chaumeix puts it, 'ils ont dit ce qu'ils ne pouvoient s'empêcher de dire, sans faire crier contr'eux les Lecteurs'. But the effect of this edifying article is undone by others to which the reader is sent. The first section of DIEU, dealing with the metaphysical proofs of the existence of God, refers to D'Alembert's DÉMONSTRATION where one reads the following:

Les Philosophes & même les Théologiens sont partagés sur ces démonstrations (il s'agit de celles que la Métaphysique nous fournit de l'existence de Dieu), & quelques-uns mêmes les rejettent. Toutes ces démonstrations, disent-ils, supposent l'idée de l'infini qui n'est pas fort claire.... Au fond les preuves sensibles en ce genre sont les meilleures. Aux yeux du peuple, & même du Philosophe, un insecte prouve plus un Dieu que tous les raisonnemens métaphysiques.

What is the result of this cross-reference according to Chaumeix?

Voilà donc d'abord les preuves métaphysiques de l'existence de Dieu renversées, & tout ce qu'on a dit dans l'article *Dieu* d'après ces preuves, regardé comme nul.

The section of DIEU dealing with the physical proofs of the existence of

[1] Vol. i, p. 5.   [2] Vol. i, p. 56.   [3] Vol. i, pp. 56–63.

God refers the reader to D'Alembert's CORRUPTION; the conclusion one arrives at by following up this reference is summed up by Chaumeix in the following terms:

> Ils nous suffit ici que ces Auteurs ayent dit, que les preuves de Métaphysique ne prouvoient pas tant qu'un insecte l'existence de Dieu, & qu'ils ayent dit ensuite que cet insecte ne prouve rien.

Finally the reader of the section on moral proofs in the article DIEU is referred to the article ATHÉISME: 'On y prouve, disent-ils, qu'il n'y a jamais eu de nation Athée.' On this Chaumeix comments:

> J'ai cependant bien peur que ceux qui nous donnent les Éthiopiens pour un peuple d'Athées, ne se mettent pas fort en peine de prouver qu'il n'y a jamais eu de nation Athée. . . . Nous ne devons pas être surpris, si au lieu de ces preuves nous trouvons au contraire pour toute réponse à la question, s'il y a eu des peuples Athées, ces paroles: 'Attendons à en être mieux informés que par les relations de quelques voyageurs'.[1]

It is, of course, extremely doubtful whether these cross-references were carefully planned; the contradictions arose out of the strange mingling of more or less orthodox articles with those of varying degrees of unorthodoxy.

Chaumeix next attacks the manner in which the *Encyclopédie* parades objections to orthodox religious doctrines without even attempting to answer them. The first examples which he gives come from *ASCHA-RIOUNS. He sees through Diderot's comments on Mohammedanism to the underlying attack on Christian dogmas:

> M. Diderot ignore apparemment que ce qu'il attaque ici sous le nom de l'Alcoran & des Aschariens, sont des dogmes Catholiques; & ainsi ce que je lui reproche, n'est peut-être qu'un défaut de lumière. Je serois tenté de le croire, s'il n'étoit trop visible que cet article *Aschariens* n'est mis là que blasphèmer [*sic*] ce qu'il ignore.[2]

The article *CHINOIS is also criticized from this point of view:

> Au mot *Chinois*, on rapporte d'après le Père le Comte (quel garant!) des objections que cet Auteur censuré par la Sorbonne met dans la bouche de l'Empereur de la Chine. . . . Ce que nous pouvons très-bien voir, c'est que M. Diderot ne perd aucune occasion de faire des difficultés & des railleries contre la Théologie dogmatique.[3]

---

[1] Actually this quotation comes not from ATHÉISME, but from ATHÉES, which is by Yvon.
[2] Vol. i, pp. 79–80.
[3] Vol. i, pp. 86–87.

Skipping a passage on the arrogance attributed to both editors and contributors, we come to an interesting section on the authors whom they praise:

Ce n'est pas seulement Voltaire qui trouve dans l'Encyclopédie des témoignages d'admiration de la part de ces Ecrivains: tous ceux contre lesquels les Auteurs Chrétiens se sont élevés avec le plus de force, y reçoivent un égal tribut de louanges. Locke, par éxemple, leur paroît le créateur de la Métaphysique; B***,[1] De Prades, &c. &c. sont loués sur les points même sur lesquels ils ont été repris.[2]

The authorities on whom the *Encyclopédie* relies call down the thunders of Chaumeix:

On ne leur passera pas . . . d'avoir, dans les matières importantes de la Métaphysique, choisi pour garans & pour maîtres, ceux qui non-seulement sont suspects; mais même convaincus d'ignorance & d'impiété. Toute leur métaphysique n'est-elle pas un résultat des opinions de Locke, de M. de Candillac [*sic*], de l'Abbé de Prades? L'Abbé Yvon leur Métaphysicien n'est-il pas le compagnon de travail de ce dernier?

The alleged impious aims of the contributors lead him into the wildest accusations:

C'est pour réussir dans ce dessein, qu'ils appellent à leur secours les Voltaire, les Locke, & tous ceux qui favorisent ou qui enseignent même ouvertement, le Matérialisme. Que l'on me montre dans l'Encyclopédie autre chose que les opinions de ces nouveaux Auteurs![3]

In their articles on ethical subjects they make no use of the true guides, Nicole and Pascal. In general, they ignore all the great men of previous centuries. Here Chaumeix takes up a well-known passage from the article *ENCYCLOPÉDIE;

Devons-nous ensuite être surpris du jugement qu'ils portent des grands hommes qui les ont précédés, & de ceux qui vivent encore dans le siècle où ils écrivent? Quand ils nous assurent que tout le siècle de Louis XIV n'auroit pu donner un seul homme, à l'exception de Perault, Terrasson & Bouindin [*sic*], en état d'écrire une seule page de leur Encyclopédie; ne nous font-ils pas entendre par-là, que leur but est de contredire tous les principes que les grands hommes de ce siècle ont établis? que leurs principes leur sont particuliers; qu'ils prétendent *changer la façon de penser* que ces grands Génies ont introduite, par les lumières qu'ils ont répandues dans le monde; que leur Encyclopédie est composée pour répandre de plus en plus *l'esprit de doute*; & enfin que leur Livre n'est qu'un Ouvrage de destruction?[4]

---

[1] Presumably Buffon.   [2] Vol. i, pp. 99–100.
[3] Vol. i, p. 101.   [4] Vol. i, p. 103.

Finally, after dealing with the *Encyclopédie*'s attitude to its critics, Chaumeix passes on to his exposition of the basic principles of the work, dealing first with its contradictions. These, he alleges, have two causes; they may be due to the fact that the contributors work in isolation, but the gross contradictions to be found inside individual articles are a matter of deliberate policy on the part of the editors:

C'est que leur dessein encore une fois n'est pas d'établir des principes, c'est au contraire de les renverser tous, & de réduire les hommes à un Pyrrhonisme universel. Plus un article renferme de contradictions, plus il leur paroîtra utile & nécessaire.[1]

As might be expected, Chaumeix has no difficulty in accumulating a large number of examples of contradictions in the first seven volumes of the *Encyclopédie*, but he can scarcely be said to prove that this was a matter of deliberate policy.

The section entitled 'Erreurs des Encyclopédistes sur les points les plus importants de la Métaphysique & de la Morale' is not much more convincing. After attacking what he calls 'les erreurs de Locke', Chaumeix goes on to accuse the *Encyclopédie* of carrying this philosopher's views to materialistic conclusions:

. . . Pourquoi trouve-ton dans son Livre tant d'atteintes données à la spiritualité de l'ame? N'auroit-il pas aussi démontré qu'elle n'est que matière? Non, il l'auroit bien voulu: mais sa puissance créatrice n'est pas allée jusque-là. Il étoit réservé à ses Disciples les Encyclopédistes de travailler à cette nouvelle *création*.[2]

Chaumeix's indictment of the materialism of the *Encyclopédie* is summed up in the following words:

Je reproche aux Encyclopédistes, qu'ils sont Matérialistes. Or c'est un principe fondamental chez cette sorte de Philosophes, que les animaux sont peu différens de l'homme. Nos Auteurs doivent donc suivre cette opinion. C'est ce que nous verrons dans l'Article II.

Mais si les animaux sont essentiellement différens des autres êtres; c'est-à-dire, si les bêtes ainsi que l'homme, ont un principe de connoissance, qui ne soit pas dans les végétaux, ni dans les mineraux; ces Auteurs n'auront pas avancé de beaucoup. Leur dessein est de nier l'éxistence d'une substance spirituelle, tant dans l'homme, que dans les animaux. Comment doivent-ils donc faire pour en venir à ce point? C'est d'admettre le principe de la pensée dans tous les êtres en général, en soûtenant qu'il n'y a entr'eux d'autre différence, que celle du plus ou du moins; que la faculté de penser réside en quelque

---

[1] Vol. i, p. 103.　　[2] Vol. i, p. 178.

degré dans tous les êtres. C'est aussi ce que les Encyclopédistes soûtiennent, comme nous le prouverons dans l'Article III.

Il se trouve néanmoins encore une grande difficulté, c'est de savoir si cette faculté de penser, répandue dans tous les êtres, quoiqu'en degré différent, est une propriété de la matière, ou une substance distinguée des êtres matériels dans lesquels on l'admet. Il faut absolument, pour être bon Matérialiste, prétendre que cette faculté n'est qu'une propriété de la matière. Nous verrons dans le IV. Article, que les Encyclopédistes l'enseignent aussi.

Comment répondre à toutes les difficultés que l'on forge contre ce systême, en montrant qu'il est impossible que la matière juge, raisonne, se détermine; enfin qu'elle fasse toutes les opérations intellectuelles & volontaires? Les Matérialistes répondent que toutes ces opérations ne sont que des sensations, que les sensations ne sont que le mouvement des organes; & pour la liberté, ils prennent le parti de la nier. C'est aussi ce que font les Encyclopédistes, comme il sera démontré dans le V. Article.[1]

It cannot be said that this programme is carried out altogether satisfactorily. In support of his thesis Chaumeix quotes extracts, not only from *ANIMAL, but also from CAUSE (D'Alembert), AME DES BETES (Yvon), ÉVIDENCE (Quesnay), EXISTENCE (Turgot), and FORTUIT (D'Alembert); could it seriously be maintained that, apart from Diderot, any of these contributors was a materialist? Chaumeix was no doubt quite correct to fasten on *ANIMAL and to extract from it some highly unorthodox statements;[2] but to use articles by D'Alembert, Quesnay, Turgot, and Yvon to prove that the *Encyclopédie* preached materialism was not very convincing.

Chaumeix opens the second volume of his *Préjugés légitimes* with an examination of the moral teachings of the *Encyclopédie*. Obviously its secular attitude to ethical problems is anathema to him. Characteristically he begins by quarrelling with the final sentence of the short article, *FIN (*Morale*): 'Pressez[3] un homme de motif en motif; & vous trouverez que son bonheur particulier est toujours la fin derniere de toutes ses actions réfléchies.' His comments are what we might expect:

Ces Auteurs ne nous en disent pas davantage. Ils ne se sont pas souvenus apparemment que c'étoit ici le lieu de s'étendre sur la fin que tout Chrétien doit se proposer dans ses actions: ils ont oublié de parler de la fin dernière.[4]

Chaumeix declares that he had sought in vain in Voltaire's article FÉLICITÉ for any hint of the fact that 'le souverain bien de l'homme est la félicité dont il jouira dans l'autre vie'[5] and that, so far as BIEN is concerned,

---

[1] Vol. i, pp. 200–2.   [2] Vol. i, pp. 203–25.   [3] Chaumeix gives 'Poussez . . .'.
[4] Vol. ii, p. 3.   [5] Vol. ii, p. 3.

il est aisé de voir que . . . le Chrétien qui veut connoître en quoi consiste son souverain bien, ne doit pas l'aller chercher dans cet article; puisqu'il n'y trouveroit qu'un alliage bisarre d'Epicure & d'Epictete, au lieu d'y trouver l'Evangile. M. l'Abbé Yvon l'a mis à part dans cet article, ainsi que dans tous les autres de sa façon.[1]

After a swipe at Abbé Pestré's BONHEUR, he passes on to the passage in the *Discours préliminaire* in which D'Alembert declares that philosophers 'auroient mieux connu notre nature, s'ils s'étoient contentés de borner à l'exemption de la douleur le souverain bien de la vie présente'.[2] This pessimistic view arouses Chaumeix's indignation:

Nos Auteurs ignorent-ils que le bonheur de la vie présente ne peut être un autre que celui de la vie future; que l'homme n'a pas deux fins différentes, quoiqu'il soit fait pour passer dans deux différens états de vie; que dans le premier il doit mériter, & être récompensé dans le second; désirer dans la vie présente, & jouir dans la vie future; chercher son souverain bonheur pendant sa vie mortelle, & le posseder dans la vie éternelle? . . . L'homme sans révélation est un mystère impénétrable à nos lumières. Pourquoi donc chercher dans ses propres imaginations, pour traiter du bonheur de l'homme, & contredire la Révélation?[3]

He returns now to BONHEUR, which comes in for violent denunciation:

Vous nous dites donc que le sentiment d'Epicure est le vôtre; & vous avez l'audace impie de prétendre que c'est aussi celle [*sic*] de Jésus-Christ. Avez-vous lu l'Evangile? Il n'est point de Chrétien qui ne frémisse à ce blasphême.[4]

It is clear that the moral outlook of the contributors to the *Encyclopédie*—even that of the Abbés amongst them—was far removed from orthodox Catholic teaching.

Chaumeix now turns to the views of the *Encyclopédie* on the origins of society and natural law. For him the origin of society holds no mysteries:

. . . Dieu a créé l'homme, & lui a donné une compagne semblable à lui. Ce premier homme instruit par Dieu même a imposé à ses descendans l'obligation d'habiter avec leurs femmes, & telle est l'origine de la société.[5]

Viewed from this standpoint, the article *DROIT NATUREL could scarcely be expected to give satisfaction. The two introductory paragraphs on the difficulties involved in the notion of natural law arouse the sarcastic comment:

[1] Vol. ii, p. 6.   [2] *Encyclopédie*, Vol. I, p. iii.   [3] Vol. ii, p. 13.
[4] Vol. ii, pp. 25–26.   [5] Vol. ii, p. 40.

Les Encyclopédistes sont tellement prévenus de cette opinion extravagante, que l'état naturel des hommes est d'être isolés, errans & sauvages; qu'ils ne peuvent comprendre que ces hommes se doivent réciproquement quelque chose. Il n'est donc pas surprenant qu'ils pensent, que ce qu'on appelle *obligation*, n'est qu'une chimère.[1]

Chaumeix (not altogether without reason) takes the first numbered paragraph of the article to insinuate that man is *not* free:

Au lieu de mettre *si*, vous deviez dire, *comme l'homme n'est pas libre*, &c., puisque c'est votre sentiment. Avez-vous oublié que vous avez avancé d'une manière si décidée dans l'article *Animal*, que *la seule notion que nous avions de la liberté, n'étoit que celle qui nous vient de l'uniformité de l'action?* Ne vous souvenez-vous plus que *toutes nos déterminations ne sont que des impressions purement passives causées par les objets extérieurs selon des loix certaines & constantes?* Pourquoi faire semblant ici de révoquer en doute ce que vous croyez avoir démontré dans cet article?[2]

Perhaps the most significant passage in Chaumeix's commentary on *DROIT NATUREL is this:

Comme plusieurs Lecteurs seroient dans le cas de ne pas voir tout-d'un coup où les conduisent ces affreux principes; il est bon de les leur dévoiler, afin qu'ils en apperçoivent toute la laideur. Cette vie est la seule à laquelle vous deviez vous attacher, & dont vous puissiez jouir. Vous êtes un individu de l'espèce humaine: vous êtes citoyen du monde, & patriote de nulle part: vous ne devez rien faire, rien concevoir, rien méditer que pour l'intérêt temporel de vous & des autres hommes. Vous n'avez pas d'autre supérieur que la volonté de l'humanité; c'est à elle seule de vous prescrire tous vos devoirs, toutes vos obligations. . . . Si quelqu'un s'avisoit de vouloir vous faire entendre que vous êtes soumis à un Dieu, comme sa créature; ou que vous avez des devoirs que vous impose votre qualité de Chrétien; ou même celle de François, dites: Je suis homme, & je n'ai d'autres droits naturels à remplir que ceux qui me sont dictés par la volonté générale.[3]

This could scarcely be said to offer an adequate summary of the article; but it is interesting to see how it appeared in the eyes of the religious orthodoxy of Diderot's time.

---

[1] Vol. ii, p. 51.

[2] Vol. ii, pp. 52–53. The text of the quotation from *ANIMAL reads as follows in the *Encyclopédie*: '*Nous n'avons d'autres idées de la nécessité que celle qui nous vient de la permanence & de l'uniformité de l'évenement.*' The second quotation is not to be found in *ANIMAL; it is perhaps freely adapted from *DROIT NATUREL, § 1: 'Il est évident que si l'homme n'est pas libre, ou que si ses déterminations instantanées, ou même ses oscillations, naissent de quelque chose de matériel qui soit extérieur à son âme. . . .'

[3] Vol. ii, pp. 78–80.

Chaumeix now passes to the treatment of religion in the *Encyclopédie*. His aim here is to show that 'les Auteurs de ce Dictionnaire ont contredit de la manière la plus hardie & la plus téméraire les vérités de la Religion'.[1] While he begins by stating that not all new opinions should be condemned out of hand without examination, he goes on to make significant reservations to this principle:

Mais la liberté que la Religion laisse aux Savans de tâcher à faire des découvertes dans les siences [*sic*], ne s'étend que sur les objets qui sont abandonnés à leurs disputes, & sur lesquels la Révélation n'a pas prononcé. A l'égard des points sur lesquels il a plû à Dieu de nous instruire par lui-même, il est clair que les Savans, non plus que les ignorans, n'ont d'autre parti à prendre que de les croire, quand même ils ne les comprendroient pas.[2]

This leads on to another attack on the offending sentence in *ADORER, honorer, révérer*—'La maniere d'*adorer* le vrai Dieu ne doit jamais s'écarter de la Raison. . . .'[3]

The *Encyclopédie*'s constant eulogies of the age of enlightenment at which Man is now arriving are displeasing to Chaumeix because of their implications for religion:

Le point de vuë, sous lequel les Encyclopédistes regardent la Religion, les porte à nous vanter le temps dans lequel nous vivons, comme un temps de lumière. Tandis que les premiers Ministres de la Religion nous exhortent à fuir la contagion qui se répand de tous côtés: que l'esprit de libertinage & d'incrédulité fait tous les jours de nouveaux progrès; les Encyclopédistes nous vantent leurs lumières. Ils osent démentir ces oracles sacrés, pour nous dire de nous tranquilliser, qu'il n'y a rien à craindre pour nous. Que plus leur Philosophie, leur liberté de penser & de parler s'avancera, plus aussi nous serons heureux.[4]

Censure is meted out to Voltaire's FRANÇOIS for its observations on the spread of enlightenment in France and to *AIUS-LOCUTIUS* for its plea for freedom of thought and freedom of the press.

The views of the *Encyclopédie* on the subject of the Creation are no more pleasing to Chaumeix. The article *CHAOS* is singled out for special attack. He quotes, for instance, Diderot's words:

Que si quelques savans ont cru & croyent encore qu'au lieu de *creavit* dans le premier verset de la Genese, il faut lire, suivant l'hébreu, *formavit*, *disposuit*; cette idée n'a rien d'hétérodoxe, quand même on feroit exister le *chaos* long tems avant la formation de l'univers.

---

[1] Vol. ii, p. 102.   [2] Vol. ii, pp. 103–4.
[3] Vol. ii, p. 108.   [4] Vol. ii, p. 110.

This produces the indignant comment:

C'est-à-dire en deux mots, que, selon l'Hébreu, le premier verset de la Genèse ne dit pas que Dieu a créé le monde; & que tout le récit de Moyse n'est pas différent de ce qu'Ovide nous débite, au premier livre de ses Métamorphoses.[1]

He rejects with horror the principle set forth by Diderot in the previous section of the conclusion to his article: 'explication dont on auroit grand tort de n'être pas satisfait, puisque l'Eglise ne l'a jamais désapprouvée, & qu'elle concilie les Ecritures avec la bonne Physique'. This is too much for Chaumeix to stomach:

Vous croyez donc qu'il est difficile de concilier les Ecritures avec ce que vous appellez la bonne Physique: & moi je vous dis que la bonne Physique est celle qui s'accorde avec les Ecritures, puisqu'elles ne peuvent être fausses; & qu'ainsi elles doivent servir à distinguer la Physique qui est bonne, d'avec celle qui ne l'est pas.[2]

The clash between religion and science in the 1750s is well brought out in this naïve statement.

The treatment of Scripture in the *Encyclopédie* next comes under attack. Amongst the articles which are given detailed examination is *CHRONOLOGIE SACRÉE, a penetrating summary of which is provided:

Dans l'article *Chronologie*, les Encyclopédistes se sont signalés par les soins qu'ils se sont donnés, & les peines qu'ils ont prises pour y entasser toutes les objections & toutes les difficultés qu'ils ont pu trouver dans les autres Auteurs, & à y en ajoûter de leur propre fond. Il faudroit presque rapporter l'article entier, si on vouloit citer tout ce qu'il y a de répréhensible. Ils commencent d'abord par rapporter ce que les divers peuples ont cru sur la durée du monde, & se plaisent à confondre la Révélation avec les idées fabuleuses des peuples idolâtres. Ils éxagerent les différences qui se trouvent entre les Chronologistes & les différens textes de l'Ecriture. Ils passent ensuite au systême de l'Abbé de Prades, en faveur duquel ils rapportent tout ce que l'on peut dire de plus séduisant. Ils proposent ensuite un nouveau systême, dans lequel ils nous disent qu'ils respectent tous les textes, & ce respect consiste à n'en suivre aucun, & à nous insinuer qu'ils sont tous faux.[3]

That is certainly a fair summary of the contents and aims of Diderot's article.

In introducing a section on the attitude of the *Encyclopédie* towards those philosophers which it favoured, Chaumeix brings out in a

[1] Vol. ii, p. 120.   [2] Vol. ii, p. 121.   [3] Vol. ii, pp. 134–5.

striking contrast the difference between its attitude and that of orthodox Catholics:

> La vraie Philosophie, selon les Encyclopédistes, *est la liberté de penser.*
> Cette Philosophie est si fort de leur goût qu'ils ne perdent aucune occasion
> d'en faire l'éloge. . . . Par une raison contraire, l'esprit de soumission que
> demande le Christianisme, est éloigné de leur plaire; aussi n'en font-ils pas
> grand cas.[1]

*CYNIQUE is attacked for its praise of the ancient philosophers to whom
the epithet was applied. To this eulogy Chaumeix retorts:

> Je sais très-bien que saint Paul, les Peres de l'Eglise, & tous les Chrétiens
> portent de ces anciens Philosophes un jugement bien différent de celui-là:
> mais c'est ce qui fâche beaucoup nos Auteurs. Ils se regardent comme les
> successeurs de ces Philosophes. On voit très-bien qu'ils comptent soûtenir
> leur propre cause, en défendant celle de ces anciens.

He subjects to particularly strong criticism Diderot's remark about the
attempt made by 'la superstition' to do away with the very memory of
these philosophers:

> Dans l'excès de leur colère rien ne peut plus les arrêter. Ils oublient le
> respect qu'ils avoient promis de conserver *pour la croyance du peuple, & pour
> le culte national*; & s'ils se ressouviennent que la Religion Chrétienne regarde
> tous ces prétendus Sages comme des foux & des insensés; ce n'est que pour
> injurier . . . ceux qui les jugent d'après ces principes.[2]

Turning to *ÉCLECTISME Chaumeix remarks, not unfairly:

> Comme les Encyclopédistes nous donnent dans cet article le portrait des
> Philosophes qu'ils estiment le plus, ou plutôt qu'ils y ont tracé le leur
> propre; il nous suffira presque de rapporter leurs paroles, pour mettre les
> Lecteurs en état de juger de leur Philosophie & de leur Religion.[3]

This article inspires in Chaumeix flights of rhetorical fury. For instance,
Diderot's statement that the intolerance of Christianity alarmed the
eclectic philosophers ('Jusqu'alors on avoit été pyrrhonien, sceptique,
stoïcien, platonicien, épicurien, sans conséquence') fills him with rage:

> Ne diroit-on pas, à entendre ces Auteurs, que la prédication de l'Evangile
> n'a fait que troubler les consciences, & gêner les esprits, au lieu de les éclairer?
> Jusqu'alors, disent-ils, chacun avoit pensé sur la Religion & sur la Morale à
> sa phantaisie, & cela *sans conséquence.* Et moi je leur dis que la même consé-
> quence qu'ils ont à craindre, menaçoit aussi leurs anciens Maîtres; ou plutôt

---

[1] Vol. ii, pp. 140–1.   [2] Vol. ii, p. 142.   [3] Vol. ii, p. 150.

que la conséquence terrible que ces anciens ont à souffrir pour l'éternité, menace leurs nouveaux disciples.[1]

D'Alembert's GENÈVE is treated with considerable perspicacity. Chaumeix brings out clearly the underlying purpose of his remarks on the religion of Geneva (the pastors, unlike the ancient philosophers whom Diderot had bent in his own direction, could and did answer back!):

> Les Encyclopédistes ayant un grand desir de nous faire connoître ce qu'ils pensent sur la Religion, mais craignant d'un autre côté que l'Autorité ne les punisse, ont imaginé un moyen qui leur est particulier; c'est de faire leur profession de foi sous un nom emprunté. Ils viennent déjà de se caractériser assez bien sous le masque des *Eclectiques*; ainsi nous n'aurons aucune peine à les reconnoître dans cet article-ci sous celui de *Geneve*, & dans l'article suivant sous celui d'*Epicure*.[2]

When its turn comes at last, *ÉPICURÉISME receives the following ironical introduction:

> Les Encyclopédistes vont présentement introduire Epicure pour jouer leur propre rôle. . . . Le Comédien qui les représente, a été si bien instruit par M. Diderot, qu'on ne lui entendra réciter que les sentimens & presque les propres termes de l'Auteur de l'*Interprétation de la nature*, recueil d'extravagances.[3]

Here too Chaumeix shows considerable discernment in his detailed examination of Diderot's presentation of Epicurus. He asks, for instance:

> . . . Puisque les Encyclopédistes vouloient venger Epicure des reproches qu'on lui faisoit,[4] comment en même tems ont-ils osé lui attribuer la doctrine qu'ils vont nous donner sous son nom? Il ne sera pas difficile de voir qu'il ne peut absolument y avoir de Religion, en admettant ces principes. On verra aussi fort aisément . . . que ces principes ne sont pas tous d'Epicure. Il y en a plusieurs qui sont des difficultés de M. Diderot, qui veut bien ici les mettre sur le compte de cet ancien Philosophe, après cependant en avoir fait l'éloge.[5]

Abbé Morellet, the theologian recruited after the death of Mallet, is severely criticized for his article, FOI: 'Le nouveau Théologien Encyclopédique . . . a trouvé le moyen de nous faire regretter l'ancien, quelque mauvais qu'il fût d'ailleurs.'[6] The passage in which Morellet mildly pointed out the difficulty in believing that the overwhelming majority of the members of the human race should have no chance of salvation

---

[1] Vol. ii, p. 153.   [2] Vol. ii, p. 160.   [3] Vol. ii, p. 208.
[4] On his atheism.   [5] Vol. ii, pp. 214–15.   [6] Vol. ii, p. 237.

arouses the ire of Chaumeix to the extent of producing the famous question:

Quelle difficulté trouvez-vous à ce que la plus grande partie du genre humain périsse éternellement?[1]

Next it is D'Alembert who comes in for severe criticism for the articles FORME SUBSTANTIELLE and FORMULAIRE. The unsigned article GRACE is damned for its impiety. The long list of criticisms of Deleyre's FANATISME—'un des beaux & des bons articles de l'Encyclopédie', Jaucourt was later to declare[2]—is aptly summed up in one sentence: 'L'intention des Encyclopédistes, dans l'Article que j'éxamine ici, c'est de faire entendre que le Fanatisme ou la Religion est la même chose.'[3] And so the attack on the *Encyclopédie* gradually peters out after a few more pages, for, despite the author's declaration at the end of this second volume that he intended to continue his refutation of the *Encyclopédie* 'dans les trois Livres de la seconde Partie',[4] he virtually abandoned the subject at this point in favour of an attack on Helvétius and Locke and a general defence of religion. All one finds on the *Encyclopédie* in the remaining six volumes of the *Préjugés légitimes* is a reprint of two of his pamphlets replying to a note of Marmontel in the *Mercure* for April 1759 and to an article in the *Journal encyclopédique*.[5] These, however, do not add anything of consequence to his refutation of the *Encyclopédie*.[6]

Our study of Chaumeix has already taken us into the year 1759 which can be regarded in many ways as the height of the controversy over the *Encyclopédie*, as it was in this year that first the Parlement and then the government took action against it. On 23 January OMER JOLY DE FLEURY, the *avocat-général*, denounced the work to the Parlement along with other dangerous books in a speech which was rapidly published and which both reflected and added to the controversy which was already raging. His debt to the other critics, including Chaumeix, is indicated briefly in the sentence: 'Une sage critique peut y trouver, & y a trouvé en effet mille autres principes détestables.'[7] That Chaumeix's examples are taken over to illustrate the use of cross-references for subversive ends is stated quite explicitly: 'L'Auteur des

---

[1] Vol. ii, p. 239.   [2] At the end of the article SUPERSTITION.
[3] Vol. ii, p. 275.   [4] Vol. ii, p. 292.
[5] See the end of vol. vi of the *Préjugés légitimes*. A copy of these two pamphlets, this time with different pagination, is to be found in the Bibliothèque Mazarine, 41774 (9).
[6] Chaumeix's attempt to continue the attack on the *Encyclopédie* in the *Censeur hebdomadaire* soon fizzled out (see Chap. VI, pp. 388–90).
[7] *Arrests de la Cour de Parlement*, p. 16.

préjuges légitimes contre l'Encyclopédie, développe d'une manière satis-
faisante cette conduite artificieuse du Rédacteur du Dictionnaire.'¹ After
the usual claim that *De l'Esprit* was merely an abridged version of the
Encyclopédie, he proceeds to quote familiar extracts from the familiar
articles—*ADORER, *honorer révérer*; DIMANCHE; CHRISTIANISME; AME;
CONSCIENCE (*Liberté de*); *AIUS-LOCUTIUS; AUTORITÉ POLITIQUE;
DIEU; DÉMONSTRATION; CORRUPTION; ATHÉISME; and, of course,
*ENCYCLOPÉDIE.

It would be a waste of time to seek for any signs of originality in this
réquisitoire. Indeed, as the *Philosophes* claimed, the *avocat-général*
accepted quite uncritically some of the wilder allegations of Chaumeix and other enemies of the work. None the less, by putting the considerable authority of the Parlement behind these criticisms, Joly de
Fleury did assist in their diffusion. It is also clear that, like other
attacks on the *Encyclopédie*, this *réquisitoire* must have helped contemporaries who were not necessarily hostile to the work to become
aware of the subversive ideas hidden away in its large and unwieldy
folios and thus served a purpose which was far from being that of the
writer.

The very exaggeration of Joly de Fleury's invective must have had
some effect on opinion, hostile or otherwise. He does not mince words
when, after dealing with *De l'Esprit*, he comes to denounce the wicked-
ness of the *Encyclopédie*:

> A l'ombre d'un Dictionnaire qui rassemble une infinité de notions utiles
> & curieuses sur les Arts & sur les Sciences, on y a fait entrer une compila-
> tion alphabétique de toutes les absurdités, de toutes les impiétés répandues
> dans tous les Auteurs, on les a embellies, augmentées, mises dans un jour
> plus frappant. Ce Dictionnaire est composé dans le goût de celui de Bayle.
> On y développe, selon le genre des Articles, le *Pour* & le *Contre*; mais le
> *Contre*, quand il s'agit de la Religion, y est toujours exposé clairement &
> avec affectation.²

It is noticeable that, except for an attack on AUTORITÉ POLITIQUE,³ the
réquisitoire confines itself to articles on religion. Here there are moments
when the element of exaggeration becomes really excessive. Thus we
are warned against Yvon's article, AME, in the following terms:

> ... Il nous suffit de vous annoncer qu'on y enseigne le pur Matérialisme,
> & que l'impiété y est répandue avec une profusion affectée & capable de
> révolter tout Lecteur judicieux.⁴

¹ p. 19.   ² p. 13.   ³ See Chap. VII, p. 454.   ⁴ p. 15.

The terrible consequences of the principles set forth in LIBERTÉ DE CONSCIENCE are denounced in shocked tones in the next sentences:

Parlent-ils de la conscience? ils en sollicitent la liberté, & par une suite nécessaire la tolérance universelle. Quelle liberté funeste si on l'accordoit à tant de consciences erronnées & fanatiques! Parler ainsi, n'est-ce pas du même coup renverser les Loix, & ouvrir les portes à tous les désordres?

Not all the contributors are held responsible for the dastardly views set forth in the *Encyclopédie*, but on the basis of the famous passage in *ENCYCLOPÉDIE on cross-references the *avocat-général*, after speaking of 'le complot d'attaquer les fondemens de l'Etat & de la Religion', denounces those who participate in it as 'Ecrivains dangereux, hommes sans pudeur, ennemis de l'autorité & du Christianisme dont ils ont vainement juré la perte'.[1] The *Encyclopédie* and *De l'Esprit* have in common these blasphemous principles:

Les sensations sont le principe de tout, nulle distinction entre l'homme & la bête; la matiere paroît seule constituer la nature du premier; il a plus que tous les autres êtres de cette matiere qui est propre à recevoir la pensée: la pensée est commune à tous les êtres, & la matiere est la cause physique & nécessaire des pensées & des volontés, la liberté n'est qu'un préjugé; point de loi naturelle; ce qu'on entend par elle vient des sensations: ignorance, folie de croire que la conscience nous dicte les obligations que nous croyons résulter du droit naturel; il n'est qu'un recueil des conventions des hommes; le bonheur de l'homme ne peut consister que dans les sensations agréables, causées par les objets extérieurs.

Sur tout ce qui concerne la Religion, on ne rougit pas de demander la permission & cependant de se permettre d'écrire contre elle. La foi est inutile, l'existence de Dieu douteuse, la création du Monde mal prouvée; l'Univers s'est formé de lui-même: le Messie n'a été qu'un simple Législateur; les progrès de la Religion sont purement naturels; les Ecritures sont traitées de fictions; les Dogmes tournés en ridicule; Religion & Fanatisme sont des termes synonimes, & le Christianisme n'inspire qu'une fureur insensée qui travaille à détruire les fondemens de la Société.[2]

To scare the editors and contributors the *avocat-général* then proceeds to recall the punishment to which the Parlement had sentenced Théophile de Viau in 1623.

The *Encyclopédie* was not altogether spared in the Sorbonne's censure of Helvétius's scandalous work—*DETERMINATIO SACRAE FACULTATIS PARISIENSIS SUPER LIBRO CUI TITULUS, DE L'ESPRIT.* The introduction provides a strange medley of

[1] pp. 16–17.   [2] pp. 19–20.

quotations from a large number of suspect authors, ranging from La Mettrie to Locke and Hume, and in among them we find extracts from two of its articles—ÉVIDENCE and AUTORITÉ POLITIQUE.[1]

Two days after the Parlement had forbidden the sale of the first seven volumes of the *Encyclopédie* and had ordered them to be examined by nine censors, on 8 February 1759, D'Hémery recorded in his Journal the appearance of an anonymous pamphlet, *LETTRES SUR LE VIIE VOLUME DE L'ENCYCLOPÉDIE*, which he describes as printed in the provinces 'sans p[ermissio]n'.[2] Internal evidence would suggest that this pamphlet was the work of a member of a religious order. Although the very hostile line which he takes towards the *Encyclopédie* leads to a good deal of exaggeration, his criticisms of the work and in particular of the seventh volume are not a mere echo of previous attacks. Clearly the author had done his own homework on this volume.

His hostility towards the *Encyclopédie* is made clear in the preface:

... Ces vérités paroîtront peut-être un peu dures, mais les Encyclopédistes ne sauroient s'en plaindre avec justice. Quand on ne respecte ni le Trône ni les Autels, ni la vertu, on auroit mauvaise [grâce?] d'exiger des ménagemens & des égards.[3]

In the text of the three letters which make up the main part of the pamphlet the author consistently maintains that the principles set forth in the *Encyclopédie* would subvert the State as well as religion and morality. Each successive volume, he declares in the first letter, 'jette l'allarme parmi les honnêtes gens; je veux dire parmi ceux qui aiment l'Etat, les bonnes mœurs & la Religion'.[4] He even goes so far as to allege that the 'Cynisme révoltant' of some of the articles would corrupt the morals of the young. The principles set forth by the contributors would bring disaster to both Church and State:

Rien n'est égal à la hardiesse insolente avec laquelle on les voit fronder les principes les mieux établis de la Théologie Catholique & de la Politique Françoise. Si l'on suivoit les systêmes destructeurs de ces *Réformateurs à coup de serpe*, comme les appelle *l'Ami des Hommes*, on changeroit les loix le plus sagement instituées, on renverseroit les établissemens les plus anciens & les plus respectables; en un mot, on bouleverseroit de fond en comble & la Religion & l'Etat.[5]

However, despite his stress on the political radicalism of the *Encyclo-*

---

[1] pp. 9, 17.   [2] BN, Ms. fr. 22161, f. 6r.   [3] pp. iii–iv.
[4] p. 9.   [5] pp. 10–11.

pédie, nowhere does the author attempt to substantiate the charge by reference to specific articles.

None the less in the second and third letters he gets down to details in discussing the *Encyclopédie*. He objects very strongly (indeed in the most exaggerated terms) to the *éloges* of such men as Montesquieu and Dumarsais affixed by D'Alembert to successive volumes:

Tout le monde a remarqué comme vous l'affectation de l'Encyclopédie à louer tout ce qui mériteroit d'être blâmé, & à blâmer ce qui mérite le plus l'estime du Public. Meurt-il un Déiste celébre dans sa Secte, aussi-tôt on voit fumer autour de son tombeau les Cassolettes Encyclopédiques; on lui prodigue les noms de *Sage, de Citoyen, de Philosophe*. Quelquefois c'est un Auteur dont les maximes anti-Françoises ont porté l'esprit de révolte dans toutes les parties du Royaume, & dont les Œuvres licencieuses font rougir la pudeur; d'autres fois c'est un homme sans foi, sans loi, sans principes, qui toute sa vie a affiché un mépris pour la Religion, que le Paganisme même n'auroit pas laissé impuni. C'est ainsi que des objets dignes d'exécration deviennent des sujets convenables pour les Panégyriques de l'Encyclopédie.[1]

From this the author passes to a study of a number of articles, mainly from Vol. VII, beginning with Voltaire's FRANÇOIS and its praise of Julian the Apostate—'un Prince méchant, injuste, superstitieux, & qui donnoit dans la Magie . . .'. 'En revanche', he continues,

Louis XIV. sur la fin de sa vie étoit un bon *vieillard* dont on trompoit la simplicité*, ou un hableur qui promettoit des récompenses pour des chimeres & des prodiges; & Moïse un insensé, qui fit passer chez les Juifs *l'extravagance des Expiations Egyptiennes*.**

* Art. *Formulaire*, Art. *France*.   ** Art. *Expiation*. Tom. VI.[2]

For all its exaggerations there is a great deal of truth in the paragraph in which the author declares that

la regle de l'Encyclopédie est d'exalter les méchans & à proportion de leur méchanceté; ainsi, toutes choses étant égales, l'*Herétique* passe devant le *Catholique*, & le *Déyste* a la préference sur l'*Herétique*. . . . S'il est un pays où il leur paroisse que la Religion n'est pas un objet qui interesse, & où l'Herétique & le Juif soient regardés du même œil que le Catholique; c'est un pays enchanté, c'est la Patrie des Sages au jugement de ces Messieurs. . . . Pour les Déistes, l'Encyclopédie les préconise avec une affectation encore plus marquée, & même son estime s'étend jusqu'à ceux qui ont le plus léger trait de ressemblance avec eux.[3]

[1] pp. 13–14.
[2] pp. 16–17. FORMULAIRE is by D'Alembert, FRANCE and EXPIATION (*Littérature*) by Jaucourt.   [3] pp. 18–19.

Articles in these categories which displease the author are, first, Jaucourt's FRANCFORT SUR LE MEIN and GAURES and, most of all, his FOIX with its praise of Bayle and of his dictionary as 'le premier ouvrage de raisonnement en ce genre, où l'on peut apprendre à penser . . .'. D'Alembert's article GÉOMETRE, where it is said of Bayle that 'il doutoit & se moquoit de tout', calls forth the comment: 'C'est-à-dire, de l'Eglise & de l'Herésie, de la vertu & des vices, de la vérité & de l'erreur. Cependant on nous le donne pour un Auteur chez qui il faut *apprendre à penser*.'[1]

The third letter is mainly concerned with refuting the series of attacks on religious orders which D'Alembert, in his most polemical mood, had inserted in such articles as FRERES DE LA CHARITÉ and FRATRICELLES. It concludes by recalling that Yvon's article AGIR had been lifted from the writings of Father Buffier. Although not a very significant work, the pamphlet does have a certain originality; the author does not simply repeat what his predecessors had written against the *Encyclopédie*.

In November of this same year, in a pastoral letter, the Bishop of Lodève, JEAN FÉLIX HENRI DE FUMEL, in far away Languedoc, launched an attack on various impious modern works. A good deal of space is devoted to the *Encyclopédie*—and what is particularly interesting—to its political ideas. After an attack on Turgot's EXISTENCE and Quesnay's ÉVIDENCE for their alleged materialism,[2] and a swipe at Yvon's BIEN for its stress on pleasure,[3] the Bishop turns to a denunciation of the subversive political theories contained in the *Encyclopédie*.

A des systêmes impies si favorables à l'irréligion, à des systêmes pervers si rélatifs au plus désordonné libertinage, on ajoûte des systêmes seditieux, contraires à l'esprit de dépendance & de subordination. . . . L'autorité des Puissances légitimes, leur souveraineté, leur indépendance, le respect, la soumission, l'obéissance qu'on leur doit, sont un article fondamental de notre Religion trop gênant pour eux, pour qu'ils n'ayent pas cherché à l'ébranler.[4]

The Bishop sharply attacks the article AUTORITÉ POLITIQUE,[5] but Jaucourt's GOUVERNEMENT is also severely criticized. Particular attention is once again[6] given to the passage in which Jaucourt, following Locke, argues that a child is not born a subject of any country or government, and that on attaining the age of reason he is free to choose the

[1] p. 20.   [2] pp. 22, 25.   [3] p. 45.
[4] pp. 49–50.   [5] See Chap. VII, pp. 454–5.
[6] See the earlier attack on this article in the *Catéchisme des Cacouacs* (pp. 278–82).

government under which he wishes to live. This passage produces a rhetorical outburst:

Funeste liberté que celle qui prive la Patrie de ses Citoyens naturels. Où a-t-on appris qu'une Puissance légitime n'a aucune autorité dans son Territoire, sur cette multitude d'Hommes, vivans de leur travail ou de leur industrie, sans rien posseder? Quel est le Code où soit établie, la nécessité d'un consentement exprès ou tacite, sans lequel le Souverain & la Patrie, n'ont aucun droit à nos services?[1]

In face of such subversive doctrines the Bishop reaffirms the principle of the divine right of kings:

Les Rois sont donc nos Maîtres, nos Souverains, & nos Juges, établis par l'ordre de Dieu pour nous gouverner. Leur autorité ne dépend point de notre consentement *exprès* ou *tacite*. Elle est fondée sur celle de Dieu même, & elle est une suite des dispositions de la Providence Divine, sur le sort des humains.[2]

In the light of these principles Jaucourt was bound to get into trouble for his insistence that all governments are legitimate so long as they 'tendent au bonheur des Peuples' and that governments may be dissolved 'quand les Puissances législative ou exécutrice, agissent par la force, au delà de l'autorité qui leur a été commise, & d'une manière opposée à la confiance qu'on a pris en elles'.[3]

In a final passage directed against the *Encyclopédie* the Bishop links in one condemnation the authors' demand for religious as well as political liberty. The Throne and the Altar are both equally threatened by such a work:

La Puissance même spirituelle n'est pas moins outragée que la Puissance temporelle. Sous le prétexte d'une liberté mal entendue, on enhardit contre l'Eglise ses Enfans indociles, & contre l'Etat ses Sujets rebelles. On réclame les droits prétendus d'une licence effrénée dans les Discours & dans les Ecrits, comme si on ignoroit que cette licence a porté dans tous les tems, les coups les plus funestes à la Société chrétienne & civile.... On assure que la *liberté* sur ce point, *est nécessaire à la vraye Philosophie*. (b) ... Cet axiome une fois reçu, le Novateur, l'Hérétique, l'Impie, le Libertin, le Citoyen malheureux comme le mécontent, en se parant du titre de Philosophe, ce qui est si commun aujourd'hui, franchiront toutes les bornes de la soumission, du respect & de la subordination; ils préconiseront des erreurs, ils vomiront des blasphêmes, ils murmureront & s'eleveront avec hardiesse contre la certitude des vérités de l'Evangile, contre l'infaillibilité des Décisions de l'Eglise,

---

[1] p. 56. [2] p. 59. [3] pp. 64–65.

contre la sagesse des Loix civiles & politiques; en un mot, ils secoueront, quand ils le voudront, le joug de l'autorité des deux Puissances.

(b) Encyclopédie t. I. Discours préliminaire, p. 21.[1]

While the Bishop shows no originality in his choice of passages to criticize, what is interesting here is the uncompromising vigour with which he restates the traditional outlook on the relations of the individual with Church and State.

Another work to appear in 1759 was the anonymous *LETTRE D'UN PROFESSEUR EN THÉOLOGIE D'UNE UNIVERSITÉ PROTESTANTE A MR. D'ALEMBERT*, published at Strasbourg. This short pamphlet is an attack on D'Alembert's reply to Rousseau's *Lettre sur les spectacles* and has little direct relationship with the *Encyclopédie* beyond an occasional reference to the article GENÈVE.

The year 1760, with the controversy caused by the performance, in May, of Palissot's satirical comedy *Les Philosophes* at the Comédie Française, stands out in the history of the conflict between the old ideas and the new. In March there for once appeared a volume actually written in defence of the *Encyclopédie*—Abbé LECLERC DE MONT-LINOT's *JUSTIFICATION DE PLUSIEURS ARTICLES DU DICTIONNAIRE ENCYCLOPÉDIQUE, OU PRÉJUGÉS LÉGITIMES CONTRE ABRAHAM-JOSEPH DE CHAUMEIX*, which according to D'Hémery was printed at Lille 'et distribuée icy avec p[ermissio]n tacite'.[2]

The author claims to have no connection whatever with the editors of the *Encyclopédie* or its contributors.[3] He has little difficulty in showing up Chaumeix's exaggerations and his bad faith in quoting out of context. In the first part he defends the articles ATHÉES (Yvon), BONHEUR (Pestré), FANATISME (Deleyre), FORME SUBSTANTIELLE (D'Alembert), FOI (Morellet), and the unsigned CHRISTIANISME. A specimen of his method is provided by the following extract from his defence of ATHÉES:

Mr. Chaumeix a encore coupé ce morceau, parce qu'il étoit nécessaire pour son plan, que le Lecteur ignorât qu'il étoit question de la doctrine des Chinois, & commence par ces mots, *ils se servent de magnifiques expressions*. Il confond la relation du Cap de Bon-Espérance [*sic*] avec celle des Peuples de la Floride, mêle le récit d'un Écrivain Anglois avec le sentiment de l'Abbé Yvon: & de cet assemblage bisarre & monstrueux, il tire cette

---

[1] pp. 64–65.   [2] BN, Ms. fr. 22161, f. 79v (6 March).   [3] pp. 5, 7.

conséquence, plus monstrueuse encore: *vous êtes des Encyclopédistes*; c'est-à-dire, suivant le sens de M. Chaumeix, des *Athées*. Quoi! on est Athée pour dire que les Chinois sont Fatalistes?[1]

The second part of the *Justification* opens with a chapter in which the author seeks to prove that the doctrine that all our ideas come from the senses is not contrary to religion. 'Faut-il être Cartésien pour être rangé au nombre des Chrétiens?' he asks.[2] He devotes a fair amount of space to defending Quesnay's article ÉVIDENCE against Chaumeix's charges of materialism[3] and also provides a detailed justification of *DROIT NATUREL.[4] In his conclusion he states that, while he has not refuted all Chaumeix's allegations,

j'ose affirmer, (& je suis à même de le démontrer) qu'il n'est pas un seul Article extrait du Dictionnaire Encyclopédique, où M. Chaumeix n'ait commis les mêmes infidélités & les mêmes erreurs que je lui ai déjà reprochées.[5]

The weakness of this able book is that, while the author has no difficulty in showing up the blunders and bad faith of Chaumeix, he proves too much. For all his bull-in-a-china-shop tactics there is no doubt that Chaumeix was right, from his particular point of view, in scenting the basic unorthodoxy of the *Encyclopédie*.

A short, but extremely irate answer to Leclerc de Montlnot came from Chaumeix at the end of May: *LES PHILOSOPHES AUX ABOIS, OU LETTRES DE M. DE CHAUMEIX À MESSIEURS LES ENCYCLOPÉDISTES AU SUJET D'UN LIBELLE ANONIME....* According to D'Hémery it was printed 'avec une espece de tolerance', 'The pamphlet consists of only one letter, and though a postscript threatens a second, the work appears to have stopped there. In the nature of things the pamphlet contributes nothing new to the controversy, as Chaumeix merely attempts to justify his attacks on particular articles of the *Encyclopédie*, especially that on Yvon's ATHÉES, which is far from being one of the soundest parts of his original work.

By this date we have reached the noisiest part of the whole controversy. On 2 May PALISSOT's *LES PHILOSOPHES* had its first performance at the Comédie Française, where it ran for fourteen performances until the end of the month. Its publication—'avec approbation et privilege'—was noted by D'Hémery on 22 May.[7] The text of the play (in its first edition it lacked a preface) has very little to do with

---

[1] pp. 20–21. [2] p. 94. [3] pp. 107–15. [4] pp. 137–73. [5] p. 184.
[6] BN, Ms. fr. 22161, f. 97r (29 May). [7] BN, Ms. fr. 22161, f. 96v.

the *Encyclopédie*, despite the satire heaped upon its editor under the transparent disguise of Dortidius. References to the *Encyclopédie* are hard to find; although Palissot swore to Voltaire that there was only one,[1] there are in fact two, both of them, however, quite trivial and harmless. In Act I, Scene iv, Cydalise says to her maid:

> Retirez-vous, Marton,
> Prenez mes clés, allez renfermer mon Platon.
> De son monde idéal j'ai la tête engourdie.
> J'attendais à l'instant mon Encyclopédie;
> Ce Livre ne doit plus quitter mon Cabinet.

The other allusion is less direct and even more harmless. In the following scene Cydalise, in speaking to her daughter about the book she is writing, says:

> J'ai fait exprès pour vous un chapitre profond,
> Je veux l'intituler: *Les devoirs tels qu'ils sont.*
> Enfin, c'est en morale une Encyclopédie,
> Et Valere l'appelle un Livre de génie.

It was not the play itself, but rather the war of pamphlets which it sparked off, that stirred up again the controversy around the now banned *Encyclopédie*.

A week later, on 29 May, D'Hémery also noted as 'imprimée en province sans perm[issio]n' Morellet's 'satire affreuse contre Palissot', which appeared under the title of *Préface de la Comédie des Philosophes*.[2] Palissot was now compelled to publish the real preface to his play as *LETTRE DE L'AUTEUR DE LA COMÉDIE DES PHILO-SOPHES, AU PUBLIC, POUR SERVIR DE PRÉFACE À LA PIÈCE*. According to D'Hémery this was published on 3 June 'avec une espece de per[missio]n tacite qui lui été accordée après que la satyre a paru'.[3]

Unlike his play, Palissot's preface does contain a fair number of references to the *Encyclopédie*. Its very first sentence refers to 'une secte impérieuse, formée à l'ombre d'un Ouvrage dont l'exécution pouvait illustrer le siecle . . .'.[4] By the time we turn the page we find a much more unfavourable reference:

L'Encyclopédie, cet Ouvrage qui devait être le Livre de la Nation, en était devenu la honte; mais de ses cendres mêmes il était né des prosélytes qui, sous le nom d'esprits forts, inspiraient à des femmes des idées d'anarchie & de matérialisme.[5]

---

[1] Best. 8237 (17 June).   [2] BN, Ms. fr. 22161, f. 97v.
[3] BN, Ms. fr. 22161, f. 98r.   [4] p. 5.   [5] p. 6.

After this smear Palissot appears to get down to examining some of the articles in the *Encyclopédie* which might justify such accusations; but it is clear that he had obtained his quotations at second hand. For Diderot's views on satire in *ENCYCLOPÉDIE[1] he himself refers the reader to a recent article in the *Année littéraire*.[2] What he does not tell that reader is that the *pot-pourri* of quotations from the *Encyclopédie* and other contemporary works, which fills out the rest of the preface, is lifted straight from Giry de Saint-Cyr's *Catéchisme des Cacouacs*. If the *Catéchisme*'s treatment of snippets taken from these works is far from being what one would consider to be fair quotation, Palissot goes one step further; he seems to have opened the book more or less at random and copied down snippets of snippets, sometimes rearranging the order of words and even adding to them when he felt like it. On one occasion he ran together two quotations, combining one from D'Alembert (the famous 'L'inégalité des conditions est un droit barbare', in any case not a literal quotation) with a passage from Jaucourt's GOUVERNE-MENT.[3] As there is absolutely nothing new in his quotations from the *Encyclopédie* they need not detain us further.

There is a good deal about the *Encyclopédie* in the *LETTRES ET RÉPONSES DE M. PALISSOT À M. DE VOLTAIRE* in which Palissot published his exchange of letters with Ferney on the subject of his play and its preface.[4] Voltaire aroused considerable indignation among his friends in Paris at this juncture because, instead of flaying Palissot in his usual merciless fashion as an enemy of the cause, he even entered into correspondence with him, since he was anxious not to fall out with a powerful minister like Choiseul, whom he regarded as the patron of the author of *Les Philosophes*. Despite D'Alembert's indignation it must be said that, as a defence of the *Encyclopédie* and its contributors under the very difficult circumstances of the time, Voltaire's letters are extraordinarily effective. Indeed it is difficult to see why Palissot should have seen fit to publish such mildly phrased, but none the less scathing rebukes.

In his first letter thanking Palissot for a copy of his play Voltaire insinuates that his attack on the *Philosophes* is wholly unjustified:

[1] pp. 13–15. See Chap. VI, pp. 383–4.

[2] The passage comes from the *Année littéraire*, 1760, vol. iii.

[3] *Catéchisme*, pp. xxi–xxii; *Lettre*, pp. 19–20. See D'Alembert's protest in the *Journal des Savants* of July 1760 (Chap. VI, p. 364). Palissot admitted the mistake in his *Lettre à un journaliste* published at the end of his correspondence with Voltaire (p. 8).

[4] Palissot's letters of 28 May, 17 June, and 7 July are reprinted from this text as Best. 8201, 8237, and 8295, while Voltaire's letters of 4 and 23 June and 12 July are printed from the original manuscripts as Best. 8214, 8257, and 8307.

C'est à vous à faire votre examen de conscience, & à voir si vous êtes juste en représentant Messieurs Dalembert, Duclos, Diderot, Helvetius, le Chevalier de Jaucourt, *& tutti quanti*, comme des marauts qui enseignent à voler dans la poche.

Encore une fois, s'ils ont voulu rire à vos dépens dans leurs Livres, je trouve très-bon que vous ricz aux leurs, mais, par-dieu, la raillerie est trop-forte; s'ils étaient tels que vous les représentés, il faudrait les envoyer aux galeres, ce qui n'entre point du tout dans le genre comique; je vous parle net. Ceux que vous voulez deshonnorer passent pour les plus honnêtes gens du monde, & je ne sçai même si leur probité est supérieure à leur Philosophie....[1]

After a eulogy of Helvétius, Duclos, and Diderot, Voltaire goes on to praise the *Encyclopédie*. With all its faults, he declares,

je regarde d'ailleurs l'entreprise de l'Encyclopédie, comme le plus beau monument qu'on peut élever à l'honneur des Sciences; il y a des Articles admirables, non-seulement de M. Dalembert, de M. Diderot, de M. le Chevalier de Jaucourt, mais de plusieurs autres personnes, qui, sans aucuns motifs de gloire ou d'intérêt, se sont fait un plaisir de travailler à cet Ouvrage.

Il y a des Articles pitoyables, sans doute, & les miens pourraient bien être du nombre; mais le bon l'emporte si prodigieusement sur le mauvais, que toute l'Europe désire la continuation de l'Encyclopédie;[2] on a traduit déjà les premiers Volumes en plusieurs Langues; pourquoi donc jouer sur le Théâtre un Ouvrage devenu nécessaire à l'instruction des hommes & à la gloire de la nation?[3]

In his second letter, after once more praising the *Encyclopédie*, Voltaire comments scathingly on the shocking mixture of truncated extracts from the *Encyclopédie* and other works which Palissot had put into his preface:

Vous m'assurez que vous n'avez point accusé le Chevalier de Jaucourt, cependant c'est lui qui est l'auteur de l'article *Gouvernement*; son nom est; en grosses lettres, à la fin de cet article vous en déférés plusieurs traits qui pourraient lui faire grand tort, dépouillés de tout ce qui les précede, & qui les suit. . . .

Vous voulez rendre odieux un passage de l'excellente Préface que M. d'Alembert a mise au-devant de l'Encyclopédie, & il n'y a pas un mot de ce passage dans sa Préface. Vous imputez à M. Diderot ce qui se trouve dans les Lettres Juives, il faut que quelque Abraham Chaumeix vous ait fourni des Mémoires comme à M. J******,[4] & qu'il vous ait trompé, comme il a trompé ce Magistrat. Vous faites plus, vous joignez à vos accusations, contre les

---

[1] p. 8 (second pagination).
[2] Cf. the preface to *L'Écossaise*, where he describes the *Encyclopédie* as 'cet ouvrage nécessaire au genre humain, dont la suspension fait gémir l'Europe'.
[3] pp. 9–10 (second pagination).   [4] Joly de Fleury.

plus honnêtes gens du monde, des horreurs tirées de je ne scais quelle brochure intitulée *la Vie heureuse* & *l'Homme plante*, qu'un fou nommé la Metrie, composa un jour étant ivre à Berlin, il y a plus de douze ans. Cette Satyre de la Metrie oubliée pour jamais, & que vous faites revivre, n'a pas plus de rapport avec la Philosophie & l'Encyclopédie, que le Portier des Chartreux n'en a avec l'Histoire de l'Eglise; cependant vous joignez toutes ces accusations ensemble.

He then proceeds to point out gently to Palissot the dangers to which his delation could expose the people on whom he has informed, if his preface were to fall into the hands of those who wield authority:

> On a bien le temps de lire rapidement votre Préface, qui contient une feuille, mais on n'a pas le temps d'examiner, de confronter les Ouvrages immenses auxquels vous imputez ces dogmes abominables; on ne sçait point qui est ce la Metrie, on croit que c'est un Encyclopédiste que vous attaquez, & les innocens peuvent payer pour le criminel, qui n'existe plus; vous faites donc beaucoup plus de mal que vous ne pensiez & que vous ne vouliez; & certainement si vous y réfléchissez de sang froid, vous devriez avoir des remords.[1]

Finally Voltaire offers Palissot some avuncular advice; he suggests that he should insert in all the reviews a letter in which he admits that he does not possess a set of the *Encyclopédie* and that the quotations with which he had been supplied are unfaithful.

Although Voltaire's reaction to *Les Philosophes*, in which, of course, he himself had not been attacked, may have disappointed D'Alembert and his other Paris friends, it must be said that in the most moderate and polite terms he very skilfully unmasks Palissot and his misquotations and at the same time repeatedly defends the *Encyclopédie* at a critical moment in the history of its publication. Few writers could relish receiving such scathing rebukes from the leading man of letters of their day; fewer still could be found to publish them along with their feeble replies.

An example of the effect which the truncated quotations of Giry de Saint-Cyr and Palissot could have is to be found in an anonymous sixteen-page pamphlet, headed *LES AVIS*, which offers advice in turn to Diderot and D'Alembert, Voltaire as the author of *L'Écossaise*, Palissot, and Fréron (it is most favourable to the last-named of these). After being allowed to speak in defence of the *Encyclopédie*, Diderot and D'Alembert are told some home truths:

> Je conclus donc que dans ce grand, ce sublime, ce merveilleux Ouvrage de

[1] pp. 15–17 (fourth pagination).

l'Encyclopédie, dont vous êtes en partie les auteurs, il faut qu'il vous soit certainement échappé un grand nombre d'assertions fausses, hétérodoxes, scandaleuses, également contraires à la religion, aux bonnes mœurs, au gouvernement; puisque tant de gens éclairés se sont élevés à la fois contre vous. Je conviens que vos vues ont pu être pures, votre intention droite. Mais vos idées, vos hypothèses, vos expressions sont si contraires à ces sentimens que je vous suppose, qu'il n'est point du tout étonnant que les puissances séculieres & ecclésiastiques se soient élevées contre vous. Qu'est-ce que cette singuliere philosophie que vous voulez introduire, sur tant de sujets qu'il est inutile de rapporter ici, parce que vos dénonciateurs en ont fait d'amples recueils qui sont sous les yeux du public? Vous voulez éclairer vos concitoyens, leur inculquer votre façon de penser: eh! gardez tout cela pour vous-mêmes: laissez-les dans leur ignorance, elle est préférable à tout votre vain sçavoir. Qu'est-ce que ces maximes, par exemple, extraites de vos ouvrages? Quelle monstrueuse tirade d'impertinences philosophiques? ou plutôt quelle imagination déréglée. Quoi, Messieurs! vous voulez instruire vos concitoyens, vous voulez les éclairer, vous en voulez faire des hommes: eh! vous en feriez des monstres, s'ils étoient capables de pratiquer de pareilles leçons. Ces affreuses maximes détruisent toutes les vertus sociales & particu-lieres. . . .[1]

And so the diatribe continues for another page and a half.

A similar abuse of these alleged quotations—shortened sometimes even further—is to be found in yet another pamphlet in this contro-versy, *CONSEIL DE LANTERNES, OU LA VÉRITABLE VISION DE CHARLES PALISSOT*, which is mainly given up to an attack on the *Encyclopédie*:[2] this would scarcely be surprising if, as has been surmised, the pamphlet was inspired by Palissot and possibly even written by him.[3] Another pamphlet, *LE PHILOSOPHE AMI DE TOUT LE MONDE*, by L . . . C . . . (Louis Coste), works in with a number of quotations from *De l'Esprit* Palissot's extract from Jaucourt's article GOUVERNEMENT:

> Les Gouvernements peuvent se dissoudre, quand les Puissances législa-tives & exécutrices agissent par la force au-delà de l'autorité qui leur a été commise.[4]

Palissot, as we have seen, took this quotation at second hand from the *Catéchisme des Cacouacs*, cutting it down in the process. One last pam-phlet of the year 1760 remains to be mentioned—*LE COQ-À-L'ASNE OU L'ÉLOGE DE MARTIN ZEBRE*—but it need not detain us

---

[1] pp. 6–7.   [2] See especially pp. 18–21.
[3] D. Delafarge, *La Vie et l'œuvre de Palissot (1730–1814)*, Lyons, n.d., p. 229.
[4] p. 34.

long, as, although it does definitely refer to Diderot and the *Encyclopédie*, it is so full of heavy humour that it does not attempt any sort of detailed analysis of either the work or articles from it.

A summary of the whole controversy down to this point—from Father Berthier to Palissot and his *Philosophes*—was provided in one of the chapters of Abbé IRAIL's *QUERELLES LITTÉRAIRES*, published in 1761.[1] The fairly impartial and at times witty account of the battle which he provides opens with these general reflections:

> Les encyclopédistes forment une société de gens de lettres & leurs adversaires plusieurs corps respectables. Des magistrats, des théologiens, des religieux, des ministres protestans, beaucoup d'écrivains, conduits peut-être par des animosités particulières, quelques-uns par un zèle véritable, ont fait tous leurs efforts pour empêcher la continuation de l'ouvrage annoncé comme le plus vaste, le plus hardi, le plus utile qu'on ait jamais conçu. Il devoit être la gloire de la nation, le triomphe de l'esprit humain; & jamais phénomène littéraire n'a causé plus de scandale. On crut voir heurter tous les principes, anéantir toutes les loix divines & humaines, sous cette idée éblouissante de rassembler en un corps, & de transmettre à la postérité le dépôt de toutes les sciences & de tous les arts. On soupçonna quelque conspiration secrète. Mille voix s'élevèrent pour la faire échouer. D'abord on employa les manœuvres; bientôt la critique, le ridicule & les brocards; enfin les noirceurs & les accusations les plus atroces. On parvint à renverser la prétendue base sur laquelle portoient toutes les connoissances humaines.[2]

In the details which he gives of the controversy there are several points worthy of note. He provides a good account of the fierce arguments provoked by the article GENÈVE.[3] Irail was no admirer of Chaumeix and his *Préjugés légitimes*: 'Quel stile! quel fatras de raisonnemens & de paroles', he exclaims.[4]

The effect of the publication of *De l'Esprit* on the fate of the *Encyclopédie* is stressed:

> Mais, qui l'eût cru que la ruine des encyclopédistes ne viendroit point du déchaînement de leurs adversaires; qu'elle seroit creusée par un de leurs plus zélés prosélytes, dont les principes ne sont qu'un écoulement des leurs. Le livre de l'*Esprit* leur a porté le dernier coup. Leurs maximes, leurs loix, leurs raisonnemens parurent fondus dans ce livre.[5]

The Abbé rounds off the chapter with two criticisms of the *Encyclopédie* which are worth quoting:

> L'*Encyclopédie*, ce monument qu'on se proposoit d'élever à la gloire de la

---

[1] Vol. iv, pp. 118–53.   [2] pp. 118–19.   [3] pp. 135–41.
[4] pp. 144–5.   [5] pp. 145–6.

nation & de l'esprit humain, auroit continué de mériter l'approbation du gouvernement, s'il n'avoit eu d'autres fondemens que ceux des sciences & des arts. Bâti sur la politique & sur la théologie, il devoit crouler. Comment ses auteurs ne l'ont-ils pas prévu? Quel autre avantage encore n'eût-il pas résulté de l'exclusion de ces deux parties si critiques? Le dictionnaire, embrassant moins d'objets, eût été susceptible de perfection; au lieu que, malgré le nombre choisi de ses coopérateurs, il ne peut être considéré que comme un ouvrage incomplet. Il a surtout un grand défaut: c'est le mélange des stiles emphatique & déclamatoire dans certains articles; diffus & languissant dans d'autres: dans ceux-ci, chargés de phrases & de lambeaux pris de toutes parts. Autant d'écrivains associés, autant de systêmes différens. L'accord des parties d'un tout fait sa perfection.[1]

Comments like these, hidden away in this now forgotten work of compilation, have a certain interest.

After the crisis in the history of the publication of the *Encyclopédie* in the years 1757–60, the controversy aroused by its publication tended to peter out. The number of later works which we have to deal with is decidedly limited. In May 1761 D'Hémery noted the publication of *LA PETITE ENCYCLOPÉDIE OU DICTIONNAIRE DES PHILOSOPHES, OUVRAGE POSTHUME D'UN DE CES MESSIEURS*; although the work is given out as published in Antwerp, he describes it as 'imprimée à Lyon et distribuée icy avec une espece de tolerance', adding somewhat superfluously 'Cet ouvrage est contre les Encyclopedistes'.[2] Library catalogues follow Barbier in ascribing the work to Chaumeix, but this attribution would seem no more reliable than the date of 1771 which he attaches to it.[3] Anyone who knows his Chaumeix is bound to consider the work both too intelligent and too coolly detached in its satire to have come from his pen. On the other hand an attempt to pierce the author's anonymity would not repay the effort involved.

La Petite Encyclopédie offers the reader a series of articles in alphabetical order, ranging from AGE to VERTU, linked together by what the author calls in the preface 'cette idée admirable de marquer par des RENVOIS l'enchaînement des pensées. . . . C'est-là, sans doute, une des plus belles inventions de l'esprit humain, qui seroit capable d'immortaliser ceux qui en sont les Auteurs'.[4] The articles are made up of quotations not only from the *Encyclopédie*, but also from the writings of

---

[1] pp. 152–3.   [2] BN, Ms. fr. 22162, f. 25r (14 May).
[3] The date 1761 is confirmed by reviews of the period (e.g. the *Année littéraire*, 1761, vol. iv, pp. 26–42) and by a letter of Voltaire (Best. 9171, 20 August 1761).
[4] p. vi.

Diderot, Toussaint, Helvétius, and La Mettrie. The author himself offers us the broadest of hints that his documentation is second-hand. In the article CATÉCHISME we find a clear reference to Giry de Saint-Cyr's *Catéchisme des Cacouacs*, the title of which is given in a footnote to the following passage:

> Nous avons, il est vrai, le Catéchisme des Philosophes, auquel un plaisant a donné un nom ridicule: mais nous entendons raillerie. Je ne sais, si nos Messieurs ont goûté cet écrit. Pour moi, je dois beaucoup de reconnoissance à son Auteur. Il m'a épargné la peine de chercher dans leurs sources les plus belles idées & les plus admirables découvertes de nos Sages; & ce n'est pas un petit service rendu à un paresseux.[1]

We know then quite definitely that the author of the *Petite Encyclopédie* owes his quotations, not to a diligent study of the seven volumes of the *Encyclopédie* which had so far appeared, but to Giry de Saint-Cyr. All he has done is to arrange under alphabetical headings extracts from this and other works denounced in the *Catéchisme des Cacouacs*.

Thus when the *Catéchisme* extracts (very approximately) from the end of *BRAMINES the words 'Les centres de ténébres commençoient à devenir plus rares & à se resserrer',[2] the sentence becomes in the article AGE D'OR of the *Petite Encyclopédie* (with the help of a quotation taken by Giry de Saint-Cyr from the *Pensées sur l'interprétation de la nature*): 'Les centres des tenebres commencent à devenir plus rares & les centres de lumière se multiplient & s'étendent.'[3] Yet if the author owes his extracts to Giry de Saint-Cyr, he does none the less add his own ironical comments which give the work a certain originality. His observations on the political articles, especially AUTORITÉ POLITIQUE,[4] have a certain interest, but, broadly speaking, all this work really does is to turn inside out the unfairly extracted snippets of the malevolent *Catéchisme des Cacouacs*.

While Diderot, D'Holbach, Jaucourt, and the rest of the contributors were toiling over the last ten volumes of the *Encyclopédie*, a certain Abbé SAAS of Rouen was busily engaged in assembling a list of errors contained in the first seven. The first instalment of his work appeared anonymously in 1762, attached to a longer essay, under the title of *LETTRE D'UN PROFESSEUR DE DOUAY À UN PROFESSEUR DE LOUVAIN SUR L'ENCYCLOPÉDIE*. This essay, which confines itself to the first volume of the *Encyclopédie*, was expanded two years later into *LETTRES SUR L'ENCYCLOPÉDIE*

---

[1] pp. 42–43.
[2] *Catéchisme des Cacouacs*, p. xi.
[3] *La Petite Encyclopédie*, p. 6.
[4] See Chap. VII, pp. 460–1.

POUR SERVIR DE SUPPLÉMENT AUX SEPT VOLUMES DE CE DICTIONNAIRE. On 23 August 1764 D'Hémery's note on the work contains the words 'imprimé a Rouen, et dont on a sollicité icy la p[ermissio]n'. He adds: 'C'est un abbé Saas de Rouen qui est l'auteur de cet ouvrage qui paroit bien fait.'[1] This opinion as to the merits of the work was not shared either by Diderot in his introduction to the article SUBSIDE or by Voltaire in a letter to Damilaville which is quoted at that place.[2]

The first *Lettre* begins with praise for the *Encyclopédie*, followed by a warning:

. . . Qu'il me soit permis de dire que l'Encyclopédie . . . peut être dangereuse aux jeunes gens & aux ignorans qui prennent tout ce qu'on dit pour des Oracles, & cela contre l'intention des Auteurs. Messieurs les Encyclopédistes ont trop d'esprit & de bonne foi pour ne pas se rendre à l'évidence & avouer qu'ils se sont trompés quand on le leur prouve clairement. Il n'en est pas ainsi de leurs admirateurs outrés. Les preuves & les démonstrations n'ont aucune force contr'eux, aussi n'est-ce pas pour eux que j'écris.[3]

This letter confines itself to a study of the first volume, and the author also states that he has left out theology and politics, as these have already been dealt with, as well as mathematics: that leaves him with what he calls 'la Géographie, la Mythologie & la Bibliographie'. He has no difficulty in pointing out not only a certain number of contradictions, but also quite a number of errors in these fields, especially as he lists even obvious misprints which the reader could well have corrected for himself.

The second work has much more definitely a polemical purpose. Not only does it take in the whole of the first seven volumes (incorporating the substance of the criticisms already brought against the first), but it also attacks the ideas contained in several articles. When Abbé Saas comes to the second volume he quotes the well-known passage from the end of *BRAMINES on 'centres de ténèbres', and then goes on to make fun of the *Encyclopédie* for its mistakes.[4] He also complains that the article *CERF contains 'des expressions repréhensibles, pour ne rien dire de plus', but abstains from repeating the charges already brought against its author.[5] Faiguet de Villeneuve is again denounced for his article, CITATION (*Grammaire*),[6] and when the Abbé reaches Vol. IV, the same contributor is rebuked for his DIMANCHE.[7]

---

[1] BN, Ms. fr. 22163, f. 130r.   [2] See *Studies*, vol. xxxii, p. 381.   [3] p. 75.
[4] p. 52.   [5] p. 58.   [6] p. 63.   [7] p. 81.

With Vol. V comments of this kind increase. *ÉCLECTISME is attacked for its attitude towards the Neoplatonists: 'On leur prodigue les plus grands éloges, pendant qu'on déchire, sans aucun ménagement, les plus illustres Défenseurs de la Religion Chrétienne.'[1] The Abbé devotes some space to refuting two points in the article—the statements that Maximus Ephesius was 'un des plus honnêtes hommes de son siecle' and that St. Cyril was responsible for the murder of Hypatia. For a refutation of Rousseau's ÉCONOMIE POLITIQUE, which, he alleges, 'combat la Loi naturelle & les idées du Juste & de l'Injuste', he refers the reader to Chaumeix's pamphlet, *Les Philosophes aux abois*:[2] but there seems to be nothing there on this article.[3] Jaucourt's EDINBOURG is criticized for its reference to Jan Hus and Jerome of Prague being put to death by the Council of Constance 'malgré le sauf-conduit'. The Abbé will not accept this heretical account of the matter:

> On peut consulter la Dissertation du P. Alexandre, sur ce sujet dans son Hist. Eccl. On y verra que le Concile de Constance n'a point violé le sauf-conduit. Le P. Alexandre dit, que ce sont les Hérétiques qui en objectent la violation. Messieurs les Encyclopédistes ne sont pourtant pas hérétiques; mais aussi ne sont-ils pas Théologiens, car on trouve dans l'Encyclopédie plusieurs Assertions que la saine Théologie réprouve, & qui ont été autant de fois réfutées que la prétendue violation du *sauf-conduit*.[4]

Apropos of the two articles, ENDYMATIES (Jaucourt) and ENDROMIS (Mallet), which the author alleges are taken from the *Mémoires* of the Académie des Inscriptions, he launches an attack on the plagiarisms of the *Encyclopédie*:

> Il n'est pourtant pas besoin de talens extraordinaires pour copier des Articles entiers des Dictionnaires de Trevoux, des Arts & Sciences, des Beaux-Arts, de Médecine, de Peinture, de Mythologie, de Géographie, & de quelques autres Livres françois, dont on pourroit donner la liste qui ne seroit pas fort longue; mais pour copier exactement, il faut avoir plus de connoissances & d'attention, que n'en ont eu quelques Copistes Encyclopédistes.[5]

After this nasty swipe the Abbé complains about the repeated eulogy of Perrault, referring to Cahusac's ENTHOUSIASME as well as to *ENCYCLOPÉDIE and *CONTEMPORAIN. This is, however, a mere trifle compared with his onslaught on Faiguet de Villeneuve's ÉPARGNE. To the

---

[1] p. 98.
[2] pp. 101–2.
[3] The only copy of Chaumeix's pamphlet which I have seen (that in the Bibliothèque Nationale) contains no such refutation in its sixteen pages.
[4] p. 102.
[5] p. 105.

suggestion that great savings might be made by the abolition of con-
secrated bread the Abbé retorts:

> Vous voyez, Monsieur, qu'on pourroit aller loin avec de pareils raison-
> nemens. . . . Je prie ces Messieurs de considérer . . . que sans en avoir le
> dessein ils s'approchent un peu trop des Protestans, par l'Épargne qu'ils
> proposent. . . .[1]

*ÉPICURÉISME and with it AMOUR DES SCIENCES are also subjected to
attack, but the reader is referred to Chaumeix's *Préjugés légitimes* on
this subject.

One of the articles singled out for criticism in Vol. VI is Deleyre's
FANATISME. The Abbé seizes the opportunity to praise Chaumeix:

> Cet Article est très-répréhensible. On y tombe dans le vice qu'on prétend
> combattre. Ce qu'on y dit contre les Sacrifices en général, contre le Sacri-
> fice d'Abraham en particulier, contre les Martyrs, &c., est solidement réfuté
> dans les *Préjugés légitimes contre l'Encyclopédie*. Il a été beaucoup plus aisé
> aux Encyclopédistes de mépriser cet ouvrage que d'y répondre. Il leur a fait
> trop de mal pour qu'ils en aient dit du bien.[2]

Another article to be censured is FETES *des Chrétiens*, again by Faiguet
de Villeneuve, against whom the Abbé appears to have nourished a
special grudge: 'Il fait ici quantité de mauvais raisonnemens pour
montrer qu'il faut suprimer les Fêtes & les Jeûnes.'[3] An examination of
Jaucourt's FLAMINE DIALE, which, he alleges, contains several errors,
leads him to some general reflections on the *Encyclopédie*'s treatment of
religion:

> Vous êtes convaincu, Monsieur, que les Auteurs de l'Encyclopédie ont
> mal réussi dans plusieurs Articles qui concernent les fausses Religions & la
> véritable. Foibles Antiquaires sur le Paganisme, imprudens Discoureurs sur
> le Christianisme, ils ont manqué d'exactitude en quantité d'endroits.[4]

In the seventh and last letter he refers the reader to Chaumeix for
the truth about FOI, FORME, FORMULAIRE, and even GENÈVE, though he
devotes two columns to an attack on the last of these articles. Apropos
of Voltaire's FRANÇOIS he remarks indignantly:

> Messieurs les Encyclopédistes reglent les rangs en ce monde. Marc
> Aurele est le premier des Princes & des hommes, & Julien le second. Remar-
> quez, Monsieur, qu'il faut que ce soient deux Païens qui aient les deux
> premiers rangs.[5]

---

[1] p. 106.   [2] p. 132.   [3] p. 135.   [4] p. 139.   [5] p. 165.

D'Alembert's FRATRICELLES and FRERES DE LA CHARITÉ are also attacked. To a long quotation from the latter article the Abbé retorts:

Ces jugemens portés par de grands Philosophes ne sont assurément guéres Philosophiques. . . . Messieurs les Encyclopédistes prétendent pourtant que les Religieux ne peuvent réussir dans la Philosophie. Eh pourquoi ? Parce que *la Philosophie veut de la liberté, & que les Religieux n'en ont point.* Mais qu'appelle-t-on liberté ? Ne seroit-ce point ce funeste pouvoir d'écrire contre la Religion, les Mœurs & le Gouvernement, source des maux qui inondent les Empires ?[1]

The length of the Abbé's reply shows that D'Alembert's article had got under his skin.[2]

At the end of the seventh letter the Abbé refers to a rumour that the *Encyclopédie* was to be continued and completed:

Vous me mandez dans votre derniere Lettre, Monsieur, que plusieurs personnes qui se pretendent bien informées, assurent que l'Encyclopédie sera continuée & achevée en entier. Je doute que cela s'exécute, & je suis persuadé que vous en douterez aussi lorsque j'aurai mis sous vos yeux les Actes qui ne permettent guère d'espérer cette continuation.[3]

He then proceeds to reproduce the text of the *Arrêt du Conseil* of 1752 suppressing the first two volumes, summarizes the *réquisitoire* of Joly de Fleury, giving the text of the *Arrêt du Parlement* of 1759, and finally transcribes the *Arrêt du Conseil* of March 1759 withdrawing the *privilège.* The Abbé concludes by expressing the opinion that, given the existence of all these condemnatory texts, it is unlikely that the *Encyclopédie* will ever be finished.

He was, however, to be disappointed in his hopes, since less than eighteen months after the publication of the *Lettres,* the last ten volumes of the text of the *Encyclopédie* were ready for distribution. This event, a landmark in the history of the publication of the work, cannot be said to have led to a renewal of the controversy begun in 1751. Both in the periodical press and in the books, pamphlets, and other writings of the time, the appearance of these volumes was greeted with a silence which is the despair of the historian of the work. For all Le Breton's exertions as censor these volumes contain as much material for controversy as the first seven; and yet there was virtually no controversy, and hence no discussion of the bolder articles which had somehow escaped mutilation or suppression.

[1] pp. 169–72.
[2] D'Alembert replied to this attack in the fifth volume of his *Mélanges,* published in 1767 (see pp. 563–8).   [3] pp. 185–6.

In the year 1766 we find only two works—one a pamphlet not directed against the *Encyclopédie*, but containing an incidental attack on an article from the first volume, the other (a two-volumed book) devoted in large part to an article from Vol. V, published a decade earlier. There is nothing—not even a tiny pamphlet—directed against the last ten volumes. The first of these two works—the anonymous *SUPPLÉMENT AUX DIVERSES REMARQUES FAITES SUR LES ACTES DE L'ASSEMBLÉE DU CLERGÉ DE 1765* —devoted a short passage to accusing the author of the *Actes* of putting forward the same shocking interpretation of Romans xiii. 1 as the author of AUTORITÉ POLITIQUE, which is wrongly attributed to Toussaint.[1]

The second work to appear in 1766 was a much more substantial one —the *HISTOIRE CRITIQUE DE L'ÉCLECTISME OU DES NOUVEAUX PLATONICIENS* by Abbé GUILLAUME MAL-LEVILLE, 'docteur de Sorbonne', according to Grimm.[2] Most of the first volume of this work is devoted to a critical examination of one *Encyclopédie* article, *ÉCLECTISME. It is not only Diderot who comes under attack; Brucker, the author of the *Historia critica philosophiae* upon which Diderot drew so heavily, also comes in for censure.

What repelled the author in Diderot's article is stated clearly in the preface:

> Il suffit d'observer à présent, que l'origine & l'accroissement de l'Eclectisme ont suivi de si près l'établissement du Christianisme, que les mêmes faits qui entrent dans l'Histoire de l'un, entrent aussi dans l'Histoire de l'autre. Ainsi, les ennemis du Christianisme ont profité de cette liaison pour tourner ces faits à leur avantage, & pour en faire disparoître tout ce qu'ils offrent d'avantageux à la cause de la Religion. Telle est l'insidieuse méthode de l'Encyclopédiste. La seule précaution qu'il a prise, pour se cacher un peu, a été de ne pas renoncer trop ouvertement au langage des gens attachés au Christianisme de bonne foi.[3]

The Lutheran Brucker, the author alleges, has attempted to show that certain Eclectic doctrines have been absorbed into the theology of the Catholic Church; but in this article Diderot has gone much further,

---

[1] pp. 14–15 (see Chap. VII, pp. 424–5).

[2] *Corr. litt.*, vol. vii, p. 30. 'Le docteur a raison,' he continues, 'ces encyclopédistes sont des gens sans foi ni loi. Ils s'abandonnent à leur imagination, et font dire aux anciens philosophes des choses auxquelles ils n'ont jamais pensé. Si l'auteur de cet article [*ÉCLECT-ISME], M. Diderot, est obligé de répondre de tout ce qu'il a mis proditoirement dans la bouche des autres, je ne me soucie pas d'être à côté de lui le jour de la grande trompette.'

[3] Vol. i, pp. xii–xiii.

puisqu'il a rempli sa prétendue Histoire de l'Eclectisme, d'infidélités révoltantes, & de traits propres à faire naître des doutes sur la vérité du Christianisme: procédé qui offre un phénomène auquel on ne doit point refuser son attention. Car enfin le plus grand intérêt de l'Encyclopédiste, comme de tous les autres membres de la Société, est d'avoir de bons parens, de bons compatriotes, de bons amis. Par quel travers travaille-t-il donc à les gâter, à les corrompre, à les pervertir ? Si on leur persuade que le Christianisme va de pair avec le Mahométisme & le Polithéisme; que toutes les Religions sont l'ouvrage de la politique, de la fraude, ou du Fanatisme; & parens, & amis, & domestiques, tous vont se mettre en liberté; plus de frein qui les retienne; les Loix de la conscience sont anéanties pour eux. Ils n'auront d'autre guide que leurs penchans.[1]

In the preface itself Malleville takes the trouble to point out the subversive nature of certain other articles. *EPIDELIUS arouses his displeasure because of the reasons advanced in it for the rejection of a pagan miracle:

Quoiqu'il n'y ait guères de faits merveilleux accompagnés d'un plus grand nombre de circonstances difficiles à rejetter en doute, que le miracle dont il s'agit; quoique ce miracle ait un caractère d'authenticité, qui n'est pas commun, & qu'il soit confirmé par le témoignage & le Monument de tout un peuple, il ne faut pas le croire. Il n'est pas nécessaire d'en exposer les raisons. Il suffit, pour le rejetter, de sçavoir que le vrai Dieu eût engagé les hommes dans l'Idolâtrie, s'il eût permis de pareils prodiges. Il y a des cas, où il faut juger de la vérité des faits par les conséquences, & d'autres, où il faut juger des conséquences par la vérité des faits.

To this the author retorts by quoting *Pensées philosophiques* xlvi: 'Tout Paris m'assureroit qu'un mort vient de ressusciter à Passy, que je n'en croirois rien.'[2]

Another article on pagan miracles—*CHTHONIES—is also treated with suspicion by the Abbé:

On voit le motif de cette altération des circonstances de la narration de Pausanias. L'Encyclopédiste veut trouver des prodiges ridicules & indignes de créance, attestés cependant dans les Livres des anciens, pour pouvoir se moquer de tous ceux dont ils nous parlent.[3]

It is interesting that the unsigned article CHALCÉDOINE (tentatively attributed to Diderot)[4] comes in for severe criticism, in particular for

---

[1] Vol. i, pp. xix–xx.
[2] Vol. i, pp. xxii–xxiv.
[3] Vol. i, pp. xxxii–xxxiii.
[4] See *Studies*, vol. xxxii, p. 373.

the ironical comparison made in it between two alleged miracles, one of which was related by Ammianus Marcellinus:

> Pourquoi donc l'Encyclopédiste s'amuse-t-il à rapporter un prodige, méprisé par toutes les personnes sensées? C'est pour pouvoir se moquer de celui que raconte Ammien Marcellin. . . . Car qui pourroit prendre au pied de la lettre ce qu'il dit, qu'il faut bien se garder de comparer le fait, rapporté par le crédule Cédréne, avec celui qu'on lit dans Ammien. S'avisera-t-on de mettre en parallele le conte puérile [*sic*] de Cédréne, avec un fait que toutes les chicanes du Pyrrhonisme ne sçauroient rendre douteux?
>
> Les événemens qui déposent pour la divinité du Christianisme, sont odieux à l'Encyclopédiste. S'il ne peut les réfuter par des raisons solides, il les tourne en ridicule, il en élude les conséquences; il insinue que les Païens avoient aussi des miracles pour établir le culte de leurs Idoles, il voudroit faire croire que les miracles du Paganisme n'avoient guères moins d'authenticité que les nôtres.[1]

One cannot very well say that the Abbé's accusations are unfounded.

The actual text of his first volume is mainly devoted to a refutation of *ÉCLECTISME. If a good many of the criticisms concern alleged errors of fact, the analysis of the ideas put forward is acute. The Abbé sees through Diderot's little game. All this praise of Eclecticism, he maintains, can easily be explained:

> Il désigne en plus d'un endroit, & même sans ambiguité, la cotterie moderne de ces hommes sensés, qui sont les zélés partisans de *cette philosophie conciliante, paisible & secrette, toujours disposée à écouter & à s'instruire*. La prudence ne vouloit pas que l'on réunît tous les traits semés par-ci, par-là, qui caractérisent ces Philosophes de nos jours. Un peu d'obscurité est le sel le plus piquant des allégories. Sous le voile d'un récit historique, l'Encyclopédiste nous apprend ce que méritoit, suivant sa maniere de penser, l'ancienne secte Eclectique rivale du Christianisme, & ce que mérite encore mieux la société des Eclectiques modernes qui adoptent les principes de l'Encyclopédie. . . . Comme l'Encyclopédiste est persuadé que la seule philosophie raisonnable est cet Eclectisme, il ne perd pas l'occasion d'en faire l'éloge. Ce n'est pas néanmoins pour l'Eclectisme ancien qu'il s'intéresse. L'Eclectisme moderne, qu'il nous peint sous le voile & sous le nom de l'ancien, a toute sa prédilection.[2]

Again the Abbé can be said to have scored a point.

Diderot's statement that the emergence of Eclecticism at the end of the third and the beginning of the fourth century was the result of the intolerance of Christianity arouses the author's indignation:

¹ Vol. i, pp. xxxvii–xxxviii.   ² Vol. i, pp. 33–35.

. . . Supposé d'ailleurs qu'on ne croie pas au Christianisme, ce discours alors peut paroître assez raisonnable. Dans une telle hypothèse, il est tout naturel de ne pas voir sans indignation, que la Religion de Jesus-Christ proscrive tous les autres cultes, & qu'elle ne trouve rien que de défectueux, d'imparfait, même de faux & de condamnable dans toute la sagesse de la Philosophie humaine. . . .[1]

A vivid passage in *ÉCLECTISME on 'un petit nombre d'hommes froids' who remain above the battle 'et qui finissent par se faire un système conciliateur, auquel ils se flattent que le grand nombre reviendra' is criticized, not only for lacking any historical basis, but for another reason:

Ces Sages qui écoutent, qui pésent, qui n'appartiennent à aucun parti, qui par conséquent regardent d'un œil indifférent les controverses de Religion, qui se flattent que le grand nombre reviendra à leur système conciliateur: ce sont Messieurs les Encyclopédistes. C'est ici leur portrait tracé par un de leurs principaux Chefs. Que personne ne l'ignore. L'Encyclopédiste parlant selon les desirs de son cœur, se flatte avec ses amis, que ce systême conciliateur, qui est la destruction de la foi Chrétienne, sera adopté par le grand nombre, & qu'il prévaudra enfin.[2]

Once more one feels that the Abbé has hit the target.

Diderot's parallel between Christianity and Eclecticism incurs the Abbé's indignant censure:

. . . L'Encyclopédiste n'a pu cacher la passion qui l'animoit de tracer ce parallele, en dérision du Christianisme. L'indécence des traits que je vais en transcrire, la découvre trop visible pour pouvoir s'y méprendre.[3]

Diderot's observations on the controversies between Porphyry and the Fathers of the Church are explained with some acuteness:

Se croyant persécuté lui et ses amis, il ne peut s'empêcher de répandre son cœur en plaintes. Qu'on n'ignore cependant pas que cette persécution qui lui paroît si injuste, se réduit à n'avoir pas la liberté d'imprimer tout ce qu'il veut contre le Christianisme. Il s'associe à la cause de Porphyre, le grand ennemi de la Religion Chrétienne; & comme les injures dont les Peres l'ont chargé, lui retracent l'idée des traitemens injustes qu'il croit souffrir; il venge Porphyre, en imputant aux Peres de l'Eglise le même Fanatisme, dont il reconnoît que Porphyre étoit dominé.[4]

His remarks about mystics apropos of Iamblichus are denounced in trenchant terms:

L'Encyclopédiste veut divertir ses Lecteurs aux dépens des Mystiques, ou

[1] Vol. i, p. 96. [2] Vol. i, p. 102. [3] Vol. i, p. 124. [4] Vol. i, p. 201.

plutôt des Saints; comme si ce qu'on en raconte, n'étoit pas mieux fondé que ce qu'on a débité de Jamblique; comparaison indécente, qui decouvre l'Esprit irréligieux de l'Encyclopédiste. J'ai dit, ou plutôt des Saints; car, à prendre le mot de *Mystique* pour des Ecrivains qui ont composé des Ouvrages de Mysticité; on n'attribue point aux Mystiques, de s'élever dans les airs en priant, d'avoir alors leurs habits resplendissans de lumiere, de commander aux Demons, encore moins, d'évoquer les Génies du fond des eaux.[1]

Once more Diderot's attitude to Julian the Apostate comes under criticism. The chapter on this subject is introduced at the end of the previous one by this warning:

On diroit que l'Encyclopédiste a réservé pour cet article ses traits les plus envénimés contre la Religion; & comme d'ailleurs il se cache dans une obscurité affectée, il semble par-là nous avertir d'être plus attentifs à dévoiler ses desseins.[2]

This the Abbé proceeds to do at considerable length, paying particular attention to what Diderot has to say about the miracles associated with Julian's name. For instance, Diderot's comments on the miracle of the Jews employed by him to restore the temple and walls of Jerusalem being devoured by flames, receives the following censure:

Il y auroit de l'imbécillité à ne pas comprendre que l'Encyclopédiste, par un langage ironique, insulte ceux qui croient le miracle, dont il parle. . . . Il compte pour rien toutes les autorités qui déposent en faveur du prodige.[3]

Diderot's observations on the story of devils disappearing when Julian made the sign of the cross, though wrapped up in careful language, present no difficulties of interpretation for the Abbé:

Il est facile de demêler le but de ce discours. On est presque universellement persuadé de la fausseté des prétendus prodiges de la Theurgie, & l'Encyclopédiste en est apparemment aussi persuadé que personne. Il veut donc montrer qu'on n'a pas plus de raison de croire à tous les autres faits surnaturels; comme si la croyance des uns n'étoit pas mieux fondée que la croyance des autres.[4]

Finally Diderot's explanation of why Christianity flourished under persecution whereas Eclecticism was destroyed by it, receives this comment:

Quand on croit que le Christianisme est une Religion divine, il n'y a qu'un mot à dire sur cette question: & c'est le mot de Cicéron: *Opinionum*

---

[1] Vol. i, pp. 208–9.   [2] Vol. i, p. 231.
[3] Vol. i, p. 249.   [4] Vol. i, p. 260.

commenta delet dies, naturae judicia confirmat, en prenant le mot *naturae* pour le suprême auteur de la nature. . . . Une entreprise humaine se détruit d'elle-même: l'œuvre de Dieu subsiste malgré tout. . . . Mais comme les incrédules mettent de niveau le Christianisme & l'Eclectisme, & qu'ils ne croient pas l'un plus divin que l'autre, ils expliquent cet événement d'une maniere toute différente.[1]

And so, after fresh attacks on Brucker and other Protestant writers, the first volume ends.

The second volume of the *Histoire critique de l'éclectisme* contains, in contrast, relatively little on the *Encyclopédie*. Only one chapter is devoted to it. It bears the title: 'On montre contre les Encyclopédistes, que la connoissance des bons & des mauvais anges n'est point passée des Chaldéens aux Juifs.' This time it is no longer *ÉCLECTISME which comes under fire, but Mallet's articles DÉMON and DIABLE.[2] The main weight of the Abbé's attack on the *Encyclopédie* lies in the first volume; his comments both on points of detail and on the general principles involved show an acute grasp of Diderot's underlying purpose in writing *ÉCLECTISME and similar articles. Though the book was scarcely likely to prove a best-seller, it is extremely interesting to observe how an intelligent and reasonably objective supporter of orthodoxy saw through the evasions and insinuations to which a *Philosophe* was compelled by circumstances to have recourse.

In the *ESSAIS SUR DIFFÉRENS SUJETS DE PHILO-SOPHIE* published in 1767 by Abbé PIERRE DUVAL, who taught philosophy at the Collège d'Harcourt, there is a section entitled: 'Doutes sur la solution que M. D'Alembert donne dans sa Dynamique d'un Problême proposé par l'Académie de Berlin.' In this he seeks to exploit the alleged contradictions between various of D'Alembert's *Encyclopédie* articles on philosophy and science[3] and his other writings. But there is no sharp polemical tone in this section of the work; it is concerned with purely technical arguments, and all the articles mentioned come from the first seven volumes.

In 1767 there also appeared a work which obviously had a much wider diffusion (it went through several editions)—the *DICTION-NAIRE ANTIPHILOSOPHIQUE* of the Benedictine Dom LOUIS MAYEUL CHAUDON. While mainly devoted to refuting Voltaire's *Dictionnaire philosophique,* this work is also directed against

---

[1] Vol. i, pp. 273–4.　　　　　　　　　　　[2] Vol. ii, pp. 213–29.
[3] For instance, ACCÉLÉRATION, ACTION, ATTRACTION, COSMOLOGIE, ÉQUILIBRE, and FORCE.

other writings including the *Encyclopédie*. Diderot receives an article to himself as one of 'les Chefs de l'incrédulité'.[1] After a fairly detailed commentary on the *Pensées philosophiques* we come at last to a short passage on the *Encyclopédie*:

L'ENCYCLOPEDIE a été encore le champ de bataille de M. Did.***, un des chefs de cette dangereuse entreprise. On lui attribue aussi une partie de la These de l'Abbé *de Prades* & de la défense de cette These. Ces différens attentats contre la Religion prouvent dans l'Auteur un acharnement bien horrible; & que veut-on substituer à cet édifice divin? la chimere monstrueuse du Matérialisme, chimere qui ouvre la porte à tous les vices & à tous les crimes. Dans quel abîme ne tombe-t-on pas lorsqu'on s'écarte de la route de la Religion?[2]

After this passage of sermon style it comes as rather a surprise to learn that Diderot 'a d'ailleurs des vertus, une ame forte & élevée, un génie étendu & une imagination brillante', but this merely leads on to an attack on the *Lettre sur les aveugles*. The *Encyclopédie* is also the subject of a separate article, but, it must be said, a disappointing one. It merely recapitulates the main features of the controversies of the 1750s, with particular mention of the criticisms of the *Journal de Trévoux*, and then summarizes, with quotations, the *réquisitoire* of Joly de Fleury. Only the last paragraph (oddly ill-informed as it is) offers a mild interest because of its reference to the publication of the last ten volumes:

Depuis que cet article est composé, les derniers volumes de cet immense Magasin de connoissances & d'erreurs a paru. Le Gouvernement les a traités comme les premiers; ils ont été supprimés & les Libraires enfermés à la Bastille. Il est à souhaiter que l'attention paternelle du Roi, & les conseils des bons Citoyens fassent rentrer en eux-mêmes les Compilateurs de ce Dictionnaire. Ils s'appellent les précepteurs du genre humain; qu'ils ne le corrompent donc point. Capables de nous donner de l'excellent dans plusieurs genres, qu'ils ne touchent plus aux objets qui sont au-dessus de leur portée & qui méritent le silence du Philosophe qui veut être tranquille & le profond respect du Chrétien éclairé, qui aime sa Religion.[3]

Clearly this does not tell us much about the reactions of contemporaries to the last ten volumes.

Even less is to be gleaned from a similar work of the ex-Jesuit, Father AIMÉ HENRI PAULIAN—his *DICTIONNAIRE PHILO-*

---

[1] Vol. i, p. 131 (the references are to the 'nouvelle édition considérablement augmentée' published at Avignon in 1769).
[2] Vol. i, p. 133.   [3] Vol. i, p. 147.

SOPHICO-THÉOLOGIQUE PORTATIF, first published in 1770 and several times reprinted. The article PHILOSOPHE contains a list of 'exécrables & abominables' propositions extracted from a long list of 'bad books' which includes the *Encyclopédie*.[1] The list of propositions is rather like that in the preface to Palissot's *Philosophes* which was derived in turn from Giry de Saint-Cyr's *Catéchisme des Cacouacs*; but the *Encyclopédie* is not specially singled out for attack. It is merely one of the twenty or so 'bad books' listed.

PALISSOT reappears on the scene at this point. Indeed his satirical poem, *LA DUNCIADE* (1764), ought perhaps to have been mentioned earlier, but, although it makes several attacks on Diderot,[2] it contains only one insignificant reference to the *Encyclopédie*:

> C'est ce héros de la philosophie,
> Cet écrivain, dont l'esprit rédacteur,
> Depuis dix ans, compile avec génie,
> Pour élever à sa juste hauteur
> Le monument de l'Encyclopédie.[3]

His pamphlet, *DÉNONCIATION AUX HONNÊTES GENS D'UN NOUVEAU LIBELLE PHILOSOPHIQUE CONTRE M. PALISSOT, INSÉRÉ DANS L'ENCYCLOPÉDIE ET FAUSSEMENT ATTRIBUÉ A M. LE COMTE DE TRESSAN*, published in 1769, concerns the article PARADE, printed in Vol. XI of the *Encyclopédie* over the signature of the Comte de Tressan and containing a violent attack on Palissot and his *Philosophes*. The controversy on this point raises many difficult problems,[4] but as it is of no interest from the point of view of the history of ideas, it need not detain us any longer.

A more substantial work of Palissot—the first edition of his *MÉMOIRES POUR SERVIR À L'HISTOIRE DE NOTRE LITTÉRATURE*, published along with an enlarged version of *La Dunciade* in 1771—is of rather more interest. His comments on individual contributors to the *Encyclopédie*—on Jaucourt, for instance[5]—are at times surprisingly eulogistic. Another of Diderot's collaborators to receive high praise was Jean Edme Romilly, who was responsible for

[1] pp. 256–9 (the reference is to the edition published at Nîmes in 1778).
[2] pp. 24, 30–32, 35, 47, and 74.
[3] p. 30.
[4] It gave rise to interesting comments by Diderot and Grimm (*Corr. litt.*, vol. viii, pp. 368–9). For the whole controversy see Delafarge, *La Vie et l'œuvre de Palissot*, pp. 303–7, 348–9. Palissot returned to the question in his *Mémoires* (pp. 303–9).
[5] See *Essays presented to C. M. Girdlestone*, p. 206.

the sections on Charles Bonnet and Jean Jacques Rousseau in Palissot's compilation. A footnote to the second of these states:

> Il nous a été envoyé par M. Romilly, pasteur de l'Eglise de Genève, le même qui a fourni à l'Encyclopédie les articles *Tolérance* & *Vertu*. Il seroit à souhaitter, pour l'honneur de cette collection qu'elle eut eu un plus grand nombre de coopérateurs de son mérite, & surtout aussi modestes, aussi dignes du nom de sage que ses concitoyens lui donnent à son insçu, & qu'il ne perdra jamais, parcequ'il n'en a pas fait, comme tant d'autres, une affiche d'orgueil & d'ostentation.[1]

With this is combined eulogistic reference to the pastor's father and the articles which he contributed on *horlogerie*; but it is clear that the aim of such praise, both here and on other occasions, is merely to belittle the *Encyclopédie* and its principal editor.

This tactic can be seen from the very beginning of the volume, in the article on D'Alembert. Despite one or two minor criticisms, he emerges as 'un des plus fameux Géomètres de l'Europe' and as one of the distinguished writers 'qui soutiennent encore la réputation de notre littérature'. But after mentioning that he was the author of 'l'excellent Discours qui sert d'introduction au Dictionnaire Encyclopédique', Palissot goes on:

> Mais, quoiqu'il ait enrichi ce Dictionnaire de plusieurs articles,[2] & qu'il ait été secondé par des mains habiles, ce grand monument est demeuré fort au dessous des espérances fastueuses que l'on en avoit données. Une des principales causes de l'imperfection de ce vaste Ouvrage, c'est qu'il a eu trop de coopérateurs d'un mérite trop inégal. De cette bizarre association du génie, du bel esprit, & des talens les plus médiocres, il ne pouvoit résulter qu'un mauvais ensemble.[3]

It can well be imagined that the opportunity for an attack on the *Encyclopédie* is not missed in the section on Diderot. It is true that before the reader gets there he finds a couple of disparaging paragraphs on its great enemy Abraham Chaumeix, but they also contain a sneer at the *Encyclopédie*.[4] Diderot's writings are systematically run down in the pages devoted to him. Palissot begins by quoting the famous passage from *ENCYCLOPÉDIE—'Ici, nous sommes boursouflés & d'un volume exorbitant . . .'—and then concludes his observations on Diderot's role in the production of the *Encyclopédie* with the withering

---

[1] p. 271.
[2] A glance at Chap. IV will show that this is somewhat of an understatement.
[3] pp. 15–16.
[4] pp. 71–72.

comment: 'C'est cependant pour avoir présidé à cette compilation si difforme que Mr. Diderot est surtout connu.'[1]

It is, however, in the section on Charles Perrault that Palissot inserts his main attack on the *Encyclopédie*. The pretext is another well-known passage from the same article of Diderot—the one in which he declares that among the writers of the age of Louis XIV only such men as Perrault, La Motte, Terrasson, Boindin, and Fontenelle would have been capable of contributing a page to a worthwhile encyclopedia. After refuting this statement, Palissot proceeds to offer a general judgement on the *Encyclopédie* which, although extremely partial, is not without its interest. He does concede that the work has some merits:

Nous avouons que dans cet immense Alphabet des connaissances humaines en vingt volumes in-folio, il se trouve un fragment de M. de Montesquieu, des articles de MM. de Voltaire, d'Alembert, Rousseau & de quelques autres hommes célèbres, ainsi que plusieurs morceaux fournis par des artistes éclairés.

But such grudging praise serves only to introduce a series of extremely hostile criticisms:

Mais pourquoi cent Auteurs du premier mérite ont il [*sic*] mieux aimé tenir au siècle pusillanime du goût,[2] que de coopérer à ce grand Dictionnaire ?

Pourquoi a-t-on annoncé comme le plus beau monument du siècle, comme un monument de génie, une masse indigeste à laquelle tant d'Ecrivains distingués n'ont pas même daigné fournir un article ?

Needless to say, Palissot would have found it difficult to compile a list of such writers.

From this he passes to more technical criticisms:

Pourquoi assujettir au ridicule désordre d'une nomenclature alphabétique toutes les sciences & tous les arts, de manière que, par la multitude de renvois qu'entraîne nécessairement cette méthode, ou plutôt ce défaut de méthode, il faut parcourir les vingt énormes volumes pour savoir précisément comment se fait une aiguille ?

Pourquoi s'être flatté d'avoir donné la description fidèle de tous les arts, pour en avoir semé çà & là quelques notices imparfaites & superficielles, tandis que l'Académie des Sciences, si respectable à toute l'Europe, s'occupe, depuis environ un siècle, à donner cette même description dans un ordre bien plus convenable, & qu'elle n'a pu remplir encore, à cet égard, qu'une faible partie de ses engagemens ?

[1] pp. 98–99.
[2] 'Les siècles pusillanimes du goût' is a phrase employed in a quite different part of the article *ENCYCLOPÉDIE.

Pourquoi avoir fait tant de larcins déguisés sous le nom d'articles? Pourquoi tant de paradoxes dangereux sous le nom de vérités utiles? pourquoi tant d'erreurs de géographie, d'histoire, de morale, de goût, qui dupent, à chaque moment la confiance ou la curiosité du Lecteur? pourquoi tant d'impertinences érigées en préceptes, surtout en matière de Littérature?
Pourquoi, comme M. de Voltaire en convient lui-même, tant de déclamations puériles, & de lieux communs insipides ... (*) mais les pourquoi, ne finiraient jamais.

(*) Voltaire, Siècle de Louis XIV (see Moland, vol. xiv, p. 153).

The attack is rounded off with an unflattering comparison between Diderot's *Encyclopédie* and the revised version in course of publication at Yverdon:

> On désire & on a tout lieu d'espérer que les Savans illustres qui ont promis de coopérer à la nouvelle Edition de ce Dictionnaire donnée par M. le Professeur de Félice, à Yverdun, auront l'attention de la purger soigneusement de toutes les fautes qu'on a si justement reprochées à la première; & qu'ils sentiront mieux que M. Diderot, que le principal mérite d'un pareil ouvrage, ne doit être ni la hardiesse, ni l'emphase, mais la clarté, l'exactitude, la précision & la vérité.[1]

So vague and declamatory an attack adds little to our understanding of the work.

It is in vain that one seeks for information about the public reaction to the last ten volumes of the *Encyclopédie* either in this work or in a very similar one published in the following year—*LES TROIS SIÈCLES DE LA LITTÉRATURE FRANÇOISE* of Abbé SABATIER DE CASTRES. Despite the date of its publication this work simply chews over the controversies of the 1750s. Under AUTORITÉ we are given an example of the seditious ideas of the *Philosophes* in the familiar quotation from the article AUTORITÉ POLITIQUE: 'La liberté est un présent du ciel, & chaque individu de la même espece a le droit d'en jouir aussi-tôt qu'il jouit de sa raison.'[2] Abbé Yvon, though welcomed back into the orthodox fold, is sharply attacked for the articles AME, ATHÉE, and DIEU, since 'il est évident qu'ils tendent à favoriser le matérialisme, & qu'ils combattent l'existence de Dieu'.[3] Praise is given to the *Discours préliminaire*, but only in order to insinuate that the work to which it

---

[1] pp. 206–9.
[2] Vol. i, pp. 57–58 (the references are to the fifth edition, The Hague–Paris, 1781, 4 vols.).
[3] Vol. iv, pp. 528–31. DIEU is described in the *Encyclopédie* as 'tiré des papiers de M. Formey'.

served as preface and for which it enlisted many subscribers had not lived up to the expectations which it aroused.[1] The unacknowledged debt of the *Encyclopédie* to Father Buffier's *Cours de sciences* is once again pointed out;[2] Dumarsais's articles on grammar are once again praised, but only in order to run down those of his successor, Beauzée.[3]

Jaucourt comes in for high praise for his massive contribution to the *Encyclopédie*. Instead of being denounced as a mere compiler, he deserves gratitude, the reader is told,

d'avoir soutenu si courageusement la fatigue & le dégoût des recherches, & d'avoir présenté les pensées d'autrui sous un jour qui les rend plus sensibles & plus intéressantes que dans les originaux.[4]

Yet, as usual with Sabatier de Castres, this praise seems only to be given in order to prepare the way for a dig at the *Encyclopédie*. Not only is Jaucourt praised, in terms borrowed from Palissot's *Mémoires*, for not getting involved in any of the controversies in which the *Philosophes* had shown themselves so far removed from 'la véritable Philosophie'; the author even hints (not apparently without reason) that Jaucourt's relations with other *Philosophes* had become somewhat distant—and this provides an opportunity for an attack on them:

Il auroit même, dit-on, à se plaindre des Philosophes encyclopédistes, s'il eût attendu de la reconnoissance de leur part. L'experience l'a sans doute éclairé sur les principes de ces Messieurs, dont il est si facile de se détacher, quand on a été à portée d'en juger par la pratique.[5]

We have kept for the end of our excerpts from the *Trois Siècles* the passage relating to Diderot's part in the *Encyclopédie*:

Enfin M. *Diderot* est connu, par excellence, pour avoir été le Dessinateur de l'Encyclopédie, l'Enrôleur des Ouvriers & l'Ordonnateur des travaux. Nous répéterons d'abord, d'après une foule de Critiques, que cet ouvrage n'a été pour lui qu'un enfant adoptif dont *Bacon* & *Chambers* ne l'avoient pas fait légataire. Nous ajouterons ensuite, que l'excellent *Prospectus* qui l'annonçoit avec tant de pompe, n'a produit comme la caverne d'*Eole*, que du vent, du bruit, & du désordre; & que la plupart des articles de ce Dictionnaire informe, auxquels on a mis le nom de M. *Diderot*, ne sont que la compilation de quelques Ouvrages médiocres qu'il n'a fait qu'altérer & abréger.[6]

---

[1] Vol. i, pp. 133–4.   [2] Vol. i, p. 406.
[3] Vol. iii, p. 236 (see also vol. i, p. 255, under BEAUZÉE).
[4] Vol. ii, p. 527.   [5] Vol. ii, p. 528.   [6] Vol. ii, pp. 173–4.

Neither these lines nor the other passages which we have quoted from Sabatier would seem to show any first-hand acquaintance with the *Encyclopédie*. They certainly throw no light on the contents of the ten volumes which appeared in 1765.

It is only when we reach the 1780s that we find at last some discussion of the articles in these volumes in *LES HELVIENNES, OU LETTRES PROVINCIALES PHILOSOPHIQUES* of another ex-Jesuit, Abbé AUGUSTIN BARRUEL. The five volumes of this work appeared between 1781 and 1788, thus bringing the controversy over the *Encyclopédie* down to the eve of the Revolution. The work is rather curiously constructed, but the author does weave into his text a great number of quotations from the *Encyclopédie*. It is true that a great many of the accusations which he brings against it seem strangely familiar to readers of earlier attacks. On one occasion he refers to Hayer's *La Religion vengée*, which, amongst periodicals, offered the most sustained attack on the first seven volumes of the *Encyclopédie*.[1] We find in Barruel's *Lettres* familiar quotations from the *Discours préliminaire* and from such articles as *ENCYCLOPÉDIE, DÉMONSTRATION, *ÉPICURÉISME, FORTUIT, *DROIT NATUREL, ÉVIDENCE,* and *ANIMAL. However, some of the author's comments on these articles are either new or developed further than in the writings of earlier critics: and in addition he does examine a certain number of articles from the volumes which appeared in 1765, thus showing an unquestioned originality and a first-hand acquaintance with the text of the work.

It is only with the second volume of *Les Helviennes* that we begin to find a large number of references to the *Encyclopédie*. After some of the inevitable quotations from *ENCYCLOPÉDIE (on the use of cross-references, for instance) and the usual attacks on D'Alembert for the articles DÉMONSTRATION and CORRUPTION, we come at least to a reference—a minor one, it is true—to an article from the last ten volumes. It is to Diderot's defence of metaphysics in the article MÉTA-PHYSIQUE;[2] and for once it is an approving reference. More important is the quotation from the end of Diderot's article, LOCKE:

> Locke avoit dit dans son essai sur l'entendement humain, qu'il ne voyoit aucune impossibilité à ce que la matiere pensât (& par conséquent à ce que l'ame fût matière); des hommes pusillanimes s'effrayerent de cette assertion. . . .[3]

[1] Vol. ii, p. 114 n. For *La Religion vengée* see Chap. VI, pp. 390–7.
[2] Vol. ii, p. 128. See *Studies*, vol. xxxii, p. 356.
[3] Vol. ii, p. 205.

The parenthesis, it need hardly be pointed out, is not in the *Encyclopédie*; nor was there anything new in attacking this suggestion, since for the past fifty years, ever since the controversy over Letter XIII of Voltaire's *Lettres philosophiques*, it had been the subject of endless debate.

One of Barruel's favourite devices in this work is to try to show the contradictions between different articles in the *Encyclopédie*. Thus the defence of free will in the unsigned article, LIBERTÉ (*Morale*)[1]—it is attributed very oddly to Jaucourt—is set alongside Diderot's ambiguous remarks on the subject in *DROIT NATUREL, only to be followed by two passages under the heading 'M. Diderot esclave' taken from other articles and allegedly proving his belief in determinism. The choice of passages is curious; one, it is true, comes from *ÉTHIOPIENS, but the other is from Quesnay's ÉVIDENCE.[2]

ÉVIDENCE is also attributed to Diderot in the first of the numerous passages devoted to *ANIMAL,[3] which is more correctly compared and contrasted with *BETE, ANIMAL, BRUTE. Although Barruel is chiefly concerned here to bring out the author's contradictions, he also does more than hint at the materialist implications of the article.

The praise of ancient philosophers in Jaucourt's article MORALE is used as an introduction to the treatment of their ideas in the *Encyclopédie*. Diderot, we are told,

va nous retracer dans les divers articles de l'Encyclopédie l'histoire des antiques Ecoles, & nous verrons alors *les principes de la morale la plus saine* étalés par Socrate: nous verrons Epicure découvrir dans cette science, la partie la plus difficile, *l'art de concilier la morale avec ce qu'il pouvoit prendre pour le vrai bonheur, ses préceptes avec les appétits & les besoins de la nature humaine.* Celle des Cyniques & de Diogene leur fondateur, *de cet indécent mais vertueux philosophe*: (vous riez, Madame! vous êtes étonnée de trouver ici *la vertu & l'indécence* si étrangement alliées dans un même philosophe; mais M. Diderot a fait au moins cette découverte, & je ne devois pas vous la laisser ignorer). . . .[4]

This piece of sarcasm is followed by a passage on the different attitudes to scepticism shown in PYRRHONIENNE and SOCRATIQUE and on Diderot's philosophical articles in general:

Une fois pour toutes, souvenez vous qu'il faudroit bien des volumes pour relever toutes les erreurs historiques, & les contradictions dont fourmille

---

[1] Taken, of course, from the part which we must attribute to Abbé Yvon (see *Studies*, vol. xxxii, p. 347).   [2] Vol. iii, pp. 4–10.
[3] Vol. iii, pp. 117–20, 194, 258–61.   [4] Vol. iv, pp. 25–26.

cette Encyclopédie, sur-tout dans les articles relatifs aux anciens Philosophes. Le grand art de M. Diderot est de leur faire dire ce qu'il veut suivant les circonstances, bien plus que ce qu'ils avoient dit eux-mêmes.[1]

There is certainly a great deal of truth in this last observation. Further play is made with the contrasting viewpoints contained in the *Encyclopédie*. A considerable part of Diderot's unsigned addition to Jaucourt's article VICE (which Barruel describes quite correctly as an 'Addition de l'Editeur') is quoted. This extract is followed by the somewhat misleading comment: 'Qu'est-ce par conséquent que *vice* ou *vertu*, sinon des mots *vuides de sens*, & auquel le Philosophe substitue ceux de *bonheur* ou de *malheur* purement physique?' Opposite the text of this addition to VICE is set a quotation from the extremely conventional article, VERTU, by Romilly *fils*; this is followed by the remark: 'Il est donc bien louche, celui qui ne voit dans la vertu & le vice qu'un bonheur & un malheur purement physique.'[2] And, to round off the discussion, Diderot's remarks on free will in *DROIT NATUREL are quoted again.[3]

The conventional views of the article VERTU are much quoted by Barruel[4] and compared with, for instance, the slightly less orthodox views of an article like BONHEUR. The view that marriage is indissoluble, set forth in Boucher d'Argis's DIVORCE, is quoted as well as a passage from Jaucourt's MARIAGE (*Droit naturel*).[5] Curiously enough a passage on fanaticism, alleged to come from Jaucourt's SUPERSTITION, is not to be found there.[6] A sentence from Diderot's unsigned article REMORDS is juxtaposed with a quotation from Jaucourt's CONSCIENCE.[7] The unsigned article SUICIDE is quoted from no fewer than four times for its rejection of suicide,[8] and reference is then made to Diderot's STOICISME, for proof of the proposition: 'Quoi de plus connus que les éloges faits par les Stoïciens, les Cicéron, les Séneque, de tous ces gens qui sont eux mêmes leurs bourreaux.'[9]

The interest of *Les Helviennes*, from our point of view, is limited. It is not a straightforward refutation in the same way as are the relevant parts of Chaumeix's *Préjugés légitimes* or Hayer's *La Religion vengée*. Snippets from a considerable number of articles in the *Encyclopédie*, along with a great many more from all manner of works by the *Philosophes*, are woven into the framework provided by the

---

[1] Vol. iv, p. 97 n. [2] Vol. iv, pp. 136–9. [3] Vol. iv, p. 145.
[4] Vol. iv, pp. 184, 245–6, 254–5 and vol. v, pp. 47, 55, 155, 157.
[5] Vol. v, pp. 65–67, 75. [6] Vol. v, p. 158. [7] Vol. v, p. 211.
[8] Vol. v, pp. 319 (twice), 321, 323. [9] Vol. v, p. 447.

author for his denunciation of the contradictions, impiety, immorality, and subversive notions of his opponents. On the other hand the work kept alive the debate around the *Encyclopédie* until the very eve of the Revolution and, although it repeats criticisms of specific articles which had become commonplaces, for the first time it does introduce a discussion, even though on a modest scale, of articles taken from the volumes which appeared in 1765.

Barruel was to carry the debate beyond the Revolution in his *MÉMOIRES POUR SERVIR À L'HISTOIRE DU JACOBINISME* which appeared in 1797. Here the *Encyclopédie* is made to fit into the mighty conspiracy which had prepared the way for the upheaval of 1789 and the following years. Indeed the chapter in which it is discussed is headed 'Premier moyen des conjurés'. Yet, for all the absurdity of attributing the Revolution to a conspiracy, this chapter has a certain interest. It offers, in passing, some not altogether negligible tittle-tattle about Yvon and Raynal as contributors to the *Encyclopédie*.[1] Barruel takes, of course, the narrow view that to undermine religion was the main object of Diderot and D'Alembert as editors of the *Encyclopédie*:

> Cet objet si secret étoit de faire de l'Encyclopédie un immense dépôt de toutes les erreurs, de tous les sophismes, de toutes les calomnies qui, depuis les premières écoles de l'impiété jusques à cette énorme compilation, pouvoient avoir été inventées contre la religion; mais de cacher si bien le poison, qu'il se versât très insensiblement dans l'âme des lecteurs, sans qu'ils pussent s'en appercevoir.[2]

He offers the conventional praise of Jaucourt ('ce savant, qui seul a rempli un nombre prodigieux des articles de l'Encyclopédie'), whom somewhat artificially he distinguishes, together with a few other contributors, from the 'conspirators'. The ruses used by the latter to drive home their message are duly enumerated:

> La première étoit l'art d'insinuer l'erreur, l'impiété, dans les articles où naturellement elle devoit le moins être attendue, dans les parties de l'Histoire, de la Physique, même de la Chimie, de la Géographie, que l'on auroit cru pouvoir parcourir avec le moins de danger. La seconde étoit l'art des renvois, cet art si précieux, qui consistoit, après avoir mis sous les yeux du lecteur quelques vérités religieuses, à lui faire sentir qu'il devoit chercher d'autres leçons dans des articles d'une toute autre espèce. Quelque fois même, le mot seul du renvoi pouvoit faire Epigrame & Sarcasme. Pour cela il suffisoit de

---

[1] See Chap. VI, pp. 340–1.
[2] Vol. i, p. 60. (The references are to the London, 1797, edition in four volumes.)

mettre au dessous de l'article traité religieusement, l'un de ces mots: *voyez l'article préjugé*: ou bien, *voyez superstition*; *voyez fanatisme*. Enfin si le sophiste renvoyeur craignoit que cette ruse ne suffît pas encore, il pouvoit altérer les discussions d'un collaborateur honnête, il pouvoit, sur le même objet ajouter son propre article, & faire semblant d'appuyer en réfutant.[1]

That is a succinct and accurate account of how things were done. What follows is less satisfactory, as Barruel attributes to the 'sophiste renard', D'Alembert, the role of 'Reviseur Général', moderating the excesses of Diderot himself—a part which he certainly did not play in the last ten volumes, and which it is improbable that he played in the first seven. Nor is the conspiratorial theory convincing when Barruel makes it appear as if all along the editors had had in mind both a supplement and cheap foreign reprints which would contribute still further to the diffusion of the work '& mettre le poison à la portée des lecteurs les moins riches'.[2]

When he tries to furnish proofs of his accusations by producing quotations from individual articles, Barruel has really nothing new to add to the controversy.[3] He does, however, make skilful use of the correspondence of Voltaire and D'Alembert to show what were the secret aims of the editors and how they set about achieving them. He also makes great play with the passage in *ENCYCLOPÉDIE in which Diderot speaks of the small number of contemporaries of Louis XIV who would have been capable of contributing to an encyclopedia. It is true that Diderot's list—Perrault, La Motte, Terrasson, Boindin, and Fontenelle are the names he mentions—is boiled down by Barruel to 'Tout le siècle de Louis XIV n'avoit produit que deux hommes dignes de travailler à l'Encyclopédie'. This enables him to go on triumphantly:

De ces deux hommes l'un étoit Perrault, l'autre Boindin. Le premier, on ne sait trop pourquoi; la raison du second étoit plus claire. Boindin qui étoit né en 1676, venoit de mourir avec une réputation si publique d'Athéisme, qu'on avoit refusé de l'enterrer avec les cérémonies chrétiennes; cette même réputation d'athée lui avoit fait refuser les portes de l'Académie Françoise; & c'étoient là ses titres à l'Encyclopédie, s'il eût vécu.[4]

---

[1] Vol. i, pp. 61–62.   [2] Vol. i, p. 63.
[3] The articles quoted from are the familiar ones—DÉMONSTRATION, CORRUPTION, DIEU (for its cross-reference to DÉMONSTRATION), *ÉPICURÉISME, *ENCYCLOPÉDIE, *BETE, *DROIT NATUREL, LOCKE, *ANIMAL, LIBERTÉ, AUTORITÉ POLITIQUE, FORTUIT, ÉVIDENCE, FATALITÉ, and, of course, the *Discours préliminaire*. These are nearly all taken from the first seven volumes. It is curious that Barruel refers the reader to the 'édition de Genève' (vol. i, p. 64 n.).
[4] Vol. i, pp. 72–73.

Except for this misquotation there is, however, nothing really new in the attack on this passage, which had come under fire several times already.

The history of the controversy which surrounded the work is not very accurately recounted by Barruel. On its suspension in 1759 he comments: 'D'Alembert sembloit y renoncer'; but in fact it is quite clear that D'Alembert gave up his editorial responsibilities and in the last ten volumes confined his contribution to mathematical and scientific articles.[1] Voltaire is depicted as remaining active to the end: 'Loin de se relâcher lui-même, il travailloit, il demandoit, il envoyoit sans cesse de nouveaux articles.' In practice he dropped out entirely after the ban on the work. It is quite false to state that the *Encyclopédie* was completed 'sous le sceau d'un privilège public'.[2] Raynal, Yvon, de Prades, and Morellet—according to Barruel the four theological contributors to the *Encyclopédie*—are characterized and then follows an onslaught on Dumarsais—'cet impie si fameux & si diffamé, que l'autorité publique s'étoit vue obligée de détruire l'école qu'il avoit érigée pour y faire sucer à ses élèves tout le venin de son impiété'.[3]

After a second passage in praise of Jaucourt, Barruel quotes, via Feller's *Dictionnaire historique*, Diderot's criticisms of the *Encyclopédie* which were brought to light during the lawsuit between the publishers and Luneau de Boisjermain.[4] This brings us to what is perhaps the least convincing part of this chapter: the *Encyclopédie méthodique* is denounced as even more irreligious than the *Encyclopédie* itself. 'La nouvelle Encyclopédie', the reader is told, 'n'en devint pas moins, à plus juste titre encore que la première, le dépôt des sophismes & des principes anti-religieux.'[5] Yet, considering how this chapter forms merely one link in the chain of the conspiratorial theory which in Barruel's eyes accounted for the whole of the Revolutionary cataclysm, it is not devoid of interest and, for all its mistakes and exaggerations, has in places a certain historical objectivity.

This survey of nearly fifty years' polemical writings on the *Encyclopédie* is on the whole slightly more rewarding than the corresponding study of the periodical press of these same decades. Even so, it contributes much less than one would have wished towards providing an answer to the question: what were the reactions of the reading public

---

[1] See Chap. IV above.   [2] Vol. i, p. 74.   [3] Vol. i, p. 77.
[4] Vol. i, p. 78 (see *Studies*, vol. xxiii, pp. 159–62).
[5] Vol. i, p. 80. This is merely an echo of a similar allegation in Feller's article on Diderot.

of the time to the ideas set forth in the *Encyclopédie*? Most of the comment comes from hostile sources; and while representing a legitimate point of view, it is not always devoid of exaggeration and even downright misrepresentation. Taking them as a whole, these polemical writings do offer a detailed analysis of a considerable number of articles from the *Encyclopédie*; but not only is a great deal of attention concentrated on a limited number of articles; almost without exception those so examined are taken from the first seven volumes of the work. Discussion of the contents of the last ten volumes is, as we have seen, extremely hard to come by. However, such as it is, the polemical literature of the period does repay study, since it throws at least a limited amount of light both on the reception accorded to the *Encyclopédie* by its contemporaries and on the significance of a certain number of its articles.

VI. Contemporary French Periodicals and the *Encyclopédie*

ANYONE interested in studying the impact of the *Encyclopédie* on opinion in France in the years between 1751 and 1789 naturally turns to the periodical press.[1] It must be said that, looking back on the hours spent in assembling the hundreds of volumes involved, and then ploughing through them, one cannot claim that this is a particularly profitable exercise. For one thing it is only too clear that in this period Frenchmen were concerned with a great many other matters besides the *Encyclopédie*; references to it are inevitably few and far between. What is more, not only were the periodicals of the decades in question small in numbers by modern standards; whether hostile, neutral, or friendly to the *Encyclopédie*, many were also subject to a fairly strict censorship and one which, as we shall see, acted in curious and at times capricious ways.

It is true that some periodicals of the time escaped the censorship. A work like Grimm's *Correspondance littéraire* which circulated in a small number of manuscript copies in the courts of central and eastern Europe was clearly free to express any opinions which did not clash too violently with the outlook and prejudices of its princely clients. It was certainly not bound by the same fetters as a periodical appearing in print inside the France of Louis XV. A work produced under such circumstances could express freely the author's genuine views on the *Encyclopédie*, whether friendly or hostile.

[1] Originally this chapter was to come before the chapter on books and pamphlets, but as many of the latter are discussed in the press of the time it seemed in the end more logical to study them first. With the exception of the *Journal encyclopédique*, which, during most of its long career, appeared at Bouillon in a duchy only nominally independent, all the periodicals dealt with here were produced inside the frontiers of France. Interesting information about the publication of the successive volumes of the *Encyclopédie* and about foreign reactions to the work can occasionally be found in such French language periodicals as Formey's *Bibliothèque impartiale* (Leyden, 1750–8), *La Bigarrure* (The Hague, 1749–53), Jacob Vernes's *Le Choix littéraire* (Geneva, 1755–60), and P. Clément's *Les Cinq Années littéraires* (The Hague, 1754); however, such publications are outside the scope of this chapter.

Thus, so long as they lasted, the *NOUVELLES LITTÉRAIRES* which RAYNAL sent to the Duke of Saxe-Gotha and possibly other German princelings offer some interesting comments on the early volumes of the *Encyclopédie*. It is true that there are some serious gaps in the copy which has come down to us: the manuscript starts in 1747 and continues to February 1755, but with a long gap for the whole of 1752 and 1753 and part of 1754. However fragmentary it may be, this news-sheet derives additional interest from the fact that Raynal was on the payroll of the *Encyclopédie*; between November 1748 and September 1749 he received 1,200 *livres* from Le Breton and his partners.[1] After that date his name ceases to appear. None of the books or articles devoted to Raynal mentions his connexion with the *Encyclopédie* and consequently none seeks to explain why it should have come to an end. Nearly half a century later Abbé Barruel furnished an explanation which can be quoted only with due reserve:

Pour juger encore mieux de l'intention qui avoit présidé à cette énorme compilation, l'historien doit être instruit du choix que d'Alembert & Diderot avoient eu soin de faire, en se donnant des coopérateurs, surtout pour la partie religieuse. Le premier de leurs théologiens fut Raynal. Les Jésuites qui avoient découvert son penchant pour l'impiété, venoient de le chasser de leur société. Ce fut là le meilleur de ses titres auprès de d'Alembert. On sait à quel point ce frénétique a justifié la sentence de ses anciens confrères, & le choix des encyclopédistes, par ses déclamations atroces contre la Religion; mais ce qu'on ne sait pas, & ce qu'il est bon de savoir, c'est l'anecdote qui fit rayer Raynal du nombre même des coopérateurs de l'encyclopédie, & lie son histoire avec celle d'un second théologien, qui sans avoir été impie, s'étoit d'abord laissé entraîner dans les sociétés philosophiques.

Celui-ci étoit l'abbé Yvon, métaphysicien singulier, mais bon homme, & plein de candeur, manquant souvent de tout, & autant qu'il croyoit pouvoir le faire honnêtement, faisant servir sa plume à le sustenter dans son indigence. Il avoit fait de la meilleure foi du monde *la défence de l'abbé de Prades*. Je le sais de lui-même; je l'avois entendu défier un théologien de trouver la moindre erreur dans cet ouvrage; & je le vis se rendre au premier mot. Je l'ai entendu raconter avec la même simplicité, comment il s'étoit laissé engager à travailler pour l'Encyclopédie: 'j'avois besoin d'argent, me dit-il; Raynal me rencontra, & m'exhorta à faire quelques articles, ajoutant qu'on me payeroit bien. J'acceptai l'offre; mon travail fut remis au bureau par Raynal, et je reçus de lui vingt cinq louis.[2] Je me croyois très bien payé, lorsqu'un des libraires de l'Encyclopédie, à qui je faisois part de ma bonne

---

[1] See the publishers' accounts, Nos. 377, 500, 501, and 535 (May, pp. 48–53).

[2] 600 *livres*.

fortune, me parut fort surpris d'apprendre que les articles remis au bureau par Raynal, n'étoient pas de lui. Il s'indigna du tour qu'il soupçonnoit. Peu de jours après je fus mandé au bureau, & Raynal qui avoit reçu mille écus[1] en donnant mon travail pour le sien, fut condamné à me restituer les cent louis qu'il avoit gardés pour lui.'[2]

There may be some truth in this story, but all that we can be certain of is that in 1748 and 1749 Raynal received a number of payments from the publishers of the *Encyclopédie* and that after the latter date these payments ceased. He is nowhere mentioned by the editors as one of the contributors to the work and did not, like Yvon for instance, have his special *marque*.

The strange mixture of praise and of outspoken criticism which one finds in Raynal's comments on the early volumes of the *Encyclopédie* would appear to reflect a somewhat ambiguous relationship with the whole enterprise. In November 1750 he gave the prospectus a brief, but eulogistic reference which contains the sentence:

A juger de cet ouvrage par l'annonce, par les gens qui y ont travaillé, et par les dépenses qu'on a faites, ce sera un chef-d'œuvre.[3]

In February 1751 he alludes to the article ART which Diderot had published separately in the course of his controversy with Father Berthier. Here praise and criticism are neatly blended:

C'est un morceau plein d'esprit et de philosophie, mais le ton en est un peu trop haut; on y désire la belle facilité, le beau naturel de Bayle.[4]

A similar mixed reaction to the appearance of the first volume is to be found in the *Nouvelles littéraires*. The *Discours préliminaire* receives praise, but the remarks on the work as a whole are very condescending. The reader is told to begin with:

Je connais assez la plupart des articles qui composent ce dictionnaire pour assurer qu'il sera aussi bon qu'un ouvrage de cette nature puisse l'être à une première édition.

And the paragraph ends on this rather disparaging note:

Quelque opinion que vous ayez de la compilation que j'ai l'honneur de vous annoncer, je vous conseille de lire le discours préliminaire.[5]

---

[1] 3,000 *livres*.
[2] *Mémoires pour servir à l'histoire du Jacobinisme*, London, 1797, 4 vols., vol. i, pp. 74–76.
[3] F. M. Grimm, *Correspondance littéraire, philosophique et critique*, ed. M. Tourneux, Paris, 1877–82, 16 vols., vol. i, p. 486.   [4] Vol. ii, p. 27.
[5] Vol. ii, p. 73.

In the weeks which followed the appearance of the first volume Raynal several times reverts to the topic to register the reactions of contemporaries to the new work. Here his attitude is that of the detached observer. At the end of July he notes that the first volume has both its critics and its admirers. 'Il me semble qu'ils ont tous raison,' he writes. 'L'ouvrage est louable par l'esprit philosophique qui y règne, et blâmable par les inutilités qui s'y trouvent.'[1] He then quotes a hostile epigram. A fortnight later he reproduces another epigram, directed this time against Diderot in person, and prefaces it with the following criticisms of the work:

L'*Encyclopédie* commence à éprouver d'assez violentes contradictions. On y trouve souvent ce qu'on n'y cherche pas, et on y cherche souvent inutilement ce qu'on devrait y trouver. Plusieurs des auteurs écrivent d'une manière barbare, quelques-uns d'une manière précieuse, et beaucoup n'ont que du verbiage.[2]

Finally, at the end of September, he concludes his references to the first volume with an observation which, while it is above all a reflection on the judgement of his contemporaries in France, does not denote any great enthusiasm for the work:

Le premier volume de l'*Encyclopédie*, qui avait d'abord très-bien réussi, est presque généralement bafoué. On ne voit de ces révolutions qu'en France.[3]

The gap in Raynal's *Nouvelles littéraires* for the years 1752 and 1753 means that we do not know what were his reactions to the second and third volumes. In October 1754, in connexion with the pamphlet, *Réflexions d'un Franciscain sur l'Encyclopédie*,[4] he gives an extremely cool account of the whole enterprise to date. The attack is dismissed as feeble since it consists simply in pointing out examples of plagiarism which were already known and in denouncing the impiety of the work together with that of Montesquieu and Voltaire. 'La belle découverte', Raynal exclaims ironically, 'que d'avoir trouvé que ces messieurs n'ont guère de religion!' Yet few works, he continues, are more open to criticism than the *Encyclopédie*:

L'idée magnifique que l'on s'en était faite sur le prospectus et la préface s'est évanouie à la lecture. C'était un portail vaste et superbe qui annonçait un édifice de la plus grande beauté, et on a trouvé qu'il ne cachait que des décombres et des matériaux entassés les uns sur les autres. Cette chaîne qui devait lier tous les articles de la même matière et n'en former qu'une masse

---

[1] Vol. ii, p. 85.   [2] Vol. ii, p. 86.
[3] Vol. ii, p. 101.   [4] See Chap. V, pp. 266–72.

est rompue partout, parce que les différents auteurs qui ont fait des articles séparés n'ont point saisi le plan général de l'ouvrage et ont travaillé d'après le système qu'ils se sont fait eux-mêmes, ce qui a occasionné des disparates sans nombre.

The result, he concludes, is that 'cela ressemble assez à la confusion des langues dans la tour de Babel'. Nor do his criticisms stop there:

D'ailleurs, il n'y a rien de neuf dans ce dictionnaire que la partie des arts et des métiers que M. Diderot a faite avec beaucoup de soin, et celle de la grammaire par M. Dumarsais, le grammairien le plus profond et le plus philosophe que nous ayons eu. Il y a des articles particuliers sur le commerce;[1] la chimie est très-bien faite aussi, mais en petit nombre. En général, c'est un plagiat, un brigandage perpétuel, et souvent ils volent les auteurs les plus obscurs. J'ai trouvé des pages entières copiées, par exemple, de l'*Histoire du ciel*, de Pluche. On peut appeler cela *voler le tronc des pauvres*.[2]

With this final remark from Raynal as *nouvelliste* we take leave of a contemporary writer on the *Encyclopédie* who cannot be said to have used his freedom from censorship to bestow excessive flattery on either the editor or the contributors to the work.

GRIMM's *CORRESPONDANCE LITTÉRAIRE*, in contrast, emanated from a man who stood much closer to the *Encyclopédie*. Not only did he himself occasionally contribute to it;[3] he was also the friend and confidant of Diderot. From the time he began to edit his newssheet, in May 1753, down to March 1773 when J. H. Meister took over, Grimm skilfully used the *Correspondance littéraire* to advance the cause of the *Encyclopédie*, announcing the publication of successive volumes with praise of particular articles, keeping alive interest in the work during the years 1757–65 when publication of the text was suspended, and administering a thorough drubbing to its critics, although on occasion he himself mingles blame with praise in his comments on the work.

Such an obvious source of information about the *Encyclopédie* has naturally been used by successive writers, though, with one notable exception,[4] they have failed to exploit the information contained there in any systematic fashion.

---

[1] In April 1754 (vol. ii, p. 135) Raynal had announced the publication of Véron de Forbonnais's *Éléments du commerce* and had noted then: 'Il en avait déjà fait paraître quelques articles dans l'*Encyclopédie*, qui ont été fort goûtés.'

[2] Vol. ii, pp. 197–9.

[3] For instance, the article POÈME LYRIQUE.

[4] Professor Proust in his *Diderot et l'Encyclopédie, passim.*

The first volume of the *Encyclopédie* which fell within Grimm's period as editor was the third, which appeared in October 1753. In practice his reflections cover on this occasion the first three volumes. After relating in indignant tones the attacks on the first two volumes and the interruption of the work by the *Arrêt du Conseil* of February 1752, he goes on to praise the third volume as being, thanks to its new collaborators, superior to its predecessors. No doubt, he admits, the work has its faults:

mais quand je prétends que cette importante entreprise fait honneur à l'esprit humain, c'est surtout par l'esprit philosophique que je l'envisage, et que vous trouverez généralement répandu dans cet ouvrage; c'est par les vues profondes, par les idées neuves que vous trouverez semées partout.

Above all, it is Diderot's contribution to these first three volumes which according to Grimm is outstanding, though he also praises D'Alembert's *Avertissement* to the third volume.[1]

The appearance of Vol. IV in October 1754 is heralded by an article in the previous month in which Grimm makes skilful propaganda for the work which has now become 'cet ouvrage immortel', the prodigious success of which is shown by the fact that the number of subscribers has risen to 3,000. While admitting that the work has its faults which could only be removed in a second edition, Grimm selects numerous articles for praise, mentioning those of a variety of authors, but especially those of Diderot. He refers particularly to *CYNIQUE and *CYRÉNAIQUE, which, he declares, 'nous causeront de grands regrets de ce que M. Diderot n'ait pas fait l'histoire de la philosophie dans les premiers volumes de l'*Encyclopédie*'.[2] When the volume appeared, he continued in November and December of this year to pick out a selection of articles for special praise.[3]

The publication of the fifth volume in 1755 was again heralded by a list of articles—among them *ÉCLECTISME and *ÉPICURÉISME—which deserved special attention.[4] When the volume appeared, the contributions of such men as D'Alembert, Voltaire, and Rousseau earned particular mention, but once again two articles of Diderot—*DROIT NATUREL and *ENCYCLOPÉDIE—are placed at the head of the list.[5] The appearance of Vol. VI in October 1756[6] is duly noted and a list of

---

[1] Vol. ii, pp. 298–301.   [2] Vol. ii, pp. 407–8.
[3] 15 November (vol. ii, pp. 436–7); 15 December (vol. ii, pp. 452, 457).
[4] 15 October (vol. iii, p. 111).   [5] 15 November (vol. iii, p. 129).
[6] The date of this passage is wrongly given as '1er mai 1756' in the Tourneux edition (vol. iii, p. 222).

important articles—this time drawn from a greater variety of contributors—is furnished.

When the seventh volume appeared in November 1757, the occasion was celebrated by the triumphant announcement that the number of subscribers had now reached nearly 4,000. Grimm also noted that the very success of the work had stirred up a host of enemies, whose jealous rage had given birth to such works as the *Nouveau Mémoire pour servir à l'histoire des Cacouacs*. As usual, several articles are singled out for special mention, among others D'Alembert's GENÈVE, but this is severely censured:

L'auteur y avance fort inconsidérément que les théologiens de Genève sont sociniens, et même déistes: c'est une étourderie d'autant plus grande de la part de M. d'Alembert que certainement son intention n'était point de déplaire à la république de Genève.[1]

An even stronger criticism of the article is offered in December 1758 as a prelude to a review of Rousseau's *Lettre à d'Alembert*.[2]

The controversies which raged round the *Encyclopédie* after the publication of Vol. VII and which led, in March 1759, to the withdrawal of its *privilège*, find an echo in the *Correspondance littéraire*. Though Grimm has a poor opinion of La Harpe's pamphlet *L'Aléthophile, ou l'Ami de la vérité*, written in defence of the *Philosophes*,[3] he pursues with his sarcasm such works as Chaumeix's *Préjugés légitimes contre l'Encyclopédie*.[4] He laments the damage done to freedom of thought and of the press by Helvétius's indiscretion in publishing *De l'Esprit*, and this leads on to an attack on the Parlement and particularly the *avocat-général*, Omer Joly de Fleury, for the *arrêts* of January and February 1759.[5] This is followed shortly afterwards by an account of the *Arrêt du Conseil* of 8 March which withdrew the *privilège* of the *Encyclopédie*. Grimm points out that the government's action was a retort to the Parlement's encroachment on the prerogatives of the Chancellor, who was responsible for the censorship of books, but argues that the right answer would have been for the government to quash the Parlement's *arrêt*. 'Il aura l'avantage', he comments ironically, 'de partager avec le Parlement l'honneur d'avoir anéanti la plus grande et là plus belle entreprise qui se soit jamais faite en littérature et en librairie. . . .'[6] He derives some consolation from the

[1] Vol. iii, pp. 457–8.　　　　　　　　　[2] Vol. iv, pp. 52–53.
[3] 15 March 1758 (vol. iii, p. 486).　　　[4] 15 December 1758 (vol. iv, p. 59).
[5] 15 February 1759 (vol. iv, pp. 80–82).
[6] 1 April 1759 (vol. iv, pp. 96–98).

attack on Joly de Fleury which Voltaire published along with his *Ode sur la mort de Mme la margrave de Bayreuth*; this he describes as 'une des choses les plus vigoureuses que M. de Voltaire ait écrites'.[1]

Naturally Grimm takes the side of Diderot and the publishers of the *Encyclopédie* in the controversy caused by Patte's accusation that Réaumur's plates had been plagiarized.[2] Palissot's *Les Philosophes* and particularly its preface are attacked for their inaccurate quotations.[3] *La Petite Encyclopédie, ou Dictionnaire des philosophes*, sometimes attributed to Chaumeix, is duly denounced on its appearance in 1761. 'On se lasse de tout,' he writes.

La méthode d'extraire des passages tronqués des plus célèbres ouvrages de nos écrivains modernes, dans le charitable dessein de leur faire dire ce qu'ils n'ont pas dit, et de les rendre odieux, commence à ennuyer le public.

Consequently the work has had no success 'malgré la force de l'esprit de parti'.[4]

It is noticeable how, in these years when the whole of the text of the *Encyclopédie* beyond the letter G seemed fated never to see the light of day, Grimm kept alive the memory of the missing volumes. In July 1761, for instance, he informs the readers of the *Correspondance littéraire* that 'M. Falconet a fait imprimer des réflexions sur la sculpture, qui sont destinées à paraître dans l'*Encyclopédie* si elle peut s'achever quelque jour'.[5] A few months later he announces the imminent publication of the first volume of plates, adding:

Mais comme le mot d'*Encyclopédie* est devenu encore plus odieux que celui de philosophie, on n'a osé le prononcer, et l'on a promis simplement le premier volume des planches sur les arts, métiers, et manufactures. Le fait est que ce sont là les véritables planches de l'*Encyclopédie*.[6]

In January 1762 the appearance of this first volume is duly noted.[7]

A year later Grimm reproduces the famous letter of Schouvaloff to Diderot of August 1762 in which he conveyed Catherine's offer to help him to finish the *Encyclopédie* in Riga or any other town on Russian territory.[8] In June of the same year there are two allusions to the *Encyclopédie*. The first is a reference to one of its contributors— Faiguet de Villeneuve, the author of the article DIMANCHE and of

---

[1] 1 June 1759 (vol. iv, p. 117).
[2] 1 April 1760 (vol. iv, pp. 222–7) and 15 November 1760 (p. 314).
[3] 1 July 1760 (vol. iv, p. 253) and 15 August (pp. 274–5).
[4] 14 June 1761 (vol. iv, p. 428).   [5] Vol. iv, p. 431.
[6] 1 December 1761 (vol. iv, p. 493).
[7] Vol. v, p. 22.   [8] Vol. v, pp. 199–200.

'quelques autres qui ont été remarqués parmi les bons'.[1] In 1763 the famous *réquisitoire* of Omer Joly de Fleury against the *Encyclopédie* and *De l'Esprit* still lay heavily on Grimm's stomach, for he writes:

Il eut le bonheur, dans ce beau morceau, de dénoncer les principes enseignés depuis plus de cent ans par Grotius, par Puffendorf, par tous les docteurs du droit public, dans toutes les écoles de l'Europe. Dans le même morceau, il dénonça comme scandaleuse une proposition que l'auteur de l'article attaqué avait tirée mot pour mot des Remontrances du Parlement.[2]

In the year 1764 there are two fairly lengthy allusions to the *Encyclopédie*. The first concerns the *Essai sur le luxe* of Saint-Lambert of which Grimm writes: 'Ce morceau paraîtra, en son temps, dans l'*Encyclopédie*, à l'article *Luxe*, car c'est pour cela qu'il a été fait.'[3] The second is to be found in a bitter attack on Abbé Saas's *Lettres sur l'Encyclopédie, pour servir de supplément aux sept volumes de ce dictionnaire.*[4]

The distribution—at any rate abroad and in the provinces—of the long-awaited last ten volumes of the text is duly celebrated in January 1766. The whole work in twenty-five folio volumes, Grimm proclaims, will have been conceived and executed in less than twenty years. This leads to the bitter conclusion:

Et pour ce, le nom d'Encyclopédiste sera devenu odieux à la cour et à la ville, et signifiera un homme conjuré à la perte de l'État; et puis, travaillez pour votre siècle, et comptez surtout sur sa reconnaissance![5]

There spoke the friend of Diderot.

[1] Vol. v, p. 298.

[2] Vol. v, p. 314. There seems to be some confusion here, as the only political article mentioned in the *réquisitoire* is AUTORITÉ, the first paragraph of which is reproduced. 'Il est de la prudence de notre ministere', the *avocat-général* continues, 'de ne pas employer les termes dans lesquels sont conçues les maximes séditieuses du Rédacteur' (pp. 15–16). Perhaps Grimm was thinking of the passage taken from the remonstrances of the Paris Parlement and inserted in the *Errata pour les deux premiers volumes* of the *Encyclopédie* (Vol. III, p. xvi). See Chap. VII, pp. 433–4.

[3] 15 March 1764 (vol. v, pp. 465–70). Cf. the reference (15 September 1766, vol. vii, p. 128) to Saint-Lambert's article TRANSFUGE (included in the Brière edition of Diderot, though not in AT); it was published under the title, *De la désertion*. Closer attention to Grimm's statements about the authorship of unsigned articles in the *Encyclopédie* would have allowed editors of Diderot's works to avoid some errors of attribution. On the other hand his attribution of the unsigned article, AUTORITÉ POLITIQUE, to Diderot (vol. ii, p. 300) is of the greatest significance (see Chap. VII, pp. 426–7).

[4] 1 November 1764 (vol. vi, pp. 114–15). It is interesting to notice that, in speaking here of the article *FRAICHEUR, Grimm writes: 'Il y a là une douzaine de lignes qui, ainsi que les douze lignes de l'article DÉLICIEUX, sont une des choses les plus précieuses qu'on ait écrites en français.' On *DÉLICIEUX see Roland Mortier, 'A propos du sentiment de l'existence chez Diderot et Rousseau' (*Diderot Studies VI*, pp. 183–95).

[5] Vol. vi, pp. 476–7.

It is noticeable that Grimm's allusions to the *Encyclopédie* do not by any means cease with the publication of the last ten volumes of text. There are other references to it in the year 1766. After a sarcastic notice of Abbé Malleville's *Histoire critique de l'éclectisme ou des nouveaux platoniciens* (an attack on the article *ÉCLECTISME)[1] he mentions the spell which Le Breton had in the Bastille for distributing copies of the *Encyclopédie* at Versailles, and then accuses him and his partners in particular and French publishers in general of exploiting writers. 'En Angleterre,' he declares, 'l'*Encyclopédie* aurait fait la fortune des auteurs.'[2]

Further references to the *Encyclopédie* continue to be made in the following years. Among those of particular interest[3] are the allusions to Luneau de Boisjermain's lawsuit against the publishers of the *Encyclopédie*; it is a curious fact that in his first mention of the case (in December 1769) Grimm is sympathetic towards Luneau, though by March 1770 he had veered round.[4] Apropos of Patte's attack on Souf-flot's design for the dome of the Panthéon, Grimm recalls the charge of plagiarism which he had brought against Diderot and the publishers over the plates of the *Encyclopédie*. 'Patte', declares Grimm, 'fut obligé d'insérer dans les feuilles de Fréron une lettre par laquelle il déclarait qu'il avait menti au public.'[5] This can only be a somewhat inaccurate reference to the receipt signed by Patte which the publishers of the *Encyclopédie* inserted in their letter to the *Année littéraire* of 1760.[6] The outstanding article amongst all Grimm's references to the *Encyclopédie* is the long passage which appeared in the *Correspondance littéraire* of January 1771.[7] There he relates a good deal of the inside history of the *Encyclopédie*, particularly of the last ten volumes of text, and reveals the story of Le Breton's censoring of them.

---

[1] Vol. vii, pp. 30–31 (15 April).

[2] Vol. vii, pp. 44–45 (15 May). See also the review of an anonymous *Dictionnaire portatif des arts et métiers* which is accused of plagiarizing the *Encyclopédie* and the publications of the Académie des Sciences (vol. vii, p. 60).

[3] There are also references to the competition between the volumes of plates of the *Encyclopédie* and those of the Académie des Sciences (vol. vii, p. 397); to Rousseau's articles on music in connexion with a review of his *Dictionnaire de musique* (vol. vii, p. 478); to Damilaville and Diderot's joint authorship of the article VINGTIEME (vol. viii, p. 224); to the Comte de Tressan's article PARADE apropos of Palissot's *Dénonciation aux honnêtes gens* (vol. viii, pp. 368–9); and to Fenouillot de Falbaire's failure to mention Catherine's generosity to Diderot in his account of the scurvy treatment which he had received from the publishers of the *Encyclopédie* (vol. viii, pp. 412–13).

[4] Compare vol. viii, p. 413 and p. 489.

[5] Vol. ix, p. 100 (15 July 1770).   [6] See below, p. 381–2.

[7] Vol. ix, pp. 203–16.

What Grimm has to say, over a period of some eighteen years, about the *Encyclopédie* and the trials and tribulations of its editor is of the highest value to historians of the work. On the other hand, being so close to Diderot meant that, despite an occasional criticism, he is never a detached observer of the reactions aroused by the *Encyclopédie* amongst his contemporaries. We learn singularly little from him about what any but the work's worst enemies thought of it, and for our immediate purpose the *Correspondance littéraire* is of no great assistance.

Another periodical not subject to censorship was BACHAU-MONT's *MÉMOIRES SECRETS POUR SERVIR À L'HIS-TOIRE DE LA RÉPUBLIQUE DES LETTRES EN FRANCE DE 1762 JUSQU'À NOS JOURS*.[1] Unlike the *Correspondance littéraire*, it was not closely attached to the cause of the *Philosophes*, and its opinions, now favourable, now much less so, no doubt reflect those of a fairly wide public. Unfortunately it can tell us nothing about the reactions to the first seven volumes of the work or throw any light on the controversies of the 1750s, as its first number dates from January 1762. Even so, it offers material of interest to the historian of the *Encyclopédie* and also reflects in some measure public interest in the work. Among its earliest entries is one of 19 January 1762 which shows that, nearly three years after the government had withdrawn its *privilège*, its existence was far from forgotten in certain quarters:

> On parle beaucoup de la reprise de l'Encyclopédie. Les volumes de planches commencent à paroître; ils réveillent la curiosité publique, & l'on se demande quand on verra finir cet ouvrage, *dont la suspension fait gémir l'Europe*?[2] Tout le manuscrit est fait; on n'attend qu'un regard favorable du gouvernement pour en profiter, & se mettre du moins à l'abri des persécutions de l'ignorance et du fanatisme, ensorte que l'autorité ne pourra plus se prévaloir contre ce dépôt immortel de l'esprit humain.[3]

Just over a year later (on 7 March 1763) the appetite of subscribers was further whetted by the announcement: 'L'Encyclopédie s'imprime actuellement, & l'on espere voir finir ce monument immortel de l'esprit humain.'[4]

The condemnation of the *Encyclopédie* by the Assemblée du Clergé of 1765 is noted with indignation in a review of its *Actes*:

> On a trouvé cette censure d'autant plus extraordinaire, que c'est proscrire

1 Published between 1777 and 1789.
2 A quotation from Voltaire (preface to *L'Écossaise*).
3 Vol. i, p. 23. On 4 February (p. 38) the return of Abbé Yvon from exile is announced: 'Tous les Matérialistes applaudissent au retour de cet illustre apôtre.'
4 Vol. i, p. 183.

en quelque sorte d'un coup de plume toute la France Littéraire & flétrir quantité d'hommes d'un mérite rare, de théologiens habiles, de savans très-religieux, qui tous ont concouru à l'edification de ce grand monument.[1]

Some of these comments may make one smile, but the enthusiasm is obvious enough. At last—on 29 March 1766—the appearance of Vols. VIII–XVII of the text is announced, though unfortunately without a word of critical discussion. Instead a rather garbled account of the government's handling of the distribution of this part of the work is offered.[2] About a month later the clergy's dissatisfaction at the publication of these volumes of a work it had so recently proscribed is mentioned, along with the government's steps to call in the copies which had been distributed. To this entry is attached a piece of wild exaggeration: 'Les Libraires, Auteurs & Coopérateurs des travaux de cette Edition, sont mis à la Bastille.'[3] Only Le Breton was imprisoned and even he spent only a week in the Bastille. Bachaumont yields a certain amount of information about reprints of the *Encyclopédie* and provides, from a viewpoint very hostile to Diderot, a great amount of detail about Luneau de Boisjermain's lawsuit with Le Breton and his partners; but on the history of the publication of the work and public reactions to it its contribution is rather meagre.

However different in outlook from the news-sheets just mentioned, the underground Jansenist weekly, *LES NOUVELLES ECCLÉ-SIASTIQUES*, had this in common with them: it was outside the control of the censorship. The fact that, unlike them, it was regularly printed and widely distributed meant that its hostile attacks were answered in the columns of the *Encyclopédie* by the editors. Under ECCLÉSIASTIQUE, for instance, D'Alembert worked into Vol. V a bitter attack on what he calls 'une feuille ou plutôt . . . un libelle périodique, sans esprit, sans vérité, sans charité & sans aveu'. On its regular clandestine appearance he has this comment to make:

Quelques personnes paroissent surprises que le gouvernement qui réprime les faiseurs de libelles, & les magistrats qui sont exempts de partialité comme les lois, ne sévissent pas efficacement contre ce ramas insipide & scandaleux d'absurdités & de mensonges. Un profond mépris est sans doute la seule cause de cette indulgence.

Certainly the *Nouvelles ecclésiastiques* did its best to earn the hatred of the editors of the *Encyclopédie*, as it pursued with venom the appearance of the first seven volumes and greeted with joy the ban imposed on the whole enterprise in 1759.

---

[1] Vol. ii, p. 235.   [2] Vol. iii, p. 13.   [3] Vol. iii, pp. 23–24 (24 April).

The *Encyclopédie* enters the pages of the *Nouvelles ecclésiastiques* through the scandal caused by the thesis of Abbé de Prades. In its number of 12 March 1752 the journal greets with satisfaction the *Arrêt du Conseil* of 7 February suppressing the first two volumes. Its only sorrow was that the government had not gone still further:

Mais pourquoi cet arrêt ne revoque-t-il pas expressément le privilege accordé à un ouvrage ainsi caractérisé? Le public fait de toute part cette question.[1]

Its demand for sterner measures is repeated in the paragraph which follows:

Outre la conformité qu'on apperçoit par cet Arrêt entre les *maximes* de l'Encyclopédie & celles de la Thèse, il y a encore entre l'un & l'autre une rélation connue, en ce que le sieur de Prades est intimement lié avec les Encyclopédistes, & en particulier avec le sieur *Yvon*, membre de la *Societé de gens de Lettres* indiquée dans le titre de l'Ouvrage. Les deux premiers Volumes (pour le dire ici en passant) étoient déjà délivrés aux souscripteurs avant l'Arrêt qui les supprime; & les Auteurs sont tous annoncés nommément à la tête du premier volume. On vient de voir cependant de quoi cet Ouvrage est accusé. Quelque jour on pourroit bien faire un parallèle de la maniere dont l'Ouvrage, les Auteurs & les Imprimeurs auront été traités, avec la maniere dont on se conduit souvent par rapport à des Livres ausquels on ne peut rien, à beaucoup près, reprocher de semblable, & qui sont bien éloignés surtout de rien établir qui tende *à détruire l'autorité Royale*, ni *à élever les fondemens de l'erreur, de la corruption des mœurs, de l'irréligion & de l'incrédulité.*

The next number (19 March) reverts once more to the *Arrêt du Conseil*, suggesting that it was inspired by Boyer, the former Bishop of Mirepoix, who held the *feuille des bénéfices*:

Nous sommes très-bien informés que les derniers jours du mois de Janvier, M. l'ancien Evêq. de Mirepoix témoigna ne pas comprendre qu'*onze* Docteurs, préposés pour veiller sur les Thèses, eussent laissé passer celle de l'abbé de Prades. Le Prélat ajouta, en parlant aux mêmes personnes, que le Dimanche 26 de ce même mois, entretenant le Roi sur cette Thèse, il Lui avoit représenté que la Religion *gravée dans Son cœur* (ce sont les termes du Prélat) s'éteignoit de jour en jour, & que l'impiété se répandoit de tout côté dans le royaume. L'Arrêt du Conseil du 7 Février ne seroit-il pas jusqu'à un certain point le fruit de cette juste observation de M. de Mirepoix?[2]

---

[1] p. 44.
[2] p. 45. On Boyer's intervention see Malesherbes, *Mémoires sur la librairie et sur la liberté de la presse*, Paris, 1809, pp. 350–1.

The *Encyclopédie* is left more or less[1] in peace by the *Nouvelles ecclésiastiques* until July 1754, when, in the course of an attack on Buffon, its name is dragged in once more:

Mais le mal & le grand mal est qu'il n'est pas seul. Les Editeurs de l'*Enciclopedie* ont fourni au sieur de Prades les principes d'impiété semés dans sa These. Il est visible qu'il a copié le Discours qui est à la tête du premier tome de leur Dictionnaire.[2]

Lashing out in all directions at the enemies of the true faith, the Jansenist journal attacks the editors of the newly founded *Journal étranger*—'une nouvelle Société qui s'élève en France, dont on a tout lieu de craindre qu'elle ne vienne à l'appui de l'Enciclopédie & des autres Livres de cette trempe'. Their crime was to have praised *L'Esprit des lois*, *L'Histoire naturelle*, and the *Encyclopédie* as being 'trois ouvrages que la Postérité nous enviera, qu'elle consultera avec raison *comme ses Oracles* & dont malheureusement pour nous elle seule connoîtra tout le prix'.[3] The *Arrêt du Conseil* of 1752 had denounced in terms which the journalist quotes yet again, the irreligious and subversive views contained in the *Encyclopédie*. 'Cependant l'Enciclopédie subsiste toujours.'[4] His shoulders still smarting from the drubbing administered by D'Alembert in the *Avertissement des Editeurs* to the third volume,[5] the writer goes on:

Elle insulte même ses Censeurs, & renvoie parmi les Visionnaires ceux qui ont prétendu trouver dans ces deux premiers Volumes, des principes d'irréligion. Elle fait plus. Elle accorde un Certificat de Catholicité à l'Auteur de l'*Esprit des Loix*, qu'elle prend sous sa protection. Il n'est ni Spinosiste, ni Déiste, quoi qu'en dise une *Gazette sans aveu*. C'est à nous que ce reproche s'adresse. Et l'on y joint cette savante remarque: qu'il est aussi impossible d'être Spinosiste & Deiste à la fois, que d'être tout ensemble Idolâtre & Juif.' Pour trouver la solution de ce problème, nous renvoyons le savant Geomètre de qui il vient, à notre Feuille du 24 avril 1750, & à ce que nous avons ajouté par supplément à celle du 1er mai de la même année. Quant aux injures qu'il nous dit, nous nous faisons un devoir de n'y pas répondre. Mais

---

[1] It is linked up again with Abbé de Prades in a review of the second part of an attack on his *Apologie*—*Lettres flamandes, ou Histoire des variations ou contradictions de la prétendue religion naturelle* (2 October 1753, p. 160).

[2] 3 July 1754, p. 106.

[3] The *Journal étranger* does not come within the scope of this chapter, as the prospectus (p. 1) states that 'les productions de la France, même les Livres écrits en François hors du Royaume, n'entrent pas dans l'objet que nous embrassons'. The preface to the first number, which contains the offending eulogy of the *Encyclopédie* (April 1754, p. xx), was produced by Grimm and J. J. Rousseau (see Leigh 210 and the notes to it).

[4] p. 107.

[5] p. xii.

qu'il nous permette de lui donner un petit avis. S'il revient à la charge, il seroit bon qu'il mît un peu plus de justesse dans ses raisonnemens. Il nous représente 'comme une lumière prête à s'éteindre, qui ranime encore ses foibles restes, pour jetter un peu d'éclat, avant que de disparoître.' Et le moment d'auparavant, il avoit invité tous les Savans de l'Europe à se réunir contre nous. Ici l'esprit Géomètre a manqué à l'Auteur. Si nous sommes à l'agonie, où est le bon sens d'armer toute la Littérature Européenne, pour repousser nos attaques? Au reste quelque mépris qu'il veuille inspirer pour ceux qui sont engagés dans la cause que nous défendons, il sent que ce sont eux qui portent à l'impiété les plus rudes coups. Avec eux, point d'accommodement, point d'égards.

The attack on the *Encyclopédie* continues in a postscript to this article.[1] Among the contributors to the newly founded *Journal étranger* was Toussaint, a name which filled the writer with fury:

Or ce M. Toussaint est Auteur du Livre impie *des Mœurs*, qui fut condamné au feu il y a quelques années par Arrêt du Parlement. Il l'est aussi de l'article du premier volume de l'Enciclopédie sur le mot *Autorité*.[2] C'est cet Article qui a donné lieu à l'Arrêt du Conseil d'Etat de supprimer ce Dictionnaire, comme contenant des maximes *tendant à détruire l'Autorité Royale, & à établir l'esprit d'indépendance & de révolte*. Les réflexions, c'est au Lecteur à les faire.

The writer goes on to quote the passage from the *Avertissement des Editeurs* of the third volume of the *Encyclopédie*[3] in which D'Alembert speaks of the desirability of someone writing a book 'contre les personnes mal-intentionnées & peu instruites, qui abusent souvent de la Religion pour attaquer mal-à-propos les Philosophes'. 'C'est un Ouvrage', wrote D'Alembert, 'qui manque à notre Siècle.' This remark excites this wrathful comment from the *Nouvelles ecclésiastiques*:

Ce prétendu Ouvrage, qui manque encore, seroit l'Apologie de la Métaphisique de Locke, de celle de M. de Buffon, de la Thèse de M. de Prades, etc. Il faut avouer que M. Toussaint seroit bien propre à exécuter le projet de l'Enciclopédiste.

In October 1754 there is an incidental reference to the *Encyclopédie* in a review of Boullier's *Apologie de la métaphysique à l'occasion du Discours préliminaire de l'Encyclopédie*. Although by a Protestant, the work is praised, since the author

fait voir quelques-unes des méprises de l'Auteur du Discours préliminaire

[1] p. 108.
[2] For a discussion of this false attribution see Chap. VII, pp. 424–6.
[3] p. xii.

de l'Encyclopédie: la vérité des idées innées; le faux du sistême de Locke; & l'éloge (bien mérité) de la Métaphisique de Descartes.[1]

In February 1756, in an examination of the proceedings of the last Assemblée du Clergé, there is another hostile mention of the work when the writer speaks of 'les Livres impies dont tout le Royaume est inondé: Christiade, Analise de Bayle, Encyclopédie, etc.'[2]

Insignificant in itself, this allusion to the *Encyclopédie* heralds a further series of attacks. A fortnight later, after rebuking the *Mercure* for its praise of Vol. V and for reprinting D'Alembert's *éloge* of Montesquieu, the *Nouvelles ecclésiastiques* replies to 'la critique, pleine d'amertume & de hauteur, qu'oppose le *digne Panégiriste* de M. de Montes., à ce que nous avons relevé dans le fameux Ouvrage de son héros'.[3] It is unnecessary to enter into the details of this counter-attack, as the controversy does not directly concern the *Encyclopédie* and its contents; yet it is interesting to notice that Maupertuis's *éloge*, delivered to the Berlin Academy, receives a much less hostile review. The same number[4] also contains a reply to D'Alembert's article, NOUVELLES ECCLÉSIASTIQUES, which appeared in the same volume of the *Encyclopédie*. The writer takes refuge in a haughty silence in face of this attack, as of that made by Diderot in one of the numerous digressions of the article *ENCYCLOPÉDIE, in which he reflects very harshly on the editor of the *Nouvelles ecclésiastiques* in stating that 'un scélérat obscur inscrit cette atroce calomnie parmi celles dont il remplit depuis si longtems ses feuilles hebdomadaires'.[5] In his reply the editor, full of injured dignity, asks: 'Que répondre à de pareilles gentillesses? Nous mettrons-nous en frais pour prouver sérieusement que nous ne sommes pas un scélérat?'[6] None the less, in the following month the *Nouvelles ecclésiastiques* did return to the attack made on it by Diderot.[7] Diderot's 'prélat respectable'—Montmorin, Bishop of Langres—is once again denounced by the Jansenist journal for 'son *monopole* lors de la cherté des blés'.[8] The editor's reply is rounded off with a well-directed crack at the way in which the *Avertissement* of Vol. V speaks of Voltaire's articles:

On annonce qu'il en promet d'autres, & qu'on aura soin de lui rappeller sa promesse AU NOM DE LA NATION. Nous nous en rapporterons à nos Lecteurs pour le commentaire de cette fanfaronnade.

[1] 23 October 1754, p. 171.   [2] 6 February 1756, p. 25.
[3] 20 February 1756, p. 33.   [4] p. 36.
[5] AT, vol. xiv, p. 484. *Encyclopédie*, vol. V, f. 646r.
[6] p. 36.   [7] 12 March 1754, p. 45.
[8] The original article which had provoked Diderot's wrath had appeared in the *Nouvelles ecclésiastiques* of 17 December 1741.

At the beginning of this paragraph the pompous tone in which D'Alembert tended at times to announce his new contributors is well summed up: '. . . Les Editeurs de l'Encyclopédie s'imaginent modestement qu'ils ont pour cet Ouvrage un plein pouvoir de la Nation.'

A year later, in May 1757,[1] Abbé Yvon is castigated for reproducing D'Alembert's attack on Jansenism in the prospectus for a work entitled *Le Droit naturel, civil, politique & public réduit à un seul principe.* Of much greater interest is a passage in the number for 27 March 1758 which has as its starting point the criticisms of Jansenism in D'Alembert's *éloge* of Dumarsais in Vol. VII. The article opens with a general attack on the editors of the *Encyclopédie*:

> Nos Lecteurs doivent aisém[t] se persuader que nous n'avons pas le tems de lire, encore moins d'examiner le Dictionnaire immense de l'Encyclopédie. Nous ne doutons en aucune sorte qu'il n'y eût beaucoup de choses à relever. Mais nos Feuilles y pourroient-elles suffire? D'ailleurs peut-on parler Religion avec M[rs] les Encyclopédistes? L'Ecriture S[te], les Conciles, les Peres de l'Eglise sont nos guides; & ces M[rs] [nous parlons des Editeurs & des Chefs] n'y croient pas. Les affaires de l'Eglise sont notre objet & ces beaux esprits, ces prétendus sages, ne s'y intéressent point.[2]

The writer refuses to add anything to his previous replies to D'Alembert's attacks, but he ends with an appeal for someone to come forward and expose the subversive ideas contained in the *Encyclopédie*:

> . . . Pour quelqu'un qui auroit le loisir, les lumieres, la patience & le zèle nécessaires, ce seroit rendre à l'Eglise & à l'Etat un service important, que de faire de ces énormes Volumes un examen critique & religieux.

Before the year was out, this prayer was answered in the form of Chaumeix's *Préjugés légitimes.*

Before that happy day arrived, the *Nouvelles ecclésiastiques* offered some general reflections on the *Encyclopédie* in the number for 17 April. These were inspired by the appearance of the publishers' *Mémoire sur les motifs de la suspension actuelle de cet ouvrage.* The article begins by restating the constant hostility of the journal to the *Encyclopédie*:

> Nous avons cru, & nous croyons encore qu'il étoit de notre devoir de prémunir les Lecteurs contre l'esprit qui domine dans un grand nombre d'Articles de cette immense compilation, & dans ceux mêmes où l'on ne devoit pas s'attendre de voir régner un esprit d'irréligion. Nos observations à cet égard ont eu le suffrage de ceux qui connoissent & qui estiment la

---

[1] 15 May, p. 81.   [2] p. 56.

pureté de la Morale Evangélique, qui révèrent la sainteté de nos Dogmes, & qui ne trouvent rien de beau & d'aimable que le vrai. D'autres Ecrivains se sont, comme nous, récriés contre la liberté effrénée qu'on s'est donnée dans ce Dictionnaire, de débiter du ton le plus hardi les maximes les plus dangereuses & les plus condamnables.[1]

All the writer had hoped to achieve was to 'mettre en garde les Lecteurs Chrétiens contre le poison qui leur étoit présenté sous l'écorce quelquefois séduisante d'un certain jargon philosophique'; but now the publishers' *Mémoire* opens up a delightful prospect—that the *Encyclopédie* might be cut off after the first seven volumes, thus bringing to an end 'un scandale qui dure depuis trop longtems, & dont la cessation paroît intéresser également la Religion & l'Etat'. The journal's verdict on the work to date is worth quoting, as it is not wholly damning:

> Le projet du Dictionnaire Encyclopédique étoit bon en soi, quoique peut-être impossible dans son entiere exécution. Ce qu'on en a exécuté, présente des choses dignes de louanges; mais nous croyons que l'excellent y est rare, & que le bon y est gâté par des choses très-repréhensibles.

The *Nouvelles ecclésiastiques* did not have to wait long now for the realization of its hopes for a ban on the work.

In November, apropos of the trouble which Pierre Rousseau was having with the ecclesiastical authorities at Liège over his *Journal encyclopédique*, there is a note about the possibility of the *Encyclopédie* itself running into difficulties at Rome:

> Nous sommes informés d'ailleurs que le Livre même de l'Encyclopédie a été denoncé à un homme qui tient à Rome une place considérable, & qu'on le prie de lire en particulier ce qui est dit au mot *Célibat*,[2] que 'le célibat des Prêtres étant de pure discipline, une grande Eglise, comme celle de France, pourroit l'abroger sans le consentement du Pape &c.'[3]

In December comes a review of the first two volumes of the *Préjugés légitimes contre l'Encyclopédie* of Abraham Chaumeix, who is acclaimed as an 'Ecrivain judicieux & zélé'.[4] His attempt to link the *Encyclopédie* with Helvétius's *De l'Esprit* (its appearance had just caused a terrible scandal) is naturally approved of. Chaumeix's sneer at the contents of the *Encyclopédie* (with the exception of the mathematical articles, which are out of place anyway) as being 'assez conforme à ce que l'on entend dans toutes compagnies, où l'on se fait un mérite de n'être

---

[1] p. 65.   [2] This article bears Diderot's editorial asterisk.
[3] 4 November, p. 179.   [4] 17 December, p. 201.

pas savant',[1] is made more pointed still by the editor through the addition of the words '& même, pouvoit-on ajouter, *de n'être pas Chrétien*'. The article concludes with a reference to Chaumeix's work as 'un Livre, dont tous les propriétaires de l'Encyclopédie ne doivent pas manquer du moins de se munir, & dont nous aurons soin d'annoncer les Volumes suivans, à mesure qu'ils viendront à notre connoissance'.

The appearance of the third volume of Chaumeix's work—devoted to a refutation of *De l'Esprit*—provides an opportunity to praise him afresh in January 1759.[2] He is described as 'ce savant & judicieux Ecrivain, qui a si généreusement entrepris la réfutation de l'Encyclopédie & du Livre de l'*Esprit*'. He has followed up his refutation of the *Encyclopédie* with that of Helvétius, a task which he has carried out 'avec la même justesse, la même supériorité, & le même succès'. Flowers are rained on the head of Chaumeix:

> Le stile de cet habile & religieux écrivain est naturel & coulant. Il ne manque ni de sel ni d'agrément; mais il ne les prodigue pas: &, ce qui est infiniment plus utile & plus estimable, il sait répandre la lumière sur les matieres les plus abstraites, & les plus obscures par conséquent.

The *Nouvelles ecclésiastiques* was certainly not sparing with its praise when a Jansenist writer was under discussion.

The same number contains a reference to the Archbishop of Paris's pastoral letter censuring *De l'Esprit*. This shows that the journal's hopes of a ban on the *Encyclopédie* were still alive: '... M. l'Archevêque a fortement & autentiquement censuré [non l'Encyclopédie, qui pourtant en valoit bien la peine,] mais le Livre de l'Esprit, dans un Mandement du 22 Novembre. ...'

Good news came in the following month with the Parlement opening proceedings against the *Encyclopédie*.[3] After reproducing part of the *arrêt* concerning the *Encyclopédie*, the journal continues:

> Espérons de cette attention du Parlement, du travail des Commissaires, & de ce qui en résultera, que nous verrons enfin l'Eglise & l'Etat délivrés de ces productions infernales, qui ne peuvent que corrompre l'esprit & le cœur & ausquelles nous n'avons point encore vu apporter de remede efficace.

Nearly two months later[4] the *Nouvelles ecclésiastiques* returns with delectation to the Parlement's action against the *Encyclopédie*. The *réquisitoire* of Omer Joly de Fleury is praised, and readers are told that it is unnecessary to repeat his analysis of the work because of 'l'Ouvrage

---

[1] Vol. i, p. xiv.   [2] 9 January, p. 9.
[3] 13 February, p. 32.   [4] 3 April, pp. 57–59.

de M. *de Chaumeix*, rappellé & loué par M. l'Avocat Général dans les premières lignes de la page 19 de son Discours'. The writer goes on:

Nous devons cependant observer avec quelle justesse le Magistrat saisit le but, la marche, le sistême & le secret de la mistérieuse Philosophie (comme il l'appelle) des Editeurs & Rédacteurs du Dictionnaire. C'est dans la multiplication des *renvois* qu'il en trouve la clé, & c'est cette conduite artificieuse que M. l'Avocat Général dit avoir été développée d'une maniere satisfaisante, par l'Auteur des *Préjugés légitimes* contre l'Encyclopédie (c'est-à-d. par M. *de Chaumeix*, qui a fait voir en effet que le venin de ce Livre se trouve dans les renvois.)

M. Joly de Fleury au reste remarque très-bien que le Livre de l'Esprit est comme l'abrégé de ce trop fameux Ouvrage Encyclopédique.

Chaumeix is constantly brought before the public in the pages of this review.[1] A week later the appearance of Vols. iv and v of his work is announced; in Vol. v he is said to demonstrate that the metaphysics of Locke is 'le germe & la base de celle des Encyclopédistes & de tous les Incrédules de nos jours'.[2] It is, however, amusing to find that, despite his lavish praise for the work, the editor complains bitterly about its high price.

The appearance of the *Arrêt du Conseil* of 8 March which withdrew the *privilège* of the *Encyclopédie* naturally gave great satisfaction to the *Nouvelles ecclésiastiques*.[3] Yet that satisfaction was not absolutely complete:

... On assure que Mrs Les Encyclopédistes font imprimer leur Ouvrage en pays étranger; & les sept Volumes imprimés & distribués, sont une peste & un poison qui subsistent dans le Royaume.

The Papal Bull issued later in the year was also welcomed by the journal:

C'est toujours un grand bien pour l'Eglise, que le Pape s'explique aussi fortement qu'il le fait, sur cet abominable Livre; & c'est une consolation pour nous, que les deux Puissances, Ecclésiastique & Séculière, s'accordent à confirmer l'idée que nous en avons toujours donnée dans nos Feuilles.[4]

Further cause for satisfaction was given in the spring of 1760 by the condemnation of the *Journal encyclopédique* by the Faculty of Theology of Louvain and its suppression by the Prince-Bishop of Liège. Not without some exaggeration the *Nouvelles ecclésiastiques* saw in this organ

---

[1] There is a note on the *Préjugés légitimes* at the foot of p. 32 in the issue of 13 February.
[2] 10 April, p. 61.   [3] 15 May, p. 83.   [4] 23 October, pp. 173-4.

un Ouvrage, qui bien réellement n'a été imaginé & exécuté que pour suppléer au Dictionnaire Encyclopédique, en préconiser les Editeurs & les
autres Incrédules, faire avaler le poison de leurs Ecrits à toutes sortes de
Lecteurs, & les dédommager des justes flétrissures que ces Ecrits ont reçues
de la part des deux Puissances. C'est ce que remarquent très-bien les Docteurs de Louvain, dans la bonne lettre que nous annonçons.[1]

These successive blows to the *Encyclopédie* and its supporters sent the
Nouvelles ecclésiastiques into raptures:

Dans quel pays MM. les Encyclopédistes se réfugieront-ils désormais?
La France a frappé le dernier coup contre leur séditieux & impie Dictionnaire. Ils s'étoient en quelque sorte réfugiés à Liège, & avoient cherché à
s'y dédommager par un Ecrit périodique, qui distribuoit par parcelles tout
le venin de leurs autres Ouvrages; & le voilà, cet Ecrit, supprimé avec les
flétrissures & les qualifications qu'il mérite. Les Etats Protestans, où il
subsiste encore quelqu'étincelle de Christianisme, leur feront-ils un meilleur
accueil? Plût à Dieu qu'ils fussent assez universellement couverts d'ignomi-
nie, pour être enfin forcés d'ouvrir les yeux à la Vérité, & pour se ranger de
bonne foi du côté de notre Sainte Religion, la seule qui puisse leur procurer
un bonheur réel & solide![2]

This purple passage is, however, virtually the last reference to the
Encyclopédie in the *Nouvelles ecclésiastiques*. If the appearance of the
last ten volumes at the end of 1765 came as a sad blow to the editor,
he hid the fact from his readers, as there is not a word about their
publication.

Of the bitter hatred of the *Nouvelles ecclésiastiques* for the *Encyclopédie* there can be no doubt. Yet with no obstacle, beyond considerations of space, to prevent the expression of that hatred, we find that in
the years when the controversy raged around Diderot and D'Alembert,
relatively little attention is paid by the review to the attacks made on
their work. Only Chaumeix receives any real publicity—no doubt as
a fellow Jansenist. What is more, scarcely any attempt is made by the
editor to specify which articles in the *Encyclopédie* were specially
deserving of blame. Practically the only passages in the work to be
singled out for censure in the *Nouvelles ecclésiastiques* are those attacking Jansenism or the journal itself. Exactly how the work represented,
as is repeatedly maintained, a danger to both Church and State is

---

[1] 2 April, p. 69.

[2] p. 70. There is a further reference to Pierre Rousseau on 6 February 1761 (p. 24) in
a review of a work attacking the *Journal encyclopédique*. It is stated that he spent some time
in Paris, 'où il n'a pu se faire estimer, malgré la protection que les Auteurs du trop fameux
Dictionnaire Encyclopédique lui avoient accordée'.

never made clear. In other words, this periodical throws singularly little light on the reactions of contemporaries to the *Encyclopédie* or on what ideas in the work gave offence to a Jansenist reader.

If we now turn to periodicals of the very opposite/type, those which were more or less official and government-controlled, we find that in their way they are equally far from reflecting the views of the reading public of the time. Obviously one must not expect much from an official news-sheet like the *GAZETTE* (from 1 January 1762 the *GAZETTE DE FRANCE*). Indeed it is often the gaps in its references to the *Encyclopédie* which are the most interesting. After devoting two-thirds of a page in November 1750 to an announcement of the work, including a statement that the publishers 'commencent l'impression du I Tome',[1] it fails to mention the appearance of Vol. I in July 1751, but on 29 January 1752 it inserts the sentence: 'Depuis quelques jours, les Libraires qui impriment le Dictionnaire de l'Encyclopédie, en distribuent le second Volume aux Souscripteurs.'[2] After giving on 12 February[3] an account of the scandal caused by the thesis of Abbé de Prades, it summarizes on the 19th the *Arrêt du Conseil* of 7 February.[4] The usual laconic sentence—'On délivre, depuis les premiers jours de cette semaine, le troisième Volume de l'Encyclopédie'—appeared in the number dated 20 October 1753;[5] none of the later volumes seems, however, to be noticed even in this modest way. On 24 March 1759 there appeared a summary of the *Arrêt du Conseil* of 8 March withdrawing the *privilège* of the work.[6] Understandably, in view of the strained relations between government and Parlement, the *Gazette* ignores the proceedings instituted by the latter, which had precipitated the government's intervention. One remarkable omission is that there is no reference to the second *Arrêt du Conseil* of this year concerning the *Encyclopédie*, that of 21 July, which ordered the publishers to refund 72 *livres* to the subscribers to make up for the non-appearance of the last volumes of the work. However, we have the explanation of this mystery in the form of a letter of Malesherbes to the *Gazette* requesting that the *arrêt* should not be mentioned immediately.[7]

Even the *JOURNAL DES SAVANTS*, though a study of it is rather more rewarding, has not a great deal to say about the *Encyclopédie*. In December 1750 it offers a 'puff' for the prospectus, describing

[1] 28 November, p. 576.   [2] p. 60.   [3] pp. 83–84.
[4] pp. 95–96   [5] p. 503.   [6] pp. 142–3.
[7] The text is given in P. Grosclaude, *Malesherbes témoin et interprète de son temps*, Paris, 1961, p. 135.

the work as 'l'un des plus intéressant[s] & des plus dispendieux que l'on ait mis sous les presses'.[1] In July 1751 the publication of the first volume is duly announced,[2] and in the following month this announcement is repeated, along with a statement that the publishers are still open to accept subscriptions, though at an increased price.[3] More interesting from our point of view is a detailed review of the first volume, published in September.[4] Yet on closer examination the article turns out to be rather disappointing. Most of it is given up to extracts from the *Discours préliminaire*, and only the last two pages offer any criticism. This, it must be said, is surprisingly pointed; it aroused the indignation of D'Alembert, who did not relish the statement that his introductory essay contained 'des choses dangereuses en matiére importante, que des Journalistes attentifs ne doivent point passer sous silence'.[5] He is accused of advancing many unorthodox religious ideas, and there is considerable force, for instance, in the criticism advanced in the following paragraph:

On pourroit soupçonner dans cette Préface un laconisme affecté sur ce qui regarde la Religion. La Science de la Religion est de toutes les Sciences la plus étendue, ne mérite-t-elle pas qu'on en recherche l'origine & qu'on en développe les progrès? L'Auteur examine fort au long & avec beaucoup de sagacité comment les hommes sont devenus Géométres, Physiciens, Musiciens, &c; n'auroit-il pas du aussi examiner les efforts que les hommes ont faits pendant quatre mille ans pour acquérir la connoissance de Dieu & d'eux-mêmes, & comment cette connoissance commencée par la Religion Naturelle, plus développée par la révélation faite à Moyse a été enfin perfectionnée par la Religion Chrétienne.[6]

From the point of view of religious orthodoxy the secular spirit of the *Encyclopédie* was made only too obvious in the *Discours préliminaire*. D'Alembert was not mollified either by the words which introduced these criticisms—'. . . il y a longtems qu'il n'a paru un ouvrage aussi bien frappé, aussi Philosophique, aussi plein d'esprit & de sagacité, & qui marque tant un génie supérieur'—nor by the concluding reference to 'un ouvrage aussi solide & aussi sçavant'.[7]

Although the appearance of the second volume of the *Encyclopédie* is duly noted in the number for February 1752, the *Arrêt du Conseil* of the same month banning the first two volumes was no doubt

---

[1] pp. 876–7.   [2] p. 511.   [3] p. 574.   [4] pp. 617–27.
[5] p. 625. See R. Grimsley, *Jean d'Alembert*, pp. 25–26, and Venturi, *Le Origini*, pp. 56–59, 142–3.
[6] pp. 626–7.
[7] See his account of the matter in the *Avertissement des Éditeurs* to Vol. III, pp. xi–xii.

responsible for the extraordinary delay in the publication of a review of this volume. This did not appear until February 1754,[1] four months after the publication of Vol. III, which in its turn had been held up by the same events. The review opens rather apologetically:

Nous aurions rendu compte de ce volume en son temps, si des circonstances particuliéres, & dont le public a été assez instruit, n'avoient retardé la continuation de ce grand ouvrage. Nous nous empressons maintenant d'annoncer que tous ces obstacles étant levés, le troisiéme volume vient enfin de paroître & qu'il a été reçu avec un applaudissement très-mérité.

The comments offered on the second volume are almost invariably eulogistic. Although by its very nature such a work must for the most part consist of material taken from other sources, 'on ne peut disconvenir', we are told, 'qu'il ne renferme un très grand nombre de choses qui lui sont propres, & qu'il ne soit enrichi de plusieurs découvertes utiles & de réflexions ingénieuses'.[2] Praise is given to D'Alembert's mathematical articles, those of Rousseau on music and of Dumarsais on grammar, and those on natural history, mineralogy, and chemistry by a number of authors and especially Baron d'Holbach, whose contributions still remained anonymous in this volume. Particular praise is given to Diderot's technological articles; the article *BAS AU MÉTIER, for instance, is called 'un chef-d'œuvre de description'.[3] An extract from the article *BEAU is given as an example of 'les articles que M. Diderot a suppléés, dans presque tous les genres en qualité d'Editeur, & qui sont en si grand nombre, qu'ils forment à peu près le tiers de ce volume'.[4]

The review concludes with a balanced judgement on the volume in which criticism is outweighed by praise:

On imagine bien sans doute que toutes les parties de ce Dictionnaire ne sont pas traitées d'une manière si supérieure. Il y en a même plusieurs de foibles & de négligées. Mais il n'est gueres possible que dans un ouvrage d'une telle étendue, & auquel tant d'Auteurs différens ont travaillé, il ne se trouve d'abord de pareilles inégalités. Les Editeurs ont été les premiers à s'en appercevoir & à l'avouer; aussi ont-ils pris les mesures les plus justes pour y remédier, & le troisième volume qu'ils viennent de publier prouve assez que leurs soins n'ont pas été infructueux.[5]

This third volume did not have to wait quite so long to be reviewed, as it is dealt with in the number for August 1754.[6] A considerable number of articles, mainly scientific and technological, are summarized.

---

[1] pp. 84–91.   [2] p. 85.   [3] p. 87.
[4] p. 90.   [5] p. 91.   [6] pp. 551–61.

It is a curious fact that *CHAOS—a characteristic piece of tight-rope walking by Diderot—is singled out for special attention:

Cet article mérite d'être lu. On y trouve ce que les Fables de la Mythologie, les conjectures de l'Histoire, les imaginations de la Poësie, les opinions de la Philosophie, & les oracles de la Religion ont publié sur la Genese de l'Univers. L'Auteur paroît marcher sans cesse dans un sentier coupé & étroit, entre des précipices dont il connoît tout le danger. Mais il nous a semblé qu'il n'y avoit rien de plus vrai ni de plus sage que les réflexions par lesquelles il termine son travail: c'est qu'on doit bien se garder dans aucun système de Physique, de contredire les vérités primordiales de la Religion, & qu'il ne faut se permettre les hypothèses qu'où les livres Saints ne se sont pas expliqués clairement; mais aussi que dans ces derniéres circonstances la Philosophie systématique doit avoir le champ entiérement libre.[1]

The modern reader, who knows his Diderot more thoroughly than any contemporary reviewer could, is not by any means as certain about the orthodoxy of the article in question. The summary of the article CHARLATAN provides an opportunity for praise of Jaucourt: 'Cet ouvrage a mis à contribution toute la variété de ses connoissances, & tout son goût pour l'étude.'[2] While some criticisms of D'Alembert's COLLÈGE are offered, the review concludes by declaring that this third volume is

assurément supérieur aux deux précédens, . . . d'où il est à présumer, que si la perfection du travail va toujours en augmentant de volume en volume, l'Encyclopédie finira par être un des meilleurs ouvrages qu'il y ait eu en aucune langue.[3]

The appearance of Vol. IV was promptly announced in November 1754[4] and a lengthy review followed in June 1755.[5] As before, a selection of articles are mentioned or summarized and a number singled out for praise. It is interesting to see that among the articles mentioned is one with a clear reformist purpose, Boulanger's CORVÉE:

Ceux qui aiment le bien public, qui ont de l'humanité, qui gémissent des travaux qu'on impose si durement aux pauvres habitans de la campagne, liront avec plaisir l'article *Corvée*.

After fresh praise for Jaucourt, the review concludes eulogistically:

Nous finirons cet Extrait par une observation générale sur la nature de cette Encyclopédie, c'est que de tous les Dictionnaires François que nous avons, il n'est arrivé qu'à celui-ci, si cependant on excepte celui de Bayle,

[1] pp. 557–8.   [2] p. 558.   [3] p. 561.
[4] p. 765.   [5] pp. 387–98.

d'avoir été lû tout de suite. C'est un effet de cet esprit philosophique qui en vivifie, pour ainsi dire, jusqu'aux moindres parties. On se resout à ne rien omettre, parce qu'on rencontre des vûes dans les articles où l'on en soupçonneroit le moins.[1]

Yet, as we shall see, such enthusiasm did not extend to reviewing a single volume of the rest of the work.

Vol. V was duly announced in December 1755[2] and Vol. VI in November 1756.[3] No review of Vol. V either appeared or was even as much as promised. In announcing Vol. VI the periodical stated: 'On rendra compte de ce vol. sixiéme dans un des Journaux suivans, ainsi que du suivant.' This promise was not kept for either Vol. VI or Vol. VII. All we find for Vol. VII is a bald announcement of its publication in the first part of the December 1757 number.[4] One significant omission in the crisis years 1757–9 is the absence of any reference to the *Arrêt du Conseil* of 21 July 1759; presumably, as in the case of the *Gazette*, this was the result of a request from Malesherbes. This gap is all the more striking as hitherto the *Journal des Savants* had supplied a good deal of information about details of the subscription for the *Encyclopédie*.[5]

To be absolutely complete, one can add two further references to the *Encyclopédie* in 1760. The first is the announcement of the *Justification de plusieurs articles du Dictionnaire encyclopédique* by Leclerc de Montlinot.[6] The second consists of a letter of D'Alembert, dated 2 June, denying that he wrote the sentence, quoted in Palissot's *Lettre de l'auteur de la Comédie des Philosophes au public, pour servir de préface à la pièce*:

L'inégalité des conditions est un droit barbare: aucune sujettion naturelle dans laquelle les hommes sont nés à l'égard de leur pere, ou de leur Prince, n'a jamais été regardée comme un lien qui les oblige, sans leur propre consentement.[7]

That is all we find for the period 1750–60 in the *Journal des Savants*. Only the first four volumes of the *Encyclopédie* were reviewed there, although the publication of Vols. I–VII was duly noted. Silence is observed on the numerous books and pamphlets directed against the *Encyclopédie* in these years. It is, for instance, significant that Chaumeix's *Préjugés légitimes*, to which Leclerc de Montlinot replied in his

---

[1] p. 398.   [2] p. 828.   [3] p. 765.   [4] p. 831.
[5] In December 1757 (pp. 875–7) it had printed the publishers' announcement of 1 November about the increase in the size and cost of the work.
[6] July (pp. 490–1).   [7] p. 538.

Justification, is never mentioned, let alone reviewed. There is not the slightest mention of the appearance of the last ten volumes of the text at the end of 1765. The silence of the *Journal des Savants* in face of the controversy which raged around the *Encyclopédie* in the 1750s has perhaps an explanation to which we shall come in due course. For the present we can register the fact that it reviewed only the first four volumes of the *Encyclopédie* and that in themselves, apart from an outburst against the unorthodox religious ideas of the *Discours préliminaire*, those reviews were favourable.

The semi-official *MERCURE DE FRANCE* showed a slightly less detached attitude towards the *Encyclopédie*, though its degree of interest varied with such circumstances as changes of editor. From 1 July 1750 to 31 December 1754 this post was occupied by a person whose more private views on the work we have already examined— Abbé Raynal. In March 1751 the *Nouvelles littéraires* are headed by an item which begins:

> Monsieur Diderot un des Editeurs de l'Encyclopédie, que les gens du monde, & les gens de Lettres attendent avec une si grande impatience, & Auteur du *Prospectus*, que toute la France a lû avec tant d'empressement & de plaisir, vient de publier séparément un des articles, qui doivent entrer dans le premier volume de cette Encyclopédie.[1]

His unsigned article ART is given a very eulogistic mention accompanied by a hint that readers would be foolish not to join the rush of subscribers to the *Encyclopédie*: 'Cet article a eu un si grand succès, que nous connoissons plusieurs personnes, qui après l'avoir lû, ont été souscrire.'[2] A 'puff' for the whole work rounds off the article. Further publicity for the forthcoming first volume was offered in the April and June numbers, which gave the text of two articles by Daubenton, first ABEILLE and then AGATE.[3]

The appearance of the first volume is announced with a fanfare of trumpets in the July number: 'Voilà le commencement d'un des plus grands ouvrages qui ayent jamais été entrepris. La préface est un chef-d'œuvre.'[4] After praise of the *Discours préliminaire* comes a list of interesting articles, followed by the striking conclusion: 'Ce qui domine dans l'Encyclopédie, & qui n'est pas commun dans les Dictionnaires, c'est l'esprit philosophique.'[5]

This enthusiasm for the *Encyclopédie* was not kept up in the *Mercure*.

---

[1] p. 103.   [2] p. 104.   [3] April, pp. 41–73; June, pp. 105–12.
[4] p. 112.   [5] p. 114.

There is no mention of the second volume which appeared at the beginning of 1752; there is only an oblique reference to its existence in the listing of the *Arrêt du Conseil* of 7 February under the heading of 'Arrests notables'.[1] However, the *Discours préliminaire* receives fresh praise in a review of D'Alembert's *Mélanges* in February 1753— 'morceau précieux sur lequel il n'y a qu'une voix en Europe, & dont la postérité jugera apparemment comme notre siécle'.[2] The appearance of Vol. III is duly noted in November,[3] and although an unconscionable amount of space is given here to a futile note on a misprint in CONCILE, a full-scale review followed in December.[4] 'Review' is no doubt a misleading term, as 99 per cent. of the article is devoted to extracts from the *Avertissement des Editeurs*, and comment is reduced to an absolute minimum. However, two sentences from the conclusion are worth quoting:

> Quelque accueil que le public ait fait aux deux premiers volumes, il nous paroît que celui-ci leur est généralement trouvé fort supérieur. . . . Il nous paroît que le Gouvernement & le Public ne sçauroient trop favoriser cette grande entreprise, dont l'exécution se perfectionne de jour en jour.

That was to be Raynal's last mention of the work before he gave up the editorship at the end of 1754; no review or even mention of Vol. IV appeared in that year.

The new editor, Louis de Boissy, announced the publication of Vol. V in the number for November 1755.[5] He notes the contributions of Voltaire and praises D'Alembert's *Éloge de Montesquieu*, which he reproduces in this number and the next.[6] Vol. VI is not mentioned in 1756, but a reminder of the existence of the work is given in the October number,[7] which prints a letter of Georges Leroy to Diderot on Tillet's views on corn-cockle. Of one of the ideas mentioned it is said: 'C'est un point à ne pas oublier dans l'*Encyclopédie*, au premier article où il pourra en être question.'[8]

There is no mention of Vol. VII in 1757, only the text of the *Avis aux souscripteurs de l'Encyclopédie* in which the publishers announced that the work would be increased in size and cost,[9] and that of a letter of D'Alembert protesting against an article in the Genevan periodical, *Le Choix littéraire*, edited by Jacob Vernes, alleging that the *Encyclo-*

---

[1] July, p. 205.   [2] p. 138.   [3] p. 148.   [4] pp. 106–41.   [5] p. 77.
[6] November, pp. 78–124; December, vol. i, pp. 77–104.
[7] Vol. i, pp. 155–7.
[8] p. 156. See the article *ENCYCLOPÉDIE (Vol. V, f. 636v; AT, vol. xiv, p. 424).
[9] December, pp. 148–52.

pédie is '*presque partout* une compilation' and accusing him, in the article ARRÉRAGES, of being in favour of '*la plus criminelle espece d'usure*'.[1] The yield for 1758 is slightly less meagre. In the two January numbers[2] the text of D'Alembert's *Éloge de M. Du Marsais* is reproduced, and in April extracts from the *Mémoire des libraires associés à l'Encyclopédie sur les motifs de la suspension actuelle de cet ouvrage*.[3] The latter is prefaced by the following words:

> Nous allons rapporter quelques morceaux de ce mémoire qui nous a paru très-bien écrit. On y répond aux reproches faits aux Auteurs de l'*Encyclopédie*, & on s'efforce de les rassurer contre les traits de la critique, qui depuis quelque temps ne cessent de les poursuivre.

The editor, Boissy, died on 19 April, and at this critical moment in the history of the *Encyclopédie* he was succeeded by one of its contributors, Marmontel. In April 1759 the new editor replied to an attack by Chaumeix, pointing out how in his *Préjugés légitimes* 'cet homme charitable' had completely travestied the ideas set forth in his article GLOIRE.[4] Like the *Journal des Savants*, the *Mercure* makes no mention of the *Arrêt du Conseil* of 21 July 1759, or for that matter of the withdrawal of the *privilège* in March. In January 1760 Marmontel published an *Avis aux souscripteurs de l'Encyclopédie & autres* in which the publishers invited anyone interested to examine the first two hundred of their plates and defended themselves against Patte's accusation of plagiarism.[5] With the second volume of January 1760 Marmontel's editorship came to an abrupt end when he spent eleven days in the Bastille; he was succeeded by La Place. The latter printed in the following March the publishers' further reply to Patte—*Réponse aux cahiers de l'Année littéraire, No. 35. 1759 & No. 4. 1760*.[6] In April he gave a bare announcement of the appearance of Leclerc de Montlinot's *Justification de plusieurs articles du Dictionnaire encyclopédique*,[7] though he never mentions Chaumeix's work against which it was directed, and in July he printed D'Alembert's letter of 2 June replying to Palissot.[8] Characteristically there is no mention of Palissot's

---

1 Ibid., pp. 97–98. (See *Le Choix littéraire*, vol. vi (1756), p. 161, and the publicity given by Fréron to the article, pp. 379–80 below).
2 Vol. i, pp. 71–98; vol. ii, pp. 67–92.
3 Vol. ii, pp. 97–104.
4 Vol. i, pp. 82–86.
5 Vol. i, p. 176 (for the text, see below, p. 398).
6 pp. 189–92. See below (pp. 381–2) the section on the *Année littéraire*.
7 Vol. i, p. 127.
8 Vol. i, pp. 121–2. See above (p. 364) the section on the *Journal des Savants*.

Philosophes or the 'preface' to which D'Alembert took exception, or of the controversy which raged around the play, except that it is mentioned in a few lines under the heading *Spectacles* in the June number, as having been performed at the Comédie Française.[1]

The publication of the last ten volumes of text was again to be passed over in complete silence in this review; and for the period 1750–60 we notice how under successive editors it remained remarkably reticent both about the *Encyclopédie* itself and the polemical literature which it stirred up.

There is little to be gleaned from the *AFFICHES DE PARIS*, or, to give it its full title, *Annonces, affiches et avis divers*, which began publication in March 1751 under the editorship of Abbé Aubert. This periodical, as its title implied, was not in any respect what one could call a literary review. It never got beyond giving a very brief list of new books, making not the slightest attempt to review them. The publication of successive volumes of the *Encyclopédie* is duly noted, but that is all.

There is slightly more meat in the *AFFICHES DE PROVINCE* which appeared under exactly the same title of *Annonces, affiches et avis divers*, beginning publication in May 1752 under the editorship of Meusnier de Querlon. If it came too late to announce the publication of the first two volumes of the *Encyclopédie*, it duly recorded the appearance of Vol. III. The neutral tone of its announcements can be gauged from the brief note of 21 November 1753:

> Nous avons déjà annoncé qu'on distribuoit actuellement *le troisieme Volume du Dictionnaire Encyclopédique*. Il est rempli par la lettre C, dont il reste encore une partie qui entrera dans le Volume suivant. A la tête de ce troisiéme Volume est un *Avertissement des Éditeurs*, qui contient plusieurs articles *d'Errata*, avec une liste des Auteurs nouveaux, employés à ce grand Ouvrage. Il faut lire sur cet Avertissement l'article qui finit le Journal de Trévoux, du présent mois de Novembre.[2]

Occasionally the comment is more detailed and the editor even ventures to list interesting articles, not all of which are of unimpeachable orthodoxy. This is what he has to say of Vol. VI:

> On délivre depuis le mois d'Octobre aux Souscripteurs de l'*Encyclopédie* le 6e Volume de ce Dictionnaire. Les Articles qui nous ont paru le mieux faits, les plus intéressans, ou les plus curieux, sont ceux-ci: *Ethiopiens, Etimologie, Evidence, Existence, Expansibilité, Fait, Fayance, Fer, & Fer-*

[1] p. 232.
[2] p. 186. For the reference to the *Journal de Trévoux* see below, pp. 374–5.

Blanc (par M. *Diderot*),[1] *Fleuves* & *Figure de la terre*, (par M. *d'Alembert*), *Evolution Marine*, (par un Auteur anonime) *Evolution Militaire*, (par M. *le Blond*), *Fief*, (par M. *Boucher d'Argis*), *Fermier* & *Faisanderie* (par M. *le Roi*, Lieutenant des Chasses du Parc de Versailles), *Finances* (par M. *Pesselier*), *Fêtes* (par M. *Faiguet*), *Fanatisme* (par M. *Deleyre*, nouvel auteur du Journal Etranger), *Fable* & *Fiction*, (par M. *Marmontel*). *Fat* & *Femme* (par M. *Desmahis*). En indiquant principalement ces Articles, nous ne prétendons pas diminuer le mérite des autres, ni que notre choix régle celui de personne.[2]

After this far from hostile notice of Vol. VI it comes as a shock to read the following lines, published just over a year later, at the end of December 1757:

Il y a dans le premier Volume du Mercure d'Octobre dernier un *Mémoire sur les Cacouacs*, fiction morale où l'on peint le caractère du *Méchant*, devenu si commun dans la société, et mis au Théâtre par M. *Gresset*. Cette légere fiction a fait naître une satyre plus soutenue sous ce titre: *Nouveau Mémoire pour servir à l'Histoire des Cacouacs*, Amsterdam, 1757, Broch. in-12 de 108 pag. dont *Desaint & Saillant* ont reçu quelques exemplaires. L'objet de ce petit Ouvrage, qui est ingénieux & bien fait, n'est plus le *Méchant* proprement dit: on en veut à quelques Encyclopédistes, dont la plume hardie se signale à porter des coups dangereux à la Religion, aux principes de la Morale, à ceux du Gouvernement, à la société. Ainsi jamais la satyre ne fut employée plus utilement. On a crû que le vrai moyen de faire tomber l'admiration, ou plutôt l'espèce de culte que ces prétendus Philosophes se sont attirés par la hardiesse de leurs opinions, par leur langage abstrait & pompeux, mais réellement vuide, inintelligible, & principalement par un très-faux Stoïcisme étoit de les tourner en ridicule. L'Auteur a très-bien réussi: ce sont là les premières armes qu'il faut tourner contre des gens qui ne sont faits que de la faiblesse de ceux qui n'osent les attaquer. Le nouveau Mémoire sur les Cacouacs peint donc une cabale, dont le projet n'est pas de rien établir, mais de tout sapper, de détruire tout. L'Auteur a rapproché leurs principaux paradoxes, & il leur donne une liaison, d'où les conséquences se déduisent d'elles-mêmes. Cette utile & sage plaisanterie mérite d'être lue avec attention.[3]

The explanation of this sudden volte-face is furnished by a passage in a letter of D'Alembert to Voltaire:

Les brochures, les libelles, tout cela n'est rien, mais croiriez vous que tel de ces libelles a été imprimé par des ordres supérieurs, dont M. de Malesherbes n'a pu empêcher l'exécution? Croiriez vous qu'une satyre atroce contre nous, qui se trouve dans une feuille périodique, qu'on appelle les

---

[1] An early example of the wrong attribution of unsigned articles to Diderot (see *Studies*, vol. xxxii, pp. 345–51).

[2] 17 November 1756, p. 181.   [3] 28 December 1757, p. 206.

affiches de Province, a été envoyée de Versailles à l'auteur, avec ordre de l'imprimer, et qu'après avoir résisté autant qu'il a pu, jusqu'à s'exposer à perdre son gagne pain, il a enfin imprimé cette satyre, en l'adoucissant de son mieux? Ce qui en reste, après cet adoucissement fait par la discrétion du préteur, c'est que nous formons une secte qui a juré la ruine de toute société, de tout gouvernement, et de toute morale. Cela est gaillard, mais vous sentez, mon cher philosophe, que si on imprime aujourd'hui de pareilles choses, par ordre exprès de ceux qui ont l'autorité en main, ce n'est pas pour en rester là. Cela s'appelle amasser les fagots au 7ᵉ volume pour nous jeter dans le feu au huitième.[1]

After this outburst, the *Affiches de province* remains most uninformative about the *Encyclopédie* and the controversy which raged around it. Early in 1759 it announces the publication of the first three volumes of Chaumeix's *Préjugés légitimes* in non-commital terms; 'Cet Ouvrage est une Critique directe, suivie, & même assez méthodique de l'Encyclopédie, si fameuse & par la réputation qu'on lui a faite, & par les contradictions qu'elle essuye'[2]—a good example of the French gift for understatement, seeing that at the moment these lines appeared the Paris Parlement had begun to take action against the *Encyclopédie*. Thereafter, apart from references to the volumes of plates, the work does not earn a mention; as usual, the publication of the last ten volumes of text is passed over in silence.

Only insignificant references to the *Encyclopédie* are to be found in another review of the time, the so-called *JOURNAL DE VERDUN*, which, despite its name, was published in Paris during the period which concerns us. Details of the prospectus are duly given in December 1750[3] and of the suppression of the first two volumes in March 1752.[4] In January 1758 the publishers' announcement of the previous November about the increased size and price of the *Encyclopédie*[5] is duly reproduced. In January 1759 the first three volumes of Chaumeix's *Préjugés légitimes* are announced, but not reviewed.[6] There is no further reference to the *Encyclopédie*; as usual, there is no mention of the publication of the last ten volumes of text.

In contrast the Jesuit organ, the *JOURNAL DE TRÉVOUX*,[7] promises at first sight to offer a rich store of comment. Father Berthier, installed in his editorial chair since 1745, was quick off the mark in

---

[1] Best. 6911, 28 January 1758 (see also Best. 6929 and 6939).
[2] 7 February 1759, pp. 22–23.　　　　　　　　　　[3] Vol. 68, pp. 405–6.
[4] Vol. 71, pp. 233–4.　　　[5] Vol. 83, pp. 27–30.　　　[6] Vol. 85, p. 23.
[7] See J. N. Pappas, *Berthier's Journal de Trévoux and the Philosophes* (*Studies*, vol. iii), Geneva, 1957, especially pp. 166–96.

dealing with the *Encyclopédie*. In January 1751 he announced the appearance of the prospectus in his *Nouvelles littéraires*. He offers a striking mixture of praise (men of letters have found the prospectus 'très-bien écrit') and of insinuations of plagiarism in his remarks on the classification of human knowledge set forth in it:

> Les Editeurs, MM. Diderot & d'Alembert, font connoître qu'à l'égard de ce *systême*, ils ont principalement suivi le Chancelier Bacon, Auteur du livre *de la dignité & de l'accroissement des Sciences*. Et cela est si vrai que nous croyons entrer dans leurs vües & faire plaisir au Public, en donnant un Extrait, qui sera la comparaison de l'Ouvrage du Chancelier, avec le *Prospectus* de l'Encyclopédic, surtout avec l'arbre des *connoissances humaines*. Nous tâcherons de satisfaire à cet engagement dans le prochain Journal.[1]

Berthier kept his promise in his second January number by printing a lengthy comparison between the classification of knowledge in Bacon and in the prospectus.[2] Though polite and outwardly objective in tone, he seeks to insinuate that the new encyclopedia is merely copying Bacon.

Diderot retorted by printing his article ART along with an ironical letter to Father Berthier.[3] The latter answered back with an 'Addition à ces Mémoires', placed at the end of the February number.[4] This reply contains a curious passage which would suggest that attacks on the *Encyclopédie*—possibly one by Berthier himself—were already at this early stage being suppressed (on Malesherbes's instructions?) by the censor of the *Journal de Trévoux*:[5]

> Un Critique, qui nous est inconnu, vouloit faire imprimer, ces jours derniers, un Ecrit à trois parties contre le Grand Dictionnaire Encyclopédique; mais il a eu affaire au Censeur Royal qui approuve nos Mémoires; & cette circonstance a fait échouer les desseins de cet Anonyme. Car le Docteur judicieux & attentif s'est ressouvenu que nous avions donné de grands éloges à l'Encyclopédie, il a comparé ces témoignages honorables avec la critique, il a senti qu'il seroit inconséquent d'approuver cet Ecrit après avoir donné son suffrage à notre Extrait; & sur cela l'Ouvrage de l'Anonyme a été rejetté.[6]

Diderot replied to Berthier in a second letter, dated 2 February.[7] In a passage as enigmatic as the one just quoted[8] he twits Berthier with the intervention of the censor.

---

[1] January 1751, vol. i, pp. 188–9.
[2] January 1751, vol. ii, pp. 302–27.
[3] Roth, vol. i, pp. 103–7.
[4] pp. 569–78.
[5] The *approbation* to this number is signed 'Le Rouge'.
[6] p. 570.
[7] Roth, vol. i, pp. 107–9.
[8] Roth, vol. i, pp. 107–8.

Berthier chose to ignore Diderot's second letter, and in the March number of the *Journal de Trévoux*[1] he attempted to refute Diderot's claim in his first reply that the *Encyclopédie* owed practically nothing to Bacon in 'la branche philosophique, qui est la plus étendue, la plus importante de notre système'.[2] The result is a long article entitled 'Parallèle de la Branche philosophique du système de l'Encyclopédie, avec la Partie Philosophique du livre *de la Dignité & de l'accroissement des Sciences*, Ouvrage du Chancelier Bacon'. This is a purely technical discussion of the debt of the *Encyclopédie*'s classification of knowledge to Bacon.

After these preliminaries we come at last, with the October number, to the first of a whole series of articles forming a most detailed examination of the first volume of the *Encyclopédie*.[3] The *Discours préliminaire* alone is given thirty-five pages. Unless one devotes a great deal of space to the subject, it is not easy to give an accurate impression of the contents and tone of this detailed study of Vol. I. It would certainly be wrong to suggest that this review is uniformly hostile to the *Encyclopédie*. Although certain points in D'Alembert's *Discours préliminaire* come in for mild criticism, this section concludes with the remark: 'Son discours nous donne une grande idée de ses talents littéraires.'[4] Berthier expresses himself as well satisfied with several articles on grammar, music, mathematics, and science, and even lists some twenty or so which he describes as 'excellents'. In the first of his articles he offers only two technical criticisms—that there are too many mistakes in the spelling of foreign words and proper names and that the sources of borrowings (e.g. the *Dictionnaire de Trévoux* and the *Dictionnaire de commerce*) are often not indicated.[5]

The second article (November 1751) opens with a surprisingly flattering remark:

... Ce Livre est toujours une entreprise très-haute, très forte, telle en un mot qu'après l'édition de tout l'Ouvrage, les Auteurs pourront s'approprier en toute justice les expressions de la belle Ode

Exegi monumentum aere perennius, &c.[6]

Yet amidst the flowers in which he covers his criticisms, there are some penetrating comments which show up the fundamental hostility of an orthodox Catholic to certain *Encyclopédie* articles. On *AIUS-LOCUTIUS,

---

[1] pp. 708–37.   [2] Roth, vol. i, p. 104.
[3] October 1751, pp. 2250–95; November, pp. 2419–57; December, pp. 2592–2623; January 1752, pp. 146–90; February, pp. 296–322; March, pp. 424–69.
[4] October 1751, p. 2287.   [5] October 1751, pp. 2288–90.
[6] November 1751, p. 2423.

for instance, with its plea for the toleration of unorthodox works written in learned tongues in order to secure 'la liberté de penser, qui est si fort à souhaiter pour la découverte de la vérité', he comments: 'Nous avons voulu transcrire ce morceau qui doit surprendre tout Lecteur raisonnable, tout Citoyen bien instruit, & tout Chrétien attaché à sa Religion';[1] and he proceeds to subject the article to several pages of severe criticism. However, the section concludes with high praise for Dumarsais's grammatical articles—'un ouvrage exquis, c'est le fruit des plus solides réflexions & des recherches les plus profondes'— and this is accompanied by the following declaration:

> Personne n'est plus disposé que nous à reconnoître les beaux endroits de l'Encyclopédie; nous les recueillerons avec complaisance dans la suite de nos extraits; nous les indiquerons de quelque classe, faculté, science, Art ou Auteur qu'ils puissent être.[2]

Whether Berthier can be said to have kept this promise in the articles which followed is another question.

The review continues in the December number with more allegations of unacknowledged borrowings from all manner of sources. In the January number Rousseau's musical articles are praised,[3] as are a number of other contributions, including several by D'Alembert, which are described as 'tous articles considérables, & qui font honneur à l'Encyclopédie',[4] but Yvon's articles AGIR and AMITIÉ are shown to have been lifted from Father Buffier.[5] The February article begins by pointing out that Yvon's article AME comes mainly from Jaquelot, and further borrowings from the *Dictionnaire de Trévoux* and the *Dictionnaire de commerce* are listed. More significant is the attack on a sentence ('La plûpart des hommes honorent les Lettres comme la Religion & la Vertu, c'est-à-dire comme une chose qu'ils ne peuvent ni connoître, ni pratiquer, ni aimer') from Yvon's article AMOUR DES SCIENCES ET DES LETTRES. This proposition is denounced at considerable length as 'très-irréligieuse';[6] and yet, after a further list of plagiarisms, another selection of articles is praised, and Berthier adds:

> Et en général nous reconnoissons qu'on trouve dans ce Dictionnaire beaucoup de choses neuves & recherchées, concernant les Arts & les Métiers; c'est peut-être la partie où il nous paroît se distinguer le plus & le mieux des autres Dictionnaires. . . .[7]

---

[1] November 1751, p. 2442.
[3] January 1752, p. 160.
[5] January 1752, pp. 172–7, 187–90.
[7] February 1752, pp. 320–1.

[2] November 1751, p. 2449.
[4] January 1752, pp. 171–2.
[6] February 1752, pp. 311–14.

The last instalment of this long review of Vol. I (it appeared in March 1752) is perhaps the most interesting of all, both for its detailed attack on the article AUTORITÉ POLITIQUE[1] and the general conclusion offered on the whole volume.[2] As the former is dealt with in detail in another chapter,[3] we may concentrate here on Berthier's summing up. He maintains that he has pointed out with due impartiality those parts of the work which are well done, but makes two main criticisms. The first is that there are too many unacknowledged borrowings—'pratiques qui pourroient à la longue obscurcir la gloire de l'entreprise, & répandre des ombres sur le mérite des Auteurs'. The second is more serious:

En plusieurs endroits la Religion n'a point été respectée: sur quoi nous prions sincèrement tous ceux qui mettent la main à cet ouvrage, d'être infiniment circonspects sur un point de si grande importance. Le premier & le plus grand de nos soins sera de veiller aussi sur cette partie; d'exercer même une critique grave & soutenue contre tout ce qui donneroit atteinte aux vérités révélées & à la doctrine des mœurs. Heureux, si, par l'étendue de ce zèle, nous pouvons remplir tout notre devoir, & répondre à tous les désirs des gens de bien!

This programme, however, was not destined to be carried out.

It is well known that never again did the *Journal de Trévoux* spread itself so lavishly and in such detail on a review of a single volume of the *Encyclopédie*. All the attention Vol. II was to receive was a bare five pages in the *Nouvelles littéraires* of the number for February 1752.[4] Berthier devotes his attention mainly to unacknowledged borrowings and to D'Alembert's somewhat embarrassed remarks on the subject in the *Avertissement* to this volume. The brief notice concludes:

Ces réflexions n'ont point pour objet de blesser les Auteurs du grand Dictionnaire: à mesure que l'ouvrage s'avancera, il acquérera sans doute plus de perfection; & nous en rendrons compte avec autant de soin que d'impartialité.

In November 1753 Vol. III receives rather more detailed treatment,[5] but still nothing like as much space is devoted to it as to the first volume. Moreover, the notice deals exclusively with the *Avertissement des Editeurs*, which means that it consists of rather pointless sparring with D'Alembert and is devoid of any new ideological content, since

---

[1] March 1752, pp. 456–67.   [2] March 1752, pp. 467–9.
[3] See Chap. VII.   [4] pp. 378–82.
[5] pp. 2659–77.

when Berthier is not dealing with plagiarisms, he returns to articles in the first volume which he had already attacked.

Thereafter, down to the end of his editorship in April 1762, Berthier remained silent on the subject of the *Encyclopédie*, except for a notice about the publication of the first volume of the plates in January of that year.[1] Why did the promised examination of the later volumes of text, down to 1757, never materialize? The answer must be that the censor, behind whom stood Malesherbes, did not allow Berthier to continue his detailed analysis of the work. We have seen that Berthier had difficulties with the censor as early as February 1751.[2] The position of editors of periodicals who sought to criticize the volumes of the *Encyclopédie* as they appeared is described by Chaumeix in the following terms:

Lorsque les premiers volumes parurent, les Ecrits périodiques y relevérent plusieurs défauts. Les Encyclopédistes regarderent comme un attentat la liberté qu'on se donnoit de les reprendre, & jugerent à propos de ne répondre que par des injures. C'est ainsi qu'ils se sont soustraits à la censure des Auteurs de Journaux, qui occupés de leur travail régulier, & peut-être par quelqu'autre raison, ne voulurent pas s'engager dans des disputes de cette nature, avec les Encyclopédistes.[3]

What was this other reason so vaguely alluded to by Chaumeix? A later writer, Louis Abel de Bonafous, Abbé de Fontenay, whose *Du rétablissement des Jésuites et de l'éducation publique* was published at Emmerich in 1800, is quite explicit in declaring that Berthier's criticisms of the *Encyclopédie* were stopped by Malesherbes. After describing these attacks, he goes on:

Les Encyclopédistes... en furent effrayés, & ils ne sçavoient que répondre. Ils eurent recours à une manœuvre qu'ils ont mise en usage bien souvent dans la suite. Ils s'adressèrent au Magistrat, alors chargé de l'inspection de la Librairie, pour qu'il fît défense au P. Berthier de continuer la censure qu'il avoit promise; et ce Magistrat complaisant donna cette défense.[4]

The result was no doubt fortunate for Diderot and his colleagues, but from the point of view of the twentieth-century historian the abrupt end put to Berthier's detailed examination of the successive volumes of the *Encyclopédie* means that, after a most promising beginning, we are deprived of serious contemporary analysis of the work and are

---

[1] pp. 183–4. [2] See above, p. 371. [3] *Préjugés légitimes*, vol. i, p. xv.
[4] p. 54. Pappas, who quotes this passage via Sommervogel (p. 174), takes it to apply to the controversy between Berthier and Diderot in 1751; but this interpretation seems unfounded.

compelled to look elsewhere in our search for what was objectionable in it to the orthodoxy of the age.

A detailed examination of FRÉRON's *ANNÉE LITTÉRAIRE* is even more disappointing. This famous periodical which began publication in 1754 was preceded by his *Lettres sur quelques écrits de ce temps*, thirteen volumes of which were published from 1749 onwards. While these two reviews covered between them the entire period of the publication of the *Encyclopédie*, they do not offer, as is often suggested, a continuous series of attacks on the whole enterprise. On the contrary, neither in the *Lettres sur quelques écrits de ce temps* nor in the *Année littéraire* itself is there a review of any single volume of the *Encyclopédie* down to 1757, and, of course, silence is once again observed on the appearance of the last ten volumes of text.

Indeed it is impossible to find any references at all either to the work or to any of the attacks made on it in the *Lettres sur quelques écrits de ce temps*—a conclusion which is confirmed by the contemporary index of these two periodicals which has recently been brought to light.[1]

When one turns to the *Année littéraire* itself, one finds relatively little in the way of comment on the *Encyclopédie*. Hostile to it Fréron may have been,[2] but in volume after volume of his review very little of his animosity comes through. The works of Diderot and D'Alembert may be strongly criticized, but not the *Encyclopédie* itself— except incidentally. In 1754, in the very first volume of Fréron's periodical, there is a hostile review of the *Pensées sur l'interprétation de la nature*, but it is only in Fréron's comments on Diderot's sneers at Réaumur for his studies of insects[3] that we find a reference to the *Encyclopédie*:

> Graces au sublime génie de notre Philosophe & à l'usage respectable qu'il a fait de son temps, notre Siècle offrira à la Postérité dans le *Diction-naire Encyclopédique*, un très-grand objet qu'elle pourra considérer sans le secours du Microscope. Mais encore une fois, est-il bien vrai qu'il n'y avoit qu'un petit génie qui pût entreprendre l'histoire des Insectes?[4]

In the same year, in reviewing Boullier's *Apologie de la métaphysique*,[5] Fréron reproduces the author's fulsome praise of the *Discours préli-*

---

[1] By M. Joseph Dehergne in his article 'Une table des matières de l'*Année littéraire* de Fréron'; he gives one extract covering all the references to the *Encyclopédie* (*RHL*, 1965, p. 272).

[2] He later claimed (*Année littéraire*, 1766, vol. i, pp. 7–9) that he turned down an invitation from one of the publishers to contribute to the work.

[3] *Pensées sur l'interprétation de la nature*, liv.

[4] 1754, vol. i, p. 8.   [5] 1754, vol. vii, pp. 298–307.

minaire, but obviously his sympathies lie with an author who attacks D'Alembert's attitude to metaphysics in general and to Descartes in particular, and who, as a defender of innate ideas, does not share his enthusiasm for Locke.

In 1756 we find a fairly long review of D'Alembert's *Éloge de M. le Président de Montesquieu* published in Vol. V of the Encyclopédie.[1] However, this offers merely stylistic criticisms of a rather niggling kind. Fréron was obviously delighted to be able to review a work hostile on technical grounds to the *Encyclopédie*—Rameau's *Erreurs sur la musique dans l'Encyclopédie*[2]—and to welcome a second work by the great composer, *Réponse de M. Rameau à Messieurs les Editeurs de l'Encyclopédie sur leur dernier avertissement*.[3] More characteristic of Fréron's hostility to the *Encyclopédie* is the pinprick which he administered in the same year in a review of Barral's *Dictionnaire portatif, historique, théologique et moral de la Bible*.[4] Into a quotation from this work, at a point when the author was refuting the interpretation of Romans xiii. 1 set forth in the article AUTORITÉ POLITIQUE, Fréron inserted 'l'*Encyclopédie*' after the epithet, 'un ouvrage très-scandaleux'.[5]

The addition of this one word sparked off a considerable row. D'Alembert was incensed. He complained to Malesherbes, who sent a stinging rebuke to Abbé Trublet, the censor of the *Année littéraire*, for letting this item pass.[6] The ensuing exchange of letters between Malesherbes and the censor throws a good deal of light on the policy hitherto adopted by the Directeur de la Librairie towards attacks on the *Encyclopédie* in the periodicals for the censoring of which he was, of course, officially responsible. To the blast from Malesherbes Trublet replied in apologetic terms:

> Il est vrai que *Freron* a souvent voulu attaquer dans ses feuilles, l'*Encyclopedie* et ses Editeurs, parceque, dit il, ils l'ont souvent attaqué dans leur ouvrage; je n'ai jamais voulu passer ces attaques. J'en ai donné un jour la preuve à Mr d'*Alembert*, en lui faisant lire dans quelques épreuves des feüilles, ce que j'y avois rayé. Il me parut sensible à cette attention. Depuis, *Freron* est souvent revenu à la charge et moi aux ratures. Jamais je n'ai voulu

---

[1] 1756, vol. i, pp. 102–21.
[2] 1756, vol. iii, pp. 118–30. (There is another reference to Rameau's *Lettre* in vol. vi, p. 179.)
[3] 1757, vol. i, pp. 303–11.
[4] 1756, vol. iii, pp. 192–3.
[5] For fuller details see Chap. VII, pp. 445–6.
[6] BN, Nouv. acq. fr. 3531, f. 62 (reproduced in *Correspondance de l'abbé Trublet*, ed. J. Jacquart, Paris, 1926, pp. 58–59).

permettre aucun extrait d'aucun ouvrage fait expressement contre l'*Encyclopedie.*[1]

Such an attitude on the part of the censor explains Fréron's relative moderation as well as the rarity of his attacks on the *Encyclopédie*; it also accounts for the absence of reviews both of its successive volumes and of works hostile to it. Indeed, in his next letter to Trublet, Malesherbes hints to him that he had rather exceeded his instructions as censor:

> Peut etre votre rigueur a cet Egard a telle été tres [trop?] forte. Si les critiques quelques ameres qu'elles fussent etoient purement Litteraires. Je ne pretends pas cependant blamer les Egards que vous avés eu dans ces occasions la pour un homme du merite de M. d'alembert mais quand vous ne les auriés pas eus il me semble qu'il ne seroit pas en droit de s'en plaindre. Icy au contraire Freron sort entierement de la Carriere qu'il lui est libre de parcourir.[2]

It would seem a fair deduction that—at any rate down to the crisis which began with the publication of Vol. VII in 1757—not only the *Anneé littéraire*, but also other periodicals such as the *Journal de Trévoux* were firmly discouraged from making any serious criticisms of the *Encyclopédie* and that attempts to do so or to give publicity to works which had taken on this task were simply struck out by the censor. It would also appear that when at long last ten more volumes of text appeared in 1765, the silence of reviews subject to censorship was officially prescribed.

By 1757 Fréron seems to have secured rather greater freedom for his comments on the *Encyclopédie*. While in his long review of *Le Fils naturel* the only personal references to Diderot are quite polite,[3] later in the year he published a *Lettre de M. Palissot à M. Fréron*[4] which contains some rather rude remarks about the *Encyclopédie*. Palissot speaks of the emergence around the middle of the century of

> une ligue de Philosophes . . . qui avoient gagné quelques femmes par des ouvrages de Dynamique & de Métaphysique; qui s'intituloient hommes de génie à la tête d'un gros Dictionnaire; qui, pour se conformer judicieusement à l'ordre alphabétique, parloient dans une même colonne de l'art de faire des Comédies, & de celui de faire des Compotes; qui ordonnoient

---

[1] Ibid., f. 64 (*Correspondance*, pp. 60–61).
[2] Ibid., f. 65 (*Correspondance*, p. 62).
[3] 1757, vol. i, pp. 145–72 (see especially pp. 146 and 172). This was due to the intervention of Malesherbes himself (see F. Cornou, *Élie Fréron, 1718–1776*, Paris, 1922, pp. 182–90).
[4] 1757, vol. viii, pp. 121–31.

fastueusement de croire au mérite d'un livre, lorsque ce livre étoit de leur goût ou de quelqu'un de leurs amis . . .; pour qui tout étoit de bonne prise depuis les idées de *Bacon* jusqu'aux Comédies de *Goldoni*, &c, &c, &c, &c, &c, &c, &c.

Hé qu'on ne dise pas que ces Messieurs ne doivent pas être garants des opinions particulières de quelques-uns de leurs associés. La manie de se donner alternativement des éloges, & de les réserver pour eux seuls, de s'appeller toujours collectivement *des hommes de génie*, & de se réunir tous contre l'ennemi commun; cette ligue offensive & défensive les a tous rendus solidaires, si j'ose me servir de ce terme.[1]

The same volume contains a review of the *Petites Lettres sur de grands philosophes*,[2] for which Palissot's epistle appears to have been a kind of trailer. However, there is here only one mild crack at the *Encyclopédie*. Fréron praises Letter iv:

Il semble qu'il ait voulu répondre au reproche injurieux que quelques Philosophes ont fait à leurs critiques, & au reste des gens de Lettres, en osant avancer que la plûpart d'entr'eux *ne seroient point capables de fournir un Article à leur Dictionnaire*.[3] Cette Lettre me paroît effectivement bien supérieur à tout ce que ces Messieurs ont écrit.[4]

Moreover, in this same year Fréron was to exploit for his own purposes attacks made on the *Encyclopédie* in a foreign periodical. In the course of a long review of the *Choix littéraire* published in Geneva by Jacob Vernes he reproduces several sharp criticisms, interlarded with his own hostile comments. For instance:

'L'*Encyclopédie*, dit-il, n'est point l'ouvrage de ceux qui la rédigent, c'est presque par-tout une compilation; les auteurs prennent ce qu'ils trouvent de mieux, & le transcrivent. . . . L'Article *Amour de l'estime* est tiré mot à mot, aussi bien que celui de l'*Amour propre*, d'un livre assez connu: c'est *L'art de se connoître soi-même* par *Abbadie*.' Vous remarquerez, Monsieur, qu'on n'a pas indiqué cette source dans l'*Encyclopédie*, comme on n'y a pas cité le livre des *Mœurs* pour l'Article *Amour Conjugal*, & quelques autres.[5]

Vernes's objections to the use of alphabetical order in an encyclopedia are carefully transcribed along with other criticisms such as the absence of bibliographies at the end of articles and the contradictions between the different contributors. Here—to the fury of D'Alembert —Fréron reproduced the example given by Vernes:

Par exemple, un des coopérateurs Encyclopédiques, à l'article *Anatocisme*,[6]

---

[1] pp. 124-5.   [2] 1757, vol. viii, pp. 238-52.
[3] See *ENCYCLOPÉDIE.   [4] p. 250.
[5] 1757, vol. vi, pp. 301-2.   [6] It bears the signature '(H)' (= Toussaint).

dit que c'est *un contrat usuraire où l'on stipule un intérêt de l'intérêt même uni au principal*; il ajoute que *c'est la plus criminelle espèce d'usure*, &c.; &, à l'article *Arrérage*, M. *d'Alembert* prouve géométriquement que l'intérêt de l'intérêt est aussi bien dû & légitimement exigé que l'intérêt même.[1]

Most of the part of the article which concerns the *Encyclopédie* consists of quotations from Vernes, but Fréron rounds it off with the following acid comment of his own:

Ce n'est là, Monsieur, qu'une tres-petite partie des remarques que notre auteur pourroit faire sur cet ouvrage immense; mais il craint d'être mis au nombre de ceux *qui*, suivant cet arrêt foudroyant des Encyclopédistes eux-mêmes, *critiquent l'Encyclopédie, & ne seroient pas en état de lui fournir un bon Article*. Il y a cependant peu d'auteurs qui ne fussent en état de transcrire des livres imprimés.[2]

These are, however, mere trivia compared with what was to follow when, now that Vol. VII of the *Encyclopédie* had appeared, its enemies seemed on the point of putting paid to the whole work. The *Nouveau Mémoire pour servir à l'histoire des Cacouacs* is praised in the first number for 1758, though such quotations from the *Encyclopédie* as are given in the course of the review are naturally taken from Moreau's work, and do not come direct from the original.[3] After a bitter attack on D'Alembert's translation of Tacitus[4] comes an onslaught on La Harpe's pamphlet *L'Aléthophile*, which Fréron introduces with the words: 'Encore une Brochure contre moi, Monsieur. . . .'[5] He and other critics are denounced by La Harpe, he continues,

parce que nous avons le malheur de ne pas admirer les célestes intelligences qui travaillent à la grande, à la merveilleuse, à la sublime, à l'admirable, à la surprenante, à la curieuse, à la rare, à la divine compilation d'un Dictionnaire! Et cela, parce que nous refusons de croire que les ouvriers de cet édifice colossal, cités avec emphase par *l'Aléthophile*, soient des architectes du premier ordre, des prodiges de science, d'imagination, de jugement & de goût. . . .[6]

The reply to the article GENÈVE furnished by persons whom Fréron describes (rather oddly for a defender of the one true faith) as the 'Pasteurs éclairés' and the 'doctes Professeurs' of Geneva[7]—the *Extrait des registres de la vénérable compagnie des Pasteurs & Professeurs de l'Eglise & de l'Académie de Genève, du 10 Février 1758*—is duly

[1] 1757, vol. vi, p. 305. See D'Alembert's retort in a letter to the *Mercure de France*, December 1757, pp. 97–98, referred to above, p. 366–7.

[2] 1757, vol. vi, pp. 305–6.   [3] 1758, vol. i, pp. 3–22.

[4] 1758, vol. i, pp. 73–96.   [5] 1758, vol. ii, pp. 24–38.

[6] p. 25.   [7] 1758, vol. ii, p. 59.

reproduced in the pages of the *Année littéraire*. The attack on the article GENÈVE is continued later in the year at the beginning of Fréron's review of Rousseau's *Lettre à d'Alembert*.[1]

In addition there is a *Lettre à M. Fréron* signed 'L.F.'[2] which introduces an attack on D'Alembert's articles GAGEURE and CROIX OU PILE in the following terms:

C'est quelque chose d'étonnant, Monsieur, que le grand nombre de lettres que je reçois de tous côtés contre le grand Dictionnaire Encyclopédique. Guerriers, Magistrats, Politiques, Poëtes, Orateurs, Philosophes, Médecins, Chirurgiens, Artistes, Artisans mêmes, m'adressent des critiques contre les différens articles qui concernent leur profession, leurs études & leurs travaux. Jusqu'à des Cuisiniers se plaignent à moi de certains ragouts & de certaines sauces indiqués dans ce Magasin de nos connoissances. Je croyois du moins la partie de la Géométrie, dont M. *d'Alembert* est chargé, à l'abri de toute censure. Voici cependant une lettre où l'on prouve qu'il s'est trompé dans le calcul très aisé à faire des avantages du jeu si simple & si commun de *Croix ou Pile*.

Fréron stepped up his campaign against the *Encyclopédie* in the crisis year of its publication, 1759, with accusations of plagiarism. He began by printing a letter, headed *Dénonciation d'un plagiat*, in which an engraver, named De Marcenay Deghuy, complained that an article which he had published in the *Mercure* of April 1756 had been incorporated without acknowledgement into Jaucourt's article GRAVEUR.[3] The really big effort in this direction came later in the year with the publication of a letter of the architect, Patte, headed *Dénonciation d'un plagiat à M. Fréron*.[4] Patte purported to denounce 'le plagiat le plus insigne & le plus adroit peut-être dont il soit fait mention dans les fastes littéraires':[5] the much advertised plates of the *Encyclopédie*, he alleged, were simply those assembled by Réaumur. He followed this up early in the next year with a *Lettre de M. Patte, architecte, à M. Fréron*[6] which attempts to refute the publishers' reply to these allegations, published under the title of *Avis aux souscripteurs de l'Encyclopédie et autres*,[7] and to exploit their difficulties in facing the investigation set on foot by the Académie des Sciences. Rather surprisingly, Fréron (perhaps on Malesherbes's orders?) printed in the next volume[8] a lengthy reply from the publishers, *Réponse aux cahiers de l'Année littéraire, No. 35. 1759 & No. 4. 1760*; this ends with a receipt signed

[1] 1758, vol. vi, pp. 289–90.
[2] 1758, vol. ii, pp. 109–15.
[3] 1759, vol. ii, pp. 3–22.
[4] 1759, vol. vii, pp. 340–51.
[5] p. 341.
[6] 1760, vol. i, pp. 246–57.
[7] See below, p. 398.
[8] 1760, vol. ii, pp. 45–48.

by Patte on 9 June 1759, some five months before his first letter to the *Année littéraire*, for money received from Briasson on their behalf.

Fréron did not give up the attack. The appearance in 1760 of the *Avertissement* of the *Descriptions des arts et métiers* of the Academy of Sciences gave him a pretext for reviving the charge of plagiarism.[1] He makes a most unflattering comparison between the academicians and the editors of the *Encyclopédie*:

> Ce ne sont point, comme vous voyez, des charlatans de Littérature & de Philosophie qui s'annoncent pour avoir rassemblé tous les détails des Arts & métiers comme d'un coup de baguette, & qui se vantent avec emphase d'avoir le talent de faire accoucher les esprits. Quelle comparaison entre des Métaphysiciens inintelligibles qui entreprennent de décrire ce qu'ils n'ont jamais sçu ni vû, & les *Duhamels*, les *Vaucansons*, les *le Camus*, & tant d'autres habiles Méchaniciens qui composent l'Académie des Sciences![2]

Fréron ends by promising to review successive volumes of the Academy's plates as they appear and manages to get in a retort to Voltaire's claim, in the preface to *L'Écossaise*, that the suspension of the *Encyclopédie* 'fait gémir l'Europe':

> Ainsi vous serez dans peu, je l'espère, en état de distinguer par les différens parallèles l'original de la copie, & de décider si la suspension de ce Diction- naire doit effectivement *faire gémir l'Europe*, ou si ce ne seroit pas sa con- tinuation qui pourroit produire cet effet.[3]

The publication, before the year was out, of the Academy's first two volumes—Duhamel du Monceau's *Art du charbonnier* and Réaumur's *Fabrique des ancres*—provided Fréron with another opportunity to denounce the plagiarisms and the technical incompetence of Diderot's technological articles.[4]

In the same year he also published a *Lettre de M. de *** à M. Fréron sur le mot* ENCYCLOPÉDIE *du dictionnaire qui porte ce nom*.[5] Quite what was the point of publishing at this date a letter on an article which had appeared five years earlier it is difficult to see; but at least we find for once in the pages of the *Année littéraire* a detailed criticism of an article (and a very important one at that) from the *Encyclopédie*. The alleged writer (his letter ends 'A . . . près de Dijon

---

[1] 1760, vol. vi, pp. 192–203.   [2] p. 201.
[3] p. 202. Fréron makes fun of the phrase again in the next volume (vol. vii, p. 349) in reviewing Vallain's *Lettres sur l'art d'écrire*, which is critical of an article on the subject in the *Encyclopédie*.
[4] 1760, vol. viii, pp. 58–60 and 259–62.
[5] 1760, vol. iii, pp. 243–66.

ce 2 Mai 1760') claims to have spent the last twelve to fifteen years in the country:

Dans plusieurs livres & dans quelques lettres que je reçois de temps en temps de la Capitale, il n'est question que de Philosophie, de Philosophes, d'Encyclopédie, d'Encyclopédistes. . . .
. . . Un jeune Gentilhomme arrivé depuis peu de Paris dans sa terre, voisine de la mienne, . . . ne parle que de l'ENCYCLOPÉDIE, ne lit que l'ENCYCLOPÉDIE, ne cite que l'ENCYCLOPÉDIE.[1]

Having borrowed the fifth volume from him, he sets about examining the article *ENCYCLOPÉDIE. Characteristically he is not above misquoting: Diderot's thrust at the Sorbonne as being capable of furnishing for an encyclopedia only 'la théologie, l'histoire sacrée & l'histoire des superstitions' is turned into the very different sentence: 'Elle ne pourroit fournir que des superstitions avec un peu de Théologie & d'Histoire Sacrée.'[2]

The old charge of plagiarism is brought up again in refuting Diderot's claim that an encyclopedia could not have been produced in the age of Louis XIV:

. . . Les ouvrages de plusieurs de ces petits hommes du siècle de *Louis XIV*, qui n'auroient pas été en état de faire une page pour l'ENCYCLOPEDIE, ont été mis en pièces, & se trouvent répandus par lambeaux dans ce grand Dictionnaire; en sorte qu'ils ont fait, sans le sçavoir, non-seulement une page, mais de longs articles pour cette admirable compilation. J'ai découvert moi-même plus d'un larcin de cette espèce, & je puis croire, sans trop de témérité, qu'il y a eu bien d'autres dont je ne me suis pas apperçu. J'avoue que ce procédé est un mystère qui me passe; j'aurois bien de l'obligation à M. *Diderot* s'il pouvoit m'expliquer pour quelles raisons on s'est abaissé, avili, ravalé, déshonoré, jusqu'à copier servilement des vingt, des trente, des quarante, des cinquante pages de suite de gens qui n'étoient pas capables d'en faire une qu'on pût lire![3]

After these somewhat exaggerated statements the letter goes on to attack Diderot's style (for instance, the expression 'un siècle Philosophe') and the contradictions in his views on satire:

M. Diderot, dans un endroit, fait l'apologie de la satyre. . . . M. Diderot, quelques pages plus bas, s'élève contre la satyre, la condamne, la déteste, la proscrit. Comment expliquer cette contradiction? C'est qu'apparemment il abhorre la satyre lorsqu'il en est l'objet, & qu'il ne la hait pas, quand il fait éclater lui-même *sa haine vigoureuse & profonde* contre ceux qu'il croit remplis de bassesse, d'envie & de duplicité.[4]

[1] pp. 243–4.   [2] pp. 246–7.   [3] p. 248.   [4] pp. 260–1.

By 1760 it was easy to make fun of Diderot's famous apostrophe—
'O *Rousseau,* mon cher & digne ami . . .!':

> Est-il vrai, Monsieur, que *ce cher & digne ami M. Rousseau,* cet auteur
> dont les louanges sont si précieuses par leur rareté, mais qui, comme tous les
> hommes, est sujet à se tromper, ne loue plus M. *Diderot?* On me l'a mandé de
> Paris, & même j'ai cru voir dans une note du dernier ouvrage du Citoyen de
> Genève sur les Spectacles, qu'il regrettoit les éloges qu'il avoit donnés à
> M. *Diderot.*[1]

The letter ends by commenting on Diderot's confession: 'Ici nous
sommes boursouflés & d'un volume exorbitant, là maigres, petits,
mesquins, secs & décharnés. . . .' This occasions a violent diatribe:

> . . . Nous aurions une bonne & vraie définition de l'ENCYCLOPÉDIE, telle
> qu'elle est exécutée, si aux aveux qu'arrache la vérité à M. *Diderot,* il avoit
> ajoûté qu'il n'y a absolument aucune idée neuve dans cet énorme Diction-
> naire; que ce n'est qu'une nouvelle édition mal conçue & mal faite d'une
> infinité de livres déjà imprimés; que toutes les vues philosophiques qu'on y
> trouve sont prises de tous côtés, & sur-tout puisées dans le Dictionnaire
> Philosophique de *Brucker,* qu'on ne cite guères, parce qu'on n'aime point à
> parler de ses créanciers.[2]

What is significant about the whole of this attack on the *Encyclopédie*
is that, despite the furious campaign which had been directed, especially since 1757, against the subversive ideas allegedly contained in the
work, there is no hint here of any such charges.

Later in 1760 Fréron reviewed the *Lettre de l'Auteur de la Comédie
des Philosophes au public, pour servir de préface à la pièce;*[3] he printed
with his review the text of Palissot's *Lettre à un Journaliste* in which
he admitted that some of his attributions were unfounded.[4] A phenomenon difficult to explain is the appearance, in an early number of the
Année littéraire for 1761, of an article entitled *Mémoire des libraires
associés à l'Encyclopédie.*[5] Why Fréron should go out of his way to
attack a document published in 1758 in a vain attempt to ward off the
suspension of the *Encyclopédie* it is difficult to see. It is true that
Fréron (or rather an alleged correspondent) claims that if the editors
and contributors had wanted to avoid trouble with the authorities,
'ils devroient d'abord respecter la Religion, les loix & les mœurs';[6]

---

[1] pp. 262–3.   [2] pp. 264–5.
[3] 1760, vol. v, pp. 134–41.
[4] See Chap. V, p. 309–11. The *Lettre à un Journaliste* was printed along with Palissot's
exchange of letters with Voltaire.
[5] 1761, vol. i, pp. 123–7.   [6] p. 126.

but once again the stress is all on what one might call the technical shortcomings of the work, and the charge of propagating unorthodox ideas is not pressed.

In this same year Fréron also reviews favourably (except for its style) a satire entitled *La Petite Encyclopédie*.[1] The appearance of a *Lettre d'un professeur en théologie d'une université protestante à M. d'Alembert* provides him with an opportunity both to print extracts from it and to add his own criticisms of the historical inaccuracies in the article GENÈVE.[2] If these allow him to end his review with a nasty jab in the ribs ('J'ai conclu de ces inadvertences qu'on ne doit lire qu'avec beaucoup de précautions les articles de l'*Encyclopédie* dont M. *d'Alembert* est auteur'), it will be noticed that once again these criticisms are of a technical nature.

In contrast, the long account which he prints of a work by the Genevan professor of theology, Jacob Vernet—the *Lettres critiques d'un voyageur anglois sur l'article Genève du Dictionnaire encyclopédique*[3]—is particularly interesting because of the publicity which it gave to the protests of Charles Bonnet against the way in which significant changes were introduced into an *Encyclopédie* article based on one of his publications. The editors' hostility to religion is described by Vernet in the following terms:

... de-là enfin tant d'endroits visiblement calculés & combinés pour introduire & favoriser le Scepticisme & l'*Indifférentisme* en matière de Religion. Vous verrez, Mylord, des exemples de tous ces défauts dans l'article *Genève*. On m'a fait encore observer dans cette ville une chose presqu'imperceptible qui aide à déceler leur tour d'esprit. Dans l'article *Feuilles*,[4] ils ont copié mot à mot plusieurs pages du livre de M. *Bonnet* Genevois, en le citant avec honneur, mais avec l'affectation de substituer au mot *Dieu* celui de *Nature*, au mot *Providence* celui de *Loix générales*. Il est bon que le Public en soit averti, pour ne pas mettre sur le compte de ce Physicien, aussi pieux que sçavant, un langage qui n'est pas le sien.[5]

Readers of Professor Guyot's *Le Rayonnement de l'Encyclopédie en Suisse française* will recall his quotations from a letter of Bonnet of 1759 and from one of Haller written two years earlier, no doubt in reply to Bonnet's complaints on this very point in a letter which is now lost. At the end of his remarks on the subject Bonnet asks: 'Ces Messieurs

---

[1] 1761, vol. iv, pp. 26–42.   [2] 1761, vol. iv, pp. 158–65.
[3] 1761, vol. viii, pp. 337–55.
[4] This part of the article is by Jaucourt.
[5] p. 349. The quotation is taken from p. 22 of the first edition of the *Lettres critiques* (Utrecht, n.d.) (the last three sentences are taken from a footnote).

rougiraient-ils donc d'admettre l'existence d'un Dieu?'[1] It is interesting to see how Bonnet's complaints were made public in this way and duly noted by the enemies of the *Encyclopédie* inside France.

After 1761, as the controversy over the *Encyclopédie* died down, references to the work become less and less frequent in the *Année littéraire*. In reviewing Abbé Irail's *Querelles littéraires* in 1762, Fréron has an opportunity both to reprint from it criticisms of the *Encyclopédie* and to remind his readers of Joly de Fleury's *réquisitoire*.[2] He does, however, dissent from some of Abbé Irail's conclusions. He argues that it was not *De l'Esprit* which dealt a mortal blow to the *Philosophes*: 'C'est leur *Encyclopédie* même, édifice qui n'étoit appuyé que sur des fondemens fragiles.'[3] He argues at length that the author is wrong in suggesting that the *Encyclopédie* should have left out politics and theology:

> Ce sont les deux grands ressorts de l'esprit humain, les deux sources majeures, en quelque sorte, de nos idées. Ces objets ne peuvent donc être bannis d'un ouvrage qui semble être l'histoire physique & morale de l'homme. Le Critique devoit dire que les Encyclopédistes pouvoient traiter ces matières si délicates avec plus de prudence & de jugement, & se sauver de la fureur d'établir *une façon de penser à eux.* Ils n'avoient qu'à nous donner des notions justes des Arts & des Sciences exprimées dans un style vif & rapide, qu'à nous faire grace de leurs réflexions éternelles & déplacées, qu'à nous exposer un précis de tout ce que les autres avoient pensé. Ils devoient sur-tout nous épargner l'ennui de lire leurs décisions magistrales, avoir plus de connoissance & de pratique des Arts dont ils nous tracent des règles d'un air impérieux, ne pas grossir leur ouvrage volumineux de plats articles, comme à l'article *Femme*, où l'on examine avec un esprit de ruelle & un ton précieux, la *Capricieuse*, la *Boudeuse*, &c. Voilà les défauts que pouvoit relever notre Censeur.[4]

It is noticeable how, once again, Fréron attaches relatively little importance to the ideas contained in the *Encyclopédie* and concentrates his attack rather on its technical deficiencies. It is indeed amusing to reflect that many of these criticisms—down to his aversion to the article FEMME—are echoed in the private correspondence of Voltaire, though not, of course, in his public pronouncements on the *Encyclopédie*.[5]

We have to wade through the volumes of the *Année littéraire* for

---

[1] pp. 19–20.   [2] 1762, vol. i, pp. 36–39.
[3] p. 36.   [4] pp. 38–39.
[5] There are insignificant references to the *Encyclopédie* in 1762 in vol. iv, pp. 210 and 352.

another four years before we find any more significant references to the *Encyclopédie*. The publication of the last ten volumes in 1765 aroused no comment. It is only with the appearance of Abbé Malleville's *Histoire critique de l'éclectisme* in 1766 that we find the work discussed again;[1] and what comes under fire in the Abbé's two volumes is mainly the article *ÉCLECTISME which had appeared over a decade earlier. In his long review Fréron picks out for special mention the author's comments on the articles EPIDÉLIUS, CHTHONIES, and CHALCÉDOINE, which are all attributed to Diderot,[2] and then passes on to an analysis of the main arguments of the author. While Fréron certainly brings out the main features of this interesting attack on Diderot's treatment of philosophy and religion in the *Encyclopédie*, it cannot be said that he does more than provide a summary of the Abbé's two volumes. In the following year the *Essais sur différens sujets de philosophie* of Abbé Pierre Duval provided another opportunity for a smack at D'Alembert for, amongst other things, the alleged contradictions in his articles.[3]

This detailed examination of Fréron's two periodicals for the light which they throw on the controversy which raged around the *Encyclopédie* in the 1750s is a disappointing exercise. The picture of the gallant Fréron fighting a losing battle to save the old order and striving bravely to defend the traditional ideas in politics and religion does not correspond to the facts, at least so far as the struggle around the *Encyclopédie* is concerned. It seems quite clear that his hatred of the work and its editors was held in check by the censorship, at any rate down to about 1757; yet even after that date such attention as he devoted to the *Encyclopédie* was largely concerned with accusations of plagiarism, whether of plates or of articles, and even at that date the role of ideological factors in his animosity towards the work is virtually negligible. As he stresses the technical inadequacies of the *Encyclopédie*, he throws relatively little light on how the ideas underlying the whole work gave offence to its conservative-minded readers.

During the crisis in the history of its publication in the period 1757–60 the *Encyclopédie* came under direct attack from a number of periodicals which had been founded to struggle against the rising tide of hostility to orthodox religion.[4] Abbé JOANNET's *JOURNAL CHRÉTIEN* (in its earlier form of *Lettres sur les ouvrages et les*

[1] 1766, vol. vii, pp. 3–33.   [2] pp. 6–15.
[3] 1767, vol. iv, pp. 52–63. See especially pp. 56–59.
[4] I have found nothing of interest in the weekly journal which began publication in 1759 under the title of *La Feuille nécessaire* and was continued from 1760 to 1773 as *L'Avant-coureur*.

oeuvres de piété it had left the *Encyclopédie* alone in the years 1754–7) published in January 1760 the papal condemnation of the work.[1] At the same period it also reproduced the text of the *Lettre de Messieurs les Docteurs de Louvain* which led to the banning of the *Journal encyclopédique* at Liège.[2]

Not content with publishing his *Préjugés légitimes contre l'Encyclopédie*, Abraham Chaumeix founded in 1760, along with a certain D'Aquin, a periodical entitled *LE CENSEUR HEBDOMADAIRE*. This had as one of its main purposes to keep the *Encyclopédie* and the *encyclopédistes* in their place,[3] and the first volume certainly does its best to achieve this aim. Diderot is rebuked for a well-known passage in the article *ENCYCLOPÉDIE: 'N'avons-nous pas vû M. Diderot ne trouver dans tout le siecle de Louis XIV, qu'un *Pérault* & qu'un *Terrasson*, dignes de ses éloges?'[4] The publication of the 1759 edition of D'Alembert's *Mélanges* provided Chaumeix with a pretext for continuing the controversy.[5] However, it cannot be said that the review provides anything very new. Chaumeix simply chews over the old grievances of the opponents of the *Encyclopédie*—for instance, the meaning of St. Paul's words, *rationabile obsequium vestrum*, quoted in AUTORITÉ POLITIQUE,[6] or the sentence 'La plûpart des hommes honorent les Lettres, comme la Religion & la vertu, c'est-à-dire, comme une chose qu'ils ne peuvent ni connoître, ni aimer, ni pratiquer'.[7]

Another contributor to the *Encyclopédie* who aroused the ire of Chaumeix was Faiguet de Villeneuve, 'Maître de pension à Paris', whose article CITATION (*Grammaire*) is severely censured.[8] Other articles of the same writer had also displeased Chaumeix, as we see from the following introductory lines:

Les vérités saintes, mais terribles, de notre Religion, sont des objets qui ne sont pas tout-à-fait du goût de M. *Faiguet*. Nous en verrons assez de preuves dans les articles qu'il a fournis pour l'Encyclopédie.

La sanctification des Dimanches & des Fêtes ne lui plaît pas davantage, comme on peut s'en convaincre à la lecture des articles *Dimanche, Fête*, dont il est l'Auteur.

S'il donne à ses Ecoliers les principes qu'il a soutenus dans ce Dictionnaire, les parens n'ont pas lieu de craindre qu'il fasse des bigots de leurs enfans.

---

[1] January 1760, pp. 16–31.
[2] December 1759, pp. 56–77; January 1760, pp. 60–79.
[3] 1760, vol. i, pp. 5–6.   [4] 1760, vol. i, p. 16.
[5] 1760, vol. i, pp. 19–32 (continued pp. 195–216, but without any remarks of real interest on the *Encyclopédie*).
[6] p. 27.   [7] pp. 30–31.   [8] 1760, vol. i, pp. 55–61.

Nous offrirons, dans le courant de nos Feuilles, nos réflexions sur chacun des articles de cet Encyclopédiste; ici nous nous bornons à l'article *Citation*.[1]

If, as we shall see, Chaumeix was unable to carry out fully his programme of attacks on Faiguet, he certainly makes a violent onslaught on the article CITATION. What grieves Chaumeix is the argument in this article that scriptural texts are too often wrongly taken in what Faiguet calls 'un sens sinistre' whereas in reality 'ils n'ont rien que de consolant'. One can imagine the effect on a rabid Jansenist like Chaumeix of reading these words:

On nous cite à tous propos ce passage, *multi vocati, pauci vero electi*, comme une preuve décisive du grand nombre des damnés & du petit nombre des élus; mais rien, à mon avis, de plus mal entendu, ni de plus mal expliqué.[2]

Such a man, he insinuates, is obviously unfit to instruct the young:

Une Doctrine, telle que la sienne, prêchée à la jeunesse, n'est-elle pas capable de porter dans leur cœur la plus grande dépravation? Quoi donc, ceux même qui se chargent d'instruire cette partie si chère de l'Etat, osent soutenir de tels dogmes![3]

In addition to announcing the appearance of the eighth volume of his *Préjugés légitimes*,[4] this first volume of the *Censeur hebdomadaire* also devotes several pages to a niggling criticism of the article A in the *Encyclopédie*.[5] The second volume understandably devotes two passages to a eulogistic account of the performance and of the text of Palissot's *Philosophes*.[6] However, after the appearance of the second volume Chaumeix's connection with the review ended, and it was D'Aquin who was responsible for the remaining three volumes of 1760, the five volumes of 1761, and the last three volumes of the review, which appeared in 1762. The *Encyclopédie* now gradually fades into the background. The third volume to appear in 1760 contains reviews of Palissot's preface to *Les Philosophes*[7] and of Chaumeix's *Les Philosophes aux abois*;[8] but the only other work bearing on the *Encyclopédie* to be mentioned in the remaining volumes is *La Petite Encyclopédie ou dictionnaire des philosophes*, published in 1761 and sometimes attributed to Chaumeix. The notice which it receives is not exactly eulogistic:

On prétend que l'Auteur de cet Ouvrage qui a pris à tâche de relever les

---

[1] pp. 55–56.
[2] p. 57. The *Encyclopédie* has *appliqué*, not *expliqué*.
[3] p. 60.
[4] pp. 62–64.
[5] pp. 183–6.
[6] pp. 319–20, 368–82.
[7] pp. 27–31.
[8] pp. 120–1.

erreurs des Encyclopédistes, n'est pas trop fidèle dans ses citations. Cependant pour censurer de bonne foi les passages d'un Livre, il faut les citer tels qu'ils sont, n'y rien ajouter, n'en rien retrancher: mais la passion est partout, parce que ce sont les hommes qui commettent les fautes, & d'autres hommes qui les relèvent. On trouve le Dictionnaire des Philosophes, chez les libraires qui débitent les nouveautés.[1]

This objective tone is in marked contrast to that of *Le Censeur hebdomadaire* when Chaumeix was one of the editors.

To this group of periodicals—if, on the authority of Hatin[2] and Voltaire,[3] one may place the work in this category—belongs *LA RELIGION VENGÉE OU RÉFUTATION DES AUTEURS IMPIES*, twenty-one volumes of which appeared between 1757 and 1763.[4] The work, which is described on the title-page as 'dédiée à Monseigneur le Dauphin par une Société de Gens de Lettres', is attributed by Michaud to a Recollect friar named Jean Nicolas Hubert Hayer (1708–80), assisted by, among others, a lawyer named Soret. The greater part of the three volumes published in 1760[5] are given up to a detailed examination of the *Encyclopédie*. Here we find at last a really clear picture of what remarkably shrewd opponents of the whole work found reprehensible in it. *La Religion vengée* offers valuable assistance in the double task of establishing the meaning of what the contributors of the *Encyclopédie* were really trying to put over to their contemporaries, and of determining what were the reactions of intelligent conservative opponents of these ideas. The only serious drawback to the work is that, in the nature of things, its comments are confined to the first seven volumes.

It is clearly impossible to sum up in a few paragraphs the contents of more than 800 pages devoted by *La Religion vengée* to a close study of a large number of articles taken from the *Encyclopédie*. All that can be offered is a few samples of the criticisms made both of the work in general and of specific articles. The first letters are devoted to a detailed attack on the article *ENCYCLOPÉDIE. The passage beginning 'L'univers ne nous offre que des êtres particuliers . . .'[6] is singled out for comment:

---

[1] 1761, vol. ii, p. 335.

[2] *Bibliographie historique et critique de la presse périodique française*, Paris, 1866, p. 54.

[3] He speaks of it as 'un libelle périodique' in a letter to Diderot of January 1758 (Best. 6862).

[4] Vols. i–iii in 1757, iv–vi in 1758, vii–ix in 1759, x–xii in 1760, xiii–xv in 1761, xvi–xviii in 1762, xix–xxi in 1763.

[5] The whole of vol. xi, all of vol. x except the first four chapters, and the first eighteen chapters of vol. xii.   [6] *Encyclopédie*, Vol. V, f. 640v; AT, vol. xiv, p. 451.

On a bientôt dit, Monsieur, que *tout s'enchaîne* dans l'Univers, que *tout s'y succéde par des nuances insensibles.* Ce langage ténébreux n'est que trop conforme à celui de l'impie Spinosa. Même obscurité dans ce qui suit, où l'on semble dire que tout ce qui existe se réduit au pur méchanisme.[1]

This leads to a search for an explanation of the use of what the author calls 'une obscurité captieuse', and this is found in the famous passage in the same article on the use of cross-references. After quoting the paragraph beginning 'Il y auroit un grand art . . .',[2] the author comments:

Voilà donc la mine éventée, Monsieur; & sous l'apparence d'un avis qu'on feint de donner, on trace le plan que l'on s'est proposé de suivre. Il n'est que trop sensible que ce plan est de détruire la Religion. Qu'est-ce en effet que ce *préjugé national* qui mérite *du respect?* Il ne se peut qu'on veuille parler du Cartésianisme pour lequel la nation avoit en quelque sorte pris parti, ni d'aucun autre sentiment purement philosophique; puisque nous jouissons, à cet égard, de la plus parfaite liberté. On entend donc par *préjugé national*, ou la Religion que nous professons, ou les principes que nous tenons par rapport au Gouvernement auquel nous sommes soumis. Voilà ce que des Impies qui méprisent toute Autorité, osent appeller un *édifice de fange*, un *vain amas de poussière*.[3]

The motto of Diderot and his collaborators is alleged to be: 'Soyons sourdement les Apôtres de l'Irréligion; mais prenons garde d'en être les Martyrs.' Another quotation from the same article on the cramping effects of 'l'intolérance, le manque de la double doctrine, le défaut d'une langue hiéroglyphique'[4] leads to the comment:

Sans doute, Monsieur, que vous entendez parfaitement ce langage. Le Chef des Encyclopédistes promet d'être impie, mais de manière qu'en se montrant tel qu'il est aux Adeptes de l'impiété, il tâchera de dérober sa marche à ceux qu'il regarde comme ses ennemis. Au moyen de quoi tous les endroits de l'Encyclopédie où l'on parle bien de la Religion, ne prouvent rien pour la sienne. Il n'adopte ces endroits que comme un voile nécessaire à sa politique.[5]

There can be no doubt that these observations are thoroughly perspicacious.

After this introduction on the general purpose of the whole work as revealed by the article *ENCYCLOPÉDIE, the author passes on to an examination of the ideas underlying some of the individual articles.

---

[1] Vol. x, pp. 90–91.   [2] *Encyclopédie*, Vol. V, f. 642v; AT, vol. xiv, pp. 462–3.
[3] Vol. x, pp. 93–94.
[4] *Encyclopédie*, Vol. V, f. 648r; AT, vol. xiv, pp. 498–9.   [5] Vol. x, p. 96.

The article AUTORITÉ POLITIQUE comes in for extremely detailed treatment;[1] but as this is the subject of a separate chapter,[2] examples of the treatment of other articles in *La Religion vengée* could more profitably be given here. Two whole letters are given up to *ÉPICURÉISME,[3] in the course of which the secret intentions of Diderot are laid bare. After quoting most of the section of the article headed *De la Théologie*,[4] the author continues:

> Ce long extrait, Monsieur, étoit nécessaire pour vous faire mieux comprendre le génie d'Epicure & celui de son Apologiste. On voit de part & d'autre une dérision extravagante & impie. . . . C'est une dérision que la formation de ces Dieux. Des Dieux uniquement composés d'Atômes![5]

The commentary continues for several pages and concludes:

> Que faisoit donc Epicure dans les Temples? Que faisoit-il prosterné aux pieds des Autels? N'étoit-il là que pour admirer comment les Atômes les plus subtils avoient pu se réunir de concert pour former des Etres immuables, inaltérables, & souverainement heureux? Pour nous, Monsieur, ce que nous admirons, c'est qu'un tel fourbe puisse avoir des Apologistes dans ce siècle de lumière, & chez des hommes qui se croient nés pour la porter dans tous les esprits.[6]

The conclusion which the author draws from a whole series of passages which he quotes from this article is well founded:

> L'Auteur de l'Article *Epicuréisme*, après avoir fait parler Epicure comme il lui a plû, adopte assez ouvertement toute sa doctrine, sans restriction ni réserve. Les éloges qu'il fait de sa personne, sont autant d'actes d'approbation de sa Philosophie.[7]

The section on Epicurus concludes with a somewhat ill-tempered observation:

> . . . Si Epicure fut un insensé, son Interprète & son Apologiste ne peut pas être un sage, & . . . il n'est même qu'un impudent imposteur, quand il dit: *Je suis Chrétien, parce qu'il est raisonnable de l'être* (Pens. Philosoph. Pensée LVII).[8]

It is clear that the author has seen through to Diderot's true purpose.

The article CHRISTIANISME, which the author attributes, probably incorrectly, to Diderot, also comes in for considerable criticism. He claims, after his first examination of it,

---

[1] Vol. x, pp. 219–66.   [2] See Chap. VII, pp. 455–60.
[3] Vol. x, pp. 266–301.
[4] *Encyclopédie*, Vol. V, p. 783; AT, vol. xiv, pp. 519–20.   [5] Vol. x, p. 280.
[6] Vol. x, pp. 282–3.   [7] Vol. x, p. 295.   [8] Vol. x, p. 301.

que les objections auxquelles l'Auteur fait semblant de répondre, ne sont en effet que ses propres sentimens, & que l'Article *Christianisme*, ajusté à l'Encyclopédie, est fait en haine du Christianisme.[1]

Continuing his investigation, he lights upon the sentence: 'On pourroit quelquefois mesurer les degrés de vérité qu'une Religion renferme, par les degrés d'utilité que les Etats en retirent.'[2] This sentence is described in outraged terms as a

proposition aussi dangereuse que fausse, & qui mérite une discussion particuliere. Il me paroît inutile de vous prévenir que l'adverbe *quelquefois* équivaut ici à l'adverbe *toujours*; la preuve s'en présente d'elle-même. Car s'il est une fois établi que, sans égard pour la vérité, on doit se borner à examiner laquelle de toutes les Religions est la plus utile aux Etats, l'utilité sera notre premier guide; nous abandonnerons JESUS CHRIST, pour suivre Hobbes & Machiavel. Les maximes de ces deux Impies seront l'Evangile de l'Etat, & par une conséquence naturelle, l'Evangile de chaque particulier. Ce *quelquefois* hypocrite n'est donc qu'un stratagème employé pour donner le change.[3]

Despite the exaggeration of dragging in Hobbes and Machiavelli, the essentially secular outlook of many contributors to the *Encyclopédie* is well brought out here.

It is not surprising that the article *ÉCLECTISME should incur censure, beginning with the grave charge:

Plus on lit l'Encyclopédie, Monsieur, plus on s'apperçoit que le but essentiel de cet Ouvrage est d'établir une liberté de penser qui ne connoisse point de bornes.[4]

But what throws more light on the struggle raging in France in 1760 is the letter entitled 'Etranges principes de l'Encyclopédie sur la Tolérance', which attacks a number of articles, beginning with *AIUS-LOCUTIUS. To Diderot's assertion of 'l'impossibilité où l'on sera toujours d'empêcher les hommes de penser & d'écrire' the author retorts with a revealing vigour:

Est-il donc vrai, Monsieur, qu'on sera *toujours dans l'impossibilité d'empêcher les hommes de penser & d'écrire*? Sans doute qu'il sera toujours impossible d'arrêter les opérations de l'être pensant: mais pourquoi ne parviendroit-on pas à empêcher que les idées ne soient transmises sur le papier? Que le Prince ou les Magistrats sévissent contre les Auteurs satyriques, blasphémateurs, ou séditieux, vous ne verrez plus de Livres sortir de leur fabrique, ou du moins n'en verrez-vous que fort peu.[5]

---

[1] Vol. xi, pp. 153–4.
[2] *Encyclopédie*, Vol. III, p. 382; AT, vol. xiv, p. 145.   [3] Vol. xi, pp. 155–6.
[4] Vol. xi, pp. 267–8.   [5] Vol. xi, p. 299.

When we come to Deleyre's article, FANATISME, we find a statement of the Roman Catholic position in these matters:

L'Eglise Romaine est essentiellement intolérante, & nous avons déja dit plus d'une fois dans quel sens. Elle anathémise tout Chrétien qui ne pense pas comme elle. . . . La Communion Romaine est un vaste corps qui ne se soûtient que par son intolérance. Si elle étoit tolérante, elle laisseroit donc à chacun de ses membres son opinion particulière; & ne seroit-ce pas là le vrai moyen de multiplier, dans son sein, les divisions à l'infini?[1]

D'Alembert is rebuked for his 'éloge du tolérantisme' in GENÈVE, and the bearing of the whole article on conditions in France is rightly underlined:

Qui ne voit que l'intention de l'Auteur est d'opposer à l'unité de la Foi Catholique *cette noble liberté de penser & d'écrire*, qu'il prétend être si glorieuse à M. de Voltaire & aux Genevois? que c'est la France qu'il a principalement en vuë lorsqu'il parle de ces *pays où la Philosophie n'a pas fait moins de progrès* qu'à Genève, *mais où la vérité est encore captive?*[2]

The debate is continued in the next letter with the interesting title, 'L'Intolérance Chrétienne est-elle nuisible aux Etats?' Returning to the article CHRISTIANISME, the author once again denounces toleration in forthright terms:

Une tolérance universelle ne seroit qu'une irréligion universelle, qu'une indifférence absolue sur toutes les Religions, couverte du beau prétexte de la charité & du bien de la société.[3]

In another letter headed 'L'esprit philosophique tant vanté par l'Encyclopédie, n'est que l'extrême liberté de penser', Diderot is rebuked for the passage in *ENCYCLOPÉDIE in which he praises men like Perrault, La Motte, Terrasson, Boindin, and Fontenelle for their contribution to 'l'esprit philosophique':[4]

Pour ne parler ici, Monsieur, que d'un seul de ces prétendus Maîtres de Philosophie, vous n'ignorez pas que ce Boindin étoit un des plus hardis blasphémateurs de notre siècle, qui prêchoit hardiment l'Athéisme dans les Caffés de Paris. C'est donc sous des hommes de cette espèce qu'on prétend que l'Esprit philosophique *a fait de grands progrès*. La conséquence est encore facile a tirer: donc, selon M. Did . . ., l'Esprit philosophique est l'Athéisme.[5]

The author could certainly be counted upon to pounce on the indiscretions by which Diderot and his collaborators reveal their true ideas.

[1] Vol. xi, p. 314.　　　[2] Vol. xi, pp. 316–17.　　　[3] Vol. xi, p. 328.
[4] *Encyclopédie*, Vol. V, f. 636v; AT, vol. xiv, pp. 424–5.
[5] *La Religion vengée*, vol. xi, pp. 354–5.

When *La Religion vengée* comes to examine the *Encyclopédie's* attitude to conscience, it declares itself satisfied with the definition given in Jaucourt's article under that heading, but attacks Saint-Lambert's FRAGILITÉ:[1]

> Quelles sont, Monsieur, *ces Loix inutiles qu'on ajoûte aux Loix nécessaires à la société?* Ce sont les loix de la Religion; cela est clair pour quiconque est au fait des principes Encyclopédiques. . . . Selon l'Encyclopédie, la société a par elle-même & indépendamment de la Religion, toutes les loix nécessaires pour être tout ce qu'elle doit être: langage du Déiste & de l'Athée. On prétend encore, comme vous le voyez, que la transgression de ces loix ajoûtées aux loix nécessaires de la société, ne fait que de *petites fautes,* lesquelles néanmoins, par notre illusion, nous causent de *grands remors.* C'est dire en termes équivalens que toutes les Religions, & la Religion Chrétienne comme toutes les autres, ne sont que de pures chimères.[2]

Jaucourt's CONSCIENCE itself comes under attack when we arrive at the letter on freedom of conscience, which opens in characteristic fashion:

> Liberté, liberté de conscience! voilà, Monsieur, le cri général des consciences erronées. On donne à cette liberté la plus grande étenduë; on voudroit que nul homme ne s'intéressât à ce que pense un autre homme, & cela non-seulement sur les affaires civiles & politiques, mais encore sur ce qui concerne la Religion, la Divinité même.[3]

What is objected to in the article in question is the exceptions made by the author:

> . . . Ce n'est pas sans dessein qu'on excepte de cette loi *de charité* ceux qui débitent des *erreurs contraires aux loix de la société humaine en général, ou de la société civile en particulier.* Ce qu'on veut insinuer, c'est qu'il faut se borner à ce *soin charitable* par rapport à ceux qui combattent la Religion; prétention qui ne sera pas difficile à détruire.[4]

It should be noted in passing that *La Religion vengée,* for all the vigour of its attacks on the *Encyclopédie,* does not lack a certain objectivity; it does dismiss as unfounded a criticism of Abbé Pestré's article BONHEUR made by Chaumeix.[5]

The author of the unsigned article GRACE is not spared:

> Après avoir rapporté, à sa façon, les différentes manières d'expliquer le mot *surnaturel,* il ajoûte: 'On peut choisir entre ces divers sentimens celui qui paroîtra le plus clair; car ils sont tous très-théologiques'. Je dis, moi, que le

---

[1] The text is in AT, vol. xv, pp. 27–28.
[2] *La Religion vengée,* vol. xii, pp. 22–23.
[3] Vol. xii, p. 30. [4] Vol. xii, pp. 31–32. [5] Vol. xii, p. 67.

procédé de l'Auteur est très-téméraire & très-impie. L'air d'ironie & de sarcasme regne dans tout cet Article. . . .[1]

Another quotation from the article is followed by an indignant censure on its author:

Vous croiriez d'abord, Monsieur, que l'Encyclopédiste se contredit; puisqu'après avoir avancé qu'on a beaucoup écrit sur la grace *sans rien éclaircir*, il ne laisse pas d'ajoûter qu'on est redevable à saint Augustin de *beaucoup de lumières* sur cet important objet. Mais ce qui suit fait disparoître la contradiction, pour ne laisser voir que l'insolence. Cet Ecrivain tâche d'insinuer que le *Docteur de la grace* n'étoit qu'un visionnaire. On n'est redevable à saint Augustin d'aucunes lumières sur la grace, puisqu'on n'a jamais rien éclairci sur cette matière: voilà, Monsieur, en dernière analyse, le vrai sentiment de l'Auteur.[2]

It is the whole treatment of religion in the *Encyclopédie*—now orthodox, now much less so—with which *La Religion vengée* reproaches Diderot and D'Alembert:

. . . Deux Chefs d'Encyclopédie, qui eussent eu à cœur les intérêts du Christianisme, ou se seroient contenté [*sic*] de nous donner un Dictionnaire raisonné des Sciences & des Arts, sans parler de Religion, ou n'auroient rien admis dans ce Dictionnaire qui n'eût été conforme aux principes de la Religion. Quand on n'est pas Théologien, on ne doit pas se mettre à la tête d'un Ouvrage qui traite de Théologie. Mais ces Messieurs n'ont pas cru que cette Loi fût faite pour eux. L'esprit d'erreur & l'esprit de vérité parlent tour-à-tour dans leur Encyclopédie; ce qui en a fait une rapsodie monstrueuse en fait de Religion.[3]

The author confesses that he is baffled by 'cette multitude d'Articles contradictoires sur la Religion':

S'ils n'ont été employés que pour faire illusion, le piége est grossier. Aussi, Monsieur, n'en a-t-il imposé à aucun des Lecteurs instruits qui ont eu assez de constance pour suivre cette multitude d'Articles, & d'y chercher l'*enchaînement* nécessaire dans une Encyclopédie. Que n'a-t-on borné celle-ci, sur le fait de la Religion, aux excellentes choses qu'elle renferme.[4]

This question continues to the end to worry the author. In the last letter devoted to the *Encyclopédie* he asks once again:

Mais pourquoi s'est-on avisé d'en faire un Ouvrage Théologique? Et si on vouloit y traiter ces matières, que ne l'a-t-on fait d'une manière conforme à la doctrine Catholique? Ou si le dessein étoit pris de soûtenir les intérêts

---

[1] Vol. xii, pp. 111–12. [2] Vol. xii, p. 113.

[3] Vol. xii, p. 117. [4] Vol. xii, p. 118.

de l'Incrédulité, à quoi bon ces alternatives d'erreur & de vérité, d'irréligion & de Christianisme ?[1]

To this he supplies the obvious answer, even though he undoubtedly exaggerates the interest of men like Diderot and D'Alembert in using the *Encyclopédie* as an instrument of propaganda against orthodox religion:

Il est trop évident, Monsieur, que le but des Encyclopédistes, je parle des Chefs & de quelques-uns de leur Associés ou plutôt de leurs complices, il est, dis-je, trop évident que leur but a moins été de répandre de nouvelles lumières sur les Sciences & sur les Arts, que de sapper les fondemens de toute Religion, sur-tout de la Religion Chrétienne.[2]

And there we must leave Abbé Hayer and his collaborators. *La Religion vengée* contains some exaggerations, but on the whole its criticisms are both shrewd and, at any rate from the standpoint of the author or authors, generally fair. One only needs to compare the work with Chaumeix's *Préjugés légitimes* to see how much more penetrating and at the same time reasonably objective its criticisms are. One can only regret that, as its title indicates, it concentrates almost exclusively on religion and does not branch out more into a discussion of the articles dealing with moral and particularly political questions; and, of course, that it appeared too early to take in the last ten volumes of the *Encyclopédie*.[3]

---

[1] Vol. xii, p. 197.

[2] Vol. xii, p. 198.

[3] Brief mention ought to be made here of the splenetic outburst against the *Encyclopédie* with which Linguet greeted the death of Diderot in 1784 in his *ANNALES POLITI-QUES, CIVILES ET LITTÉRAIRES* published from London. The article announcing this event, which Linguet links up with the recent death of D'Alembert, contains various unflattering remarks on the work, for instance: 'Aujourd'hui il est absolument décrié; on l'a même repris sur un autre plan: on refabrique maintenant une autre *Encyclopédie*, dont les rédacteurs ont commencé par déclarer qu'ils ne conserveroient presque rien de l'ancienne: on ne pouvoit faire un aveu plus précis de son insuffisance' (vol. xi, p. 364). Not content with these observations, Linguet follows them up with over twenty pages of '*Réflexions sur* L'Encyclopédie' which contain a savage attack on the whole work (pp. 365–86). Although his criticisms are often well founded, they are also very exaggerated. Many of them—such as the disadvantages of alphabetical order and the use of cross-references—could be applied to almost any encyclopedia of similar size. What is more, his criticisms are of a purely technical nature and throw no light whatever, even retrospectively, on the ideological conflict of the 1750s and 1760s which is the context in which we are studying the *Encyclopédie*. There is nothing of interest in Métra's *Correspondance secrète, politique et littéraire, ou Mémoires pour servir à l'histoire des cours, des sociétés et de la littérature en France, depuis la mort de Louis XV*, London, 1787–90, 18 vols. The first number dates only from June 1774. There are references to Luneau de Boisjermain's lawsuit against the publishers of the *Encyclopédie* in 1777–8 (vol. iv, p. 371, vol. v, p. 381, and vol. vi, p. 420); Métra, like Bachaumont, was very hostile to Diderot and the publishers.

At this stage it may be asked whether there were any periodicals of the time which, so far as circumstances permitted, came out on the side of the *Encyclopédie*. The list, for obvious reasons, is not a long one. There were, for instance, two periodicals of Abbé DE LA PORTE, who, after the whole seventeen volumes of text had appaered, was to produce a selection of articles entitled *Esprit de l'Encyclopédie*. In his *OBSERVATIONS SUR LA LITTÉRATURE MODERNE*, nine volumes of which were published (according to the title-page) at The Hague between 1749 and 1752, he offered very eulogistic notices of the first two volumes of the *Encyclopédie*.[1] A second periodical, this time under the title of *L'OBSERVATEUR LITTÉRAIRE*, bearing on the title-page Amsterdam and Paris as its places of origin, survived for seventeen volumes in a period which covers the crisis in the history of the publication of the *Encyclopédie*, from 1758 to 1761. In this periodical a certain amount of mild support for the *Encyclopédie* was forthcoming after the hammer blows which fell on the whole enterprise in the course of the year 1759—first the proceedings taken by the Parlement, then the two *Arrêts du Conseil*, and finally Patte's denunciation. The *Observateur littéraire* published a brief reply from the publishers in its number of 15 December:

Avis aux Souscripteurs de l'Encyclopédie & autres.

On grave actuellement les Planches sur les Sciences & les Arts. Il y en a déja près de deux cens d'exécutées. On invite ceux qui s'intéressent pour & contre cet Ouvrage, de les aller voir chez les Libraires Associés, où elles sont exposées aux yeux de tout le monde. On y montrera les suivantes, à mesure qu'elles sortiront d'entre les mains des Artistes. Toutes se déposent encore successivement chez le Magistrat qui préside à la Librairie. Voilà ce que l'on répond, quant á présent, á un homme qu'on a exclu de cette entreprise pour deux raisons.

Not only did the editor insert this notice; he also added after it: 'Cette Réponse est ferme, modeste, honnête & suffisante.'[2] He followed it up in the following year with two further items refuting Patte's allegations—*Fausse dénonciation*[3] and *Réponse des libraires associés*.[4]

All this really concerned the more commercial side of the enterprise. On the ideological front the editor can be said to have published (along with the *Journal des Savants* and the *Mercure*) the text of the letter of 2 June in which D'Alembert denied Palissot's allegation that he was the author of a sentence beginning 'L'inégalité des conditions est un

---

[1] Vol. v (1751), pp. 11–18; Vol. vii (1752), pp. 62–68.
[2] Vol. v (1759), p. 216.   [3] Vol. i (1760), pp. 267–81.   [4] Ibid., pp. 281–6.

droit barbare . . .'.[1] On the other hand Palissot's *Les Philosophes* is not treated unfavourably in a 'Lettre à M. l'abbé de La Porte' signed 'L.C.' and dated 'De Toulouse, ce 22 Juin 1760',[2] published along with an article headed 'Les Si, les Mais.—Lettre à M. l'Abbé de La Porte'.[3] He also published (like Fréron) a letter of Palissot, rectifying some of the errors in the preface to *Les Philosophes*, and speaking respectfully of D'Alembert and Jaucourt.[4]

On one occasion the Abbé did his duty by the *Encyclopédie* without equivocation. When a satirical attack on it, *La Petite Encyclopédie ou dictionnaire des philosophes*, appeared in 1761, it was roughly handled; its author was denounced as a 'délateur' and rebuked for his 'fausses citations'.[5] Yet one seeks in vain in the pages of a review which was obviously subject to censorship for any real defence of the position of Diderot and his fellow-contributors; nor could one expect an editor who was favourably disposed towards the *Encyclopédie* to indulge in any sort of criticism which showed where his own views diverged from those set forth in it.

If we are looking for this kind of thing, we must get away from Paris and the French censorship and seek it beyond the frontiers of France, in a periodical edited by a Frenchman, who, despite local as well as French censors, did on the whole enjoy a rather greater measure of freedom—PIERRE ROUSSEAU and his *JOURNAL ENCY-CLOPÉDIQUE*.[6] Founded in the Prince-Bishopric of Liège in January 1756, the review had its *privilège* revoked in September 1759, and Rousseau had to remove to Bouillon, where publication began again with the number for 1 January 1760.

Given the date at which this review began publication, it could not deal with any but the last three of the seven volumes of the *Encyclopédie* published down to 1757. It so happened that its comments on Vols. V, VI, and VII and on the polemical works attacking the *Encyclopédie* coincided with the period 1756–9 during which it was published from Liège, and that the extremely detailed treatment which it gave to the last ten volumes, between August 1766 and July 1770, belonged to the second and longer period in the life of the journal when it was published from Bouillon.

To hazard a generalization, one might argue that in the years 1756–9,

[1] Vol. ii (1760), pp. 344–5.
[2] Vol. iii (1760), pp. 120–37.
[3] Ibid., pp. 137–44. [4] Ibid., pp. 212–16. [5] Vol. iii (1761), pp. 238–42.
[6] See G. Charlier and R. Mortier, *Le Journal encyclopédique (1756–1793)*, Paris, 1952, and R. F. Birn, *Pierre Rousseau and the Philosophes of Bouillon* (*Studies*, vol. xxix), Geneva, 1964.

during a great part of which the *Encyclopédie* was under heavy attack from its enemies, the attitude of the *Journal encyclopédique* was less critical than when it came to deal with the last ten volumes approximately a decade later. Though in dealing with Vols. V–VII it does occasionally offer critical comments, on the whole it may be said that it presents an apologia for the whole work and defends it most vigorously against its opponents, so active in this difficult period in the work's history. In contrast, the last ten volumes, beginning with the general survey of the whole work offered in the number for 15 August 1766, are subjected to a certain amount of unfavourable comment, despite the amount of copy with which they were to furnish the review for nearly four years, and on one or two occasions, as we shall see, articles were singled out for the most virulent refutation. In other words, Pierre Rousseau was by no means a mere mouthpiece of Diderot and his contributors.

The very first number of the *Journal encyclopédique* (15 January 1756)[1] announced the appearance of Vol. V of the *Encyclopédie* and shortly afterwards parts of three numbers[2] were devoted to a review of articles from it, among them *ENCYCLOPÉDIE, *DROIT NATUREL, and ÉCONOMIE POLITIQUE as well as *ÉCLECTISME and *ÉPICURÉISME which are singled out for high praise. It is curious to see how even at that date people got involved in difficulties over the attribution of articles. Although here Diderot's editorial asterisk should have made his authorship plain enough, the section on these last two articles concludes with the sentences:

> Nous ignorons à qui nous sommes redevables de ces excellens morceaux de Philosophie. Dès que nous découvrirons le nom d'un homme si rare, qui se réfuse aux éloges les plus mérités, nous nous ferons un véritable plaisir d'en instruire le public.[3]

In beginning its review of Vol. VI on 15 October 1756 the *Journal encyclopédique* points out what a useful service it is rendering its readers by reprinting a selection of articles from such an expensive work as the *Encyclopédie*:

> . . . Si une Société sçavante s'applique sans relâche à recueillir tout ce qu'il y a d'essentiel dans les connoissances humaines, & si très-peu de gens peuvent acquerir cet immense recueil, il est heureux qu'une Société s'applique à faire un choix nouveau.[4]

---

[1] pp. 12–13.
[2] 15 February 1756, pp. 3–32; 1 March 1756, pp. 3–21; 1 May 1756, pp. 3–19, 114–17.
[3] 1 March 1756, p. 13.   [4] 15 October 1756, p. 60.

This and the four successive numbers from 1 December 1756 to 15 January 1757 are devoted to a discussion of a variety of articles from Vol. VI, generally with substantial extracts from them. They range from FAT and FEMME to such philosophical articles as Turgot's EXISTENCE (highly praised and attributed to Diderot) and Quesnay's ÉVIDENCE (criticized in parts). After reproducing with appropriate praise D'Alembert's PHILOSOPHIE EXPERIMENTALE in the number for 1 January 1757, the editor goes on to explain that he had intended to summarize two scientific articles (Turgot's EXPANSIBILITÉ and Dr. Charles Leroy's ÉVAPORATION), but had been told that 'les articles de Science fatiguent une partie de nos Lecteurs'. He continues:

> On a entendu aussi quelques personnes dire *quoi! toujours de l'Encyclopédie!* ce reproche est bien injuste, pour ne rien dire de plus: sur mille articles que contient chaque Volume de ce Dictionnaire, nous nous bornons à l'extrait de seize; nous n'en avons encore donné que dix, & l'on s'écriera *quoi! toujours de l'Encyclopédie!* d'ailleurs si presque chaque article de ce fameux Dictionnaire est un traité profond & nouveau: quoi de plus utile que d'en faire l'analyse? Faut-il négliger les objets essentiels pour rendre compte d'un frivole Roman, souvent indécent ou insipide & mal écrit?

The more numerous and the more enlightened part of his readers, he claims, have expressed their satisfaction at the space devoted to the *Encyclopédie*:

> Bien plus ils desireroient que nous revinsions sur les quatre premiers volumes qui avoient paru avant l'établissement de ce Journal.[1]

Despite these criticisms, the next number duly dealt with EXPANSIBILITÉ and ÉVAPORATION along with D'Alembert's FLEUVE. EXPANSIBILITÉ, which is highly praised, is wrongly attributed to Diderot, in terms which offer a dreadful warning to anyone trying to wrestle with the problem of the unsigned articles in the *Encyclopédie*. 'L'Auteur n'a pas jugé à propos de se nommer,' we are told, 'mais cet esprit de comparaison, d'analogie & de découverte, cette marche sûre & hardie décelent M. Diderot.'[2]

At this stage Pierre Rousseau gives a good deal of publicity to the new Lucca edition of the *Encyclopédie*. Announcing it at first as an Italian translation of the work,[3] he then proceeds to summarize the Italian prospectus[4] and, six months later, the French version of it.[5]

[1] 1 January 1757, pp. 27–29.
[2] 15 January 1757, p. 23.
[3] 1 January 1757, p. 29.
[4] 15 January 1757, pp. 3–5. It is worth noting that the new edition was to be limited to 3,000 copies.
[5] 1 July 1757, p. 144.

There are further references to the *Encyclopédie* in the course of the year 1757. On 15 October Rousseau inserted a long footnote to a review, refuting a criticism of the encyclopedic tree of knowledge advanced by one of his collaborators in the prospectus of his journal, published in November of the previous year.[1] The number for 15 November opens with an *Avis des Auteurs de ce Journal* which draws a parallel between the *Encyclopédie* and the *Journal encyclopédique* in which lavish praise is bestowed on the former:

> Formé sur le même plan, & dirigé par les mêmes vûes que cet ouvrage celebre, notre Journal, s'il est bien fait, doit le représenter en tout, imiter sa maniere, prendre son ton, & faire sur les ouvrages que chaque jour fait éclore, ce que ce Dictionnaire fait sur tous ceux dont se compose la Sphere immense des connoissances humaines. Il doit sur tout prendre de l'Encyclo-pédie cet esprit Philosophique qui la caractérise, & qui, repandu dans toute la masse de l'ouvrage, anime & vivifie toutes les parties. . . .

> L'Encyclopédie par sa nature conservera toujours un grand avantage sur un Journal, fût-il entre les mêmes mains qui élevent cet édifice majestueux à la gloire de la nation Françoise & pour le bonheur de l'Humanité. Les decouvertes des hommes dans tous les lieux, dans tous les genres, & dans tous les siécles, sont les riches materiaux qu'elle peut & doit mettre en œuvre.[2]

At the end of 1757 Pierre Rousseau defended the *Encyclopédie* against its detractors in a review of Palissot's *Petites lettres sur de grands philosophes*. To the author's sneer that no dictionary, however good, can be described as an 'ouvrage de génie', he retorts:

> Refusera-t'on cette derniere qualité à ceux qui heureusement constitués ajoutent aux verités deja connues des verités nouvelles, qui étendent la sphere de nos connoissances, & qui joignent à leurs belles decouvertes le grand art d'en relever le prix par l'excellence du coloris? Qu'on parcoure le Dic-tionnaire Encyclopédique, & ce merite qui le distingue des autres Diction-naires, frappera visiblement le lecteur en mille endroits différens.[3]

The review of Vol. VII of the *Encyclopédie*, which begins in the number for 1 January 1758, also offers a defence of the work against its enemies:

> Pour revenir à l'Encyclopédie qu'on attaque aujourd'hui sans pudeur & sans menagement, nous concevons que des raisons particulieres, prises de l'intérêt qu'on peut avoir eu à soutenir un ouvrage du même genre,[4] ou du refus qu'on aura essuyé de travailler à celui-ci, precisement parce que l'esprit du corps y auroit nui à l'esprit philosophique ·qu'on a voulu y

---

[1] 15 October 1757, pp. 70–72.   [2] 15 November 1757, pp. 4–6.
[3] 15 December 1757, p. 91.
[4] A reference to the Jesuits and the *Dictionnaire de Trévoux*.

mettre, ont pû lui faire des ennemis. Nous concevons aussi qu'elle aura pû deplaire à une infinité d'esprits que la superstition a tellement courbés vers l'erreur, qu'il semble qu'ils n'aient plus assez de force pour s'elever vers la verité. L'Encyclopédie, destinée par sa nature à combattre les prejugés, & à écraser la superstition du poids de la raison, a dû s'attendre à de pareils ennemis. Elle a dû scandaliser quelque tems les esprits pour mieux les detromper dans la suite. Aujourd'hui que l'atmosphère, que les prejugés avoient formée, est moins épaisse, & qu'elle permet à la verité de penetrer dans les esprits qui en étoient comme enveloppés, on commence à rendre justice à la droiture de ses Auteurs.[1]

This optimistic conclusion was scarcely to be borne out by the events of 1758 and 1759.

From 1 January 1758 onwards no fewer than fifteen consecutive numbers of the *Journal encyclopédique* (down to 1 August) were to contain extracts and comments on articles from Vol. VII. A large variety of articles, covering all manner of different subjects from Voltaire's FRANÇOIS to D'Alembert's FORNICATION and GEOMETRIE as well as Quesnay's GRAINS and Diderot's *GRECS, are dealt with, and the opportunity is several times taken to answer critics of the work and to lavish praise on it. Morellet's FOI, we are told, 'est la preuve manifeste du secours que la théologie trouve dans l'esprit Philosophique'.[2] D'Alembert's GEOMETRIE provided the occasion for a fulsome eulogy of the scientific articles in the *Encyclopédie*:

> Sous une apparente superficie [*sic*] ils cachent une profondeur qui étonne ceux qui entreprennent de les lire.
> Outre l'utilité dont ils sont en présentant les découvertes déja faites, ils mettent encore les bons esprits sur la voie des découvertes à faire. Ils donnent beaucoup à penser; & c'est la meilleure maniere dont on puisse louer un ouvrage que de lui reconnoître cet avantage. Combien d'articles de Théologie, de Belles-Lettres, de Poëtique, d'Histoire naturelle, &c. offrent des vûes & des réflexions que d'autres livres ne prétendent pas apparamment revendiquer![3]

Such praise must have been welcome to the editors, who never saw anything like it printed inside France.

Nor did any such vigorous defence of the *Encyclopédie* appear there as the pages which Pierre Rousseau devoted to a very critical review of the *Nouveau mémoire pour servir à l'histoire des Cacouacs* in the number for 1 February 1758. The attempt by Moreau to exploit once more a sentence from the article *CERF to prove that the

---

[1] 1 January 1758, pp. 4–5.   [2] 1 April 1758, p. 21.   [3] 1 May 1758, p. 24.

Encyclopédie denies the difference between men and beasts is refuted by the simple device of quoting the offending sentence and then adding the comment:

Il est évident à la lecture de ce morceau, que ce que l'on dit ici de l'âge de raison auquel les cerfs parviennent, doit être mis sur le compte de Fouilloux & de Salnove, & nullement sur celui de l'Auteur de l'article qui fait assez connoître ce qu'il en pense, en traitant ces Ecrivains d'Enthousiastes. Par ce trait de critique que l'historien satyrique n'a pas omis, non plus que d'autres Ecrivains de la même trempe qui l'ont précedé; on peut voir combien il est facile d'envenimer les choses les plus innocentes.[1]

The *Journal encyclopédique* compares the present campaign with the earlier agitation in 1752:

Les mêmes ressorts qu'on fit alors jouer pour perdre un ouvrage qui n'avoit été entrepris que pour la gloire de la Nation, sont aujourd'hui mis en œuvre pour lui porter des coups encore plus dangereux. Ce sont les mêmes intrigues secretes, les mêmes manœuvres sourdes, le même manége politique, les mêmes routes obliques. Aujourd'hui comme alors, on employe la main de la Religion pour rendre plus profondes les blessures légeres que jusqu'ici de petits Litterateurs ont faites à l'Encyclopédie. Aujourd'hui comme alors, on y découvre ce cri, le signal d'une conspiration philosophique contre toute espece de Gouvernement & de Religion.[2]

Is it fair, Pierre Rousseau asks, to use the fact that Voltaire has contributed a number of articles to the *Encyclopédie* to drag into the discussion extracts from his other writings and to make the editors responsible for them? 'Telle est pourtant la méthode qu'employe l'Historien Satyrique. Il va chercher dans toutes sortes de livres, qui sont absolument étrangers à l'Encyclopédie, les erreurs par lesquelles il veut la rendre odieuse.'[3] He announces that, disgusted with the campaign waged against the *Encyclopédie*, D'Alembert has decided to sever his connexion with the work. 'Ainsi', he concludes, 'cette grande entreprise, que toutes les autres nations envioient à la France, & que chaque jour voyoit s'avancer rapidement vers sa perfection, va donc de nouveau être interrompue!'[4]

The crisis year in the history of the *Encyclopédie*—1759—was also an extremely difficult one for Pierre Rousseau, who in the end found himself and his journal driven out of Liège and compelled to make a new start at Bouillon. This perhaps explains why his comments on such works as Chaumeix's *Préjugés légitimes* and Abbé Giry de

1 1 February 1758, p. 105.   2 1 February 1758, pp. 112–13.
3 1 February 1758, p. 115.   4 1 February 1758, p. 116.

Saint-Cyr's *Catéchisme & décisions de cas de conscience* are less outspoken than those on earlier attacks on the *Encyclopédie*. In announcing the first three volumes of Chaumeix's work in the *nouvelles littéraires* of the number for 15 February the editor declares that, if solid reasons for doing so are advanced, he is willing to admit that his previous view of the work was mistaken,

quelle que soit l'estime que nous avons conçue pour le Dictionnaire Encyclopédique qu'on attaque aujourd'hui de toutes parts; quelque irréprehensible qu'il nous ait paru dans les matiéres de Métaphysique, de Morale & de Religion. . . .[1]

Ironical as this docility—and the impatience with which the editor alleges he is awaiting a copy of the work—no doubt are,[2] the fact remains that he never actually reviewed it. On 15 March, after reading the work, he administered a fairly mild rebuke to Chaumeix:

Les *préjugés* de M. Chaumeix nous ont paru l'effet d'une précipitation qui ne lui a pas permis de bien saisir les sentimens qu'il a travestis en autant d'impiétés. Est-ce encore là le seul reproche qu'on puisse lui faire! A l'aigreur qui regne dans son style, & au superbe mepris qu'il montre pour des Ecrivains au moins très respectables par leur génie, il est bien difficile de croire que ce soit un pur zéle qui lui ait mis les armes à la main.[3]

Yet he abandoned the idea of reviewing it, he tells us, because he had learned that 'un Encyclopédiste se préparoit à venger la cause commune' and that his reply would attack the aggressor as well as defend the work.[4] Indeed the conclusion with which he leaves his readers is that he is above the battle:

Quant à nous, qui ne sommes nullement intéressés dans cette dispute, & qui ne respectons que la vérité, nous présenterons, avec toute l'impartialité qu'on peut exiger de nous, ce qui aura été dit de part & d'autre; & notre jugement, quel qu'il puisse être, ne sera point corrompu par la prévention.

On the next page, in announcing Abbé de Saint-Cyr's *Catéchisme*, he refers once more to this mysterious defence of the *Encyclopédie*:

Le seul titre de cet écrit annonce à la fois une critique & une satyre. Vraisemblablement il sera envelopé dans la réponse qu'on prépare contre tous les ouvrages où l'on attaque le Dictionnaire Encyclopédique.

[1] 15 February 1759, p. 139.
[2] He insinuates that the work is really by Abbé de Lignac.
[3] 15 March 1759, p. 146.
[4] The identity of this 'encyclopédiste' is a mystery; the only reply to Chaumeix actually published—Leclerc de Montlinot's *Justification*—was the work of a man who claimed to have no connexion whatever with the editors or contributors of the *Encyclopédie*.

Certainly neither of these two works received the drubbing administered in the pages of the *Journal encyclopédique* to Moreau's *Nouveau mémoire*.

However, the number for 1 May contains a more robust defence of the *Encyclopédie* in Pierre Rousseau's reply to Fréron's attacks on his journal and in particular on its partiality towards the 'encyclopédistes'.[1] Speaking on behalf of his collaborators (during the Liège period these appear to have included the exiled Abbé Yvon),[2] the editor could retort:

> Si l'on nous reproche d'avoir eu quelque part à l'Encyclopédie, ce reproche ne sçauroit nous offenser. S'il est vrai que quelqu'un de nous ait travaillé pour ce grand ouvrage, il ne peut qu'être flatté de trouver sur la même liste son nom avec ceux de Montesquieu, de Voltaire, de d'Alembert, de Buffon, de Diderot, de Marmontel, de Rousseau, &c. Nous n'en connoissons pas de plus beaux dans la Littérature, & nous cherchons volontiers les occasions de les célébrer.

To this Rousseau adds the further comment on his attitude to the *Encyclopédie*:

> Il est vrai que nous avons parlé avec éloge de tout ce que nous avons trouvé de louable dans l'Encyclopédie, & que nous avons parlé avec mépris des *Critiques* subalternes qui n'ont attaqué jusqu'ici ce célébre Ouvrage qu'avec de foibles railleries, de la mauvaise foi & des injures. Il étoit cependant aisé d'y employer des armes plus redoutables, & avec plus de succès.[3]

This last sentence is important: it heralds the noticeably more critical attitude which—on both technical and ideological grounds—was to emerge in the *Journal encyclopédique*'s treatment of the *Encyclopédie* in the period 1766–70.

The ban imposed on the *Encyclopédie* inevitably reduced the place which it had hitherto occupied in Pierre Rousseau's journal. All one finds for the next seven years is echoes of the controversy around the work. On 15 April 1759 the journal reprinted, with some editorial comment, the *Note de M. Marmontel sur un passage du livre des Préjugés légitimes*, which had appeared in the April *Mercure*.[4] On 15 July Rousseau printed the item MARAUDEURS (*Art militaire*), which is accompanied by the sub-title 'Article qui étoit destiné pour l'Encyclopédie' and the following footnote:

[1] See the *Année littéraire*, 1758, vol. viii, pp. 354–7.
[2] Birn, *Pierre Rousseau and the Philosophes of Bouillon*, p. 49.
[3] 1 May 1759, p. 142.
[4] 15 April 1759, pp. 127–32 (see the *Mercure*, April 1759, vol. i, pp. 82–86).

L'Auteur de cet article est un Militaire d'un vrai mérite, qui croyant que ce fameux Dictionnaire ne sera pas continué, nous prie de vouloir l'insérer dans notre Journal. Nous invitons les Sçavans qui réservoient des Materiaux pour ce grand ouvrage, à nous en enrichir; nous éviterons toûjours avec soin tout ce qui pourroit faire le moindre ombrage, non seulement aux personnes éclairées, mais encore à celles qui font de vains efforts pour persuader qu'elles le sont.[1]

If these last lines reflect Rousseau's difficulties at Liège, especially in view of the Paris Parlement's attack on the *Encyclopédie* and the withdrawal of its *privilège*, what looks rather like an attempt to exploit the whole situation so as to obtain free copy for the *Journal encyclopédique* appears to have come to nothing, as the example of the author of MARAUDEURS was not followed.

On 1 August Pierre Rousseau reviewed the defence of the *Encyclopédie* which Voltaire placed at the end of his *Ode sur la mort de S.A.R. Madame la Margrave de Bayreuth*.[2] In the number for 1 October—in the midst of his quarrel with the ecclesiastical authorities of Liège, who succeeded, with the aid of the theologians of Louvain, in securing a ban on the publication there of the *Journal encyclopédique*—appeared Rousseau's reply, *Préliminaire & Réponse à la lettre de MM. les docteurs en théologie de l'Université de Louvain*.[3] This contains a good many references to the *Encyclopédie*.

Compelled to transfer his publishing activities to Bouillon, Rousseau arrived there late in February 1760 and began by catching up with the publication of the first three issues for that year. The *Encyclopédie* was far from absent from the journal during 1760. In the numbers for 15 February and 1 March considerable space was devoted to a very eulogistic review of Leclerc de Montlinot's *Justification*.[4] Rousseau begins by claiming that, although condemned in France, the *Encyclopédie* is being reprinted in Italy, 'revêtue de l'autorité spirituelle & temporelle',[5] and after giving copious extracts from Leclerc de Montlinot's book, he concludes with some advice to Chaumeix, rounding off his review with the following words:

Qu'en bon citoyen il fasse avec nous & toute l'Europe des vœux pour la continuation de l'Encyclopédie. Qu'il désire à la bonne heure qu'on y

---

[1] 15 July 1759, p. 50. The *Encyclopédie* printed this article MARAUDEURS in Vol. XVII (under VOLEUR) over the signature of the Marquis de Lezay-Marnesia.

[2] 1 August 1759, pp. 113–23. See especially pp. 113–15.

[3] 1 October 1759, pp. 1–137.

[4] 15 February 1760, pp. 3–22; 1 March 1760, pp. 61–80.

[5] 15 February 1760, p. 4.

supprime ce qui peut être susceptible de quelque dangereuse interprétation; que les Auteurs de certains Articles soient à l'avenir plus circonspects; mais qu'on ne prive pas la France d'un honneur que quelques nations voisines envient & sollicitent déja.[1]

The number for 15 April printed D'Alembert's letter in reply to Palissot's 'preface' to *Les Philosophes*.[2] The comedy itself was reviewed in a hostile fashion in the issue for 1 May,[3] and the number for 15 June contains a violent attack on the 'preface', i.e. the *Lettre de l'auteur de la comédie des Philosophes*, with its string of highly misleading quotations from the *Encyclopédie* and other works.[4] On 1 August Pierre Rousseau reviewed the letters exchanged between Palissot and Voltaire in which, as we have seen, the latter came to the defence of the editor and other contributors to the *Encyclopédie*.[5]

Even after the noise created by Palissot's *Les Philosophes* had died down, the *Encyclopédie* did not vanish entirely from the pages of the *Journal encyclopédique* in the dead years between the ban on its publication in March 1759 and the surreptitious appearance of the last ten volumes of text at the end of 1765. Like Grimm in his *Correspondance littéraire*, only more effectively since his journal reached a very much wider circle of readers, Pierre Rousseau kept alive interest in the banned work. Thus on 15 January 1761 he printed a *Lettre adressée aux Auteurs de ce Journal, contenant quelques réflexions sur l'article* ENFER *du Dictionnaire Encyclopédique*.[6] This laments the fact that publication of the work had been stopped after the seventh volume. On 15 March 1762 he published a hostile review of Jacob Vernet's *Lettre critiques d'un voyageur anglois sur l'article* GENÈVE,[7] and two months later he announced the first volume of the plates of the *Encyclopédie*.[8] In the following year three numbers[9] contain a discussion of Marmontel's *Poétique françoise*, which, being based on his *Encyclopédie* articles, gives rise to some references to the larger work. Shortly after came a review of Palissot's *Théâtre et œuvres diverses*, which also gave occasion to discuss the *Encyclopédie*.[10]

A year later Abbé Saas's *Lettres sur l'Encyclopédie* are dismissed with cold contempt in the following brief notice:

L'Auteur de ces lettres prétend trouver beaucoup d'erreurs dans le

[1] 1 March 1760, p. 80.
[2] 15 April 1760, pp. 141–2.
[3] 1 May 1760, pp. 118–30.
[4] 15 June 1760, pp. 137–8.
[5] 1 August 1760, pp. 104–16.
[6] 15 January 1761, pp. 88–92.
[7] 15 March 1762, pp. 73–77.
[8] 15 May 1762, p. 139.
[9] 1 and 15 April, 1 May.
[10] 15 May 1763, pp. 3–34 (see especially pp. 16–26).

Dictionnaire Encyclopédique, & les écrivains de cet immense ouvrage ont eu soin de prévenir le public qu'ils ne se flattoient pas que leur ouvrage en fût exempt; celles que l'auteur de ces lettres relève, ont été si souvent répétées par les critiques & par les envieux qu'il étoit assez inutile d'en entretenir encore le public, qui n'en estimera pas moins ce monument élevé à la gloire de notre siècle. Mais quelqu'un relèvera-t-il aussi les erreurs de l'auteur de ces lettres? Nous doutons qu'il trouve des critiques.[1]

This article was followed shortly afterwards by a review of the first three volumes of plates.[2]

All these incidental mentions are, however, small change compared with the abundance of references to the *Encyclopédie* which were to follow once the last ten volumes of text had appeared. On 15 August 1766 Rousseau published a long article with the pompous heading: '*Observations historiques, littéraires, critiques & apologétiques des Auteurs de ce Journal*, au sujet des 14 derniers volumes de l'ENCYCLOPEDIE'.[3] Beginning with the following number, a selection of articles from the last ten volumes of text, accompanied by editorial comments containing both praise and censure, were to appear every fortnight down to the publication of the 'dernier extrait' on 15 July 1770, only one short break being made in this whole period (no such articles appeared in any of the six numbers from 1 April to 15 June 1768).

In assessing the comments, both general and particular, which Pierre Rousseau had to make on the *Encyclopédie* in this period of four years, we have to bear in mind that, although technically published outside France, the *Journal encyclopédique* was far from enjoying complete freedom. Even apart from the local censorship, which does not appear to have been at all troublesome, the editor had to secure the approval of the French authorities if his journal was to circulate in the territory under their control. Some of the reticence of Pierre Rousseau, though scarcely his actual criticisms, in this long series of articles may be put down to the necessity of avoiding giving offence to the censorship. There is evidence that even the reproduction of such a large number of articles from a work so publicly banned inside France did not pass without certain difficulties from Sartine, who had succeeded Malesherbes as Directeur de la Librairie. On 15 October 1766—a few weeks after the *Journal encyclopédique* had begun the publication of articles taken from Vol. VIII—Rousseau's Paris

---

[1] 1 September 1764, p. 144.   [2] 15 October 1764, pp. 134–7.
[3] pp. 3–22. The full text of this article is reproduced in Charlier and Mortier, pp. 104–12.

correspondent, Jean Castilhon, wrote to him: 'J'ai vu Marin il y a deux ou trois jours. Il m'a dit que c'étoit lui qui avoit déterminé M. de Sartines à vous laisser passer les articles sur l'encyclopédie.'[1]

Yet, if Rousseau had to tread warily in writing about the *Encyclopédie* in his comments both on the work as a whole and on individual articles, the more critical of his remarks can scarcely be attributed to fear of the censorship. If he repeatedly heaps praise on the whole undertaking, he is far from blind to the technical shortcomings of the last ten volumes and, what is more, there were occasions when he refused very emphatically to accept the ideas put forward by Diderot and his collaborators.

The critical essay published on 15 August 1766 contains not only fulsome praise, couched in the absurdly bombastic style fashionable in France in the second half of the eighteenth century, but also a considerable amount of much less favourable comment. The tone of the eulogy contained in this essay may be judged from its opening paragraph:

> Il a paru enfin cet ouvrage immortel, qui fait tant d'honneur à la France, aux Philosophes, aux Sçavans, aux Littérateurs, aux Artistes qui en sont les Auteurs. Monument plus durable que ces fameuses constructions dont l'Egypte se vante, l'Encyclopédie Françoise n'a plus à redouter l'inquiétante incertitude des évènemens. A l'abri désormais des passions humaines, des efforts de l'envie, des orages & des révolutions, l'édifice est élevé.[2]

As these lines show (and one could quote plenty more from the article if the reader's patience had not to be spared), there is no lack of praise for the *Encyclopédie*; but Rousseau's criticisms of the work must not be left out of account. It is true that some of its weaknesses are attributed to the difficulties put in the way of the editors, and that the exaggerations of hostile critics, ready to pounce on any imperfection, are sharply discounted. Yet the article has plenty of criticisms of its own to offer.

For instance, there are the technical failings of the work—its errors and omissions. Even while the work is being defended against its enemies, it is conceded that

> plusieurs parties de ce dictionnaire sont considérablement négligées, quel-ques-unes seulement ébauchées, quelques autres presque totalement man-quées; il est vrai que dans beaucoup d'articles il est échappé aux Auteurs des choses inexactes & fausses, & que trop souvent ils semblent avoir affecté

---

[1] Archives Weissenbruch, 23: 23.   [2] pp. 3–4.

d'en omettre d'essentielles; il est vrai que l'ambition, très louable, quand elle n'est point outrée, de repandre de nouvelles lumières sur des objets connus & des questions décidées, au lieu de les éclairer, obscurcit bien des objets, qu'il eut mieux valu peut être omettre entièrement, que de les présenter sous un point de vue aussi défavorable, & d'une manière presque inintelligible: nous conviendrons encore que l'évidence de la vérité a été, dans bien des articles, sacrifiée au goût du paradoxe.[1]

It is even admitted that in treating of the earlier volumes the *Journal encyclopédique* had not been sufficiently stern in pointing out their weaknesses: '... Nous ... avons, dans le tems, glissé trop legèrement sur ceux que nous aurions dû relever dans nos extraits des sept premiers volumes.'[2]

More striking still are the comments on the unorthodox ideas in the work. Far from being applauded, they are condemned in no uncertain terms; indeed the Paris Parlement is even applauded for its vigilance. It would be absurd, it is argued, to follow hostile critics of the work in condemning nearly every article in it:

> Il ne falloit s'élever que contre ceux qui étoient réellement repréhensibles; il falloit imiter la prudence éclairée de ces sages Magistrats, qui, indignés de la hardiesse de quelques sistêmes ou de quelques propositions que tout bon Citoyen doit détester, ont fait entendre leur voix patriotique en faveur des loix outragées & des atteintes portées à nos dogmes; mais le corps auguste qui a sévi contre ce dictionnaire, n'a pas certainement étendu sa juste indignation sur les parties les plus intéressantes & les plus lumineuses de cet ouvrage, sur celles qui développent les élémens des arts utiles, les principes & les rapports des connoissances humaines.[3]

Perhaps, one might argue, it was necessary to make this concession to the powers that be, given that since 1759 the *Encyclopédie* had had no legal existence in France; and yet one is left wondering whether this is the true explanation. In arguing with its enemies, Rousseau concedes, a couple of pages later, that 'ce Dictionnaire est rempli de fautes de toutes les espèces, d'erreurs choquantes, de folles opinions, de pernicieuses maximes'.[4] He is even prepared to admit that 'il y a plusieurs articles, dans ces derniers volumes, aussi repréhensibles que ceux qui ont déjà été condamnés avec tant de raison'.[5] Taken in conjunction with the comments and criticisms spread over the *Journal encyclopédique* for the next four years, this preliminary essay reveals that, for all Rousseau's admiration for the *Encyclopédie*, not only was he not blind to its technical shortcomings, but he was also clearly aware that, for all

---

[1] pp. 7–8.   [2] p. 16.   [3] p. 10.   [4] p. 12.   [5] p. 13.

that they had in common, there was an ideological gulf between him and the editor and certain of the contributors to the *Encyclopédie*.

It is not easy to give an exact idea of the mixture of eulogy and criticism conveyed in this introductory essay of August 1766. It is even more difficult to do so for the hundreds of pages of extracts from the *Encyclopédie* and of comments on them which we find for the next four years in successive volumes of the *Journal encyclopédique*.[1] To summarize the comments offered within a reasonable compass we must confine ourselves to some examples of criticisms, first of the technical and then of the ideological variety, and to a consideration of some of the general comments with which Rousseau rounded off this long series of articles.

Pierre Rousseau refuses to swallow the horrific unsigned article, JAGAS, which there is good reason to attribute to Baron d'Holbach.[2] 'C'est dans le 16ᵉ volume de l'*Histoire universelle moderne* que l'Auteur a pris les faits rassemblés dans cet article, mais ces faits ont été répétés par les Auteurs de cette *histoire*, d'après des Voyageurs & des Missionnaires peu exacts dans leurs récits.' After quoting from the article, he goes on:

> Le reste est aussi ridiculement révoltant que ce qui précéde; ces mauvais contes faits pour effrayer les enfans, ne devroient jamais être rapportés sérieusement. Nous avons été surpris de les voir insérés dans l'*Histoire universelle moderne*; nous le sommes davantage de les retrouver dans ce Dictionnaire.[3]

Yet an amusing contrast with the attack on this particular article is furnished by a comment which Pierre Rousseau made in the very same year on the article LUVAS *ou* LUBOS (*Hist. mod.*) which was undoubtedly taken from exactly the same source and may again with fair certainty be attributed to D'Holbach. The *Encyclopédie* article is introduced as follows:

> La partie la plus intéressante de ce dictionnaire, & de toutes, suivant nous, la plus philosophique, est celle dans laquelle, sans réflexions, sans conjectures, les Auteurs rendent compte des mœurs & des coutumes, des préjugés, des vices & des vertus des peuples anciens ou modernes répandus dans les diverses régions de la terre. Les articles qui composent cette partie, plus instructive encore qu'elle n'est agréable, ont cet avantage sur les rélations de

---

[1] A complete list of the articles dealt with in the *Journal encyclopédique*, from 1756 onwards, is given in an appendix to this chapter (see pp. 421–3).

[2] See Chap. III, pp. 159–61, for its text.

[3] 1 February 1767, pp. 15–18.

la plûpart des voyageurs, qu'ils ne contiennent que des faits simples dépouillés de tout raisonnement, exacts & constatés. Les Editeurs ont eu d'ailleurs grand soin de ne consulter que les Auteurs de voyages les plus dignes de foi, dont ils ont ensuite comparé les rélations avec les récits des meilleurs Historiens. Ainsi nous ne craignons pas d'assurer qu'à cet égard l'*Encyclopédie* peut suppléer à tous les écrits des voyageurs.[1]

The *Journal encyclopédique* showed indeed a curious predilection for the extremely second-hand articles on the customs and beliefs of exotic peoples which, as we have tried to show in an earlier chapter, came from the ready pen of Baron d'Holbach. In addition to the two articles named, the following are also reproduced, partially or completely: KASIEMATZ, LAO-KIUN, MARABOUS, MICHABOU, NGOMBOS, ODIN, OMBIASSES, OVISSA, PARABRAMA, PAREAS, PENITENS INDIENS, PIAIE, SERPENT-FÉTICHE, TECUITLES, and TLACHTLI.[2]

The *Journal encyclopédique* also had some rude comments to make about the two unsigned articles, LIGATURE and MALÉFICE. The former is introduced by the following comment:

Le principal objet des Auteurs de ce Dictionnaire étant de combattre l'erreur & de détruire, autant qu'il est en eux, l'hydre de la superstition, nous avons lû avec bien de la surprise, dans un de leurs articles, des observations qu'on diroit avoir été dictées par la superstition elle-même, & plus propres mille fois à perpétuer l'erreur qu'à étendre la lumière de la vérité. Nous allons rapporter cet article, auquel nous ne changerons rien; mais nous ne le transcrirons pas sans avoir auparavant prié nos Lecteurs de croire que nous sommes, on ne peut pas plus, éloignés d'adopter aucune des raisons, aucune des réfléxions de l'Auteur, qui auroit beaucoup mieux fait de supprimer cet article de ce Dictionnaire, que de l'y consigner.[3]

MALÉFICE inspired similar unfavourable comments:

Nous désirerions bien pour l'honneur de l'anonyme, qui s'est donné la peine d'écrire cet article, d'avoir trouvé quelqu'ombre de vraisemblance & de solidité dans ses raisonnemens: mais nous sommes forcés de convenir qu'il n'étoit pas possible de défendre plus foiblement l'absurdité du préjugé du maléfice.[4]

These two articles are often attributed to Diderot (they are in Assézat–Tourneux). Pierre Rousseau was very near the truth when he wrote of MALÉFICE:

[1] 1 November 1767, pp. 3–4.
[2] Several signed articles of D'Holbach are also reprinted, e.g. LAVANCHES, MOUFFETES, OSSEMENS FOSSILES, and TREMBLEMENS DE TERRE.
[3] 15 September 1767, pp. 11–12.
[4] 15 November 1767, p. 18. Voltaire also disapproved of this article (see Best. 13584).

Au reste, nous pensons qu'il a très-bien fait de renvoyer ses Lecteurs à l'article *Ligature*, attendu que ces deux articles s'expliquent admirablement l'un par l'autre.[1]

In practice, the two articles were taken from Chambers, LIGATURE and WITCHCRAFT—LIGATURE in part and MALÉFICE almost completely.

Although in dealing with the unsigned PLAGIARISME OU PLAGIAT,[2] the *Journal encyclopédique* tactfully refrains from saying anything about the *Encyclopédie*'s own unacknowledged borrowings, they had not passed unnoticed. For instance, there is this passing mention of the unsigned article IDÉE:

Nous nous étions proposés de rendre compte de l'article *idée* & des judicieuses observations qu'on y trouve: mais après une lecture réfléchie de cet article, nous avons cru qu'il valoit mieux renvoyer nos Lecteurs à l'ouvrage même de Locke, que de leur rapporter des réflexions & des raisonnemens qu'ils trouveront dans cette excellente *logique*.[3]

At times, it is true, Pierre Rousseau does not indicate the source of articles which are obviously second-hand and even openly acknowledged as such. *HUMAIN, *humaine espece*, for instance, receives high praise:

Nous eussions bien désiré de pouvoir rapporter cet article en entier, l'un des plus intéressans de ce volume, soit par la variété & par l'agrément des tableaux qui y sont rassemblés, soit par les sages & lumineuses réfléxions de l'Auteur.[4]

Yet Diderot concluded the article with a clear reference to Buffon's *Histoire naturelle* as its source; it is indeed merely a summary of the section entitled *Variétés dans l'espèce humaine*.[5]

From the technical point of view, what distressed Rousseau most about these last ten volumes was the obvious haste with which they had been compiled and their consequent inferiority to the first seven, produced under less difficult circumstances. It is true that we must bear in mind that, by the time he came to pen some fairly outspoken criticisms of the last ten volumes, plans were afoot for a revised edition of the *Encyclopédie* or alternatively for a *Supplément* and that he had a financial interest in both these projects. Yet nobody who is familiar with the *Encyclopédie* can doubt that the last ten volumes do show only too frequent signs of hasty compilation and careless editing.[6]

[1] p. 20.   [2] 1 April 1769, pp. 3–11.
[3] 15 February 1767, p. 13.   [4] 15 January 1767, p. 19.
[5] Vol. iii, pp. 371–530, of the Imprimerie Royale edition.
[6] For instance, *ARITHMÉTIQUE POLITIQUE (Vol. I) is based on Chambers, POLITICAL

On 15 February 1769 we find Rousseau writing, apropos of Jaucourt's article PHANTOME:

Nous avons eu plus d'une fois occasion de nous appercevoir, & nous n'avons pu même nous empêcher de relever bien des négligences, des fautes & des inexactitudes qui se sont un peu trop multipliées dans les derniers volumes de ce Dictionnaire, qui d'ailleurs mérite d'être regardé comme le plus durable & le plus glorieux monument de ce siécle vraiment philosophique. Nous avons dit encore que cet ouvrage seroit, sans contredit, le plus parfait qui eut jamais paru, si les dix derniers volumes eussent été écrits & composés avec autant de soin qu'en ont pris les sçavans Editeurs des sept premiers tomes. Mais, soit que les circonstances n'ayent point permis à ces Editeurs éclairés de se charger de la rédaction des articles insérés dans les dix derniers volumes; soit que ces articles ayent été écrits & rédigés avec trop de précipitation; il est constant qu'il s'en faut bien qu'ils remplissent l'idée qu'en avoient donné par avance les excellens articles qui forment les sept premiers volumes, & qu'on y trouve toujours les secours & les lumières qu'on devoit se flatter d'y trouver. Nous attribuons ces incorrections, ces fautes, ces inexactitudes qui rendent si désirable une édition nouvelle de cet immense Dictionnaire,[1] à la contrainte, au découragement & à la précipitation des Gens de lettres, autres que les Editeurs des sept premiers volumes, qui se sont chargés de remplir cette pénible tâche: car il n'est point à présumer que sans ces causes, & surtout sans cette précipitation, on trouvât dans les derniers volumes tant de renvois & si peu d'éclaircissemens dans les articles où l'on est renvoyé: tant de décisions, & si peu de preuves, tant d'assertions & si peu de principes: nous ne présumons pas qu'on retrouveroit les mêmes articles sous divers mots, ou sous les mêmes mots différemment ortographiés.[2]

As an example of this last failing he points out that in addition to the article *FANTOME, which he praises, there is in Vol. XII a second article on the same topic, PHANTOME, which he dismisses as both worthless and pointless.

In the following year, on 15 June 1770, he returns to the same theme:

Nous avons reproché plus souvent que nous ne l'eussions désiré, mais moins souvent aussi que nous n'en avons eu l'occasion, aux Editeurs des six[3]

ARITHMETIC, but contains original ideas of Diderot himself; yet POLITIQUE ARITHMÉTIQUE (Vol. XII) is taken straight from the Chambers article. There are two different articles on maelstrom—Jaucourt's MAELSTROM (Vol. IX, p. 843) and D'Holbach's MAHLSTROM (ibid., pp. 863–4). In addition to D'Holbach's PIERRE-PONCE (Vol. XII, p. 578) there is an unsigned article on the same subject six pages later and on p. 598 one finds a third article, taken straight from Chambers.

[1] It is worth bearing in mind that on p. 143 of this very same number Rousseau announces the plans for the revised Panckoucke edition.

[2] 15 February 1769, pp. 9–10.   [3] A misprint for *dix?*

derniers tomes de ce Dictionnaire, beaucoup de négligence dans bien des articles, où l'on ne trouve aucun des éclaircissemens que l'on devoit espérer d'y trouver; mais à la place une foule de réflexions fort étrangères au sujet principal qui devoit y être traité, des observations isolées, & qui n'ont aucun rapport avec le mot sous lequel on les a insérées. C'est surtout sous les noms des villes que ces récits de remplissage abondent; ils supposent quelquefois un peu trop de précipitation dans l'édition des derniers volumes de ce grand ouvrage; & ces récits finissent quelquefois par êtres fatiguans, surtout dans le dernier tome.[1]

The example given here is that of WESTMINSTER—one of the hundreds of geographical articles into which Jaucourt inserted biographies of persons born in the place in question; Rousseau complains that scarcely three lines are given 'à la description de Westminster, à son antiquité, & fort peu à la description de l'édifice où reposent les mânes de tant de Souverains & de tant de grands hommes.'[2] Earlier on, Rousseau had complained about the inadequacy of the article on TOULOUSE (his native city), adding the significant comment:

Cet article, est entr'autres, un de ceux qui méritent d'être étendus & refondus, soit dans l'édition nouvelle, que l'on prépare de ce dictionnaire, soit dans le supplément auquel on travaille.[3]

However, we must not exaggerate the critical side of the *Journal encyclopédique*'s appreciation of the *Encyclopédie* from a technical point of view. Many articles receive high praise. Diderot's JOUISSANCE, for instance, is lauded to the skies:

L'enthousiasme & le génie ont dicté cet article, écrit en stile de feu, s'il est permis de s'exprimer ainsi. Nous plaignons sincèrement l'indifferent qui le lira sans émotion. C'est aux cœurs sensibles à en connoître le prix, la chaleur & les graces.[4]

The words 'excellent article' are applied again and again to a whole succession of articles by a considerable range of contributors. Although, as we have seen, Pierre Rousseau sometimes grew weary of Jaucourt, he none the less praises him highly on several occasions; in discussing HONNETE, (wrongly attributed to him) he speaks of 'la supériorité de ses talens, l'énergie de son style & la force de sa rare éloquence'.[5]

---

[1] 15 June 1770, pp. 335–6.
[2] The example is not very well chosen as although Jaucourt's WESTMINSTER (*Géog. mod.*) consists mainly of biographical notices, he also produced a separate article, WESTMINSTER (*Eglise de*), which occupies more than a column.
[3] 1 December 1769, p. 182.   [4] 1 July 1767, p. 11.
[5] 1 January 1767, p. 4.

What is of especial interest, however, is to see where the *Journal encyclopédique* disagrees with the *Encyclopédie* on ideological grounds. Political articles from the last ten volumes are very rarely reproduced and commented on. The anonymous article OBÉISSANCE (*Droit nat. & polit.*)—whether or not it is by Diderot remains an unsolved problem—is one of the rare articles of any consequence in this field to be reproduced and commented on. The article is summarized in approving terms:

Cet article qui pouvoit être fort étendu, étoit aussi très-épineux; car il est bien difficile de fixer avec justesse, & sans blesser les droits de l'autorité, les bornes de l'obéissance, surtout relativement à celle que doivent les sujets dans les gouvernemens modérés, & qui ne doit être ni aveugle ni trop long-tems raisonnée. Ce que dit l'Auteur de cet article nous paroit sage & lumineux; il croit que l'obéissance est due toutes les fois que le service exigé n'offense ni les loix de la nature ni les droits de la patrie.[1]

On the other hand, Jaucourt's NAISSANCE (*Société civile*) is sharply criticized:

L'Auteur de cet article pense sur toute autre matière en philosophe, & cependant sur cet objet il parle le langage du préjugé. 'La naissance, dit-il, est un heureux présent de la fortune, qu'on doit considérer & respecter dans les personnes qui en jouissent. . . .' Ne vaudroit-il pas mieux considérer & respecter quiconque sert utilement l'état, que de récompenser par avance ceux qui ne l'ont point servi, par des respects & des considérations qui sont le prix des services rendus.[2]

More serious divergences of views appear, however, in other fields.

It is sufficient to note in passing that D'Alembert's OPTIMISME is criticized by Pierre Rousseau for being too brief and for not really attempting to refute Leibniz, whose views he proceeds to defend at some length.[3] Much more significant is his strikingly illiberal attitude towards the freedom of thought which is generally advocated by the editor and contributors of the *Encyclopédie*. Rousseau criticizes, for instance, the views set forth in the articles HERESIARQUE, HERESIE, and HERETIQUE (the last two of them by Jaucourt). He attacks the view that a government owes toleration to heretics, dismissing it as a 'décision singulière, & qui est évidemment opposée aux intérêts de la société & à ceux du Souverain; s'il est vrai que l'hérésie soit toujours, comme l'Auteur lui-même l'a [*sic*] définit, "une erreur opiniâtre, fondamentale contre la religion"'. He then goes on to argue that rebellious heretics

[1] 1 August 1768, pp. 14–15.   [2] 1 July 1768, p. 12.
[3] 15 September 1768, pp. 9–13.

deserve nothing but punishment.[1] Abbé Mallet's extremely traditional-ist article on a burning subject, LIBERTÉ DE PENSER, is highly praised:

Il n'étoit pas possible à l'estimable Auteur de cet article de développer avec plus de justesse, de force & d'évidence, la dangereuse & fausse inter-prétation que bien des gens donnent à cette expression *liberté de penser*, & l'indécente manière avec laquelle ils affectent de prendre pour cette liberté l'impiété, l'audace, & plus souvent encore le libertinage de l'esprit, qui n'est au fonds que l'abus de la liberté de penser.[2]

This is a suitable introduction to Rousseau's attack on a number of articles which offended him on moral or religious grounds.

We may note in passing that he rejects the defence of Helvétius which Saint-Lambert advances in INTERET (*Morale*).[3] Much more striking, however, is the violent onslaught which he delivered, at some three years' interval, on two articles of Diderot—*HOBBISME and the unsigned VINDICATIF, which we may also attribute to him on the authority of Naigeon. Although *HOBBISME was clearly by Diderot, in his long attack on it Pierre Rousseau, despite his fury and disgust, never once draws attention to his authorship of the article. The fol-lowing lines with which he opens his discussion of the article are characteristic of its whole tone:

Il n'est pas vraisemblable que cet article soit approuvé de tous ceux qui le liront: car il n'y a personne qui ne connoisse les erreurs, les principes absur-des & la doctrine, plus insensée encore qu'elle n'est dangereuse, du trop célèbre Hobbes. Mais aucun Ecrivain ne s'étoit encore hazardé à le justifier, & nul n'avoit songé à publier l'apologie de ses pernicieux ouvrages. Pourquoi donc trouvons-nous dans ce Dictionnaire consacré aux vérités utiles, un article étendu, tout à l'honneur de Hobbes?[4]

That Hobbes was a virtuous man does not influence Pierre Rousseau in his favour:

Qu'importe qu'il eut des vertus? Il seroit bien plus à désirer qu'il eut été vicieux & pervers, & que ses écrits n'attaquassent ni la religion, ni les gouvernemens; qu'ils respirassent l'amour de la société, des mœurs, de la vertu.[5]

He sees through the cautious words with which Diderot introduces his exposition of Hobbes's ideas,

'Avec le précaution, dit-il, de citer le texte partout où la superstition,

---

[1] 1 October 1766, p. 17.   [2] 1 September 1767, p. 18.
[3] 1 June 1767, pp. 11–17.   [4] 15 November 1766, pp. 3–4.
[5] 15 November 1766, p. 4.

l'ignorance & la calomnie, qui semblent s'être réunies pour attaquer cet ouvrage, seroient tentées de nous attribuer des sentimens dont nous ne sommes que les Historiens'. Afin qu'on ne vous attribue pas ces sentimens, exposés les sans art, & combattés les plus dangereux avec cet avantage que vous donne la supériorité de votre génie & de votre raison sur le génie & la raison de Hobbes.[1]

Rousseau then proceeds to select from the ideas of Hobbes a number which cause him particular offence; he comes finally to the eulogy with which Diderot rounds off his article. This excites his wrath:

C'est, en effet, ou être bien peu en état de lire les ouvrages de Hobbes ou bien prodigieusement ambitieux de contredire quiconque les a lus, que de dire, même après en avoir rapporté les principes les plus atroces, qu'on peut les lire sans frémir d'indignation. L'Auteur de cet article est très-certaine-ment en état de lire Hobbes, & même de penser & d'écrire plus fortement que ce Philosophe; ainsi on ne peut pas le soupçonner . . . de n'avoir pas sçu voir dans les ouvrages de Hobbes une perpétuelle & révoltante apologie du despotisme, du spinosisme, de la plus féroce tyrannie.[2]

Rousseau's disgust is conveyed in the insult contained in his final paragraph when he assures the reader that he will find a better account of Hobbes's life and thought in *Moréri*—'à l'exception toutefois de l'exposition des principes de cet Ecrivain, & des éloges que les éditeurs de *Moreri* se sont dispensés de lui donner'.[3] Although Rousseau care-fully refrains from mentioning Diderot's name, his diatribe against *HOBBISME shows that he was severely shaken by the article.

Several years later he picked on the unsigned article VINDICATIF for similar scandalized treatment. That he associated it with Diderot is not made clear, but his denunciation of the article (he reproduced it interspersed with very strong criticisms) is couched in strong terms. This is how he prefaces the text of the article:

C'est une erreur assurément que de ne vouloir reconnoître pour cause unique de nos actions que notre volonté, & d'attribuer seulement à l'in-fluence de l'ame sur le corps tous les effets de[s] passions: mais n'est-ce pas une erreur plus étrange, une opinion plus insoutenable que de rapporter tout à l'influence du physique sur l'ame, à la bonne ou mauvaise, à la saine ou mal-saine constitution de nos organes? Soutenir que nos pensées, nos déterminations, nos vices, nos vertus, nos penchans dépendent invariable-ment de notre conformation & de la maniere dont nos sens sont affectés, c'est, suivant nous, dégrader fort inutilement l'humanité, ne supposer dans

---

[1] 15 November 1766, p. 18.   [2] 15 November 1766, pp. 22–23.
[3] 15 November 1766, pp. 23–24.

l'homme qu'un instinct aveugle, impuissant, substituer à l'opinion flatteuse qu'il doit avoir de la noblesse & de la dignité de son être, la triste & humiliante idée de n'avoir, sur le reste des animaux, d'autre avantage que celui d'une organisation plus composée, & d'un méchanisme qui, pour être plus industrieux, ne fait que l'assujettir à un bien plus grand nombre de vices, de facheux accidens, & de passions inquiétantes, qu'il ne dépend pas de lui de diriger, ni de calmer. Cette opinion ne méritoit guère d'être soutenue de nos jours, & beaucoup moins encore de se trouver dans ce Dictionnaire, où cependant on a bien voulu lui donner une place, ainsi qu'on peut s'en convaincre par l'article suivant.[1]

Pierre Rousseau's aversion to such articles in which Diderot's materialism peeped through is characteristic of the more moderate line which he took in the ideological struggle of his age.

On 15 July 1770 Rousseau introduced the last batch of articles which he was to reproduce from the *Encyclopédie* with the following words:

... Nous répéterons ici ce que nous disions lorsque nous annonçames, il y a quatre ans, l'immense extrait de ce Dictionnaire; que, malgré ses défauts, nous regardons ce grand ouvrage comme le monument le plus glorieux de ce siecle, comme la preuve la plus complette & la plus évidente des rapides progrès de la philosophie; que nous sommes enfin persuadés, comme l'a dit avec raison l'un des rédacteurs, que si par un de ces désastres affreux, épouvantables, & tels que la terre effrayée en a éprouvé quelquefois, tous les livres françois venoient à périr, & qu'il n'échappât à cette perte générale que l'*Encyclopédie*, ce Dictionnaire seul tiendroit lieu de tous les écrits, & dédommageroit si bien les races futures de la privation des autres, qu'on ne s'appercevroit bientôt plus d'avoir rien perdu.[2]

It is difficult to imagine that a critic whose comments on the weaknesses of the *Encyclopédie* are often extremely shrewd could ever really have carried admiration to the point of accepting this editorial hyperbole.

An exploration of the French periodicals of the 1750s and 1760s has many disappointments in store for the historian of the *Encyclopédie*. The direct and indirect consequences of a fairly strict system of censorship were a muzzling of both sides in the debate provoked by the appearance of the successive volumes. Yet, for all the disappointments encountered in the search for a reflection of contemporary attitudes towards the work, the material assembled here is not without a certain limited value. In the periodicals of the age we do catch at

---

[1] 15 May 1770, pp. 3–4.   [2] 15 July 1770, p. 169.

least glimpses of the underlying causes of the fundamental conflict of ideas to which the publication of the *Encyclopédie* gave rise in these years.

Articles from the *Encyclopédie* reproduced in the *Journal Encyclopédique*

Vol. V. 1756. 15 Feb. *ENCYCLOPÉDIE, ELEMENS DES SCIENCES, DROIT, DOT, ŒCONOMIE POLITIQUE; 1 March. *ECLECTISME, *EPICUREISME, ELOQUENCE; 1 May. ELECTRICITÉ, ELECTRICITÉ MÉDICINALE.

Vol. VI. 1756. 15 Oct. FEMME, FAT; 1 Dec. *ETHIOPIENS, EXISTENCE, ETIQUETTE, FETES; 15 Dec. EVIDENCE, ETUDE, FABLE, FETES; 1757. 1 Jan. EXTRAIT, EXPERIENCE, PHILOSOPHIE EXPÉRIMENTALE; 15 Jan. EXPANSIBILITÉ, ÉVAPORATION, FLEUVE.

Vol. VII. 1758. 1 Jan. FRANÇOIS; 15 Jan. GENIE, FORMULAIRE, FRERE, FRERES LAIS, FRATERNITÉ D'ARMES; 1 Feb. FORTUNE, FORNICATION, FOUDRE; 15 Feb. GLOIRE, FROID, FOURMI; 1 March. GOUT, FUNÉRAILLES; 15 March. *PHILOSOPHIE DES GRECS, FUNÉRAILLES; 1 April. FOI, GRECS; 15 April. GRECS, GENRE, GALERIE; 1 May. GEOMETRE, GEOMETRIE; 15 May. GRAINS (*Economie politique*); 1 June. GRAVURE; 15 June. GUERRE, GENERAL D'ARMÉE, HOMME DE GUERRE; 1 July. GENEVE; 15 July. GOUVERNEMENT, GRAND, GRANDEUR; 1 Aug. GOUVERNANTE D'ENFANS, GOUVERNEUR D'UN JEUNE HOMME.

Vol. VIII. 1766. 1 Sept. HABITANT, HABITUDE, *HAINE; 15 Sept. HARANGUE, HARMONIE; 1 Oct. HAZARD, HEMISTICHE, HERESIARQUE, HERESIE, HERETIQUE, HERMAPHRODITE; 15 Oct. HEROISME, HEROS, HEUREUX; 1 Nov. HISTOIRE, HISTOIRE NATURELLE; 15 Nov. *HOBBISME; 1 Dec. HOMME; 15 Dec. HOMME (*Morale*), *HOMME (*Politique*); 1767. 1 Jan. HONNETE, HONNEUR (*Morale*); 15 Jan. HOSPITALITÉ, *HUMAIN, *humaine espece*; 1 Feb. HYMNE, JAGAS; 15 Feb. JALOUSIE, ICHOGLAN, IDOLE, IDOLATRE, IDOLATRIE; 1 March. JEU, JEUNE, ILOTES; 15 March. IMAGINATION, IMAGINER, IMBECILE; 1 April. IMITATIF, IMITATION; 15 April. IMMATÉRIALISME, IMMORTALITÉ, IMMORTEL; 1 May. INCRUSTATION, *INDÉCENT, INDEX, INDIENS (PHILOSOPHIE DES), INFIDÉLITÉ; 15 May. INGRATITUDE, INQUISITION, INSENSIBILITÉ; 1 June. INSTINCT, INTERET (*Morale*), INTOLÉRANCE; 15 June. INVENTION, JOLI, JONGLEURS; 1 July. *IONIQUE, JOUISSANCE, JOURNÉE, *JOURNÉE DE LA SAINT-BARTHELEMY, ISIAQUE.

Vol. IX. 1767. 15 July. JUIFS (*Hist. anc. & mod.*), JUSTESSE, KASIEMATZ; 1 Aug. KNOUTE, KOUROUK, LABARUM, LAMA, LAO-KIUN, LAUDICÆNI, LEGENDE; 15 Aug. LAVANCHES, LEMNOS, LETTRES SOCRATIQUES, LETTRES DE RECOMMANDATION, LEUCADE; 1 Sept. LEVIATHAN, LIBELLE, LIBERTÉ DE PENSER, LIBERTINS; 15 Sept. LICTEUR, LIEGE (*Géog.*), LIGATURE, LITTERATURE; 1 Oct. LIVRE, LOGOMACHIE; 15 Oct. LONDRES, LOTERIES, LUTTE; 1 Nov.

LUVAS, MACERATION, MACHIAVELISME, MAHAL; 15 Nov. MAISONS *de plaisance des Romains*, MALÉFICE.

Vol. X. 1767. 1 Dec. MANIE, MANNE DU DESERT, MARABOUS, MARIONNETTE; 15 Dec. MARON, MATIN, MEDITATION, MEGALOPOLIS; 1768. 1 Jan. MELANCOLIE, MENDIANT, MENSTRUEL; 15 Jan. MERE-FOLLE, MERVEILLEUX, METEDORES; 1 Feb. METONYMIE, MICHABOU, MIME, MIMOS, MINARET; 15 Feb. MINGRELIE, MIRZA, MITRE, MŒURS; 1 March. MONASTERE, MONT-FAUCON, MORALITÉ, MORT; 15 March. MOUFFETES, MULTITUDE, MUPHTI, MURO, MUSES.

Vol. XI. 1768. 1 July. NAIN, NAISSANCE (*Société civile*), NATCHEZ; 15 July. NEGRE, NGOMBOS, NISSA; 1 Aug. NTOUPI, NYMPHE, OBÉISSANCE, OBELISQUE; 15 Aug. ODE, ODIN, ODYSSÉE; 1 Sept. OECUMÉNIQUE, OMBIASSES, OPERA; 15 Sept. OPHIR, OPTIMISME, OR, *âge d'*; 1 Oct. ORATEUR, ORIENT, *empire d'*; 15 Oct. OSSEMENS FOSSILES, OUESSANT, OVISSA, OURS; 1 Nov. OUVRAGES DE L'ART & DE LA NATURE, PAEAN, PALADIN; 15 Nov. PALESTINE, PAN, PANTOMIME; 1 Dec. PAPE, PAPHOS, PARABOLANS, PARABRAMA; 15 Dec. PARACLET, PARADE, PAREAS.

Vol. XII. 1769. 1 Jan. PARNASSE, PATAGONS, PATRIOTE; 15 Jan. PEAU *des Négres*, PEGMARES, PEINTRE, PEINTURE; 1 Feb. PENDANT D'OREILLE, PENITENS INDIENS, PENSHURST, PETIT-MAITRE, PEUPLE; 15 Feb. PHAESTUM, PHANTOME, PHARSALE, PHENICIENS, PHILOSOPHIE DES; 1 March. PHILOSOPHE, PHILOSOPHIE, PIAIE; 15 March. PIENZA, PIRÉE, PLACET; 1 April. PLAGIARISME, PLANTATION, PLEUREUSES; 15 April. PLONGEURS, POEMES.

Vol. XIII. 1769. 1 May. PONGO, POPLICAIN, POPULATION, PORTE, PORTIQUE; 15 May. POSTES *de la Chine*, POTOSI, POUDRE DE SYMPATHIE; 1 June. POUVOIR PATERNEL, PRÉCEPTEUR, PROCESSION, PROFIT; 15 June. PROSCRIPTION, PRYTANÉE, PSYLLES; 1 July. PYRAMIDES D'EGYPTE, PYRRHIQUE; 15 July. QUAKER, RAJEUNISSEMENT, RECONNOISSANCE (*Mor.*).

Vol. XIV.——

Vol. XV. 1769. 1 Aug. SEPULTURE, SERPENT, SERPENT-FÉTICHE, SOBRIÉTÉ; 15 Aug. SOBRIQUET, SOMNAMBULE, SOMNAMBULISME; 1 Sept. SORRENTO, SOSIPOLIS, SOUS-INTRODUITE *femme*; 15 Sept. SPECTACLES, STERLING, STYX; 1 Oct. SULTAN, SUPPLICE, SYBARITES; 15 Oct. SUSSEX, TABLEAU, TACITURNITÉ.

Vol. XVI. 1769. 1 Nov. TECUITLES, TEGULCHTICH, TEMPÉ, TERME, TESSERES DE L'HOSPITALITÉ; 15 Nov. THAMISE, THEATRE, TIRADE, TITRE (*Hist. mod.*), TLACHTLI, TOLEDE; 1 Dec. TOMBEAU, TORYS, TOULOUSE, TOURAINE; 15 Dec. TRAITE DES NEGRES, TRANSFUSION, TRIBUNAL DE L'INQUISITION; 1770. 1 Jan. TREMBLEMENT DE TERRE, TRÉVES, TRIUMVIRAT; 15 Jan. TROYE, TROUBADOURS, TSIN-SE; 1 Feb. TUNQUIN, TYRAN, TYRANNIE; 15 Feb. VALENCE, VALOGNE, VASES A BOIRE; 1 March. VÉNALITÉ DES CHARGES, VENDICATIONS (LA COUR DES), VENDOMOIS.

Vol. XVII. 1770. 15 March. VERONIQUE, VERTABIET; 1 April. VERTU, VEZELAY; 15 April. VICTIME HUMAINE, VIE (*Durée de la*), VIEIL DE LA MONTAGNE; 1 May. VIEILLESSE, VILLANUEVA, VIRÉ; 15 May. VINDICATIF, VIRGINITÉ, VIVARAIS, VOLER, VOYAGE; 1 June. URIM ET THUMMIM, USSON, VULTURIUS, WEERT, WARWICK; 15 June. WEST-HAM, WESTMINSTER, WILTON, WINFRIEDSWELL; 1 July. WERELADA, XAVIER, ZAMBALES, ZAPORAVIENS, ZENDIK; 15 July. AFFABILITÉ, BIBLIOTAPHE, ENTHOUSIASME, GLORIEUX.

VII. The Article *Autorité Politique*

AMONG the outstanding articles in the *Encyclopédie* which repay detailed study is AUTORITÉ POLITIQUE, which appeared in the very first volume, published in 1751. There is disagreement about its authorship, its sources, and, above all, its importance in the history of political thought in eighteenth-century France. It is these problems which will be examined in the pages which follow.

The fact that there is no signature at the end of AUTORITÉ POLITIQUE led even at the time to confusion about the authorship of the article. If one examines the surrounding articles, one finds that on pp. 898–901 the context in which it is situated is as follows:

> *AUTORITÉ, *pouvoir, puissance, empire* (*Gram.*)
> AUTORITÉ POLITIQUE (unsigned)
> AUTORITÉ *dans les discours & dans les écrits* (unsigned)
> AUTORITÉ, s.f. (H)

There are two ways of deciding who was the author of the second and third of these four articles; both of them are indicated on the same page of the preliminary matter of the same first volume of the *Encyclopédie*.[1] The first is suggested in the following terms:

N.B. Lorsque plusieurs articles appartenant à la même matière, & par conséquent faits ou revûs par la même personne, sont immédiatement consécutifs, on s'est contenté quelquefois de mettre la lettre distinctive à la fin du dernier de ces articles. Ainsi l'article ACTION (*Belles-Lettres*) & l'article ACTION *en Poésie*, sont censés marqués tous deux de la lettre (G), quoiqu'elle ne soit qu'à la fin du second; de même la lettre (F) mise à la fin d'ADVERSATIF appartient aux articles précédens, ADVERBE, ADVERBIALE, ADVERBIALEMENT.

From this it would be logical to conclude that not only the article AUTORITÉ, s.f. which bears the symbol '(H)', but also both AUTORITÉ POLITIQUE and AUTORITÉ *dans les discours & dans les écrits*, were the work of the same contributor, '(H)', i.e. Toussaint.

Such a conclusion was in fact drawn by contemporaries.[2] For instance, in 1766, there appeared a pamphlet entitled *Supplément aux*

---

[1] p. xlvi.
[2] Among others by the *Nouvelles ecclésiastiques*, 3 July 1754 (p. 108).

diverses remarques faites sur les actes de l'Assemblée du Clergé de 1765,
ou Dissertation sur trois textes de l'Ecriture, qui s'y trouvent ou falsifiés,
ou mal cités, ou mal appliqués, adressée à M. Le Corgne de Launay,
Rédacteur des Actes.[1] The first passage which the author of the *Actes* is
accused of falsifying is the famous text of St. Paul which figures so
prominently in AUTORITÉ POLITIQUE and to which we shall have in due
course to return. To his horror the pamphleteer had discovered that
the interpretation of the text put forward in the *Actes* was the same as
that in the *Encyclopédie* . . .

Je comptois finir ici l'exposition de mon premier grief, lorsqu'un ami est
entré chez moi, & m'a instruit d'une découverte, communiquée il y a déja
long-tems à l'Assemblée des Chambres, par un grand Magistrat: c'est que
votre fausse interprétation n'est que votre enfant adoptif. Oh ciel! qui
l'auroit cru? Vous avez interprêté d'après l'encyclopédie; & le trop fameux
Toussaint est le Docteur du Docteur le Corgne écrivant au nom du Clergé de
France?[2]

The attribution of AUTORITÉ POLITIQUE to Toussaint was, as we have
seen, perfectly logical.

Toussaint, however, publicly denied that he was its author. On 30
November a declaration which he had published on the subject in
the previous month in the *Gazette littéraire de Berlin* was reproduced
in Bachaumont.[3] The following is the text as given, not somewhat
incorrectly by Bachaumont, but in the German review:

DECLARATION *de M. le Professeur* TOUSSAINT. Dans un ouvrage François
intitulé *Supplément aux diverses remarques faites sur les actes de l'assemblée du
clergé de 1765*, le Supplémenteur fait d'abord de vifs reproches au rédacteur
des actes, d'avoir interverti un passage de l'Epitre de St. Paul aux Romains
où on lit dans la Vulgate: *Non est enim potestas nisi a Deo; quae autem sunt,*
a Deo ordinatae sunt. Ce qui ainsi lû signifie *que toute puissance a été établie de*
Dieu; & d'y avoir substitué *quae autem sunt ordinatae a Deo sunt*, ce qui
signifie que *toute puissance bien réglée vient de Dieu.* Après quoi il raconte
qu'un grand Magistrat a communiqué au Parlement une découverte qu'il
a faite dans l'Encyclopédie; à savoir que 'c'est *le trop fameux Toussaint*
qui a imaginé le premier cette interversion du texte de St. Paul, & l'a
employée dans l'article *Autorité*'. Et là-dessus prenant le ton ironique &
faisant le badin, il raille théologiquement le Clergé de France d'être allé
prendre *ce trop fameux Toussaint* pour son docteur & son guide. Mais ce
même Toussaint, fameux ou non, déclare & proteste à l'Auteur des remarques,

[1] BN, Ld⁴ 2983.   [2] p. 14.
[3] *Mémoires secrets*, vol. iii, p. 104. The date of the declaration is wrongly given as
9 October; it is dated 6 October in the *Gazette littéraire de Berlin*.

à son *grand Magistrat* & au Public, avec toute la sincérité d'un honnête-homme, qu'il n'est l'auteur ni de cette interprétation, ni de l'article *Autorité*: il ajoute, qu'il n'a tenu qu'au Supplémenteur & à son *grand Magistrat*, de le savoir, puisqu'au commencement du premier volume de l'Encyclopédie, lit qui veut l'explication des lettrines par où sont désignés dans le courant de l'ouvrage les auteurs des divers articles. Et pour que l'hommage qui est dû à la vérité soit d'autant plus notoire & plus répandu, il prie tous les auteurs d'écrits périodiques de vouloir bien transcrire & notifier à leurs lecteurs sa présente déclaration.

Although this declaration does not deal with the specific point that the signature '(H)' might cover both the articles which precede AUTORITÉ, s.f., there seems no reason not to accept Toussaint's denial.

That sends us back to the other statement on the very same page of the preliminary matter of this first volume—that 'les Articles qui n'ont point de lettres à la fin' are the work of Diderot as 'un des *Auteurs* de l'Encyclopédie'. Yet in the 1960s, after all the work which has been put in on the difficult problem of the unsigned articles in the *Encyclopédie*, it is quite impossible—especially in the case of such an important article—to attach any precise significance to this statement, which was soon to be contradicted in the *avertissements* of the succeeding volumes.[1]

Fortunately we do not lack contemporary evidence to show that Diderot was in fact the author of this article—evidence so strong that even so determined a sceptic as the present writer has finally allowed himself to be convinced by it. Professor Proust names two contemporary writers who expressly attribute the article to Diderot—the author of *La Religion vengée* (1760) and Deleyre, a contributor to the *Encyclopédie*, writing to Jean-Jacques Rousseau in 1756.[2] The weakness of the evidence of *La Religion vengée* is admitted in general terms by Professor Proust; one could add that this work is no more reliable a guide to the authorship of unsigned articles than, say, Assézat and Tourneux. ARISTOTÉLISME (Yvon) and ÉVIDENCE (Quesnay) along with such articles by unidentified authors as CHRISTIANISME are also attributed to Diderot in this work. The letter of Deleyre to Rousseau which contains a long sentence, beginning 'Je veux un grand mal à Mr. Diderot de ce qu'il a dit dans l'Article *Autorité*...',[3] is in itself pretty definite evidence, given the relations between the three men at this period. But what is surely even more decisive is a passage in Grimm's *Correspondance littéraire* for November 1753 in which, in announcing

---

[1] See *Studies*, vol. xxxii, pp. 330–2.   [2] *Diderot et l'Encyclopédie*, p. 352.
[3] Leigh 415 (the relevant part of the letter is reproduced in full below, p. 439).

the publication of the third volume of the *Encyclopédie*, he singles out for special praise the articles of Diderot:

Ce sont surtout ses articles dont il faut conseiller l'étude à ceux qui sont capables de réfléchir et d'y apercevoir le germe d'une infinité d'idées qu'il n'est question que de développer pour éclairer les hommes et pour perfectionner les sciences, les arts et la philosophie. Tels sont, par exemple, les articles *Art, Autorité, Anatomie, Beau*, etc. dans les volumes précédents. On en trouvera un grand nombre d'excellents dans le volume qui vient de paraître.[1]

The testimony of Grimm combined with that of Deleyre seems to provide sufficient evidence for Diderot's authorship.

It must, however, be confessed that—no doubt perversely—the present writer was only wholly convinced of Diderot's paternity when he became aware of an odd discovery which we owe to Professor Proust.[2] In the invaluable appendix in which he discusses the treatment of synonyms in the *Encyclopédie* he draws attention to the close relationship between two articles in Girard's *Synonymes français*— AUTORITÉ, POUVOIR, EMPIRE and AUTORITÉ, POUVOIR, PUISSANCE— and the two *Encyclopédie* articles, *AUTORITÉ, pouvoir, puissance, empire and AUTORITÉ POLITIQUE.

The first of these *Encyclopédie* articles, Diderot's authorship of which is guaranteed by the editorial asterisk in front of it, amalgamates material from the two Girard articles. The opening part of *AUTORITÉ, pouvoir, puissance, empire (down to 'Il ne faut laisser prendre de l'*empire* à personne') is taken, with acknowledgements to Girard, from the article AUTORITÉ, POUVOIR, EMPIRE; but what follows is for the most part an abridged and—as Professor Proust points out— watered-down version of the Abbé's other article, AUTORITÉ, POUVOIR, PUISSANCE. It is extraordinarily interesting to observe how much of this Girard article—even down to the famous interpretation of Romans xiii. 1—has gone into both *AUTORITÉ, pouvoir, puissance, empire, and AUTORITÉ POLITIQUE:

	AUTORITÉ, pouvoir, puissance, empire
Girard	
Ce sont les loix qui donnent l'*autorité*; elle y puise toute sa force. Le *pouvoir* est communiqué par ceux qui, étant dépositaires des loix, sont chargés de leur exécution;	L'*autorité* est communiquée par les lois; le *pouvoir* par ceux qui en sont dépositaires; la *puissance* par le consentement des hommes ou la force des armes.

[1] Vol. ii, p. 300.   [2] *Diderot et l'Encyclopédie*, p. 560.

par conséquent il est subordonné à l'*autorité*. La *puissance* vient du consentement des peuples, ou de la force des armes; & elle est ou légitime, ou tirannique.

On est heureux de vivre sous l'*autorité* d'un Prince qui aime la justice, dont les Ministres ne s'arrogent pas un *pouvoir* au-delà de celui qu'il leur donne, & qui regarde le zéle & l'amour de ses sujets comme les vrais fondemens de sa *puissance*.

Il n'y a point d'*autorité* sans loix; & il n'y a point de loi qui donne, ni même qui puisse donner à un homme une autorité sans bornes sur d'autres hommes; parce qu'ils ne sont pas assez absolument les maîtres d'eux-mêmes pour prendre ni pour céder une telle *autorité*; le Créateur & la Nature ayant toujours un droit imprescriptible, qui rend nul tout ce qui se fait à leur préjudice. Il n'y a donc pas d'*autorité* plus autentique ni mieux fondée que celle qui a des bornes connues & prescrites par les loix qui l'ont établie: celle qui ne veut point de bornes se met au dessus des loix, par conséquent cesse d'être *autorité*, & dégénère en usurpation sur la liberté & sur les droits de la Divinité. Le pouvoir de ceux qui ont l'*autorité* en main n'est & ne peut jamais être exactement égal à la juste étendue de leur *autorité*; il est ordinairement plus grand que le droit qu'ils ont d'en user; c'est la modération ou l'excès dans l'usage de ce *pouvoir* qui les rend pères ou tirans des peuples. Il n'y a point de *puissance* légitime qui ne doive

On est heureux de vivre sous l'*autorité* d'un prince qui aime la justice; dont les ministres ne s'arrogent pas un *pouvoir* au-delà de celui qu'il leur donne, & qui regarde le zele & l'amour de ses sujets comme les fondemens de sa *puissance*.

Il n'y a point d'*autorité* sans loi; il n'y a point de loi qui donne une *autorité* sans bornes. Tout *pouvoir* a ses limites. Il n'y a point de *puissance* qui ne doive être soûmise à celle de Dieu. . . .

AUTORITÉ POLITIQUE
(See the first five paragraphs of the article.)

être soumise à celle de Dieu, &
tempérée par des conventions tacites
ou formelles entre le Prince & la
Nation; c'est pourquoi St.

Paul dit
que toute *puissance* qui vient de Dieu
est une *puissance* réglée, ou, comme
d'autres interprétent ce passage, que
toute puissance est réglée par celle
de Dieu; car il seroit honteux de
soutenir que St. Paul a prétendu là
autoriser & rendre légitime toute
sorte de *puissance*; cela ne
pouvoit pas tomber dans la pensée
d'un homme raisonnable, & d'un
homme chrétien, à qui l'idée de la
puissance injuste de l'Antechrist
étoit présente & familiére. . . .

La nature n'a établi entre les
hommes d'autre *autorité* que celle
des péres sur leurs enfans, toutes les
autres viennent du droit positif; &
elle a même prescrit des bornes à
celle-là, soit par rapport à l'objet,
soit par rapport à la durée, car
l'*autorité* paternelle ne s'étend qu'à
l'éducation, & non à la destruction,
quelle qu'ait été & soit encore la
pratique de quelques peuples; &
cette autorité cesse dès que l'âge met
les enfans en état de savoir user de
la liberté. . . .[1]

AUTORITÉ POLITIQUE (first paragraph)

The way in which these two *Encyclopédie* articles, the first of which
bears Diderot's editorial asterisk, are linked together by their common
debt to Girard (a debt which includes even the words 'Toute puissance qui vient de Dieu est une puissance réglée') ought to remove
the last shred of doubt about Diderot's authorship of AUTORITÉ
POLITIQUE in the mind of even the most sceptical reader.

From the problem of the authorship of the article, we may now
turn to examine its sources. The *Journal de Trévoux*,[2] commenting on

---

[1] The above extracts consist of paragraphs ii, iii, and iv and the opening part of
paragraph viii of Girard's article.   [2] March 1752, p. 458.

the first paragraph dealing with the origins of authority, declares in the course of a very hostile review:

Ces principes paroissent empruntés d'un livre intitulé: *Traité du pouvoir des Rois de la Grande-Bretagne, traduit de l'Anglois* en 1714. & réfuté en Angleterre même, comme autorisant *la révolte & la trahison.* Il est beaucoup parlé dans ce livre, de contrat, de conventions entre le Roi & le Peuple; il y est dit que, *quand on choisit un Roi, il s'engage à gouverner la société suivant les conditions stipulées dans l'accord; que le Prince tient son autorité du Peuple qui le choisit, qui l'établit, dont il n'est que l'exécuteur, &c.*

The work mentioned by the Jesuit journal—*Traité du pouvoir des Rois de la Grande Bretagne, où l'on fait voir quel a été de tout tems le Gouvernement Monarchique, & où l'on justifie par les Autorités des Anciens & des Modernes les Principes qui ont causé la Révolution de 1689. Traduit de l'Anglois*—was published in 1714 in Amsterdam by Jean Frédéric Bernard. Bound in with the Bibliothèque Nationale copy is a translation of a refutation which appeared in the same year at the same publisher's—*Réponse au Traité du pouvoir des Rois de la Grande Bretagne, où l'on fait voir que ce Traité autorise la Révolte & la Trahison, & rend odieux le Pouvoir des Souverains.*

The *Traité du pouvoir des Rois de la Grande Bretagne* is a translation of *The Judgment of whole Kingdoms and Nations, concerning the Rights, Power and Prerogative of Kings, and the Rights, Priviledges, and Properties of the People.* Under the heading 'Judgment' the British Museum Catalogue states: 'This work was first published in 1709 under the title "Vox Populi, Vox Dei, being true maxims of Government", etc. and is catalogued under "Vox".' The work, which consists of 190 paragraphs, had a wide circulation; the copy in front of me—from the Durham University Library—bears the date '1710' and is described as the sixth edition. Who wrote it is an unsolved mystery; it is occasionally attributed to Defoe. To add to the confusion, scholars sometimes confuse this work with a Jacobite pamphlet of the time, also entitled *Vox Populi*, the printer of which was hanged.

It is, however, sufficient for our present purpose to establish that the *Traité* in question is a genuine translation of *The Judgement of whole Kingdoms and Nations.* What of the allegation that part of the article AUTORITÉ POLITIQUE was derived from this seditious work? In a note to the *Errata pour les deux premiers volumes* in Vol. III the editors of the *Encyclopédie* flatly denied this: '*A la fin de l'article* AUTORITÉ, *ajoûtez:* "L'ouvrage anglois d'où on a prétendu que cet article avoit été tiré, n'a jamais été ni lu, ni vû, ni connu par l'auteur."[1] In their replies to the attacks of their critics—especially their Jesuit critics—the editors of the *Encyclopédie* were occasionally somewhat disingenuous; their denial cannot therefore be taken at its face value. If we look again at the passage from the *Journal de Trévoux*, we find attributed to the *Traité* the opinion that 'quand on choisit un Roi, il s'engage à gouverner la société suivant les conditions stipulées dans l'accord', which may be taken as a fair summary of the second part of § 5:

Lorsque de toute la Société on choisit un Membre, pour l'élever à la Royauté, en vertu d'un accord dont la Communauté est convenuë auparavant, ce nouveau Roi en acceptant cette dignité, s'engage absolument & sans réserve, à gouverner la Société suivant les conditions stipulées dans cet accord, & suivant toutes les loix qui ont été établies, pour servir de mesure à son autorité.[2]

Similarly the second quotation given in the *Journal de Trévoux*—'le Prince tient son autorité du Peuple qui le choisit, qui l'établit, dont il n'est que l'exécuteur, &c.'—is a fairly accurate reproduction of a passage in § 18: 'Le Prince tient son autorité du Peuple, ou de la Loi, qui le choisit ou l'établit Chef, & dont il n'est que l'Exécuteur, en l'absence du Parlement.'[3]

This does not, however, prove that the author of AUTORITÉ POLITIQUE borrowed some of his principles from the *Traité*. In considering this problem it must be borne in mind that in its attack on the doctrine of passive obedience this work is very much bound up with English history and English constitutional questions, so that only about a fifth of its 190 paragraphs are concerned with general political principles. What is perhaps also significant is that while the anonymous author makes several references to St. Paul and the Epistle to the Romans, he does not put forward the same interpretation of the famous text as the author of AUTORITÉ POLITIQUE in the lines which scandalized many contemporary writers:

'Toute puissance qui vient de Dieu est une puissance reglée'; *omnis potestas à Deo ordinata est*. Car c'est ainsi qu'il faut entendre ces paroles, conformément à la droite raison & au sens littéral, & non conformément à l'interprétation de la bassesse & de la flatterie qui prétendent que toute puissance quelle qu'elle soit, vient de Dieu. . . . Toute puissance n'est de Dieu qu'autant qu'elle est juste & reglée.

---

[1] p. xvi. It will be noted that they do not name the author in question.
[2] *Traité du pouvoir des Rois*, p. 11.   [3] p. 25.

In § 112, for instance, he quotes the first two parts of Romans xiii. 1:

St. *Chrysostome* expliquant ces paroles de St. *Paul*, *Que toute personne soit sujette aux Puissances supérieures*, dit, *Il ne nous spécifie pas ce que sont ces Puissances supérieures, ni qui elles sont; car il n'a jamais eu l'intention de renverser tous les Gouvernemens & les diverses Constitutions des Peuples, & assujettir tout à la volonté d'un seul homme.* Tous les bons Empereurs ont reconnu, que les Loix de l'Empire étoient au-dessus d'eux... De sorte que St. *Paul* ne commande pas seulement au Peuple, mais aussi aux Princes mêmes, d'être sujets, puisqu'ils ne sont pas au-dessus des Loix, mais au contraire puisqu'elles les lient; *Car il n'y a point de puissance sinon de par Dieu.* ... [1]

§ 122 comes nearer to the standpoint of AUTORITÉ POLITIQUE with its rejection of the notion that obedience is owed to *any* established power:

... Si un Tiran ou un Usurpateur montoit sur le Trône, St. *Paul*, suivant l'explication scandaleuse que les partisans de cette Doctrine donnent aux paroles de l'Apôtre, nous a lié les mains, & nous oblige à l'*Obéïssance Passive.* ... [2]

However, nowhere does the author of the *Traité* put forward the interpretation of the words *Omnis potestas a Deo ordinata est* which so scandalized writers of the 1750s and 1760s. This is seen clearly from two paragraphs which are found towards the end of the work:

Suivant l'exhortation de St. *Paul* aux *Romains*, tous les Magistrats sont les Puissances qui subsistent. Il ne dit pas les Puissances suprêmes, & s'il avoit dit au singulier la Puissance qui subsiste, on en auroit inféré qu'il n'entendoit que celui qui a la Puissance souveraine. Mais disant que *les Puissances qui subsistent, sont ordonnées de Dieu*, il donne à entendre que tous les Magistrats sont ces Puissances. Ainsi suivant St. *Paul* le *Lord Maire* & tous les *Aldermen* de *Londres*, & tous les Connétables sont ces Puissances. Or toutes ces puissances sont choisies. *Vox Populi, Vox Dei.* Résister à aucune de ces Puissances dans l'administration ou dans l'exécution des Loix, c'est un péché; & tout péché de nature entraine après soi damnation, sans la repentance ou sans la miséricorde de Dieu. Cependant, il est permis de résister à ces Puissances, de les poursuivre en justice, & les punir suivant la nature du crime qu'ils auront commis. Peut-on dire que ces Magistrats soyent ordonnez de Dieu, ou tirent leur pouvoir de Dieu, d'une autre manière que tous les hommes sont ordonnez de Dieu, qui ont de lui la vie & la force, qui sont leur puissance; & dans l'exécution de cette puissance, ils ont celle de faire le bien ou le mal? Avant qu'ils soient élûs Magistrats, ils n'ont pas plus de pouvoir que les autres hommes; mais lorsqu'ils ont été choisis, la Loi est leur Pouvoir, & ils ne peuvent pas la transgresser, sans subir les peines de la Loi.

[1] pp. 119–20.   [2] pp. 129–30.

THE ARTICLE *AUTORITÉ POLITIQUE*

§ 179. Les Puissances de St. *Paul,* suivant la Constitution de notre Gouvernement, sont l'Autorité Législative de la Nation, les trois Etats assemblez en Parlement, qui sont les Puissances suprêmes, les Puissances qui subsistent, qui ont la puissance de faire & d'abroger les Loix, & ces Puissances sont autant l'Ordonnance de Dieu, qu'aucune autre Puissance quelle qu'elle soit. Si ces Puissances ne sont pas les Puissances de St. *Paul,* il n'y a, il ne peut y avoir aucune Puissance parmi nous, à qui on ne puisse pas résister suivant St. *Paul.* De résister à ces Puissances lors qu'elles font ou qu'elles abrogent quelques Loix, c'est péché mortel. Mais lors que ces personnes sont séparées de l'Autorité Législative, ils ne sont que des particuliers, à la réserve de ceux qui sont Magistrats, & n'ont pas plus de pouvoir que les autres, & excepté le Roi, ils sont aussi punissables, qu'aucun autre, par les Loix qu'ils ont faites eux-mêmes. La principale de ces Puissances est le Roi, parce qu'en sa personne réside l'Autorité Exécutive de ces Puissances, qui consiste à mettre le pouvoir des Loix en exécution; & tous ceux qui sont commis par le Roi, comme le Chancelier, les Juges, ou autres Magistrats, ne sont que les Administrateurs de ces Puissances, c'est-à-dire, des Loix, que les Puissances suprêmes, les Legislateurs, ont établies. Si quelqu'un de ces Juges, ou de ces Magistrats, quelque commission ou prétenduë commission qu'il ait, agit directement contre l'Administration de ces Loix, il est punissable par les Loix, suivant la nature de son crime, & doit rendre compte de sa conduite aux Puissances Législatives, & subir leur censure ou leur punition.[1]

While the *Traité* and AUTORITÉ POLITIQUE show a common hostility to absolutism, there is really no clear link between the long pamphlet, immersed in the details of radical English constitutional thought, and the *Encyclopédie* article with its cautiously stated general principles. It will be remembered that the *Journal de Trévoux* introduced its comparison between the two works with the somewhat non-committal words: 'Ces principes *paroissent* empruntés. . . .' There is something here of smear tactics in the linking of this article with a seditious English work, 'réfuté en Angleterre même'.

There is then no reason to reject the contention of the editors of the *Encyclopédie* that the *Traité* 'n'a jamais été ni lu, ni vû, ni connu par l'auteur'. If a digression may be permitted at this point, it is worth while to examine the lines which come after this denial in the *Errata* to Vol. III, since they throw interesting light on the political outlook of Diderot and D'Alembert in the early 1750s:

Au reste il est bon d'expliquer notre pensée. Nous n'avons jamais prétendu que l'autorité des princes légitimes ne vînt point de Dieu, nous avons

[1] pp. 179–81.

C 5219 F f

seulement voulu la distinguer de celle des usurpateurs qui enlevent la couronne aux princes légitimes, à qui les peuples seront toûjours obligés d'obéir, même dans leur disgrâce, parce que l'autorité des princes légitimes vient de Dieu, & que celle des usurpateurs est un mal qu'il permet. Le signe que l'autorité vient de Dieu est le consentement des peuples, c'est ce consentement irrévocable qui a assûré la couronne à Hugues Capet & à sa postérité. En un mot, nous n'avons prétendu dans notre article AUTORITÉ que commenter & développer ce passage, tiré d'un ouvrage imprimé par ordre de Louis XIV & qui a pour titre, *Traité des droits de la Reine sur différens états de la monarchie d'Espagne, part. I. p. 169, édit. de 1667 in-12.* 'Que la loi fondamentale de l'état forme une liaison réciproque & éternelle entre le prince & ses descendans, d'une part, & les sujets & leurs descendans de l'autre, par une espece de contrat qui destine le souverain à regner & les peuples à obéir. . . . Engagement solennel dans lequel ils se sont donnés, les uns aux autres pour s'entr'aider mutuellement'.[1]

The work quoted from in these last lines was published in 1667 at the Imprimerie Royale as part of Louis XIV's preparations for his war against Spain which began in that year. According to Bourgeois and André[2] 'ce traité a été attribué soit à l'avocat Antoine Billain (†1672),[3] soit au secrétaire de Turenne Duhan, soit à Guy Joly; il a été revu, sur l'ordre de Colbert, par Chapelain et Charles Perrault.' If the authorship of the *Traité* remains uncertain, its official character is undoubted. That a work published at the instigation of the most absolute of French monarchs should contain a passage like this was bound to arouse the interest of any eighteenth-century writer who sought to limit the power of the Crown.

It is not so surprising as it might appear at first sight that Diderot and D'Alembert should have made use of this quotation from an apparently ephemeral work, published nearly a century earlier. Shortly afterwards, in his *Discours sur l'inégalité*, Rousseau was to make use of another quotation from it:

En continuant d'examiner ainsi les faits par le Droit, on ne trouveroit pas plus de solidité que de vérité dans l'établissement volontaire de la Tyrannie, et il seroit difficile de montrer la validité d'un contract qui n'obligeroit qu'une des parties, où l'on mettroit tout d'un côté et rien de l'autre, et qui ne

---

[1] These words are to be found on pp. 129–30 of the copy of the *Traité des droits de la Reine* which I have consulted (it comes from the University Library, Liverpool). It is a 1667 reprint, 'Suivant la copie de l'Imprimerie Royale à Paris' (the place of publication is not given).

[2] *Les Sources de l'histoire de France: 1610–1715*, Paris, 1913–35, 8 vols., vol. iv, p. 306 (No. 2940).

[3] The BN Catalogue, presumably following Barbier, attributes the work to this writer.

tourneroit qu'au préjudice de celui qui s'engage. Ce Système odieux est bien éloigné d'être même aujourd'hui celui des Sages et bons Monarques, et surtout des Rois de France, comme on peut le voir en divers endroits de leurs Edits et en particulier dans le passage suivant d'un Ecrit célebre, publié en 1667, au nom et par les ordres de Louis XIV. *Qu'on ne dise donc point que le Souverain ne soit pas sujet aux Loix de son Etat, puis que la proposition contraire est une vérité du Droit des Gens que la flatterie a quelquefois atta-quée, mais que les bons Princes ont toujours défendue comme une divinité tuté-laire de leurs Etats. Combien est-il plus légitime de dire avec le Sage Platon, que la parfaite félicité d'un Royaume est qu'un Prince soit obéi de ses Sujets, que le Prince obéisse à la Loi, et que la Loi soit droite et toujours dirigée au bien public.*[1]

Although Rousseau does not indicate the source of his quotation, it has long been known that it came from the *Traité des droits de la Reine*.[2] However, as scholars have pointed out, the passage was not taken directly from the seventeenth-century text, but came at second-hand from the notes to Barbeyrac's translation of Pufendorf's *Droit de la nature et des gens*.[3]

Earlier, in a note to the same chapter, Barbeyrac had quoted another passage from the *Traité* at the point where Pufendorf discusses the notion that the king exists for his people, and not the people for their king:

Remarquons en passant, que le principe en lui-même est reconnu dans le *Traité des Droits de la Reine Très-Chrétienne sur divers États de la Mon-archie d'Espagne*, publié en 1667, par ordre de Louis XIV. Dieu (dit-on) *n'a pas donné les Couronnes aux Rois pour l'amour d'eux-mêmes, mais pour le gouvernement & la conduite des peuples, qui ne peuvent pas se passer d'un Chef.*[4]

Yet, despite the debt of Rousseau and other contributors to the *Encyclopédie* to Barbeyrac as to other Natural Law writers, there is in his writings no sign of the quotation from the *Traité des droits de la Reine* which is made use of by Diderot and D'Alembert in their defence of the article AUTORITÉ POLITIQUE.[5]

---

[1] *Œuvres complètes*, vol. iii, pp. 182–3. The same passage is also quoted by Jaucourt in his article DESPOTISME in Vol. IV of the *Encyclopédie* which appeared in October 1754.

[2] pp. 134–5 of the edition quoted above.

[3] J. Morel, 'Recherches sur les sources du *Discours sur l'Inégalité*' (*Annales de la Société J. J. Rousseau*, 1909, vol. v, p. 178). See also R. Hubert, *Rousseau et l'Encyclopédie*, Paris, n.d., p. 99, and R. Derathé, *Jean-Jacques Rousseau et la science politique de son temps*, Paris, 1950, pp. 82–83. Barbeyrac's note is in Book VII, chap. vi, § 10 (n. 2).

[4] § 6, n. 3 (the quotation comes from p. 139 of the edition of the *Traité* quoted above).

[5] The quotation is discussed both in Hubert's *Rousseau et l'Encyclopédie* and in *Les Sciences sociales dans l'Encyclopédie*, Paris, 1923, p. 145; but no attempt is made in either work to discuss how this passage found its way into the third volume of the *Encyclopédie*.

The source of their quotation is undoubtedly a document which had an important bearing on events in France in the months immediately previous to the appearance of the third volume of the *Encyclopédie* in October 1753. The insistence of various bishops on demanding *billets de confession* had recently led to another flare-up of the Jansenist controversy and a renewal of the conflict between Parlements and Crown. The years 1753 and 1754 saw what was, up to that date, the most violent collision between absolute monarchy and the claims of the judges of the Paris Parlement to play the role of *pouvoirs intermédiaires* between the king and his subjects. In May 1753 the Parlement went on strike and was exiled from Paris; not until September of the following year were the exiled judges recalled and the conflict temporarily resolved. It was thus in the middle of this acute phase in the struggle between king and Parlements that the third volume of the *Encyclopédie* made its appearance.

The tense situation in the spring of 1753 had been further inflamed by the long remonstrances drawn up by the Paris Parlement on 9 April. So bold were they that Louis XV refused to receive them. To make sure that they obtained the maximum publicity the Parlement had two editions of the remonstrances published. The fifth paragraph of this long document runs as follows:

> Un ouvrage, composé et imprimé par les ordres de votre auguste bisaïeul, établit que: *La loi fondamentale de l'Etat forme une liaison réciproque et éternelle entre le Prince et ses descendants, d'une part, et les sujets et leurs descendants, de l'autre, par une espèce de contrat qui destine le Souverain à régner et les peuples à obéir. . . engagement solennel dans lequel ils se sont donnés les uns aux autres pour s'entr'aider mutuellement.*[1]

The source of the quotation is given as follows: '*Traité des droits de la Reine sur divers états de la monarchie d'Espagne*, 1ʳᵉ part., édition de 1667, in-12, p. 169.' Everything here is identical with the end of the passage quoted above from the preliminary matter of the third volume of the *Encyclopédie*—text, reference, even the very dots to indicate the cut in the quotation.[2]

That the remonstrances of the Paris Parlement were in fact the source of this quotation was later made perfectly clear by D'Alembert himself. In the preface to the 1759 edition of his *Mélanges de littérature*,

---

[1] *Remontrances du Parlement de Paris au XVIIIᵉ siècle*, ed. J. Flammermont, Paris, 1888–98, 3 vols., vol. i, p. 522.

[2] The words left out in the middle of the passage are 'nulle des parties ne peut seule, & quand il luy plaist se délivrer d'un [engagement] si [solennel]'.

d'histoire et de philosophie, written during the great crisis in the history
of the *Encyclopédie* when he had given up his post as joint-editor, he
launched a vigorous attack on the enemies of the work. In the course of
this he retorts ironically that the contributors to the *Encyclopédie* have
been accused of maintaining, among other monstrous things, 'avec le
plus puissant de nos Rois, & avec le premier Parlement du Royaume,
que l'autorité légitime est fondée sur le *Contrat* fait entre le Souverain
& ses sujets'.[1]

The attitude of the editors of the *Encyclopédie* towards the Parlements was always ambiguous. In the years that followed they had
every reason to loathe them for their intolerance which, in 1759, was to
lead to a condemnation of the whole enterprise. Yet, despite the
Parlements' defence of the aristocracy's privileges and claims to political
power, both they and the principal contributors to the *Encyclopédie*
were united in their hostility to absolutism. No doubt, in penning
the note in defence of AUTORITÉ POLITIQUE which they published
in the third volume, Diderot and D'Alembert were delighted to be
able to hide behind this quotation which had been trumpeted forth
into the world by the Paris Parlement, the leading *cour souveraine* of
France.

Students of the political theories of Rousseau[2] have alluded in passing
to the possible influence on AUTORITÉ POLITIQUE of the Natural Law
writers, Grotius and Pufendorf, through the medium of the heavily
annotated translations of Barbeyrac. This approach to the problem of
the sources of the article seems thoroughly justified, since the article
*CITOYEN, which appeared in the third volume of the *Encyclopédie*,
contains two mentions of Pufendorf's name, and a close examination
of the article shows considerable acquaintance with *Le Droit de la
nature et des gens*. A knowledge of Locke's *Two Treatises of Government*, whether directly or, more probably, through the notes in Barbeyrac's translations, might also fairly be attributed to Diderot.

And yet, when one examines all these writings, it is not easy to find
an obvious source for any of the outstanding passages in AUTORITÉ
POLITIQUE. One can put side by side the following passages from
Pufendorf and Diderot:

[1] Vol. i, p. xv n. of the 1763 edition of the *Mélanges*. I had not yet seen the significance
of this passage when I wrote my note 'The *Encyclopédie* and the Remonstrances of the
Paris Parlement' (*MLR*, 1961, pp. 393–5). On this topic see also F. Venturi, *Le Origini
dell'Enciclopedia*, pp. 118–19.

[2] For instance, Jean Morel, 'Recherches sur les sources du *Discours sur l'Inégalité*',
and Derathé, *Jean-Jacques Rousseau et la science politique de son temps*.

Lorsque l'on aquiert la Souveraineté par les voies de la FORCE, cela s'appelle *s'en emparer.* . . . Toute Conquête légitime suppose donc, que le Vainqueur ait eu un juste sujet de subjuguer les Vaincus, & que ceux-ci se soient ensuite soûmis à lui par une Convention: autrement ils sont encore réciproquement en état de Guerre, & par conséquent il n'est pas leur Souverain.[1]

Qu'on examine bien, & on la fera toûjours remonter à l'une des deux sources: ou la force & la violence de celui qui s'en est emparé, ou le consentement de ceux qui s'y sont soûmis par un contrat. . . .
La puissance qui s'acquiert par la violence, n'est qu'une usurpation, & ne dure qu'autant que la force de celui qui commande l'emporte sur celle de ceux qui obéissent; ensorte que si ces derniers deviennent à leur tour les plus forts, & qu'ils secouent le joug, ils le font avec autant de droit & de justice que l'autre qui le leur avoit imposé. La même loi qui a fait l'*autorité*, la défait alors: c'est la loi du plus fort.

There are obvious resemblances, it is true, between these two extracts, down to the use of the verb, *s'emparer*; and yet there is nothing in the Pufendorf passage to equal the pungency of Diderot's comments on the limitations of force as the origin of political authority.

In addition to taking up with some modifications the suggestions about the influence of Pufendorf on AUTORITÉ POLITIQUE and other Diderot articles,[2] Professor Derathé also suggests that Diderot's seventh paragraph (on hereditary monarchy) was influenced by two long notes of Barbeyrac to his translation of Grotius.[3] Here Barbeyrac rejects the theory of patrimonial kingdoms, adopted by Pufendorf as well as Grotius; he argues that 'lorsqu'un Peuple se soûmet à la domination de quelcun, cela seul n'emporte pas la concession d'un plein droit de Propriété'.[4] No doubt this bears some relation to Diderot's formula: 'Ce n'est pas l'état qui appartient au Prince, c'est le Prince qui appartient à l'état'; but how much more vividly and boldly Diderot puts forward his views.

[1] *Droit de la nature et des gens*, Book VII, chap. vii, § 3. Quoted by Morel, pp. 142 and 176–7, and also by Jean Starobinski in Rousseau, *Œuvres complètes*, vol. iii, p. 1362. Both also give a reference to chap. xv ('Des Conquêtes') of the French translation of Locke's *Two Treatises*, extracts from which are quoted by Barbeyrac (*Droit de la nature et des gens*, Book VIII, chap. vi, § 21, n. 1).
[2] *Rousseau et la science politique de son temps*, p. 81.
[3] *Droit de la guerre et de la paix*, Book I, chap. iii, § 11, n. 4 and § 12, n. 21 (Derathé, p. 259, n. 5).   [4] See the first of the two notes mentioned above.

It is probable that by 1750–1 Diderot was familiar with at least the Barbeyrac translations of Grotius and Pufendorf, if not also with Locke's *Two Treatises*. In AUTORITÉ POLITIQUE there are vague echoes of the last five chapters of the second *Treatise*,[1] and slightly clearer ones of such Barbeyrac notes as ' . . . Toute Autorité légitime des Souverains est fondée sur un consentement exprès, ou tacite des sujets.'[2] Yet the fact remains that a careful comparison of the text of his article with the writings of Locke, Grotius, and Pufendorf and with Barbeyrac's notes does not reveal a single passage which he could be said to owe directly to any one of these writers.

An absolutely certain source of the article in question is Sully's *Mémoires*, which furnish about one third of it. It is an easy task to track down the passages since they are quoted with precise references; one finds that they are reproduced faithfully apart from minor modifications.[3] The passages of the article which eulogize Henry IV are an early example of the cult of 'le bon roi' which grew up in France in the reign of Louis XV as dissatisfaction with the régime developed. It is true that the eulogy of Henry IV leads on to a statement in the final paragraph of the article which seems almost to destroy the effect of the bold opening section. Diderot declares that it is the duty of subjects,

si jamais il leur arrivoit d'avoir un roi injuste, ambitieux & violent, de n'opposer au malheur qu'un seul remede, celui de l'appaiser par leur soumission, & de fléchir Dieu par leurs prieres.

'Je veux un grand mal à Mr. Diderot', Deleyre wrote indignantly to Jean-Jacques Rousseau in 1756,[4]

de ce qu'il a dit dans l'Article *Autorité* que je lisois hier, qu'on n'a, contre les rois ambitieux, injustes et violens que le parti de la soumission et de la priere. La fin de cet article ne repond pas au commencement. Il ne faut pas toucher à ce qu'on ne peut manier à son gré. Pour peu qu'une ame forte montre de foiblesse, elle détruit son propre ouvrage. Si je suis flatteur dans un endroit, je passerai pour satyrique dans un autre, et jamais pour ami de la vérité.

The view that whatever bold ideas may be found in the first part of the article AUTORITÉ POLITIQUE are cancelled out by the conclusion is

---

[1] Chaps. xiv–xviii of the French translation.

[2] *Droit de la nature et des gens*, Book VIII, chap. viii, § 6, n. 2.

[3] In the copy available in the Durham University Library (London, 1745, 3 vols., 4°) the first set of quotations can be traced to vol. i, p. 460 and pp. 461–3 (including n. 23 which contains the speech of Henry IV), and the quotation in the second last paragraph of the article to p. 583, n. 51.　　　　[4] Leigh 415.

one which has found favour with a number of modern critics. Putting together the article and the note on it in the *Errata* of Vol. III of the *Encyclopédie* Professor Jacques Proust in particular continually stresses the moderation of Diderot's political thought at this stage in his career.[1]

Yet this was far from being the view of the enemies of the work writing in the 1750s. The stir caused by AUTORITÉ POLITIQUE when the first volume of the *Encyclopédie* made its appearance in the summer of 1751 is brought out vividly in a laconic marginal note to the *Dialogue entre un colporteur et Diderot dans la boutique d'un libraire, sur le dictionnaire de l'encyclopedie* which D'Hémery copied into his *Journal de la Librairie* on 16 August: 'L'art. *autorité* a pensé fre suprimer le dictionnaire.'[2] The boldness of the article is similarly underlined in the Jansenist *Nouvelles ecclésiastiques*, which attributes to it the suppression of the first two volumes in the *Arrêt du Conseil* of 1752:

> C'est cet Article qui a donné lieu à l'Arrêt du Conseil d'Etat de supprimer ce Dictionnaire, comme contenant des maximes *tendant à détruire l'Autorité Royale, & à établir l'esprit d'indépendance & de révolte.*[3]

Again and again, during the next twenty years of controversy which raged around the *Encyclopédie*, this article was to be singled out for severe criticism.

The attack was opened by Father Berthier in the *Journal de Trévoux* of March 1752 with the insinuation that part of it was borrowed from the *Traité du pouvoir des Rois de la Grande-Bretagne*. The substantial passage devoted to the article[4] opens with the words: 'Cet Article a surpris bien des Lecteurs: nous sommes de ce nombre; & pour rendre raison de notre étonnement, nous allons rapporter quelques-unes des propositions qu'on lit en cet endroit de l'Encyclopédie.' The opening sentences of the article—from 'Aucun homme n'a reçu de la nature le droit de commander aux autres' down to 'aussi-tôt qu'il joüit de la raison'—are at once challenged:

> L'Auteur de la Nature a voulu que les hommes fussent en société; mais dans toute société, il doit y avoir des lois & quelqu'un pour les faire observer. De là résulte ce qu'on appelle *Autorité* d'une part & *subordination* de

---

[1] *Diderot et l'Encyclopédie*, especially pp. 355–6, 375–80, and 432–4.

[2] BN, MS. Fr. 22156, f. 118v. The text given in AT (vol. xx, pp. 126–8) is reproduced from a manuscript in the Bibliothèque de l'Arsenal and this note, like others in the margin of the poem, is simply described as 'Note du temps'. The note refers to the lines: 'Dans Luy l'*autorité* Publique/n'est pas l'article respecté.'

[3] 3 July 1754, p. 108.

[4] pp. 456–63.

l'autre. Il n'est donc pas vrai que tous les hommes naissent avec cette liberté sans bornes dont parle l'Auteur.[1]

Diderot's observations on the limits of paternal authority meet with equal disapproval:

> Croira-t-on que dans l'état de Nature un Père ne doive plus avoir de puissance sur son fils dès que ce fils sera *en état de se conduire*; c'est-à-dire apparemment dès qu'il aura atteint l'âge de raison. Mais supposons que la capacité *de se conduire* ne soit censée acquise qu'à l'âge de 15 ou 20 ans, croira-t-on encore que dans l'état de nature, toute puissance d'un père sur son fils doive être *finie* à cet âge? n'est-il pas plus dans l'ordre de la nature, que, durant tout le cours de la vie des enfans, il reste des traces de la puissance que leurs pères ont euë sur eux?[2]

It is the rest of the first paragraph of the article—beginning 'Toute autre *autorité* vient d'une autre origine que de la nature . . .'—which drew from Father Berthier the allegation that such sentiments must have had a seditious English source.

Severe censure is reserved for the opening of the fourth paragraph— from 'La puissance qui vient du consentement des peuples . . .' down to 'la restraignent entre des limites'—and particularly for the beginning of the fifth paragraph—from 'La vraie & légitime puissance a donc nécessairement des bornes . . .' down to '*sit rationabile obsequium vestrum*':[3]

> Ce passage qu'on produit pour faire voir que *La vraie & légitime puissance a des bornes*, ne prouve point du tout cette Thèse. Saint Paul (Rom. XII) parle du sacrifice de nos personnes, que nous devons à Dieu dans la nouvelle loi: ce doit être, dit l'Apôtre, *une hostie vivante, sainte, agréable à Dieu, raisonnable, spirituelle*; & ceci est dit par opposition aux sacrifices de l'ancienne Loi, lesquels étoient de chair & de sang. Il n'est nullement question, en cet endroit, du gouvernement politique, de la subordination des hommes entr'eux, des bornes de la puissance humaine.[4]

If this comment is well founded, the censure which falls on the next passage quoted from AUTORITÉ POLITIQUE—' "Toute puissance qui vient de Dieu est une puissance reglée"; *omnis potestas à Deo ordinata est*'—raises a very curious point. Berthier dismisses with scorn this interpretation of Romans xiii. 1:

---

[1] p. 457.   [2] pp. 457–8.

[3] Romans xii. 1 reads in the Vulgate: 'Obsecro itaque vos, fratres, per misericordiam Dei, ut exhibeatis corpora vestra hostiam viventem, sanctam, Deo placentem, rationabile obsequium vestrum.'

[4] p. 458.

Voici une faute du premier ordre, & un procédé impardonnable. On ne rapporte point le texte de S. Paul, tel qu'il est au Chapitre XIII. de l'Epître aux Romains. L'Apôtre dit: *non est potestas nisi à Deo; quae autem sunt à Deo ordinatae sunt. Itaque qui resistit potestati, Dei ordinationi resistit.* On voit 1°. la différence de ce passage d'avec celui de l'Auteur Encyclopédiste, qui paroît avoir cité de mémoire, & qui n'a pas fait attention que la proposition qu'il attribue à la *bassesse* & à la *flatterie* est totalement équivalente à celle de S. Paul: *il n'y a point de puissance qui ne vienne de Dieu.* 2°. On voit aussi que cette interprétation de l'Encyclopédiste: *Toute puissance qui vient de Dieu est une puissance reglée,* ne s'accorde point avec ce qu'ajoute l'Apôtre: *Quae autem sunt, à Deo ordinatae sunt:* car ceci, selon le sens naturel, confirmé par la leçon Greque, & par les meilleurs Commentaires, signifie que *les Puissances qui existent sur la terre, sont établies de Dieu.*[1]

Other critics of the article were to be equally severe on Diderot's interpretation of this text; but he was far from being alone among eighteenth-century writers in putting it forward. It had been offered as one possible interpretation by Abbé Girard, and, as we have also seen, only fourteen years later it was to be advanced in, of all unlikely places, the *Actes de l'Assemblée du Clergé de 1765.* Indeed, when Jean-George Le Franc de Pompignan, the Bishop of Le Puy, published his *Défense des Actes du Clergé de France, concernant la religion, publiée en l'Assemblée de 1765* (Louvain, 1796), Bachaumont alleged that he maintains in this work 'que ce passage de St. Paul: *Omnis potestas a Deo ordinata est,* a été cathégoriquement interprété aux dits Actes; que c'est le sens véritable de l'Apôtre & de l'Eglise: &, par une rencontre assez bizarre, il se trouve que ce Prélat est d'accord avec les Encyclopédistes.'[2] Unfortunately reference to Le Franc's work shows that this story is too good to be true. The whole of the third part of the book[3] is devoted to an examination of Romans xiii. 1 and the use made of it in the *Actes du Clergé.*[4] On this particular point the author agrees that the *Actes* are misleading:

Après ces observations on ne peut disconvenir que ce texte de l'Apôtre n'ait été représenté d'une maniere fautive, dans les Actes de l'Assemblée de 1765. Il y est dit, que les deux Puissances, la spirituelle & la temporelle, viennent de Dieu, *de qui émane tout pouvoir bien ordonné sur la terre.* On cite

---

[1] p. 459.   [2] Vol. v, p. 73 (7 March 1770).   [3] pp. 433–76.
[4] The passage from the *Actes du Clergé* (pp. 10–11) runs: 'Deux Puissances sont établies pour gouverner les hommes; l'autorité sacrée des Pontifes & celle des Rois: l'une & l'autre viennent de Dieu, de qui émane tout pouvoir bien ordonné sur la terre.' The footnote attached to the end of the sentence reads: '*Non est enim potestas nisi à Deo; quae autem sunt à Deo, ordinatae sunt. Ad Roman. cap.* 13, v. 1.'

en marge dans cet endroit, les paroles que nous avons si souvent rapportées. Et il n'est pas surprenant que la virgule y ait été transposée. Cette transposition devenoit necessaire par l'usage qu'on a fait du texte cité.

He then proceeds to condemn the attempt to

construire avec ce qui précede les mots *à Deo,* qui doivent être joints à ceux qui suivent, *ordinatae sunt. Les Puissances qui viennent de Dieu, sont ordonnées.* Tandis qu'il faut dire, *Les Puissances qui existent, sont ordonnées ou établies de Dieu.*[1]

Yet if Diderot could not claim the support of Le Franc de Pompignan for his interpretation of Romans xiii. 1, there was a precedent for it in Girard's *Synonymes françois* and, by the time all seventeen volumes of the *Encyclopédie* were published, the *Actes du Clergé* were to produce a similar version of the same text.

This point was driven home by D'Alembert in a long passage in the *Lettre à M.* *** *Conseiller au Parlement de* ***** which he added later in the year to his pamphlet, *Sur la Destruction des Jésuites en France,* published in 1765. After describing the attack made by the *Journal de Trévoux* on the interpretation given to Romans xiii. 1, he continues:

Lisez, je vous prie, les magnifiques déclamations du journal de Trévoux contre la manière dont on a expliqué dans l'Encyclopédie cet endroit de l'Ecriture; déclamations si violentes, qu'elles furent alors, dit-on, la principale cause de la suppression du premier volume; et puis, quand vous aurez lu et admiré toute cette belle diatribe du journaliste, lisez les *Actes,* in-4°, de l'assemblée du clergé de 1765, page 11, vous verrez que dans ces actes, le passage de St.-Paul est traduit et ponctué suivant le sens qu'on lui donne dans l'Encyclopédie, et vous demanderez ensuite au journaliste ce qu'il pense de l'interprétation épiscopale. J'ai quelque pitié, je l'avoue, de l'embarras que lui donnera cette question.[2]

The whole passage is too long to quote, but it can well be imagined what play D'Alembert makes with the clash of views on this question inside the Church.

The *Journal de Trévoux* continued its examination of AUTORITÉ POLITIQUE by combining a quotation from the paragraph dealing with Romans xiii. 1—from 'Car c'est ainsi qu'il faut entendre ces paroles' to 'que toute puissance quelle qu'elle soit vient de Dieu'— with a long quotation consisting of the whole of the following

[1] p. 464.
[2] *Œuvres philosophiques, historiques et littéraires,* 1805, vol. v, p. 172 (the whole passage on the question runs from p. 170 to p. 179).

paragraph and the opening lines of the next one—down to 'il inter-vient toujours dans le contrat qui en adjuge l'exercice'. In commenting on these extracts, the anti-absolutist nature of which is glaringly obvious, Berthier endeavours to link up such sentiments with the subversive English work invoked earlier in the review:

> Tous ces principes se raprochent fort de la doctrine contenue dans le *Traité du pouvoir des Rois de la Grande Bretagne,* où l'on dit que *le pouvoir qui réside dans la personne du Roi, n'est qu'un dépôt, & rien de plus, &c.*[1]

The next passages of the article to come under fire are the three paragraphs (down to 'la pleine liberté d'en passer un nouveau avec qui, & comme il lui plaît') in which Diderot deals with what he calls 'le dépôt de l'*autorité*' and the challenging sentence with which the following paragraph opens: 'Il semble qu'il n'y ait que des esclaves dont l'esprit seroit aussi borné que le cœur seroit bas, qui pussent penser autrement.' It was natural—for reasons which Berthier himself makes plain in the following passage quoted below—that he should confine his detailed commentary to the first part of AUTORITÉ POLITI-QUE. Yet what he had to say here both about the passages just mentioned and about the opening paragraphs of the article shows that at least one contemporary reader did not take the view that the conformist atti-tude of the second part of the article cancelled out the anti-absolutist sentiments displayed down to this point with unmistakable vigour:

> Si cette conclusion regardoit tous les principes qu'on a posés plus haut sur l'origine, sur les bornes, sur la possession, sur l'exercice de l'autorité, nous ne l'admettrions pas; & nous croirions bien plûtôt que tout sujet fidèle, que tout bon François doit *penser autrement.* Car quelles conséquences ne pour-roit-on pas tirer d'une doctrine qui met toute l'autorité essentielle entre les mains du Peuple; qui réduit celle des Rois à un pur *dépôt;* qui fait dépendre la puissance du consentement des Peuples, & l'usage de cette puissance des conditions passées entre le Souverain & ses sujets? Il y a, nous l'avouons, dans cet Article de l'Encyclopédie, quelques bons endroits, sur-tout au milieu & vers la fin; on s'y rapproche un peu des idées communes; on s'y déclare pour la fidélité, pour la subordination constante & inaltérable. Mais la difficulté sera toujours de concilier ces bons endroits avec les principes posés au commencement de l'Article, & ces principes (osons le dire avec zèle) nous paroissent très-contraires à l'autorité suprême, à la constitution de l'Empire François, à la tranquillité publique.[2]

No doubt there is some exaggeration in these last words, but they certainly show insight into the workings of Diderot's mind, since it is

[1] p. 462.   [2] p. 463.

clear that his intention in the second part of the article was a purely tactical one—to tone down the effect produced by the bold opening paragraphs.

As an antidote to such poisonous views Berthier goes on to quote from the *Questions diverses sur l'incrédulité* (1751) of Le Franc de Pompignan, Bishop of Le Puy, who rejects the horrific doctrine of the sovereignty of the people and lends the full weight of the Church's authority to the doctrine of the Divine Right of Kings:

> La Religion Chrétienne, loin d'adopter cette séditieuse doctrine, établit sur des fondemens inébranlables l'autorité des Souverains. . . . Si l'on veut faire entendre que les Rois tiennent leur autorité du Peuple au nom duquel ils l'exercent, & qui peut les en priver, le Christianisme corrige cette erreur, en donnant à la Puissance royale une origine plus noble & un plus ferme soutien. C'est Dieu même qui en est l'auteur, comme il en est le modèle. Les Rois sont ses Lieutenants & ses Ministres. Leur couronne ne relève que de lui. . . . Ce qui rend l'autorité du Souverain aussi chère que respectable, c'est qu'elle est divinement établie. Dieu veut bien accepter, comme une partie du culte qui lui est dû, les hommages & les services qu'on rend aux Souverains. . . .[1]

It was with such ultra-loyalist sentiments as these (complete with the conventional interpretation of Romans xiii. 1 which Berthier also quotes after this passage) that Diderot was doing battle in AUTORITÉ POLITIQUE.

For reasons which are examined elsewhere in this volume[2] detailed criticisms of the contents of the *Encyclopédie* are extremely rare in the periodicals appearing in France in the 1750s and 1760s. In no other review of the period, except some years later in *La Religion vengée*, is there anything to compare with the amount of space devoted to AUTORITÉ POLITIQUE in the *Journal de Trévoux*. There is, however, enough incidental criticism to show that the memory of this shocking article did not quickly die.

After the reference to AUTORITÉ POLITIQUE in the Jansenist *Nouvelles ecclésiastiques* in 1754[3] came a pinprick in the *Année littéraire* of 1756.[4] In reviewing the *Dictionnaire portatif, historique, théologique et moral de la Bible* of P. Barral, who attacked Diderot's interpretation of Romans xiii. 1,[5] Fréron heightened the effect of the onslaught on the *Encyclopédie*, which Barral did not mention, by adding its name to

---

[1] pp. 465–6.
[2] Chap. VI, p. 375, 377–8.
[3] Quoted above, p. 440.
[4] Vol. iii, pp. 192–3.
[5] In the article TRIBUT (p. 805).

the expression 'un ouvrage très-scandaleux'. This is how he managed to work in his attack:

Toute puissance qui existe sur la terre, quelle qu'elle soit, vient de Dieu.[1] *Quae autem sunt, à Deo ordinatae sunt.* Quelques écrivains ont altéré ce passage par la transposition d'une virgule, & ont mis dans la bouche de *Saint-Paul* une maxime très-pernicieuse, en faisant dire à cet Apôtre *Quae autem sunt à Deo, ordinatae sunt*: ce qui signifieroit que toute puissance bien réglée qui vient de Dieu, mérite seule notre soumission & nos hommages. 'C'est violer la loi éternelle, dit l'auteur du Dictionnaire, que d'employer contre quelque puissance que ce puisse être d'autres armes que les gémissemens & la prière, lorsqu'elle a le malheur d'user tyranniquement du pouvoir que Dieu lui a mis en main. Ce n'est pas seulement, comme l'a prétendu témérairement, un des coupables auteurs d'un ouvrage (l'*Encyclopédie*) très-scandaleux, *toute puissance bien réglée qui vient de Dieu*. Cet écrivain séditieux n'a pu expliquer ainsi les paroles de l'Apôtre que par une falsification punissable qui tendoit à armer les mains rebelles des sujets contre un Souverain qui regneroit en Tyran.'

This pinprick from Fréron led to a considerable row.[2]

It is, however, in the controversial writings of the time, ranging from pamphlets and *mandements* to works in several volumes, that we can measure most accurately the impact made by AUTORITÉ POLITIQUE on the traditionalist writers of the age. The *Instruction pastorale* in which Charles de Caylus, Bishop of Auxerre, denounced the thesis of Abbé de Prades, also contains attacks on this seditious article. The first paragraph is criticized in the severest terms for seeking to limit paternal authority:

Quel langage; qu'il est barbare & inhumain! On ne veut pas convenir absolument que la nature ait établi la puissance paternelle; on en doute, & on exprime disertement l'incertitude où l'on est là-dessus. On craint même encore de s'être trop avancé, & on se hâte de mettre un correctif & une restriction, à un aveu qu'on ne fait qu'avec peine & en doutant. Cette puissance, dit on, a ses bornes; & il ne faut pas s'imaginer qu'elle s'étende à toute la vie des enfans: ce seroit les retenir trop long tems dans une dépendance gênante & incommode; il faut les remettre plutôt dans une entière

[1] This sentence comes from Barral; what is added down to the quotation is inserted by Fréron, who expands a passage from Barral which comes after the quotation.
[2] See Chap. VI, pp. 377–8. One should add that in *Le Censeur hebdomadaire* of 1760 (vol. i, p. 27), in a review of the 1759 edition of D'Alembert's *Mélanges*, Chaumeix attacks his statement that 'on reproche [aux Encyclopédistes] d'avoir dit (avec S. Paul) que le culte que nous rendons à Dieu doit être raisonnable'; but the point at issue is religious rather than political.

liberté. Mais quand les déchargera-t-on de ce pénible joug? Aussitôt qu'ils seront en état de se conduire. . . . .

Veut-on donc mettre les hommes au rang des bêtes, dont les petits oublient leurs meres, dès qu'ils n'ont plus besoin de leur lait? Veut-on proposer un exemple si indigne & si déshonorant, à des enfans mal-nés, qui négligent leurs parens pauvres, infirmes, accablés du poids des années, & leur refusent inhumainement les secours qui leur sont nécessaires, & qu'ils sont en état de leur donner?[1]

Skipping a long passage of rhetoric sprinkled with biblical texts, we find a restatement of the traditionalist position on paternal authority:

> L'autorité paternelle sur la famille a été reconnue dans toutes les Nations, & affermie par les loix de tous les peuples policés.[2]

From this the Bishop moves on to the kernel of his argument—the thesis that royal authority derives from paternal authority:

> Il paroît certain, que l'autorité paternelle fut l'origine & comme le germe de la Royauté. Les peres, étoient les chefs de leurs familles; & les Rois furent établis comme les Peres de plusieurs familles, d'abord réunies dans la même Ville, & ensuite répandues dans un païs plus ou moins étendu. . . . Cette origine de la Royauté ne peut que lui faire honneur, & la rendre également aimable & respectable. Elle apprend aux sujets à regarder le Roi comme leur pere, à lui obéïr & à lui être soumis de cœur & d'affection, à s'intéresser à sa conservation & à sa gloire, à faire sans répugnance tous leurs efforts pour son service, & à n'épargner ni leurs biens, ni leurs personnes, quand il s'agit de contribuer selon leurs forces aux besoins de l'Etat.[3]

If this reaffirmation of a doctrine which one associates with absolutism is directed against the Abbé and his thesis, it leads to yet another attack on AUTORITÉ POLITIQUE, heralded by the marginal note 'XXXIII. Toute puissance vient de Dieu. Erreurs de l'Encyclopédie.' This time it is the opening of the sixth paragraph of the article which comes under fire:

> Le principe de l'Encyclopédie est que 'le Prince tient de ses sujets mêmes l'autorité qu'il a sur eux.' Ce principe est faux, & les conséquences en sont pernicieuses. Dans les Royaumes électifs, c'est le Peuple, ce sont les Etats qui choisissent & désignent un Roi; mais c'est Dieu qui donne à ce Roi l'autorité & la puissance souveraine. Cela est encore plus sensible & plus constant dans les Royaumes successifs, qui passent du pere au fils, par le droit de leur naissance. Comment un Prince qui a ce droit reconnu & fermement

---

[1] pp. 69–70. The passage has the marginal note: 'XXIX. De l'autorité paternelle, contre l'Encyclopédie.'   [2] p. 71.

[3] pp. 73–74.

établi, tiendroit-il son autorité de ses sujets qui n'ont aucune part à son exaltation, & du consentement desquels il n'a aucun besoin?[1]

As might be expected, Diderot's interpretation of Romans xiii. 1 is bitterly attacked:

Il n'y a point de puissance qui ne vienne de Dieu, dit S. Paul; *Non est potestas nisi à Deo*. La proposition est générale: elle ne souffre aucune exception; & elle nous apprend, que nous devons reconnoître & révérer la puissance de Dieu dans les Rois, lors même qu'ils n'en font pas l'usage qu'ils en devroient faire; parce que c'est de Dieu même qu'ils la tiennent. L'Encyclopédie tâche d'éluder cette décision si claire & si formelle, en falsifiant le texte de l'Apôtre. 'Toute puissance, dit-on dans ce Livre, qui vient de Dieu, est une puissance réglée.' Ce n'est pas là ce que dit S. Paul, & on le fait parler contre sa pensée. Il dit généralement, qu'*il n'y a point de puissance qui ne vienne de Dieu*; & il ajoûte, que *c'est Dieu qui a ordonné celles qui sont sur la terre*.[2]

A quotation from St. Augustine leads on to the conclusion:

C'est ainsi que Dieu ordonne, c'est-à-dire, qu'il fait entrer dans l'ordre, les puissances de la terre qui viennent de lui. Il ne commande pas, il n'approuve pas le mal qu'elles font, il leur défend même; mais il s'en sert selon ses desseins toujours justes, pour éprouver la vertu, & pour punir le vice. Qui peut supporter après cela la témérité & l'insolence de l'Encyclopédie, qui ose ajoûter cette réflexion à la falsification du texte sacré: 'Car c'est ainsi qu'il faut entendre ces paroles (de S. Paul) conformément à la droite raison, & au sens litteral, & non conformément à l'interprétation de la bassesse & de la flatterie, qui prétendent que toute Puissance, quelle qu'elle soit, vient de Dieu.' C'est-à-dire, que selon ces graves Auteurs, qui s'érigent en interprétes de l'Ecriture, ce sera désormais une bassesse & une flatterie de dire avec S. Paul, qu'il n'y a point de puissance qui ne vienne de Dieu.[3]

From this we return to paragraph VI of AUTORITÉ POLITIQUE with its insistence on the limits of the royal authority. The Bishop expresses his horror at such subversive notions:

Il est très-étonnant que des maximes si manifestement séditieuses, & qui sappent par le fondement l'autorité souveraine, ayent osé se montrer aussi hardiment. Elles supposent que l'autorité souveraine réside dans le peuple; qu'il en conserve toujours la propriété; & qu'il n'en donne aux Rois que l'exercice & l'usage; mais il peut la leur ôter, comme il la leur a donnée; parce que le violement des conditions, annulle le contrat de part & d'autre, fait perdre au Roi le droit de régner, & décharge les sujets de l'obligation de lui obéir.[4]

[1] pp. 78–79.   [2] p. 79   [3] pp. 80–81.   [4] p. 81.

The article and the thesis are involved in the same condemnation:

Et ainsi dès-que l'esprit de révolte aura persuadé aux peuples, que les loix de l'Etat sont violées & foulées aux pieds par le Prince; on le regardera comme déchû de la Royauté; & on se croira en droit, aux termes de la Thèse, de recourir à la force & à la violence: *Vis licita, ubi nullus judex, legesque proculcantur*. Il ne faut rien de plus pour allumer la sédition & la révolte, pour remplir un Royaume de sang & de carnage; & pour remettre devant nos yeux les horreurs de la Ligue.[1]

In his *Suite de l'Apologie de M. l'abbé de Prades* Diderot replied to the Bishop's attack on this part of his article. Significantly, as he was to do once again in the *Avertissement* to Vol. III of the *Encyclopédie*, he leant for support on that bulwark of resistance to absolutism, the Paris Parlement. He defends the passage under attack by seeking to embroil Bishop and Parlement:

D'ailleurs, il est très-douteux que le parlement soit content qu'on ait traité les maximes suivantes de séditieuses; savoir: 'Que les lois de la nature et de l'Etat sont les conditions sous lesquelles les sujets se sont soumis, ou sont censés s'être soumis au gouvernement de leur prince. . . . Qu'un prince ne peut jamais employer l'autorité qu'il tient d'eux, pour casser le contrat par lequel elle lui a été déférée. . . .' Car, qu'est-ce qu'un *parlement*, sinon un corps chargé du dépôt sacré du *contrat* réel ou supposé, par lequel les peuples se sont soumis ou sont censés s'être soumis au gouvernement de leur prince? Si M. d'Auxerre regarde ce *contrat* comme une chimère, je le défie de l'écrire publiquement. Je ne crois pas que le parlement de Paris se vît dépouiller tranquillement de sa prérogative la plus auguste, de cette prérogative sans laquelle il perdrait le nom de *parlement*, pour être réduit au nom ordinaire de *corps de judicature*. Si M. d'Auxerre ne répond point au défi que j'ose lui faire, j'atteste toute la France qu'il a proscrit, avec la dernière bassesse, des maximes qu'il croit vraies, et tendu des embûches à d'honnêtes citoyens.[2]

The insertion of this defence of AUTORITÉ POLITIQUE into the *Suite de l'Apologie* shows incidentally that Diderot's interest in the article went beyond that of a mere editor.

The Bishop continues his attack on the article with another section introduced by the marginal note 'XXXIV. Réfutation du raisonnement de l'Encyclopédie':

L'Encyclopédie fait de nouveaux efforts, mais également impuissans, pour prouver que toute autorité & toute puissance ne vient pas de Dieu, dans la vûe de disputer plus librement aux Souverains, celle qui leur vient de cette divine source. 'N'y a-t-il pas, ce sont ses termes, des autorités, qui loin de

[1] p. 82.   [2] AT, vol. i, p. 469.

venir de Dieu, s'établissent contre ses ordres & contre sa volonté? Les usurpateurs ont-ils Dieu pour eux? La Puissance de l'Antechrist sera-t'elle légitime? Ce sera pourtant une grande puissance.'[1]

Against this the Bishop argues that there is a difference between power and authority, that the one may be abused and the other usurped, but that none the less 'il est toujours vrai, que la puissance & l'autorité viennent de Dieu':

> Ceux qui usurpent ces biens ou qui en abusent, se rendent sans doute coupables devant Dieu; mais Dieu sçait faire servir leur crime & leur injustice à l'exécution de ses justes desseins. Les usurpateurs n'ont pas Dieu pour eux; mais ils sont entre ses mains; & il tire, quand il veut, sa gloire du mal qu'ils font.[2]

In order, as he puts it, to 'fermer la bouche à ces téméraires auteurs qui ne veulent pas qu'on dise avec S. Paul, qu'il n'y a point de puissance qui ne vienne de Dieu', the Bishop goes on to quote Christ's reply to Pilate (John xix. 11): 'Thou couldest have no power at all against me, except it were given thee from above.'[3] He then proceeds once more to reaffirm the traditional interpretation of Romans xiii. 1–5.

It is interesting to see how the article was dragged into the controversy aroused by the bitter conflict between King and Parlement which raged in the years 1753 and 1754. In the *Observations sur le refus que fait le Châtelet de reconnoître la Chambre Royale*, published in 1754,[4] the Parlement was accused of adopting the ideas of certain 'Auteurs Anti-François'. The works attacked under this head were *L'Esprit des lois*, the *Lettres historiques* of Le Paige, and the article AUTORITÉ POLITIQUE. 'L'Encyclopédie', we are told, 'réfute expressément le sentiment, qui ne reconnoit pour source du pouvoir des Rois, que Dieu, et la met dans un *Contrat* entre les Princes et le Peuple.'[5] The passage concludes:

> Le Parlement s'est laissé entraîner par le torrent. Au lieu de ne parler que d'après nos Loix, il ne parle que d'après les principes répandus par les Auteurs Anti-François dont je viens de parler. . . .

---

[1] p. 82 (there are slight cuts in the quotation from paragraph V of AUTORITÉ POLITIQUE).
[2] p. 83.
[3] pp. 83–84.
[4] The BN catalogue attributes this work to Abbé B. Capmartin de Chaupy or to Dom L. B. de La Taste (see E. Carcassonne, *Montesquieu et le problème de la constitution française au XVIIIe siècle*, Paris, 1927, p. 394, and F. Venturi, *Le Origini dell'Enciclopedia*, p. 119).
[5] p. 198 (the above text is followed by the reference: 'Dictionnaire des Sciences, tom. I. au mot *Autorité*').

The clash between Parlement and Crown constantly appears in the background of the controversy over AUTORITÉ POLITIQUE.

The same article gave rise to further censure in another work which appeared in 1754—the *Réflexions d'un Franciscain sur les trois premiers volumes de l'Encyclopédie*, attributed to Fathers Hervé and Fruchet. The authors take into account both the criticisms of the article put forward in the *Journal de Trévoux* and the reply of the two editors in the *Avertissement* to Vol. III. Of the accusation that the article owed much to a seditious English work and the editors' denial the authors write ironically:

> Le plagiat ne serait pas extraordinaire; mais je suis, Messieurs, du nombre de ceux à qui *votre sincérité est assez connue* pour vous croire ici sur votre parole. Je souhaite seulement que ceux qui compareront les deux Auteurs, ne soyent que surpris d'y trouver les mêmes idées & l'uniformité du style.[1]

From this they go on to criticize the treatment of the text of Romans xiii, declaring 'qu'on avoit mal traduit deux passages de S. Paul, qu'un sur-tout étoit falsifié', and they then quote the editors' defence of this part of the article in the *Avertissement* to Vol. III. Their reply is dismissed as unsatisfactory:

> Une réponse moins recherchée aurait été plus *satisfaisante*. Si on n'a jamais prétendu que l'autorité des Princes légitimes ne vînt pas de Dieu, n'était-il pas plus à propos de rendre aux passages de S. Paul leur sens naturel si contraire aux Usurpateurs? N'était-il pas plus à propos de convenir de bonne foi qu'on avait eu tort de compter au nombre de ces prétendus Usurpateurs tous les Princes qui abusent de leur autorité?[2]

Another point in the editors' reply is also criticized:

> Le signe que l'autorité vient de Dieu, *c'est*, dit-on dans l'*Errata*, le consentement des Peuples. Cette proposition paraît trop universelle & a réellement ses exceptions.[3]

What of the case of the usurper who succeeds in gaining the consent of the people? Is the people freed from the oath of allegiance which it had sworn to its monarch? Here the authors draw in sarcastically the passage from the *Traité des droits de la Reine* which the editors had culled from the remonstrances of the Paris Parlement:

> Le caprice & la violence ont-ils donc rompu cette liaison réciproque & éternelle que la Loi fondamentale de l'Etat forme entre le Prince & ses Descendans d'une part, & leurs Sujets & leurs Descendans de l'autre?[4]

[1] pp. 34–35.   [2] p. 36.   [3] p. 37.   [4] p. 37.

From this the authors return to the article and attack the opening sentence of the sixth paragraph: 'Le prince tient de ses sujets mêmes l'*autorité* qu'il a sur eux.' This principle is denounced as the source of endless civil strife:

Cette proposition ne peut qu'allarmer les Rois & les Sujets: en effet si les Sujets donnent l'autorité, ils peuvent la reprendre à chaque instant. Quelle source de guerres continuelles![1]

Putting together two sentences from the *Avertissement* to Vol. III— 'Le signe que l'autorité vient de Dieu est le consentement des Peuples' and 'L'autorité des Usurpateurs est un mal que Dieu permet'—the authors draw the ironical conclusion:

Il s'ensuit tout au plus que les *Encyclopedistes* ont voulu dire que *le consentement des Peuples est le signe que l'autorité vient de Dieu, lorsque réellement elle vient de Dieu.* . . .[2]

The editors could have expressed themselves more clearly, it is maintained:

Ils pouvaient prendre le langage ordinaire aux bons Sujets & sur-tout aux Français, & dire que les Peuples sont obligés de *consentir* à l'autorité légitime qui vient de Dieu: mais ils prétendaient développer un passage du *Traité des droits de la Reine sur différents Etats de la Monarchie d'Espagne*: passage dont il n'est pas fait la moindre mention dans l'article *Autorité*.[3]

On the whole, though shrewd, the criticism of the article in the *Réflexions d'un Franciscain* is relatively mild, and is not really pressed home.

More violent attacks on it are to be found in the works which appeared during the heightened controversy which followed the publication of Vol. VII of the *Encyclopédie* and which in 1759 ended in the apparent termination of the whole enterprise. Although AUTORITÉ POLITIQUE had appeared several years earlier, in the very first volume of the work, it continued to attract the attention of hostile critics.

If the article earns only one footnote reference in Moreau's *Nouveau Mémoire pour servir à l'histoire des Cacouacs*,[4] it receives greater prominence in that mine of unreliable quotations, Abbé Giry de Saint-

---

[1] p. 38.   [2] p. 39.

[3] p. 39. The reason for the absence of this quotation from the original article is obviously that it had been taken from the remonstrances of the Paris Parlement which were published in April 1753, nearly two years after the article appeared in print.

[4] p. 65. 'Voyez Locke, *du Gouvernement Civil*; le mot, *Autorité, Dict. Encycloped.* premier vol. avant l'Arrêt du Conseil qui le supprime. *Discours sur l'inégalité des Conditions*, pag. 156, 157, 158, 159 & suiv.'

Cyr's *Catéchisme et décisions de cas de conscience des Cacouacs*. The first reference to the article is to its scandalous second sentence:

D. Les Hommes réunis en societé, ont-ils conservé tous les droits de leur Liberté?

R. Oui sans doute; car 'la Liberté est un présent du ciel; & chaque individu de la même espéce, a le droit d'en jouir aussi-tôt qu'il jouit de la Raison'.[1]

If Jaucourt's article, GOUVERNEMENT, receives more detailed treatment, AUTORITÉ POLITIQUE is not forgotten in the next few pages:

D. De qui le Prince a-t-il reçu l'autorité qu'il a sur ses peuples?

R. 'Le Prince tient de ses sujets mêmes, l'autorité qu'il a sur eux. . . . Le Gouvernement est un bien public qui, par conséquent, ne peut jamais être enlevé au Peuple à qui il appartient essentiellement en pleine propriété. Aussi est-ce toujours lui qui en fait le bail. Il intervient dans le contract qui en adjuge l'exercice.'[2]

The 'catechism' continues with another answer drawn from AUTORITÉ POLITIQUE:

D. Ce principe, qui peut être vrai dans les Républiques, l'est-il également dans les Etats monarchiques, & surtout dans ceux qui sont héréditaires?

R. 'Le dépôt de l'Autorité est quelquefois confié à un certain ordre dans la Société, quelquefois à plusieurs & quelquefois à un seul. Les conditions de ce pacte sont différentes dans les différens Etats. Mais partout, la Nation est en droit de maintenir envers & contre tous, le contract qu'elle a fait.'[3]

One last fling at this subversive article brings us back to Romans xiii. 1:

D. Comment accordez-vous ces maximes avec celles de l'Ecriture qui enseigne que toute Puissance vient de Dieu, & que celui qui résiste à la Puissance, résiste à l'ordre de Dieu?

R. Nous accommodons cette maxime avec nos principes, en disant que 'toute Puissance qui vient de Dieu est une puissance réglée. Car c'est ainsi qu'il faut entendre les paroles du Texte conformément à la droite Raison & au sens littéral, & non conformément à l'interprétation de la bassesse & de la flatterie qui prétendent que toute Puissance, quelle qu'elle soit, vient de Dieu.'[4]

The quotations are for once generally accurate, but the author's intention was plainly to stress the seditious nature of the article.

---

[1] p. 49.   [2] pp. 51–52.   [3] p. 52.   [4] p. 53.

It can be imagined that in his *réquisitoire* of 23 January 1759 Omer Joly de Fleury did not spare AUTORITÉ POLITIQUE. The first paragraph of the article is denounced in shocked tones. The opening sentence is introduced in the following manner:

> Toute liberté leur est si précieuse, qu'*aucun homme n'a reçu de la nature le droit de commander aux autres.*[1]

After quoting the rest of the opening paragraph, the *avocat-général* veils his face in horror at the sight of the remainder of the article:

> Les conséquences se présentent ici d'elles-mêmes. Il est de la prudence de notre ministere de ne pas employer les termes dans lesquels sont conçues les maximes séditieuses du Rédacteur; maximes bien différentes de celles de l'Apôtre qui nous apprend qu'*il n'y a point de Puissance qui ne vienne de Dieu, & que c'est lui qui a établi celles qui sont sur la Terre. Qu'il est donc nécessaire de s'y soumettre non-seulement par la crainte du châtiment, mais aussi par un* devoir *de conscience*; doctrine seule véritable, & qui affermit le bonheur des Rois & des Peuples.[2]

More interesting because more detailed both in its attack on AUTORITÉ POLITIQUE and in its reaffirmation of traditional political views is the *Mandement et instruction pastorale de Monseigneur l'évêque de Lodève touchant plusieurs livres ou écrits modernes, portant condamnation desdits livres ou écrits.*[3] 'On nous vante la *liberté*', exclaims the Bishop, 'comme un *présent du Ciel, dont chaque individu de la même espèce, a le droit de jouir aussitôt qu'il jouit de la raison.*'[4] The first sentence of AUTORITÉ POLITIQUE is linked together with two quotations from Jaucourt's article, GOUVERNEMENT, in an indignant condemnation.

Inevitably Diderot's interpretation of Romans xiii. 1 comes under attack, though only in general terms. The doctrine of obedience to established authority is reaffirmed:

> Loin que cette Doctrine soit, comme on l'avance témérairement, *peu conforme à la droiture de la raison, au sens littéral, & qu'elle soit l'interprétation de la bassesse & de la flatterie*, elle est l'expression des sentimens d'une raison éclairée, d'une foi humble & docile.[5]

---

[1] *Arrests de la Cour de Parlement, portant condamnation de plusieurs livres & autres ouvrages imprimés. Extrait des registres du Parlement, du 23 Janvier 1759*, p. 15. A quotation from the article is also given in the introduction to the *Determinatio Sacrae Facultatis Parisiensis super libro cui titulus, De l'Esprit*, Paris, 1759, p. 17.

[2] pp. 15–16.

[3] By J. F. H. de Fumel, Montpellier, 1759.

[4] p. 56 (see Chap. V, pp. 304–6).

[5] p. 58.

The objection about the power of Antichrist is refuted; and after re-stating the traditional doctrine of the Divine Right of Kings, the Bishop continues his onslaught:

Nous rougissons maintenant, MES TRES-CHERS FRERES, de vous rendre compte des autres maximes opposées à une Doctrine aussi vraye que solide.[1]

The passages censured here are taken from paragraphs VI, VII, and X of AUTORITÉ POLITIQUE, combined with quotations from GOUVERNE-MENT and from *De l'Esprit*, another work censured by the bishop. The doctrine under attack is summed up in the following horrifying terms:

Le Prince tient son autorité du Peuple. Le Gouvernement est un bien public. Le Peuple en a toûjours la pleine propriété. Il en confie l'administration au Souverain, aux conditions qu'il lui plaît. Il a le droit de veiller à l'éxécution de ces conditions. Si le Législateur ne remplit pas ces conditions, si on croit qu'il ne répond pas à la confiance qu'on avoit en lui, ou qu'on imagine qu'il a passé les bornes de l'autorité, dont il est le dépositaire, dèslors son autorité cesse d'être légitime & peut se dissoudre, chacun est en droit de lui reprocher hautement ses fautes. Dans ce systême, comme vous le voyéz, non seulement les Peuples donnent la Royauté, mais ils sont par état les Maîtres, les Con-ducteurs, les Conseillers, les Tuteurs, les Juges des Rois. C'est dans les Peuples que réside essentiellement la souveraine Puissance. Ils ne doivent obéïr aux Loix qu'autant qu'ils les approuvent. Dèsque le Gouvernement ne sera pas de leur goût, dèsqu'ils soupçonneront dans le Monarque de mau-vaises intentions, que les conditions de leur prétendu *Contrat* ou *Bail*, ne leur paraîtront pas remplies, qu'ils ne les jugeront plus dignes de leur con-fiance, ils lui arracheront sans doute le Sceptre & la Couronne, ou au moins si par l'abus que le Souverain fait de son pouvoir, son autorité cesse d'être légitime, les Peuples une fois persuadés de cet abus, se croiront affranchis de tout devoir de respect, d'honneur, d'obéissance, & de fidélité.[2]

This summary is followed by the anguished cry:

Ne frémissés vous pas, MES TRES-CHERS FRERES, en voyant ici la porte ouverte aux émeutes & aux révolutions, les Puissances légitimes livrées à la discrétion des Hommes inquiets & turbulens d'un Etat?

The horror aroused by the sentiments expressed in AUTORITÉ POLI-TIQUE comes naturally enough to an upholder of the traditional view, for whom 'il est aisé de voir que Dieu seul fait les Rois, qu'ils ne dépen-dent que de lui, qu'ils sont revêtus de son autorité Divine'.[3]

Undoubtedly the most detailed and perspicacious attack on AUTO-RITÉ POLITIQUE is to be found in a volume of *La Religion vengée* which

[1] p. 59.   [2] pp. 60–61.   [3] p. 62.

appeared in 1760.[1] The author, who correctly attributes the article to Diderot, begins by pointing out that a work which deals with all branches of human knowledge was bound to deal with politics and that as politics and religion are linked, 'c'en étoit bien assez pour qu'elle fût en bute aux paradoxes Encyclopédiques'.[2]

The analysis of the article opens with an attack on Diderot's views on the limits of paternal authority. 'La Raison & la Religion', the author concludes,

s'expliquent donc en vain sur ce sujet. L'Encyclopédie soustrait les hommes à ce double joug. Elle les soustrait aux devoirs les plus essentiels de l'humanité. Elle est faite pour troubler la nature, pour semer la dissension & le désordre dans les familles.[3]

Indeed, Diderot is even accused of undermining the authority of husband over wife! More significant is the attack on the second half of Diderot's opening paragraph where he maintains that authority must derive either from force or from a contract. This is hotly denied:

David étoit Roi, par la grace de Dieu; nos Rois ne le sont-ils pas aussi? Ne le sont-ils que par la grace du Peuple? Lors même que les Rois sont élus par le Peuple, aussitôt que l'élection est faite, ils parlent au nom de Dieu dont ils sont les images, & dont ils partagent l'Autorité.[4]

The refutation is brutal in the extreme:

Dieu veut qu'on leur obéisse; & lorsqu'il nous dit, par la bouche de S. Paul, *Que tout homme soit soumis aux Puissances supérieures*, il ne met nulle distinction entre les Rois *qui se sont emparés de l'autorité* par les conquêtes, & ceux à qui le Peuple l'a déférée par un *contrat*.[5]

The sentiments in the second paragraph of AUTORITÉ POLITIQUE are no more to the taste of *La Religion vengée*. It is argued that there is such a thing as a legitimate conquest (the reader is referred to the article, CONQUETE) and that the conquered people do not have the right to shake off the yoke. The argument is broadened:

Le bon sens, comme la Religion, dit donc à tous les Peuples soumis à des Tyrans, de leur obéir & de porter le joug, dans la crainte d'un plus grand mal; car il n'est guères de Prince, quelque injuste qu'on le suppose, dont la conservation n'intéresse une bonne partie de ses sujets, & qui ne trouvât des milliers de bras armés pour sa défense. La Morale de l'Encyclopédie n'est

---

[1] Vol. x, pp. 219–66 (Lettre XIV, *Faux principes de l'Encyclopédie sur l'Autorité* and Lettre XV, *Quelles idées on doit se former de l'Autorité séculière, relativement à la Religion*).
[2] p. 220.   [3] p. 222.   [4] p. 223.
[5] pp. 223–4.

donc propre qu'à fomenter, à perpétuer les guerres, à dépeupler les Etats, à faire le malheur du genre humain.[1]

The fourth paragraph of AUTORITÉ POLITIQUE with its insistence on the limits of royal authority is sharply criticized. 'Pour détruire une autorité légitime', the author says of Diderot, 'il déclame contre le Despotisme le plus absurde & le plus extravagant qui se puisse imaginer.'[2] He objects to Diderot's use of the word 'permet' to describe God's attitude to the political subordination of men to one man:

> N'est-ce pas avilir toute autorité, & celle des Souverains qui sont les Ministres de Dieu, & celle des Magistrats qui sont les Ministres des Souverains. . .?[3]

After quoting a text on the duty of obedience—this time, for a change, from 2 Peter ii, vv. 13 and 14—the author passes to an attack on paragraph VI of AUTORITÉ POLITIQUE and the theory of what Diderot calls 'le contrat de soumission'. The passage is described as 'un mélange bizarre de maximes vraies & de maximes séditieuses'.[4] All forms of government, it is argued, can work well when sovereign and people do their duty, but when the sovereign fails to do his, the people must still obey:

> Dans ce cas le Souverain se déshonore par sa conduite, & le sujet se fait honneur par la sienne: en un mot, Monsieur, si un Tyran (ce qu'à Dieu ne plaise) venoit à régner sur les François, le Chrétien qui décideroit que la nation ne lui doit pas une entière obéissance dans l'ordre civil, seroit un hérétique aux yeux de toute l'Eglise Catholique parce que sa décision seroit formellement contraire à la doctrine de S. Paul.[5]

Turning now to paragraph VII in which Diderot maintains that even in a hereditary monarchy the government is 'un bien public', and not 'un bien particulier', *La Religion vengée* proceeds to reject this argument:

> Quoi qu'en dise l'Irreligion toujours opposée à toute espèce d'autorité, l'Etat est autant au Prince que le Prince est à l'Etat; avec cette différence essentielle, que le Prince peut à son gré abandonner le gouvernement de l'Etat, mais que l'Etat ne peut pas à son gré abandonner le Prince.[6]

Paragraphs X and XI which stress the importance of the contract and denounce the slave mentality of those who preach a blind obedience to authority arouse at last the ire of *La Religion vengée*, which up to this

---

[1] p. 225. [2] p. 227. [3] p. 228. [4] p. 231. [5] p. 233.
[6] p. 235.

point had remained judicial, if severe, in tone. 'L'Auteur', we are told, 'seroit sans doute bien embarrassé, s'il étoit obligé de produire ce prétendu *contrat* que chaque nation *a fait*.'[1] Diderot's reference to 'ce pouvoir suprême que le Créateur s'est réservé sur la créature' is treated with appropriate sarcasm:

> Mais enfin, Monsieur, puisque ce trait de piété échappe à M. Did. . ., il reconnoît donc qu'établir des Souverains est un droit qui résulte du pouvoir de Dieu; & dès lors les Princes ne sont donc pas Souverains par *le contrat qu'a fait la nation*, mais par la grace de Dieu.[2]

Arguing that God has established *all* forms of government, the writer rejects Diderot's attack on those who refuse to accept the notion of a contract:

> Ceux qui pensent ainsi, Monsieur, ne sont point des *esclaves* qui ayent *le cœur bas & l'esprit borné*; il n'y a au contraire que les esprits bornés, qui ne sentent pas que la vraie liberté consiste dans la soumission aux ordres de Dieu. Ceux qui pensent autrement sont les vrais *esclaves*; parce qu'ils sont les esclaves de leurs passions. Voilà *les gens* qui *ne sont nés ni pour la gloire du Prince, ni pour l'avantage de la Société*. Leur *vertu*, leur *grandeur d'ame* est dans leur orgueil. Leurs insolentes maximes sont *les ressorts* de la discorde, de la révolte & de l'anarchie.[3]

This is certainly outspoken criticism.

While what Diderot says of France in the following paragraph is approved of, his description of Turkish despotism is rejected. Indeed the writer goes so far as to declare:

> Rien n'empêche, au reste que le *Maître* le plus *absolu ne puisse être un Chef également sage & glorieux*, qui *gouverne selon les loix de la justice*.[4]

He goes on to remark that in praising the attitude of Henry IV in the last paragraphs of AUTORITÉ POLITIQUE Diderot appears to withdraw the subversive views set forth earlier in the article. But he is not to be taken in by appearances:

> J'ai dit que l'Auteur sembloit se rétracter; mais ne dois-je pas, Monsieur, me rétracter moi-même de l'avoir dit? Si, d'une part, il nous présente un Monarque parlant en Monarque à ses sujets, de l'autre, il ajoûte des choses qui anéantissent toute autorité. Il veut qu'un Roi parle de la sorte, mais seulement quand il a *évidemment la justice de son côté*.[5]

If it is the subjects who are to decide whether the ruler has justice on his side, then the conclusion to be drawn is obvious:

[1] p. 238.   [2] p. 239.   [3] pp. 239–40.
[4] pp. 241–2.   [5] pp. 242–3.

Il n'est que trop clair, Monsieur, que le système de l'Auteur n'est pas seulement Anti-Monarchique, mais encore Anarchique, & que son absurde chimère ne comporte aucune autorité, ni celle des Souverains, ni celle des Magistrats, pas même l'autorité paternelle.[1]

He is not deceived by the 'goody-goody' tone adopted by Diderot in the last paragraph of the article when he recommends to the subjects of a tyrannical ruler nothing but abject submission:

> Après les écarts de l'impiété Encyclopédique, la Religion reprend quelquefois le dessus; & c'est presque toujours une ruse dont l'objet est de faire illusion au Lecteur.[2]

The sting of Diderot's remarks lies in the tail, since what he implies is, according to his critic,

> qu'il ne faut plier sous l'autorité, que lorsqu'on n'est pas en état de lui résister.[3]

The reader is reminded at this point of Diderot's interpretation of Romans xiii. 1, and the following conclusion is drawn from the phrase 'aboli les impôts' in the second last sentence of AUTORITÉ POLITIQUE:

> Rapprochez de cette interprétation le texte que je viens de vous citer, & vous n'aurez pas de peine à voir que certains Encyclopédistes sont assez ennemis de l'autorité pour vouloir que les Sujets jugent de la nécessité des *impôts*, & puissent les *abolir* à leur gré.[4]

The relevant passage from the *réquisitoire* of Joly de Fleury is then quoted together with a reference to the *Avertissement* to Vol. III of the *Encyclopédie*.

This penetrating criticism of the article is continued in a second letter in which the author begins by reaffirming the orthodox Christian doctrine on political authority:

> Il n'est aucune sorte de Gouvernement qui ne soit compatible avec le Christianisme. La Doctrine de S. Paul n'a point changé à cet égard, soit qu'il annonçât l'Evangile dans Athènes, soit qu'il le prêchât dans Rome.[5]

This leads inevitably to an attack on Diderot's interpretation of Romans xiii. 1:

> Pour appuyer sur l'Ecriture son système touchant l'Autorité, il use d'un expédient trivial, en transposant la virgule, comme on le voit par le sens qu'il donne à ce passage. . . . Il est donc censé ponctuer, comme il suit, le passage réel de S. Paul: *Quae autem sunt à Deo, ordinatae sunt.* Mais sur

---

[1] p. 244.   [2] p. 244.   [3] p. 245.   [4] pp. 245-6.   [5] p. 255.

quoi, s'il vous plaît, fonde-t-il sa ponctuation & son interprétation? Pour en sentir le faux & le ridicule, il suffit de jetter les yeux sur l'endroit dont il s'agit.[1]

This interpretation is dismissed as 'celle de l'insolence, de la révolte, & de l'anarchie'.[2]

To Diderot's question: 'Les Usurpateurs ont-ils Dieu pour eux?' comes the inevitable answer:

Non; mais les rebelles ont Dieu contre eux. C'est à lui de venger l'usurpation; c'est aux peuples de la supporter. S'il condamne l'injustice des *Usurpateurs*, il approuve l'obéissance qu'on leur rend, parce que cette obéissance est nécessaire au repos de la Société dont il est l'auteur et le pere.[3]

The letter thus ends with a total rejection of the views put forward by Diderot in this part of the article.

The attack on it is continued in the *Petite Encyclopédie* which appeared in 1761. Given out as a posthumous work of one of the *Philosophes*, it puts forward an ironical defence of the ideas set forth in the *Encyclopédie* only in order to condemn them. As we have seen, the author owes his quotations from the *Encyclopédie* to the *Catéchisme des Cacouacs*, but his comments show some originality. The *Petite Encyclopédie* has its own article, AUTORITÉ POLITIQUE, which opens with quotations or alleged quotations from the *Discours préliminaire* and Jaucourt's article, GOUVERNEMENT. In practice the second half of the quotation for which GOUVERNEMENT is given as a source is taken from Diderot's article. The quotations are followed by this comment:

Tirera les conclusions qui voudra: ce n'est pas notre affaire. Le Philosophe ne fait-il pas assés pour le bien de l'Etat, & pour la tranquillité publique, d'oser publier de pareilles maximes. Il a mis sur les voies; son devoir est rempli. Ceux, qui connoissent là-dessus notre façon de penser, en sont quelquefois surpris; mais j'en appelle aux plus grands partisans de l'autorité, n'est-ce pas la Religion, qui en est le plus solide fondement, & ses préceptes les titres les plus sûrs? Le fondement ruiné, dans l'opinion du Sage, & les titres déclarés faux, que doit devenir l'autorité à ses yeux? Faut-il toujours le répéter; & ne sait-on pas ce que nous pensons de cette religion. Voy. *Gouvernement, Intérêt*.[4]

The attack on Diderot's article is continued under the heading GOUVERNEMENT, which begins in ironical terms:

Nos Philosophes ont si fort à cœur cet article, que contre leur ordinaire

---

[1] pp. 259–60.   [2] p. 261.   [3] p. 262.   [4] p. 29.

ils ont paru respecter l'autorité de la Religion, & ont bien voulu perdre leur tems à expliquer les Ecritures.[1]

This leads on to an attack on Diderot's interpretation of Romans xiii. 1. To the quotation from Diderot's article is added one from Jaucourt's GOUVERNEMENT. The message of the two articles is summed up as follows:

Ce système est fort simple, étant applicable à toutes les espèces de gouvernemens, soit monarchiques, soit aristocratiques, soit démocratiques, soit mêlés. L'autorité appartient toujours à la nation. Ceux à qui on la confie ne l'ont qu'en dépôt. 'Les conditions de ce pacte sont différentes dans les différens Etats; mais par-tout la nation est en droit de maintenir *envers & contre tous* le contrat qu'elle a fait.'

Ces principes, il est vrai, poussés jusqu'à leurs dernières conséquences, pourroient ébranler tous les trônes de l'Europe, & armer contre les Souverains le mécontentement des peuples. Mais cela n'empêche pas que l'*Esprit Philosophique*, qui les a produit[s], ne soit le *Pacificateur des Empires*, comme l'a dit un de nos Sages.[2]

While it cannot be said to have offered anything new in the way of criticism of AUTORITÉ POLITIQUE, the *Petite Encyclopédie* devotes sufficient attention to it to show that, ten years after its first appearance in print, the article was still attracting the attentions of opponents of the *Encyclopédie*.

The controversy aroused by its publication was still not dead another decade later, in 1772, when Sabatier de Castres published his *Trois Siècles de la littérature françoise*. He gives there as an example of the seditious ideas of the *Philosophes* the dreadful second sentence of the article: 'La liberté est un présent du Ciel, & chaque individu de la même espece a le droit d'en jouir aussi-tôt qu'il jouit de sa raison.'[3]

The conclusions which arise out of the data assembled in this chapter are of varying degrees of clarity. If we may attribute AUTORITÉ POLITIQUE to Diderot, all that is clear about the sources of the article is his debt to Abbé Girard's *Synonymes françois* and to Sully's memoirs. As for its polemical force, we have seen how throughout the 1750s and well beyond the enemies of the *Encyclopédie* did their best to exploit its subversive tendencies. If a *philosophe* like Deleyre regretted that the concluding part of the article should appear to take back what had been said in the bold opening paragraphs, the traditionalist critics

---

[1] pp. 95–96.   [2] p. 97.
[3] The Hague–Paris, 1781, 4 vols., vol. i, pp. 57–58 (the *Encyclopédie* has '*la* raison').

saw in the blunt rejection of absolutism the kernel of the whole argument. No doubt we cannot take at their face value all the exaggerated accusations of hostile critics of the article and the whole *Encyclopédie*; and yet the attention which they devoted to attacking it would seem to show beyond any reasonable doubt that, when it appeared in print in 1751, contemporaries did not regard it as containing little but a string of harmless platitudes.

Appendix A

═══

THE DATE OF PUBLICATION OF THE VOLUMES OF THE PARIS EDITION

Text

Vol. I	A = AZYMITES	June 1751
II	B = CÉZIMBRA	January 1752[1]
III	CHA = CONSECRATION	October 1753
IV	CONSEIL = DIZIER, SAINT	October 1754
V	DO = ESYMNETE	November 1755
VI	ET = FNÉ	October 1756
VII	FOANG = GYTHIUM	November 1757
VIII	H = ITZEHOA	
IX	JU = MAMIRA	
X	MAMMELLE = MYVA	
XI	N = PARKINSONE	
XII	PARLEMENT = POLYTRIC	
XIII	POMACIES = REGGIO	December 1765
XIV	REGGIO = SEMYDA	
XV	SEN = TCHUPRIKI	
XVI	TEANUM = VENERIE	
XVII	VENERIEN = ZZUÉNÉ:	
	Articles omis	

Plates

Vol. I	Première livraison	1762
II	Seconde livraison, première partie	1763
III	Seconde livraison, deuxième partie	
IV	Troisième livraison	1765
V	Quatrième livraison	1767
VI	Cinquième livraison ou sixième volume	1768
VII	Sixième livraison ou septième volume	1769
VIII	Septième livraison ou huitième volume	1771
IX	Huitième livraision ou neuvième volume	
X	Neuvième livraison ou dixième volume	1772
XI	Dixième livraison ou onzième volume	

[1] Despite the date '1751' on the title-page.

Supplément

Vol. I   A = BLOME–KRABBE   ⎫ 1776
    II   BOATIUM–CIVITAS = EZZAB   ⎭
   III   F = MYXINE
    IV   NAALOL = ZYGIE   ⎫ 1777
     V   Plates   ⎭

Table

Vol. I ⎫ 1780
    II ⎭

Appendix B

A LIST OF SYMBOLS USED TO DESIGNATE CONTRIBUTORS TO THE *ENCYCLOPÉDIE*

THE following list has been compiled for reference purposes by putting together information supplied in various of the first seven volumes:

(A)	Boucher d'Argis	(a)	Lenglet du Fresnoy
(B)	Cahusac	(b)	Venel
(C)	Abbé Pestré	(c)	Daubenton (Subdélégué)[1]
(D)	Goussier	(d)	D'Aumont
(E)	Abbé de La Chapelle	(e)	Bourgelat
(F)	Dumarsais	(f)	De Villiers
(G)	Abbé Mallet	(g)	Barthès
(H)	Toussaint	(h)	Abbé Morellet
(I)	Louis Jean Marie	(–)	Baron d'Holbach
	Daubenton	(E.R.M.)	Douchet and Beauzée
(K)	D'Argenville		
(L)	Tarin		
(M)	Malouin		
(N)	Vandenesse		
(O)	D'Alembert		
(P)	Blondel		
(Q)	Le Blond		
(R)	Landois		
(S)	J. J. Rousseau		
(T)	Le Roy		
(V)	Eidous		
(X)	Abbé Yvon		
(Y)	Louis		
(Z)	Bellin		

There are no corresponding lists in the last ten volumes, though new symbols to which we are given no key occasionally appear—e.g. (m) and (q). It is, however, possible to identify '(m)' as Dr. Ménuret de Chambaud (see J. Roger, *Les Sciences de la vie dans la pensée française du XVIIIe siècle*, Paris, 1963, p. 631 n.).

[1] Louis Jean Marie Daubenton was his brother; one of their cousins made an important contribution to vol. VI of the plates (see above, Chap. III, p. 116–17).

Appendix C

A LIST OF SUBSCRIBERS TO THE QUARTO EDITION

AT the end of the first volume of the Bibliothèque Nationale set of the quarto edition of the *Encyclopédie*, which Pellet began to publish in Geneva in 1777,[1] there is a four-page list of subscribers compiled by the Besançon bookseller, Lépagnez. It lists 253 persons (two of them without names attached) and in a high proportion of cases it also gives the profession or social status of the subscriber. A small number of the subscribers listed were the customers of another bookseller, Chaboz of Dole.

Such information as can be assembled about subscribers to the first edition has already been discussed in a previous article.[2] To the best of my knowledge comparable information about the subscribers to the later reprints has not so far been brought to light. It therefore seemed of interest to reproduce the list as it stands with a certain amount of comment.

In considering it, various points have to be borne in mind. It inevitably excludes foreign subscribers, who must have formed at least as high a proportion as for the first edition. What is more, the subscribers listed here are drawn from a small area of France, roughly the four departments of Doubs, Jura, Haute-Saône, and Côte-d'Or. Again, the work they were offered was not a literal reprint of the original *Encyclopédie*. Not only was the number of plates drastically reduced in the Pellet quarto edition; the text was not that originally published by Diderot between 1751 and 1765, since advantage was taken of the appearance of the *Supplément* to incorporate articles from it. Finally the price of the new edition (384 *livres*) was very noticeably less than that of the 980 *livres* for the original work with its eleven expensive folio volumes of plates; on the face of it the new edition was one which might well have suited more modest purses than those of subscribers to the original work.

It should perhaps be noted that in the list which follows three women (71, 75, and 146) are included amongst the 'Messieurs'.

---

1 Z. 2658–2702.
2 See *Studies*, vol. xxiii, pp. 125–40.

LISTE

Des Personnes qui ont souscrit pour le Dictionnaire Encyclopédique en 32 volumes in 4º. chez LÉPAGNEZ cadet, Libraire à Besançon.

MESSIEURS.

1 ACARIER, Trésorier & Receveur des Finances. *Besan.*
2 Alviset, Conseiller au Parl. *Besan.*
3 Amet, fils aîné, Négociant. *Besan.*
4 Amfreville (d'), au Régiment du Roi. *Besan.*
5 Archeret, Avocat. *Besan.*
6 Astorg (le Ch. d'), Gouverneur de Poligny. *Polig.*
7 Astorg (d'), Chev. de S. Louis. *Polig.*
8 Atthalin, Capitaine au Régiment de Piémont. *Besan.*
9 Attiret, Familier. C. *Dole.*
10 Aubert, Ingénieur. *Dole.*
11 Autume (le Ch. d'), Officier au Corps-Royal. *Besan.*
12 Bachelu, ancien Maître aux Comptes. C. *Dole.*
13 Barbaud, Avocat. *Ponta.*
14 Barbaud de Cuenot. *Ponta.*
15 Barre (l'Abbé de la). *Besan.*
16 B*** Prêtre & Chapelain de Saint Pierre. *Besan.*
17 Beaujeux (le Comte de). *Besan.*
18 Beausemblant (le Comte de), Chevalier de Malthe, & Officier au Régim. du Roi. *Besan.*
19 Belamy, Avocat, & Secrétaire de la Ville. *Besan.*
20 Belenet (de). *Vesoul.*
21 Belon d'Aligny, ancien Mousquetaire. C. *Dole.*
22 Bergeret, Avocat-général. *Besan.*
23 Bergines (de), Lieutenant-général. C. *Dole.*
24 Bersonnet, Garde-magasin. *Auxo.*
25 Bertrand, Architecte & Maitre de dessein du Régiment de Toul, Artillerie. *Besan.*
26 Bideault, Lieutenant-général. *Polig.*
27 Billard, Docteur en Médécine. *Vesoul.*
28 Billon, Greffier au Bailliage. *Besan.*
29 Blanc, Avocat. *Besan.*
30 Blanchard, Chev. de St. Louis, Aide-major de la Place. *Besan.*
31 Blanchot, Curé de Bourguignon-les-la-Charité. *Vesoul.*
32 Boissard, Avocat. *Ponta.*
33 Boutechoux de Chavanne, Chan. à la Métropole. *Besan.*
34 Borthon (Révérend Pere), Religieux Cordelier. C. *Beaune.*
35 Bouchey, premier Commis de la direction des Dom. du R. *Besan.*

36 Bougaut, Prévôt de St. Aubin. C.   *Dole.*
37 Bourbevelle (de), Garde du R.   *Besan.*
38 Boursier (de), Chanoine de la Métropole.   *Besan.*
39 Bousson, Chanoine.   *Salins.*
40 Boutin de Diencourt, Direct. général des Fermes.   *Besan.*
41 Bouttement (Révérend Pere), Procureur des Cordeliers.   *Besan.*
42 Bouvenot, Lieutenant-crimin.   *Arbois.*
43 Bouvot, Avocat.   *Vesoul.*
44 Breney, Avocat.   *Lons-l.*
45 Breton, Docteur en Méd. C.   *Dole.*
46 Broissia (de), Capitaine au Régiment du Roi.   *Besan.*
47 Burnet de Ste. Marie. C.   *Chauff.*
48 Cadeville (de), Officier au Régiment du Roi.   *Besan.*
49 Camus de, Chan. de la Mét.   *Besan.*
50 Carteron, Contrôleur ambulant des Domaines. C.   *Dole.*
51 Caubet de Montussain, Greffier en chef de la Chambre souve-
    raine des Eaux & For.   *Besan.*
52 Césaire (Rév. Pere), Prédicateur ordinaire du Roi, & Exprovin-
    cial des Carmes D.   *Besan.*
53 Chafoix (de), Officier de Dragons.   *Besan.*
54 Chaillot (de), Président au P.   *Besan.*
55 Charve fils, Avocat.   *Lons-l.*
56 Chatelain cadet, Négociant.   *Besan.*
57 Chavelet, Lieutenant-crim. C.   *Dole.*
58 Chazerand, Négociant.   *Besan.*
59 Chevigney (le Marq. de).   *Besan.*
60 Chevillard, Conseiller.   *Besan.*
61 Chevrier, Négociant.   *Besan.*
62 Chupiet, Avocat. C.   *Dole.*
63 Claudet, Prêtre.   *Ponta.*
64 Clerc, Avocat.   *Besan.*
65 Colombe (de).   *Vesoul.*
66 Comble (de), Officier au Régiment de Lanans, Dragon.   *Besan.*
67 Copel, Avocat.   *Besan.*
68 Corneux (l'Abbé de).   *Gray.*
69 Courbouson (de), Président au Parlement.   *Besan.*
70 Courchaton (de), Conseiller au Parlement.   *Besan.*
71 Courti (Mad.) de Romange.   *Besan.*
72 Cretin, Curé de Malay. C.   *Malay.*
73 Cretin, Procureur du Roi.   *Gray.*
74 Croichet, Commissaire des poudres & Salpétre.   *Polig.*
75 Croix (Mad. la Marq. de Ste.).   *Besan.*
76 Daval, Curé de Roche-sur-Linote, & Doct. en Th.   *Roche.*
77 Delesclaux, Subdélégué.   *Lons-l.*

78	Demarchand Germigney, ancien Capitaine au Régiment de Champagne.	*Arbois*
79	Denizot, Conseiller.	*Gray.*
80	Dépercy, Procureur du Roi.	*Dole.*
81	Détrey fils aîné, Négociant, Fabriquant de bas.	*Besan.*
82	Dezoteux, Chirurgien-major. du Régiment du Roi.	*Besan.*
83	Dolivet de Chamol, Président au Parlement.	*Besan.*
84	Domet, Conseiller au Parl.	*Besan.*
85	Dorlodo (de) de Préville. C.	*Dole.*
86	Dresies, Chan. de Notre-D. C.	*Dole.*
87	Drugne, Avocat. C.	*Dole.*
88	Duban, Chevalier de St. Louis.	*Marn.*
89	Duchamp, Officier de Caval.	*Dole.*
90	Dumoulin, Bachelier en droit.	*St. Cl.*
91	Dunod de Charnage, Conseiller au Parlement.	*Besan.*
92	Duplaquet, Secrét à l'Intend.	*Besan.*
93	Dutailly, Avocat.	*Besan.*
94	Émonin l'aîné, Négociant.	*Besan.*
95	Entragues (d'), Offic. Suisse.	*Besan.*
96	Espiard (d'), Chan. de la Métropole, Abbé commendataire, & Conseiller au Parl.	*Besan.*
97	Éthis de la Fleurye.	*Besan.*
98	Faivre, Chirurgien-major.	*Besan.*
99	Faivre, Curé.	*Gy.*
100	Faivre, Négociant.	*Besan.*
101	Falbaire (de) de Quingey.	*Salins.*
102	Faltant (de), Chan. de la Mét.	*Besan.*
103	Fantet, ci-devant Libraire.	*Besan.*
104	Faton, Subdélégué.	*Quing.*
105	Ferrand, Receveur des Loter.	*Besan.*
106	Finot, Curé.	*Bucey.*
107	Flechin (le Comte de), Capitaine au Régiment du Roi.	*Besan.*
108	Fleur l'aîné.	*Besan.*
109	Fortagne (de), Ingén. & Arch.	*Besan.*
110	Francourt (de).	*Gray.*
111	Fuan (de), Avocat. C.	*Dole.*
112	Gaucher, Apothicaire.	*Gray.*
113	Gavinet, Directeur général des poudres & salpétres.	*Besan.*
114	Geneuille (de).	*Besan.*
115	Gerdy, Entrepreneur des bâtimens du Roi. C.	*Dole.*
116	Gillet, Intendant du Prince de Bauffremont.	*Besan.*
117	Girard, Curé. C.	*St. Au.*
118	Giroulet, Avocat.	*Arbois.*
119	Goguely, Notaire royal.	*Besan.*

120	Grand, Avocat.	*Arbois.*
121	Grenot, Avocat.	*Besan.*
122	Grosjean, Chanoine de la Métropole, & Théologal.	*Besan.*
123	Grusse, (le Baron de).	*Lons-l.*
124	Gruyes, Familier. C.	*St. Au.*
125	Guanet, fils aîné, Négoc. C.	*Dole.*
126	Guerry (de), Officier au Régiment du Roi.	*Besan.*
127	Guillaumé.	*Polig.*
128	Hérard, Conseil de Mgr. le Duc du Châtelet.	*Besan.*
129	Humberjean, Avocat.	*Dole.*
130	Humbert, Substitut au Parl.	*Besan.*
131	Jacquemet, Négociant.	*Mortea.*
132	Jourdan, Greffier de la Police.	*Besan.*
133	Lacoré (de), Intendant du Comté de Bourgogne, & Premier Président du Bureau des Finances.	*Besan.*
134	Lafare (de), Abbé commend.	*Besan.*
135	Lampinet (de), ancien Lieutenant-Colonel du Corps-royal de l'Artillerie. C.	*Dole.*
136	Lampinet (de) de Navenne.	*Vesoul.*
137	Leclerc, Ecuyer, Chevalier de l'Ordre du Roi.	*Besan.*
138	Lécurel Descoraux, Avocat.	*Besan.*
139	Legrand, Commissaire ordonnateur des guerres.	*Besan.*
140	Lescot, Avocat.	*Besan.*
141	Levacher, Chirurgien-major.	*Besan.*
142	Levasseur, Trésorier principal.	*Aux.*
143	Liard, Avocat. C.	*Dole.*
144	Ligier, Négociant.	*Besan.*
145	Lombard, Avocat.	*Besan.*
146	Longeville (Madame de).	*Besan.*
147	Lortanges (de), Capitaine au Régiment Royal-Cravatte, Cavalerie. C.	*Dole.*
148	Louvrier, Avocat. C.	*Dole.*
149	Magdeleine, Avocat. C.	*Dole.*
150	Magnoncourt (de), Chevalier de St. Louis.	*Besan.*
151	Maire, Lieutenant-Général.	*Ponta.*
152	Mallet (de), ancien Mousq. C.	*Dole.*
153	Marcaire freres, Avocats.	*Arbois.*
154	Marguet, Avocat.	*Besan.*
155	Marmande (de) Capitaine au Régiment du Roi.	*Besan.*
156	Marmier-Ray (le Marquis de), Officier au Régim. du Roi.	*Besan.*
157	Marnoz (de), Président.	*Salins.*
158	Martenne, Avocat du Roi.	*Besan.*
159	Martenet, Avocat du Roi.	*Dole.*
160	Martin, Avocat.	*Besan.*

161	Martin, Avocat.	*Gray.*
162	Masson de Provenchere, Chevalier de St. Louis. C.	*Mouth.*
163	Mathieu (le Comte de St.), Capitaine au Régiment du Roi.	*Besan.*
164	Mauclerc (de).	*Besan.*
165	Mauris (le Comte de St.).	*Ponta.*
166	Maijonnade (de) Dir. des vivr.	*Besan.*
167	Meffre (Dom.), Pr. des Bén.	*Mouth.*
168	Mercier (Dom), Rél. Bénéd.	*Dole.*
169	Mesmay de Montaigu.	*Dole.*
170	Michau, Procureur du Roi.	*Ponta.*
171	Millin de Grand-Maison, Commissaire des guerres.	*Dole.*
172	Millot, Chanoine.	*Besan.*
173	Mitry (le Comte de), Capit. au Rég. de Lanans, Drag.	*Besan.*
174	Moillard, Avocat. C.	*Dole.*
175	Mongenet, Négociant.	*Besan.*
176	Monin, Procureur.	*Besan.*
177	Mont (l'Abbé de).	*Arbois.*
178	Morel, Docteur en Médecine.	*Meiche.*
179	Morey (Dom de), Rélig. Bén. Bibliothécaire de la Ville.	*Besan.*
180	Mousset, premier Secr. à l'Int.	*Besan.*
181	Mouthon, Curé.	*Luxeu.*
182	Moutrille cadet.	*Besan.*
183	Muguet aîné, Négociant.	*Besan.*
184	Muguet, cadet, Négociant.	*Besan.*
185	Muller de la Piolotte, Gentilhomme Verrier.	*Besan.*
186	Murathe (de), Officier au Régiment du Roi.	*Besan.*
187	Nancray (de), Doyen du Parl.	*Besan.*
188	Neuville (de).	*Besan.*
189	Nicod, Docteur en Médecine.	*Ponta.*
190	Nique, Négociant.	*Bucey.*
191	Oberty, Docteur en Médecine.	*Besan.*
192	Ordinaire cadet, Avocat.	*Besan.*
193	Osmond (le Marquis d'), Colonel en second au Régiment d'Orléans, Cavalerie.	*Vesoul.*
194	Pareau, Rec. des droits réunis.	*Dole.*
195	Pellier, Négociant.	*Besan.*
196	Perciot, Avocat.	*Baum.*
197	Perret, Receveur des consignations d'amendes du Parl.	*Besan.*
198	Perrinot, Colonel d'Infanter.	*Besan.*
199	Perroux, Substitut au Parl.	*Besan.*
200	Petignief, Chanoine.	*Salins.*
201	***. Religieux Minime.	*Besan.*
202	Piot (de), Comm. des guerres.	*Besan.*
203	Pochet, Docteur en Médecine.	*Besan.*

204 Pochet, cadet, Négociant. *Besan.*
205 Polly (l'Abbé de). C. *Scellie.*
206 Porcherot, Curé. C. *Joux.*
207 Portier, Avocat. *Polig.*
208 Potthier, Prieur & Curé. *Chevre.*
209 Pourcy, Avocat. *Lons-l.*
210 Pourthier, Avocat. *Besan.*
211 Pourtier de Larnaud. *Lons-l.*
212 Poux, Lieutenant-général. *Polig.*
213 Preaulx (de), Officier au Régiment du Roi. *Besan.*
214 Prost, Avocat C. *Dole.*
215 Puy (de), Capitaine au Régiment de Lanans Dragon. *Besan.*
216 Quaigain, Conseiller au Parl. *Besan.*
217 Quirot, Prevôt de St. Anath. *Salins.*
218 Rabusson, Avocat. C. *Dole.*
219 Raclet fils. *Salins.*
220 Raimbaud. *Besan.*
221 Raimguel, Avocat. *Besan.*
222 Rambaud, Séch. du Chap. M. *Besan.*
223 Rambour, Contrôleur des entrées de la Ville. *Besan.*
224 Receveur, Avocat. *Vesoul.*
225 Revillout, Prêtre & Bibliothéquaire de la Ville. *Vesoul.*
226 Riard, ancien Avocat général à la Cour des Comptes. C. *Dole.*
227 Rose, Prêtre. *Quing.*
228 Rose (Révérend pere de), Gardien des Cordeliers, & Docteur
     de Sorbonne. *Dole.*
229 Roslin de Lemont, Directeur des Domaines du Roi. *Besan.*
230 Rossigneux, Conseiller au Magistrat. C. *Dole.*
231 Sanderet (de), Conseiller au P. *Besan.*
232 Seguin, Chanoine à la Métrop. *Besan.*
233 Sonnet d'Auxon (le Comte de). *Vesoul.*
234 Soulet, Conseiller. *Gray.*
235 Teste, de l'Ordre de Malthe. *Gray.*
236 Tharin, Conseiller au Parlem. *Besan.*
237 Thiebaut, Secrétaire du Roi. *Besan.*
238 Tournay de Moncel, Conseiller à la Chamb. des Comptes. *Paris.*
239 Tramain (de), Capitaine au Régiment du Roi. *Besan.*
240 Valdahon (de), Colonel de Cavalerie. *Dole.*
241 Vandelin (de St.), Conseiller au Parlement. *Besan.*
242 Varin Dufresne, Conseiller au Parlement. *Besan.*
243 Vauches, Procureur du Roi. *Lons-l.*
244 Vaudrey de Poupet, Conseiller au Parlement. *Besan.*
245 Vaulcherot, Avocat. *Dole.*
246 Vautrin, Principal du Collège. *Besan.*

247	Veliey, Avocat.	*Besan.*
248	***. Avocat.	*Besan.*
249	Virveaux, Subdélégué.	*Gray.*
250	Villervaudey (le Marquis de).	*Besan.*
251	Villevielle (de), Officier de Royal Lorraine.	*Dole.*
252	Viton, Avocat.	*Besan.*
253	Voisez (de), Conseill. au Parl.	*Besan.*

L'on donnera dans peu une liste complette des Souscripteurs de la Province, aussitôt que le petit nombre de souscriptions qui reste à Lépagnez cadet, Libraire à Besançon, sera rempli. Les Noms après lesquels il se trouve un C. ont été reçus par le Sr. Chaboz, Libraire à Dole. Ce n'est qu'à la confrontation de l'Ouvrage, que l'on peut croire que cette Edition est préférable à celle de Paris.

Interesting as this list is, only limited conclusions can be drawn from a study of it, since, despite the surprisingly large number of subscribers drawn from this one corner of France, the sample is inevitably limited to this region as well as restricted in size. The line separating the nobleman off from the *roturier* in eighteenth-century France is not easy to establish. All we can safely say is that this list contains the names of 13 titled persons, some of whom are included among the army officers listed; these come to over 30. The legal world is heavily represented: no fewer than 42 *avocats* are listed with 45 other lawyers, ranging from high dignitaries of the Besançon Parlement to holders of more modest posts. The list also includes 21 holders of a variety of administrative posts; 6 *docteurs en médecine* are listed along with 15 *négociants*. The clergy, regular and secular, is well represented with 38 names, among them those of 9 *curés*.[1]

Broadly speaking, although the names of a considerable number of eminent personages of the Besançon–Dole region are to be found in this list, the lower price of the Pellet quarto edition seems to have appealed to a large number of members of the professional classes. That a good third of the subscribers in this part of France were lawyers is a striking phenomenon. Yet to attempt to draw sweeping sociological inferences from this sample of subscribers would be rash. Only when we have similar documents from other parts of France will it be possible to draw more positive and clear-cut conclusions.

---

[1] It is not as well represented as in the Périgord region according to R. de Boysson, *Le Clergé périgourdin pendant la persécution révolutionnaire*, Paris, 1907, p. 49, who states, in speaking of the clergy of that part of France on the eve of the Revolution: 'Nous avons découvert, dans les papiers d'un ancien curé de Goutz, deux listes de souscriptions à l'*Encyclopédie*; sur quarante souscripteurs, nous avons compté vingt-quatre curés.' (I owe this reference to M. N. Becquart, Directeur des Services d'Archives de la Dordogne.)

Appendix D

═══

ADDENDA ET CORRIGENDA

I. 'The *Encyclopédie* in Eighteenth-century England' (*FS*, 1952, pp. 289–307).

p. 290, *ll.* 12–13. The author derived some of his material from the article on Diderot in Abbé de Feller's *Dictionnaire historique* (2nd edition, Augsburg–Liège, 1791, vol. iii, pp. 530–2).

II. 'Louis, Chevalier de Jaucourt (1704–1780). A Biographical Sketch' (*Essays presented to C. M. Girdlestone*, pp. 195–217).

Fresh light has been thrown on the life and career of Jaucourt by Professor R. N. Schwab in 'Un encyclopédiste huguenot: le Chevalier de Jaucourt' (*BSHPF*, 1962, pp. 45–75).

p. 197. That the Chevalier did spend some time in Cambridge—though not three years—is proved by a letter discovered by Professor Schwab (*BSHPF*, 1962, pp. 51–52). As it throws considerable light both on Jaucourt's outlook at this stage in his career and on the state of the University of Cambridge at this period in its long history, it deserves to be reproduced in full. The letter (BPUG, Archives Tronchin, vol. 210, ff. 6–8) was addressed to Jean Tronchin, soon to be *procureur-général* of the Republic of Geneva.

Monsieur

Ayant appris par ma Chere Sœur que vous eties à Paris, j'ai cru que ce seroit manquer à mon devoir que de ne pas profiter de l'occasion qui se [pre]sente pour avoir l'honneur de vous écrire, conservant pour vous toute [la c]onsideration possible et en particulier une tres sensible reconnoissance [pou]r toutes les bontes dont vous m'avez honoré dans mon sejour à Geneve, [d]ont mon depart plus que precipité m'a privé de l'honneur de vous dire adieu. [Ce n]'est pas que dans les deux jours que j'eûs pour faire mon bagage, je ne fus deux [fo]is chez vous pour avoir l'honneur de vous voir, mais j'eûs le malheur de ne vous pas trouver. J'arrivai à Paris fort heureusement où je n'ai pas resté une Semaine. Je partis de là avec mon Beau-frere[1] pour Londres où j'ai sejourné un mois à parcourir

[1] John Carmichael.

un peu les diverses Curiosités de cette grande ville. De là par avis de mes parens j'ai choisi l'Université de *Cambridge* pour aprendre l'anglois où je suis depuis 6 Semaines sans y avoir fait de fort grands progres. Cette langue est si abondante, la difficulté de la pronontiation si grande par raport à un françois qui n'y est pas des l'age de 10 ans au moins, que je deffie le plus habile de pouvoir jamais atraper le vrai ton. Pour ce qui est en particulier de l'Université de *Cambridge* que je ne connoissois auparavant que de reputation, en gros et méme d'une maniere à lui faire honneur, je ne saurois assez vous marquer à present que je l'examine, que je la vois de mes yeux en *detail*, combien de mepris j'en fais. Elle est composée de quinze où Seize grandes maisons qu'ils nomment *Colleges* dans chacun desquels il y a 200, 100 plus ou moins d'Ecoliers et 40 où 30 à proportion de Maitres qui sont *Associez* dans les colleges pour l'instruction de ces Jeunes Ecoliers, c'est a dire depuis l'age [de?] 17 ans car je n'en ai point vu de plus Jeunes. La Vie de ces maitres c'est de tirer le plus d'argent qu'ils peuve[nt] des Ecoliers et du reste s'en embarassent tres peu. Ils font leurs Parties où tout leur plaisir pendant des jours entiers c'est de boire et de fumer. Gens pour la pluspart ignorans du moins à proportion de l'habileté qu'ils devroi[ent] avoir, Contents de savoir leu[r]s *auteurs*, leur *Sophistiquerie*, et leur Breviai[re]. Des qu'ils sont une fois parvenus à etre associez du College, comme cela leur aporte une rente fixe, ils ne pensent plus à pousser leurs etudes, mais à s'atirer des Ecoliers pour amis, à dormir, à boire, à raisonner de politique, et à se partager en Whigs et en Torys dont nous avons ici (je parle des derniers) une bonne quantité. Apres qu'on a demeuré un certain tems dans l'Université on donne des degrez, c'est a dire de certains avancemens. Ces degrez ne se donnent pas au merite, à l'habileté comme vous pourriez vous l'imaginer. C'est premiere-m[en]t au tems que l'on a demeuré dans l'Université, ensuite pour obtenir ces degrez, il faut une somme d'argent moyennant quoi quelque leger que soit votre savoir, vous etes assuré d'être *Bachelier, maitre es arts Docteur*, en un mot tout. P[ou]r moi quand je reflechis sur tout cela, je ne saurois m'empecher de benir le Ciel, qui m'a fait etudier dans une ville où si je n'ai pas fait les progrez que je devois, c'est à mes maladies et à ma negligence que j'en dois seuls atribuer la Cause, ville où le merite et l'habileté sont du moins estimez et honorez s'ils ne sont pas recompensez par les biens de la fortune. Ici c'est [tout?] autrement. C'est *l'argent, la Cabale* qui ont le dessus. Sur tout un françois qui ne sçait pas parler leur langue, qui n'entre pas avec fureur d[an]s le Whigisme et le Torisme, qui ignore l'art de Bien boire et de bien fumer est dans cette Université tres mal venu. Vous jugez bien M^r que moi qui suis imbu d'autres maximes, je ne recherche pas la Compagnie de Semblables gens. Mon occupation est de tacher d'aprendre la langue Angloise, et de lire des livres en cette langue. J'en trouve beauc[ou]p et d'admirablement beaux qui me font écouler mes heures avec plaisir. Apres quoi je penserai a prendre les ordres, abandonnant le reste aux bons Soins [de l]a providence. Je pense que vous en avez bien voulu raisonner avec Mon Pere et Ma Mere; etant de retour à Geneve je me persuade que vous aurez la bonté d'en parler à Mr D... et à Mr Caze et me faire part la dessus de Vos Conseils, d'une maniere libre et franche desquels j'aurai soin de [pro]fiter, considerant infiniment tout ce qui vient de votre part, et etant avec tout le respect, la reconnoissance et la consideration possible.

Votre tres humble et tres obeissant Serviteur

De Cambrige [*sic*] ce 24 Avril   L. de Neufville
1727 V.S.

The address runs: à Monsieur
Monsieur J. Tronchin Ancien
Procureur de la Republique de
Geneve.

Resisting the temptation to examine how far such a gloomy view of Cambridge in the 1720s was well founded, we can glean from this letter some information about this period of the Chevalier's life. It will be noted that it contains no mention of Théodore Tronchin; it also makes it clear both that Jaucourt did not arrive in Cambridge until early in March 1727 and that he was still in Geneva at the end of January of that year. Of his protracted studies there we learn disappointingly little, except that they had been held up to some extent by spells of ill health. An intriguing glimpse into the Protestant conscience of the Chevalier is provided by his intention, at this stage in his career, to go into the Church. Such a step would inevitably have made considerable difficulties for him in France. Some echoes of his family's agitation at the news of his intentions can be found in a letter (part of which is quoted in *BSHPF*, 1962, p. 52) from his sister-in-law, the Marquise de Jaucourt, to his sister, Isabelle, preserved today among the family papers in the Archives Nationales (86 AP 6, 8):

Vous vous étes amusée à La moutarde ma chere enfant avec votre Anglois. Vous vous etes contentée de lui tendre de petits gluaux, a present qu'il a Laile forte il vous échape. Il auroit été pourtant bien jolli dêtre Mad^e. Levechesse. Ce penchant que vous vous santez nouvellement pour la devotion, ne proviendroit-il point de votre vocation pour L'épiscopat. Vous vous en aviseriez un peu tard, examinez vous. On a souvent des penchans dont on ygnore La source. J'ai été dévote autre fois et je croyois L'être de bonne foi. Cependant on a voullu que ma devotion fut accidentelle. Je n'ai pas encore bien decidé Le cas avec moi même. Je ne scai si mr de N. est sa propre dupe sur ce fait la, ou s'il se sert du pretexte de la religion pour suivre son inclination. Je croi qu'il seroit a propos que vous Lui fissiez sentir qu'il s'expose a de grands inconveniens, et qu'un jour avenir on ne seroit peut etre pas maistre de lui conserver son bien, quelques bonnes intentions qu'on put avoir; le pauvre garçon auroit bien mauvaise opinion de ma pieté si vous lui raporticz mot a mot ce que je viens de vous dire. Il sécriroit de bon cœur. ô tems ô meurs, est il possible qu'on attribüe a des motifs de corruption ce que produit le Zele le plus pur. Je plains son sort de toutte mon ame, faittes lui je vous prie bien des amitiez de ma part.

However, the Chevalier changed his plans. How long he remained in Cambridge after April 1727 and whether he was joined there by Théodore Tronchin we do not at present know.

p. 198. I am no longer convinced that the extract from the Marquise de Jaucourt's letter of 22 September 1728 refers to our Chevalier.

p. 199. Tronchin and he were certainly together in Amsterdam on various occasions. At the beginning of 1732 he wrote to Jean Tronchin at Geneva (BPUG, Archives Tronchin, vol. 211, f. 265):

> Je suis, Monsieur, trop sensible à l'honneur de vôtre Souvenir pour ne pas saisir l'occasion de vous en marquer ma reconnoissance, et vous remercier en même tems du profond de mon cœur de vôtre obligeante lettre. Je puis vous assurer que je conserverai toujours precieusement la memoire de toutes les bontés et politesses dont vous m'avez honoré pendant mon sejour dans vôtre ville, et je desire avec la plus forte ardeur de trouver les occasions de vous en marquer mon ressentiment. Ma situation ne se trouve pas encore assurée. mes Parens se trouvent actuellement accables d'un Procez qui leur coute beaucoup de depense et de soucis.[1] ils m'assurent chaque jour de leur attention à mes interests, et de leur dessein de regler leurs affaires avant leur mort d'une maniere dont j'aurai lieu d'être content. En attendant je vis dans ce pays depuis pres de quatre ans, continuellement attaché à diverses Etudes, mais en particulier à celle de la Medecine qui occupe une assez grande partie de mon tems : Je passe le reste à l'amusement de lectures diversifiees en tout genre. je coule ainsi mes jours, je ruine ma santé dont je fais peu de cas, et apres bien du travail je me trouve toujours dans le même cercle d'ignorance. Je ne dois pas oublier de mettre au rang de mes plaisirs celui que je goute dans la compagnie de M^r vôtre Neveu, qui (mis a part toute mon amitié), est un garçon d'un génie des plus elevés, d'un grand merite, et doué de ces talens necessaires pour former ces hommes dont nous admirons le gout et la profonde erudition, d'ailleurs fort estimé, et chargé d'une profession où il reünit l'honnete homme, et l'homme entendu dans son metier, qualités assez rares, et qui ne se rencontrent gueres dans ces sortes detats où l'on cherche à vivre d'industrie : Vous savez que dans les grandes villes et en particulier dans celle ci des gens de ce calibre sont peu communs, et si

---

[1] For details about this lawsuit see *BSHPF*, 1962, pp. 68–69.

jamais il y eût du merite à n'être pas singe, c'est assurement dans ce cas:
je suis ravi de la continuation de la santé de Mr Caze, il me fait l'honneur
de m'ecrire de tems en tems, et j'ai grand soin d'entretenir un commerce
qui m'est si precieux. Je forme souvent le desir d'y substituer des entre-
tiens de bouche, je voudrois bien que ma fortune me permit d'executer ce
dessein, et d'avoir l'occasion de vous prouver la consideration et l'attachement avec lequel je suis

Monsieur

Vous voulez bien me permettre de presenter Votre tres humble et tres
mes tres humbles respects à Madame votre Obeissant Serviteur
Epouse   Amsterd. le 3 Janvier 1732.   Neuville

> A Monsieur
> Monsieur Tronchin Conseiller
> d'Etat
> à Geneve.

p. 200. Three letters of Voltaire (*Studies,* vol. iv, pp. 191–2 and vol. x, pp.
445–8)—recently identified by M. J. D. Candaux as being addressed to
Jaucourt (*BSHPF*, 1962, pp. 254–5)—show that he was still in Holland in
1737 (one of the letters is addressed to 'Monsieur de Neufville à Amsterdam').
Professor Schwab (*BSHPF*, 1962, p. 72, n. 51) quotes an interesting
extract from a letter of Rémond de Montmort to President Bouhier, written
on 28 December 1738: 'M^r le m. de Jaucourt m'emmena hier un frère
nouvellement reconnu par sa famille et rendu à sa patrie. Il s'est toujours appelé en Hollande Neuville et j'ai veu de lui la vie de Mr de Leibniz. C'est un
garçon aussi aimable par son caractère et par son esprit que laid de figure.
Ses connoissances sont justes et étendues' (the ultimate source of this quotation is BN, Ms. fr. 24416, f. 344). I do not see, however, that this passage
gives the impression that the Chevalier had been 'temporairement déshérité
par sa famille'.

pp. 200–1. Professor Schwab (*BSHPF*, 1962, p. 72, n. 55) gives a reference
to a letter of Isabelle de Jaucourt (9 June 1747) which mentions further
relations between the Chevalier and Voltaire. The passage runs as follows:
'Le ch^er soupa jeudy chez Melle de Th—(?) avec M^e du ch. et V. Je n'ai pas
nuir [*sic*] a cet exces de gloire, mais helas V. fut froid et le ch^er ne le preconi-
soit pas le lendemain' (86 AP 6, 334).

p. 203. Professor Schwab (*BSHPF*, 1962, pp. 72–73) has drawn attention
to a reference to Jaucourt's presence in Amsterdam in 1750. See *Lettres sur
l'Angleterre, la Hollande et l'Italie* in *Recueil des œuvres de Madame du
Boccage,* Lyons, 1770, 3 vols., vol. iii, p. 96 (30 June 1750): 'J'ai eu le
bonheur de rencontrer trois hommes de mérite en divers genres: MM. de
S. Sauveur, Consul de notre Nation, Tronchin, fameux Médecin, & le

chevalier de Jaucour, aussi connu par son savoir que par sa naissance. Il voyage sans faste, & n'en est que plus respecté. Ces sages daignerent sacrifier un de leurs moments à nous montrer le cabinet de M. Brankam . . ., les manufactures de soieries, la belle maison de campagne de M. Pinto . . ., & l'hôtel de ville. . . .'

p. 204. There is a possible explanation of the mysterious 'ouvrage' in the *Avertissement* of Vol. VI of the *Encyclopédie* (p. vi) which states that 'une Femme que nous n'avons pas l'honneur de connoître, nous a envoyé les articles FALBALA, FONTANGE, & autres'. With this we must combine a letter, reproduced in the *Correspondance littéraire* of 15 April 1756 (vol. iii, p. 203— cf. Roth, vol. i, pp. 207–8) as being addressed to Diderot by an unknown woman. From this reference she must be identified as the Marquise. If a few fragments of the article submitted by this female contributor appeared in the unsigned FONTANGE in Vol. VII of the *Encyclopédie*, it would seem that the Marquise's hand is also visible in the unsigned FALBALA in the previous volume.

p. 206. Palissot's eulogy of Jaucourt appeared in print as early as 1771 (his *Mémoires pour servir à l'histoire de notre littérature* were first published in that year along with *La Dunciade*; the reference is to vol. ii, pp. 136–7. See Chap. V, p. 327).

p. 207. Diderot's true feelings on the subject of Jaucourt's contribution are revealed in a passage in a document brought to light by Luneau de Boisjermain (see *Studies*, vol. xxiii, pp. 161–2).

p. 211. Jaucourt's letter of thanks to Formey, the secretary of the Berlin Academy, written on 7 February 1764, is reproduced in the latter's *Souvenirs d'un citoyen*, Berlin, 1789, 2 vols., vol. ii, pp. 206–8. It is introduced by the following lines which show a high regard for the Chevalier: 'J'en ai toujours eu l'idée la plus avantageuse, & lors que M. d'*Alembert* étant ici [in 1763], me fit entendre qu'il n'accepteroit pas la présidence de notre Académie, je lui témoignai le désir qu'elle fût conférée à M. *de Jaucourt*.'

It is interesting to find Frederick himself inquiring after the Chevalier, over a dozen years later, in a letter to D'Alembert: 'M. de Jaucourt, parent de l'encyclopédiste, est venu à Magdebourg voir les troupes; c'est un des plus aimables François que j'aie vus de longtemps. . . . Je me suis informé de son parent, qui par goût a étudié la médecine chez Boerhaave; une de ses parentes a élevé ma sœur de Suède et une de mes sœurs qui est morte.' D'Alembert's reply is typical: 'Je ne vois plus depuis très-longtemps mon ancien confrère le chevalier de Jaucourt, l'encyclopédiste. Il vit dans la plus grande retraite, et s'occupe, dit-on, d'une nouvelle édition du Moréri; car il ne peut travailler qu'à des ouvrages en plusieurs volumes in-folio. Les petits volumes de Racine et de La Fontaine ne contiennent pas tant de mots et plus de choses' (Frederick II, *Œuvres*, Berlin, 1846–56, 31 vols., vol. xxv, pp. 77, 80).

A letter of 1767 from the Genevan watchmaker, Jean Romilly, to J. J. Rousseau contains a mention of the Chevalier: 'Vous savez, je crois, que mon fils est bien placé à Londres. . . . C'est par les soins du bon Chevalier de Jaucourt que mon fils doit sa place.' See M. Launay, 'Madame de Baugrand et Jean Romilly, horloger, intermédiaires entre Rousseau et Diderot' (*Europe*, January–February 1963, p. 261).

Whether or not D'Alembert was correctly informed when he wrote that in 1777—at the age of 73—Jaucourt was engaged on a new edition of Moréri, there is evidence that to an advanced age he worked on various other compilations. The statement of Louis Dutens that Jaucourt was one of the contributors to the *Encyclopédie d'Yverdon* would seem to be unfounded (J. Perret, *Les Imprimeries d'Yverdon au XVIIᵉ et au XVIIIᵉ siècle*, Lausanne, 1945, p. 222); but he certainly contributed to the thirteen quarto volumes of the *Dictionnaire universel raisonné de justice naturelle et civile*, published at Yverdon in 1777 and 1778 (ibid., pp. 193, 399). Moreover, he was also given a large share in another project of De Félice which in the end never materialized—a *Dictionnaire universel raisonné de médecine*, based on the *Encyclopédie d'Yverdon* and directed by Haller. Letters of De Félice to Haller in the period 1775–7 speak most highly of Jaucourt (E. Maccabez, *F. B. de Félice (1723–1789) et son encyclopédie. Yverdon 1770–1780*, Basle, 1903, pp. 166, 171–2, 178), while in the prospectus he expresses his gratitude to the Chevalier for furnishing him with 'six gros volumes' (Perret, op. cit., p. 203 n.).

p. 213. To the list of extant letters from and to Jaucourt it is now possible to add the following:

Jaucourt to J. Tronchin, 24 April 1727 (o.s.). BPUG, Archives Tronchin, vol. 210, ff. 6–7 (see *BSHPF*, 1962, pp. 51–52, where part of the letter was first published by Professor Schwab; the complete text is given above, pp. 474–6).

to J. Tronchin, 3 January 1732, Archives Tronchin, vol. 211, f. 265 (see *BSHPF*, 1962, p. 70, n. 33; the complete text is given above, pp. 477–8).

to J. H. S. Formey, 7 February 1764 (published in *Souvenirs d'un citoyen*, vol. ii, pp. 206–8).

To Jaucourt from Voltaire, 6 February 1737 (Pierpont Morgan Library; Best. 1222a, *Studies*, vol. iv, pp. 191–2); 1 March 1737 (Th. B. C1058; Best. 1233a, *Studies*, vol. x, pp. 445–6); 29 March 1737 (Th. B. C1059; Best. 1244a, *Studies*, vol. x, pp. 447–8).

from Saint-Florentin, 10 January 1770 (Arch. Nat. o¹ 412).

III. 'The *Encyclopédie*. Two Unsolved Problems' (*FS*, 1963, pp. 121–35).

pp. 122–3. Some information about the missing volume of accounts (*Journal B*) is contained in 'Luneau de Boisjermain v. the Publishers of the *Encyclopédie*', *Studies*, vol. xxiii, pp. 162–73.

pp. 125–34. Le Breton's censoring of the last ten volumes of the *Encyclopédie* is also touched on in the same article (pp. 148–51).

IV. 'Luneau de Boisjermain v. the Publishers of the *Encyclopédie*' (*Studies*, vol. xxiii, 1963, pp. 115–77).

p. 125. 4,000 copies of the plates were printed by the original publishers (see their agreement of 16 December 1768 with Panckoucke, reproduced in Chap. II above, p. 59).

pp. 174–7. Items 11, 12, 20, and 21 of this list are mentioned in S. P. Hardy's *Mes Loisirs*, ed. M. Tourneux and M. Vitrac, Paris, 1912, vol. i, pp. 280–1, 284–5, and 350 under the dates of 21 August and 4 September 1771 for the first two documents and 22 June 1772 for the last two. Other items are now available in vol. xi of Roth: 12 (Diderot's letter only), pp. 145–53; 13, pp. 158–78, 186–9; 17, pp. 228–48; and 18, pp. 99–124.

V. 'The Problem of the Unsigned Articles in the *Encyclopédie*' (*Studies*, vol. xxxii, 1965, pp. 327–90).

After this article was completed I turned to a study of D'Holbach's role as a contributor to the *Encyclopédie* and, as explained in Chap. III, arrived at the conclusion that a considerable number of unsigned articles must be attributed to him. This has its repercussions on the problem of Diderot's share of the unsigned articles, as will be seen from the following list, which also corrects a number of slips and misprints.

p. 337. After *coq read '*P.A.M.* iii. 758–9'.

p. 338. Add *inné: *P.A.M.* ii. 198 (*Sur l'absurdité du principe des idées innées*). Delete *invisible.
After *irascible read '*P.A.M.* iii. 599–600'.

p. 339–40. Delete *alrunes (in AT, vol. xiii, pp. 284–5).

p. 340. Under *alsace read 'Count d'Hérouville de Claye'. Add *cerf.

p. 345. For bibliomanie read bibliomane.

p. 346. Add iliade. The beginning, down to the paragraph concerning 'M. Barus' (= Barnes), is from Chambers, iliad; as M. Trousson points out (*Diderot Studies VIII*, p. 204 n.), the next four paragraphs are taken from Voltaire's *Essai sur la poésie épique*, which leaves only two paragraphs unaccounted for, and these do not bear the stamp of Diderot.

p. 347. JAKUTES. See Chap. III, p. 123–4, 145.

KING: By d'Holbach? See Chap. III, p. 186–7.

Add LAO-KIUN: By D'Holbach? See Chap. III, pp. 187–8.

Add LIGATURE: paragraphs I, V–IX, and XI are taken from Chambers, LIGATURE; paragraphs XIII and XIV consist of a long quotation from Montaigne; there is no reason to attribute the final paragraph and paragraphs II–IV, X, and XII to Diderot. See the note to MALÉFICE.

LOI NATURELLE (*Morale*): this cannot very well have been compiled by Jaucourt, as he was responsible for another article, NATURELLE, *loi*; but it seems very dubious Diderot.

Add MALÉFICE: this article, which has a cross-reference to LIGATURE, is taken straight from Chambers, WITCHCRAFT; the only differences lie in the introductory definition and in the addition of a few lines in the middle of paragraph IX, the last sentence of paragraph X, and the whole of paragraph XI. There is nothing to connect these additions with Diderot.

MANSTUPRATION: by Ménuret de Chambaud. Jean Mayer (*Diderot homme de science*, p. 343 n.) points out that the author refers to a medical thesis which he had sustained at Montpellier. However, the article was not written, as he suggests, by Hugues Maret, but by Ménuret de Chambaud, who in MARIAGE which bears his symbol—'(m)'—mentions that this article is by him (see J. Roger, *Les Sciences de la vie dans la pensée française du XVIIIᵉ siècle*, p. 631 n.).

p. 348. MARABOUS: see Chap. III, p. 219–20.

NGOMBOS: see Chap. III, p. 121, 166.

ODIN: see Chap. III, p. 140.

Add ODYSSÉE: paragraphs I–VI and the last part of paragraph IX are taken straight from Chambers, ODYSSEY; paragraph VIII is also second-hand, and there is really nothing to connect the article with Diderot (see R. Trousson, *Diderot Studies VIII*, p. 204 n.).

OFAVAI: see Chap. III, p. 177.

PARÉAS: see Chap. III, p. 198.

PIACHES: see Chap. III, p. 157–8.

p. 349. PRASSAT: see Chap. III, p. 202.

PRÊTRES: see Chap. III, p. 121.

p. 350. REPRÉSENTANTS: see Chap. III, p. 121.

THÉOCRATIE: see Chap. III, p. 121.

TYRAN: the three articles which follow—TYRANS, LES TRENTE; TYRANNICIDE; and TYRANNIE—are by Jaucourt, but the approach of the last of these is different from that of TYRAN. Neither Diderot nor Jaucourt would seem to have been responsible for the first article in the series.

ULÉMA: see Chap. III, p. 223.

p. 352. HAWAMAAL: see Chap. III, p. 120, 138–9.
Under INSTINCT add: PIÉGE which bears Leroy's signature has a cross-reference to INSTINCT.
MADRÉPORES: see Chap. III, p. 121.
OMBIASSES: see Chap. III, p. 121, 166–7.
OVISSA: see Chap. III, p. 121, 167–8.
PAVÉ DES GÉANTS: see Chap. III, p. 121.

p. 353. SAMBA-PONGO: see Chap. III, p. 121, 169–70.
TOPILZIN: see Chap. III, p. 121, 150.
Under D'Holbach add: and probably also JAKUTES, KING, LAO-KIUN, MARABOUS, ODIN, OFAVAI, PARÉAS, PIACHES, PRASSAT, and ULÉMA (see Chap. III).
For Maret read 'Ménuret de Chambaud'.

p. 354. To n. 32 add: 'and in his letter of 13 November 1772 (Roth, vol. xii, p. 171).'

p. 355. Add INVISIBLE: ibid., p. 207. *Sur les aveugles.*

p. 359. Add SPONTANÉITÉ: (*P.A.M.*, iii. 581).

p. 366. Delete ILIADE.

p. 367. Delete INVISIBLE, LAO-KIUN, LIGATURE.

p. 368. Delete MALÉFICE. Under MENSONGE OFFICIEUX add: 'see SARRASINS (AT, vol. xvii, pp. 76–84)'.

p. 369. Delete ODYSSÉE.

p. 373. Delete HONDREOUS: see Chap. III, p. 193.
Add INTERLOCUTEUR (*Gram.*).

p. 374. Delete OACCO.

p. 375. Delete PACTA CONVENTA and PASENDA: see Chap. III, pp. 136 and 199.

p. 376. Add PROVINCIAL, adj. & subs.
Delete RAISON D'ÉTAT: see Chap. III, p. 136 n.

p. 378. For RETRACTION read RETRACTATION.

p. 379. Add SALUER (*Gramm.*).

p. 380. Add SOLLICITER (*Gram.*).

p. 383. Add SYNDERESE (*Gram.*) and TAILLE ('se dit de la hauteur & de la grosseur du corps humain . . .').

p. 385. Add ULCERER.

Bibliography

MANUSCRIPT SOURCES

Amsterdam Bibliotheek van de Vereeniging ter Bevordering van de Belangen des Boekhandels. Papers of Marc Michel Rey.

Bouillon Musée Ducal. Archives Weissenbruch (on microfilm).

Geneva Archives d'État. Papers of Notaires Dunant and Mercier, vol. viii, pp. 1289–1311; vol. xii, pp. 269–80.

—— Bibliothèque Publique et Universitaire. Archives Tronchin, vols. 198, 210, 211; Ms. fr. 916; Ms. Suppl. 148 (Dossier Panckoucke).

The Hague Koninklijk Huisarchief. MS. G. 16-287, Letters of Pierre Rousseau to Marc Michel Rey.

Neuchâtel Bibliothèque de la Ville. MS. 1189, Dossier de la Société Typographique; MS. 1233, Documents concernant l'Encyclopédie et la description des Arts & Métiers.

Paris Archives Nationales. o^1 406, 408, 412, Maison du Roi; U 1051, Accounts of the *Encyclopédie*; 86 AP 6, 7, 7(1), Jaucourt family papers.

—— Bibliothèque de l'Arsenal. MS. 10305, documents concerning the seizure of Panckoucke's reprint of the *Encyclopédie*.

—— Bibliothèque Nationale. Ms. fr. 10781–10783, Historique des Auteurs en 1752; Ms. fr. 21932, État des Livres arrêtés dans les visites faites par les Syndics & Adjoints; Ms. fr. 21967, Privilèges, 1775–8; Ms. fr. 22069, 22086, L'*Encyclopédie* et Luneau de Boisjermain; Ms. fr. 22156–22165, Journal de l'inspecteur d'Hémery, 1750–69; Ms. fr. 24416, Correspondance du président Jean Bouhier; Nouv. acq. fr. 1214, Copie de lettres relatives à la police de la librairie de Paris, 1750–70, provenant de M. d'Hémery; Nouv. acq. fr. 3345, 3531, Papiers de Malesherbes.

—— Ministère des Affaires Étrangères. Correspondance politique, Genève, vol. lxxx.

PRINTED SOURCES

Actes de l'Assemblée Générale du Clergé de France tenue en mil sept cent soixante-cinq. Paris, 1765.

ALBRIER, A., 'La famille Daubenton', *Revue historique nobiliaire et biographique*, 1874.

ALEMBERT, J. LE R. D'. *Œuvres philosophiques, historiques et littéraires.* 18 vols., Paris (Bastien), 1805.

—— *Œuvres complètes.* 5 vols., Paris (Belin), 1821–2.

—— *Mélanges de littérature, d'histoire et de philosophie.* 5 vols., Amsterdam, 1763–7.

L'Amateur d'Autographes. Paris, 1862–1914.

Annales politiques, civiles et littéraires du dix-huitième siècle. London, 1777–92.

Année littéraire ou Suite des Lettres sur quelques écrits de ce temps. Paris, 1754–90.

Annonces, affiches et avis divers [= *Affiches de Paris*]. Paris, 1751–1811.

Annonces, affiches et avis divers [= *Affiches de province*]. Paris, 1752–84.

Antidote contre la doctrine du jésuite Molina, à l'usage de Messieurs les Auteurs de l'Encyclopédie. Avignon, 1756.

Archives de la Bastille, ed. F. Ravaisson. 19 vols., Paris, 1866–1904.

Arrests de la Cour de Parlement, portant condamnation de plusieurs livres & autres ouvrages imprimés. Extrait des registres du Parlement, du 23 janvier 1759. Paris, 1759.

Autographes de Mariemont, ed. M. J. Durry. 4 vols., Paris, 1955–9.

Les Avis. n.p.n.d. (1760).

Avis au Public sur le Troisième Volume de l'Encyclopédie. n.p.n.d.

BACHAUMONT, L. P. DE, *Mémoires secrets pour servir à l'histoire de la République des Lettres en France de 1762 jusqu'à nos jours.* 36 vols., London, 1777–89.

BARRAL, P., *Dictionnaire portatif, historique, théologique et moral de la Bible, pour servir d'introduction à la lecture de l'Ecriture sainte.* Paris, 1756.

BARRUEL, ABBÉ A., *Les Helviennes ou Lettres provinciales philosophiques.* 5 vols., Amsterdam, 1781–8.

—— *Mémoires pour servir à l'histoire du Jacobinisme.* 4 vols., London, 1797.

BEAUMONT, CHRISTOPHE DE, *Mandement de Mgr l'archevêque de Paris portant condamnation* [*de la thèse de l'abbé de Prades*]. Paris, 1752.

BELIN, J. P., *Le Mouvement philosophique de 1748 à 1789.* Paris, 1913.

BEZY, J., *Un Prédicateur apostolique au XVIIIe siècle, le Père Frey de Neuville*. Paris, 1904.

BIRN, R. F., *Pierre Rousseau and the Philosophes of Bouillon (Studies*, vol. xxix). Geneva, 1964.

BOCCAGE, Mme DU, *Œuvres*. 3 vols., Lyons, 1770.

BONGI, S., 'L'Enciclopedia in Lucca', *Archivo Storico Italiano*, 1873.

BOULLIER, D. R., *Apologie de la Métaphysique à l'occasion du Discours préliminaire de l'Encyclopédie*. Amsterdam, 1753.

BOURGEOIS, E., and ANDRÉ, L., *Les Sources de l'Histoire de France: 1610–1715*. 8 vols., Paris, 1913–35.

BOYSSON, R. DE, *Le Clergé périgourdin pendant la persécution révolutionnaire*. Paris, 1907.

BROSSES, C. DE, *Du Culte des dieux fétiches*. n.p., 1760.

BUFFON, *Histoire naturelle générale et particulière*. 44 vols., Paris, 1749–1804.

BURLAMAQUI, *Principes du droit politique*. Amsterdam, 1751.

CANDAUX, J. D., 'Trois lettres de Voltaire au Chevalier de Jaucourt', *BSHPF*, 1962.

CAPMARTIN DE CHAUPY, Abbé B. [or La Taste, Dom L. B. de]. *Observations sur le refus que fait le Châtelet de reconnoître la Chambre royale*. 'En France', 1754.

CARCASSONNE, E., *Montesquieu et le problème de la constitution française au XVIIIe siècle*. Paris, 1927.

CARRA, J. L., *Le faux philosophe démasqué, ou Mémoire du Sr. Carra, collaborateur aux Suppléments de la grande Encyclopédie de Paris, contre le Sr. Robinet, Editeur desdits Suppléments*. Bouillon, 1772.

Catalogue des livres de la bibliothèque de feu M. le Baron d'Holbach. Paris, 1789.

CAYLUS, CHARLES DE, *Instruction pastorale de Monseigneur l'évêque d'Auxerre sur la vérité & la sainteté de la religion méconnue & attaquée en plusieurs chefs, par la Thèse soutenue en Sorbonne le 18 Novembre 1751*. n.p. 1752.

Le Censeur hebdomadaire. Paris, 1760–1.

CHARLEVOIX, Father P. F. X., *Histoire du Japon*. 6 vols., Paris (Giffart), 1754.

CHARLIER, G., and MORTIER, R., *Le Journal encyclopédique (1756–1793)*. Paris, 1952.

CHAUDON, Dom L. M., *Dictionnaire antiphilosophique, pour servir de commentaire & de correctif au Dictionnaire philosophique, & autres Livres qui ont paru de nos jours contre le Christianisme*. Avignon, 1769.

CHAUMEIX, A. J. DE, *Préjugés légitimes contre l'Encyclopédie, et Essai de réfutation de ce dictionnaire*. 8 vols., Brussels–Paris, 1758–9.

—— *Réponse à la note de M. Marmontel. Réponse à un article du Journal encyclopédique*. Brussels–Paris, 1759.

—— *Les Philosophes aux abois*. Brussels–Paris, 1760.

CHAVAGNAC, M. V. DE, *Mandement de Mgr l'évêque de Montauban portant condamnation de la thèse de l'abbé de Prades*. Montauban, 1752.

CHEVRIER, F. A., *Le Colporteur, histoire morale et critique*. London, 'l'an de la Vérité'.

Le Choix littéraire. Geneva, 1755–60.

CLÉMENT, F., 'Pierre Rousseau et l'édition des *Suppléments* de l'*Encyclopédie*', *RSH*, 1957.

CLEMENT XIII, *Damnatio et prohibitio operis in plures Tomos distributi, cujus est titulus, Encyclopédie*. n.p., 1759.

Conseil de Lanternes, ou la véritable vision de Charles Palissot, pour servir de post-scriptum à la Comédie des Filosofes. 'Aux Remparts', 1760.

Le Coq-à-l'Asne ou l'éloge de Martin Zebre, prononcé dans l'Assemblée générale tenue à Montmartre par MM. ses confrères. Asnières, 100070060.

CORNOU, F., *Élie Fréron, 1718–1776*. Paris, 1922.

COSTE, LOUIS, *Le Philosophe ami de tout le monde, ou conseils désintéressés aux littérateurs*. 'A Sopholis', 1760.

COYER, Abbé, *Discours sur la Satyre contre les Philosophes*. 'A Athènes', 1760.

DANZEL, T. W., *Gottsched und seine Zeit, Auszüge aus seinem Briefwechsel*. Leipzig, 1848.

DEHERGNE, J., 'Une table des matières de l'*Année littéraire* de Fréron', *RHL*, 1965.

DELAFARGE, D., *La vie et l'œuvre de Palissot (1730–1814)*. Lyons, n.d.

DERATHÉ, R., *Jean-Jacques Rousseau et la science politique de son temps*. Paris, 1950.

Determinatio Sacrae Facultatis Parisiensis super Libro cui titulus, De l'Esprit. Paris, 1759.

DIDEROT, *Correspondance*, ed. G. Roth. Paris, 1955– (in course of publication).

—— *Œuvres*, ed. J. A. Naigeon. 15 vols., Paris, 1798.

—— *Œuvres*. 8 vols., Paris (Belin), 1818–19.

—— *Œuvres*. 21 vols., Paris (Brière), 1821.

DIDEROT, *Œuvres complètes*, ed. J. Assézat and M. Tourneux. 20 vols., Paris, 1875–7.

DUBOSQ, Y. Z., *Le Livre français et son commerce en Hollande de 1750 à 1780.* Amsterdam, 1925.

DUCLOS, Abbé, and CAILLEAU, C. A., *Dictionnaire bibliographique. Supplément* [by J. C. Brunet]. 4 vols., Paris, 1790–1802.

DUVAL, Abbé P., *Essais sur différents sujets de philosophie.* Paris, 1767.

Encyclopédie méthodique, ou par ordre de matières . . . proposée par souscription. n.p., 1782.

—— *Mathématiques,* ed. D'Alembert and Bossut. 3 vols., Paris, 1784–9.

—— *Philosophie ancienne et moderne,* ed. J. A. Naigeon. 3 vols., Paris, 1791–7.

La Feuille nécessaire [from 1760 *L'Avant-coureur*]. Paris, 1759–73.

FORMEY, J. H. S., *Souvenirs d'un Citoyen.* 2 vols., Berlin, 1789.

FRÉRON, E. C., see *Lettres sur quelques écrits de ce temps* and *Année littéraire.*

FREY DE NEUVILLE, CHARLES, *Sermons.* 8 vols., Paris, 1776.

FREY DE NEUVILLE, PIERRE CLAUDE, *Sermons.* 2 vols., Rouen, 1778.

FUMEL, J. F. H. DE, *Mandement et instruction pastorale de Monseigneur l'évêque de Lodève touchant plusieurs livres ou écrits modernes, portant condamnation desdits livres ou écrits.* Montpellier, 1759.

GAUCHAT, Abbé G., *Lettres critiques ou analyse et réfutation de divers écrits modernes contre la religion.* 19 vols., Paris, 1753–63.

Gazette [from 1 January 1762 *Gazette de France*]. Paris, 1631–1793.

Gazette de Berne [= *Nouvelles de divers endroits*]. Berne, 1689–1798.

Gazette littéraire de Berlin. 1757–?.

GIRARD, Abbé G., *Synonymes français.* 3rd edition, Paris, 1741.

GIRY DE SAINT-CYR, Abbé, 'Avis utile', *Mercure de France*, October 1758, vol. i.

—— *Catéchisme et décisions de cas de conscience à l'usage des Cacouacs; avec un discours du patriarche des Cacouacs pour la réception d'un nouveau disciple.* 'Cacopolis', 1758.

GMELIN, J. G., *Reise durch Sibirien von dem Jahr 1733 bis 1743.* 4 vols., Göttingen, 1751–2.

GORDON, D. H., and TORREY, N. L., *The Censoring of Diderot's Encyclopédie and the Re-established Text.* New York, 1947.

GRIMM, F. M. (ed.), *Correspondance littéraire, philosophique et critique,* ed. M. Tourneux. 16 vols., Paris, 1877–82.

GRIMSLEY, R., *Jean d'Alembert.* Oxford, 1963.

GROSCLAUDE, P., *Malesherbes témoin et interprète de son temps.* Paris, 1961.

GUYOT, C., *Le Rayonnement de l'Encyclopédie en Suisse française.* Neuchâtel, 1955.

HARDY, S. P., *Mes Loisirs,* ed. M. Tourneux and M. Vitrac, vol. i (all published). Paris, 1912.

HATIN, E., *Bibliographie historique et critique de la presse périodique française.* Paris, 1866.

HAYER, J. N. H. See *La Religion vengée.*

HERVÉ, Father F. M., *Réflexions d'un Franciscain, avec une lettre préliminaire, addressées à M. ***, auteur en partie du Dictionnaire encyclopédique.* n.p., 1752.

—— and FRUCHET, Father, *Réflexions d'un Franciscain sur les trois premiers volumes de l'Encyclopédie avec une lettre préliminaire aux éditeurs.* Berlin, 1754.

Histoire générale des voyages, ed. Abbé Prévost. 16 vols., Paris, 1746–61.

HOLBACH, P. T. D', *Le Christianisme dévoilé.* London, 1767.

—— *Le Bon Sens, ou idées naturelles opposées aux idées surnaturelles.* London, 1772.

—— *Système social, ou principes naturels de la morale et de la politique.* London, 1773.

—— *La Politique naturelle, ou discours sur les vrais principes du gouvernement.* London, 1773.

—— 'Essai sur l'art de ramper à l'usage des courtisans', *Corr. litt.,* December 1790.

HUBERT, R., *Les Sciences sociales dans l'Encyclopédie.* Paris, 1923.

—— *Rousseau et l'Encyclopédie.* Paris, n.d.

IRAIL, Abbé S. A., *Querelles littéraires, ou Mémoires pour servir à l'histoire des Révolutions de la République des Lettres depuis Homère jusqu'à nos jours.* 4 vols., Paris, 1761.

JOANNET, Abbé J. B. C. See *Lettres sur les ouvrages et les œuvres de piété.*

Journal de politique et de littérature. Paris, 1774–83.

Journal des Savants. Paris, 1665–1792.

—— Amsterdam, 1665–1782.

Journal de Trévoux. Trévoux–Paris, 1701–67.

Journal de Verdun [= *Suite de la Clef du Cabinet des Princes de l'Europe, ou Journal historique sur les matières du temps*]. Verdun, 1717–76.

Journal encyclopédique. Liège, 1756–9; Bouillon, 1760–93.

Le Journal encyclopédique et la Société typographique. Bouillon, 1955.

Journal étranger. Paris, 1754–62.

The Judgment of whole Kingdoms and Nations, concerning the Rights, Power, and Prerogative of Kings, and the Rights, Priviledges, and Properties of the People. 6th edition, London, 1710.

—— *Traité du Pouvoir des Rois de la Grande Bretagne.* Amsterdam, 1714.

LA HARPE, J. F. DE, *L'Aléthophile, ou l'ami de la vérité.* Amsterdam, 1758.

—— *Lycée ou Cours de littérature ancienne et moderne.* 2 vols., Paris, 1834.

LAISSUS, Y., 'Une lettre inédite de d'Alembert', *Revue d'histoire des sciences et de leurs applications,* 1954.

LANSON, G., *Manuel bibliographique de la littérature française moderne.* Paris, 1920.

LA PORTE, Abbé J. DE. See *Observations sur la littérature moderne* and *L'Observateur littéraire.*

LE CHAPELAIN, Father C. J. B., *Discours sur quelques sujets de piété et de religion.* Paris, 1760.

—— *Sermons ou discours sur différents sujets de piété et de religion.* 6 vols., Paris, 1768.

LECLERC DE MONTLINOT, Abbé C. A. J., *Justification de plusieurs articles du Dictionnaire encyclopédique, ou Préjugés légitimes contre Abraham-Joseph de Chaumeix.* Brussels–Paris, 1760.

LE FRANC DE POMPIGNAN, J. G., *Défense des Actes du Clergé de France.* Louvain, 1769.

LE PRÉVOST D'EXMES, F., *Réflexions sur le système des nouveaux Philosophes à Madame ***.* Frankfurt, 1761.

Lettre à M. ***, de la Société Royale de Londres. n.p.n.d.

Lettre de M. ***, l'un des XXIV, à M. Diderot, Directeur de la Manufacture encyclopédique. n.p., 1751.

'Lettre de Monsieur Bayle à Monsieur d'Alembert', *Journal des Savants* (Amsterdam edition), September–October 1759.

Lettre d'un Professeur en Théologie d'une Université Protestante à Mr. d'Alembert. Strasbourg, 1759.

Lettre d'un souscripteur pour le Dictionnaire Encyclopédique, à M. Diderot. n.p., 1751.

Lettres sur le VIIe volume de l'Encyclopédie, n.p., 1759.

Lettres sur les ouvrages et les œuvres de piété [from 1758 *Le Journal chrétien*]. Paris, 1754–64.

Lettres sur quelques écrits de ce temps. Paris, 1749–54.

LINGUET, S. N. H. See *Annales politiques, civiles et littéraires du dix-huitième siècle*.

LOCKE, *Two Treatises of Government*, ed. P. Laslett. Cambridge, 1960.

LOUGH, J., 'Essai de bibliographie critique des publications du Baron d'Holbach', *RHL*, 1939.

MACCABEZ, E., *F. B. de Félice (1723–1789) et son Encyclopédie (Yverdon, 1770–1780)*. Basle, 1903.

MALESHERBES, *Mémoires sur la librairie et sur la liberté de la presse*. Paris, 1809.

MALLET, P. H., *Histoire de Danemark*. 6 vols., Geneva, 1763.

MALLEVILLE, Abbé G., *Histoire critique de l'éclectisme, ou des nouveaux platoniciens*. 2 vols., n.p., 1766.

MARCU, E., 'Un encyclopédiste oublié, Formey', *RHL*, 1953.

MARMONTEL, *Mémoires*, ed. M. Tourneux. 3 vols., Paris, 1891.

MAY, L. P., 'Documents nouveaux sur l'*Encyclopédie*. L'histoire et les sources de l'*Encyclopédie*, d'après le registre de délibérations et de comptes des éditeurs, et un mémoire inédit', *Revue de synthèse*, 1938.

MAYER, JEAN, *Diderot homme de science*. Rennes, 1959.

Mémoire pour Abraham Chaumeix contre les prétendus philosophes Diderot et Dalembert. Amsterdam, 1759.

Mercure de France. Paris, 1724–91.

MÉTRA, F., *Correspondance littéraire secrète, ou mémoires pour servir à l'histoire des cours, des sociétés et de la littérature en France, depuis la mort de Louis XV*. 18 vols., London, 1787–90.

MOREAU, J. N., *Nouveau mémoire pour servir à l'histoire des Cacouacs*. Amsterdam, 1757.

MOREL, J., 'Recherches sur les sources du *Discours sur l'Inégalité*', *Annales de la Société Jean-Jacques Rousseau*, 1909.

MORELLET, Abbé A., *Préface de la Comédie des Philosophes, ou la Vision de Charles Palissot*. Paris, 1760.

—— *Mémoires*. 2 vols., Paris, 1821.

MORNET, D., 'Les Enseignements des bibliothèques privées (1750–1780)', *RHL*, 1910.

NAIGEON, J. A., *Mémoires historiques et philosophiques sur la vie et les ouvrages de D. Diderot*. Paris, 1821.

NAUMANN, M., *Paul Thiry d'Holbach, Ausgewählte Texte*. Berlin, 1959.

Les Nouvelles ecclésiastiques. Paris, 1728–1803.

L'Observateur littéraire. Amsterdam–Paris, 1758–61.

Observations de M. ***, principal du Collège de ***, sur un des articles du Dictionnaire encyclopédique. n.p.n.d.

Observations sur la littérature moderne. The Hague, 1749–52.

PALISSOT, *Petites lettres sur de grands philosophes.* Paris, 1757.

—— *Les Philosophes, comédie en trois actes en vers.* Paris, 1760.

—— *Lettre de l'auteur de la comédie des Philosophes au public pour servir de préface à la pièce.* n.p., 1760.

—— *Lettres et réponses de M. Palissot à M. de Voltaire.* n.p.n.d.

—— *La Dunciade.* Chelsea, 1764.

—— *Dénonciation aux honnêtes gens d'un nouveau libelle philosophique.* n.p., 1769.

—— *Mémoires pour servir à l'histoire de notre littérature depuis François Premier jusqu'à nos jours* in Vol. II of *La Dunciade.* 2 vols., London, 1771.

PAPPAS, J. N., *Berthier's Journal de Trévoux and the Philosophes (Studies,* vol. iii). Geneva, 1957.

PAULIAN, Father A. H., *Dictionnaire philosopho-théologique portatif, contenant l'accord de la véritable philosophie avec la saine théologie.* Nîmes, 1778.

PERRET, J. P., *Les Imprimeries d'Yverdon au XVIIᵉ et au XVIIIᵉ siècle.* Lausanne, 1945.

La Petite Encyclopédie ou Dictionnaire des philosophes. Ouvrage posthume de l'un de ces messieurs. Antwerp, n.d. (1761).

PROUST, J., *Diderot et l'Encyclopédie.* 2nd edition, Paris, 1967.

PUFENDORF, *Du Droit de la Nature et des Gens,* trans. J. Barbeyrac. 2 vols., Basle, 1771.

RAYNAL, Abbé G. T. F., *Nouvelles littéraires* in F. M. Grimm, *Correspondance littéraire* (q.v.).

La Religion vengée ou réfutation des auteurs impies. Paris, 1757–63.

RÉMOND DE SAINT-SAUVEUR, *Remerciements d'un particulier à Messieurs les Philosophes du jour.* n.p.n.d.

Remontrances du Parlement de Paris au XVIIIᵉ siècle, ed. J. Flammermont. 3 vols., Paris, 1888–98.

ROGER, J., *Les Sciences de la vie dans la pensée française du XVIIIᵉ siècle.* Paris, 1963.

ROUSSEAU, J. J., *Œuvres complètes,* ed. B. Gagnebin and M. Raymond. Paris, 1959– (in course of publication).

—— *Correspondance complète,* ed. R. A. Leigh. Geneva, 1965– (in course of publication).

—— *Correspondance générale*, ed. T. Dufour. 20 vols., Paris, 1924–34.

SAAS, Abbé J., *Lettre d'un professeur de Douay à un professeur de Louvain sur le Dictionnaire historique portatif de M. l'abbé Ladvocat. Lettre d'un professeur de Douay à un professeur de Louvain sur l'Encyclopédie.* Douai, 1762.

—— *Lettres sur l'Encyclopédie pour servir de Supplément aux sept volumes de ce dictionnaire.* Amsterdam, 1764.

SABATIER DE CASTRES, Abbé A., *Les Trois Siècles de la Littérature Françoise.* 4 vols., The Hague–Paris, 1781.

SAUVIGNY, E. L. BILLARDON DE, *La Religion révélée, poème en réponse à celui de la Religion naturelle, avec un poème sur la Cabale Anti-Ancyclopédique.* Geneva, 1758.

SCHWAB, R. N., 'Un encyclopédiste huguenot: le Chevalier de Jaucourt', *BSHPF*, 1962.

SORET, G. J. See *La Religion vengée*.

SULLY, *Mémoires*. 3 vols., London, 1745.

Supplément aux diverses remarques faites sur les actes de l'Assemblée du Clergé de 1765, ou Dissertation sur trois textes de l'Ecriture, qui s'y trouvent ou falsifiés, ou mal cités, ou mal appliqués. n.p., 1765.

Traité des droits de la Reine sur différens états de la monarchie d'Espagne. Paris, 1667.

An Universal History, from the earliest account of time to the present, compiled from original authors. 7 vols., London, 1736–44; *The Modern Part of the Universal History.* 16 vols., London, 1759–65.

VERNES, JACOB. See *Le Choix littéraire*.

VERNET, JACOB, *Lettres critiques d'un voyageur anglois sur l'article Genève du Dictionnaire encyclopédique et sur la lettre de Mr. D'Alembert à Mr. Rousseau.* Utrecht, 1761.

VOLTAIRE, *Correspondence*, ed. Theodore Besterman. 107 vols., Geneva, 1953–66.

—— *Œuvres complètes*, ed. L. Moland. 52 vols., Paris, 1877–85.

—— See Palissot.

WATTS, GEORGE B., 'Forgotten Folio Editions of the *Encyclopédie*', *French Review*, 1953–4 (nos. 1 and 3).

—— 'The *Supplément* and the *Table analytique et raisonnée* of the *Encyclopédie*', ibid., 1954–5 (no. 1).

—— 'The Swiss Editions of the *Encyclopédie*', *Harvard Library Bulletin*, 1955.

WATTS, GEORGE B., 'Panckoucke, Beaumarchais, and Voltaire's First Complete Edition', *Tennessee Studies in Literature*, 1959.

—— 'The Geneva Folio Reprinting of the *Encyclopédie*', *Proceedings of the American Philosophical Society*, 1961.

WICKWAR, W. H., *Baron d'Holbach, A Prelude to the French Revolution*. London, 1935.

Index

NOTE. Articles from the *Encyclopédie*, which are printed in small capitals, are listed in alphabetical order. Where it is known, the name of the author or authors is given in parentheses; where the attribution is not absolutely certain, the name is followed by a question mark.

Articles are also listed under the name of their author or authors; a name in brackets after an article indicates that it was the work of more than one contributor. A question mark precedes those articles whose attribution is not absolutely certain.

* in front of an article stands for Diderot's editorial asterisk, whether he was responsible for the whole article or only for a small addition.

550 INDEX